U0331411

工商管理优秀教材译丛

经济学系列——▶

中级宏观经济学

[美] 罗伯特·J. 巴罗（Robert J. Barro）

朱智豪   著

[意] 吉多·科齐（Guido Cozzi）

毛薇 王引 译

Intermediate Macroeconomics

清华大学出版社

北京

北京市版权局著作权合同登记号　图字 01-2018-8802 号

图书在版编目(CIP)数据

中级宏观经济学/(美)罗伯特·J.巴罗(Robert J. Barro)，朱智豪，(意)吉多·科齐(Guido Cozzi)著；毛薇，王引译.—北京：清华大学出版社，2021.5

(工商管理优秀教材译丛.经济学系列)

书名原文：Intermediate Macroeconomics

ISBN 978-7-302-56577-2

Ⅰ.①中…　Ⅱ.①罗…　②朱…　③吉…　④毛…　⑤王…　Ⅲ.①宏观经济学－高等学校－教材　Ⅳ.①F015

中国版本图书馆 CIP 数据核字(2020)第 201154 号

责任编辑：梁云慈
封面设计：何凤霞
责任校对：王荣静
责任印制：杨　艳

出版发行：清华大学出版社
　　　　网　　址：http://www.tup.com.cn，http://www.wqbook.com
　　　　地　　址：北京清华大学学研大厦 A 座　　　　邮　　编：100084
　　　　社 总 机：010-62770175　　　　　　　　　　邮　　购：010-62786544
　　　　投稿与读者服务：010-62776969，c-service@tup.tsinghua.edu.cn
　　　　质量反馈：010-62772015，zhiliang@tup.tsinghua.edu.cn
印 装 者：北京嘉实印刷有限公司
经　　销：全国新华书店
开　　本：185mm×260mm　　印　　张：27.75　　插　页：2　字　　数：644 千字
版　　次：2021 年 5 月第 1 版　　　　　　　　　　印　　次：2021 年 5 月第 1 次印刷
定　　价：86.00 元

产品编号：081821-01

时光荏苒,回忆起在英属哥伦比亚大学读经济学硕士的时候,宏观经济学是让我感到最难的课程。很多学生和我都有相同的体会,我们发现很难从本科宏观经济学课程顺利过渡到研究生课程的学习之中。与微观经济学不同,研究生阶段的宏观经济学课程与本科阶段有很大差别,它们之间缺乏连贯性。

总体而言,本科的宏观经济学教材主要介绍凯恩斯经济学的 IS－LM 模型,其中涉及的是一些简单且易于理解的模型。通常情况下,学生们能够相对容易地利用这些模型来讨论媒体报道中经常出现的宏观经济现象和政策。目前,微观基础已经成为现代宏观经济学的基石,但是 IS－LM 模型缺乏微观基础,使其分析问题的方式与当前的学术研究有很大差别。

为了改变本科教材的这一状况,巴罗教授在 20 世纪 80 年代早期完成他的第一本本科宏观经济学教材。这本教材在具有微观基础的均衡模型的分析框架下,介绍了当时宏观经济学领域的最新研究成果。

我和吉多·科齐(Guido Cozzi)教授受邀改编巴罗教授的教科书《宏观经济学:现代观点》,最终形成这本新书《中级宏观经济学》。本书以易于理解的方式,运用新的材料和新的数据,在统一的理论框架下介绍了宏观经济学理论及其最新进展;同时,本书为读者提供了一个统一的分析框架来思考宏观经济现象。希望读者通过阅读本书,可以顺利地从本科生阶段的宏观经济学课程过渡到研究生阶段的课程当中,并为未来的宏观经济学研究打下坚实的基础。

朱智豪(Angus C. Chu)

成熟的理论和统一的方法

宏观经济学和微观经济学是经济学的两大支柱。然而在大学本科的课程中,这两大支柱之间还存在着一条广阔的鸿沟。微观经济学课程的材料比较容易,并且基本上与研究生课程的内容和经济学家们在研究中采用的方法相一致。相比之下,宏观经济学的课程常常很少同研究生课程或学术研究有相似之处。大学本科的宏观经济学教科书和课程似乎常常牺牲真正的经济学内容以换取轻松活泼的表达方式,它们常常与流行报刊上的话题有着紧密的联系,但在学术上却并不具有令人深思的挑战性。但是牺牲扎实的经济学知识以吸引学生的兴趣并非是必要的做法——成熟的理论结合生动的例子也能够写得清楚明白,轻松易懂。

这种对教科书状况的不满促使巴罗在 1984 年编写了他的第一本中级宏观经济学教材。这本书先后出现了 5 个版本,他认为这对竞争对手作品的内容和方法方面产生了直接和间接的积极影响。然而,在过去的 30 年中,宏观经济理论和论证已经取得了巨大的进步,而他的早期著作中却遗漏了许多这方面的研究。因此,我们决定全力以赴投入这本新著作——《中级宏观经济学》的写作,它是对巴罗早期著作《宏观经济学:现代观点》的改编,使用了新的材料和新的数据。

除了描述一个更准确的宏观经济思想的现状,本书还提供了大多数宏观经济学教科书中所缺乏的一种统一的方法。当从长期理论的讨论转向短期理论时,本书并没有提出一个全新的模型,而是以一种自然的、可理解的和简洁明了的方式阐述了短期和长期模型,它们彼此联系在一起,互为基础。所有这些论述都没有忽视长期经济和短期经济之间的重要差异。相类似地,我们引入凯恩斯的黏性价格理论作为一个新概念,但它是建立在基本均衡模型结构上的。

组织结构

长期增长

第一部分从长期宏观经济学,即长期经济增长的决定因素入手。自 20 世纪 80 年代末以来,这一领域在理论和实证分析方面取得了很大的进展。幸运的是,我们有可能将这些重要的发现以一种易于掌握并且有趣的方式传达给大学本科生。事实上,从第二部分可以看到,学生可以理解现有的结果(第3~5章),而无须首先掌握基本的微观经济基础的细节(第7章和第8章)。及早考虑这些具有重要政策意义的结果,有助于讲清楚宏观经济学的作用和实用性。

均衡经济周期模型

在第6章,我们开始第三部分,也就是说我们将回顾一些传统凯恩斯模型,这往往出现在许多宏观经济学教科书中。然而,一个完整的微观经济框架对做出令人满意的关于经济波动的分析来说更为重要。因此,我们将第7章和第8章中的微观经济学基础应用于第9章和第10章的均衡经济周期模型的构建。该模型概括了实际的经济周期模型,自20世纪80年代中期以来,实际经济周期模型已成为宏观经济研究的核心。在第四部分和第五部分,第11~15章扩展了均衡模型,考虑了货币和通胀,以及政府部门(支出、税收、转移支付和公共债务)。在这些部分中,我们强调了传统凯恩斯主义方法和宏观经济学的均衡经济周期方法之间的一些差异。

不完全信息和黏性价格

第六部分主要关注货币与实体经济之间的相互作用。第16章拓展了均衡经济周期模型,也就是在理性预期的设定下,考虑了关于价格的不完全信息。第17章介绍了凯恩斯的关于黏性价格和黏性工资的思想,重点介绍了自20世纪80年代中期以来的另一个重大发展——新凯恩斯主义模型。该模型认识到,生产商通常会设定代表生产成本加成的价格,而不是成为完全竞争者。最重要的是,这些价格只是偶尔会根据环境的变化进行调整。总之,第16章和第17章有效地补充了均衡经济周期模型,以考虑到来自货币政策的显著的实际影响。

开放经济

第七部分,第18章和第19章将均衡模型扩展到开放经济。在第18章中,我们首先讨论了一个纯粹的实际的情况,在这种情况下,本国和外国拥有一种共同的货币。一个重要的课题是经常项目赤字,这是近年来许多国家非常关注的问题。第19章介绍了不同的货币,并考虑到汇率的确定。这里的一个重要问题——与今天有关中国汇率的争论密切相关——涉及固定汇率与浮动汇率的相对优势。

致谢

在本书的写作和改进过程中,许多敬业的教授不吝他们宝贵的时间,慷慨地做出了评议,来帮助本书进行改进,使它的内容得到呈现。我们衷心地感谢他们的建议和帮助。

朱智豪和吉多·科齐想要特别感谢玛格丽特·达文波特(Margaret Davenport)和迈克尔·艾灵顿(Michael Ellington)所做的出色的辅助研究。

出版商谨感谢以下审稿人对本版本的有益反馈:

约翰·加什古德(John Gathergood),英国诺丁汉大学

卡特琳娜·拉奥卡(Katerina Raoukka),英国布里斯托尔大学

托马索·特拉尼(Tommaso Trani),西班牙纳瓦拉大学

方旭 (Fang Xu),英国雷丁大学

教学支持资源

我们所有的高等教育教科书都配有一系列的教学支持资源。本书所提供的资源包括：试题库、PowerPoint 幻灯片和教师手册。

目 录

中级宏观经济学
Intermediate Macroeconomics

第一部分 导 论

第二部分 经济增长

第三部分 经 济 波 动

第四部分　货币与价格

第一部分

导论

中级宏观经济学

Intermediate Macroeconomics

第1章

思考宏观经济学

宏观经济学研究的是一个国家的全面的或总的经济运行情况。我们研究以实际国内生产总值(GDP)衡量的一个国家的总的商品和服务的产值的决定因素。我们将国内生产总值分解成以下几大重要的组成部分并进行分析：消费、总投资(私人部门购买的新的资本货物——设备和建筑)、政府购买以及商品和服务的净出口。我们同样考察就业(有工作的人)和失业(没有工作并且正在寻找工作的人)总量。

这些项目涉及商品或劳动的数量。我们也对与这些数量相对应的价格感兴趣。例如,我们考察在一个经济体中生产的商品和服务的价格。当我们在考察一个典型的或平均的价格时,我们指的是一般物价水平。我们也研究工资率,它是劳动的价格;研究租赁价格,它是为使用资本货物而支付的价格;研究利率,它决定了借款的成本和贷款的收益。当我们考察不止一个国家的经济时,我们可以研究汇率,这是将一种形式的货币(例如欧元)转换成另一种货币(例如英镑)的比率。

我们将建立一个经济模型,这将使我们能够研究各种数量和价格是如何决定的。我们可以利用这个模型去观察数量和价格如何对技术进步、政府政策和其他变量做出反应。例如,我们将考察货币政策,它涉及货币数量的确定和利率的设定。我们还将研究财政政策,它描述了政府的支出、税收和财政赤字。

整个国家的经济运行状况关系到每个人,因为它影响到收入、工作前景以及物价。因此了解宏观经济是如何运行的对我们来说十分重要,而对政府决策者来说尤为重要。不幸的是,宏观经济学并不是一门已确定的科学领域。虽然在许多问题上人们的意见已经达成一致,诸如长期经济增长的某些决定因素,但是还有许多问题仍然存在争议,例如经济波动的产生根源和货币政策的短期效应。本书的主要目的是向人们传达目前已经得到确认的宏观经济学知识,同时也指出我们还没有充分理解的领域。

 ## 1.1 产出、失业和价格

为了了解这个主题的概况,我们可以考察一下某些主要宏观经济变量的历史记录。图 1-1 显示了 1950 年至 2014 年世界商品和服务的总产出或产值(起始日期由现有数据确定)。我们衡量总产出的指标被称为实际世界生产总值,它以世界上所有国家的综合实际国内生产总值(GDP)计算。因此,世界生产总值(GWP)也被称为世界 GDP。实际

GDP 表示基于基年的数量——在我们的例子中是 1990 年。第 2 章将会考虑到国民收入核算,从而提供了衡量实际国内生产总值的概念的细节。

图 1-1 中实际 GWP 的总体上升趋势反映了世界经济的长期增长。图 1-2 描绘了 1951 年至 2014 年实际 GWP 的增长率。计算 t 年增长率的一个简单的方法是用 t 年和 $t-1$ 年的实际 GWP 水平的差额 $Y_t - Y_{t-1}$ 除以 $t-1$ 年的实际 GWP 水平 Y_{t-1}。

$$t \text{ 年的实际 GWP 增长率} = (Y_t - Y_{t-1})/Y_{t-1} \tag{1-1}$$

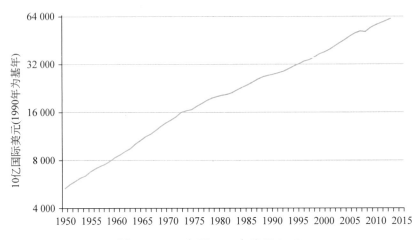

图 1-1　1950 年至 2014 年实际 GWP

注:图表以比例(对数)的形式显示了世界实际生产总值(GWP),其单位为 10 亿国际美元(以 1990 年为基年)①。

资料来源:2010 年以前人均实际 GWP 的数据来自麦迪逊项目数据库。关于世界人口的数据来自联合国人口数据库。2011 年实际 GWP 数据来自世界银行国际比较项目数据库。

如果再乘以 100,我们就能得到以百分比表示的每年实际 GWP 的增长率。

1951 年至 2014 年,实际 GWP 的平均年增长率为 3.9%。这一增长率意味着,从 1950 年到 2014 年,实际 GWP 水平(如图 1-1 所示)增长了 10 倍以上。如果除以人口得到人均实际 GWP,结果会得到人均年平均增长率为 2.2%。这一比率等于 3.9% 的年实际 GWP 增长率减去 1.7% 的年人口增长率。人均实际 GWP 每年 2.2% 的增长率意味着,从 1950 年到 2014 年,人均实际 GWP 增长了 4 倍。

图 1-2 显示,实际 GWP 年增长率围绕 3.9% 的平均值大幅波动。这被称为经济波动,有时也称为经济周期②。当实际 GWP 达到最高点或峰值时,世界经济处于繁荣期或经济扩张之中。当实际 GWP 下降到最低点或低谷时,世界经济可能会陷入衰退期或经济收缩。国际货币基金组织(IMF)用来定义全球衰退的一个条件是,年人均实际 GWP 下降。还有许多其他方法可以划分衰退时期。在第 9 章中,我们使用了一种更复杂的方法来对国家层面的衰退进行分类。

---

①　该图采用了比例尺,因此纵轴上的每个单位对应的实际 GDP 变化百分比相同。国际美元,也被称为 Geary-Khamis 美元,这种假设的货币单位在给定的时间点上具有与美元相同的购买力。

②　"经济周期"一词可能具有误导性,因为它暗示经济活动的起伏比数据中实际显示的更有规律。

注意图 1-3 中 2008 年的全球经济大衰退,其间人均实际 GWP 下降了 2%。图 1-3 中
人均实际 GWP 增长率的大幅下降反映了 1973 年的石油危机、1979 年的能源危机、1990
年的油价冲击、1997 年的亚洲金融危机以及 2000 年的互联网泡沫破裂的影响。每一次
冲击都在世界不同地区造成了严重的经济衰退。

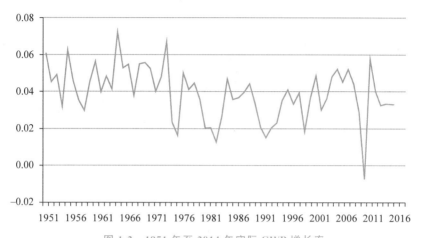

图 1-2　1951 年至 2014 年实际 GWP 增长率

注:该图显示了实际 GWP 的年增长率。增长率由图 1-1 中的实际 GWP 值计算。

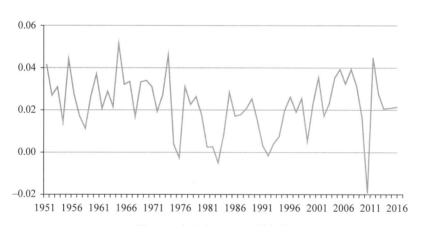

图 1-3　人均实际 GWP 增长率

注:该图显示了人均实际 GWP 的年增长率。

实践中的经济学:经济大萧条

全球经济大衰退,一部分是由美国的次贷危机引发的。2006 年至 2007 年,美国房地
产泡沫破裂,导致许多房主拖欠抵押贷款。这些抵押贷款违约者通常是次级借款人,也就
是被定义为信用风险高于正常水平、信用历史低于平均水平的人。由于这些美国抵押贷
款的收益率高于美国政府债券,它们作为抵押支持证券(mortgage backed securities)在

全球交易,由主要金融机构持有。当房主开始拖欠这些抵押贷款时,抵押贷款支持证券的价值暴跌,给主要金融机构造成了巨大损失。最引人注目的例子是2008年宣布破产的雷曼兄弟(Lehman Brothers)。由此引发的银行间贷款市场恐慌,导致美国和欧洲许多规模较大、信誉良好的银行遭受了严重的金融损失。这场金融危机还导致家庭支出和企业投资大幅减少,在一定程度上引发了全球衰退。

衡量衰退和繁荣的另一种方法是考虑失业率——找工作的失业人口比例。图1-4显示了1991年至2013年世界和一些国家的失业率。世界平均失业率为6.1%,从5.4%小幅波动至6.5%。然而,不同国家的平均失业率差别很大,而且每个国家内部的失业率波动更大。例如,法国的平均失业率为10.0%,而中国只有4.4%。其他国家的平均失业率介于两者之间:沙特阿拉伯(5.6%)、英国(7.0%)和美国(6.2%)。从1991年到2013年,法国、英国和美国的失业率比中国和沙特阿拉伯更不稳定。在经济衰退期间,失业率通常会大幅上升。一个例子是2008年的大衰退,在此期间,法国的失业率在一年内从7.4%上升到9.1%,英国从5.4%上升到了7.8%,美国从5.9%上升到了9.4%。

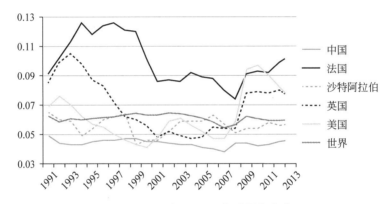

图 1-4　1991 年至 2013 年世界失业率
注:图中显示的是世界和一些国家的失业率。
资料来源:国际劳工组织(ILO)估计的失业率数据来自《世界发展指标》。国际劳工组织制定劳工统计的国际标准,以便国际劳工组织关于失业率的数据可以在各国之间进行比较。

图1-5显示了1991年至2013年世界和一些国家的物价水平的演变情况。这个图以GDP平减指数作为衡量价格水平的工具(我们将会在第2章讨论具体的价格指数)。目前来说,重要的一点是,GDP平减指数是一个宽泛的指标,相当于进入国内生产总值所有项目的价格。一个令人瞩目的现象是,大多数国家的物价水平都在持续上涨。唯一值得注意的例外是沙特阿拉伯,那里的价格水平有明显的上下波动。例如,在1997年的亚洲金融危机和2008年的大衰退期间,沙特阿拉伯的价格水平大幅下降。图1-6显示了1991年至2013年世界和一些国家的年度通货膨胀率。每年的通货膨胀率由图1-5中物价水平的百分比增长率衡量。计算 t 年的通货膨胀率的一个简单的方法是取 t 年和 $t-1$ 年之间物价水平的差额,即 P_t-P_{t-1},除以 $t-1$ 年的物价水平 P_{t-1},得到:

$$t \text{ 年的通货膨胀率} = (P_t-P_{t-1})/P_{t-1}$$

如果再乘以 100,我们就可以得到用百分数表示的年通货膨胀率。

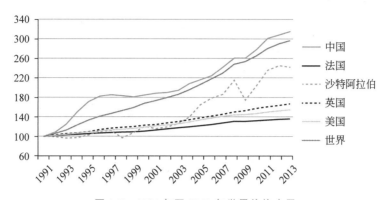

图 1-5 1991 年至 2013 年世界价格水平

注:图中所示为世界和一些国家的 GDP 平减指数。

数据以比例(对数)表示,1991 年的值设定为 100。数据来源于《世界发展指标》。

从图 1-6 可以看出,法国、英国和美国的通胀率均大于零,法国的平均通胀率为 1.5%,英国为 2.5%,美国为 2.1%。相比之下,中国(5.5%)和沙特阿拉伯(4.5%)的平均通胀率要高得多,而在亚洲金融危机和大衰退两场重大危机中,通胀率都跌破了零。在以后的章节中,我们将把通货膨胀的变动与货币机构和货币政策的特征联系起来。值得注意的是,法国、英国和美国等发达国家的中央银行成功地奉行了低而稳定的通货膨胀政策。

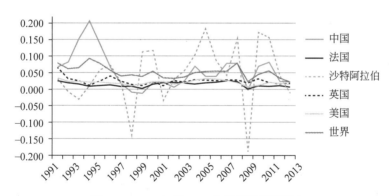

图 1-6 1991 年至 2013 年世界通货膨胀率

注:图中显示的是基于 GDP 平减指数的年度通货膨胀率。通货膨胀率是图 1-5 中价格水平的年增长率。

1.2 经济模型

如前文所述,我们想了解主要宏观经济变量的决定因素,如实际 GDP 和一般价格水平。为此,我们将构建宏观经济模型。模型可以是一组方程或图表,也可以是一组概念。我们将在本书中使用所有这些工具——一些方程,但更多的是图表和思想。

经济模型处理两种变量:内生变量和外生变量。内生变量是我们希望模型能够解释的变量。例如,我们的宏观经济模型中的内生变量包括实际 GDP、投资、就业、一般价格水平、工资率和利率。

外生变量是指模型接受的给定的变量而不试图去解释。一个外生变量的简单例子是天气(至少在不允许气候影响经济的模型中是这样)。在许多情况下,现有的技术将是外生的。对于一个国家的经济,外生变量包括石油和小麦等大宗商品的全球价格,以及世界其他地区的收入水平。在许多情况下,我们将把政府政策视为外生的——例如,货币政策的选择、政府支出和税收。我们也把战争与和平看作是外生的,它们具有重要的宏观经济后果。

模型的核心思想是告诉我们如何从外生变量到内生变量;图 1-7 说明了这个过程。我们将图左框中所示的一组外生变量设为是给定的。这个模型告诉我们如何从这些外生变量到右框中所示的一组内生变量。因此,我

图 1-7　经济模型的工作原理

们可以使用该模型来预测外生变量的变化如何影响内生变量。

模型是一种理论,它告诉我们如何从一组外生变量到一组内生变量。模型可以是一组方程、图表或一组概念。外生变量来自模型外部,因此不能由模型来解释。内生变量是模型试图解释的变量。借助该模型,我们可以预测外生变量的变化如何影响内生变量。

在宏观经济学中,我们感兴趣的是宏观经济——整个经济总的——变量,如实际 GDP 的决定因素。然而,要构建一个有用的宏观经济模型,我们将发现,以微观经济学的方法来研究单个家庭和企业的行为是有帮助的。这种微观经济学方法研究个人关于消费和储蓄多少、工作多少等等的决定。然后,我们可以把个人的选择加起来,或汇总起来,来构建一个宏观经济模型。这种潜在的微观经济分析被称为微观经济基础。

1.2.1　一个简单的例子：咖啡市场

为了说明模型和市场的一般概念,我们可以研究单个产品的市场,比如咖啡。我们的分析将聚焦于经济学家使用的三个关键工具：需求曲线、供给曲线和市场出清条件(需求量等于供给量)。

个人决定买多少咖啡,也就是说,咖啡的需求量。对这一需求的影响包括个人收入、咖啡的价格 P_c,以及替代商品的价格,比如 P_T,茶的价格。由于每个人都是咖啡和茶市场中微不足道的一部分,因此每个人都会忽视咖啡和茶的消费对 P_c 和 P_T 的影响是有道理的。也就是说,每个人都是价格接受者;他或她只是决定在给定的价格(P_c 和 P_T)下买多少咖啡和茶。经济学家用完全竞争这个术语来描述一个市场,在这个市场中,买家和卖家如此之多,以至于没有一个人能够显著地影响价格。

单个家庭的合理行为决定了每个家庭的咖啡需求量将随收入增加而增加,随咖啡价格(P_c)上升而下降,随替代商品(P_T)价格上升而上升。这些针对个别家庭的结果是微观经济分析的例子。当我们把所有家庭加总,得到咖啡的总数量是总收入(用 Y 表示)和价格(用 P_c 和 P_T 表示)的函数。我们可以通过绘制一条市场需求曲线,单独看咖啡价格对需求量的影响。这条曲线显示了作为 P_c 的函数的咖啡总需求量 Q_c^d。

图 1-8 显示了咖啡的市场需求曲线。如前所述,P_c 下降使 Q_c^d 增加。但是,回想一

下,需求曲线适用于给定的总收入 Y 和茶的价格(P_T)。如果收入增加,咖啡的需求量 Q_c^d 在 P_c 不变的情况下也会增加。因此,如图 1-8 所示的需求曲线向右平移。如果 P_T 下降,咖啡需求量 Q_c^d 在给定价格 P_c 下减少。因此,需求曲线向左平移。

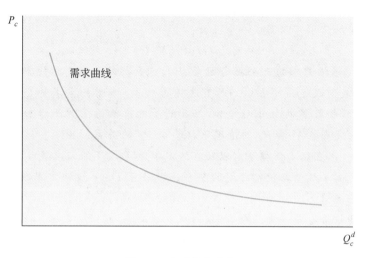

$$P_c$$

需求曲线

$$Q_c^d$$

图 1-8 咖啡需求曲线

注:市场需求曲线表示咖啡的总需求量(Q_c^d)是咖啡价格 P_c 的函数。P_c 下降会使 Q_c^d 增加。需求曲线适用于给定的总收入 Y 和茶的价格 P_T。如果 Y 增加,给定价格 P_c,咖啡需求量 Q_c^d 会增加。因此,图中的需求曲线向右平移。如果 P_T 下降,给定价格 P_c,咖啡需求量 Q_c^d 就会减少,因此,需求曲线向左平移。

我们也必须考察单个的咖啡生产商如何决定在市场上出售多少咖啡,即有多少咖啡供应。影响咖啡供给的因素包括咖啡的价格 P_c 以及生产咖啡的成本。如在需求分析中那样,我们假设咖啡的供应商也是价格 P_c 的接受者。这一假设可能会受到质疑,因为有些咖啡生产商实力雄厚,也许应当考虑到他们的行动对 P_c 的影响。然而将模型扩展到考虑这一影响并不改变我们对咖啡市场的基本分析。

单个生产商的理性行为决定了咖啡的供应量会随咖啡价格 P_c 的上升而增加,随生产额外咖啡的成本上升而减少。例如,坏天气毁坏了巴西的部分咖啡作物就会提高咖啡的生产成本,从而减少巴西的咖啡供应量。单个生产商的这些结果就是微观经济分析的例子。

当我们将所有的生产商加总时,我们就能确定咖啡供给的总量。一个结果是 P_c 的上升会使咖啡的供给总量 Q_c^s 增加。供给总量也取决于咖啡生产地区,例如巴西和哥伦比亚的气候状况。

像我们的需求分析一样,我们可以通过绘制市场供给曲线来分离咖啡价格 P_c 对咖啡总供应量的影响。这条曲线如图 1-9 所示,给出了作为 P_c 函数的咖啡供给总量 Q_c^s。如我们之前提到的,P_c 上升使 Q_c^s 也上升。这条供给曲线适用于给定的咖啡生产成本,特别是生产咖啡地区的气候条件给定的情况。如果坏天气毁坏了巴西的部分咖啡作物,对于给定的咖啡价格 P_c,咖啡的市场供给量就会减少。因此,在图 1-9 中,供给曲线向左移动。

模型扩展 需求曲线和供给曲线是函数

市场对咖啡的需求可以写成一个函数：

$$Q_c^d = D(P_c, Y, P_T)$$

函数 $D(\cdot)$ 根据需求的三个决定因素 (P_c, Y, P_T) 的任何具体规定的数值决定咖啡的需求量 Q_c^d。我们假定函数 $D(\cdot)$ 具有这样的性质：咖啡的需求量 Q_c^d 随咖啡价格 P_c 的上升而减少，随收入 Y 的上升而增加，以及随茶叶价格的上升而增加。图 1-8 描绘了给定其他需求决定因素 Y 和 P_t 的情况下，Q_c^d 与 P_c 的关系的图形。区分图 1-8 显示的需求曲线 $D(\cdot)$ 与在给定价格 P_c（以及在给定 Y 和 P_T）下的需求数量 Q_c^d 是很重要的，需求曲线指的是需求数量与价格之间的整个函数关系 $D(\cdot)$，而需求数量 Q_c^d 指的是需求曲线上的某一点。

咖啡的市场供给也是一个函数，可以写成：

$$Q_c^s = S(P_c, 气候)$$

我们假设函数 $S(\cdot)$ 有这样的性质：供给的数量 Q_c^s 随价格上升而增加，随生产咖啡地区的气候改善而增加。图 1-9 描绘了给定的气候条件下针对 P_c 的供给数量 Q_c^s 的图形。记住下面一点很重要：供给曲线 $S(\cdot)$ 是指供给量与价格之间的总的函数关系，而供给数量 Q_c^s 指的是供给曲线上的一个点。

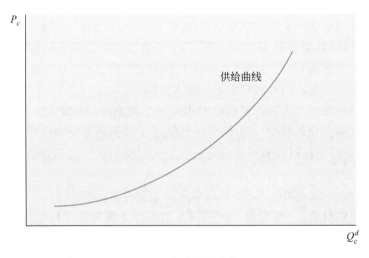

图 1-9 咖啡供给曲线

注：市场供给曲线显示了作为咖啡价格 P_c 的函数的咖啡总供应量 Q_c^s。P_c 上升使 Q_c^s 增加。供给曲线适用于影响咖啡生产成本的条件给定的情况。例如，在给定的价格 P_c 下，如果巴西收成不好，咖啡的总供给量 Q_c^s 就会下降。因此，供给曲线向左平移。

图 1-10 显示了咖啡市场的出清情况。假设咖啡的价格 P_c 进行调整,使供给量 Q_c^s 与需求量 Q_c^d 相等。这个市场出清价格为 P_c^*,如图所示,对应的咖啡出清量为 Q_c^*。

为什么我们假设咖啡价格 P_c 会根据市场出清价值 P_c^* 进行调整?对于任何其他价格,供给和需求的数量都是不相等的。例如,在图 1-10 中的点 1,P_c 小于 $(P_c)^*$,需求量 Q_c^d 将大于供应量 Q_c^s。在这种情况下,一定会有一些喝咖啡的人不满意;他们无法以 P_c 的价格买到他们想要的咖啡量。也就是说,在这个低价格供应商不愿意提供足够的咖啡来满足所有的购买需求。在这种情况下,我们认为热切的咖啡需求者之间的竞争会使市场价格 P_c 上升到 $(P_c)^*$。

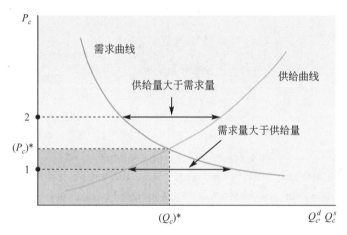

图 1-10　咖啡市场出清

注:咖啡市场出清的价格为 $(P_c)^*$,数量为 $(Q_c)^*$。此时,咖啡供应量等于需求量。

相反,在图 1-10 中的点 2,P_c 高于 $(P_c)^*$,需求量 Q_c^d 将小于供应量 Q_c^s。在这种情况下,一定会有一些咖啡生产商不满意;他们无法以 P_c 的价格销售全部数量的咖啡。也就是说,喝咖啡的人不愿意将生产商以这么高的价格提供的所有咖啡都买下来。在这种情况下,我们预计热切的咖啡供应商之间的竞争将使市场价格下降到 $(P_c)^*$。

市场出清价格 $P_c = (P_c)^*$ 很特殊,因为只有在这个价格下,咖啡价格才不会有上涨或下跌的压力。从这个意义上说,市场出清价格是一种均衡价格。除非需求曲线或供给曲线发生变化,否则价格往往保持不变。

我们可以把我们对咖啡市场的市场出清分析看作是咖啡市场运作的一个模型。模型中的两个内生变量是咖啡的价格 P_c 和数量 Q_c。我们可以使用图 1-10 中的市场出清分析工具来查看外生变量的变化如何影响模型中的内生变量。外生变量是改变咖啡供需曲线的外部力量。对于需求,我们提到了两个外生变量:收入 Y 和茶的价格 P_T。[①] 对于供给,我们提到了作为外生变量的咖啡产区的天气条件,如巴西。

图 1-11 显示了需求的增长如何影响咖啡市场。需求的增长可以反映收入 (Y) 的增

---

① 从更广泛的角度来看,包括茶叶市场和整体经济,茶的价格 P_T 和收入也将是内生变量。这种更广泛的分析被称为一般均衡理论;也就是说,它同时考虑所有市场的出清条件。单一市场的局限性,比如咖啡市场,就是部分均衡分析的一个例子。在这种情况下,我们评估咖啡市场的出清情况,同时考虑到其他市场的结果。

长,或者茶的价格(P_T)的上升。我们用需求曲线向右移动来表示需求的增长。也就是说,在任一给定价格,消费者想买更多的咖啡。从图中可以看出,市场出清价格从$(P_c)^*$上升到$(P_c)^{*'}$,出清数量从$(Q_c)^*$增加到$(Q_c)^{*'}$。因此,我们的咖啡市场模型预测 Y 或 P_T 的上升会提高 P_c 和 Q_c。如图 1-7 所示,模型告诉我们外生变量的变化如何影响内生变量。

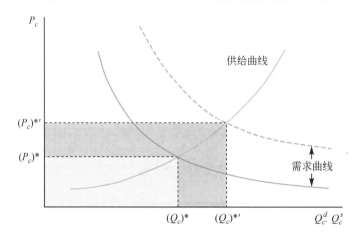

图 1-11　需求增加对咖啡市场的影响

注:在图 1-11 中,咖啡市场以价格$(P_c)^*$和数量$(Q_c)^*$出清。收入 Y 或茶的价格 P_T 上升,增加了对咖啡的需求。因此,需求曲线从实曲线向右移动到虚曲线。咖啡市场出清价格升至$(P_c)^{*'}$,咖啡市场出清数量升至$(Q_c)^{*'}$。

图 1-12 显示了供给减少如何影响咖啡市场。供给减少可能反映了咖啡产区的恶劣天气状况,如巴西和哥伦比亚。我们用供给曲线的左移来表示供给的减少。也就是说,生产商将在任何价格下都减少咖啡的销售量。从图中可以看出,市场出清价格从$(P_c)^*$上升到$(P_c)^{*'}$,出清数量从$(Q_c)^*$下降到$(Q_c)^{*'}$。因此,我们的咖啡市场模型预测,咖啡收成不好会提高 P_c,降低 Q_c。

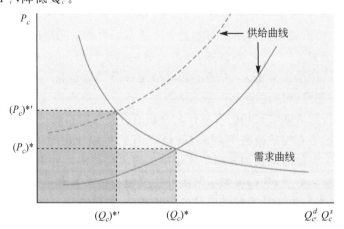

图 1-12　供应减少对咖啡市场的影响

注:在图 1-12 中,咖啡市场以价格$(P_c)^*$和数量$(Q_c)^*$出清。巴西的一次歉收减少了咖啡的供应。因此,供给曲线从实曲线向左移动到虚曲线。咖啡的市场出清价格上涨到$(P_c)^{*'}$,咖啡的市场出清数量下降到$(Q_c)^{*'}$。

表 1-1 总结了咖啡市场出清模型的结果。如图 1-7 所示,模型告诉我们外生变量的变化如何影响内生变量。我们的宏观经济模型将使用这种市场出清分析来预测外生变量的变化如何影响内生宏观经济变量。但是,我们不会研究一系列的商品,比如咖啡、茶等。相反,我们将考虑与经济总体产出(实际 GDP)相对应的复合商品的总需求和总供给。我们还将分析生产要素(劳动力和资本服务)的需求和供给。

表 1-1　外生变量变化对咖啡市场内生变量的影响

外生变量的变化	对 P_c 的影响	对 Q_c 的影响
收入 Y 的增加	上升	上升
茶叶价格 P_T 的上升	上升	上升
咖啡歉收	上升	下降

1.2.2　浮动价格与黏性价格

当我们研究咖啡市场时,我们关注的是市场出清情况。因此,当一个外生变量发生变化时,我们的预测基于这种变化如何改变市场出清价格和数量。这一分析背后的假设是,咖啡价格会迅速调整,以清空咖啡市场;也就是说,要使需求量等于供给量。我们注意到,如果价格与其市场出清价值不同,咖啡的需求者或供应者都不能满足他们以既定价格买卖咖啡的要求。因此,咖啡价格总是有向其市场出清价值调整的压力——市场出清价格是唯一的均衡价格。

尽管大多数经济学家在分析咖啡或类似产品时都接受关注市场出清价格的观点,但在宏观经济学是否应该关注市场出清条件的问题上,却没有达成多少共识。特别是,并非所有经济学家都同意,我们应该只考虑代表实际 GDP 的复合商品市场或劳动力市场的市场出清情况。对于长期分析,人们一致认为,市场出清框架为经济如何运行提供了最佳指南。因此,在第 3 章至第 5 章,我们研究长期经济增长时,会使用市场出清、均衡的方法。然而,在分析短期宏观经济波动时,经济学家们对市场出清模型是否能提供有用的洞见存在明显分歧。

著名经济学家约翰·梅纳德·凯恩斯在 20 世纪 30 年代大萧条之后的著作中认为,劳动力市场不出清——他认为劳动力市场通常是在一种不均衡的状态,也就是说提供的劳动力和劳动力需求之间存在差异。他特别指出,工资率是黏性的,调整得很慢,以达到使劳动力需求和供给相等。在第 6 章,我们将研究建立在凯恩斯思想基础上的凯恩斯主义 IS-LM 模型。相反,一些宏观经济学家强调了一些商品市场处于非均衡状态的趋势。这种方法认为,有些价格具有黏性,只是缓慢地变动,使需求和供给的商品数量相等。

其他经济学家认为,依赖于市场出清条件的均衡方法,为我们提供了对短期经济波动的最佳洞见。他们采用大多数经济学家应用于长期经济增长的方法进行短期波动的分析。工资和价格在短期内被视为足够灵活,因此一个有用的宏观经济分析会集中于市场出清情况。在对咖啡市场的分析中(表 1-1),我们可以关注外生变量的变化如何影响市场出清量和价格。

有一点似乎很清楚,除非我们将弹性价格、市场出清模型作为基准,否则我们无法理解或评估黏性价格模型。毕竟,宏观经济学家一致认为,经济总是在接近市场出清的水平——这就是为什么这种假定通常用于研究长期经济增长。一个合理的推论是,无论关于短期内黏性价格重要性的最终结论如何,最好从市场出清模型开始进行宏观经济分析。

我们在第 7 章至第 11 章阐述了经济波动的基本市场出清模型。我们将此模型称为均衡商业周期模型(比经济学文献中经常出现的"实际商业周期模型"更广泛)。我们将模型继续扩展,到第 12 章我们将考虑通货膨胀,第 13 章至第 15 章我们将考虑政府支出、税收和财政赤字。第 16 章在允许对价格和工资的误解下,仍假设有一个市场出清框架。在第 17 章中,我们扩展了均衡商业周期模型,考虑到了黏性工资和黏性价格,这是凯恩斯 IS-LM 模型的特征,最终我们得到的模型被称为新凯恩斯模型。

 # 重要术语和概念

繁荣期 boom

经济周期(商业周期)business cycle

需求曲线 demand curve

非均衡 disequilibrium

经济波动 economic fluctuation

就业 employment

内生变量 endogenous variable

均衡 equilibrium

汇率 exchange rate

外生变量 exogenous variable

一般物价水平 general price level

金本位 gold standard

大萧条 Great Depression

国内生产总值 gross domestic product,GDP

通货膨胀率(通胀率)inflation rate

利率 interest rate

凯恩斯 IS-LM 模型 Keynesian IS-LM model

微观经济基础 microeconomic foundations

国民收入核算 national-income accounting

新凯恩斯模型 new Keynesian model

完全竞争 perfect competition

价格接受者 price taker

实际 GDP real GDP

实际国内生产总值 real gross domestic product

产品 product

实际世界生产总值 real gross world product
衰退 recession
租赁价格 rental price
供给曲线 supply price
失业 unemployment
失业率 unemployment rate
工资率 wage rate

第 **2** 章

国民收入核算：国内生产总值和物价水平

在第 1 章，我们使用了国内生产总值和物价水平这些术语，但没有给出准确的定义。现在，通过考察国民收入核算，我们来充分阐述这些术语的含义。在建立国民收入账户的过程中提出了许多挑战性的问题。然而，出于某些目的，我们只论述一些基本概念。

2.1　名义及实际 GDP

我们从国内生产总值(GDP)开始。名义 GDP 衡量一个经济体在特定时期(如一年)生产的所有商品和服务的欧元(或英镑等)价值。例如，2014 年欧元区的名义 GDP 为 10.1 万亿欧元。名义 GDP 是一个流动变量，它衡量单位时间(如一年)生产的商品和服务的欧元价值。

现在分步考察名义 GDP 的定义。"名义的"一词意味着在一年内生产的商品是用欧元(或用另一种货币单位，例如英镑)计量的。对大多数商品和服务——铅笔、汽车、理发等——来说，它们的欧元价值是由这些商品和服务在市场上出售的价格决定的。

有些商品和服务，包括许多由政府提供的服务，并不在市场上交易。例如，政府不会将它的国防服务、司法体系和警察治安出售给他人。这些服务项目是按它们的名义生产成本计入名义 GDP 的。这样的处理是有问题的，因为这等于是假设政府雇员的劳动生产率在一段时间内不会有变化。然而，在缺乏市场价格的情况下，哪一种替代的计算方法更准确就不太清楚了。

另一种产品，即房东居住自己的房子，是作为一个估计数进入 GDP 的，该估计数是如果房东将他的房产在市场上出租给其他人会取得多少租金。这一金额称为房东自住房屋的估算租金收入。从概念上讲，这一方法应该同样适用于耐用消费品，例如家庭用汽车、家具和家用电器。然而这一方法现在已不采用；也就是说，GDP 不包括耐用消费品的估计租金收入[①]。对于政府所有的财产，国民核算的假设是，估算的租金收入等于估计的折旧。这个假设是有问题的，但是再一次重申，还没有一个明确的可取的替代方法。

名义 GDP 包括一段特定时间内(例如一年内)生产的商品和服务的价值，弄懂这一点

[①]　企业拥有的资本(如工厂和机器)贡献于企业生产的商品和服务。因此，产出的市场价值已经包含了企业资本的租金收入。因此，衡量 GDP 时，没有必要加入企业资本的租金收入。

非常重要。那就是说,GDP 计量的是当前的生产。例如,如果一个汽车制造商在 2017 年生产和出售一辆新汽车,这辆汽车的全部价值计入 2017 年的 GDP 中。然而如果有人在 2017 年出售一辆 2016 年产的二手汽车,这个销售额就不计入 2017 年的 GDP。

名义 GDP 可能具有误导性,因为它取决于总体价格水平,以及生产的实际商品数量。表 2-1 说明了这个问题。

表 2-1　名义 GDP 和实际 GDP 的计算：一个简单例子

	2016a	2016b	2017a	2017b
价格				
奶油	每磅 2 欧元	每磅 2 欧元	每磅 3 欧元	每磅 1.5 欧元
高尔夫球	每球 1 欧元	每球 1 欧元	每球 1.1 欧元	每球 0.89 欧元
数量				
奶油	50 磅	50 磅	40 磅	70 磅
高尔夫球	400 只	400 只	391 只	500 只
名义市场价值/欧元				
奶油	100	100	120	105
高尔夫球	400	400	430.1	445
名义 GDP	500	500	550.1	550
2016—2017 年平均价格				
奶油	每磅 2.5 欧元	每磅 1.75 欧元	每磅 2.5 欧元	每磅 1.75 欧元
高尔夫球	每球 1.05 欧元	每球 0.945 欧元	每球 1.05 欧元	每球 0.945 欧元
按 2016—2017 年平均价格计算的市场价值/欧元				
奶油	125	87.5	100	122.5
高尔夫球	420	378	410.6	472.5
合计	545	465.5	510.6	595.5
与 2016 年的比	1	1	0.937	1.278
链式加权的实际 GDP/欧元,2016 年为基年	500	500	468.5	639
隐含的 GDP 平减指数,2016 年为基年	100	100	117	86

考虑一个简单的经济体,它只生产奶油和高尔夫球两种产品。表中显示了 2016 年和 2017 年这两种商品假设的数量和价格。在 2016 年,该经济体生产了 50 磅奶油,每磅卖 2 欧元。因此,2016 年奶油的产出值是 100 欧元。2016 年该经济体还生产了 400 只高尔夫球,每只定价 1 欧元,高尔夫球的产出值是 400 欧元。因此该经济体 2016 年的名义 GDP 是奶油和高尔夫球产出的总和：100＋400＝500（欧元）。

标着 2017a 和 2017b 的栏目显示了 2017 年两种产品数量和价格的两种变动情况。在情况 a 中,两种产品的价格都上升——奶油提高到每磅 3 欧元,高尔夫球价格涨到每只 1.1 欧元。在情况 b 中,两者的价格都下降——奶油降为每磅 1.5 欧元,高尔夫球降为每只 0.89 欧元。在情况 a 中,两种产品的产量都下降——奶油下降到 40 磅,高尔夫球降到 391 只。在情况 b 中,两种产品的产量都增加——奶油增加到 70 磅,高尔夫球增加到 500 只。

在这两种情况下,2017 年的名义 GDP 是相同的。在情况 a 中,奶油的名义 GDP 是 120 欧元,高尔夫球的名义 GDP 为 430 欧元,加起来为 550 欧元。在情况 b 中,奶油的名义 GDP 为 105 欧元,高尔夫球的名义 GDP 为 445 欧元,加总也是 550 欧元。然而,观察两种商品的产量,情况 b 要大于情况 a。因此对 2017 年的实际 GDP 作任何合理的测量都会显示情况 b 要比情况 a 有更高的价值。因此这种名义 GDP 相等的现象会误导大家。名义 GDP 相等可能会掩盖生产层面上的极其巨大的差别。

2.1.1　计算实际 GDP

经济学家们通过构建实际 GDP 的衡量方法,解决了物价水平不断变化的问题。直到最近,计算实际 GDP 的最通用的方法是将每年每种商品的产出数量乘以该商品在基年(比方说 2010 年)的价格。然后将这些乘数的结果相加,就得出该经济体总的实际 GDP。由此获得的总额就称为"以 2010 年欧元计量的 GDP"(如果把 2010 年作为基年的话)。或者,有时候,把该结果称作不变价格的 GDP,因为我们采用了不随时间而变动的价格(即基年 2010 年的价格)。与此相对照,名义 GDP 有时候被称为当年价格 GDP,因为这种 GDP 的计算方法采用了每种商品当年的价格。

由于基年的价格(比方说 2010 年)不随时间而变动,刚才描述的方法为随时间变化的总产出水平提供了一种合理的计量方法,即它提供了一种计量实际 GDP 的合理的方法。然而,该方法的一个缺点是,它倚重于各种商品根据它们在基年(2010 年)的价格计算出来的产出。例如,假设一台个人计算机在 2010 年时的价格要高于一个沙发。按此方法计算,2017 年生产的每一台计算机(假设与 2010 年生产的质量一样)对 2017 年的 GDP 的贡献要大于每一个沙发的贡献,尽管现在的计算机要比沙发便宜许多。更普遍的情况是,由于商品的相对价格发生变化,随着时间的推移,基年的权数变得不太重要。经济分析局(BEA,美国商务部的一个机构)的对策是频繁地更改基年。然而,一种更精确的解决方法叫作链式加权法,它是在 20 世纪 90 年代中期开始采用的,以便对实际 GDP 作出更精确的计量。由此得到的变量叫作链式加权实际 GDP。这种链式加权的衡量方法已在媒体上公布,我们将在本书中采用这种方法来衡量实际 GDP。[①]

为说明链式加权法如何使用,我们可以再次利用表 2-1 中为一个简单的经济体假设的数据。该方法从计算两个相邻年份——2016 年和 2017 年——每种商品的平均价格开始。例如,在情况 a 中,2016 年和 2017 年奶油的平均价格为每磅 2.5 欧元。在情况 b 中,

---

[①]　在本章的最后,有一个问题涉及使用固定价格计算实际 GDP,并将这个固定价格实际 GDP 与链式加权实际 GDP 进行比较。

为每磅 1.75 欧元。

每一年（表中为 2016 年和 2017 年）每种商品生产的数量乘以两个相邻年份的平均价格。例如，在 2016a 中，当我们用 2016 年和 2017 年的平均价格计算时，2016 年生产的奶油的价值是 125 欧元，而不是我们用 2016 年的较低价格计算的 100 欧元。在 2017a 中，当按平均价格计算时，2017 年生产的奶油的价值是 100 欧元，而不是按 2017 年的较高价格计算的 120 欧元。

利用这些平均价格，我们将每年生产的商品的价值加总，就得到如表 2-1 中显示的合计数。例如在 2016a 中，总的价值是 545 欧元，而不是用 2016 年价格计算的 500 欧元。对 2017 年来说，a 情况下，产出的总的欧元价值是 510.60 欧元，而不是按 2017 年价格计算的 550 欧元。

接下去，我们要计算每一个加总值与 2016 年总值的比。因此，2016 年这两种情况（a 和 b）下的比都是 1.0。对 2017 年来说，在情况 a 中的比是 0.937，在 b 中，是 1.278。

为得到以 2016 年为基年的链式加权的实际 GDP，我们将刚才计算得到的比率乘以 2016 年的名义 GDP（500 欧元）。因此，以 2016 年为基年的 2016 年的链式加权实际 GDP，就与名义 GDP 相同——500 欧元（情况 a 和情况 b）。而对 2017 年来说，以 2016 年为基年的链式加权实际 GDP 在情况 a 中为 468.5 欧元，在情况 b 中为 639.0 欧元。因此，虽然在两种情况中，2017 年的名义 GDP 相同，但在情况 b 中，链式加权实际 GDP 明显高得多。这一结果是合理的，因为在情况 b 中奶油和高尔夫球的产量都要高于情况 a。

我们可以继续用同样的方法处理其他的年份。例如，当我们得到 2018 年的数据时，我们可以计算 2018 年的产出值与 2017 年产出值的比。这些比率与表 2-1 中计算的将 2017 年与 2016 年比较得到的比率相类似。然后我们要以 2016 年为基年表示 2018 年的结果，这样，所有的链式加权的值都适用于相同的基年。我们将 2018 年对 2017 年的比率与 2017 年对 2016 年的比率相乘。这就使我们得到 2018 年的数值与 2016 年数值的比率。我们将最后得到的比率乘以 2016 年的名义 GDP，就得到以 2016 年为基年的 2018 年的链式加权 GDP。这一过程叫作"链式连接"。如果我们将这个过程从这一年转到下一年，最终我们就能得到一个用单一基年表示的链式加权实际 GDP 的时间序列。

在表 2-1 中，用于计算链式加权实际 GDP 的基年是 2016 年。然而，美国经济分析局在 2010 年代早期实际采用的基年是 2010 年。就链式加权方法而言，选择哪一年作为基年是无关紧要的。我们选用某一年作为基年，只是为了保证每年的实际 GDP 是可比较的（两年的链式加权实际 GDP，比如 2016 年和 2017 年，选择任何基年，都是相同的）。

我们可以利用实际 GDP 的这个结果去构建一个总的物价水平的指数。在表 2-1 中，2016 年是基年，我们可以把 2016 年总的物价水平看作是"100"，这个数字是任意决定的；它只是作为一个可以同其他年份的物价水平联系起来的可比较的尺寸。

在情况 a 下，2017 年名义 GDP 是 550 欧元，以 2016 年为基年的链式加权实际 GDP 为 468.5 欧元。我们可以设想有一个隐含的物价水平将欧元价值——550 欧元的名义 GDP——转换成一个实际价值：468.5 欧元实际 GDP。

$$名义 GDP / 隐含物价水平 = 实际 GDP$$

如果重新安排方程中的各个项，我们得到：

$$隐含物价水平 = 名义\ GDP/\ 实际\ GDP$$

例如,对于表 2-1 中的 2017 年的情况 a,我们得到:

$$隐含物价水平 = (550/468.5) = 1.17$$

相比之下,对于 2017 年的情况 b,我们得到:

$$隐含物价水平 = (550/639.0) = 0.86$$

数字 1.17 和 0.86 并不像绝对量度那样代表着任何意义。然而,当与以相似的方法计算出来的其他年份的物价水平相比较时,它们就有意义了。如已经提到的,通常的做法是将基年(在我们的例子中,基年是 2016 年)的物价指数定为 100。当与这个基数相比时,2017 年情况 a 中的物价水平是 $1.17 \times 100 = 117$,而情况 b 下物价水平是 $0.86 \times 100 = 86$。这些数值显示在表 2-1 上。这些价格指数通常被称为隐含的 GDP 平减指数(以 2016 年为基年)。也就是说,这些数值是人们隐含地用来将名义 GDP 转换为实际 GDP 的数值(也以 2016 年为基年)。

2.1.2　实际 GDP 作为福利的量度

虽然实际 GDP 揭示了关于一个国家总体经济表现的大量信息,但它不是一个衡量福利的完美的量度。从福利的角度看实际 GDP 还有如下一些缺点:

- 总的实际 GDP 没有考虑收入分配的变化。
- 所计算的实际 GDP 不包括大多数非市场商品,包括"地下经济"中的合法和非法的交易,以及人们在自己家里所从事的服务,例如一个人在家里照顾自己的孩子,这种服务就不包括在实际 GDP 之中。但是如果这个人雇某个人到家里照顾孩子,或者把孩子送到幼托中心,这种服务就包括在实际 GDP 之中。
- 实际 GDP 并没有赋予休闲时间相应的价值。
- 衡量实际 GDP 时并没考虑环境受到的损害,例如空气和水污染,除非这种污染达到影响产出的市场价值的程度。

尽管有这些缺点,实际 GDP 还是告诉了我们许多关于一个国家生活水平如何随时间变化的信息。它还让我们能够对生活水平作跨国的比较。此外,衡量实际 GDP 能帮助我们理解短期经济波动和长期经济发展。

 ## 2.2　不同视角下的 GDP——支出、收入和生产

我们可以用三种不同的方法去考虑国内生产总值或 GDP。首先,我们可以考察家庭、企业、政府和外国居民花在本国生产的商品和服务上的支出。其次,我们可以计算本国在商品和服务的生产中挣得的收入——雇员的工资报酬、租金收入,公司利润等。最后,我们可以衡量国内各个行业(农业、制造业、批发零售业等)生产的商品和服务的国内产值。很重要的一点是所有这三种方法最终得到的结果(名义 GDP 的总额和实际 GDP 的总额)都是相等的。为了说明这一点,我们依次阐述每一种方法,首先从分析支出的构成类别着手。

2.2.1　支出法计算 GDP

国民账户根据谁来购买商品或服务将 GDP 划分为四个部分。这四个部分是家庭、企业、各级政府和外国居民。在本节中，我们主要用英国（UK）作为一个说明性的例子，但也讨论了一些其他国家的数据。表 2-2 显示了 2012 年这一划分的具体内容。第一栏列出的是 2012 年英镑现值计价的数值，第二栏显示的是每个数值占名义 GDP 的百分比。2012 年 16 554 亿英镑的名义 GDP 相当于 2011 年（基准年）的 16 283 亿英镑。如果在其他年份进行这些计算，我们可以比较不同年份的实际 GDP 随时间的变化。

2.2.1.1　居民消费支出

居民家庭出于消费目的而购买商品和服务叫作**居民消费支出**。这一变量与 GDP 一样，是一个流量的概念。因此名义居民消费支出的单位是每年多少英镑。在发达国家，这类支出通常占 GDP 的一半以上，但并不总是如此。表 2-2 显示，2012 年英国名义居民消费支出为 10 725 亿英镑，占名义 GDP 16 554 亿英镑的 64.8%。2012 年，中国居民消费支出占 GDP 的比重为 36.7%，法国为 55.5%，德国为 56.0%，沙特阿拉伯为 28.5%，南非为 60.5%，美国为 68.6%。

表 2-2　支出法下 2012 年英国国内生产总值（GDP）的构成

支 出 类 型	金额（10 亿英镑）	占名义 GDP 的百分比（%）
国内生产总值	1 655.4	100
居民消费支出	1 072.5	64.8
耐用消费品	96.5	5.8
半耐用消费品	106.6	6.4
非耐用消费品	248.9	15.0
服务	562.7	34.0
为住户提供服务的非营利机构及调整*	57.8	3.5
国内投资总额	273.4	16.5
公司	147.4	8.9
家庭	72.4	4.4
政府	49.0	3.0
存货变动**	4.6	0.3
政府消费支出	343.9	20.8
公共商品	127.8	7.7
个人商品	216.1	13.1
商品和服务净出口	−34.5	−2.1
出口	500.7	30.2
进口	535.2	32.3

注：资料来源：《英国国民核算》，蓝皮书，2014 年版。

* 对于英国居民家庭在英国以外的消费和外国居民家庭在英国的消费，我们在本项目中进行了调整。

** 我们在这一项目上增加了收购的价值，减少了对珠宝、贵重金属、艺术品和古董等贵重物品的处置。

国民账户将人们购买的消费品区分为两类：第一类是很快会用尽的商品（如牙刷）和各种服务，称为非耐用消费品和服务，第二类是可以使用很长时间的商品，称为半耐用消费品和耐用消费品。与汽车和家具等耐用消费品相比，衣服等半耐用消费品的使用寿命更短，价格也更低。重要的一点是，耐用消费品在很长一段时间内会产生一系列服务。例如，一辆汽车可以被车主使用许多年，或者出售或出租给另一个驾驶人。因此，购买耐用消费品可以被看作是一种投资。表 2-2 显示了居民消费支出在耐用消费品、非耐用消费品和服务之间的划分。2012 年，耐用消费品和半耐用消费品名义支出 2 031 亿英镑，约占居民消费支出的五分之一。非耐用消费品和服务是居民消费支出中最重要的组成部分（75%），而教堂、工会和政党等非营利性机构为居民服务的支出占居民消费支出的 5%。我们也可以用 2011 年英镑价值来衡量 GDP 的每一个组成部分。例如，2012 年名义居民消费支出为 10 725 亿英镑，相当于 2011 年的 10 508 亿英镑。如果我们把这个计算应用到其他年份，可以计算出实际居民消费支出或 GDP 的其他实际组成部分随时间的变化。但是，将某一年的实际居民消费支出水平与同年的实际国内生产总值水平进行比较是有困难的。如前所述，2012 年居民消费支出占名义国内生产总值的 64.8%。然而，实际居民消费支出与实际国内生产总值（GDP）的比较取决于使用哪个基准年。原因在于，实际消费支出与实际 GDP 的比较取决于基准年（比如 2011 年）与比较年（比如 2012 年）之间相对价格的变化。具体来说，结果取决于居民消费支出中所含项目的价格与计入 GDP 的其他项目的价格相比发生了怎样的变化。

2.2.1.2 国内投资总额

GDP 的第二大类是国内投资总额，也称为固定资本形成总额。与消费支出一样，投资也是一个流动变量，以每年多少英镑衡量。企业投资包括国内企业购买新的资本货物，如工厂和机器。这些资本货物是可持续性的，可作为多年生产的投入。因此，这些商品类似于我们已经提到的耐用消费品。事实上，在国民经济核算中，个人购买的新房可能被认为是最终的耐用消费品，它被算作居民投资，而不是消费支出。最后，还有政府投资，包括对基础设施的公共支出。

国内投资总额还包括企业商品库存（inventories）的净变化。2012 年，净库存变化相对较小，为 46 亿英镑。英国名义国内投资总额为 2 734 亿英镑，占名义国内生产总值的 16.5%。2012 年，中国国内投资占 GDP 的比重为 48.7%，法国为 22.7%，德国为 19.2%，沙特阿拉伯为 26.3%，南非为 20.1%，美国为 19.2%。因此，投资在 GDP 中所占的比重往往小于消费，除了 2012 年投资占经济规模近一半的中国。

有关国民收入核算的一个常见错误产生的原因是花在新的实物资本上的支出被称作"投资"。这一术语与日常会话中使用的投资的概念有所区别。在日常会话中，投资指的是金融资产在股票、债券、不动产等之间的分配。当经济学家们提到一个企业的投资时，他们指的是企业购买新的资本货物，例如厂房或机器。

另一个关于投资的问题是折旧。资本货物存量是指以工厂、机器等形式存在的未完成的货物数量。因此，资本货物存量是一个存量变量，以商品的数量来衡量。由于资本品会随着时间的推移而损耗或贬值，总投资的一部分只会取代贬值的旧资本。折旧是一个流动变量——每年损耗的商品的名义价值。折旧的单位相当于 GDP 和国内投资总额。

国内投资总额与折旧之间的差额(称作国内净投资)是实物资本货物存量的价值的净变化。GDP 包括国内投资总额。如果我们用净投资(通过减去折旧)替代这一总投资,同时从 GDP 中减去折旧,则 GDP 与折旧之间的这一差额就叫作国内生产净值(NDP,又译为国内净产值)。NDP 是一个有用的概念,因为它衡量的是扣除了为更新被磨损或贬值资本货物所需要支出的 GDP 的净值。

2.2.1.3　政府采购商品和服务

国内生产总值的第三个组成部分是政府的消费支出。这一类别包括消费开支(如军人和公立学校教师的工资薪金)。表 2-2 显示了政府消费支出在公共商品和个人商品之间的分配情况。公共产品,如国防和公共安全,有利于整个社会。社会服务、医疗和教育等个人商品,主要惠及公民个人。很重要的一点是:政府部门包括各级政府,不管是联邦政府还是州政府或地方政府。另一点是政府对商品和服务的购买不包括转移支付,例如支付给享受社会保险的退休者和福利救助接受者的钱。这些转移支付不代表对当前生产的商品和服务的支付,因此这些开支不包括在 GDP 中。2012 年,政府名义消费支出总计3 439 亿英镑,占名义国内生产总值的 20.8%。中国政府消费支出占 GDP 的比例为13.7%,法国为 23.8%,德国为 19.0%,沙特阿拉伯为 20.0%,南非为 19.9%,美国为15.8%。

2.2.1.4　出口和进口

国内生产的一些产品和服务会出口到国外,供国外用户使用,这些商品和服务的出口必须加到国内采购中,才能计算出整个经济的国内生产总值(GDP)。外国人也生产商品和服务,这些商品和服务被进口到本国供居民、企业和政府使用。这些商品和服务的进口必须从国内采购中减去,才能计算出经济的总国内生产总值(GDP)。因此,外国部分以净出口的形式出现在 GDP 中:外国人在国内生产(出口)上的支出与国内居民在国外生产(进口)上的支出之间的差额。净出口可能大于零,也可能小于零。表 2-2 显示,2012年名义净出口为 345 亿英镑,占名义 GDP 的 2.1%。净出口部分分为 5 007 亿英镑出口(占 GDP 的 30.2%)和 5 352 亿英镑进口(占 GDP 的 32.3%)。2012 年,中国商品和服务出口占 GDP 的比重为 26.8%,法国为 28.1%,德国为 45.9%,沙特阿拉伯为 54.5%,南非为 29.7%,美国为 13.6%。中国商品和服务进口占 GDP 的比重为 24.0%,法国为30.1%,德国为 40.0%,沙特阿拉伯为 29.3%,南非为 31.0%,美国为 17.1%。经济学家们通常采用一种忽略净出口的理论模型。然后将此模型应用于一个封闭经济,这种经济与世界其他地区没有任何贸易联系。相反,一个通过贸易与世界其他地区保持联系的经济叫作开放经济。采用一个封闭经济模型的理由如下:

- 它简化了分析。
- 实际上,现在整个世界是一个封闭的经济体,所以我们要采用封闭经济的分析方法去评估整个世界经济。

我们遵循宏观经济学的封闭经济传统,直到第 18 章再加入国际贸易。

2.2.2　收入法计算 GDP

考察 GDP 的另一种方法是利用各种生产要素挣得的收入。这一概念叫作国内总收入（GDI）。要搞清楚生产和收入之间的关系，我们可以设想一个只有两家企业的封闭经济。一家是面粉厂，它只利用劳动力生产面粉。另一家是面包店，它利用面粉和劳动力生产面包。面包是唯一的最终产品。面粉是唯一的中间产品，它完全被用于生产最终产品——面包。注意：为了简化问题，我们忽略了资本投入，例如厂房和机器。

这两家企业的损益表见表 2-3，这个经济体的名义 GDP 是最终产品面包的价值 600 英镑。这也是面包店的收入。表 2-3 显示，面包房的成本和利润分为面粉 350 英镑、劳动力 200 英镑（面包房工人）和利润 50 英镑（面包房）。对于面粉厂来说，350 英镑的收入分成了工人 250 英镑和利润 100 英镑。GDI 等于 450 英镑的总劳动收入加上 150 英镑的总利润，或者说 600 英镑。因此，在这个简单的经济体中，GDI 等于 GDP，这在一般情况下也是成立的。

表 2-3　计算国内总收入的假设数据

收入类型	金额（英镑）	成本或利润的类型	金额（英镑）
面包房（生产最终产品）			
面包销售	600	劳动	200
		面粉	350
		利润	50
		总成本和利润	600
面粉厂（生产中间产品）			
面粉销售	350	劳动	250
		利润	100
		总成本和利润	350

注意，GDP 计算了最终产品面包的价值 600 英镑，但没有分开计算面粉的价值 350 英镑。面粉已被完全用在面包的生产中，也就是说，600 英镑的面包销售额中已经计入了中间产品面粉的成本 350 英镑。如果我们再把 350 英镑的面粉的销售额加在 600 英镑的面包销售额上，我们就会重复计算中间产品面粉的价值。换句话说，面包房只增加了 250 英镑的销售额——600 英镑销售额减去用于购买面粉的 350 英镑。面粉厂的增加值（value added）是整整 350 英镑，因为我们假设面粉厂不使用中间产品。我们将面粉厂的增加值 350 英镑与面包房的 250 英镑增加值加在一起，就得到 600 英镑的 GDP 了。因此，GDP 等于所有各部门的增加值的总和。GDI 等于 GDP，因此也等于所有部门的增加值之和。

表 2-4 为 2012 年英国 GDI 按收入来源分类情况。名义 GDI 总计 16 554 亿英镑，也即名义 GDP。虽然计算 GDI 的方法在概念上与表 2-3 相同，但英国经济包含了额外的收入形式。英国经济中最大的部分是雇员补偿：8 494 亿英镑，占 GDP 的 51.3%。这个组

成部分类似于表 2-3 所示的劳工收入。

表 2-4　2012 年英国国内总收入（GDI）分类情况

收入类别	金额（10 亿英镑）	占 GDI 百分比（%）
国内总收入（GDI）	**1 655.4**	**100**
职工补偿金	849.4	51.3
营业盈余：		
私人企业	347.5	21.0
居民	125.8	7.6
中央政府及公营机构	34.7	2.1
混合收入	96.6	5.8
生产和进口税收	213.9	12.9
减去：补贴	（12.6）	（0.8）

资料来源：《英国国民核算》，蓝皮书，2014 年版。

在表 2-4 中，英国 GDI 中的有些部分代表了从资本获得的收入。这些数值不在表 2-3 中出现是因为我们并不考虑面包房和面粉厂各自拥有的、为生产商品做出贡献的资本设备，例如机器。在英国国民账户中，资本收入的类别包括私人企业、居民、中央政府和公共企业的经营盈余。营业盈余 5 080 亿英镑，占 GDI 的 30.7%。

2012 年英国国民收入也包括 966 亿英镑的混合收入（占总收入的 5.8%）。这项收入是自我雇佣的个体户，包括未组成公司的企业业主的报酬，这一收入代表了一种支付给劳动和资本的混合收入，如何将它分解则不太清楚，虽然经济学家们已经做了估计。

生产税——销售税、消费税和增值税（VAT）[①]包括在商品的市场价格内。由于 GDP 是根据产出的市场价值计算出来的，所以这些对生产的税收计入 GDP 中。这些税收收入也是政府收入的一部分——因此这些税收作为政府部门的收入计入国民收入，而由政府支付给生产者的补贴等于负的生产税收，所以，补贴是带着负号计入国民收入的，2012 年，扣除生产补贴的税收总额为 2 013 亿英镑，占 GDI 的 12%。

2.2.2.1　国内总收入与国民收入之间的差异

在表 2-3 的简化的经济体中，国内总收入（GDI）与国民收入是相等的，实际上，GDI 和国民收入之间存在的差异反映在两个主要的方面：涉及世界其他地区的收入与支出和资本存量的折旧。我们依次论述这两个方面。

GDP 是英国国内生产的商品和服务的价值，也等于 GDI。英国国民收入是居住在英国的所有部门的收入。GDI 与国民收入存在差异的一个原因是英国居民从世界其他地区得到的收入。主要是英国居民拥有的海外资本（资产）的收入，第二个部分是在海外工

[①]　增值税在许多国家很重要，但在一些国家并不存在，例如美国。

作的英国国民的劳动收入。与英国海外要素收入对应的是英国对海外要素的支付。这些
款项支付给位于英国但由外国人拥有的资本(资产)和在英国工作的外国人。海外要素净
收入是英国从世界其他地区获得的收入与英国向世界其他地区支付的收入之差：
—53 亿英镑。如表 2-5 所示,在 16 554 亿英镑 GDI 的基础上再加上这一数额,国民总
收入为 16 501 亿英镑。GNI 给出了英国生产要素的总收入,无论是在英国还是在
国外。

表 2-5　2012 年英国 GDI 与国民收入的关系

产出或收入的类别	金额(10 亿英镑)
国内总收入 GDI	**1 655.4**
加：来自世界其他地区的净收入	(5.3)
等于：国民总收入(GNI)	**1 650.1**
减：资本存量折旧	(218.7)
等于：国民净收入(NNI)	**1 431.4**

资料来源:《英国国民核算》,蓝皮书,2014 年版。

英国 GDI 的一部分包括位于英国的固定资本存量的折旧。这种折旧没有显示为生
产要素的收入。特别地,折旧要从营业收入总额中减去,以计算公司利润或业主收入。如
果我们从国民总收入中减去估计折旧 2 187 亿英镑,得到 2012 年的国民净收入(NNI)为
14 314 亿英镑。

2.2.3　生产法计算 GDP

我们也可以根据产生收入的生产部门来划分 GDP。表 2-6 显示了 2012 年英国按生
产部门划分的 GDP。16 554 亿英镑的名义 GDP 被分解为 14 759 亿英镑的总增加值
(GVA)和 1 795 亿英镑的产品净税。

表 2-6　2012 年英国按生产部门划分的 GDP

生产部门	金额(10 亿英镑)	占 GVA 的百分比(%)
农业	10	0.7
建筑业	88.7	6
生产		
制造业	146.9	10
采矿业	29.3	2
公用事业	37	2.5
服务		
住宿及食物服务	43.3	2.9

续表

生 产 部 门	金额（10 亿英镑）	占 GVA 的百分比（%）
金融保险	119.8	8.1
政府、医疗及教育	281.9	19.1
信息	92.2	6.2
专业及商业服务	175.8	11.9
运输与仓储	62.1	4.2
房地产	167.3	11.3
批发及零售贸易	162	11
其他服务	59.7	4
总增加值（GVA）	1 475.9	100
加：产品增值税	113.9	
加：产品的其他税收	72.7	
减：产品补贴	7.2	
国内生产总值（GDP）	1 655.4	

资料来源：《英国国民核算》，蓝皮书，2014 年版。

表 2-6 显示了 14 759 亿英镑的名义 GVA 如何被分到不同的行业：农业占 0.7%，建筑业占 6.0%，生产占 14.5%，服务业占 78.8%。服务领域占最大份额的是政府、医疗和教育领域，为 19.1%，专业及商业服务占 11.9%，房地产业占 11.3%，零售及批发贸易占 11.0%，金融和保险业占 8.1%。

在发达国家，服务业往往是经济中最大的部门，在一些发展中国家也是如此。例如，中国各行业在 GVA 的占比分别为农业 10.4%，建筑业 7.1%，生产业 39.8%，服务业 42.7%。法国农业、建筑业、生产和服务业在 GVA 中的份额分别为 1.9%、6.1%、13.8% 和 78.2%。德国农业、建筑业、生产业和服务业在 GVA 中的份额分别为 0.9%、4.5%、26.1% 和 68.4%。南非各行业在 GVA 中的份额分别为农业 2.4%，建筑 3.8%，生产 26.0% 和服务 67.9%。美国的农业、建筑、生产和服务业在 GVA 中的份额分别为 1.2%、3.6%、16.5% 和 78.7%。然而，沙特阿拉伯是一个例外，因为生产是该国经济中最大的部门。沙特阿拉伯各行业在 GVA 中的份额分别为农业 1.8%，建筑 4.3%，生产 58.6%，服务业 35.3%。

2.2.4 季节性调整

英国和大多数其他国家的 GDP 及其构成数据都是按季度发布的。这些数据使我们能够以季度为频率研究经济波动。然而，原始数据的一个问题是，由于季节因素，它们包含了相当大的系统变动。典型的模式是，英国实际 GDP 在一个日历年期间增长，并在第四季度（10 月至 12 月）达到峰值。然后，实际 GDP 通常在次年第一季度（1 月至 3 月）大幅下降,然后从第二季度反弹直至第四季度。

实际 GDP 和其他宏观经济变量的季节性波动反映了气候和假日的影响(特别是圣诞节期间和夏季度假期间)。出于多种目的,我们要利用国民账户的数据去研究经济波动,这些波动反映了除通常的季节性因素以外的各种因素。为此,通常对实际 GDP 及其组成部分的数据进行调整,以便滤去典型的季节性变动的因素。以这种方式调整的数据叫作经季节性调整的数据。新闻媒体中报道的被用于宏观经济分析的国民账户信息就是以经季节性调整数据的形式出现的。本书中我们也是利用经季节性调整的数据来分析经济波动。

季节性调整也适用于很多在新闻媒体中和用于宏观经济分析的月度变量。这些变量包括就业和失业、工资收入、工业产量、零售额以及消费者价格指数。在本书中,当讨论这些月度变量时,我们也指的是经季节性调整的数据。

 ## 2.3   价格

我们已经讨论了链式加权实际 GDP 的计算如何为 GDP 生成一个隐含的价格平减指数。由此产生的一系列数据为我们提供了一个很好的衡量整体价格指数的指标。也就是说,我们得到的价格指数与国内生产的一篮子商品和服务的整体市场价格相匹配。我们还可以用这种方法得到 GDP 各组成部分的隐含价格平减指数。例如,我们有一个居民消费支出的平减指数,一个私人国内投资总额的平减指数,等等。① 除了这些隐含的价格平减指数,还有一些衡量消费者价格通胀的指标。

实践中的经济学   消费者价格指数的问题

消费者价格指数(CPI)受到相当大的关注,因为它每月提供有关家庭购买的一篮子商品和服务的广泛市场价格的信息。引起关注的部分原因是,一些公共和私人合同根据 CPI 指数化其名义支付。许多经济学家认为,报告中的 CPI 增幅夸大了通胀,因此,CPI 指数化支付的自动调整可能过大,无法使实际支出保持不变。当然,这种评估是有争议的,因为任何修复都会对实际的转移支付、实际的税收征收等产生重大影响。夸大通货膨胀的一个原因叫作替代偏见。其理念是,供应状况的变化会改变各种商品和服务的相对价格,而家庭的反应是将支出转向相对便宜的商品和服务。但是,由于 CPI 的权重是长期固定的,计算 CPI 的公式对购买模式的变化有很大的滞后。特别是,CPI 指数没有考虑到价格较低的商品所占的比重越来越大,而这些商品在典型的家庭消费品中往往变得更为重要。从概念上讲,这个问题很容易解决,方法是将计算隐含 GDP 平减指数的方法转

---

①   然而,政府购买商品和服务的平减指数并不是很有用。由于政府的大部分产出并没有在市场上出售,这个价格平减指数反映了对提供公共服务成本的任意假设。主要的假设是政府雇员的生产力不会随时间而变化。

换为已经描述过的链式加权方法。这个平减指数没有替代偏差，因为权重几乎是随着时间不断变化的。另一个更具挑战性的问题是，隐含的 GDP 平减指数和 CPI 都涉及质量变化。尽管试图衡量质量的改善，但这些变化往往被低估了。因此，一些被记录为通货膨胀的价格上涨实际上应该被看作是为了获得更好质量的产品而花费的钱的增加。因此，全面考虑质量改进将降低通货膨胀率。汽车、电脑、房屋和电视机等商品的计量已有所改进。在医疗领域也提出了衡量质量变化的有趣建议，在这些领域，挽救生命或提高生活质量的技术进步往往被称为通货膨胀。另一个问题是，各种价格指数没有考虑到由于新产品的推出而导致的价格水平的有效下降。例如，当个人计算机或 DVD 播放器变得可用时，家庭在一定的收入下变得更宽裕了，即使新产品最初"昂贵"。同样的道理也适用于新处方药物的发明，即使这些药物的价格一开始就"很高"。创造有用的新产品，往往会提高家庭的实际收入，或相应地降低有效价格水平。因此，对新产品的合理核算将降低平均通胀率。如果适当考虑新产品的影响，中国经济的实际增长也会显得更为强劲。

　　在英国，国家统计局（ONS）计算 CPI 和零售价格指数（RPI）。这两种价格指数都是根据每月超过 650 个代表性项目的大约 18 万个报价信息，跟踪商品和服务的价格而编制的。然而，RPI 通胀率历史上一直高于 CPI 通胀率，原因如下。首先，这两个指数基于不同的商品和服务篮子。零售物价指数包括自住住房成本、市政税、建筑物保险和房屋折旧等项目，而 CPI 不包括这些项目。CPI 包括大学住宿费、外国学生大学学费、单位信托基金和股票经纪人费等项目，而 RPI 不包括这些。其次，这两个价格指数的目标人群不同。CPI 涵盖了英国所有家庭和外国游客的国内支出。相比之下，RPI 不包括高收入家庭和一些退休人员的支出。最后，两个指数产生不同通胀率的最重要原因是，它们使用不同的公式来计算价格指数，这被称为公式效应。2013 年，英国国家统计局宣布，由于 RPI 不符合国际标准，它不再被视为官方的国家统计数据，但国家统计局继续计算其价值。

实践中的经济学　零售价格指数的问题

　　零售价格指数（RPI）于 1947 年推出，是从 1956 年到被 CPI 取代前，衡量消费者价格通胀的官方指标。消费者物价指数（CPI）于 1996 年推出，是由欧洲联盟所有国家编制的消费者价格协调指数（Harmonized Index of Consumer Prices）。2003 年，英格兰银行的通胀目标从 RPI 的 2.5% 调整为 CPI 的 2%。目标通胀率的这一变化是由于 RPI 通胀率普遍高估了通胀率，平均比 CPI 通胀率高出约 0.9 个百分点。这种差异主要是由于 CPI 和 RPI 的构建公式不同造成的，可以解释如下。CPI 主要基于所谓的 Jevons 指数，该指数取价格的几何平均值，而 RPI 主要基于所谓的 Carli 指数，该指数取价格的算术平均值。从数学上讲，Carli 指数总是比 Jevons 指数产生更高的价格水平和更高的通胀率。

由于 Carli 指数在价格指数方面不符合国际标准，英国国家统计局在 2013 年宣布，RPI 不再被视为官方的全国统计数据。

 # 重要术语和概念

链式加权实际 GDP chain-weighted real GDP

封闭经济 closed economy

半耐用消费品和耐用消费品 consumer semi-durables and durables

非耐用消费品和服务 consumer nondurables and services

消费者价格指数 consumer price index(CPI)

折旧 depreciation

出口 exports

流动变量 flow variable

不变价格 GDP GDP in constant prices

现值 GDP GDP in current prices

国内总收入 gross domestic income (GDI)

国内投资总额 gross domestic investment

国民总收入 gross national income (GNI)

总增加值 gross value added (GVA)

居民消费支出 household consumption expenditure

隐含的 GDP 平减指数 implicit GDP deflator

进口 imports

估算的租金收入 imputed rental income

存货 inventories

国民收入 national income

国内净投资 net domestic investment

国内生产净值 net domestic product(NDP)

净出口 net exports

海外要素净收入 net factor income from abroad

国民净收入 net national income (NNI)

名义 GDP nominal GDP

开放经济 open economy

零售价格指数 retail price index (RPI)

经季节性调整的数据 seasonally adjusted data

存量变量 stock variable

增加值 value added

问题和讨论

A. 复习题

1. 定义名义和实际 GDP。这些是流量概念还是存量概念？解释为什么名义 GDP 和实际 GDP 之间的差异很重要。

2. 利用表 2-1 中 2016 年价格计算 2017 年不变价格实际 GDP 的值，并与表 2-1 中的链式加权实际 GDP 进行比较。

3. 定义隐含的价格平减指数。这个概念从何而来？它与名义 GDP 和实际 GDP 有什么关系？

4. 我们从支出、收入和生产的角度讨论了对 GDP 的不同看法。这些方法的基本区别是什么？为什么它们加总得到的 GDP 是相等的？

5. 我们讨论了 GDI 和 GNI 的概念。这些概念的基本区别是什么？

B. 讨论题

6. 表 2-5 显示了 2012 年英国 GDP 与收入的关系。选定一个国家复制此表。

7. 下载一个国家的 CPI 和 GDP 平减指数的数据。比较这两种物价指数计算的通货膨胀率。

8. 从福利的角度来看，实际 GDP 有哪些不足之处？你对修订 GDP 的计算方法以更好地衡量福利，有何实际建议？

第二部分

经济增长

中级宏观经济学
Intermediate Macroeconomics

第 **3** 章

经济增长导论

2014 年,欧盟的人均国内生产总值(GDP)为 36 699 美元(以 2014 年的国际美元计算)。人均产出如此之高,意味着典型的欧盟居民拥有较高的生活水平,这里指的是消费的商品和服务的数量和质量。大多数家庭都有自己的房子,至少有一辆车,几台电视机,至少受过高中以上的教育,通常还上过大学,健康状况良好,预期寿命接近 80 岁。这样高的生活水平也适用于其他发达国家,如澳大利亚、加拿大、日本、新西兰、新加坡、韩国和美国。

其他大多数国家的居民却没有这么富裕。例如,2014 年墨西哥的人均 GDP(2014 年的国际美元价值)为 17 950 美元,印度为 5 808 美元,非洲人口最多的国家尼日利亚为 6 054 美元。较低的人均实际国内生产总值(GDP)意味着生产水平较低。墨西哥普通居民能负担得起食品、住房和基本医疗保健,但无法达到富裕国家大多数居民所能获得的消费品的范围和质量。更严重的是,普通的尼日利亚人还得关心吃饭和住房问题,人口的预期寿命不到 52 岁。

实际人均 GDP 较低的国家如何才能赶上富裕国家所享有的高生活水平呢?唯一的答案是在很长一段时间内,如 20 年或 40 年,保持较高的经济增长——人均实际 GDP 增长的速度较快。为了说明这一点,表 3-1 显示了在 2011 年至 2036 年不同的人均实际 GDP 增长率下,2036 年中国人均实际 GDP 的水平。要想在 2036 年达到美国和其他富裕国家 2011 年的水平,中国的实际人均 GDP 需要以每年 6.3% 的速度增长,这对于一个经济体来说是一个相当大的成就。因此,持续 20 年或更长时间的经济增长率的差异,对以实际人均 GDP 水平衡量的生活水平产生了巨大的影响。

表 3-1　经济增长和中国在 2036 年时的人均实际 GDP

2011—2036 年人均实际 GDP 增长率	2036 年人均实际 GDP(2005 年美元)
每年 2%	14 670
每年 5%	31 060
每年 10%	108 420

注:2011 年,中国实际人均 GDP 为 8 900 美元。我们按以下步骤计算 2036 年实际人均 GDP 水平:先取自然对数,得到 ln(8 900)=9.094。然后增长率乘以年数 25 年——例如,如果增长率为每年 2%,则为 25×0.02=0.50。再加上 9.094 得到 9.594。然后取 9.594 的指数,得到 14 670。

持续经济增长的好处适用于所有国家。因此,一个普遍的问题是,我们——或我们的政府——能做些什么来提高经济增长率?这个问题的重要性激发了经济学家罗伯特·卢卡斯(Robert Lucas,1988)的思考:"印度政府是否可以采取一些行动,让印度经济像印度尼西亚或埃及那样增长?"如果有,到底是什么? 如果没有,那么印度的什么特质造成这样的现状? 诸如此类的问题凸显了制定促进经济增长的政策所面临的挑战。这一挑战激发了我们在本章开始并在接下来的两章继续进行的研究。

我们首先介绍有关经济增长的关键事实:第一,自1960年以来的多数国家的经济情况;第二,一些富裕国家一个多世纪以来的增长数据。这些观察结果提出了我们需要了解的模式,以便设计促进经济增长的政策。作为理解经济增长的一种方法,我们构建了一个经济增长模型,称为索洛模型。在第4章和第5章中,我们将扩展这个模型,并看看这些扩展如何与经济增长模式和卢卡斯的政策挑战相关联。[①]

3.1　关于经济增长的事实

3.1.1　1960 年至 2011 年的世界经济增长

我们在研究经济增长时,首先比较许多国家的生活水平(以实际人均 GDP 衡量)。这种比较将使我们能够看到哪些国家富有,哪些国家贫穷。在图 3-1 中,横轴表示人均实际 GDP(以 2005 年的国际美元计),纵轴表示 2011 年相应人均实际 GDP 的国家(经济体)数量。这个图表适用于 160 个国家(或经济体),每个条形图都标有数据和代表性国家(或经济体)。

样本中收入最高的国家是卢森堡,实际人均 GDP 为 79 300 美元,几乎是排名第七的美国(42 700 美元)的两倍。更普遍地说,高收入的位置由富裕国家俱乐部的长期成员占据,该俱乐部被称为经济合作与发展组织(OECD,简称经合组织)。这一精英群体包括西欧大部分国家、爱沙尼亚、斯洛文尼亚、斯洛伐克、美国、加拿大、澳大利亚、新西兰、智利、以色列、韩国和日本。总体而言,2011 年最富有的 25 个经济体中有 21 个是经合组织成员国。其他四个经济体分别是中国澳门(排名第二)、新加坡(排名第三)、中国香港(排名第五)和中国台湾(排名第 19)。

图 3-1 显示最贫穷的国家是刚果(金沙萨),一个撒哈拉以南的非洲国家,人均实际 GDP 为 406 美元,同样以 2005 年的国际美元计算。因此,在 2011 年,最富裕的国家(卢森堡)的实际人均 GDP 是最贫穷国家的 195 倍。如果我们不与卢森堡对比,因为它的面积小,与美国对比,我们发现美国的实际人均 GDP 是刚果的 105 倍。

经济学家用**贫穷**这个词来形容生活水平低下。生活在贫困中的人或家庭难以负担生活的基本必需品——食物、衣服、住所和健康——并且只能梦见汽车和电视机。贫困反映了个人和家庭的实际收入较低。根据联合国(United Nations)和世界银行(World Bank)

---

①　卢卡斯在 20 世纪 80 年代中期写下这些话时,印度的增长速度曾有一段时间低于埃及和印度尼西亚。从 1960 年到 1980 年,埃及、印度尼西亚和印度的人均实际 GDP 年增长率分别为 2.5%、3.5% 和 1.6%。然而,从 1980 年到 2011 年,印度的增长率确实超过了印度尼西亚;埃及的实际人均 GDP 增长率为 5.5%,印度尼西亚为 3.0%,印度为 4.1%。因此,印度政府可能已经遇到了卢卡斯挑战。

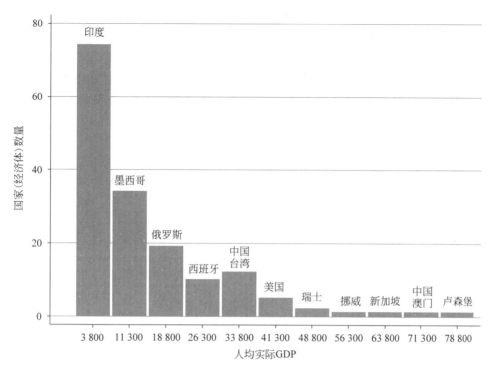

图 3-1 **2011 年世界人均实际国内生产总值（GDP）的分布**

注：该图显示了 2011 年 160 个经济体人均实际国内生产总值（GDP）的分布情况。横轴以 2005 年国际美元为基准单位，采用比例尺。代表性国家（经济体）表示的是实际人均 GDP 的范围。

等国际组织的定义，如果一个人的年收入低于以 2005 年价格计算的 460 美元，那么他在 2011 年就处于贫困之中。每年 460 美元的价值是对 20 世纪 80 年代制定的著名贫穷标准的修正，当时的标准将每人每天 1 美元的收入视为贫困线。因此，我们可以把每年 460 美元作为每天 1 美元的贫困标准。

一个国家生活在贫困中的人数取决于两件事。一是国家的收入分配方式；例如，总收入可能几乎是平均分配的，或者小部分人口拥有大部分收入。其次是该国的平均实际收入，可以用人均实际 GDP 来近似。如果这个平均水平很低，即使收入分配均衡，典型的居民也会生活在贫困之中。

实际上，第二个因素——一个国家的实际人均 GDP——是决定贫困人口数量的最重要因素。人均实际 GDP 非常低的国家，有很大一部分人口生活在贫困之中。因此，图 3-1 中绘制的数据告诉我们，2011 年的世界贫困主要由撒哈拉以南非洲地区主导——在人均实际 GDP 最低的 25 个经济体中，令人惊讶的有 23 个在该地区。在这个最贫穷的群体中，其他两个国家是萨尔瓦多（排名倒数第 11）和尼泊尔（排名第 19）。（这里没有给出用于绘制该图的数据列表。）

2011 年的实际人均 GDP 为我们提供了一个时间点的生活水平快照。像经合组织成员国这样的富裕国家之所以在 2011 年富有，是因为它们的人均实际 GDP 水平在很长一段时间内都在上升。同样，2011 年贫困国家的实际人均 GDP 水平——尤其是撒哈拉以南非洲国家——并没有增长,事实上,我们将看到,其中许多增长率是负数,因此实际人均GDP 随着时间的推移而下降。

要衡量经济增长,我们必须将 2011 年的实际人均 GDP 水平与早些年进行比较。图 3-2 首先展示了 50 多年前 1960 年人均实际 GDP 的图表。这个图类似于图 3-1。横轴表示人均实际 GDP,仍然使用 2005 年国际美元。纵轴表示 1960 年相应人均实际 GDP 的国家(经济体)数量。考虑到 1960 年数据的可获得性,国家总数只有 107 个。

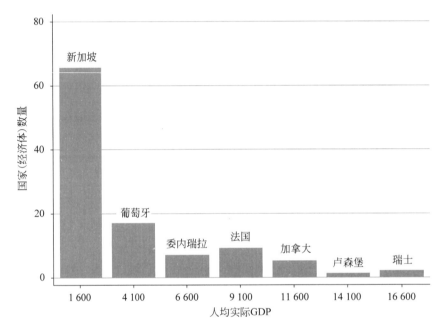

图 3-2 1960 年世界人均实际国内生产总值(GDP)的分布

注:该图显示了 1960 年 107 个国家人均实际 GDP 的分布情况。横轴以 2005 年国际美元为单位,采用比例尺。代表性国家(经济体)指的是实际人均国内生产总值的范围。

1960 年,瑞士以人均实际 GDP17 200 美元位居榜首,挪威紧随其后,人均实际 GDP 为 16 700 美元。排名前 25 位的主要是经合组织的长期成员国——最富有的 25 个国家中有 22 个是经合组织成员国。

与 2011 年不同的是,1960 年没有一个亚洲国家进入前 25 名。两个拉丁美洲国家(乌拉圭和委内瑞拉)位列高收入组,但 2011 年一个也没有。特立尼达和多巴哥、巴巴多斯在 1960 年也属于高收入这一组,但在 2011 年就不在了(当时特立尼达和多巴哥排名第 31 位,巴巴多斯排名第 33 位)。

与 2011 年相比,1960 年撒哈拉以南非洲国家对人均实际 GDP 最低组的主导程度有所下降。1960 年最贫穷的国家是博茨瓦纳,人均实际 GDP 为 390 美元,但在人均实际 GDP 最低的 25 个国家中,只有 18 个在撒哈拉以南非洲。1960 年最贫穷的 25 个国家中有 5 个在亚洲——巴基斯坦、泰国、尼泊尔、印度和印度尼西亚。另外还有埃及(倒数第 6)和萨尔瓦多(倒数第 11)。在接下来的 40 年里,非洲以外的 7 个国家中,大多数国家的经济增长速度都足够快,足以摆脱最低水平。事实上,从 1960 年到 2011 年,亚洲的高增长和撒哈拉以南非洲许多国家的低增长是 2011 年世界生活水平分布的重要组成部分。在下一节中,我们将讨论这些发展如何影响世界贫困。

1960 年,最富有的国家(瑞士)的人均实际 GDP 是最贫穷国家(博茨瓦纳)的 44 倍。这个差距低于 2011 年的水平,当时美国人均实际 GDP 是刚果(金沙萨)的 105 倍。

如果我们比较每个国家(经济体)2011 年和 1960 年的人均实际 GDP 水平,我们可以计算出这个国家(经济体)51 年间的人均实际 GDP 增长率。图 3-3 显示了可获得数据的 107 个国家(经济体)人均实际 GDP 增长率的分布情况。这个图的构造类似于图 3-1 和图 3-2。横轴显示的是 1960 年至 2011 年的人均实际 GDP 增长率,纵轴显示的是人均实际 GDP 增长率对应的国家(经济体)数量。

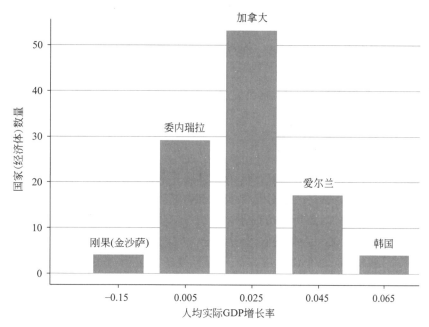

图 3-3 1960 年到 2011 年世界人均实际 GDP 增长率的分布

注:图表显示了从 1960 年到 2011 年 107 个国家(经济体)的人均实际 GDP 增长率的分布。代表国家(经济体)表示增长率的范围。未加权年平均增长率为 2.2%。

从 1960 年到 2011 年,107 个国家(经济体)的人均实际 GDP 年均增长率为 2.2%。[①] 增长最快的国家是博茨瓦纳,为 7.1%。更普遍的是,许多 1960 年到 2010 年间快速增长的国家(经济体)——前 12 名中有 7 名——来自东亚。进入前 20 名的东亚经济体包括中国内地、中国香港、日本(直到 20 世纪 70 年代早期,日本经济一直快速增长)、马来西亚、新加坡、韩国、中国台湾和泰国。一些经合组织的长期成员国也在高经济增长的前 20 名:爱尔兰和葡萄牙。前 20 名中的其他国家是博茨瓦纳、加蓬和赤道几内亚(非洲撒哈拉以南地区最有成就的国家)、塞浦路斯、罗马尼亚、埃及、突尼斯、伊朗、马耳他和阿根廷。

---

① 计算 1960 年到 2011 年人均实际 GDP 增长率最简单的方法是计算 $(1/40) \times \log$(2011 年人均实际 GDP/1960 年人均实际 GDP),此处 log 是自然对数。

在世界经济的底部,1960 年至 2011 年经济增长表现最差的 20 个国家中,有 17 个位于撒哈拉以南非洲。非洲以外的三个发展缓慢的国家是牙买加(0.3%)、孟加拉国(0.6%)和洪都拉斯(0.8%)。因此,2011 年该地区人均实际 GDP 低水平的原因是这一地区的国家在 1960 年开始就很糟糕(这些国家大部分是在这一时期独立的),而且,从1960 年到 2011 年,他们的人均实际 GDP 的增长情况一直很糟糕。2011 年一些国家——尤其是撒哈拉以南非洲国家——之所以贫穷,主要是因为自 1960 年以来,它们的增长速度很低,甚至为负。因此,为了更进一步,我们必须理解为什么这些国家没有以更高的速度增长,特别是当该地区其他国家的增长开始加速时。

我们看到东亚的一些经济体在 1960 年到 2010 年间经历了强劲的增长。这种强劲的增长使这些国家(经济体)从 1960 年人均实际 GDP 的较低水平上升到 2011 年的较高水平。要理解这一变化,我们必须理解为什么这些国家(经济体)的经济增长率如此之高。

要正确评估经合组织成员国 2011 年的高人均实际 GDP,我们必须看看 1960 年之前的数据。也就是说,这些国家在 2011 年很富有,部分原因是他们从 1960 年到 2011 年增长了,但更多是因为他们在 1960 年就已经很富有了。为了对当前富裕国家(经济体)的长期发展有所了解,我们将在本章的后面查看一些富裕国家(经济体)的历史数据。

3.1.2　世界贫困和收入不平等

我们注意到,贫困指的是实际收入的最低可接受水平,如世界银行的每日 1 美元的标准。"不平等"一词常与贫穷互换使用,但实际上含义不同。不平等是指在一个国家或世界范围内,个人在某一时间点所经历的不平等分配。衡量不平等的一个常用标准是:一个国家收入最低的五分之一人口的收入在国民收入中所占的比例。如果收入是均匀分布的,这个数字将是 20%。这个比例从 20% 下降得越多,收入不平等就越严重。同样,我们可以看看收入最高的五分之一人口在收入分配中所占的比例。超过 20% 越多,收入不平等性就越高。

实际上,收入分配远非平等——在 2010 年前后发布数据的 100 个国家中,收入最低五分之一的收入占国民收入的比例平均为 6.7%,而收入最高的五分之一占国民收入的比例平均为 45%。相应地美国的这两个比例分别为 5.0% 和 46%(按收入最低的五分之一衡量不平等水平更高,按收入最高的五分之一衡量不平等水平相似),英国分别是 7.1% 和42%(两个指标下不平等水平均低于美国),德国分别是 8.0% 和 39.3%(不平等程度相对较低),巴西分别为 3.2% 和 58.3%(一个不平等程度很高的国家)。

对于给定的人均收入,不平等程度决定了生活在每日 1 美元贫困线以下的人口比例。除非平均实际收入极低,否则更多的不平等意味着更大比例的人口落在贫困线以下。然而,当平均实际收入发生变化时——例如,当人均实际 GDP 上升时——不平等和贫困的表现就会不同。

为了理解原因,假设每个人的实际收入都翻倍。在这种情况下,不平等不会改变——例如,如果最低的五分之一开始时占总收入的 6%,那么在每个人的收入翻倍后,最低的五分之一仍占 6%。相比之下,如果每个人的实际收入都翻倍,贫困就会大幅下降——因为更多的人的实际收入将超过每天 1 美元的标准。如果我们认为一个人的福利取决于他或她的实际收入,而不是用相对于其他人的收入来衡量,那么作为衡量福利的一种标准,贫困比不平等更有意义。

Pinkovskiy 和 Sala-i-Martin(2009)的论证表明,经济增长导致 1970 年至 2006 年世界贫困人口大幅下降。每天生活在贫困线以下的人口从 1970 年的 9.67 亿(占世界人口的 27%)下降到 2006 年的 3.5 亿(占世界人口的 5%)。[①] 图 3-4 显示了这些改变是如何发生的。图 3-4(a)描述了 1970 年世界人口的收入分布。横轴按比例绘制实际收入,纵轴显示每个收入水平的人数。标着每日 1 美元的垂直线表示的是与贫困线标准相当的收入水平。[②] 考察最上方曲线下方和贫困线左侧的区域,便是全世界人口中每天收入在 1 美元以下的部分,我们将这一区域与曲线下方的整个区域相比,得出的结果是 1970 年贫困人口占全世界人口的 27%。

1970 年至 2006 年的世界经济增长导致了从图 3-4(a)到图 3-4(b)的转变。注意,整个收入分配向右平移,因为世界上更大比例的人拥有了更高的实际收入。因此,2006 年全球收入低于每日 1 美元贫困线的人口比例远低于 1970 年。2006 年这一比例为 5%,而 1970 年为 27%。贫困率的急剧下降表明,由于经济增长,过去三十年来取得了巨大的进步。

图 3-4 也展示了 1970 年至 2006 年世界上一些地区的情况。在贫困方面,最大的变化发生在中国和印度,2006 年这两个国家人口占世界人口的近 40%。1970 年,中国、印度等亚洲国家的许多居民生活在每日贫困线以下,在全部贫困人口中东亚占 53%,南亚占 15%。然而,图 3-4(a)和图 3-4(b)显示东亚和南亚的收入分配曲线从 1970 年到 2006 年大幅右移。这一变化反映了亚洲的强劲经济增长,特别是自 20 世纪 70 年代末以来中国和印度的强劲经济增长。因此,到 2006 年,东亚的贫困人口只占全部贫困人口的 7%,南亚占 11%。

我们还知道,最近几十年撒哈拉以南非洲地区的经济增长非常缓慢。因此,贫困人口激增。在 1970 年,撒哈拉以南非洲仅占全部贫困人口的 12%。然而,2006 年,该地区贫困人口占总贫困人口的 68%。因此,贫穷从主要是亚洲问题变成非洲问题为主。如果最近几个非洲经济体出现的强劲经济增长一直继续,可能有助于缓解这一问题。

世界不平等的结果更加复杂。我们可以把变化分为两部分:第一部分是国家内部的变化,第二部分是国家间的变化。从 1970 年到 2006 年,包括美国、英国和中国在内的几个大国的不平等加剧。然而,Pinkovskiy 和 Sala-i-Martin 表明,这些国家内部的变化对整个世界人口之间的不平等只有很小的影响。

第二个因素是各国平均收入的差距。从图 3-1 和图 3-2 可以看出,从 1960 年到 2011 年,最高人均实际 GDP(主要集中在经合组织国家)与最低人均实际 GDP(主要在撒哈拉以南非洲)之比上升。然而,由于世界不平等涉及的是人的数量,而不是国家的数量,我们

---

① 生活在贫困中的人口比例称为贫困率,而生活在贫困中的人数称为贫困人数。从 1970 年到 2006 年,贫困率急剧下降,尽管世界人口大幅度增加,但世界贫困人口总数却在减少。

② 根据 Pinkovskiy 和 Sala-i-Martin 的判断(312 美元)和世界银行的估计(554 美元),这两条分别为 312 美元和 554 美元的垂直线代表了以 2006 年美元计算的每日 1 美元的实际收入。

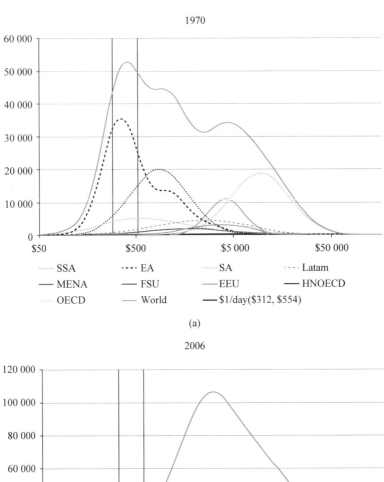

图 3-4　1970 年(a)以及 2006 年(b)世界收入分布

注：(a)为 1970 年统计结果,(b)为 2006 年统计结果。横轴按比例绘制 2006 年国际美元的实际收入。在这两幅图的最上方的曲线中,纵轴显示了世界上每个收入水平的人口数量。标有 1 美元的垂直线表示的是与标准贫困线每天 1 美元(以 2006 年价格计,相当于每年 312 美元)相对应的年度实际收入,各国的收入分布按区域划分为：东亚(标记为 EA)、东欧(EEU)、前苏联地区(FSU)、高收入非经合组织国家(HNOECD)、拉丁美洲(Latam)、中东和北非(MENA)、南亚(SA)和撒哈拉以南非洲(SSA)。最上方曲线显示的世界人口数量的数值是所有国家人口数量的垂直总和。

资料来源：这些图表来自 Pinkovskiy 和 Sala-i-Martin。经许可可转载。

必须给予较大的国家更多的权重。较大国家的收入变化,尤其是中国和印度,比较小国家的收入变化重要得多。1970 年中国和印度的平均实际收入很低,两国从 1970 年到 2011 年的强劲经济增长,极大地促进了世界收入不平等程度下降。事实证明,这一力量主导了其他力量,并在同时期导致衡量世界收入不平等的指标下降。

3.1.3　富裕国家的长期增长

我们提到,对于富裕国家来说,近年来人均实际 GDP 高的主要原因是这些国家在 1960 年就已经拥有了较高的人均实际 GDP。因此,要理解这些国家的繁荣,我们必须放眼到 1960 年以前。

鉴于可靠的历史数据,我们从美国开始讨论。如果我们回到一个多世纪以前,我们会发现 1850 年(能获得可信的跨国数据的最早时间)美国的人均实际 GDP 是 1 850 美元,以 1990 年的价格计算。因此,2011 年 42 700 美元的人均实际 GDP 是 1850 年的 23 倍。人均实际国内生产总值的增长,以及因此而增加的人均实际收入,对生活水平产生了巨大的影响。与 1850 年不同的是,2011 年典型的美国家庭不仅拥有一个舒适的家,有充足的食物和衣服,而且拥有许多在 1850 年甚至无法想象的东西:汽车、电视机、电话、个人计算机和互联网。此外,与 161 年前相比,教育水平高得多,预期寿命长得多,居住在城市的人口比例也大得多。

从 1850 年到 2011 年,美国人均实际 GDP 的平均增长率为 1.9%。这一增长率似乎并不那么令人印象深刻,它低于 1960 年至 2011 年或图 3-3 所示的 107 个国家 2.2% 的年平均增长率。此外,美国的长期增长率远低于一些东亚和非洲国家 1960 年至 2011 年 6% 以上的年增长率。然而,美国 1.9% 的年增长率——在如此长的时间内保持如此高的增长率——足以使美国成为 2011 年全球十大最富有的国家之一。

如果 1850 年以来人均实际 GDP 的平均增长率远低于或高于 1.9%,那么 2011 年美国的生活水平将会大不相同。如果增长率是每年 1.0%,2011 年的人均实际 GDP 将是 9 255 美元,只有 1850 年的 5 倍。在这种情况下,典型的美国家庭将拥有合理的食物和医疗,但将缺乏舒适的家和一辆好车,将错过一系列令人愉快的消费品,并将受到较低水平的教育。另外,如果增长率为 3.0%,2005 年人均实际 GDP 将达到 231 600 美元,是 1850 年水平的 125 倍。人均实际 GDP 为 231 600 美元,这意味着一个典型的家庭将拥有豪华的住宅,几辆漂亮的汽车,昂贵的私立学校和医疗保健也都没有问题。

类似的计算也适用于其他经合组织国家,其中许多国家现在几乎和美国一样富有,甚至比美国更富有。这些国家之所以变得富有,是因为它们的人均实际 GDP 在很长一段时间内以每年 2% 左右这样一个并不起眼的速度增长。

尽管一个多世纪以来人均实际 GDP 的平均增长率在 2% 左右,但这一增长率并不是长期不变的。要看到这一点,请考虑表 3-2,其中显示了包括美国在内的 21 个经合组织国家的增长率。该表显示了 21 个国家在 1800 年至 2010 年 30 年间人均实际 GDP 增长率的未加权平均值。210 年的平均年增长率为 1.4%,趋势并不明显。然而,自 1920 年以来的平均增长率略高:每年 2.2%。

人均实际 GDP 增长率从 1950—1980 年的 3.4% 下降到 1980—2010 年的 1.7%,这有

时被称为生产率下降。从 1980 年到 2010 年,衡量生产率的指标——如人均产出和劳动人口平均产出——增长速度没有过去 30 年那么快。然而,1980—2010 年 1.7％的年增长率超过了 1800 年以来的平均增长率。因此,1950—1980 年的高增长率(事实证明,1950—1970 年也是如此)可能是一个例外。此外,1980 年至 2010 年较低的增长率受到 2008 年开始冲击美国和欧洲的经济危机的严重影响。从表 3-2 的数字中,一个合理的猜测是,未来人均实际 GDP 的增长率将接近 2％。

表 3-2　OECD 国家的长期经济增长

时　　期	人均实际 GDP 增长率(％/年)	国家数
1800—1830	0.1	5
1820—1850	1.0	13
1850—1880	1.2	20
1860—1890	1.2	18
1890—1920	1.0	20
1920—1950	1.5	20
1950—1980	3.4	21
1980—2010	1.7	21

注:数据来源于《Bolt and van Zander》(2014)中描述的 Angus Madison 项目。这 21 个国家包括澳大利亚、奥地利、比利时、加拿大、丹麦、芬兰、法国、德国、希腊、意大利、爱尔兰、日本、荷兰、新西兰、挪威、葡萄牙、西班牙、瑞典、瑞士、英国和美国。增长率是有可用数据的国家的未加权平均数。拥有早期数据的国家较少。

3.1.4　世界经济增长格局

在研究这些数据时,我们观察到了经济增长的一些重要模式。首先,从 1960 年到 2011 年,东亚等一些经济体增长迅速,从而在 51 年的时间里大幅提高了人均实际 GDP 水平。其次,在同一时期,其他国家——尤其是撒哈拉以南非洲的许多国家——的经济增速较低或为负增长,因此 2011 年人均实际 GDP 处于较低水平。第三,美国和其他经济合作与发展组织国家 2011 年的人均实际 GDP 水平很高,主要是因为它们在一个多世纪的时间里平稳地增长——大约是每年 2％。

这些观察结果提出了我们想要回答的有关经济增长的问题:

- 是什么因素导致一些国家在 1960 年至 2011 年期间快速增长,而另一些国家增长缓慢？特别是,为什么东亚国家的表现要比撒哈拉以南非洲国家好得多？
- 像经济合作与发展组织成员国这样的国家是如何在一个多世纪的时间里保持人均实际 GDP 每年 2％左右的增长的？
- 政策制定者能做些什么来提高人均实际 GDP 的增长率？

这些问题的答案可以对未来几代人的生活水平做出很大的贡献。我们接下来讨论的有关经济增长的理论使我们更接近于找到这些答案。

3.2　经济增长理论

现在,我们将建立一个经济增长模型,以帮助理解国际数据中的模式。我们首先考虑生产函数,它告诉我们商品和服务是如何生产的。

3.2.1　生产函数

我们的经济增长理论研究始于考虑一个国家的技术和生产要素(或要素投入)如何决定其商品和服务的产出(以实际 GDP 衡量)。产量与技术和要素投入量的关系称为生产函数。

我们将建立一个简化的模型,它有两个要素输入:资本存量 K 和劳动力 L。在这个模型中,资本以物理形式存在,比如企业使用的机器和建筑物。一个更完整的模型将包括人力资本,它体现了教育和培训对工人技能的影响,以及医疗、保健、营养和卫生对工人健康的影响。在我们的简化模型中,劳动力的投入量 L 是一个标准质量和努力程度的劳动力每年的工作小时数。也就是说,我们假设,在某一时刻,每个工人都有相同的技能。为了方便起见,我们通常把 L 称为劳动力或工人的数量。如果我们把每个工人看作每年工作一定时间,这些解释是令人满意的。

我们使用符号 A 表示技术水平。对于给定数量的要素投入 K 和 L,A 的增加可以提高产出。也就是说,技术越先进的经济体,整体生产率水平就越高。较高的生产率意味着给定数量的要素投入的产出更高。

数学上,我们把生产函数写成:

关键方程(生产函数):

$$Y = A \cdot F(K, L) \tag{3-1}$$

观察产出 Y 如何对生产函数中的变量——技术水平 A,资本 K 和劳动 L 的数量——做出反应的一种方法是改变三个变量中的一个而保持其他两个不变。考察这个方程,我们看到,Y 与 A 成正比例。因此,如果 A 增加一倍,而资本 K 和劳动 L 不变,则 Y 也增加一倍。

对于给定的技术水平 A,生产函数 $F(K, L)$ 决定了额外增加一单位资本 K 和劳动 L 如何影响产出 Y。我们假设,每一种要素在边际上都是有生产效率的。因此,对于给定的 A 和 L,K 的增加——即处在边际上的 K 的上升,会提高产出 Y。同样,对于给定的 A 和 K,L 的增加也会提高 Y。

由 K 的少量增加而引起的 Y 的变化叫作资本的边际产量,我们将它缩写为 MPK。MPK 告诉我们当 K 增加一个单位而 A 和 L 保持不变时,产出 Y 上升多少。而由 L 的少量增加引起的 Y 的相应的变化被称为劳动的边际产量,或 MPL。MPL 告诉我们,当 L 增加一个单位而 A 和 K 不变时,产出 Y 会上升多少。我们假设,这两个边际产量(MPK 和 MPL)大于 0。

图 3-5 显示了产出 Y 如何随资本投入 K 的上升而变动,该图表示的是方程(3-1)的生产函数 $A \cdot F(K, L)$。该图的特点是保持 A 和 L 的值不变。因此,该图显示了当 A

和 L 不变时，K 的增加对 Y 的影响。

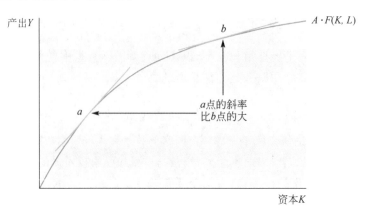

图 3-5　资本投入的生产函数

注：曲线显示了资本投入 K 对产出的影响。我们将技术水平 A 和劳动力投入量 L 设为固定不变，因此曲线在 a 点的斜率为资本的边际产量 MPK。由于资本的边际产量递减，这个斜率随着 K 增大而减小。因此，点 a 的斜率大于点 b 的斜率。

图 3-5 中曲线经过原点，因为我们假设，如果资本存量 K 为 0，那么产出 Y 也为 0。曲线任何一点上的斜率就是资本的边际产量。即 K 的少量变化引起的 Y 的变化。由于我们假设了资本边际产量 MPK 始终大于 0，曲线的斜率自始至终是正的。我们还假设，当 K 上升时，这一斜率会变平缓。曲线之所以有这一形状，是因为我们假设在 A 和 L 给定的情况下，当 K 上升时，MPK 下降。这一性质称为资本的边际产量递减。举一个例子，在图中，当 K 处在一个低点，如 a 点时，K 增加一个单位就可能使产出 Y 每年提高 0.1 个单位。然而当 K 处在高点，例如 b 点时，K 增加一个单位也许只能使 Y 每年提高 0.05 个单位。

图 3-6 相应地显示了产出 Y 作为劳动投入 L 的一个函数的图形，该图也是来自方程(3-1)的生产函数 $A \cdot F(K, L)$。现在，我们保持 A 和 K 的值不变。因此，图 3-6 显示了当 A 和 K 不变时，L 的增加对 Y 的影响。同样，曲线经过原点，因为我们假设如果 L 为零，Y 为零。曲线任意点的正斜率是劳动的边际产量 MPL。对于给定的 A 和 K，随着 L 的增大，曲线变平，表明 MPL 随着 L 的增大而减小。因此，我们假设劳动的边际产量递减。例如，在 L 较低时，比如图中的 a 点，L 每增加一个单位，Y 每年可能增加 0.1 个单位。然而，在 L 较高时，比如 b 点，L 增加一个单位，Y 每年可能只增加 0.05 个单位。

另一个假设是，式(3-1)中的生产函数对 K 和 L 这两个要素投入表现出规模报酬不变。也就是说，如果我们使劳动 L 和资本 K 的投入翻倍，那么产出 Y 也将翻倍。例如，假设一个企业从 5 台机器($K=5$)和 5 名工人($L=5$)开始。这个企业具有给定的技术水平(A)，并且产出(Y)是每年生产 100 个小部件。假设 K 和 L 翻倍，企业有 $K=10$ 台机器和 $L=10$ 名工人。技术水平 A 和以前一样。我们的假设是，拥有两倍数量的机器和工人，以及相同的技术水平，企业可以生产出两倍的产出。也就是说，现在 Y 是每年 200 个小部件。

更普遍的情况是，如果生产函数显示出规模报酬不变，两种生产要素(K 和 L 的投入)按任何正数倍增加，就会导致产出 Y 按同样的倍数增加。因此，如果方程(3-1)中 K

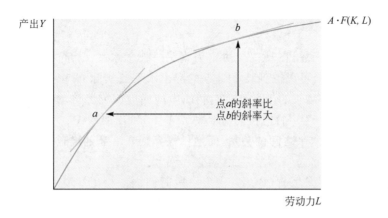

图 3-6 劳动力投入的生产函数

注:这条曲线显示了劳动力投入 L 对产出 Y 的影响。技术水平 A 和资本投入 K 固定不变,因此,曲线上任意一点的斜率都是劳动的边际产量 MPL。由于劳动的边际产量递减,这个斜率随着 L 的增大而减小。因此,点 a 的斜率大于点 b 的斜率。

和 L 乘以数量 $1/L$,Y 也乘以 $1/L$,从而得到

$$Y/L = A \cdot F(K/L, L/L)$$

右边的值 L/L 等于 1(一个常量),因此可以忽略。通过这样写生产函数,我们看到工人人均产量 Y/L 只取决于技术水平 A 和工人人均资本量 K/L。我们可以通过定义 $y=Y/L$ 为工人人均产出,$k=K/L$ 为工人人均资本,然后定义一个新的函数将 y 和 k 联系起来以更清楚地展示这个特性。

$$y = A \cdot f(k) \tag{3-2}$$

图 3-7 显示了给定技术水平下工人人均产出 y 与工人人均资本 k 的关系图。图 3-7 中曲线的斜率再次告诉我们资本增加对产出的影响;也就是说,它衡量的是资本的边际产量 MPK。注意,资本的边际产量随着人均资本 k 的增加而减少。

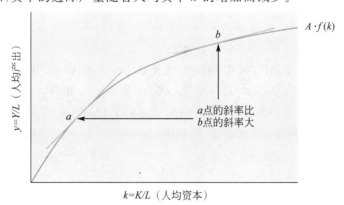

图 3-7 人均产出与人均资本

注:这条曲线描绘了人均产出 $y=Y/L$,与人均资本 $k=K/L$ 之间的生产函数。我们保持固定的技术水平 A,曲线在任意点的斜率是资本的边际产量 MPK。由于资本边际产量递减,这个斜率随着 K 增加而减小。因此,点 a 的斜率大于点 b 的斜率。

3.2.2　增长核算

式(3-1)中的生产函数,在其三个决定因素——技术水平 A、资本数量 K、劳动数量 L 的数值给定的情况下,可以得到某个时点的产出水平或实际 GDP 水平 Y。然而,生产函数也是我们研究经济增长的出发点。为利用生产函数研究经济增长,我们利用一种叫作增长核算的方法来考察 Y 的增长如何取决于 A、K 和 L 的增长。生产函数表示的是 Y 的水平与 A、K 和 L 的水平之间的关系,而增长核算则表示 Y 的增长率与 A、K 和 L 的增长率之间的关系。

在开始分析增长核算之前,令 ΔY 代表一段时间内——比方说一年内——Y 的变化(符号 Δ 表示一个变量的变化)。Y 一年的增长率可表示为 $\Delta Y/Y$。例如,如果一年的 $Y=100$,$\Delta Y=1$,增长率就是 $\Delta Y/Y=1\%$ 每年。类似地,ΔA、ΔK 和 ΔL 代表技术、资本和劳动的变化,每种要素的增长率就分别为 $\Delta A/A$、$\Delta K/K$ 和 $\Delta L/L$。

接下来,我们的任务是准确解释 $\Delta A/A$、$\Delta K/K$ 和 $\Delta L/L$ 如何对实际 GDP 的增长率 $\Delta Y/Y$ 做出贡献。首先考察技术的贡献。我们从生产函数看到:

$$Y = A \cdot F(K, L) \tag{3-1}$$

如果 K 和 L 保持不变,Y 应当按与 A 相同的增长率增长。例如,如果 $\Delta A/A=1\%$,而 K 和 L 不变,那么 $\Delta Y/Y$ 也等于 1%。即使 K 和 L 也在变化,式(3-1)告诉我们,A 的较高的增长率也会导致 Y 有较高的增长率。在资本和劳动的增长率($\Delta K/K$ 和 $\Delta L/L$)给定的情况下,如果每年的 $\Delta A/A$ 高于 1%,那么 $\Delta Y/Y$ 也高于 1%。

现在考虑一下资本和劳动力增长对实际 GDP 增长的贡献。我们知道 $\Delta Y/Y$ 随着 $\Delta K/K$ 和 $\Delta L/L$ 增加而增加。更精确地说,假设资本增加对实际 GDP 增长的贡献由 $\alpha \cdot \Delta K/K$ 给出,其中 α 大于零。同样,假设劳动力增长对实际 GDP 贡献由 $\beta \cdot \Delta L/L$ 给出,其中 β 也大于零。在这种情况下,我们可以写出实际 GDP 增长率:

$$\Delta Y/Y = \Delta A/A + \alpha \cdot (\Delta K/K) + \beta \cdot (\Delta L/L) \tag{3-3}$$

也就是说,实际 GDP 增长率 $\Delta Y/Y$ 等于技术增长率 $\Delta A/A$,加上资本增长的贡献 $\alpha \cdot (\Delta K/K)$ 和劳动力增长的贡献 $\beta \cdot (\Delta L/L)$。注意,由于 Y 与生产函数式(3-1)中的 A 成正比,所以式(3-3)中的 $\Delta A/A$ 系数为 1。

为了考虑资本增长率 $\Delta K/K$ 和劳动力增长率 $\Delta L/L$ 的影响,我们先把问题简化一下,忽略技术的增长,所以 $\Delta A/A=0$。如果 $\Delta K/K$ 和 $\Delta L/L$ 相同,比如都是 1% 每年,规模报酬不变的条件告诉我们实际 GDP 的增长率 $\Delta Y/Y$ 也是 1% 每年。由式(3-3)可知,如果 $\Delta K/K$ 和 $\Delta L/L$ 各等于 1,$\Delta Y/Y$ 必定等于 $\alpha+\beta$。

因此,

$$\alpha + \beta = 1$$

规模报酬不变的条件意味着 α 和 β 之和为 1。

由于系数 α 和 β 之和为 1,且每个系数都大于零,所以我们知道 α 和 β 都小于 1。即系数满足:

$$0 < \alpha < 1$$
$$0 < \beta < 1$$

注意,如果 $\Delta K/K = 1\%$ 每年,$\Delta L/L = 0$,则对 $\Delta Y/Y$ 的影响由式(3-3)中的 α 给出。因此,如果 K 增长而 L 保持不变,Y 的增长速度比 K 慢(因为 $\alpha < 1$)。同样,如果 $\Delta L/L = 1\%$ 每年,$\Delta K/K = 0$,对 $\Delta Y/Y$ 的影响由式(3-3)中的 β 给出。因此,如果 L 增长而 K 保持不变,Y 的增长速度比 L 慢(因为 $\beta < 1$)。

从第 2 章我们知道,如果我们忽略来自世界其他地区的净收入流动,经济体的实际总收入等于实际GDP(Y)减去资本存量的折旧。如果资本折旧较小,本章附录表明,系数 α 近似于资本收入占经济实际总收入的比例。例如,如果 $\alpha = 1/3$——资本收入所占份额的一个普遍假设值——那么每年 1% 的资本增长率 $\Delta K/K$ 将为实际 GDP 的增长率 $\Delta Y/Y$ 贡献 $(1/3)\%$。

同样,在本章附录 A 所探讨的条件下,β 近似于劳动收入在经济实际总收入中所占的份额。例如,如果 $\beta = 2/3$——对劳动收入所占份额的一个通常假设的数值——那么每年 1% 的劳动增长率 $\Delta L/L$ 将对实际 GDP 增长率 $\Delta Y/Y$ 贡献 $(2/3)\%$。

将 α 和 β 解释为资本和劳动力在实际总收入中所占的份额,符合我们的结果:$\alpha + \beta = 1$。也就是说,

$$\text{资本收入的份额} + \text{劳动力收入的份额} = 1$$
$$\alpha + \beta = 1$$

因此,对资本和劳动力的支付耗尽了经济中所有的实际收入。

我们可以重新排列条件 $\alpha + \beta = 1$,将方程(3-3)右侧的 β 替换为 $1 - \alpha$,得到式(3-4)。我们可以将实际 GDP 的增长率 $\Delta Y/Y$ 分解为技术的增长率 $\Delta A/A$,资本和劳动力的加权平均增长率,$\alpha \cdot (\Delta K/K)$ 和 $(1-\alpha) \cdot (\Delta L/L)$。

资本增长率的权重是 α(对应于资本在收入中的份额),劳动增长率的权重是 $1-\alpha$(对应于劳动在收入中的份额)。

关键方程(增长核算方程):

$$\Delta Y/Y = \Delta A/A + \alpha \cdot (\Delta K/K) + (1-\alpha) \cdot (\Delta L/L) \qquad (3\text{-}4)$$

现在我们简化一下,假设 α 是固定的,我们把它解释为资本在收入中的份额。也就是说,我们假设这个系数不会随着经济增长而变化。收入份额的稳定性并不总是适用于现实世界,但它确实可以作为美国和许多其他国家的合理近似值。在本章附录 C 中,我们证明了 α 的不变性对于一般假设的生产函数形式 $A \cdot F(K, L)$ 是成立的。

3.2.3 索洛增长模型

我们从增长核算等式(3-4)知道,实际 GDP 的增长率 $\Delta Y/Y$ 取决于技术的增长率 $\Delta A/A$,以及资本和劳动力的增长率 $\Delta K/K$ 和 $\Delta L/L$ 的加权平均。要从增长核算延伸到经济增长理论,我们必须解释技术、资本和劳动力的增长。我们从构建索洛增长模型开始。

索洛模型做了几个简化假设。第一,劳动力投入 L 等于劳动力,即寻找工作的人数。也就是说,该模型不考虑失业因素——劳动力投入等于劳动力全体(全部就业)。然而,一个重要的假设是,失业率是恒定的,不一定是零。例如,如果 96% 的劳动力总是被雇佣,那么劳动力投入将永远是劳动力的固定倍数,并将以与劳动力相同的速度增长。

劳动力 L 与人口之间的关系为

$$劳动力\ L = (劳动力 / 人口) \cdot 人口$$

劳动力与人口的比率是劳动力参与率。近年来,经合组织国家的劳动力参与率已接近二分之一。例如,2013 年德国的平民劳动力(4 260 万)和武装部队(16.5 万)占总人口的 52%。索洛模型的第二个假设是,参与率不会随时间而变化。在这种情况下,方程告诉我们劳动力投入 L 的增长率等于人口增长率。

第三,模型忽略了政府的作用,因此没有税收、公共支出、政府债务或货币。第四,该模型假设经济是封闭的,也就是说,没有商品和服务或金融资产的国际贸易。

在开始我们对索洛模型的分析之前,再考虑一下增长-核算等式:

$$\Delta Y/Y = \Delta A/A + \alpha \cdot (\Delta K/K) + (1-\alpha) \cdot (\Delta L/L) \tag{3-4}$$

我们最初关注的是 K 和 L 两种投入的增长,而忽略了技术水平 A 的变化,也就是说,我们假设 $\Delta A/A = 0$。在这种情况下,增长-核算等式简化为

$$\Delta Y/Y = \alpha \cdot (\Delta K/K) + (1-\alpha) \cdot (\Delta L/L) \tag{3-5}$$

因此,在这个版本的索洛模型中,实际 GDP 增长率 $\Delta Y/Y$ 是资本增长率 $\Delta K/K$ 和劳动力增长率 $\Delta L/L$ 的加权平均。

实践中的经济学　索洛增长模型的智力起源

索洛模型是麻省理工学院(MIT)经济学家罗伯特·索洛(Robert Solow)在 20 世纪 50 年代创建的。这项研究最终因为"对经济增长理论的贡献"获得 1987 年的诺贝尔奖。索洛模型在 20 世纪 60 年代得到了扩展。特别是由 David Cass(1965)和 Tjalling Koopmans(1965)提出的,并被称为新古典主义增长模型。事实上,数学家弗兰克·拉姆齐(Frank Ramsey)在 20 世纪 20 年代所做的理论工作中,就已经预见到了索洛模型和 20 世纪 60 年代的扩展。因此,这种增长模型通常被称为拉姆齐模型。不幸的是,1930 年 26 岁的拉姆齐去世,结束了他辉煌的职业生涯。

我们会发现关注工人人均实际 GDP,$y = Y/L$,比实际 GDP 水平 Y 更有用。如果 Y 是固定的,L 的增长意味着 y 会随着时间下降。例如,在固定的 Y 下,工人每年 1% 的增长意味着 y 每年下降 1%。更一般地,我们有公式:

$$\Delta y/y = \Delta Y/Y - \Delta L/L$$
$$工人人均实际 GDP 增长率 = 实际 GDP 增长率 - 劳动力增长率 \tag{3-6}$$

同样的道理,工人人均资本增长率($\Delta k/k$)等于资本增长率($\Delta K/K$),减去工人人数的增长率:

$$\Delta k/k = \Delta K/K - \Delta L/L$$
$$人均资本增长率 = 资本增长率 - 劳动力增长率 \tag{3-7}$$

因此,对于给定的 $\Delta K/K$,较高的 $\Delta L/L$ 意味着,随着时间的推移,每个工人的可用资本会减少。

将式(3-5)右边的项重新排列,得到

$$\Delta Y/Y = \alpha \cdot (\Delta K/K) - \alpha \cdot (\Delta L/L) + \Delta L/L$$

然后,如果我们把 $\Delta L/L$ 从右边移到左边,并把右手边包含 Δ 的两项结合起来,我们得到

$$\Delta Y/Y - \Delta L/L = \alpha \cdot (\Delta K/K - \Delta L/L)$$

由式(3-6)可知,左侧为工人人均实际 GDP 增长率 $\Delta y/y$,由式(3-7)可知,右侧括号内的项为工人人均资本增长率 $\Delta k/k$。因此,关键结果是人均实际 GDP 增长率仅取决于人均资本增长率:

$$\Delta y/y = \alpha \cdot (\Delta k/k) \tag{3-8}$$

由式(3-8)可知,要分析人均实际 GDP 增长率 $\Delta y/y$,只需确定人均资本增长率 $\Delta k/k$。由式(3-7)可知,$\Delta k/k$ 是资本增长率($\Delta K/K$)与劳动力增长率($\Delta L/L$)的差值。我们首先评估 $\Delta K/K$,然后转向 $\Delta L/L$。

3.2.3.1　资本存量的增长率

资本存量的变化(ΔK)将取决于经济的储蓄,即不消费的收入。在第 8 章的分析中,我们通过考虑个人家庭的最优选择来分析储蓄行为。然而,这里我们用索洛的假设来简化问题,即每个家庭的实际收入按固定比例 s 分配给储蓄,$1-s$ 分配给消费 C。

从第 2 章对国民收入核算的研究可知,国民收入等于净国内生产总值(NDP),等于GDP 减去资本存量的折旧。在我们的模型中,一些国民收入是劳动收入,属于工人,另一些是资本收入,属于资本所有者。然而,所有收入最终都必须流向家庭,一部分作为工人的收入,一部分作为资本所有者(或企业所有者)的收入。我们假设储蓄只取决于居民的总收入,而不取决于这些收入如何在劳动和资本之间分配。

贬值是由于资本存量随着时间的推移而消耗殆尽。建筑物需要维修,机器会老化,车辆需要新零件。我们用一种简单的方法来计算折旧,即假设所有形式的资本都以相同的不变速率 δ 折旧。因此,流量 ΔK 是每年贬值或消失的资本量。在实际操作中,δ 的值取决于建筑物或机器的类型,但合理的平均值是每年 5%。例如,如果资本存量 K 是 100 台机器,而折旧率是每年 5%,折旧就等于每年 5 台机器。

实际国民收入等于实际 NDP,等于实际 GDP(Y)减去折旧。从现在开始,我们把国民收入这个词简称为收入。如果居民储蓄占所有收入的比例是 s,则经济的实际储蓄总额为

$$实际储蓄 = s \cdot (Y - \delta K)$$
$$实际储蓄 = (储蓄率) \cdot (实际收入)$$

由于居民实际收入($Y - \delta K$)要么用于消费 C,要么用于实际储蓄[$s \cdot (Y - \delta K)$],我们还可以这样写:

$$Y - \delta K = C + s \cdot (Y - \delta K)$$
$$实际收入 = 消费 + 实际储蓄 \tag{3-9}$$

在一个没有政府部门的封闭经济体中,实际 GDP(Y)必须要么用于消费,要么用于投

资。也就是说,所生产的商品和服务只用于两种目的:消费和资本货物支出或总投资(I)。因此,我们有

$$Y = C + I$$
$$实际 GDP = 消费 + 总投资$$

两边同时减去折旧,得到:

$$Y - \delta K = C + (I - \delta K)$$
$$实际 NDP = 消费 + 净投资$$ (3-10)

注意方程右边,我们把净投资定义为总投资(I),减去为弥补现有资本的折旧所需要的那部分投资(δK),式(3-9)和式(3-10)的左边有相同的变量(因为实际国民收入=实际国内生产净值)。因此,这两个方程的右边部分必须相等:

$$C + s \cdot (Y - \delta K) = C + I - \delta K$$

如果消去方程两边的变量 C,我们就得到了实际储蓄和净储蓄之间的关键等式:

$$s \cdot (Y - \delta K) = I - \delta K$$
$$实际储蓄 = 净投资$$ (3-11)

资本存量的变动等于总投资 I(购买新的资本货物)减去现有资本的折旧:

$$\Delta K = I - \delta K$$
$$资本存量变动 = 总投资 - 折旧$$
$$资本存量变动 = 净投资$$

由于式(3-11)中净投资等于实际储蓄,则有

$$\Delta K = s \cdot (Y - \delta K)$$
$$资本存量的变化 = 实际储蓄$$ (3-12)

如果式(3-12)两边同时除以 K,就得到了我们要求的资本存量增长率的公式:

$$\Delta K / K = s \cdot Y / K - s\delta$$ (3-13)

$\Delta K / K$ 是决定工人人均资本增长率所需要的两个部分之一:

$$\Delta k / k = \Delta K / K - \Delta L / L$$ (3-7)

现在我们来看第二部分——劳动力增长率,$\Delta L / L$。

3.2.3.2 劳动力增长率

根据我们以前的假设(恒定的劳动力参与率和恒定的失业率),劳动力增长率 $\Delta L / L$ 等于人口增长率。因此,我们现在考虑人口增长。

人口增长率随国家和时间的变化而变化。1960 年至 1975 年,世界人口增长率约为 2%,但此后一直在下降,2010 年以后达到 1.2%。在许多西欧国家,人口增长率从 20 世纪 60 年代的每年 1%左右下降到 90 年代中期的不到 0.5%。在中国和印度,人口增长率已经从 20 世纪 60 年代的 2%以上下降到最近的每年 0.5%至 1.3%之间。许多低收入国家的人口增长率仍在每年 2%以上。然而,世界范围内的人口增长率有随时间下降的趋势。

在模型中,我们假设人口以恒定的速率增长,用 n 表示,其中 n 为正数($n > 0$)。在这一点上,我们没有试图在模型中解释人口增长率;也就是说,n 是外生的。我们假设劳动 L 开始于初始年份,第 0 年,数量 $L(0)$,如图 3-7 所示。此后,L 的增长率 $\Delta L / L$ 等于外

生人口增长率 n :

$$\Delta L / L = n \tag{3-14}$$

由于 n 为常数,图 3-8 将 L 的时间路径表示为一条直线(使用纵轴上的比例刻度)。

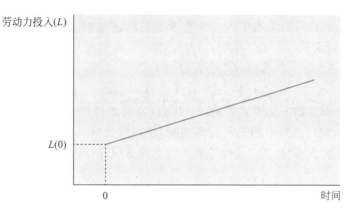

图 3-8　劳动力投入的时间路径

注:劳动力投入 L 从 $L(0)$ 处,时间为 0 时开始。然后,劳动力投入随着人口的增长而以恒定的速度 n 增长。正如图中所示,在适当的规模上, L 呈直线增长。

3.2.3.3　工人人均资本增长率和人均实际 GDP

我们可以将式(3-13)中的资本增长率 $\Delta K / K$ 和式(3-14)中的劳动力增长率 $\Delta L / L$ 代入式(3-7)来确定工人人均资本增长率 $\Delta k / k$ 。我们得到:

$$\Delta k / k = \Delta K / K - \Delta L / L$$
$$\Delta k / k = s \cdot (Y / K) - s\delta - n \tag{3-15}$$

式(3-15)是索洛增长模型的一个关键结果。由于这个方程的重要性,我们将分别研究各个项目。在左边,工人人均资本增长率是以年为单位。例如, $\Delta k / k$ 值为每年 0.02,意味着工人人均资本以每年 2% 的速度增长。

式(3-15)右边的项是工人人均资本增长率的决定因素。因此,每一项都必须以年为单位。考虑 $s \cdot (Y / K)$,是储蓄率 s 和 Y / K 的乘积。储蓄率 s 是一个纯粹的数字;也就是说,一个没有时间或商品单位的数字。例如,如果 $s = 0.2$,居民将收入的 20% 存起来。 Y / K ,每单位资本的产量,称为资本的平均产量。 Y (一个流量变量)的单位是每年的商品,而 K (一个存量)的单位是商品。因此,资本的平均产量的单位为

(每年商品) / 商品 = 每年

因为 s 是一个纯数字,所以 $s(Y / K)$ 与 Y / K 的单位是一样的,为每年,与 $\Delta k / k$ 一致。

式(3-15)右边的其他项单位也是每年。 s 是纯数, δ 以年为单位, s 和 δ 的乘积,单位也是每年。人口增长率 n 也是以每年为单位的项。

我们会发现用工人人均实际 GDP(y)与工人人均资本(k)来表示资本的平均产量(Y / K)很有用,关系是

$$Y / K = \frac{Y / L}{K / L} \quad 或 \quad Y / K = y / k$$

将这个结果代入式(3-15),得到索洛模型的中心关系式:

关键方程(索洛增长模型):

$$\Delta k / k = s \cdot (y/k) - s\delta - n \tag{3-16}$$

最后,由式(3-16)可知,当工人人均资本增长率已知后,可利用式(3-8)确定工人人均实际 GDP 增长率:

$$\Delta y / y = \alpha \cdot (\Delta k / k)$$
$$\Delta y / y = \alpha \cdot [s \cdot (y/k) - s\delta - n] \tag{3-17}$$

如果资本份额系数 α 是固定的,我们可以很容易地得到等式(3-16)中的工人人均资本增长率 $\Delta k / k$,式(3-17)中的工人人均实际 GDP 增长率 $\Delta y / y$。由于工人人数增长速度与人口增长速度 n 相同,$\Delta y / y$ 也等于人均实际 GDP 的增长率。

3.2.3.4 过渡态和稳态

索洛增长模型的关键是式(3-16),它决定了工人人均资本增长率 $\Delta k / k$。方程表明,$\Delta k / k$ 取决于储蓄率 s,折旧率 δ,人口增长率 n,以及资本的平均产量 y/k。我们假设 s、δ、n 是常数。因此,$\Delta k / k$ 随时间变化的唯一原因是资本的平均产量 y/k 是变化的。我们现在来考虑一下这个平均产量取决于工人人均资本 k。这样我们就会发现,随着时间的推移,k 的变化会导致 y/k 的变化,从而导致 $\Delta k / k$ 的变化。

我们已经考虑了资本的边际产量 MPK,也就是实际 GDP 变化量 ΔY 与资本变化量 ΔK 之比。几何上,边际产量由生产函数的斜率给出,如图 3-7 所示。我们在图 3-9 中重现了这种结构。在这个新的图中,我们计算资本的平均产量 y/k,等于 y(纵轴上的变量)与 k(横轴上的变量)之比。这个比值等于从原点到生产函数的直线斜率。图中显示了两条这样的线,一个从原点到 a 点,另一个从原点到 b 点。第一条对应于工人人均资本 k_a,第二条对应更大的工人人均资本 k_b。图中显示,资本的平均产量 y/k 随着工人人均资本 k 上升而下降,例如,从 k_a 到 k_b。这个资本的平均产量递减类似于我们之前讨论过的资本的边际产量递减。

我们可以通过画出式(3-16)右边的几项以及工人人均资本 k,从而用图表的形式展示式(3-16)如何用来决定工人人均资本增长率 $\Delta k / k$。第一项 $s \cdot (y/k)$ 最重要的一个特性就是我们刚才推导出的:随着 k 上升,资本的平均产量 y/k 下降。因此,$s \cdot (y/k)$ 曲线随 k 向下倾斜,如图 3-10 所示。

式(3-16)右边剩下的项可以写成 $-(s\delta + n)$。$s\delta + n$ 由图 3-10 中的水平线表示。由于 $s\delta + n$ 在式(3-16)中带有一个负号,我们必须从曲线(给出 $s \cdot [Y/K]$)中减去水平线来确定 $\Delta k / k$。

为了研究工人人均资本增长率 $\Delta k / k$ 随时间的变化,我们需要知道经济体初始的人均资本;也就是说,在第 0 年的人均资本。经济始于以机器和建筑形式积累的资本存量。我们用 $K(0)$ 表示这个初始存量。由于初始劳动为 $L(0)$,工人人均初始资本为

$$k(0) = K(0)/L(0)$$

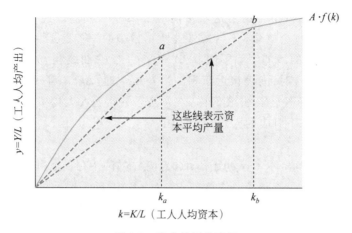

图 3-9　资本的平均产量

　　注：该图显示了工人人均资本 $k=K/L$ 表示的工人人均产出 $y=Y/L$ 的生产函数，如图 3-7 所示。一条从原点到生产函数的直线的斜率给出了资本的平均产量 y/k 在相应 k 处的值。随着 k 的增加，对于给定的技术水平 A，资本的平均产量下降。例如，从原点到 a 点的直线的斜率大于从原点到 b 点的直线的斜率，因此生产函数显示资本平均产量呈递减趋势。

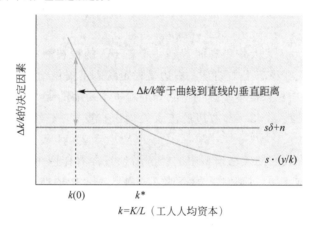

图 3-10　索洛模型中工人人均资本增长率的确定

　　注：技术水平 A 是固定的。纵轴表示工人人均资本增长率 $\Delta k/k$ 的两个决定因素（式 3-16 右边部分）。$\Delta k/k$ 等于负斜率 $s \cdot (Y/k)$ 曲线与 $s\delta+n$ 水平线之间的垂直距离。在稳态下，即 $k=k^*$ 时，曲线与直线相交，$\Delta k/k=0$。假设工人人均初始资本 $k(0)$ 小于 k^*。因此，当 $k=k(0)$ 时，$\Delta k/k$ 大于 0，等于箭线所示的垂直距离。

　　回想一下，工人人均的生产函数是

$$y = A \cdot f(k) \tag{3-2}$$

因此，工人人均实际 GDP 的初始水平为

$$y(0) = Y(0)/L(0)$$

$$y(0) = A \cdot f[k(0)]$$

　　图 3-10 中，工人人均资本增长率 $\Delta k/k$ 为 $s \cdot (y/k)$ 曲线与水平线 $s\delta+n$ 的垂直距离，见式（3-16）。我们假设，当 $k=k(0)$ 时，曲线位于直线上方。在这种情况下，人均资本开始增长。也就是说，$\Delta k/k$ 大于零，并等于由箭线标出的距离。这个正增长率意味着工人人均资本 k 随着时间的推移而增加，即在式（3-10）中 k 向右移动。注意曲线和水平线

之间的距离随着时间而减小。由于这个距离等于 $\Delta k/k$，我们已经证明，随着时间的推移，工人人均资本增长率会放缓。这个结果是索洛模型的一个重要性质。

最终，人均资本 k 的增加消除了图 3-10 中 $s \cdot (y/k)$ 曲线和 $s\delta + n$ 线之间的差距。当 k 接近横轴上的值 k^* 时，间隙接近于零。当 $k = k^*$ 时，$\Delta k/k$ 等于 0。因此，k 不再向右移动，保持在 k^* 的值不变，因此我们称 k^* 为稳态下的工人人均资本。由式（3-2）中的人均生产函数给出稳态下对应的人均实际 GDP

$$y^* = f(k^*)$$

结果表明，工人人均资本 k 从初始值 $k(0)$ 到稳态值 k^* 有一个过渡路径。图 3-11 以曲线的形式显示了这个过渡路径。注意，k 从 $k(0)$ 开始，随着时间的推移而增加，最终接近 k^*，如虚线所示。

回想一下，工人人均资本增长率的公式是

$$\Delta k/k = s \cdot (y/k) - s\delta - n \tag{3-16}$$

在稳态下，$\Delta k/k$ 为零。因此，在稳态时，式（3-16）右边部分也必定为零：

$$s \cdot (y^*/k^*) - s\delta - n = 0$$

如果把 n 移到右边，把左边涉及 s 的项组合起来，然后乘以 k^*，我们得到：

$$s \cdot (y^* - \delta k^*) = nk^* \tag{3-17}$$

工人人均稳态储蓄 = 每个新工人的稳态资本

左边是每个工人在稳态下的储蓄。右边是稳定状态下提供给每个新工人的资本。回想一下 k^* 是工人人均稳态资本量。创造必要的新资本所需的工人人均投资是 k^* 乘以劳动力的增长率 n。因此，式（3-17）右边的工人人均稳态投资 nk^* 等于方程左边的工人人均稳态储蓄。

我们的分析允许我们把索洛模型中的经济增长过程看作两个阶段。在第一个阶段，从工人人均初始资本 $k(0)$ 过渡到其稳态值 k^*。图 3-11 中的曲线显示了这一过程。在这一转变过程中，工人人均资本增长率 $\Delta k/k$ 大于 0，但逐渐下降到接近 0。在第二阶段，经济体处于或接近于稳态，在图 3-11 中用虚线表示，在这一阶段，$\Delta k/k = 0$。

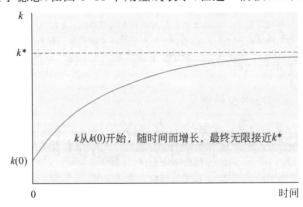

图 3-11 工人人均资本的过渡路径

注：在索洛模型中，如图 3-10 所示，人均资本 k 从 $k(0)$ 开始，然后随时间增长。随着时间的推移，k 的增长速度逐渐放缓，逐渐接近其稳态值 k^*。$k(0)$ 到 k^* 的过渡路径由实线表示。虚线表示稳态值 k^*。

数 学 计 算

我们已经看到图 3 10 如何确定人均稳态资本 k^*,我们也可以用代数方法确定 k^*,设式(3-16)中 $\Delta k/k=0$,则方程右侧必须为 0,则

$$s \cdot (y^*/k^*) - s\delta - n = 0$$

将方程中的项重新排列,除以 s,我们发现稳态下资本的平均产量为

$$y^*/k^* = \delta + n/s \tag{3-18}$$

如果用式(3-2)将 $A \cdot f(k^*)$ 代入 y^*,我们发现工人人均稳态资本 k^* 必须满足

$$A \cdot f(k^*)/k^* = \delta + n/s \tag{3-19}$$

当我们进一步研究索洛模型时,k^* 的这个代数结果在第 4 章会有所帮助。

我们的目标是确定工人人均(人均)实际 GDP 增长率 $\Delta y/y$ 如何随时间变化。我们现在可以达到这个目标,因为 $\Delta y/y$ 等于工人人均资本增长率 $\Delta k/k$ 乘以 α,我们假设 α 是常数($0<\alpha<1$)。

$$\Delta y/y = \alpha \cdot (\Delta k/k) \tag{3-8}$$

因此,我们所说的关于人均 $\Delta k/k$ 的所有内容也适用于 $\Delta y/y$,只要我们乘以 α。特别是,从图 3-10 所示的工人人均初始资本 $k(0)$ 开始,我们得到 $\Delta y/y$ 一开始是正的,然后随着人均资本(k)和人均实际 GDP(y)的上升而下降。最终,当 k 达到稳态值 k^* 时,$\Delta y/y$ 趋于零。这是因为式(3-8)表明,当 $\Delta k/k=0$ 时,$\Delta y/y=0$。在稳态,人均实际 GDP(y)等于它的稳态值 y^*。

在图 3-11 中,我们可以将人均资本 k 的这种转变应用于人均实际 GDP(y)。也就是说,曲线也描述了从工人人均初始实际 GDP,$y(0)$ 到其稳态值 y^* 的过渡。

 ## 小结

我们通过观察增长对生活水平的重要性来开始对经济增长进行研究。现在我们已经构建了索洛增长模型,并准备通过对它的研究来了解经济变量如何影响增长。在第 4 章我们将探讨该模型的应用。

 ## 重要术语和概念

资本的平均产量 average product of capital

资本存量 capital stock

规模报酬不变 constant return to scale

资本的平均产量递减 diminishing average product of capital

资本的边际产量递减 diminishing marginal product of capital

劳动的边际产量递减 diminishing marginal product of labour

总投资 gross investment

增长核算 growth accounting

人力资本 human capital

不平等 inequality

劳动力 labor force

劳动力参与率 labor force participation rate

资本的边际产量 marginal product of capital（MPK）

劳动的边际产量 marginal product of labour（MPL）

新古典增长模型 neoclassical growth model

净投资 net investment

人口增长 population growth

贫困 poverty

生产函数 production function

生产率 productivity

生产率下降 productivity slowdown

经济增长率 rate of economic growth

储蓄 saving

索洛增长模型 Solow growth model

生活水平 standard of living

稳态 steady state

技术水平 technical level

过渡路径 transition path

 # 问题和讨论

A. 复习题

1. 解释为什么工人人均资本（k）的增加会降低工人人均资本（$\Delta k/k$）的增长率。这一结果如何取决于资本生产率递减？

2. 储蓄率 $s>0$，是否意味着工人人均产出 y 在长期是增长的？请解释。

3. 什么是生产函数？它以何种方式表示要素投入与产出水平之间的关系？

4. 储蓄率 $s>0$ 是否意味着工人人均资本 k 会随着时间的推移而上升？参照式(3-16)。

5. 解释资本的边际产量和平均产量的概念。两者有什么区别？平均产量总是大于边际产量吗？

B. 讨论题

6. 资本生产率不递减情况下的增长

假设生产函数是 $Y=AK$(所谓的 AK 模型)。

a. 式(3-16)中工人人均资本增长率 $\Delta k/k$ 的条件是什么？图 3-10 中 $s \cdot (y/k)$ 曲线像什么形状？

b. 工人人均资本增长率 $\Delta k/k$ 和人均产出增长率 $\Delta y/y$ 是多少？这些增长率是否大于零？这些增长率在过渡期间会下降吗？

c. 讨论你的结果如何与资本生产率递减相关。生产率递减是否可能不适用？

7. 柯布—道格拉斯生产函数下的增长

假设生产函数采用柯布—道格拉斯形式：

$Y=A \cdot F(K,L)=AK^{\alpha}L^{1-\alpha}$，其中，$0<\alpha<1$。

a. 在稳态时，由式(3-16)给出 $\Delta k/k=0$。利用这个条件，结合生产函数的形式，得到稳态人均资本和人均产量 k^* 和 y^* 的公式。

b. 设 $c=C/L$ 为工人人均消费。求工人人均稳态消费 c^*。

c. 用式(3-16)计算出人均资本增长率 $\Delta k/k$。你能证明在过渡时期 k 上升时，$\Delta k/k$ 下降吗？在过渡的过程中工人人均产出增长率 $\Delta y/y$ 会发生什么？

8. 规模报酬不变

我们假设生产函数 $A \cdot F(K,L)$ 规模报酬不变。也就是说，如果我们将投入 K 和 L 乘以任何正数，产出 Y 就乘以相同的数。证明该条件意味着我们可以将生产函数写出如式(3-2)的形式：

$$y=A \cdot f(k)$$

此处 $y=Y/L$，$k=K/L$。

9. 稳态人均资本的确定

考虑图 3-10 中确定的工人人均稳态资本 k^*。k^* 如何受下列因素影响？

a. 储蓄率 s 的增加。

b. 技术水平 A 的提高。

c. 折旧率 δ 的上升。

d. 人口增长率 n 的上升。

10. 柯布—道格拉斯生产函数

本章附录中讨论的柯布—道格拉斯生产函数为

$$Y=AK^{\alpha}L^{1-\alpha}$$

此处 $0<\alpha<1$。

a. 定义 A，K 和 L。

b. Y 与 A 成正比是什么意思？

c. 资本(或劳动力)的边际产量 MPK(或 MPL)大于零意味着什么？证明柯布—道格拉斯情形下边际产量为正。

d. 资本(或劳动力)的边际产量 MPK(或 MPL)递减意味着什么？证明柯布—道格拉斯情形下边际产量递减。

e. 柯布—道格拉斯生产函数是否满足问题 6 中讨论的规模报酬不变的特点？解释你的答案。

附录

本附录由三部分组成。第一部分给出了增长核算方程的公式推导,如式(3-4)所示。第二部分介绍了如何使用增长—核算方程来分析生产率增长。第三部分讨论了生产函数的一种常见形式,即柯布—道格拉斯生产函数。

1. 增长核算方程

增长核算方程为

$$\Delta Y/Y = \Delta A/A + \alpha \cdot (\Delta K/K) + (1-\alpha) \cdot (\Delta L/L) \tag{3-4}$$

我们在这里更正式地推导出这个方程,并推导出系数 α 的公式。生产函数为

$$Y = A \cdot F(K, L) \tag{3-1}$$

这个方程的形式告诉我们,对于给定的 K 和 L,技术增长率 $\Delta A/A$ 每年上升 1% 会推动实际 GDP 增长率 $\Delta Y/Y$ 每年上升 1%。这个推理解释了为什么 $\Delta A/A$ 出现在式(3-4)中。

现在考虑当 A 和 L 保持不变时 K 的变化带来的影响。如果 K 增加 ΔK,而 A 和 L 不变,那么实际 GDP 的增加等于 ΔK 乘以资本的边际产量 MPK:

$$\Delta Y = \text{MPK} \cdot \Delta K$$

要得到 Y 的增长率,两边同除以 Y:

$$\Delta Y/Y = (\text{MPK}/Y) \cdot \Delta K$$

然后,如果我们在右边乘以并除以 K,得到:

$$\Delta Y/Y = (\text{MPK} \cdot K/Y) \cdot (\Delta K/K)$$

当 K 增长但是 A 和 L 保持不变时,这个结果决定了 $\Delta Y/Y$。更一般地,它告诉我们 $\Delta K/K$ 对 $\Delta Y/Y$ 的贡献,即使 A 和 L 在变化。也就是说,为了得到 $\Delta K/K$ 对 $\Delta Y/Y$ 的贡献,将 $\Delta K/K$ 乘以项 $(\text{MPK} \cdot K)/Y$。因此,在式(3-4)中,系数 α 为

$$\alpha = (\text{MPK} \cdot K)/Y \tag{3-20}$$

在竞争经济中,资本的边际产量 MPK 等于单位资本的实际租金。(我们在第 7 章得出了这个结果。)在这种情况下,$\text{MPK} \cdot K$ 等于支付给每单位资本的金额 MPK 乘以资本数量 K,因此等于资本的实际租金总额,因此,

$$\alpha = (\text{MPK} \cdot K)/Y$$

$$\alpha = \text{支付给资本的实际租金} / \text{实际 GDP}$$

如果资本存量的折旧为零,实际租金支付将等于资本的实际收入,实际 GDP 将等于经济的实际总收入(即实际国民收入)。在这种情况下,式(3-20)表示 α 等于收入的资本份额。更普遍地,资本存量的折旧必须从实际租金支付和实际 GDP 中减去,才能计算实际收入。在这种情况下,资本在收入中所占的比例将小于 α。无论何种情况,由于实际支付给资本的租金必然小于实际 GDP,所以我们有 $0 < \alpha < 1$。

现在我们考虑劳动力投入的增长对实际 GDP 增长的贡献。如果 L 增加了 ΔL 的

量,而 A 和 K 保持不变,那么实际 GDP 的增长等于 ΔL 乘以劳动力的边际产量:

$$\Delta Y = \text{MPK} \cdot \Delta L$$

两边同除以 Y,得到:

$$\Delta Y / Y = (\text{MPK} / Y) \cdot \Delta L$$

然后,如果公式右边同时乘以除以 L,我们得到

$$\Delta Y / Y = (\text{MPK} \cdot L / Y) \cdot (\Delta L / L)$$

因此,为了得到 $\Delta L / L$ 对 $\Delta Y / Y$ 的贡献,我们必须将 $\Delta L / L$ 乘以 $(\text{MPL} \cdot L)/Y$。在式(3-4)中,我们有

$$1 - \alpha = (\text{MPL} \cdot L) / Y \tag{3-21}$$

在竞争经济中,劳动力的边际产量 MPL 等于实际工资率(我们在第 7 章得出了这个结果)。因此,$\text{MPL} \cdot L$ 等于每单位劳动力的支付额 MPL 乘以劳动力的数量 L,因此等于向劳动力支付的实际工资总额。如果资本存量的折旧为零,那么实际 GDP(Y)就等于实际总收入。在这种情况下,公式(3-21)表明 $1 - \alpha$ 等于劳动力在收入中所占的份额。更一般地说,由于实际总收入小于 Y,劳动力在收入中所占的比例将大于 $1 - \alpha$。

2. 索洛剩余

我们知道,技术增长率 $\Delta A / A$ 对实际 GDP 增长率 $\Delta Y / Y$ 有贡献。由于技术层面是无法直接观测到的,我们需要某种方法利用国民账户数据衡量它。一种常用的方法是重新排列增长核算公式(3-4)得到

$$\Delta A / A = \Delta Y / Y - \alpha \cdot (\Delta K / K) - (1 - \alpha) \cdot (\Delta L / L)$$
$$A \text{ 的增长率} = \text{实际 GDP 增长率} - \text{资本和劳动力的贡献} \tag{3-22}$$

右边的各项可以从国民账户数据中得到。因此,我们可以用这个方程来衡量科技的增长率 $\Delta A / A$。

式(3-4)和式(3-22)中的 $\Delta A / A$ 常被称为**全要素生产率增长率**或 **TFP 增长率**。这个概念来自罗伯特·索洛(1957),也常被称为**索洛剩余**。之所以称为索洛剩余是因为式(3-22)表明,计算实际 GDP 的增长率 $\Delta Y / Y$,并从中减去不断变化的要素投入——资本和劳动——对增长的贡献 $\alpha \cdot (\Delta K / K)$ 和 $(1 - \alpha)(\Delta L / L)$,剩余值即为 $\Delta A / A$。经济学家计算了不同国家和时间段的索洛剩余。

3. 柯布—道格拉斯生产函数

在对索洛模型的分析中,我们假设 α(如果可以忽略折旧,则等于收入的资本份额)是恒定的。也就是说,α 不随工人人均资本 k 的变化而变化。我们可以证明,这个假设对生产函数的一种特定形式是有效的,即

$$Y = A \cdot F(K, L)$$
$$Y = A K^\alpha L^{1-\alpha} \tag{3-23}$$

在这种形式中,常数 α 表示资本 K 的指数,而 $1 - \alpha$ 表示劳动力 L 的指数。我们假设 α 是一个分数,因此 $0 < \alpha < 1$。这种形式的生产函数已被经济学家用于很多理论和实证研究中。

式(3-23)中的函数被称为柯布—道格拉斯生产函数。很容易证明柯布—道格拉斯生产函数满足规模报酬不变。(K 和 L 各乘以 2,看看结果。)用工人人均实际 GDP(y)和人均资本 k,柯布—道格拉斯可以表示为

$$
\begin{aligned}
y &= Y/L \\
&= AK^{\alpha}L^{1-\alpha} \cdot (1/L) \\
&= AK^{\alpha}L^{1-\alpha} \cdot L^{-1} \\
&= AK^{\alpha}L^{-\alpha} \\
&= A \cdot (K/L)^{\alpha} \qquad\qquad (3\text{-}24) \\
y &= Ak^{\alpha}
\end{aligned}
$$

我们可以用微积分证明,出现在柯布—道格拉斯生产函数方程(3-23)中的指数 α 满足

$$
\alpha = (\text{MPK} \cdot K)/Y \qquad\qquad (3\text{-}20)
$$

为了验证这个结果,我们回忆一下,MPK 是在保持 A 和 I 不变的情况下,K 的变化对 Y 的影响。如果我们对 $Y = AK(\alpha)K(1-\alpha)$ 求导,得到

$$
\begin{aligned}
\text{MPK} &= \mathrm{d}Y/\mathrm{d}K \\
&= \alpha AK^{\alpha-1}L^{1-\alpha} \\
&= \alpha AK^{\alpha}K^{-1}L^{1-\alpha} \\
&= \alpha AK^{\alpha}L^{1-\alpha} \cdot (1/K) \\
&= \alpha \cdot (Y/K)
\end{aligned}
$$

因此,我们有

$$
\begin{aligned}
(\text{MPK} \cdot K)/Y &= [\alpha \cdot (Y/K) \cdot K]/Y \\
&= \alpha
\end{aligned}
$$

如式(3-20)所示。

第 **4** 章

运用索洛增长模型

既然已经建立了索洛增长模型,就可以通过考察在短期和长期内各种经济变化如何影响增长,来将此模型付诸应用。我们首先研究储蓄率、技术水平、劳动投入水平和人口增长率的变化。然后,我们探讨趋同问题,即贫穷国家如何追赶富裕国家。

我们发现在索洛模型中,工人人均资本增长率 $\Delta k/k$ 是由式(3-16)给出的。我们在这里重复这一方程:

$$\Delta k/k = s \cdot (y/k) - s\delta - n \tag{4-1}$$

其中 k 为工人人均资本,y 为工人人均实际国内生产总值(GDP),y/k 为资本的平均产出,s 为储蓄率,δ 为折旧率,n 为人口增长率。我们假设,右边的每一项都是不变的,除了 y/k 项。我们发现,在向稳态的过渡中,k 的上升导致 y/k 下降,从而导致 $\Delta k/k$ 下降。在稳态的情况下,k 是不变的,因此 y/k 也是不变的,从而 $\Delta k/k$ 保持不变并且等于 0。

工人人均生产函数由方程(3-2)给出。我们在这里再次给出这一方程:

$$y = A \cdot f(k) \tag{4-2}$$

如果将方程(4-2)的 y 代入方程(4-1),我们得到索洛基本方程的修正形式:

$$\Delta k/k = sA \cdot f(k)/k - s\delta - n \tag{4-3}$$

到目前为止,我们假设储蓄率 s、技术水平 A 和人口增长率 n 是固定的。现在我们要考虑 s、A 和 n 的变化。我们也要考察劳动投入水平 L 的变化。我们分析这些变化对索洛模型的两个阶段的影响。这些变化对向稳态的过渡有什么影响?以及对稳态有什么影响?我们可以认为第一部分代表了短期影响,第二部分代表了长期影响。

4.1 储蓄率的变化

储蓄率 s 上的差别如何影响经济增长?作为储蓄率差别的一个例子,我们可以比较两种类型的国家:一类是其居民通常有高储蓄率的国家,例如新加坡和韩国,或者其他东亚国家,另一类是其居民的储蓄率通常很低的国家,例如撒哈拉以南非洲的大多数国家和一些拉丁美洲国家。储蓄率上的差别有些是出于政府的政策,而有些是源于文化上的差异。重要的一点是储蓄率因社会不同而不同,会随时间而变化。

图 4-1 将图 3-9 的索洛模型扩展到考虑两种储蓄率 s_1 和 s_2,s_2 大于 s_1。每一个储蓄率决定一条不同的 $s \cdot (y/k)$ 曲线——s_2 的曲线位于 s_1 的曲线之上。回顾一下,工人人

均资本增长率 $\Delta k/k$ 等于 $s\cdot(y/k)$ 曲线和 $s\delta+n$ 水平线之间的垂直距离。现在水平线也有两条，一条对应 s_1，另一条对应 s_2。然而，水平线的移动证明是很小的。因此，我们可以从图 4-1 中看到，当储蓄率为 s_2 而不是 s_1 时，在任何水平的 k（工人人均资本）上，$\Delta k/k$ 都更高。[1] 具体地，当储蓄率为 s_2 而不是 s_1 时，在 $k(0)$ 处，$\Delta k/k$ 更大。（我们已经假设对于两种储蓄率，$\Delta k/k$ 总是大于 0。）

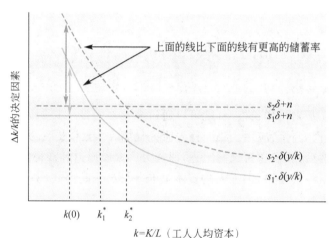

图 4-1　在索洛模型中储蓄率提高的影响

注：本图来源于图 3-9。图中两条 $s\cdot(y/k)$ 曲线对应储蓄率 s_1 和 s_2，s_2 大于 s_1。同样，两条 $s\delta+n$ 水平线也分别对应储蓄率 s_1 和 s_2。当储蓄率较高时，在 k 的任何水平上工人人均资本增长率 $\Delta k/k$ 都更高。例如，在 $k(0)$，当储蓄率为 s_1 时，$\Delta k/k$ 等于右边箭线表示的垂直距离。当储蓄率为 s_2 时，$\Delta k/k$ 等于左边箭线表示的垂直距离。在稳态时，不管储蓄率如何，$\Delta k/k$ 为 0。较高的储蓄率产生较高的稳态工人人均资本，即 k_2^* 大于 k_1^*。

对于任何一个储蓄率，当工人人均资本 k 上升到超过 $k(0)$ 时，工人人均资本增长率 $\Delta k/k$ 就会下降。在图 4-1 中，当储蓄率为 s_1 时，在 k 达到稳态值 k_1^* 的情况下，$\Delta k/k$ 为 0。但是，在 k_1^*，如果储蓄率更高，例如，如果它等于 s_2，$\Delta k/k$ 仍将大于 0。如果储蓄率是 s_2，工人人均资本会上升到超过 k_1^*，直到它到达更高的稳态值 k_2^* 为止。由于工人人均资本更高，我们也知道当储蓄率为 s_2 时，工人人均实际 GDP 会更大，即 $y_2^*>y_1^*$。

做点数学

根据方程(3-19)给出的条件，我们能够用代数方法确定稳态工人人均资本 k^*。我们在这里重复这一结果：

$$A\cdot f(k^*)/k^*=\delta+n/s \tag{4-4}$$

---

[1]　只要 $y/k>\delta$，也就是说，只要工人人均的实际 GDP 大于人均折旧 δk，曲线 $s\cdot(y/k)$ 上移的幅度就大于 $s\delta+n$ 水平线上移的幅度。因此，我们只需要确信国内生产净值大于 0，就有以上结果。

s 的上升使方程右边的值下降,因此左边的值也必须下降,而这只能通过降低资本的平均产量 $A \cdot f(k^*)/k^*$ 才可能实现。从图 3-8 我们知道,如果 A 固定不变,资本的平均产量的下降要求工人人均资本 k 有所增加。因此 s 的上升提高了 k^*。

总之,在短时期内,储蓄率的上升提高了工人人均资本增长率。这一增长率在向稳态过渡期间仍保持较高的数值。在长期内,工人人均资本增长率对于任何储蓄率来说都是相同的——等于 0。在长期或稳态情况下,更高的储蓄率导致稳态工人人均资本 k^* 更高,而增长率保持不变(它仍然为 0)。

索洛模型的一个重要扩展——20 世纪 60 年代中期由戴维·卡斯(1965)和恰林·库普曼斯(1965)提出——是允许家庭对储蓄率 s 做出选择。为研究这一选择,我们需要对家庭在不同的时点上如何做出消费决定进行微观经济学的分析。我们将这一分析放到第 8 章。

 ## 4.2 技术水平的变化

到目前为止,我们一直假设技术水平 A 是固定不变的。在现实中,技术是随时间和地点的不同而变化的。有关技术随时间而进步的例子,我们可以想到的有电力、汽车、计算机和互联网的应用。就地点的不同而言,我们可以想到发达国家中的企业,例如美国和西欧的企业,比贫穷国家的企业拥有更先进的技术。要评估技术差异带来的影响,我们首先考察索洛模型由技术水平 A 变化带来的效应。

再次利用工人人均资本增长率的公式:

$$\Delta k/k = sA \cdot f(k)/k - s\delta - n \tag{4-3}$$

其中,$A \cdot f(k)/k$ 是资本的平均产量,即 y/k。注意,较高的 A 意味着在 k 给定时 y/k 较高。

模型扩展 索洛模型中的消费

回顾一下,实际收入等于实际国内生产净值,$Y - \delta K$,它等于消费 C 加上储蓄 $s \cdot (Y - \delta K)$。因此,根据工人的人均数量,我们得到

$$y - \delta k = c + s \cdot (y - \delta k)$$

其中,c 是工人人均消费。对于给定的 $Y - \delta K$,储蓄率 s 的上升意味着 c 必定下降。然而,由于在长期内较高的储蓄率导致较高的实际 GDP,长期内消费也许会上升。这里我们考察索洛模型关于长期内储蓄对消费影响的说法。

我们发现,储蓄率 s 的上升提高了稳态下工人人均资本和人均实际 GDP,即 k^* 和 y^*。工人人均实际 GDP 的提高导致个人实际收入的增加。然而,人们关心的是他们的

消费,而不是他们的收入本身。因此我们需要知道储蓄率的上升如何影响稳态下每个人的消费。

人均消费由下式给出:

人均消费 = (工人人均消费) × (工人数 / 人口数)

工人占人口的比率就是劳动力参与率,我们假设它是个常数。因此,人均消费始终随着工人人均消费 c 而变动。这一结果意味着我们可以集焦于 c 来考察人均消费的情况。

由于消费等于未被储蓄的实际收入,而稳态下工人人均储蓄为 $s \cdot (Y^* - \delta k^*)$,我们得到:

$$c^* = y^* - \delta k^* - s \cdot (y^* - \delta k^*) \tag{4-5}$$

这里 c^* 是 c 的稳态值。我们从第 3 章知道,稳态工人人均储蓄足以为新工人提供可使用的资本:

$$s \cdot (y^* - \delta k^*) = nk^* \tag{3-17}$$

因此我们可以用 nk^* 替代方程右边的 $s \cdot (y^* - \delta k^*)$:

$$c^* = y^* - \delta k^* - nk^* \tag{4-6}$$

我们知道储蓄率 s 的上升会使 k^* 提高,根据方程(4-6),c^* 的变化如

$$\Delta c^* = \Delta y^* - (\delta + n) \cdot \Delta k^*$$

注意到 Δy^* 必定等于 Δk^* 乘以资本的边际产量 MPK,我们可以计算出 Δy^*:

$$\Delta y^* = \text{MPK} \cdot \Delta k^*$$

因此,如果我们用 $\text{MPK} \cdot \Delta k^*$ 代替 Δy^*,得到 c^* 的变化如下式所示:

$$\Delta c^* = \text{MPK} \cdot \Delta k^* - (\delta + n) \cdot \Delta k^*$$
$$\Delta c^* = (\text{MPK} - \delta - n) \cdot \Delta k^* \tag{4-7}$$

我们从式(4-7)看到,如果 MPK 大于 $\delta + n$,Δc^* 就大于 0。$\text{MPK} - \delta$ 是资本的净边际产量,即资本的边际产量减去折旧。这一项给出了追加资本的回报率。因此,式(4-7)说明,只要资本的收益率($\text{MPK} - \delta$)大于人口增长率 n,稳态工人人均资本 k^* 的增加提高了稳态工人人均消费水平 c^*。资本收益率的典型的估计数是 10% 左右,而人口增长率为 0~2%。因此在通常情况下,Δc^* 大于 0。

储蓄率 s 对工人人均稳态消费 c^* 乃至人均稳态消费有正向影响,并不必然意味着一般个人通过储蓄会生活更好。为了获得更高的稳态工人人均资本 k^*,家庭必须在向稳态过渡期间进行更多的储蓄。因此,在过渡期间每个人的消费水平不得不进行削减。因此,这里存在着一个权衡——短期内减少个人消费和在长期享受更多的消费。个人生活变好还是变差,首先取决于在长期内他享受的消费与在短期内失去的消费的对比;其次取决于人们对于推迟消费有多少耐心。

图 4-2 比较了两种技术水平,A_1 和 A_2,其中 A_2 大于 A_1。每一技术水平对应一条不同的曲线 $s \cdot (y/k) = sA \cdot f(k)/k$。更高技术水平的曲线 A_2 在另一条曲线之上。注意这两条曲线的位置与图 4-1 中分别对应两个储蓄率 s 的曲线的位置相类似。因此,我们在分析 A 的改变带来的影响时就类似于分析 s 的改变。

在图 4-2 中,工人人均初始资本 $k(0)$ 下,工人人均资本增长率 $\Delta k/k$ 是随技术水平

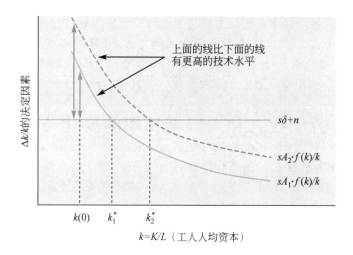

图 4-2　索洛模型中技术水平提高的影响

注：本图也来源于图 3-9。$s \cdot (y/k) = sA \cdot f(k)/k$ 的两条曲线分别对应于技术水平 A_1 和 A_2，这里 A_2 大于 A_1。当技术水平提高时，在任何 k 下工人人均资本增长率 $\Delta k/k$ 都会提高。例如在 $k(0)$，当技术水平为 A_1 时，$\Delta k/k$ 等于右边较短箭线所示的垂直距离。当技术水平为 A_2 时，$\Delta k/k$ 等于左边较长箭线所示的垂直距离。在稳态下，$\Delta k/k$ 为 0，不论技术水平如何。更高的技术水平会带来更高的工人人均稳态资本，即 k_2^* 大于 k_1^*。

的提高而提高，A_2 表示较高技术水平，A_1 表示较低技术水平。在两个例子中，$\Delta k/k$ 随时间下降。对于较低的技术水平而言，当工人人均资本 k 达到稳态值 k_1^*，$\Delta k/k$ 降到 0。对于较高的技术水平而言，工人人均资本 k 超过 k_1^*，达到更高的稳态值 k_2^*。因此，在过渡时期，A 的上升会导致更高的 $\Delta k/k$。在长期内，$\Delta k/k$ 仍将下降到 0，但是工人人均稳态资本 k^* 会更高，即 k_2^* 大于 k_1^*。

技术水平 A 的上升提高了工人人均稳态实际 GDP，$y^* = A \cdot f(k^*)$。有两个原因。首先，对于给定的工人人均资本 k，A 的上升提高了工人人均实际 GDP，即 y。其次，当 A 更高时，工人人均稳态资本 k^* 也更高。考虑到这两方面，A 的上升提高了 y^*。

做 点 数 学

从之前使用的代数方程中我们可以得出 A 对 k^* 的影响：

$$A \cdot f(k^*)/k^* = \delta + n/s \tag{4-4}$$

A 的提高不会影响方程右边的值。因此，左边的工人人均稳态资本 k^* 必须调整来保持资本的平均产出 $A \cdot f(k^*)/k^*$ 的稳定状态。因为 A 的提高使平均产出增加，k^* 必须以减少平均产出的方式变动。从方程（3-8）我们知道，工人人均资本 k^* 的增加使得资本的平均产出下降。因此，A 的提高会使 k^* 提高。

总而言之，在短期内，技术水平 A 的上升提高了工人人均资本增长率和人均实际

GDP 的增长率。这些增长率在向稳态的过渡期间仍然保持较高的水平。在长期内，对于任何技术水平来说，工人人均资本增长率和人均实际 GDP 的增长率是相同的——等于 0。在长期内或在稳态情况下，较高的技术水平会提升工人人均稳态资本和人均实际 GDP——k^* 和 y^*，而不会导致增长率的变化（它们仍然为 0）。

 ## 4.3　劳动投入和人口增长率的变化

我们可以考虑劳动投入 L 的两种类型的变化。首先，L 的变化可以发生在某个时点上，这是因为劳动力规模突然发生变动。其次，人口增长率的变化可以影响劳动投入的长期路径。我们首先讨论 L 一时的变化。

4.3.1　劳动投入的变化

劳动投入 L 的变化，可能是源于劳动力的变化。例如，由于疾病流行，劳动力可能会急剧地下降。一个极端的例子是 14 世纪中叶的腺鼠疫即黑死病的流行，据估计，当时欧洲大约有 20% 的人口死于这次鼠疫。由于非洲日益严峻的艾滋病蔓延，生命的潜在损失也许可以与前者相提并论。还有更近期的，埃博拉病毒的爆发。在这些例子中，最初实物资本并没有什么变化，工人人均初始资本 $k(0)=K(0)/L(0)$ 由于 $L(0)$ 的下降而上升。

战时的伤亡是劳动力减少的另一个原因。然而，由于战争往往也会破坏实物资本，因此它对工人人均资本的影响因具体情况而不同。移民也可能使劳动力发生变化。一个近期的例子是开始于 2015 年的从叙利亚、伊拉克、阿富汗和其他战乱国家流向欧洲的大规模难民。另一个例子是 20 世纪 70 年代中期曾经居住在非洲殖民地的葡萄牙公民大规模地回到葡萄牙。当这些殖民地独立时，许多居民回到葡萄牙，而这种人口回流使葡萄牙国内人口增加了 10%。最后一个例子是，在 20 世纪 90 年代，大约有 100 万俄罗斯犹太人移居以色列，占到以色列 1990 年人口的将近 20%。

图 4-3 显示了劳动投入 L 的路径，它从 $L(0)$ 开始，然后按固定的速率 n 增长。在图 4-3 中，我们假设，劳动投入的初始水平从 $L(0)$ 上升到 $L(0)'$，而 n 没有变化。因此我们实际是考虑，劳动的投入水平 L 每年按正比例增长的情况。由于资本的初始存量 $K(0)$ 不变，$L(0)$ 的上升使工人人均初始资本—— $k(0)=K(0)/L(0)$——减少。

图 4-4 考察了劳动投入增加的影响。劳动的初始水平从 $L(0)$ 上升到 $L(0)'$，使工人人均初始资本 $k(0)$ 减少到 $k(0)'$。然而关键的一点是，曲线 $s\cdot(y/k)$ 和水平线 $s\delta+n$ 不变。$k(0)$ 的减少提高了初始的资本平均产量 y/k（见图 3-9），从而导致 k 沿着不变的曲线达到更高的 $s\cdot(y/k)$。结果，工人人均资本增长率 $\Delta k/k$ 从一开始就上升。我们可以从图 4-3 看到这一结果，由于在 $k(0)'$ 点曲线 $s\cdot(y/k)$ 和水平线 $s\delta+n$ 之间的垂直距离（左边箭线所示）大于在 $k(0)$ 点（右边箭线所示）的垂直距离。在向稳态过渡期间，资本增长率 $\Delta k/k$ 仍然较高。然而，$\Delta k/k$ 仍然向着其长期值 0 下降。而且，不管初始劳动投入是 $L(0)$ 还是 $L(0)'$，工人人均稳态资本 k^* 是相同的。因此，如果 $L(0)'$ 是 $L(0)$ 的两倍，则资本 K 的长期水平也是原来的两倍（所以工人人均资本相同）。由于 k^* 不变，我们也可以得出，工人人均实际 GDP（y^*）不变。在长期内，具有两倍劳动力的经济体也就具有两倍的实际国内生产总值 Y。

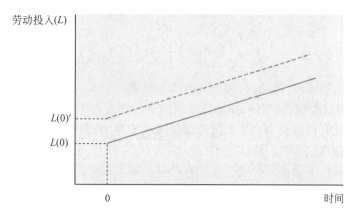

图 4-3　劳动投入水平的增加

注：在 0 年，劳动投入从 $L(0)$ 猛升至 $L(0)'$，人口增长率 n 没有变化。

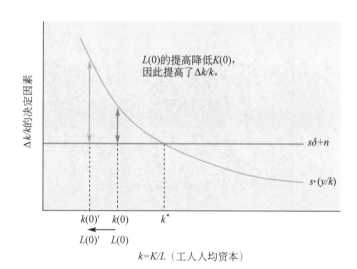

图 4-4　索洛模型中劳动投入增加的效应

注：本图来源于图 3-10。如果劳动投入的初始水平从 $L(0)$ 上升到 $L(0)'$，工人人均初始资本则从 $k(0)=K(0)/L(0)$ 减少到 $k(0)'=K(0)/L(0)'$。因此，工人人均资本增长率 $\Delta k/k$ 一开始是上升的。注意，左边箭线所表示的垂直距离大于右边箭线所示的距离。对于不同的 $L(0)$ 来说，工人人均稳态资本 k^* 仍是相同的。

做 点 数 学

利用以下条件，我们再次可以用代数方法得出这一结果：

$$A \cdot f(k^*)/k^* = \delta + n/s \qquad (4\text{-}4)$$

注意，A、S、n 和 δ 是常数，而劳动的投入水平 L 不进入方程。因此，当 L 改变时，工人人均稳态资本 k^* 不变。

总而言之，在短期内，劳动投入 $L(0)$ 的增加提高了工人人均资本增长率和人均实际 GDP 的增长率。这些增长率在向稳态过渡期间仍然较高。在长期内，工人人均资本增长率和人均实际 GDP 的增长率对于任何劳动投入水平 $L(0)$ 来说，都是相同的——等于 0。而且，工人人均稳态资本和人均实际 GDP，即 k^* 和 y^* 对于任何 L 是相同的。因此，在长期内，一个有两倍劳动投入的经济体具有两倍的资本和实际 GDP。

4.3.2　人口增长率的变化

图 4-5 显示人口增长率从 n 上升到 n'。我们现在假设初始人口，从而劳动投入水平 $L(0)$ 不变。因此，工人人均初始资本 $k(0)$ 也不变。

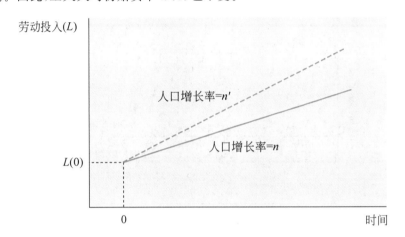

图 4-5　人口增长率的上升

注：人口增长率在 0 年从 n 上升到 n'，劳动投入的初始水平 $L(0)$ 不变。

在图 4-6 中，较高的水平线 $s/\delta+n$ 对应较高的人口增长率。记住，工人人均资本增长率 $\Delta k/k$ 等于曲线 $s \cdot (y/k)$ 和直线 $s/\delta+n$ 之间的垂直距离。因此，当人口增长率为 n' 而不是 n 时，不管工人人均资本 k 如何，$\Delta k/k$ 都较低。我们可以从工人人均资本增长率的公式得到这一结果。

$$\Delta k/k = sA \cdot f(k)/k - s/\delta - n \tag{4-3}$$

k 给定，n 越高，则 $\Delta k/k$ 越低。当 n 上升时，$\Delta k/k$ 下降的原因是较大部分的储蓄被用于向不断增加的劳动力提供资本了。

在图 4-6 中，无论在哪个人口增长率下，当工人人均资本上升到超过 $k(0)$ 时，工人人均资本增长率 $\Delta k/k$ 都趋于下降。当人口增长率为 n'，k 达到稳态值 k^* 时，$\Delta k/k$ 接近 0。然而，在 $(k^*)'$，如果人口增长率较低，特别是如果它等于 n，$\Delta k/k$ 仍将大于 0。因此，如果人口增长率为 n，工人人均资本上升到超过 $(k^*)'$——k 上升，直到它达到稳态值 k^*，k^* 大于 $(k^*)'$。

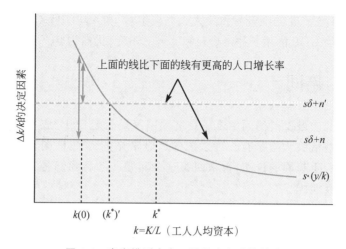

图 4-6 索洛模型中人口增长率上升的效应

注：本图来源于图 3-10。人口增长率从 n 上升到 n' 将水平线从 $s\delta+n$ 抬高到 $s\delta+n'$。当人口增长率上升时，在 k 的任何水平上，工人人均资本增长率 $\Delta k/k$ 都下降。例如，在 $k(0)$，当人口增长率为 n 时，$\Delta k/k$ 等于左边箭线表示的垂直距离。而当人口增长率为 n' 时，$\Delta k/k$ 等于右边箭线表示的垂直距离。在稳态情况下 $\Delta k/k$ 等于 0，不管人口增长率如何。较高的人口增长率导致较低的工人人均稳态资本，即 $(k^*)'$ 小于 k^*。

图 4-6 显示，在工人人均初始资本 $k(0)$，人口增长率从 n 上升到 n' 降低了工人人均资本增长率 $\Delta k/k$。工人人均实际 GDP 增长率 $\Delta y/y$ 也相应地下降。因此，在短期内，n 的上升降低了 $\Delta k/k$ 和 $\Delta y/y$。这些增长率在向稳态过渡期间，仍然保持较低水平。然而，在稳态情况下，对于任何的 n 值，$\Delta k/k$ 和 $\Delta y/y$ 都为 0。也就是说，较高的 n 导致较低的工人人均稳态资本和实际 GDP，k^* 和 y^*，而不是造成增长率 $\Delta k/k$ 和 $\Delta y/y$ 的变化，它们仍为 0。n 的变化确实会影响资本和实际 GDP 水平的稳态增长率 $\Delta K/K$ 和 $\Delta Y/Y$。n 每年上升 1‰ 也使 $\Delta K/K$ 和 $\Delta Y/Y$ 的稳态值每年上升 1‰。

做 点 数 学

与之前一样，我们也可以从下面的方程用代数方法发现 n 对 k^* 的影响：

$$A \cdot f(k^*)/k^* = \delta + n/s$$

n 的上升提高了方程右边的数值。因此，方程左边的稳态资本平均产量 $A \cdot f(k^*)/k^* = y^*/k^*$ 也必须上升。由于资本的平均产量递减（图 3-9），这种变化要求 k^* 下降。因此，如我们已经看到的，n 的上升使 k^* 下降。

我们可以从图 4-6 中看到，折旧率 δ 的上升影响工人人均稳态资本，就像人口增长率 n 的上升产生的影响一样。之所以产生这一结果，是因为方程（4-3）含有 $s\delta+n$ 项，该项既可能因 n 的上升而上升，也可能因 δ 的上升而上升。对 n 的上升所做的这一分析告诉我们，在短期内，δ 的上升降低了工人人均资本增长率 $\Delta k/k$ 和人均实际 GDP 的增长率

$\Delta y/y$。在稳态情况下，δ 的上升导致工人人均资本 k^* 和人均实际 GDP，y^* 下降，但是工人人均资本和人均 GDP 的增长率 $\Delta k/k$ 和 $\Delta y/y$ 不变，仍然为 0。[①]

 # 4.4 趋同

有关经济增长的最重要的问题之一是贫困国家是否趋向于，或者是否能追赶上富裕国家。像非洲这些低收入国家有一种系统的追赶富裕的 OECD 国家的趋势吗？我们首先考察索洛模型关于趋同的说法，再来回答这个问题。然后我们将考察有关趋同的事实如何与索洛模型相匹配。

4.4.1 索洛模型中的趋同

要研究趋同，我们将聚焦在工人人均资本 k 的变迁上，即关注它从初始值 $k(0)$ 上升至稳态值 k^* 的过程。在图 3-11 中，我们看到，在过渡期间 k^* 对 k 像一个目标或一块磁铁那样起作用。因此，我们关于趋同的分析的一个重要部分涉及 k^* 的确定。我们已经研究了 k^* 如何取决于储蓄率 s，技术水平 A，人口增长率 n，折旧率 δ 和劳动投入的初始水平 $L(0)$。我们可以用 k^* 的一个函数的形式总结这一结果：

$$k^* = k^*[s, A, n, \delta, L(0)]$$
$$(+)(+)(-)(-)(0)$$

(4-8)

每个变量下面的符号表示对 k^* 的效应。因此方程（4-8）表明 k^* 随 s 和 A 的上升而上升，随 n，δ 的上升而下降，但不受劳动投入水平 $L(0)$ 的影响。表 4-1 总结了这些结果。

为了将索洛模型应用于趋同，我们必须考虑不止一个经济体。在作这一扩展时，我们假设经济体之间是相互独立的。具体来说，它们之间不进行商品和服务或金融资产的国际贸易。换言之，我们仍然考虑每个经济体是封闭的。现在考虑两个经济体 1 和 2，并假设它们的初始工人人均资本分别为 $k(0)_1$ 和 $k(0)_2$。假设每个经济体有相同的生产函数 $y = A \cdot f(k)$。因此，从每个工人拥有更多的资本 $k(0)$ 和实际 GDP，$y(0)$ 的角度讲，经济体 2 一开始就更先进。对于表 4-1 所列的 k^* 的决定因素，设想每个经济体都有同样的数值，所以它们有同样的工人人均稳态资本 k^*。

表 4-1　各种变量对工人人均稳态资本 k^* 的影响

变量的增加	对 k^* 的影响
储蓄率 s	增加
技术水平 A	增加
折旧率 δ	减少
人口增长率 n	减少
劳动力水平 $L(0)$	无影响

注：右边一栏显示左边一栏中的各个变量的增加对资本与劳动的稳态比率 k^* 的影响。这些结果出自式（4-7）。

[①]　一个区别是 n 的上升提高了资本和实际 GDP 水平的稳态增长率，$(\Delta K/K)^*$ 和 $(\Delta Y/Y)^*$，而 δ 的上升不影响这些稳态增长率。

模型扩展　内生的人口增长

我们的分析将人口增长率 n 看作是外生的,即由模型外部因素决定。然而,自从托马斯·马尔萨斯(Thomas Malthus,1798)的著作发表以来,经济学家们曾经认为,人口增长会受到各种经济变量的影响。马尔萨斯是英国的经济学家和牧师,他在 1798 年发表了《人口论》。他认为人均实际收入的增加会提高人口增长率,这是由于人均寿命的延长——主要是通过营养的改善和医疗卫生条件的改善。马尔萨斯相信,另一影响是较高的收入会鼓励高生育率。他认为,只要人均实际收入超过维持生存的水平,出生率就会上升。维持生存的水平是指支付生活基本必需品所需要的钱。

我们可以把马尔萨斯的关于人口增长的思想结合进索洛模型。如图 3-10 所示,对于给定的人口增长率 n,经济体达到了稳态的工人人均资本 k^* 和相应的工人人均实际 NDP 水平,$y^* = f(k^*) - \delta k^*$,它等于工人人均实际国民收入。于是人均实际收入为

人均实际收入 =(工人人均 NDP)×(工人／人口)

方程右边最后一项是劳动力参与率,我们假定它是固定的。

马尔萨斯认为,当家庭人均实际收入上升到超过维持生存的水平时,人口增长率将会上升。图 4-6 显示了人口增长率上升的影响;这一变化降低了工人人均稳态资本和实际 GDP。根据马尔萨斯的观点,这一过程将继续下去,直至每个人的稳态实际收入下降到维持生存的水平。

马尔萨斯关于人均实际收入与预期寿命之间关系的观点是合乎情理的。跨国家比较的数据表明,较高的人均实际 GDP 与出生时较高的预期寿命密切相关。[①] 然而,马尔萨斯关于生育率的观点似乎不合实际。至少从 1960 年以后的跨国家比较的数据来看,较高的人均实际 GDP 与较低的生育率相伴出现。[②] 事实上,较高的人均实际 GDP 与较低的人口增长率之间有很强的关联性,尽管人均实际 GDP 较高的国家的预期寿命更长。

我们可以修正索洛模型而将马尔萨斯的思想——人口增长是内生的——包括进去。然而,与马尔萨斯的观点相反,我们应当假设人均实际 GDP——以及工人人均资本 k——对人口增长率 n 会有一种负效应。

工人人均资本增长率的条件是

$$\Delta k / k = sA \cdot f(k)/k - s\delta - n \tag{4-3}$$

在向稳态的过渡期间,k 的上升减少了资本的平均产量 y/k,从而降低了工人人均资本增长率 $\Delta k/k$。现在,我们得到,k 的上升也降低了 n。这一变化提高了 $\Delta k/k$,从而抵消了因资本的平均产量减少的影响。因此,不断下降的人口增长率是使富裕社会的工人

---

① 尽管这一关系很有意义,但并不能证明是较高的人均实际收入导致更长的预期寿命,而不是相反。事实上,双向的因果关系似乎都很重要。

② 这一关系并不证明较高的人均实际收入会导致较低的生育率,而不是相反。事实上,这种相反的效应是由索洛模型预测到的。或许是出于文化上的原因,如果一个社会选择高生育率和人口增长,索洛模型就预测其工人人均稳态实际 GDP 较低。实际上,双向的因果关系似乎都很重要。

人均资本和实际GDP能够长期持续增长的一个原因。

我们在图4-7中要证明这一情况,该图改编自图3-10。这两个经济体之间的唯一区别是一个开始于$k(0)_1$,另一个开始于$k(0)_2$。因此,k的过渡路径的差别仅取决于这些初始值。图4-7显示,在$k(0)_1$曲线$s \cdot (y/k)$与水平线$s\delta + n$之间的垂直距离大于$k(0)_2$点两者之间的垂直距离。也就是左边箭线表示的距离大于右边箭线表示的距离。因此,初始时经济体1的工人人均资本增长率$\Delta k/k$高于经济体2。由于经济体1的k以更快的速率增长,它的k随时间推移向经济体2的水平趋同。

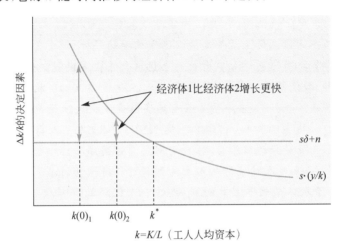

图4-7 索洛模型中的趋同

注:开始时经济体1的工人人均资本低于经济体2——$k(0)_1 < k(0)_2$。经济体1一开始增长较快,因为在$k(0)_1$的曲线$s \cdot (y/k)$与水平线$s\delta + n$之间的垂直距离大于在$k(0)_2$的垂直距离。也就是说,左边箭线表示的距离大于右边箭线表示的距离。因此,经济体1中的工人人均资本k_1随着时间推移趋同于经济体2。

图4-8显示了经济体1和经济体2的工人人均资本k的过渡路径。注意$k(0)_1$小于$k(0)_2$,但是k_1逐渐接近k_2。(与此同时k_1和k_2逐渐接近k^*。)因此,就k的水平而言,是经济体1向经济体2趋同。

我们可以用工人人均实际GDP,即y,来表示这些结果。工人人均资本k是通过下面的生产函数决定y:

$$y = A \cdot f(k) \tag{4-2}$$

由于经济体1初始的工人人均资本$k(0)$较低,其初始的工人人均实际GDP必定也较低——$y(0)_1$小于$y(0)_2$。工人人均实际GDP的增长率与工人人均资本增长率通过式(3-8)相联系,这里我们重复一下:

$$\Delta y/y = \alpha \cdot (\Delta k/k) \tag{4-8}$$

这里α是资本份额的系数。(我们假设α在两个经济体中是相同的。)我们在图4-7中显示,初始时经济体1的$\Delta k/k$要大于经济体2。因此,初始时$\Delta y/y$在经济体1也是较高的。因而,经济体1的工人人均实际GDP,即y,随着时间推移向经济体2的工人人均实际 GDP 水平靠近,两者趋同。在这两个经济体中,y 的过渡路径看起来同图 4-8 中 k 的路径相似。

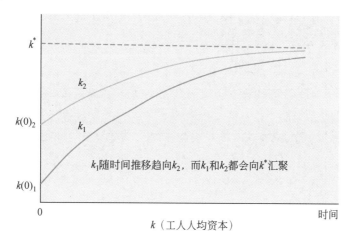

图 4-8　两个经济体的趋同和过渡路径

注:初始时经济体 1 的工人人均资本为 $k(0)_1$,经济体 2 的工人人均资本为 $k(0)_2$。这里 $k(0)_1$ 小于 $k(0)_2$。这两个经济体具有相同的工人人均稳态资本 k^*,图中用虚线表示。在每一个经济体中,k 随时间推移而上升到 k^*。然而,经济体 1 的 k 增长得更快,因为 $k(0)_1$ 小于 $k(0)_2$。因此,k_1 随时间推移趋向于 k_2。

　　总结一下,索洛模型说明,一个贫穷的经济体——工人人均资本和实际 GDP 很低——比富裕的经济体增长得更快。其理由是资本的平均产量(y/k)递减。即一个贫穷经济体,例如图 4-7 中的经济体 1,具有较高的平均资本产量(y/k)的优势。这一高的资本平均产量解释了为什么工人人均资本和实际 GDP 的增长率要比一开始较发达的经济,即经济体 2 更高。因此,索洛模型预测,较贫穷的国家会随着时间推移趋向于以工人人均资本和人均实际 GDP 水平衡量的更富裕的国家。

4.4.2　关于趋同的事实

　　有关趋同的这些预测的主要问题是它们与一组范围广泛的国家的实际证据相矛盾。我们在图 3-3 中已经考察了从 1960 年到 2000 年的人均 GDP 的增长率。为了将索洛模型应用于这些数据,我们需要将工人人均数量转换成人均数量。人均实际 GDP 的公式依然是:

人均实际 GDP ＝(工人人均实际 GDP)·(工人数／人口数)

　　工人占人口的比率就是劳动力参与率,我们已经假设它是固定的。例如,如果这一比率约为 1/2,如 OECD 国家最近所经历的情况,人均实际 GDP 大约是工人人均实际 GDP 的一半左右。

　　在这一转换中,我们发现索洛模型预测的人均实际 GDP 有趋同的趋势。具体地讲,该模型预测,较低的人均实际 GDP 水平将伴随着一个较高的人均实际 GDP 增长率。

　　图 4-9 利用图 3-3 中各国(经济体)的数据,根据 1960 年时的人均实际 GDP 水平画出了 1960 年到 2000 年的人均实际 GDP 的增长率。如果索洛模型关于趋同的预测是正确

的,我们就会发现人均实际 GDP 水平低的国家(经济体)与高的增长率相匹配,而人均实际 GDP 水平高的国家(经济体)与低的增长率匹配。但事实与此相反,在数据中很难看出任何模式,如果有的话,只是增长率随着人均实际 GDP 水平的上升有微弱上升的趋势。

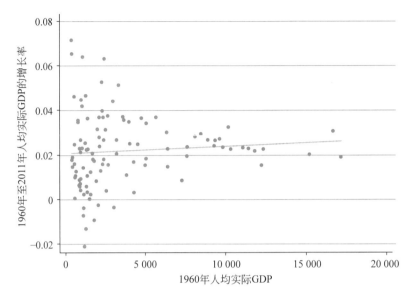

图 4-9   一组范围很广的国家人均实际 GDP 水平与增长率

注:横坐标显示了 107 个国家(经济体)在 1960 年时的人均实际 GDP(用 2005 年的美元计算)。纵坐标显示了每个国家(经济体)从 1960 年到 2011 年人均实际 GDP 的增长率。粗直线是对人均实际 GDP 增长率(纵坐标上的变量)与人均实际 GDP 水平(横坐标表示的变量)之间关系的一种最优的拟合。虽然这一直线向上倾斜,但其斜率——从统计的意义上讲只是稍微偏离一点 0。因此,增长率基本上与人均实际 GDP 水平无关。因而这组范围很广的国家(经济体)并不显示出趋同。

图 4-9 用图 3-3 中国家(经济体)的数据绘出 1960—2011 年人均实际 GDP 增长率相对于 1960 年人均实际 GDP 水平的散点图。如果我们把观察局限于具有比较相似的经济和社会特征的国家,这一数据更符合索洛模型关于趋同的预测。图 4-10 与图 4-9 相同,除了样本限于 18 个发达的 OECD 国家。就这一有限的样本而言,1960 年的较低的人均 GDP 水平平均来说确实与 1960 年至 2000 年的较高的增长率相匹配。这一格局特别反映了 OECD 中最初较穷的国家——如希腊、爱尔兰、葡萄牙和西班牙——追赶上富裕国家的情况。

图 4-11 描绘了一组更加同质的经济体——欧盟 19 国在 2015 年回溯至 1960 年的数据所显示的更明显的趋同模式。这些数据再一次描绘了人均实际 GDP 增长率与 1960 年人均实际 GDP 的关系。这个图展示了一个神奇的趋势,欧盟(和它的前身)中原来更穷的国家对原来更富有的国家增长更快。

图 4-9 至图 4-11 告诉我们,相似的经济体往往会出现趋同,而极不相同的国家在人均实际 GDP 水平与其增长率之间往往不存在任何关系。因此,趋同的模式在一个发达国家的各地区之间表现得最突出(图 4-11),其次较为突出的是一组富裕国家之间(图 4-10),而最不明显的是——事实上是不存在——包括全世界所有国家(经济体)的样本(图 4-9)。

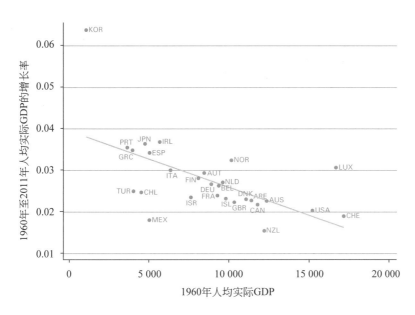

图 4-10　**OECD 国家的人均实际 GDP 水平与增长率**

注：横轴显示经合组织 34 个成员国在 1960 年(以 2005 年美元计算)的人均实际 GDP。缩写表示每个国家。纵轴表示 1960 年至 2011 年每个国家人均实际 GDP 的增长率。蓝线是一条直线,它是对人均实际 GDP 增长率(纵轴上的变量)和人均实际 GDP 水平(横轴上的变量)之间关系的最优拟合。这条线有一个明显的负斜率,因此,1960 年人均实际 GDP 较低的水平与 1960 年至 2011 年较高的人均实际 GDP 增长率相匹配。因此,经合组织国家表现出了趋同。

4.4.3　索洛模型中的有条件趋同

索洛模型关于趋同的预测似乎解释了相似经济体的增长模式,但当我们考察一组极不相同的经济体时,它似乎又不适用了。这是否意味着这个模型有缺陷?我们能否作些变化来改进它的预测?为了找到这一缺陷并设法纠正它,让我们重新考察一下索洛模型。一个关键的假设是,对所有的经济体来说,工人人均稳态资本 k^* 的决定因素都是相同的。这一假设对相似的经济体来说是合理的,但对于具有截然不同的经济、政治和社会特点的广泛的国家样本来说就不太合理。特别是,该假设对图 4-9 中考虑的全球国家样本更行不通。要解释这组样本没有趋同的原因,我们必须考虑稳态资本 k^* 之间的差别。

假定对于方程(4-7)中和表 4-1 中 k^* 的有些决定因素各国之间有所差别,例如,k^* 可能因为储蓄率 s、技术水平 A 和人口增长率 n 的差别而有所不同。[①] 图 4-12 对图 4-7 进行了修正,以显示储蓄率上的差别如何影响趋同。经济体 1 的储蓄率为 s_1,而经济体 2 有

---

① 国家之间的人口和劳动力水平有很大的差别。但是在模型中,劳动投入水平,用 $L(0)$ 表示,并不影响 k^*。折旧率 δ 在各国之间也许并不会系统地发生变化。

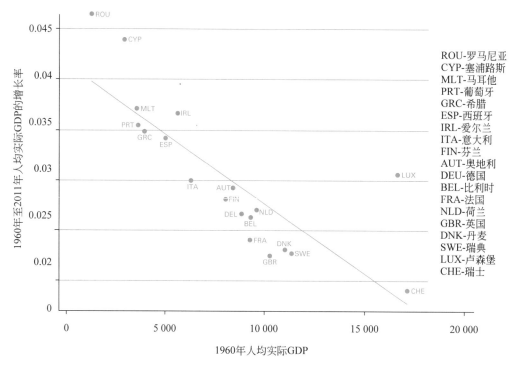

图 4-11　欧洲各国人均实际 GDP 水平与增长率

注：横轴显示的是欧盟 28 个成员国中的 19 个国家在 1960 年的人均实际 GDP。纵轴表示 1960 年至 2011年每个国家人均实际 GDP 的增长率。黑线是一条直线，它是对人均实际 GDP 增长率（纵轴上的变量）和人均实际 GDP 水平（横轴上的变量）的最优拟合。这条线有一个明显的负斜率，因此，1960 年人均实际 GDP 较低的水平与 1960 年至 2011 年较高的人均实际 GDP 增长率相匹配。因此，欧盟成员国之间表现出了趋同。

更高的储蓄率 s_2。如我们在图 4-7 中所假设的，经济体 1 的工人人均初始资本较低，即 $k(0)_1 < k(0)_2$。记住工人人均资本增长率 $\Delta k/k$ 等于曲线 $s \cdot (y/k)$ 和直线 $s\delta + n$ 之间的垂直距离。我们从图 4-12 中看到，对于经济体 1 或经济体 2 来说，曲线 $s \cdot (y/k)$ 和直线 $s\delta + n$ 之间的初始距离是否更大是不确定的。较低的工人人均初始资本 $k(0)$ 往往使经济体 1 的距离较大，而较低的储蓄率 s 往往使经济体 1 的距离较小。在图中，这两个因素基本上是平衡的，所以这两个经济体的 $\Delta k/k$ 大致是相同的。就是说，左边箭线表示的距离与右边箭线表示的距离相似。因此，较贫穷的国家，即经济体 1 并不必然趋同于较富裕的国家，即经济体 2。

要得到这一结果，我们必须假设，初始资本 $k(0)$ 较低的经济体——经济体 1——有一个较低的储蓄率 s。这个假设是合理的，因为储蓄率 s 较低的经济体有较低的工人人均稳态资本 k^*。在长期内，一个经济体的工人人均资本 k 将趋近于其稳态值 k^*。因此，当我们在任意一天，例如 0 日，考察各国时，储蓄率 s 较低的经济体有更低的 $k(0)$ 是可能的，即经济体 1 的 $k(0)$ 往往比经济体 2 的 $k(0)$ 更低。因此。我们假设的模式——低储蓄率与低 $k(0)$ 相匹配——有可能在实践中适用。

如果考察工人人均稳态资本 k^* 存在差别的其他原因，我们也可以得到类似的结论。

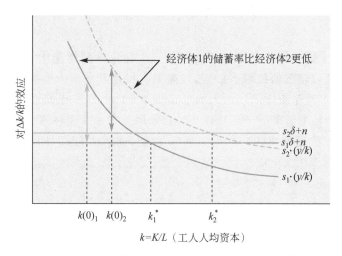

图 4-12 索洛模型中趋同的失效：储蓄率的差别

注：如图 4-7，经济体 1 的初始工人人均资本要比经济体 2 低——$k(0)_1 < k(0)_2$。然而，我们现在假设经济体 1 的储蓄率也比经济体 2 低，就是说 s_1 小于 s_2，这两个经济体有着相同的技术水平 A 和人口增长率 n。因此 k_1^* 小于 k_2^*。在这种情况下，哪一个经济体一开始会增长得更快一点是不确定的。左边箭线所标的垂直距离有可能大于或小于右边箭线所标的距离。

假定这两个经济体有相同的储蓄率，但是经济体 1 的技术水平 A 低于经济体 2。在这种情况下，这两条 $s \cdot (y/k)$ 曲线看起来还是像图 4-12 一样，因此对经济体 1 或经济体 2 来说，曲线 $s \cdot (y/k)$ 和直线 $s\delta + n$ 之间的垂直距离是否会变得更大依然无法确定。工人人均资本 $k(0)$ 较低，往往会使经济体 1 的这一垂直距离更大，但是较低的技术水平 A 却趋向于使经济体 1 的这一距离变小。与前面一样，这两种力量大致平衡，以至于两个经济体的 $\Delta k/k$ 差不多相同，这种情况是可能的。因此，较贫穷的国家，经济体 1，不需要趋同于较富裕的国家——经济体 2。

要得到这一结论，我们还得假设，工人人均初始资本 $k(0)$ 较低的国家——经济体 1 技术水平 A 也较低。这一假设是合乎情理的，因为技术水平 A 较低的经济体其工人人均稳态资本 k^* 也较低。因此，当我们在 0 日考察这两个经济体时，经济体 1 的 $k(0)$ 将小于经济体 2，这种情况依然是有可能的。

如果我们考察人口增长率方面的差别，这些结论同样适用。在图 4-13 中，这两个经济体有着相同的储蓄率 s 和技术水平 A，但是经济体 1 有更高的人口增长率 n。因此，经济体 1 的水平线 $s\delta + n$ 位置更高。这里，经济体 1 或经济体 2 的曲线 $s \cdot (y/k)$ 和直线 $s\delta + n$ 之间的垂直距离是否变得更大依然无法确定。对经济体 1 来说，较低工人人均资本 $k(0)$ 往往使经济体 1 的这一距离更大，但是较高的人口增长率 n 又会使经济体 1 的这一距离缩小。如我们在其他情况中说到的，这两种力量大致平衡，以至于这两个经济体的 $\Delta k/k$ 几乎相同——左边箭线所标的距离与右边箭线所标的距离相似，这种情况是可能的。因此，经济体 1 也不需要趋同于经济体 2。

要得到这一结果，我们必须假设工人人均初始资本 $k(0)$ 较低的国家——经济体 1 有较高的人口增长率 n。这一假设有道理，因为有较高 n 的经济体其工人人均稳态资本 k^*

较低。因此,当我们在 0 日考察这两个经济体时,经济体 1 的 $k(0)$ 将低于经济体 2,这依然是可能的。

现在,我们从上面三种情况来概括这些结论。在每一种情况中,经济体 1 有如下特点:较低的储蓄率 s,较低的技术水平 A,较高的人口增长率 n。这些特点导致工人人均稳态资本 k^* 较低。对于给定的工人人均初始资本 $k(0)$,这三个特点中的每一个都趋向于使经济体 1 的初始增长率低于经济体 2 的初始增长率。我们在图 4-12 和图 4-13 中已看到这些结果。在给定的 $k(0)$,如果 s 或 A 较低,或者 n 较高,曲线 $s \cdot (y/k)$ 和直线 $s\delta + n$ 之间的垂直距离就较小。

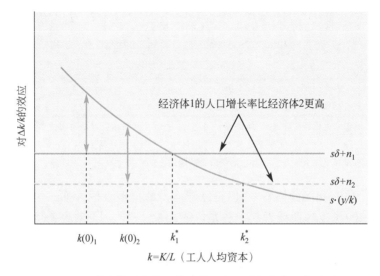

图 4-13　索洛模型中趋同的失效:人口增长率方面的差别

注:如图 4-12,经济体 1 的初始工人人均资本低于经济体 2,即 $k(0)_1 < k(0)_2$。现在这两个经济体有相同的储蓄率 s 和技术水平 A,但是经济体 1 有更高的人口增长 n,即 $n_1 > n_2$。因此,如图 4-12 那样,$k_1^* < k_2^*$。因而依然难以确定,哪一个经济体一开始增长得更快一些。左边箭线所标的垂直距离有可能大于或小于右边箭线所标的距离。

由于经济体 1 的 k^* 较低,其工人人均初始资本 $k(0)$ 也可能较低。而较低的 $k(0)$ 趋向于使经济体 1 比经济体 2 增长得更快——图 4-7 显示出来的趋同力量。经济体 1 总体上增长得比经济体 2 更快还是更慢取决于两种力量的较量。较低的 $k(0)$ 促使经济体 1 更快地增长,但是较低的 k^* 又造成经济体 1 较慢地增长。这两种力量可能会大致平衡,以至于这两个经济体以相同的速率增长。也就是说,我们不一定发现趋同。

图 4-14 显示了这两个经济体的工人人均资本 k 的过渡路径。我们假设经济体 1 初始的工人人均资本较少—— $k(0)_1 < k(0)_2$,而且工人人均稳态资本也较少——$k_1^* < k_2^*$。本图显示了每个经济体的工人人均资本向其稳态水平趋同的情况。然而,由于 $k_1^* < k_2^*$,k_1 并不趋同于 k_2。

我们可以把有关工人人均资本增长率的研究结果总结为以下方程:

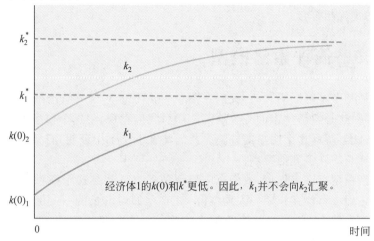

图 4-14　两个经济体的趋同失效和过渡路径

注：如同图 4-12 和图 4-13，经济体 1 的工人人均初始资本比经济体 2 低，即 $k(0)_1 < k(0)_2$，而且工人人均稳态资本也比较低，即 k_1^*（下虚线）$< k_2^*$（上虚线）。工人人均资本随时间推移趋向于它自己的稳态值：k_1（下曲线）趋向于 k_1^*；而 k_2（上曲线）趋向于 k_2^*。然而，由于 k_1^* 小于 k_2^*，k_1 并不趋向于 k_2。

关键方程（索洛模型中的有条件趋同）：

$$\Delta k / k = \varphi [k(0), k^*]$$

$$(-)(+)$$

$$\qquad\qquad (4-9)$$

工人人均资本增长率＝工人人均初始资本和稳态资本的函数

函数 φ 表示 $\Delta k / k$ 如何取决于工人人均初始资本 $k(0)$ 和稳态资本 k^*。$k(0)$ 下面的负号表示，对于给定的 k^*，$k(0)$ 的减少会提高 $\Delta k / k$。k^* 下面的正号表示，对于给定的 $k(0)$，k^* 的上升会提高 $\Delta k / k$。我们可以从工人人均资本增长率方程的角度来解释方程（4-10）的各种效应：

$$\Delta k / k = sA \cdot f(k)/k - s\delta - n \qquad\qquad (4-3)$$

方程（4-9）中 $k(0)$ 的负效应是对方程（4-3）中较低的初始资本平均产量 $A \cdot f(k)/k$ 作出的反应。方程（4-9）中 k^* 的正效应是对方程（4-3）中较高的储蓄率 s、较高的技术水平 A 或较低的人口增长率 n 作出的反应。

方程（4-9）的一个重要结果是：$k(0)$ 对增长率 $\Delta k / k$ 的负效应只在有条件的情况下成立，即在 k^* 是给定的情况下。这种情况称为有条件的趋同：较低的 $k(0)$ 预期有较高的 $\Delta k / k$，但要取决于 k^*。与之相对照，无论任何条件下较低的 $k(0)$ 都能预期有较高的 $\Delta k / k$ 称作绝对趋同。

回顾一下，从图 4-9 中我们没有看到一组范围很广的国家之间存在绝对趋同的现象。从方程（4-9），我们看到可以利用索洛模型来解释在这一组各不相同的国家中不存在趋同的原因。假定有些国家储蓄率低、技术水平低或者人口增长率高，因此它们的工人人均稳态资本 k^* 也低。在长期内，工人人均资本 k 将接近于 k^*。因此，当我们在初始时间（比方说 1960 年）考察时，我们往往会发现低的 $k(0)$ 值与低的 k^* 值相匹配。低的 $k(0)$ 值使工人人均资本增长率 $\Delta k / k$ 提高，而低的 k^* 值则使 $\Delta k / k$ 降低。因此，这一数据也

许显示不出 $k(0)$ 和 $\Delta k / k$ 之间有任何关系。这与我们在图 4-9 中发现的增长率和人均实际 GDP 的情况相符合。

4.5   简评索洛模型

当我们最初考察趋同问题时,我们在图 4-9 中看到,对于一组范围很广的国家来说不存在绝对趋同,这是索洛模型的一个缺陷。然后我们发现,将这个模型扩展到考虑有条件的趋同时,就能够解释这个明显的缺陷。我们将在下一章中证明,有条件趋同使我们理解了世界经济增长的许多其他特点。

虽然索洛模型有许多优点,我们也应该清楚还有哪些是这个模型无法解释的。最重要的一点是它无法解释在长期内人均实际 GDP 是如何增长的——例如很多发达国家一个多世纪以来大约 2% 的年增长率是怎么达到的。在索洛模型中,工人人均资本——从而工人人均和人均实际 GDP——在长期内是固定不变的。因此,下一章的目标是扩展模型以解释长期经济增长。

重要术语和概念

绝对趋同 absolute convergence
有条件趋同 conditional convergence
趋同 convergence
维持生存的水平 subsistence level

问题和讨论

A. 复习题

1. 就 107 个国家(经济体)而言,图 4-9 显示 1960 年到 2011 年的人均实际 GDP 增长率与 1960 年时的实际 GDP 水平几乎没有关系。这个结论同索洛的经济增长模型有冲突吗? 如何将这个问题与有条件趋同的概念联系起来?

2. "趋同"这个术语是什么意思? 绝对趋同与有条件趋同有什么区别?

3. 如果劳动投入的初始水平 $L(0)$ 增加了一倍,稳态的资本存量 K^* 会不会也翻一倍,为什么? 就是说图 4-4 意味着工人人均稳态资本 k^* 是不变的。这一结果如何取决于生产函数中的规模报酬不变定律?

4. 长期内人口的增长 $(n>0)$ 会导致产出的增长吗? 它会导致长期内工人人均产出增长吗?

B. 讨论题

5. 人口增长率的变化

假定人口增长率 n 可以随着经济的发展而变化。

a. 再次给出工人人均资本 k 增长率的方程,当 n 不是固定不变时,这个方程还有效吗?

$$\Delta k/k = s \cdot (y/k) - s\delta - n \tag{4-1}$$

b. 假定随着经济发展 n 下降；也就是说，富裕国家的人口增长率要比贫穷国家的低。这一走势如何影响关于趋同的结果？

c. 相反，如果假定随着经济的发展 n 上升，即富裕国家比贫穷国家有更高的人口增长率。这一走势如何影响关于趋同的结果？

d. 上面哪一种情况更合情理——b 还是 c？请解释。特别注意马尔萨斯关于内生人口增长的观点。

6. 储蓄率的变化

假定储蓄率 s 会随着经济发展而变化。

a. 工人人均资本增长率的方程如下：

$$\Delta k/k = s \cdot (y/k) - s\delta - n$$

当 s 不是固定不变时，这个方程还有效吗？

b. 假定随经济发展 s 上升，即富国比穷国有更高的储蓄率。这一趋势如何影响关于趋同的结果？

c. 相反，假定 s 随经济发展而下降，即富国的储蓄率比穷国的更低。这一趋势如何影响关于趋同的结果？

d. 上面哪一种情况更合乎情理，b 还是 c？请解释。

附录

趋同的速度

我们这里评估在索洛模型中趋同发生得有多快。图 4-15 复制了图 3-10 的结构。水平线仍在 $s\delta + n$ 位置上，而初始工人人均资本位于 $k(0)$。储蓄曲线由曲线 $s \cdot (y/k)^{\mathrm{I}}$ 表示。工人人均资本增长率 $\Delta k/k$ 等于曲线 $s \cdot (y/k)^{\mathrm{I}}$ 和直线 $s\delta + n$ 之间的垂直距离。

如前面强调的，索洛模型中趋同的根源是资本的平均产量 (y/k) 递减。这一平均产量由下式给出：

$$y/k = A \cdot f(k)/k$$

当 k 上升时，资本平均产量下降的趋势是 $s \cdot (y/k)^{\mathrm{I}}$ 曲线向下倾斜的原因。曲线的斜率决定了趋同发生得有多么迅速，而这一斜率取决于函数的形式 $f(k)/k$。

要理解 $s \cdot (y/k)$ 曲线斜率的作用，图 4-15 包括了第二条储蓄曲线 $s \cdot (y/k)^{\mathrm{II}}$ 与第一条曲线作比较，第二条曲线有相同的储蓄率 s，技术水平 A，但不同的函数形式 $f(k)/k$。这种不同的形式意味着曲线 II 的 k 和 y/k 之间的关系不同于曲线 I。具体来说，在任何 k 值上，第二条曲线不像第一条曲线倾斜得那么厉害。也就是说，在第二条曲线的情况中，资本的平均产量 y/k 不像在第一条曲线情况中那样迅速地递减。

为便于比较，我们使本图的两条储蓄曲线与直线 $s\delta + n$ 相交在同一点。这样，在这两种情况中，工人人均稳态资本 k^{*} 是相同的。然而在工人人均初始资本 $k(0)$ 的位置上，第一条储蓄曲线到直线 $s\delta + n$ 之间的垂直距离要大于第二条曲线到直线的垂直距离。在本图中第一种情况的距离用左边的箭线表示，第二种情况的距离用右边的箭线表示。因此在 $k(0)$ 点，第一条储蓄曲线的 $\Delta k/k$ 更高一些。更高的增长率意味着 k 向它的稳态水

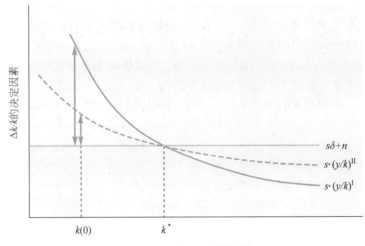

图 4-15 趋同速度的决定

注：本图是对图 4-4 的修正。第一条储蓄曲线 $s \cdot (y/k)^{\mathrm{I}}$ 与前面的一样。第二条储蓄曲线 $s \cdot (y/k)^{\mathrm{II}}$ 并不像第一条曲线那样向下倾斜得那么厉害。其原因是在第二种情况中，资本的平均产量 y/k 递减得不那么迅速。在 $k(0)$ 点，第一种情况的曲线 $s \cdot (y/k)$ 和直线 $s\delta+n$ 之间的垂直距离（左边箭线）要大于第二种情况（右边箭线）。因此，在第一种情况中，初始 $\Delta k/k$ 更高，向稳态趋同的速度更快。结论是，当资本平均产量随 k 更迅速地递减时，趋同的速度就更快。

平 k^* 趋同更加迅速。由此，我们证明了资本平均产量递减得越迅速，趋同的速度就越快。

在技术水平 A 给定的情况下，资本的平均产量 y/k 与 k 之间的关系取决于函数 $f(k)/k$ 的形式。举一个具体的例子，考察一下第 3 章附录介绍的柯布—道格拉斯生产函数，其中 $f(k) = k^\alpha$。在这种情况下，资本的平均产量是

$$y/k = A \cdot f(k)/k$$
$$= Ak^\alpha /k$$
$$= Ak^\alpha \cdot k^{-1}$$
$$= Ak^{\alpha-1}$$
$$y/k = Ak^{-(1-\alpha)} \tag{4-10}$$

由于 $0 < \alpha < 1$，当 k 上升时，资本的平均产量 y/k 下降。α 的值决定了当 k 上升时 y/k 下降得有多快。如果 α 接近于 1，方程（4-10）说明当 k 上升时，y/k 缓慢地下降（图 4-15 中曲线 II 就像这种情况）。一般来说，α 越低，当 k 上升时，y/k 下降得越迅速。

要得到一个有关趋同速度的数量上的概念，考察一下中间状态的趋同，即当 $\alpha = 0.5$ 时。在这种情况下，资本的平均产量是：

$$y/k = Ak^{-(1/2)}$$
$$y/k = A/\sqrt{k}$$

也就是说，资本的平均产量随着 k 的平方根而下降。

回顾一下，k 的增长率可以由下式给出：

$$\frac{\Delta k}{k} = s \cdot \left(\frac{y}{k}\right) - s\delta - n \tag{4-1}$$

将 $y/k = A/\sqrt{k}$ 代入，我们得到

$$\frac{\Delta k}{k} = sA/\sqrt{k} - s\delta - n \tag{4-11}$$

如果给定储蓄率 s，技术水平 A，折旧率 δ，人口增长率 n，以及工人人均初始资本 $k(0)$ 的数值，我们可以通过式（4-11）来计算 k 的时间路径。因为我们已知 $k(0)$，式（4-11）可以确定下一个时间点的 k 值，$k(1)$。然后，根据 $k(1)$，我们可以继续用此式计算 $k(2)$。以此类推，我们可以计算任何时间的 k 值 $k(t)$。

表 4.2 表示了 $k(t)$ 的路径。这个数值计算基于工人人均初始资本 $k(0)$ 等于其稳态资本值 k^* 的一半。表格列出了 5 年、10 年以及更长时间后，k/k^* 和 y/y^* 的数值。注意到，要经过 25 年——差不多一代人的时间，才能消除 k 和 k^* 之间一半的初始差距。类比物理学中的放射性衰变，我们可以将趋同到一半的时间周期称为半衰期（half-lif），因为 k/k^* 从 0.5 开始，并且趋同过程的半衰期是 25 年，所以这个比例在 25 年后达到 0.75，在 50 年后达到 0.875。因此，即使工人人均资本 k 向着 k^* 趋同，索洛模型预测这个过程比较缓慢。这个半衰期的数量结论被证实同样适用于工人人均实际 GDP(y) 向着其稳态水平 y^* 的调整过程。

表 4-2　索洛模型中的过渡路径

时间/年	k/k^*	y/y^*
0	0.50	0.71
5	0.56	0.75
10	0.61	0.78
15	0.66	0.81
20	0.71	0.84
25	0.74	0.86
30	0.78	0.88
35	0.81	0.90
40	0.83	0.91
45	0.86	0.93
50	0.88	0.94

如果 α 大于 0.5，随着 k 的增加，资本的平均产量 y/k 下降得更慢，向稳态趋同的过程也不那么迅速。因而，半衰期要超过 25 年。相反，如果 α 小于 0.5，当 k 上升时，y/k 下降得就比较快，而向稳态的趋同也更加迅速。在这种情况下，半衰期将不到 25 年。

对于从索洛模型计算得到的趋同的速度和半衰期已经做了许多有趣的应用。其中之一的应用就是 1990 年德国的统一。索洛模型预测，德国贫穷的东部地区将向较富裕的西部趋同，但只能是慢慢地来。（1990 年东部的人均 GDP 只有西部人均 GDP 的三分之一。）这种关于人均实际 GDP 的逐渐趋同的预测与 1990 年德国的数据相符。

第 **5** 章

有条件趋同和长期经济增长

在第 3 章和第 4 章,我们提出并拓展了索洛经济增长模型。短期分析的最重要的结果是关于向稳态过渡期间的趋同问题。我们将在本章的第一部分展示如何用这些结果去理解世界经济增长的模式。

我们在第 4 章结束时观察到,索洛模型的主要缺陷是它无法解释长期经济增长。在稳态时,工人人均实际 GDP 增长率为 0。在本章的第二部分,我们将拓展这个模型以分析长期增长。

5.1　实践中的有条件趋同

我们发现,索洛模型预测不同国家之间的工人人均资本 k 会趋同。我们用工人人均资本增长率 $\Delta k/k$ 的一个方程式总结了这一结论:

$$\Delta k/k = \varphi[k(0), k^*]$$
$$(-)(+)$$

$$(4\text{-}9)$$

其中 k^* 是 k 的稳态值。对于给定的 k^*,较低的 $k(0)$ 与较高的 $\Delta k/k$ 相匹配。因此,该模型对 k 来说具有一种趋同的性质。从趋同依赖于影响 k^* 的变量的角度来看,趋同是有条件的。对于给定的 $k(0)$,k^* 的上升会提高 $\Delta k/k$。

生产函数将工人人均实际 GDP(y)与工人人均资本(k)联系了起来:

$$y = A \cdot f(k)$$

在式(4-9)中我们可以利用式(4-2)来将 $\Delta k/k$ 替换为 $\Delta y/y$,$k(0)$ 替换为 $y(0)$,k^* 替换为 y^*,得到

关键方程(工人人均实际 GDP 的有条件趋同)

$$\Delta y/y = \varphi[y(0), y^*]$$
$$(-)(+)$$

工人人均实际 GDP 增长率 = 工人人均初始的和稳态的实际 GDP 的函数　　　(5-1)

方程(5-1)显示,索洛模型以工人人均初始实际 GDP,$y(0)$ 和工人人均稳态实际 GDP,y^* 的函数的形式来决定工人人均实际 GDP 增长率 $\Delta y/y$。对于给定的 y^*,$y(0)$ 的增加会降低 $\Delta y/y$。对于给定的 $y(0)$,y^* 的上升会提高 $\Delta y/y$。这一关系显示了趋同

的性质,因为比较贫穷的国家有较低的 $y(0)$ 和较高的增长率 $\Delta y/y$。然而,趋同是有条件的,这是因为它取决于影响稳态头寸 y^* 的各个变量。

在第 4 章,我们集中讨论了影响工人人均稳态资本(k^*)和实际 GDP(y^*)的三个变量:储蓄率 s、技术水平 A 和人口增长率 n。经济学家们已经扩展了索洛模型以考虑到影响 k^* 和 y^* 的额外变量。我们无须通过具体数据的研究,只要从更广阔的视角来看技术水平 A,就可以理解这些变量的作用。更高的技术水平 A 的重要特点是它提高了生产率;也就是说,在给定资本和劳动投入的情况下,它使实际 GDP 上升。许多严格来说并非技术性的变量也会影响到一个经济体的生产率。这些其他因素是以类似于 A 的变化的方式影响经济增长的。

举一个例子,生产率取决于市场效率的程度,各个经济体可以通过消除由政府管理带来的限制,降低税率,促进竞争,或反托拉斯法的实施来提高市场效率。另一个使市场发挥更大作用的方法将在第 18 章讨论,即政府允许商品和服务实现跨国界的自由贸易。这种国际间的开放,使得各国能够专门生产他们具有自然优势的商品和服务。因而,较大的国际开放度趋向于提高全球的生产率,一个国家的法律和政治制度也会影响到生产率。如果政府能更好地实施产权保护,司法制度能够更加平稳顺利地运转,并减少官员的腐败,该国的生产率往往会趋于上升。

5.1.1 近来有关经济增长的决定因素的研究

近来的研究大多集中在利用方程(5-1)给出的有条件趋同的方程上,并把它作为一个框架来分析各个国家经济增长的决定因素。这个方法的目的是测量一组影响一个国家工人人均稳态实际 GDP(y^*)的变量。方程(5-1)告诉我们两点:首先,如果我们让 y^* 保持固定(通过使影响 y^* 的变量保持固定不变),工人人均实际 GDP 的增长率 $\Delta y/y$ 应该显示出趋同。即对于给定的 y^*,较低的 $y(0)$ 应该与较高的 $\Delta y/y$ 相匹配。其次,对于给定的 $y(0)$,任何会提高或降低 y^* 的变量应该相应地提高或降低 $\Delta y/y$。实际上,由于计算工人的数目比较困难,大多数研究是通过人均实际 GDP,而不是工人人均实际 GDP 进行衡量的。

图 5-1 显示了人均实际 GDP 增长率与人均实际 GDP 水平之间关系的经验结果。这是一组范围很大的国家的数据,基本上与图 4-9 所标出的相同。[①] 然而,由于我们让决定工人人均稳态实际 GDP(y^*)的变量保持固定,本图看起来与图 4-9 有很大的不同。由于其他变量保持固定不变,趋同的模式变得非常清晰——人均实际 GDP 的较低水平与人均实际 GDP 的高增长率相匹配,人均实际 GDP 的较高水平与低增长率相匹配。

图 5-1 中显示的关系适用于当一连串影响 y^* 的变量保持固定不变时的情形,用来构成本图的具体变量表如下:

- 储蓄率的量度;

① 一个新的特征是这些 1965—2010 年的数据分成了多个时期。1965 年一个国家的人均实际 GDP 与其 1965—1975 年的人均实际 GDP 增长率相匹配;1975 年的人均实际 GDP 与其 1975—1985 年的人均实际 GDP 增长率相匹配,等等。在图 4-9 中,一个国家在 1960 年时的人均实际 GDP 与其 1960—2011 年的人均实际 GDP 增长率相匹配。因此,每个国家在图中只出现过一次。

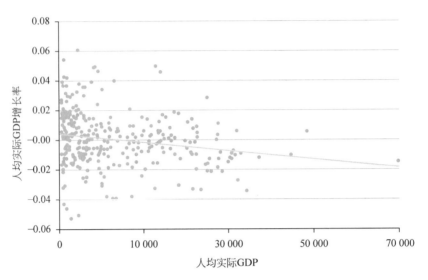

图 5-1　增长率与人均实际 GDP 水平：一组范围广泛的国家的有条件趋同

注：横坐标显示了各国按 2005 年美元计算的人均实际 GDP。该数据包括 1965 年的 57 个国家，1975 年的 62 个国家，1985 年的 65 个国家，1995 年的 69 个国家和 2005 年的 70 个国家（样本基于可获得的数据）。纵坐标显示各年份相应的人均实际 GDP 的增长率，分别为 1965—1975 年，1975—1985 年，1985—1995 年，1995—2005 年和 2005—2010 年。每一个增长率都滤去了（从而保持固定不变）文中讨论的变量的估计的影响。粗直线是人均 GDP 增长率（纵坐标上的变量）和人均实际 GDP 水平（横坐标上的变量）之间关系的最佳拟合。该直线呈现出明显的负相关关系。因此，一旦我们让其他变量保持固定，较低的人均实际 GDP 水平就与较高的人均实际 GDP 的增长率相匹配。这一关系就叫作"有条件趋同"。

- 典型妇女的生育率（它影响人口增长率）；
- 对维护法治和民主状况的主观衡量；
- 政府的规模，以政府的消费性采购占 GDP 的份额来衡量；
- 国际开放度，由进出口的规模来衡量；
- 贸易条件的变化（出口商品的价格与进口商品价格的比率）；
- 对教育和卫生投资的衡量；
- 平均通货膨胀率，它是宏观经济政策的一个指标。

我们考察这些变量的一个理由是分离有条件趋同，如图 5-1 所示。然而，同样重要的是，我们知道了列表中的这些变量如何影响经济增长。研究表明，人均实际 GDP 增长率的上升是对高储蓄率、低生育率、较好的法治状况、较少的政府消费支出、较大的国际开放度、贸易条件的改善、教育规模和质量提升、较好的卫生条件，以及较低的通货膨胀率等的反应。

自 20 世纪 90 年代初期以来，对经济增长决定因素的研究一直很活跃。这一研究曾提出了许多额外的影响经济增长的变量。这些被研究的变量包括银行业和金融市场的范围，收入不平等的程度，官员腐败的程度，殖民地和法律根源的作用，以及宗教参与的深度和信仰的作用。文献中也讨论了民主对经济增长的影响。最近 Acemoglu，Naidu，Restrepo 和 Robinson（2015）的一项实证研究表明，民主对人均 GDP 无疑具有积极的影响。在下面"实践中的经济学"专栏中,我们将考察两个变量:制度和人力资本。

这些经验性的结果增强了我们对于经济增长的决定因素的理解,但我们对此的了解仍然不够完备。一方面,经济学家们仅仅分离了一些影响增长的变量。存在的问题部分与数据有关——例如,我们很难对政府在管理和税收方面的扭曲进行量化,或者对法律和政治制度的各个方面进行度量。另一个问题是有许许多多变量影响经济增长,要以有限的可获得的数据将所有这些影响分离出来,几乎是不可能的。而且,要确证一个变量——例如法制的维护或对教育和卫生的投入水平——是否影响经济增长或者受到增长的影响,通常是很困难的。实际上,双向的因果关系通常都很重要。

实践中的经济学　制度与人力资本

Acemoglu,Gallego 和 Robinson(2014)最近的一项研究考察了人力资本和制度对长期经济增长的相对重要性。他们研究了由世界银行建立的法治指数衡量的制度质量如何影响各国的收入水平。为了避免反向因果关系(即,高收入国家能够拥有更好的制度),他们使用早期定居者的死亡率作为过去和现在制度的外生决定因素(即工具变量),并且发现制度对长期经济增长有巨大的积极影响。[①] 当制度不受控制时,人力资本对长期增长也有很大的积极影响。然而,当适当控制制度和人力资本的历史决定因素时,人力资本的影响急剧下降,甚至几乎为 0。这些结果表明,制度是长期增长的根本原因,其影响通过多种渠道发挥作用,包括人力资本积累。

5.1.2　有条件趋同的例子

如果我们考察一下历史,就会发现有条件趋同的例子。在第二次世界大战末期,许多国家的经济被摧毁。城市被夷为平地,工厂被轰炸,农地被用作战场。到 1946 年,日本、德国、法国和其他欧洲国家的实物资本大幅减少。人力资本也急剧地减少,但实物资本的损失更为巨大。在我们的模型中,这些事件造成了较低的工人人均初始资本值 $k(0)$ 和实际 GDP,$y(0)$。但是这些国家也具有有助于迅速恢复经济的特点,包括以教育和卫生所体现的强大的人力资本以及鼓励市场竞争和贸易的完善的法律政治传统。我们可以把这些有利的条件表示为较大的工人人均稳态资本和实际 GDP(k^* 和 y^*)。因而,方程(5-1)总结的有条件趋同预测,"二战"后这些国家将具有较高的人均实际 GDP 增长率。这一预测符合事实。

另外一个有条件趋同的例子是 20 世纪 60 年代的东亚国家,例如新加坡、韩国。当时

[①]　根据 Acemoglu,Johnson 和 Robinson(2001)的研究,早期定居者的死亡率是前殖民地过去和现在机构质量的有用决定因素。他们认为,具有良好疾病环境的地区导致早期欧洲定居者建立有利于经济发展的制度,而具有不利疾病环境的地区则促使定居者建立了用于资源开采的制度。此外,这些制度可能持续到今天。

这些国家也很贫困,因此拥有较低的工人人均初始资本值$k(0)$和实际GDP,$y(0)$。然而,这些国家也拥有合理且完善的法律体系,良好的教育和医疗项目,以及相对较高程度的对外贸易开放。因此,工人人均稳态资本和实际GDP(k^*和y^*)也高。由此我们预测了1960—2000年人均实际GDP的高增长率。

在20世纪60年代,撒哈拉以南的非洲国家一般也很贫穷;就是说,工人人均资本和实际GDP[$k(0)$和$y(0)$]的值也很低。因此从绝对趋同的观点来看,我们预测非洲也应该有较高的人均实际GDP增长率,但事实是,从1960年到2000年撒哈拉以南的非洲是世界上增长率最低的地区。有条件趋同的观点可以解释这一结果,因为这些非洲国家的法律和政治制度的运作很糟糕,教育和卫生的管理很差,人口增长率很高,政府极其腐败。因此它们的稳态值(k^*和y^*)较低,故这些撒哈拉以南非洲国家的经济无法增长。

从这些例子中看到,有条件趋同的观点能让我们理解有关经济增长的许多明显不相似的经验。这一观点帮助我们理解了二战后富裕国家的人均实际GDP的增长率和1960—2000年东亚地区和撒哈拉以南非洲国家的增长率。总的来说,有条件趋同的观点帮助我们解释了自1960年以来范围广泛的一大批国家的增长率各不相同的原因。

5.2 长期经济增长

到目前为止,索洛模型还没有解释工人人均资本和实际GDP(k和y)在长期内如何增长。在该模型中,这些变量在长期内被固定在它们的稳态值(k^*和y^*)。因此,该模型并没有解释在100多年里,西欧国家、美国和其他富裕国家的人均实际GDP如何实现按每年2%左右的速度增长,而非洲仅为0.8%。

我们现在要考察索洛模型的几种扩展模型,它们解释了工人人均资本和实际GDP(k和y)的长期增长。我们首先研究随着k上升,资本的平均产量y/k不递减的模型。然后我们再考虑从技术水平A持续增长意义上讲的技术进步。我们首先考察这样一个模型,其中技术进步是假定的,即A是以外生方式增长的。然后我们再考察技术进步可由模型内在解释的理论,即内生增长模型。我们也将考察技术扩散的模型,在此模型中,一个国家的技术水平A上升是通过模仿其他国家的先进技术而实现的。

5.2.1 资本的平均产量不变模型

资本的平均产量(y/k)递减在索洛模型向稳态过渡中起着重要作用。由于工人人均资本k增加,y/k的下降降低了工人人均资本增长率$\Delta k/k$。最后,经济体接近一种稳态,在稳态下,k达到一个固定值k^*,即$\Delta k/k=0$。这种对过渡的概述指出,如果k上升时y/k不下降,结果就会不同。因此,我们现在考察一个修正的模型,在该模型中,当k上升时y/k没有变化。我们特别感兴趣的是这种修正是否能够解释工人人均资本和实际GDP的长期增长。

记住,在索洛模型中,工人人均资本k的增长率由下式给出:

$$\Delta k/k = s \cdot (y/k) - s\delta - n \tag{4-1}$$

现在我们要重新考虑我们的这一假设,即当k上升时,资本的平均产量y/k下降。

如果我们狭义地解释资本——例如把它解释为机器和建筑物——这种平均产量递减是有道理的。如果一个企业不断地增加它的机器和建筑物而不增添任何工人,我们就可以预期资本的边际产量和平均产量下降。事实上,如果不增加劳动投入,我们就会预期资本的边际产量最终接近于 0。如果没有人去操作额外的机器,该机器就没有边际产量。

另一种观点是我们应该更广义地解释资本,把以教育、在职训练和健康卫生投入等形式所体现的人力资本包括进去。人力资本是富有生产力的,而这种资本的数量可以通过投资来增加。因此,人力资本类似于机器和建筑物。我们也许还可以进一步把基础设施资本包括在内,这种资本通常由政府控制,用于提供诸如交通、电力和供水等服务。

如果我们从这种广义的角度来看待资本,资本的边际产量和平均产量随工人人均资本 k 增加而下降的趋势就不那么明显了,或许就不存在了。就是说,如果我们不仅将机器和建筑物增加一倍,人力资本和基础设施资本也增加一倍,实际 GDP 可能也增加一倍。这里我们保持不变的,除了技术水平 A,就是简单劳动力(raw labour)L 的数量。如果简单劳动力并不是生产的关键投入,当资本积累时,资本的边际产量和平均产量不会下降。

要看到这一修正的结果,考察这样一个例子,其中,资本——广义的资本,包括了人力资本和基础设施资本——是投入生产的唯一要素。于是不同于通常的函数:

$$y = A \cdot f(k) \tag{4-2}$$

我们可以得到

$$y = Ak \tag{5-2}$$

方程(5-2)是方程(4-2)的特殊情况,其中 $f(k)=k$。新的模型称之为 Ak 模型。

在 Ak 模型中,资本的平均产量是不变的。如果将方程(5-2)的两边除以工人人均资本 k,我们得到

$$y/k = A \tag{5-3}$$

于是,资本的平均产量等于技术水平 A(资本的边际产量也等于 A)。如果将 $y/k=A$ 代入方程(4-1),得到 k 的增长率为

$$\Delta k/k = sA - s\delta - n \tag{5-4}$$

我们可以利用类似于图 3-9 的图来研究 Ak 模型中工人人均资本增长率 $\Delta k/k$ 是如何决定的。图 5-2 的一个新的特点是 $s \cdot (y/k) = sA$ 对于 k 而言不是向下倾斜的,相反,它是一条位于 sA 的水平线。位于 $s\delta+n$ 的其他水平线与以前相同。同前面一样,$\Delta k/k$ 等于两条直线之间的垂直距离。然而现在,当 k 上升时,这一距离是固定不变的而不是递减的。

从图 5-2 可得出两个重要结论。首先,工人人均长期资本增长率 $\Delta k/k$ 不是 0 而是大于 0,并且等于 $sA-s\delta-n$,如图 5-2 和方程(5-4)所示。这一增长率之所以大于 0,是因为我们假设 sA 大于 $s\delta+n$。在这一条件下更有可能维持较高的储蓄率 s 和技术水平 A,以及较低的人口增长率 n 和折旧率 δ。

如果 sA 大于 $s\delta+n$,如图 5-2 中所假设的,工人人均资本 k 将一直按 $sA-s\delta-n$ 的速率持续增长。而且,由于 $y=Ak$,工人人均实际 GDP(即 y)将一直按相同的速率增长。在这种情况下,较高的储蓄率 s 或较高的技术水平 A 提高了长期的工人人均资本增长率 $\Delta k/k$ 和实际 GDP 增长率 $\Delta y/y$。相反,较高的人口增长率 n 或较高的折旧率 δ 则会降

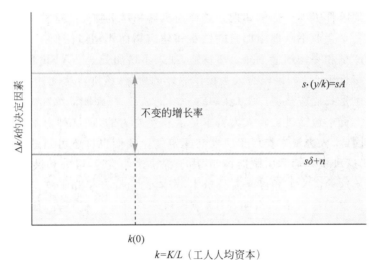

图 5-2　资本的平均产量不变的经济增长

注:本图是图3-9的修正图,即考虑资本的平均产量 y/k 不变的情况。在这个 Ak 模型中, y/k 等于技术水平 A。因而, $s\cdot(y/k)$ 曲线变成水平线 sA。如果 sA 大于 $s\delta+n$,如本图所示,工人人均资本增长率 $\Delta k/k$ 是一个正的常数,等于两条水平线之间的垂直距离。这一距离用箭线表示。

低 $\Delta k/k$ 和 $\Delta y/y$ 的长期值。相比之下,在标准的索洛模型中, $\Delta k/k$ 和 $\Delta y/y$ 在稳态情况下等于 0,并且不取决于 s,A,δ 和 n。出现这种不同结果的原因是标准模型假设资本的平均产量(y/k)递减。

从图 5-2 和方程(5-4)得出的第二个重要结论是模型中不存在趋同。当工人人均资本 k 和实际GDP, y 上升时,工人人均资本增长率和实际GDP增长率($\Delta k/k$ 和 $\Delta y/y$)不发生变化。 k 和 y 较低的贫困国家并不倾向于比富裕国家增长得更快。

经济学家们已经开发了一些更加复杂的模型,在这些模型中资本的平均产量并不随资本的积累而变化。有些模型对人力资本与非人力资本作了区分,并把生产人力资本的教育部门考虑在内。然而这些模型大多都有两个基本的缺点。首先是趋同预期的缺失,因为我们确实在跨国家的数据中观察到有条件的趋同。因此我们不可能对不能预测有条件趋同的增长模型表示满意。其次,经济学家们的一个共同的观点是:即使从广义角度来解释,即把人力资本和基础设施资本也包括在内,资本的边际产量和平均产量递减对资本的积累最终都是适用的。如果我们再次引用资本的平均产量递减的法则,仅仅通过资本积累,工人人均资本和实际GDP的增长是不可能长期持续的。因此,我们现在转向对长期经济增长的另一种解释:技术进步。

5.2.2　外生的技术进步

在第 4 章,我们研究了技术水平 A 一次性提升的影响。在向稳态的过渡期间,这一变化提高了工人人均资本增长率 $\Delta k/k$ 和工人人均实际GDP增长率 $\Delta y/y$。然而,经济体仍然向 $\Delta k/k$ 和 $\Delta y/y$ 均为 0 的稳态趋近。因此,我们不可能仅由 A 的一次性提升来解释 k 和 y 的长期增长。相反,我们必须考虑 A 的持续提升。这种技术的不断改进的过程叫作技术进步。

索洛确实将他的增长模型扩展到把技术进步考虑在内,但是他并没有试图去解释这种进步的根源。他只是假设会出现技术进步,然后考察了它对经济增长的影响。换言之,他假设外生的技术进步——技术的改进并不能够在模型内部得到解释。如果大多数技术进步是靠运气获得的——具体地说,如果这些进步并不较多地依赖于企业(包括非营利机构,如大学)、劳动者和政府的有目的的努力,这种处理方式是合乎情理的。在这一节,我们遵循索洛的做法,假设技术水平 A 按不变的速度 g 外生地增长。

$$\Delta A/A = g$$

在后面一节中,我们讨论内生增长理论,该理论试图从模型内部解释技术进步的速度。

5.2.2.1　稳态增长率

再次提一下第 3 章得出的增长核算方程:

$$\Delta Y/Y = \Delta A/A + \alpha \cdot (\Delta K/K) + (1-\alpha) \cdot (\Delta L/L) \tag{3-3}$$

其中 Y 为实际GDP, K 为资本存量, L 为劳动投入。我们将 $\Delta A/A = g$ 和人口增长率 $\Delta L/L = n$ 代入方程,得到

$$\Delta Y/Y = g + \alpha \cdot (\Delta K/K) + (1-\alpha) \cdot n \tag{5-5}$$

记住,工人人均实际GDP增长率 $\Delta y/y$ 由下式给出:

$$\Delta y/y = \Delta Y/Y - \Delta L/L \tag{3-6}$$

由 $\Delta L/L = n$,得出

$$\Delta y/y = \Delta Y/Y - n \tag{5-6}$$

如果我们将方程(5-5)代入方程(5-6)中,得到

$$\Delta y/y = g + \alpha \cdot (\Delta K/K) + (1-\alpha) \cdot n - n$$
$$= g + \alpha \cdot (\Delta K/K) + n - \alpha n - n$$
$$= g + a \cdot (\Delta K/K - n)$$

工人人均资本增长率 $\Delta k/k$ 由下式给出

$$\Delta k/k = \Delta K/K - \Delta L/L \tag{3-7}$$

由于 $\Delta L/L = n$,

$$\Delta k/k = \Delta K/K - n \tag{5-7}$$

如果在求 $\Delta y/y$ 的公式中,用 $\Delta k/k$ 代替 $\Delta K/K - n$,我们得到

$$\Delta y/y = g + \alpha \cdot (\Delta k/k) \tag{5-8}$$

因此,由于技术进步 g 和工人人均资本增长率 $\Delta k/k$,工人人均实际GDP增长。在索洛模型中,工人人均资本增长率 $\Delta k/k$ 仍由下式决定:

$$\Delta k/k = sA \cdot f(k)/k - s\delta - n \tag{4-3}$$

如果我们将此 $\Delta k/k$ 的表达式代入方程(5-8),得到

关键方程(技术进步条件下的工人人均实际GDP增长率)

$$\Delta y/y = g + \alpha \cdot [sA \cdot f(k)/k - s\delta - n] \tag{5-9}$$

在前面的分析中,A 是固定的,k 增加导致资本的平均产量 $y/k = A \cdot f(k)/k$ 减少。因此,在长期内,经济体接近于稳态。在此状态下,资本的平均产量很低,以至于在方程(4-3)中,$\Delta k/k$ 等于 0。由于 $g=0$,在方程(5-8)和(5-9)中 $\Delta y/y$ 也等于 0。

现在的区别是,对于给定的 k,A 的每一次上升都会提高资本的平均产量 $y/k = A \cdot f(k)/k$,因而,不断增加的 k 对 y/k 的负效应就被不断上升的 A 的正效应所抵消。经济体将趋向于这两种力量平衡的情况。就是说,k 将在长期内按不变的速率增长,而 y/k 将保持不变。我们称这种情况为稳态增长。

资本的平均产量 y/k 在稳态增长期间不变,分子 y 必定按与分母 k 相同的速率增长。因此,我们得到

$$(\Delta y/y)^* = (\Delta k/k)^* \tag{5-10}$$

$*$ 号表示数值处于稳态增长状态。

我们从方程(5-10)知道工人人均资本和实际GDP(k 和 y)在稳态增长中按相同的速率增长。现在我们要确定稳态增长率。方程(5-8)意味着,在稳态增长中:

$$(\Delta y/y)^* = g + \alpha \cdot (\Delta k/k)^* \tag{5-11}$$

利用方程(5-10),我们可以用 $(\Delta y/y)^*$ 代替方程右边的 $(\Delta k/k)^*$ 得到

$$(\Delta y/y)^* = g + \alpha \cdot (\Delta y/y)^*$$

如果将 $\alpha \cdot (\Delta y/y)^*$ 从方程右边移到左边,我们得到

$$(\Delta y/y)^* - \alpha \cdot (\Delta y/y)* = g$$

这意味着,将左边的两项组合以后,得到

$$(1-\alpha) \cdot (\Delta y/y)^* = g$$

如果我们将两边都除以 $1-\alpha$ 就得到工人人均实际GDP 的稳态增长率:

关键方程(技术进步条件下的稳态增长率):

$$(\Delta y/y)^* = g/(1-\alpha) \tag{5-12}$$

由于 $0<\alpha<1$,方程(5-12)告诉我们,工人人均实际GDP 的稳态增长率 $(\Delta y/y)^*$ 大于技术进步率 g。如果 $\alpha=1/2$,我们得到

$$(\Delta y/y)^* = 2g$$

因此,当 $\alpha=1/2$ 时,$(\Delta y/y)^*$ 是技术进步率 g 的两倍。

工人人均实际GDP 的稳态增长率 $(\Delta y/y)*$ 大于 g 的原因是工人人均资本的稳态增长率 $(\Delta k/k)^*$ 大于 0,这一增长率加上 g 决定了 $(\Delta y/y)^*$,见方程(5-11)。事实上,我们从方程(5-10)知道,在稳态增长中,k 和 y 的增长率是相同的。

$$(\Delta k/k)^* = (\Delta y/y)^*$$

因此,方程(5-12)意味着

$$(\Delta k/k)^* = g/(1-\alpha) \tag{5-13}$$

从方程(5-12)和(5-13)得到的重要结论是:在技术进步的速率为 $\Delta A/A = g$ 时,外生的技术进步导致工人人均资本和实际GDP(k 和 y)按 $g/(1-\alpha)$ 的速率长期增长。当 k 上升时,技术进步抵消了资本平均产量 y/k 下降的趋势,从而有 k 和 y 的长期增长。

回顾一下之前的讨论,过去一个世纪中西欧、美国和其他发达国家的人均实际 GDP 增长率平均保持在每年 2% 左右。为了在索洛模型内部解释这种长期增长的现象,我们需要考察该模型对稳态增长的预期。

由于在模型中劳动力参与率是固定不变的,人均实际 GDP 的增长率等于工人人均实际 GDP 增长率。因此,要得到每年 2% 左右的人均实际 GDP 的长期增长率,我们需要工人人均实际 GDP 的稳态增长率,即方程(5-12)中的 $g/(1-\alpha)$ 大约为每年 2%。如果我们把 α 看作是资本收入的份额,并且将其设为 1/3 和 1/2 之间的值,所要求的 g 的值就略高于 1%。换句话说,如果技术外生地按大约 1% 的速率提升,索洛模型的关于人均实际 GDP 长期增长率的预测就与在美国和其他发达国家观察到的长期增长率相匹配。

5.2.2.2　稳态储蓄

现在,我们考虑技术进步如何影响稳态储蓄。工人人均资本增长率依然为 $\Delta k/k$。

$$\Delta k/k = s \cdot (y/k) - s\delta - n \tag{4-1}$$

在稳态增长中,我们可以用方程(5-13)中的 $g/(1-\alpha)$ 代替 $\Delta k/k$,得到

$$g/(1-\alpha) = s \cdot (y/k) - s\delta - n$$

然后我们可以移项整理得到

$$s \cdot [(y/k) - \delta] = n + g/(1-\alpha)$$

通过两边都乘以 k,我们就确定了稳态增长中的工人人均储蓄:

$$\text{在稳态增长中}: s \cdot (y - \delta k) = nk + [g/(1-\alpha)] \cdot k \tag{5-14}$$

当 $g=0$ 时,工人人均稳态储蓄等于 nk,这是为不断增加的劳动力提供工作使用的资本的必要储蓄值。当 $g>0$ 时,稳态储蓄也包括 $[g/(1-\alpha)] \cdot k$ 项。由于 $g/(1-\alpha)$ 等于工人人均稳态资本增长率 $\Delta k/k^*$[方程(5-13)],该项就变为

$$[g/(1-\alpha)] \cdot k = (\Delta k/k) \cdot k = \Delta k$$

因此,该项就是在稳态时,为了给每个工人提供不断增加的资本所需的工人人均储蓄。

5.2.2.3　过渡路径和趋同

在图 3-11 中,我们分析了在没有技术进步的索洛模型中工人人均资本 k 的过渡路径。我们发现 k 逐渐地靠近它的稳态值 k^*。因此,k^* 是 k 正在靠近的目标值。具有外生技术进步的模型仍然有一个 k 的过渡路径。然而,我们必须把 k^* 看作一个移动的目标,而不是一个固定的点。就是说,k^* 随着时间推移沿着一条稳态路径移动。

在稳态增长中,方程(5-13)表明,工人人均资本按 $\Delta k/k = g/(1-\alpha)$ 的速率上升。因此,工人人均资本在稳态中随时间推移而变化——它按照 $g/(1-\alpha)$ 的速率增长。我们现在定义 k^* 为沿着稳态路径的每个时点 k 所取的值。我们只需要记住当 g 大于 0 时,k^* 随时间推移而上升。

工人人均资本 k 仍然是从某个初始值 $k(0)$ 开始的。该模型仍然有一个过渡,在此期间,k 从 $k(0)$ 移动到其稳态路径。我们必须重新表示稳态路径,不是用一个固定点,而是

用图 5-3 中表示为 k^* 的虚直线。这条直线有正的斜率,因为工人人均资本在稳态中增长。图 5-3 显示 k 从 $k(0)$ 开始,沿着曲线随时间推移而上升,逐渐地靠近它的移动目标 k^*。

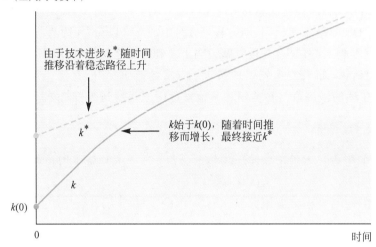

图 5-3　在有技术进步的索洛模型中工人人均资本的过渡路径

注:在具有 g 速率的技术进步的索洛模型中,工人人均资本的稳态水平 k^* 是不固定的;k^* 随着时间推移沿着由虚直线表示的稳态路径上升。[由于我们在纵坐标上采用一种正比例的标尺,直线意味着 k^* 沿着稳态路径按 $g/(1-\alpha)$ 给出的不变的速率增长。]在过渡中,工人人均资本 k 从 $k(0)$ 开始,随时间推移沿曲线 k 上升,并且逐渐地接近直线 k^*。[我们假设 $k(0)$ 位于 k^* 直线下方。]

沿着稳态路径,$k=k^*$ 按 $g/(1-\alpha)$ 的速率增长[方程(5-13)]。因而,为了使 k 接近 k^*,如图 5-3 所示,k 的增长率 $\Delta k/k$ 必须大于 k^* 的增长率 $g/(1-\alpha)$。不然,k 在过渡期间不可能赶上其移动目标 k^*。

k 的过渡变化的结果再次告诉我们关于经济体之间的趋同。如前所述,趋同取决于不同的经济体具有相同还是不同的稳态。图 5-4 显示了这样一种情况,在其中,两个经济体具有相同的稳态路径 k^*。经济体 1 初始的工人人均资本为 $k(0)_1$,而经济体 2 的初始工人人均资本 $k(0)_2$ 更高。图 5-4 显示 k_1 和 k_2 向着稳态路径 k^* 会聚,k_1 也向着 k_2 会聚。因此,在向稳态路径过渡期间,经济体 1 比经济体 2 有更高的工人人均资本增长率。换言之,如果这两个经济体具有相同的稳态路径,绝对趋同成立,而较贫困的经济体[较低的 $k(0)$]有较高的 $\Delta k/k$。这些结果类似于在图 4-8 显示的没有技术进步的模型中见到的结果。在该模型中 $g=0$。

图 5-5 考察了两个经济体具有不同稳态路径 k^* 的情况。我们假设经济体 1——具有较低的 $k(0)$——也有较低的 k^*。我们在第 4 章讨论了当我们在任意时刻,例如在日期 0 观察该经济体时,为什么 k^* 较低的经济体往往 k 也较低。该图显示每个经济体随着时间推移向着它自己的稳态路径趋同——k_1 趋向 k^*,k_2 趋向 k_2^*。由于 $k(0)_1$ 小于

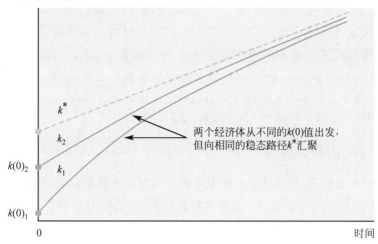

图 5-4　在有技术进步的索洛模型中两个经济体的趋同和过渡路径

　　注：与图 5-3 一样，工人人均稳态资本随时间推移沿着虚直线表示的稳态路径上升。经济体 1 从 $k(0)_1$ 开始，而经济体 2 从更高的值 $k(0)_2$ 开始。在过渡期间，每个经济体的工人人均资本 k_1 或 k_2，逐渐地靠近共同的稳态路径 k^*。经济体 1（用曲线 k_1 表示）比经济体 2（用曲线 k_2 表示）有更高的工人人均资本增长率 $\Delta k/k$。因此绝对趋同适用。

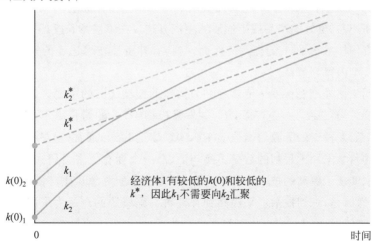

图 5-5　在有技术进步的索洛模型中两个经济体的趋同失效和过渡路径

　　注：与图 5-4 一样，经济体 1 从 $k(0)_1$ 开始，而经济体 2 从更高的值 $k(0)_2$ 开始。然而，经济体 1 现在有一条更低的工人人均资本的稳态路径；即 k_1^* 表示的虚线低于 k_2^* 表示的虚线。在过渡期间，k_1 和 k_2 逐渐地靠近它们各自的稳态路径 k_1^* 和 k_2^*。然而，经济体 1 的工人人均资本增长率 $\Delta k/k$ 并不一定高于经济体 2。因此，曲线 k_1 并不一定向曲线 k_2 趋同。因此，绝对趋同成立。

$k(0)_2, k_1^*$ 小于 k_2^*,我们无法确证在过渡期间哪一个经济体的工人人均资本增长率 $\Delta k/k$ 更高。较低的 $k(0)$ 趋向于使经济体 1 的 $\Delta k/k$ 更高,而较低的 k^* 趋向于使经济体 1 的 $\Delta k/k$ 更低。因此,趋同并非是绝对存在的。然而,有条件的趋同仍然适用——如果我们使稳态路径 k^* 保持固定,在过渡期间,较低的 $k(0)$ 导致较高的工人人均资本增长率 $\Delta k/k$。

我们用工人人均资本 k 表示关于趋同的所有结果。然而,如果我们利用生产函数 $y = A \cdot f(k)$,对于工人人均实际 GDP(y),这些结果也成立。因此,我们也可以利用图 5-4 和图 5-5 去评估经济体之间的工人人均实际 GDP 的趋同。

5.2.3　内生增长理论

将外生的技术进步包括在模型内使索洛模型与我们在数据中观察到的人均实际 GDP 长期增长率相符合。然而,许多经济学家曾经批评这个模型的这一修正,因为技术进步没有来源,无法由模型来解释。出于这个原因,由保罗·罗默(Paul Romer)为首的一些经济学家在 20 世纪 80 年代末和 90 年代初试图对索洛模型进行扩展,以用于解释为什么会出现技术进步。由罗默和其他人提出的这些模型称为内生增长理论,因为:首先,这些模型解释了技术进步率;其次,与索洛模型一样,技术进步带来工人人均实际 GDP 和资本的长期增长。

大多数内生增长模型都集中于探讨对研究与开发的投资,或简称"研发"(R&D)。数据显示,许多国家将其产出的不可忽略的份额用于研发。根据经合组织数据库,2012 年研发支出占国内生产总值的比例在以色列为 4.2%,美国为 2.8%,欧盟为 1.9%,土耳其为 0.9%,南非为 0.8%。在经合组织国家中,研发支出平均占国内生产总值的 2.4%。成功的研发项目可以发现新产品、更好的产品或更优质的生产方法。在索洛增长模型中,我们可以把这些研究的成功看作技术水平 A 的提高。然而,与具有外生性技术进步的索洛模型相比,A 的增长速度在模型内得到解释。

为了说明索洛模型和保罗·罗默(1990)构建的模型之间的主要区别,我们写下罗默模型的以下关键方程:$\Delta A/A = g(R\&D)$。在罗默模型中,A 的增长率不再是参数。相反,它成为专门用于研发投资的资源的函数 $g(R\&D)$。变量 R&D 通常(但并不总是)假定为经济中从事研发的科学家和工程师的数量。换句话说,一个拥有更多科研人员和工程师从事研发项目的国家实现了更高的技术增长率。然而,重新分配资源从生产到研发可能导致产出的降低,至少暂时是,直到技术水平提高到补偿再分配资源的点。为了说明这一点,我们将 L_Y 定义为生产工人,将 L_R 定义为研发人员。然后,我们可以将等式(3-1)中的生产函数重写为 $Y = A \cdot F(K, L_Y)$。对劳动力资源的约束变为 $L = L_Y + L_R$,这表明对于给定的 L,L_R 的增加导致 L_Y 的减少。尽管 L_R 的增加导致较高的增长率 $g(L_R)$,L_Y 的减少导致产出 Y 的水平较低。因此,一个很自然的问题是如何在经济中确定 R&D 的水平。另一个重要问题是为什么研发投资可以维持长期经济增长,但资本投资却不能。此外,我们可以使用内生增长模型来了解政府政策和其他变量如何影响研发投资,从而影响技术进步的速度和人均实际 GDP 的长期增长率。我们将在本节的其余部分讨论所有这些要点。

模型扩展　罗默模型中的规模效应

罗默模型具有文献中已知的规模效应的特点。规模效应意味着,当一个经济体随着时间的推移会拥有更多的研发科学家和工程师时,其技术的增长率也会随着时间的推移而上升。然而,Charles Jones(1995)提供了经验证据来反对罗默模型中增长率增长的理论预测,并修正 $\Delta A/A = g(L_R)$ 以表示长期来看,是研发的增长率(而不是研发水平)影响 $\Delta A/A$。例如,假设 $\Delta A = \theta L_R$,其中参数 $\theta > 0$,可以捕捉研发工程师和科学家的生产力。在这种情况下,技术增长率为 $\Delta A/A = \theta L_R/A$。因此,一个不变的长期技术增长率 $\Delta A/A$ 需要一个不变的研发技术比率 $\theta L_R/A$,这反过来暗示着在长期 $\Delta A/A = \Delta L_R/L_R$。换句话说,技术的长期增长率取决于琼斯模型中研发工程师和科学家的增长率(而不是数量)。

罗默模型明确地说明了研发投资与用技术水平 A 的上升来表示的技术进步数量之间的关系。由于研发过程中会有某些新技术的发现,因此研发投资的结果是不确定的。例如,当我们进行新药的试制、计算机的设计,或研制其他独创的产品或工艺时,研究人员并不能预先知道成功与否。在从事基础研究而不是现有产品或现有生产方法的改进时,这种不确定性更大。然而,一般地,我们可以说,对研发的投资越大,所预期的技术水平 A 的提高便越大。因此,平均来说,为了获得更多的技术进步,必须鼓励发明创造者提高研发的成果。对于私人企业来说,鼓励来自于更多的预期利润。政府也许可以通过补贴科研经费来影响研发的利润动机,其中有些科研是由非营利机构,例如大学进行的。政府也可以为某些科研项目,例如国防工业和太空计划,直接与这些机构订立合同。

在很多方面,对研发的投资类似于我们熟悉的对实物资本的投资。研发支出相当于投资支出,而技术水平 A 相当于资本存量 K。然而,技术进步与资本存量增加有两个重要的区别。一个与报酬递减有关,另一个与产权有关。

一个关键的问题是报酬递减规律是否适用于研发投资。具体而言,随着技术水平 A 的上升,为了取得 A 的预期的增长,以研发支出来衡量,它是不是会变得越来越昂贵? 如果是这样,研发过程就显示出报酬递减规律,这也许会使通过对研发的投资来维持技术进步和工人人均实际 GDP 的长期增长变得不可能。如果不是这样,那么也许就有可能通过对研发的投资来维持技术进步和工人人均实际 GDP 的长期增长。

实践中的经济学　研发税收优惠政策

经合组织最近对研发税收激励措施的研究表明,实施研发税收激励措施的国家数量一直在增加。1995 年,只有 12 个经合组织国家实施了研发税收优惠政策,现在已超过 20 个。其他国家,如巴西、中国、印度、新加坡和南非,也为研发提供了慷慨的税收优惠。这些税收优惠通常采取税收抵免或免税额的形式,这减少了应付给政府的公司税。这些税收抵免可以采取基于总量或增量的减免。基于总量的税收抵免适用于所有合规的研发费用,而增量税收抵免仅适用于超出基准金额的额外研发费用。根据经合组织的数据,大多数国家正在转向基于总量的研发税收抵免,这比增量税收抵免更容易实施。

要理解产权如何使技术区别于资本存量,考虑一下技术水平 A,把它看作是一种关于如何使用要素投入 K 和 L 去生产的点子。与此相对,把资本存量 K 看作一台机器或一幢建筑物。如果 A 代表一个点子,所有生产者都可以同时使用这个点子。如果生产者 1 使用该点子创造出产品和服务,生产者 2 也可以使用相同的点子同时生产出其他产品和服务。从实物的角度来看,点子是一种非竞争商品——任何数量的生产者都可以同时使用该点子而不会减少其他人使用该点子的量。这类非竞争商品有微积分中的数学公式、药物的化学方程式、计算机软件的编码和歌曲中的音符。有关非竞争思想的一个要点是,一旦被人们发现,它的效益决定了它将被所有潜在的使用者共享。

资本存量有别于点子存量。如果一家企业使用一台机器生产商品,其他企业实际上就不可能同时使用这同一台机器进行生产。对劳动投入和大多数其他商品和服务,这一性质也成立。经济学家们称这些投入品为竞争商品。

假设所有的点子一旦被发现就可免费获得,这种情况下,追求利润的企业将只把少量的资源投入研发活动。掌握一种点子一般需要研发投资,但是如果发明点子的个体得不到回报,便没有利润动机。举一个例子,一种新药的化学公式的发明一般需要投入大量的研发投资。如果这些成功药物的化学公式被广泛地公开,所有厂商都可以免费地使用这些公式,那么这家发明新药的公司就无法收回它的研发投资。如果我们依赖于追求利润的私人企业而不是政府,那么就几乎不会有研发投入,技术进步也就很少出现了。

只有当从事研发的公司能够获得它们发现的好点子的某些权利时,追求利润的公司才会对研发进行投资。这些权利叫作知识产权。在某些领域,行使知识产权涉及专利(一般为 17 年或 20 年)或版权(通常为作者终身加 50 年)。这些法律保护对于药品、软件、图书、音乐和影视作品尤为重要。

许多基础发现是没有专利保护的,法律上对其范围也作出了限制。例如,艾萨克·牛顿在微积分领域的数学发明就没有专利保护,索洛的增长模型也没有产权,亨利·福特的汽车生产装配线也没有独占使用权。举一个更近的例子,丰田汽车公司的适时存货管理的思想也没有知识产权。这一管理理念是指在生产流程中让供应商在正好需要产品的零部件之前把它们送到生产现场,而不是预先把原材料以实物存在仓库里。其他汽车制造商、戴尔计算机公司和许多其他公司也借用了这一思想以减少它们的库存费用。

在许多情况下,一些作出专利发明的公司并不寻求专利,有时是因为获得专利批准的过程代价高昂,更经常的是,企业不想为了获得专利批准而披露有关信息。这些信息往往对竞争对手有利,尽管专利发明公司被授予了专利权。在缺少正规专利保护的情况下,掌握知识产权的主要方法是保守秘密和首先进入某个新领域取得领先优势。

在罗默模型中,发明人保留了对其发明的永久垄断权。然而,这一极端形式的知识产权并不是罗默模型主要结果所必需的。他的基本思想是,某种形式的知识产权保证了成功的发明者能因他们的发现而获得报酬。

罗默的模型区分了社会从一项发明中获得的报酬与私人得到的报酬。私人报酬是对发明者的奖励。由于知识产权,私人报酬大于 0,但社会报酬倾向于超过私人报酬。例如,社会从半导体晶体管或微型芯片的发明中得到的好处远远大于作出这些发明的个人和企业获得的报酬。[①] 鉴于此,投入研发的资源和由此获得的技术进步率从社会的角度来看往往显得太低。这一推理常常被用来论证政府对创造性活动的补助的合理性,特别是基础研究。然而,政府的补贴也会产生问题,包括选择对哪些项目进行补贴的政策问题,以及提高税收以支付这些补贴的必要性。

罗默把技术等同于思想,他假设,随着技术水平的上升,从产生新思想得到的报酬不会递减。他的理由是潜在的好的思想数量是无限的,所以当更多的事物被发现时,思想库是不会枯竭的。因此,作为一种发挥作用的假设,至少我们也许可以假定思想创造的报酬是不变的。这一假设是与由固定速率的技术进步推动的、工人人均实际 GDP 的不变的稳态增长率相符合的。也就是说,当技术水平 A 外生地按不变的速率 g 增长时,其结果看起来就像索洛模型中的结果。

在罗默的模型中,研发投资是由追求利润的企业投入的,技术进步率取决于私人从发明中获得的报酬。这些报酬取决于以下几个因素:

- 研发的成本越低,私人从研发投资得到的报酬就越高。这些成本中有些取决于政府的政策。如果政府对研发提供补贴,成本就较低。如果需要花大笔费用以获得政府的批准(例如新药的批准)或满足政府的规章条例,成本就较高。

- 从成功的创造发明中获得的报酬取决于企业获得了多少销售收入或降低了多少生产成本。一个方面是考虑市场规模,从可以推广发明的市场中去获利。一个包括国内和国外销售的较大的市场,将鼓励更多的研究与开发。

- 如果对使用一项发明的知识产权更有保障,时间更长,私人的报酬就会更高。在许多情况下,这些权益在国内比在国际上能得到更好的保护。另一个考虑是国内外的竞争对手模仿成功的发明创造的难易度。越容易模仿,从发明中获得的知识产权收益就越低,从而对研发投资的激励就越小。

这些因素中的任何一个的变化都会影响技术进步率,从而影响经济体的工人人均实际 GDP 的稳态增长率。这些影响类似于索洛模型中的外生技术进步率 g 的变化。

发达国家的研发支出最大。它们拥有世界上大部分的科学家和工程师,并且拥有大部分的专利。(印度是一个例外,作为一个穷国,却在计算机软件方面有许多发明)。研究与开发集中在富裕国家的一个原因是这些国家拥有支持研究的辅助资源,其中包括大量的熟练工人和实力雄厚的教育机构。富裕国家的庞大的国内市场也是一个重要因素。然而,如果一个小国通过国际贸易与其他市场保持密切联系,并且知识产权在国外也得到尊

---

① 理论上讲,私人报酬可以超过社会报酬。这种情况适用于当相互竞争的研究人员力图第一个作出发明而造成资源浪费时,或者适用于当一种改进的产品造成的结果是将垄断利润从老的行业领先者转到新的领先者手中时。然而,很难提供令人信服的实证例子证明这种理论上的可能性。

重,它也能够成功地进行发明创造。

在本章开头,我们讨论了关于趋同和经济增长其他方面的跨国家的实证研究。这些经验性的结论与包括外生技术进步的索洛增长模型相符合。到目前为止,根据内生增长模型对国际间的实证研究做得还较少。然而,可得到的一个结论是,在研究与开发上进行较多投资的国家有更高的人均实际 GDP 增长率。[①]

实践中的经济学　　创新在中国第十三个五年计划中的重要性

自 1953 年以来,中国一直制定五年计划,用于制定社会和经济蓝图。这些计划由各级政府起草和实施。中央政府的五年计划由国家发展和改革委员会起草,并列出具体的经济目标,例如 GDP 增长率和医疗保健和教育方面的社会发展目标。这些目标指导了每个五年计划期间政府官员的政策制定。最新的五年计划是 2016 年至 2020 年。第十三个五年计划的主要目标之一是通过推动创新和研发,将经济增长的引擎转向技术进步。这一政策与本章所述的经济增长理论是一致的:从长远来看,经济增长来自技术进步,而技术进步又是由经济中的研发和创新水平内生决定的。

5.2.4　技术的扩散

就全世界而言,提升技术水平 A 的唯一方法是某些人发现或发明某种新的东西。然而,对于个别国家或生产者来说,通过模仿或改造其他人的发明为其所用来提高技术水平 A 以达到发明技术的国家和生产商的水平,也是可能的。例如,第一台商用蒸汽机是在技术传播到欧洲和其他地方之前在英国发明的。同样,第一部手持移动电话是将这项技术应用到世界其他地方之前在美国发明的。在非洲,移动电话相对于固定电话而言非常普遍,它通常被称为"移动"大陆。

技术扩散这个术语描述一个国家的技术被另一个国家模仿和改造。对低收入国家来说,模仿和改造作为改进生产方法和引进新产品和更好产品的方法,往往要比发明省钱得多。因此,低收入国家往往集中力量进行技术扩散,把它作为提高技术水平的途径。

企业也采用了许多方法来模仿先进技术。一个发达国家的一家跨国公司可以利用外国子公司的先进技术,然后本国的企业家可以从外资企业学到关于产品和生产工艺的技术。技术扩散的这种渠道在中国香港和毛里求斯(非洲东海岸外经济上非常成功的岛国)的纺织工业中显得尤为重要。

有时候技术的转移是通过观察和分析国际贸易中交易的产品发生的。例如,某一商品的进口商也许可以通过拆解该商品(即通过所谓"逆向操作")来推断出此商品是如何生

[①]　见 David Coe 和 Elhanan Helpman(1995),关于研发与行业和企业层面的生产率之间的关系的证据见 Zvi Griliches(1998)的著作。

产的。在其他情况下,一家外国公司会将它的生产工艺特许或出售给本国拥有的企业。例如,苹果公司授权制造 iPhone 手机的主要是一家在中国的电子合约制造公司富士康。有另外的情况是,本国居民在发达国家的企业或大学工作或学习,并且在回到自己祖国时带回了这些先进技术。

技术扩散是贫穷国家趋同于富裕国家的另一个机制。低收入国家之所以贫穷一部分原因是它们缺乏先进技术。因此,这些国家可以通过模仿发达国家较合适的技术而取得迅速的增长。然而,当模仿取得进展时,有用的但无法复制的技术的供给就减少了,而进一步模仿的成本往往会上升。仿制成本的不断上升有点类似于索洛模型中的资本平均产量 (y/k) 递减。因此,仿制国家的增长率趋于下降,而它们的工人人均实际 GDP 水平与发达国家的水平趋同。

研究显示,当一个发展中国家与发达国家进行大量的国际贸易,且该发展中国家具有较高的教育水平,并且具有运转良好的政治和法律体制时,向该发展中国家的技术扩散速度会很快。就像东亚地区的那些国家(经济体)所发生的情况。[①] 这些特征帮助解释了自 20 世纪 60 年代以来东亚地区高经济增长率的原因。

实践中的经济学　蒸汽机:技术扩散的案例

Nuvolari,Verspagen 和 von Tunzelmann(2011)研究了 18 世纪蒸汽技术在英国各县间的传播。根据他们的数据,托马斯·纽科门(Thomas Newcomen)发明的第一台蒸汽机可能于 1710 年在康沃尔安装,而法夫、拉纳克和斯特林的第一台纽科门蒸汽机直到 1760—1764 年才安装。其他国家于 18 世纪早期到中期在不同地点安装了他们的第一台纽科门蒸汽机。蒸汽机在各国的扩散延迟取决于当地的供需因素,如煤炭价格、供水点的可用性、纺织厂的数量等等。有趣的是,纽科门蒸汽机的扩散也取决于当地蒸汽工程技术的深度,因为纽科门蒸汽机主要由当地制造商安装。相比之下,詹姆斯·瓦特(James Watt)发明的蒸汽机的扩散似乎并不依赖于当地的蒸汽工程技术,因为它们主要"由唯一一家拥有专有技术的公司安装"。

5.3　关于经济增长我们知道些什么

在第 3 章我们开始利用索洛增长模型研究经济增长的问题。在这个模型的第一阶段,工人人均资本和实际 GDP 从其初始水平上升到稳态水平。第二个阶段是稳态阶段。在第 3 章和第 4 章,工人人均资本和实际 GDP 在稳态情况下并不增长。然而,在本章中,我们将把导致稳态中的工人人均资本和实际 GDP 增长的技术进步纳入模型之中。

---

① 例如见 Florence Jaumotte(2000)和 Francesco Caselli & Wilbur Coleman(2001)。

在第 4 章里,我们利用索洛模型去预测储蓄率、技术水平、劳动力规模和人口增长率变化的短期和长期影响。过渡阶段的模型预测了趋同——贫穷国家趋向于比富裕国家增长得更快,因而往往在一段时间后追赶上富裕国家。虽然,这一预测与从一组范围广泛的国家观察到的事实有冲突。一个修正的概念——有条件趋同——则与数据相符合。有条件趋同考虑到由储蓄率、技术水平、人口增长率的变化引起的各种稳态的差别。在扩展的模型中,这些差别可以反映其他的变化,包括法律和政治制度、国际贸易的开放程度以及教育和健康计划的有效性。

在本章中,我们表明了有条件趋同的概念可以解释许多历史上经济增长的模式。我们可以理解为什么有些被战争彻底摧毁的 OECD 国家在第二次世界大战后实现了迅速增长。我们也可以解释为什么从 1960 年到 2000 年大多数东亚国家和地区增长迅速而撒哈拉以南的非洲国家却增长缓慢或根本没有增长。

基本的索洛模型并不能解释人均实际 GDP 的长期增长,即一个多世纪以来西欧、美国和其他发达国家的增长模式。但如果我们假设外生的技术进步速率为大约每年 1%,这个模型的确能够解释每年 2% 左右的长期人均增长率。内生增长模型依赖于作为技术进步根源的研发投资。这些模型预计知识产权、研发补贴和其他变量如何影响技术进步率,从而影响人均实际 GDP 的长期增长率。

技术扩散是低收入国家提高它们的技术水平的主要方法。这种扩散帮助解释了穷国向富国趋同的原因,但并不能解释全世界的技术进步。

虽然对于经济增长我们已经了解了很多,但是仍然有许多问题无法解释。例如,经济学家们只是将稳定状态下造成各个国家相差别的某些变量区分出来。在长期情况下,我们仍然无法确定技术进步的来源。特别是,我们不能满怀信心地说,影响研发投资的政府政策如何影响一个国家或全世界的长期经济增长。因此,虽然我们学习了许多,但是仍然有许多东西要了解。

 # 重要术语和概念

Ak 模型 Ak model

版权 copyright

技术扩散 diffusion of technology

内生增长理论 endogenous growth theory

外生技术进步 exogenous technological progress

进步 progress

基础设施资本 infrastructure capital

知识产权 intellectual property rights

非竞争商品 non-rival good

专利 patent

研究与开发 research and development(R&D)

竞争商品 rival good

稳态增长 steady-state growth
技术进步 technological progress

问题和讨论

A. 复习题

1. 从 1960 年到 2000 年,大多数撒哈拉以南非洲国家的增长率很低,而东亚地区却以很高的速度增长。有条件趋同的概念如何帮助解释这些现象?

2. 假定技术水平 A 外生地按正的速率增长,即 $g>0$。在长期内,产出水平 Y 会增长吗? 工人人均产出 Y/L 会增长吗?

B. 讨论题

3. 收入的趋同和离散(困难)

考察一组满足绝对趋同的经济体,即穷国往往比富国增长得更快。

a. 这种趋同的性质意味着,随着时间的推移,跨国家之间的人均收入的离差程度——或收入的不平等——会缩小吗?(这个问题同高尔顿的谬论有联系,这是高尔顿应用于人口身高和其他特征的分布的一种思想。如果一对父母的身高高于人口平均数,其子女的身高也往往高于平均数,但要比其父母矮。也就是说,存在着均值回归的现象,即一种与绝对趋同的思想相似的效应。均值回归现象的存在是否意味着随时间推移人口中的身高分布会收窄? 答案是否定的,但是请解释为什么。)

b. 我们在图 4-9 中发现,绝对趋同并不适用于 1960 年到 2000 年的一组范围广泛的国家。但我们在图 5-1 中发现有条件趋同确实适用于这些国家。从 1960 年到 2011 年,这些国家之间的人均实际 GDP 的离差程度显示出一种温和的但是持久的上升。你如何解释这一情况?

附录

技术进步外生的索洛模型中的稳态路径

我们现在推导技术进步外生的索洛模型中的稳态路径 k^*。本附录提供了一种代数推导方法。

工人人均资本增长率由下式给出:

$$\Delta k/k = s \cdot (y/k) - s\delta - n \qquad (4\text{-}1)$$

因而,沿着稳态路径,增长率就是

$$(\Delta k/k)^* = s \cdot (y/k)^* - s\delta - n \qquad (5\text{-}15)$$

这里,$(y/k)^*$ 表示稳态增长状态中不变的资本平均产量。我们也知道,在稳态增长的情况下 k 按以下速率增长:

$$(\Delta k/k)^* = g/(1-\alpha)$$

因此,如果用 $g/(1-\alpha)$ 代替方程(5-15)左边的 $(\Delta k/k)^*$,就得到

$$g/(1-\alpha) = s \cdot (y/k)^* - s\delta - n$$

移项得到

$$s \cdot (y/k)^* = s\delta + n + g/(1-\alpha)$$

两边同除以 s，我们就得到资本的稳态平均产量的一个公式：

$$(y/k)^* = \delta + (1/s) \cdot [n + g/(1-\alpha)] \tag{5-16}$$

注意，方程右边是固定不变的。因此，这一结果证实了资本的平均产量 (y/k) 在稳态增长中不变。

由于生产函数是

$$y = A \cdot f(k)$$

我们可以把资本的平均产量 y/k 写成

$$y/k = A \cdot f(k)/k$$

因此，如果我们把 k^* 定义为在稳态增长期间 k 的随时间变动的值，资本的稳态平均产量就是

$$(y/k)^* = A \cdot f(k^*)/k^* \tag{5-17}$$

方程 (5-16) 和 (5-17) 给出了 $(y/k)^*$ 的两个表达式。因此，方程的两边必定相等：

$$A \cdot f(k^*)/k^* = \delta + (1/s) \cdot [n + g/(1-\alpha)] \tag{5-18}$$

方程右边是固定的，而方程左边的技术水平 A 随时间推移按 g 的速率增长。因此，如果我们规定了生产函数的形式 f，可以利用方程 (5-18) 去确定稳态路径 k^*。

假定生产函数 $f(k)$ 采用柯布—道格拉斯生产函数的形式：

$$y = Ak^\alpha \tag{3-24}$$

我们在第 3 章附录中讨论了这个函数式。在本例中，

$$A \cdot f(k)/k = Ak^\alpha/k$$
$$= Ak^\alpha k^{-1}$$
$$= Ak^{\alpha-1}$$
$$A \cdot f(k)/k = Ak^{-(1-\alpha)}$$

于是我们可以在方程 (5-18) 中代入 $Af(k)^{-(1-\alpha)}$，得到

$$Af(k)^{-(1-\alpha)} = \delta + (1/s) \cdot [n + g/(1-\alpha)]$$

如果我们乘以 $(k^*)^{(1-\alpha)}$ 和 s，除以 $[s\delta + n + g/(1-\alpha)]$ 并且移项，得到

$$(k^*)^{1-\alpha} = sA \Big/ \left[s\delta + n + \frac{g}{(1-\alpha)} \right] \tag{5-19}$$

方程的右边，除了 A，所有的项不随时间而变化。如果 A 是固定的，k^* 也将是固定的，就如在不含技术进步的索洛模型中那样（$g=0$）。如果 A 按照 g 的速率增长，方程 (5-19) 意味着 k^* 按 $g/(1-\alpha)$ 的速率增长，与方程 (5-13) 的结果相符。

第三部分

经济波动

中级宏观经济学
Intermediate Macroeconomics

第 **6** 章

无微观经济学基础的宏观经济学

在第 7 章至第 10 章中，我们将建立一个完整的微观经济学框架并将这些微观经济学基础用于建立一个均衡经济周期模型，以此来探索经济波动的根源。自 20 世纪 80 年代中期起，这种理解宏观经济的方法在宏观经济学研究中成为引人注目的一部分。在学习这种宏观经济学的现代研究方法之前，我们先通过本章来回顾另外一种出现在许多本科宏观经济学教材中的研究方法，它叫作凯恩斯经济学。

凯恩斯经济学源自约翰·梅纳德·凯恩斯的研究成果。1936 年，凯恩斯出版了他的名作《就业、利息与货币通论》。在凯恩斯之前，基于古典经济学的主流宏观经济学关注经济体的总供给，认为经济衰退的原因是生产力的下降。而凯恩斯则认为大萧条的产生是由于总需求的缺乏，而政府能够通过财政政策和货币政策刺激经济。

凯恩斯的一些观点被人们总结成为一个数学模型，即 IS-LM 模型。[①] 本章一开始将展示一个简单版本的 IS-LM 模型，随后将对模型进行两次扩展，并用这些模型探究财政政策和货币政策的效果。

值得注意的是，现代新凯恩斯经济学最近找到了将微观基础运用于 IS-LM 模型的方法，即基于消费者跨期选择优化理论和公司利润最大化理论引入名义刚性进行分析。这些理论的推导已经超出了本书的范围，但它们是许多研究生学习的主题。本书中的 IS-LM 模型分析不会纳入这些可能的微观基础。这也符合凯恩斯（1936）和希克斯（1937）的精神，其对基于 IS-LM 模型的凯恩斯理论的概述，比宏观经济学的微观经济学基础出现得更早。

实践中的经济学　经济大萧条

在 20 世纪 30 年代的经济大萧条中，许多国家遭受了严重的经济下滑。从 20 世纪 20 年代末至 30 年代初，全球 GDP 下降 15%。经济大萧条给全球众多经济体造成了破坏，一些国家甚至出现了超过 30% 的失业率。大多数国家的经济萧条始于 1929 年，结束

[①]　许多经济学家对该模型的发展做出了贡献，如 Roy Harrod，John Hicks 和 James Meade 等。

于 20 世纪 30 年代末期。经济大萧条首先发生在美国,1929 年 10 月美国股市崩溃,10 月 28 日和 29 日道琼斯工业指数下降超过 20%。关于经济大萧条有一些合理的解释。有的人认为消费与投资的骤然减少源于大规模的信心下降,并导致了总需求的剧烈下降。有的人认为紧缩性货币政策(即减少货币供给)恶化了原有的经济衰退带来的影响,最后演化成了经济大萧条。凯恩斯提出的解决经济大萧条的方案之一,是通过增加政府支出来刺激经济。确实如此,罗斯福政府采用了大幅增加政府支出的措施,尤其在 1939 年第二次世界大战初期,为美国经济复苏提供了帮助。

6.1　IS-LM 模型

IS-LM 模型包括两个部分:IS 曲线和 LM 曲线。IS 曲线即投资-储蓄曲线,表示商品市场的均衡条件。IS 曲线源于封闭经济体国民收入核算方程:

$$Y = C + I + G \tag{6-1}$$

式(6-1)中的变量分别表示国民收入中几个不同的部分。Y 表示经济体中商品与服务的产出,C 表示居民消费,I 表示企业投资,G 表示政府支出。我们假设消费 C 随着可支配收入(即 $Y-T$)的增长而增长,其中 T 表示税收支付(扣除一切从政府到家庭的转移支付)。换句话说,当家庭有更多可支配收入时,他们会消费更多商品和服务。我们也假设投资 I 随着实际利率 r 的上升而下降,后者决定了为进行投资而借钱的成本。换句话说,当公司面临更低的融资成本时,他们会提高在投资中的支出。最后,我们假设政府支出 G 和税收支付 T 是由政府外生给定的。在本例中,IS 曲线变成了

$$Y = C(Y-T) + I(r) + G \tag{6-2}$$
$$\qquad\quad (+) \qquad\quad (-)$$

在这里,消费和可支配收入的关系以及投资与实际利率的关系基于一些特设性假设。这些特设性假设可以从消费者和公司行为优化理论中推导得出。

为了简化分析,我们假设消费函数是线性的,即 $C(Y-T) = c \cdot (Y-T)$。参数 c 是边际消费倾向($c < 1$),衡量可支配收入增加一单位时消费的增加。使用线性消费函数,我们可以简化 IS 曲线如下:

$$Y = [I(r) + G - cT]/(1-c) \tag{6-3}$$
$$\qquad (-)$$

IS 曲线展示了商品市场处于均衡状态时,产出水平 Y 和实际利率 r 的一系列组合点的轨迹。投资函数 $I(r)$ 中投资 I 随着实际利率 r 升高而降低,因此 IS 曲线的斜率是负值(如图 6-1 所示)。IS 曲线的启示是实际利率升高会减少投资,进而导致产出下降。

IS-LM 模型被认为是一个没有微观经济学基础的宏观经济学模型,其中一个主要原因是商品总供给被假定为被动跟随总需求变化。试想这些例子,消费者对未来收入信心的外生增长将导致家庭花费更多当期收入,或者乐观的“动物精神”(Keynes, *The General Theory*)的传播会促使公司购入新设备或者促使政府支出增加。则式(6-2)中的 IS 曲线

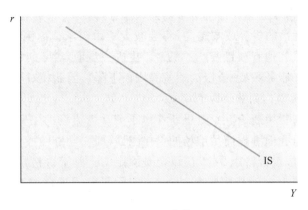

图 6-1　IS 曲线

注：IS 曲线展示了商品市场均衡时 Y 和 r 的不同组合，满足下列条件：$Y=C(Y-T)+I(r)+G$。

将表明 Y 的增长是一个结果：公司会生产更多商品，最终满足所有的额外需求。相反地，如果需求突然下降，Y 也会下降：公司会减少生产，导致经济萎缩。

这个理论并没有告诉我们为什么总需求的增长没有导致总体价格水平的上涨，也没有说明总需求的下降为什么没有产生通货紧缩压力。因此，这个理论的基本假设是需求增加时，公司总有足够多的产能来增加生产，或者总是有足够多的未利用资源（尤其是劳动力和资本）可供使用。这种情况在经济衰退时有可能会发生，因此 IS 曲线可能仅在衰退经济环境中才能够发挥其最大作用。

LM 曲线表示流动性-货币曲线，体现了货币市场的均衡条件，描述的是流动性偏好理论。它解释了为什么家庭希望将其财富的一部分以无利息的货币形式（通货、活期账户等）保存，而不是高收益的资产形式如债券（国库券等）。与流动性更差但利息收入更高的资产相比，货币是家庭财富中流动性最高的部分。LM 曲线试图用一种简单而程式化的方式去解释潜在复杂的家庭投资组合选择。因此我们可以说，LM 曲线在凯恩斯理论中也是广义金融市场的均衡条件，尤其是债券市场。第 7 章我们将会进一步地详细描述债券市场。在本章中，读者可以简单地把债券看成是政府或者一些重要公司支付货币的法律义务。如果用 100 欧元能够买一个承诺每年支付 10 欧元利息的政府债券（这类债券叫作"年金"），那我们称这个政府债券的利率是 $10/100=10\%$。如果对该政府债券的需求上升，债券的价格升至 200 欧元，但仍然承诺每年支付 10 欧元，此时债券利率降低至 $10/200=5\%$。反之亦然，如果市场需求下降使得债券价格跌至 50 欧元，意味着债券利率会升至 $10/50=20\%$。因此，债券价格和利率之间存在反向关系。这种反向关系对于理解作为 LM 曲线理论基础的凯恩斯金融市场理论十分重要。

LM 曲线可以表示为

$$M^s/P=D(Y,i) \tag{6-4}$$
$$(+)(-)$$

M^s 表示货币供应量，是由货币发行机构外生决定的。P 表示价格水平。因此，M^s/P 是实际货币供应量，表示在一定价格水平下货币量 M^s 可以购买的商品和服务数量。$D(Y,i)$ 是实际货币需求，表示一定的收入水平 Y 和名义利率水平 i 下家庭的实际货币需求量。当收入增加时,家庭想要消费更多商品和服务,其对货币的需求上升。越高的名义利率 i 意味着持有货币的机会成本越高,将会减少货币需求。原因是家庭持有货币意味着放弃了将货币换成其他有利息资产的机会。更进一步地,实际的货币价值(即一定数量货币能买到的商品和服务数量)会因为通货膨胀而下降。因此相对于持有债券,持有货币的成本取决于名义利率 i,而非实际利率 r。

在《就业、利息与货币通论》中,凯恩斯考虑了劳动力市场的工资刚性(即黏性名义工资率)。为了简洁性,我们考虑商品市场的价格刚性(即黏性价格)。

换句话说,我们假设价格水平 P 在短期是固定的。鉴于价格水平是恒定量,价格水平的变化率在短期则为 0,通货膨胀率也为 0。实际利率 r(即单位商品的回报率)是名义利率 i(即单位货币的回报率)和通货膨胀率 π(商品价格的变化率)的差额。费雪恒等式(以 Irving Fisher 命名)给出的关系为: $r=i-\pi$,我们将在第 12 章中对此进行更详细的讨论。零通货膨胀的假设意味着在短期 $r=i$。因此我们可以在货币需求方程中通过替换名义利率 i 来改写 LM 曲线:

$$M^s/P = D(Y,r) \qquad\qquad\qquad (6\text{-}5)$$
$$(+)\,(-)$$

LM 曲线展示了一定实际货币供应量 M^s/P 水平下货币市场处于均衡状态时,产出水平 Y 和实际利率 r 的一系列组合点的轨迹。如图 6-2 所示,LM 曲线斜率大于零。LM 曲线的启示是,收入提高时对货币的过度需求必须通过更高的利率去抵消。

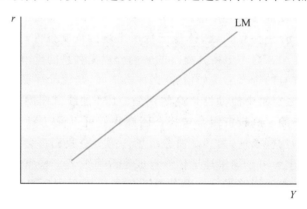

图 6-2　LM 曲线

注:LM 曲线展示了货币市场均衡时 Y 和 r 的不同组合,满足下列条件: $M^s/P = D(Y,r)$。

当货币市场不均衡时,债券价格变化会导致名义利率 i 和实际利率 r 变化。举个例子,低于 LM 曲线的部分表示在一定收入水平 Y 下名义利率 i 和实际利率 r 过低,因此式(6-4)和式(6-5)的右边比左边大。这意味着存在过度的货币需求,其将导致过度的债券供应,使得债券价格下降,并使得与债券价格呈反向相关的利率升高。这个过程会一直持续到经济状况回归 LM 曲线上。反之亦然,在 LM 曲线上方的部分,利率过高会导致货币过量的供应以及债券的过度需求,最终会提高债券价格并降低利率。

根据这个理论,因金融市场反应速度比商品市场快,利率会快速调整以确保经济状况处于 LM 曲线上。实际上,当公司面临商品的过度需求或过度供给时,可能需要数周或者数月时间去调整生产计划和雇员计划等。如果货币或债券处于过度需求或过度供给状态，金融市场只需数分钟甚至数秒即可作出反应并达到货币/债券市场的均衡。

　　图 6-3 中 IS 曲线与 LM 曲线的交点为 IS-LM 模型的均衡点，表示商品市场与货币市场同时达到均衡。均衡产出水平为 Y^*，均衡利率为 r^*。下一节我们将通过 IS-LM 模型探索财政政策与货币政策对宏观经济的影响。

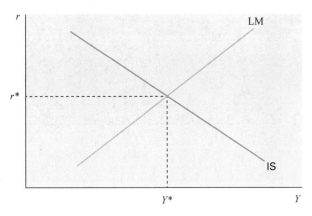

图 6-3　IS-LM 模型

注：IS 曲线和 LM 曲线的交点表示经济体的均衡产出水平为 Y^*，均衡利率为 r^*。

　　根据这个理论，一个经济体总是趋于保持在均衡点 (Y^*, r^*) 上。如果经济体不在均衡点上，将会出现一个调整的过程：任何超额的商品需求会被公司增加的生产所满足，结果会增加就业和产能利用率；任何超额的商品供给会导致公司减少生产、裁员和降低产能利用率。直到经济体回归均衡状态这个调整过程才会停止。

　　类似地，超额的货币需求致使家庭出售其财产中的债券来换取更多货币。然而总货币供给是一定的，不可能所有的家庭都卖出债券而没有买入者。因此，综合效应将表现为债券价格降低和利率升高。反之亦然，任何超额的货币供给将会被用于购买债券，因此债券价格升高而利率降低。

　　总的来说，根据这个理论，总生产水平的调整使定义 IS 曲线的式(6-3)得以满足，而利率的调整使定义 LM 曲线的式(6-5)得以满足。因此，若要预测经济体的行为，我们只需要关注 IS 曲线和 LM 曲线的交点。

6.1.1　IS-LM 模型中的财政政策

　　我们首先分析增加政府支出 G 的短期效应。从式(6-3)可以看出，增加 G 将使 IS 曲线向右平移(如图 6-4 所示)，均衡利率从 r^* 提高至 $(r^*)'$，均衡产出水平从 Y^* 提高至 $(Y^*)'$。利率的增加将减少投资 I，但收入水平 Y 的提高将刺激消费。[①] 收入增加和利率上升对货币需求的效应互相抵消，因此对货币需求 $D(Y, r)$ 的总效应是中性的。我们知道实际货币供应量 M^s/P 是不变的，因此实际货币需求 $D(Y, r)$ 必须也保持恒定，才能满

---

　　①　耐用品消费也可能取决于利率。若我们假设消费随着利率升高而下降，那么对消费的总体效应将是不明确的。

足货币市场的均衡条件：$M^s/P = D(Y,r)$。长期会有进一步的调整，但在讲述 AS-AD 模型之前我们将不会讨论这种从短期到长期的调整。

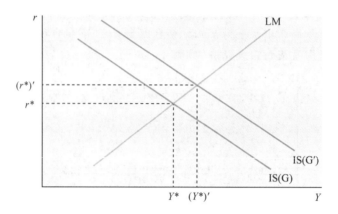

图 6-4　在 IS-LM 模型中增加 G 产生的效应

注：增加 G 使 IS 曲线向右平移，均衡产出水平提高至$(Y^*)'$，均衡利率水平提高至$(r^*)'$。

尽管上述分析通俗易懂并得出了直观的结果，但财政政策效果如此简单是相当不现实的，除非经济体中有足够的未雇佣劳动力和未利用资本——经济萧条时期可能会出现这种状况，比如 1929 年至 1938 年间的美国和 2009 年之后五年间的一些欧元区国家。在第 13 至 15 章，我们会用均衡经济周期模型去探究财政政策的效果，并与 IS-LM 模型的结果进行对比。我们会发现均衡经济周期模型中的财政政策效果更具有一般性，因其包含了几乎充分就业的时期。

6.1.2　IS-LM 模型中的投资者情绪

除了财政政策，我们还可以用 IS-LM 模型去探究投资者情绪变化产生的宏观经济结果。我们设定投资函数为 $I(r,\varepsilon)$，其中 ε 表示投资者情绪。在给定利率 r 之下，ε 增加会导致投资增加。在本例中，投资者情绪的改善（即 ε 增加）将使 IS 曲线向右平移，并提高均衡产出水平和均衡利率。这种效应在图形上与图 6-4 是一致的。相反，投资者情绪的恶化使 IS 曲线向左平移，并降低均衡产出水平和均衡利率。

6.1.3　IS-LM 模型中的货币政策

现在我们探究增加货币供给 M^s 产生的效应。从式（6-5）可以看出，价格水平 P 一定的情况下增加货币供给 M^s，会使货币需求 $D(Y,r)$ 增加，并导致收入 Y 增加和（或）利率 r 下降。因此，货币供给 M^s 的增加会使 LM 曲线向右平移（如图 6-5 所示），均衡利率从 r^* 降低至$(r^*)'$，均衡产出水平从 Y^* 增加至$(Y^*)'$。利率的下降会促进投资 I，而收入水平 Y 的提高将刺激消费。收入水平的增加和利率的下降对货币需求都会产生正向效应，而货币需求的增加则与货币供给的增加一致。

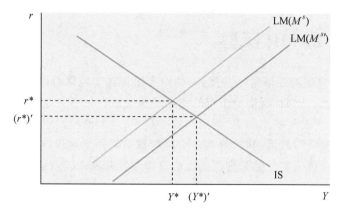

图 6-5　在 IS-LM 模型中增加 M^s 产生的效应

注：增加 M^s 使 LM 曲线向右平移，均衡产出水平提高至 $(Y^*)'$，均衡利率水平降低至 $(r^*)'$。

实践中的经济学　流动性陷阱

　　LM 曲线中，名义利率不能为零，否则债券价格会太高。当利率接近零时没有人愿意投资债券，因为家庭会担心债券价格随时会下跌。基于这个"投机性"的动机，当利率非常接近零时，家庭愿意持有任意数量的货币。这种情况叫作"流动性陷阱"，表明传统的货币政策将失去效用。如图 6-6 所示，LM 曲线在利率接近零时变得水平，因为利率低到使人们接受在其投资组合中增加任意额外的流动性。在这种情况下，货币供给的变化对产出没有影响。有的评论员说近期面临极低市场利率的欧元区就是一个流动性陷阱的例子，并解释了为什么欧洲中央银行新发行巨量货币后也未能使欧元区经济复苏。根据凯恩斯学派的观点，在流动性陷阱中只有扩张性财政政策是有帮助的。美国"财政刺激"产生了积极效果，困难重重的欧洲因缺乏这种扩张性财政政策而经历 2011 年至 2012 年间的"双底衰退"，似乎证实了这一点。

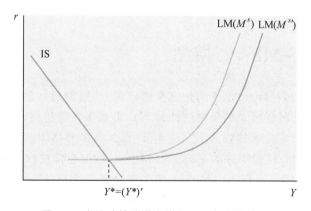

图 6-6　在流动性陷阱中增加 M^s 产生的效应

注：M^s 的增加使 LM 曲线向右移，但两条曲线的交点处于 LM 曲线的水平部分，因此产出水平不变。

6.2 IS-MP 模型

对于 IS-LM 模型有一个常见的批评,即中央银行在实施货币政策时通常是设定利率而不是货币供应量。比如,英格兰银行的货币政策委员会每年会举行 12 次会议来讨论货币政策,设定英格兰银行基准利率(英国的官方利率)。为使模型适应这种现实情况,我们将 LM 曲线替换成货币政策(MP)规则。金融管理当局外生地设定名义利率 i,短期通货膨胀率为零的假设意味着金融管理当局也能够影响实际利率。我们将简单的 MP 规则具体表示为

$$r = \bar{r} \qquad\qquad (6\text{-}6)$$

其中,$\bar{r}$ 表示金融管理当局选定的利率目标。IS 曲线的设定则与式(6-3)一致。

图 6-7 展示了 IS-MP 模型的均衡以及降低利率 $\bar{r}$ 带来的效应。利率 $\bar{r}$ 下降使 MP 曲线下移,并使产出水平从 Y^* 增加至 $(Y^*)'$。利率下降促进投资 I 并提高产出,而收入 Y 的增加会刺激消费。这些效应与在 IS-LM 模型中增加货币供给产生的效应是一致的。

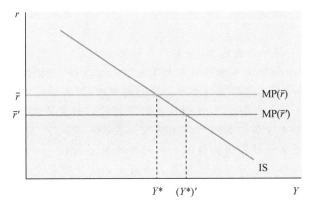

图 6-7　在 IS-MP 模型中降低利率 r 产生的效应
注:$\bar{r}$ 的下降使 MP 曲线下移,并使均衡产出水平提高至 $(Y^*)'$。

6.3 IS-MP-PC 模型

到目前为止我们假设价格水平均是完全固定的,即短期通货膨胀率为零。这是一个非常极端的假设。某种程度上的价格刚性并不一定意味着总价格水平完全固定。因此,黏性价格不一定意味着零通货膨胀率。在本节中,我们在 IS-MP 模型引入菲利普斯曲线(Phillips curve)来探究通货膨胀的影响。IS-MP-PC 模型通常被称为三方程凯恩斯模型。

以威廉·菲利普斯(William Phillips)的名字命名的菲利普斯曲线,详述了通货膨胀率 π 与产出水平 Y 之间的正向关系。[1] 这种关系基于现实观察:通货膨胀率在经济繁荣

---

[1]　在菲利普斯 1958 年的原著中,他发现英国的失业与名义工资变化率(即工资通胀率)之间存在负向关系。鉴于失业与产出负相关,那么失业与通货膨胀之间的负向关系则意味着产出与通货膨胀之间存在正向关系。

时期趋高,而在经济衰退时期趋低。我们考虑使用如下版本的菲利普斯曲线:

$$\pi = \pi^e + \theta(Y - \overline{Y}) \tag{6-7}$$

参数 $\theta > 0$,取决于通货膨胀率 π 对产出水平 Y 变化的敏感程度。$\overline{Y}$ 是由经济增长决定的长期产出水平。鉴于这是一个短期模型,我们认为 $\overline{Y}$ 是给定的。变量 π^e 表示预期通货膨胀率。在多种预期形成理论中,我们选择了简单的外推预期。在外推预期下,公司和家庭预期当年通货膨胀率与前一年相同,即 $\pi^e = \pi_{t-1}$,其中 π_{t-1} 表示上一个时期的通货膨胀率。

为了使通货膨胀能影响产出,我们需要更具普遍性的货币政策规则。下式为更具普遍性的 MP 曲线:

$$r = \overline{r} + \rho \cdot (\pi - \overline{\pi}) \tag{6-8}$$

参数 $\rho > 0$,取决于利率对通货膨胀率变化的敏感程度。当 ρ 等于零时,式(6-8)与式(6-6)是一致的。在普遍的例子中 ρ 大于零,通货膨胀率 π 的下降促使中央银行降低利率。这个政策反应的直观分析是,较低的通货膨胀率可能源于一个正在弱化的经济体,因此中央银行应该降低利率以刺激经济。参数 $\overline{\pi}$ 表示中央银行的通货膨胀率目标。[①] 我们在此假定了一个较为激进的中央银行政策,即名义利率上升的幅度大于通货膨胀率上升的幅度。[②]

我们现在将新 MP 曲线方程代入 IS 曲线方程式(6-3),得到以下产出 Y 与通货膨胀率 π 间的负向关系:

$$Y = \{I[\overline{r} + \rho \cdot (\pi - \overline{\pi})] + G - cT\}/(1 - c) \tag{6-9}$$
$$(-)$$

直观地看,根据货币政策规则,通货膨胀率 π 升高会使利率 r 升高,进一步会抑制投资 I 和产出 Y。式(6-9)本质是总需求(AD)曲线,描述了通货膨胀和产出之间的负向关系。菲利普斯曲线也可以理解为总供给(AS)曲线,描述了通货膨胀与产出之间的正向关系:

$$\pi = \pi_{t-1} + \theta \cdot (Y - \overline{Y}) \tag{6-10}$$

图 6-8 在 AS-AD 模型中标出了 IS-MP-PC 模型的均衡点。

我们现在考虑中央银行的通货紧缩政策(即通货膨胀率目标 $\overline{\pi}$ 下降)产生的效应。如图 6-9 所示,$\overline{\pi}$ 的下降使 AD 曲线下移。直观地看,$\overline{\pi}$ 的下降致使中央银行提高利率(即通货紧缩需要提高利率),这在短期进一步抑制了投资和产出。

一段时期之后,均衡通货膨胀率的下降会导致预期通货膨胀率下降($\pi^e = \pi_{t-1}$),使 AS 曲线下移,导致通货膨胀程度进一步下降,而产出水平会提高。两段时期之后,已经下降的通货膨胀率使预期通货膨胀率再次下调,并再次使 AS 曲线下移。如图 6-10 所示,这个过程一直持续到产出水平回归长期水平 $\overline{Y}$。在长期,均衡通货膨胀率下降了,但产出水平回到初始水平 $\overline{Y}$。当 $Y = \overline{Y}$ 时,通货膨胀率保持不变。尽管通货紧缩对产出的长期效应是中性的,但在短期会造成产出暂时下降。

---

① 　更准确地说,$\overline{\pi}$ 是均衡利率 r 等于 $\overline{r}$ 时的通货膨胀率目标。

② 　如果反过来,在通货膨胀提高时中央银行不提高名义利率,根据前述的费雪恒等式 $r = i - \pi$,通货膨胀率的升高会自动地造成实际利率的下降。

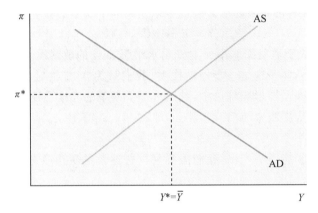

图 6-8　AS-AD 示意图

注：AS 曲线与 AD 曲线的交点表示经济体的均衡产出水平与均衡通货膨胀率。

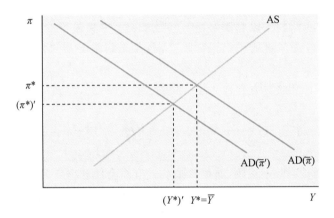

图 6-9　通货紧缩的短期效应

注：$\bar{\pi}$ 的下降使 AD 曲线下移，在短期降低了均衡产出水平与通货膨胀率。

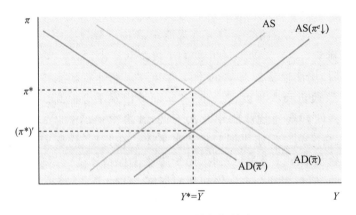

图 6-10　通货紧缩的长期效应

注：$\pi^e = \pi_{t-1}$，两者的下降使 AS 曲线下移直到产出水平达到长期均衡水平。

6.4　有微观经济学基础的宏观经济学

我们通过本章回顾了凯恩斯经济学中的一些流行的模型。这些模型通常包含特设性假设,比如消费与收入的关系、投资与利率的关系,是直接假设得出而不是从家庭和公司的理性行为优化理论推导得出。下一章,我们将开始从基于微观经济学基础的行为优化理论中推导出宏观经济学模型。然后我们再用这些均衡经济周期模型去检验宏观经济中的财政政策与货币政策的效果,并与本章的结果进行对比。最后,为了能对货币政策有更切实可行的分析,我们会在均衡经济周期模型中引入黏性价格来建立新凯恩斯模型。新凯恩斯模型通常被认为是凯恩斯 IS-LM 模型与均衡经济周期模型的结合。

重要术语和概念

总需求 aggregate demand

总供给 aggregate supply

古典经济学 classical economics

投资-储蓄曲线 investment-saving curve

投资者情绪 investor sentiment

IS-LM 模型 IS-LM model

凯恩斯经济学 Keynesian economics

流动性-货币曲线 liquidity-money curve

流动性陷阱 liquidity trap

边际消费倾向 marginal propensity to consume

名义利率 nominal interest rate

实际利率 real interest rate

实际货币需求 real money demand

实际货币供给 real money supply

黏性名义工资率 sticky nominal wage rates

黏性价格 sticky prices

三方程凯恩斯模型 three-equation Keynesian model

问题和讨论

A. 复习题

1. 请在 IS-LM 模型中展示税收 T 的增加对利率、产出、消费与投资的影响。

2. 假设通货膨胀率 π 是正数且在 IS-LM 模型中是外生的,而 LM 曲线变为 $M^s/P = D(Y, r+\pi)$。请在 IS-LM 模型中展示通货膨胀率 π 的外生性升高对利率、产出、消费与投资的影响。

3. 请在 IS-MP 模型中展示政府支出 G 的增加对利率、产出、消费与投资的影响。

4. 请在 IS-MP-PC 模型中展示利率目标 $\bar{r}$ 的升高对通货膨胀率与产出的短期和长期影响。

5. 请在 IS-MP-PC 模型中展示长期产出水平 $\bar{Y}$ 的升高对通货膨胀率与产出的短期和长期影响。

市场、价格、供给和需求

人们非常关心经济是在扩张还是在收缩。在繁荣时期,当实际 GDP 上升时,消费和投资趋于强劲,就业率趋于上升,失业率趋于下降。相反,在经济衰退期间,当实际 GDP 下降时,消费、投资和就业趋于疲软,失业率趋于上升。这种时候,人们发现很难找到好工作,更多的工人失去工作而不是找到工作。无法保住或找到一份好工作给求职者和他们的家庭带来了困难。

在本书的这一部分,我们的主要目标是了解这些经济波动,也就是说,实际 GDP 在繁荣时期增长,在衰退时期下降。这些波动通常适用于相对较短的时期,例如一年或两年。相比之下,我们在第 3 章至第 5 章中对经济增长的研究侧重于长期的问题:5~10 年,20~30 年,甚至更长时间。

建立一个经济波动模型,我们从研究该模型的微观经济学基础着手。这些基础描述了个别消费者和生产者如何做出选择。在本章中,我们将集中讨论劳动和资本市场。在第 8 章,我们将分析扩大到消费和储蓄。

微观经济选择的一个例子是关于一个工人打算做多少工作。另一个例子是生产商决定雇用多少工人。在这些决策中,单个工人或生产者接受他所面临的给定的价格。其中一个价格是实际工资率,它确定了工人用一小时的劳动可以购买的商品数量。

我们模型中的一个关键假设是,单个工人、消费者和生产者太小,以至于无法对价格施加明显的作用。举一个具体的例子——我们稍后会详细介绍,考虑对劳动市场的简单分析。假设,在选择要提供多少劳动时,每个工人都接受给定的实际工资率。同样地,在确定需要多少劳动时,每个生产者也会接受给定的实际工资率。因此,个人关于供给数量和需求数量的选择的决定是按给定的市场价格做出的。经济学家表示,这一假设在完全竞争条件下是适用的。在完全竞争中,每个市场参与者都假设他(或她)可以以通行的价格出售或购买想要的任何数量的东西。特别是,每个参与者的规模都足够小,以至于他们的供给和需求的变化对市场价格的影响可以忽略不计。

当我们把个人的选择加总起来时,就确定了总的或市场的供给函数和需求函数。例如,我们决定将劳动的市场供给和市场需求作为实际工资率 w/P 的函数;图 7-1 显示了这种情况。假设劳动的总供给量 L^s 随着 w/P 的增加而增加(沿着浅蓝曲线)。因此,L^s 曲线向上倾斜。假设劳动的总需求量 L^d 随着 w/P 的上升而下降(沿着深蓝曲线)。因此,L^d 曲线向下倾斜。

一旦我们知道了市场供求函数，我们就要考察这些函数如何决定经济中的各种数量和价格。我们的主要方法是依靠市场出清条件。例如，在图 7-1 中，劳动的市场供给和市场需求都取决于实际工资率 w/P。我们的假设是，w/P 调整是为了出清劳动市场，也就是使劳动力的供给量与需求量相等。因此，市场出清时的实际工资率为纵轴上的值 $(w/P)^*$，市场出清的劳动量为横轴上的值 L^*。

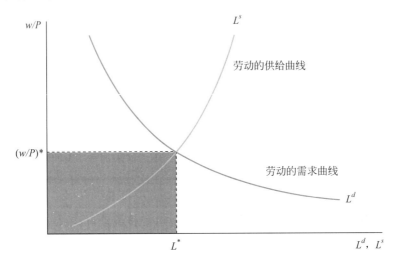

图 7-1　市场出清的一个例子：劳动市场

注：本图给出了一个市场——在本例中是劳动市场——如何出清的一个简单的例子。劳动的需求曲线 L^d 对实际工资率 w/P 是向下倾斜的。劳动的供给曲线 L^s 对实际工资率 w/P 是向上倾斜的。在两条曲线的交点市场出清。市场出清的实际工资率为 $(w/P)^*$，而市场出清的劳动量是 L^*。

考虑到这一市场背景，我们现在将开始为我们的宏观经济模型建立微观经济学基础。我们从具体规定模型中的市场结构开始。

 # 7.1　宏观经济中的市场

我们的宏观经济模型包含若干个进行交易的市场。在本节中，我们将描述每个市场中的参与者，并确定在每个市场上交换的商品和服务。

我们通过假设家庭执行了经济中的所有职能来简化模型。每个家庭都经营一个家族企业并使用劳动 L 和资本 K，通过生产函数生产出商品 Y，这些我们已在第 3 章介绍过：

$$Y = A \cdot F(K, L) \tag{3-1}$$

更符合实际的情况是，商品的生产发生在一家大公司或一个小企业。然而，如果我们将这些私营企业纳入我们的模型中，就必须考虑到它们最终一定是由家庭拥有，可能是通过股票市场交易而获得。当我们把企业看作家庭的一部分时，就避免了所有权结构的复杂性。由于我们最终得到了相同的宏观经济结果，这种简化是值得的。

7.1.1　商品市场

在现实世界中，一般家庭只会消费少量的自身在市场上参与生产的商品。通常来说，个人从事一种或几种产品和服务的生产,并从这些产品的销售或出卖劳动服务的过程中获得收入。然后,个人再把这些收入花在一系列的商品上。如果我们要掌握所有这些商品种类,模型就会变得过于复杂。

我们通过想象家庭在商品市场上销售他们生产的所有商品来简化模型。然后家庭从这个市场买回他们所需要的商品。家庭购买商品的一个原因是为了消费。另一个原因是增加资本形式的商品库存——机器和建筑物,以用于生产。这样使用商品被称为投资。

7.1.2　劳动市场

家庭在劳动市场上提供劳动力。为了简化,我们从一开始就假设劳动的供给量 L^s 是固定的,即 L。这一假设不影响接下来的分析,我们最终在第 9 章中改变这个假设。和前几章一样,我们把劳动计量为一种每年多少人工小时的流量。例如,如果一个人每周工作 40 小时,每年工作 52 周,那么每年的劳动流量是 2 080 人工小时。

家庭,作为家族企业的管理者,需要从劳动市场雇用数量为 L 的劳动。所需要的劳动被用作商品生产的一种投入。请注意,在我们的简化的经济模型中,每个家庭都有两顶帽子。当戴上第一顶帽子时,这个家庭提供劳动,看起来就像一个雇员,被购买劳动的人所雇用。当戴第二顶帽子时,这个家庭需要劳动力,看起来就像一个雇主,雇用出卖劳动力的人。

7.1.3　租赁市场

接下去我们要考虑生产的资本投入。家庭拥有资本存量 k。单个家庭可以通过在商品市场上购买商品来增加它的存量,也可以通过在商品市场上销售商品来降低它的存量。我们可以把这些交易视为二手资本品的转售。例如,一个家庭可以出售一辆二手车或一幢旧房子,它们都是某种形式的资本货物。在我们的模型中,家庭管理着企业,我们还假设家庭可以出售一台二手机器或整个旧工厂。

资本存量 K 是用商品的单位来计量的——例如,汽车的数量或机器的数量。从概念上讲,我们应该将这种货物的存量与资本服务的流量区分开来。例如,假设一个家庭拥有一台机器。如果每天运转 8 小时,每周 5 天,每年 52 周,每年就使用 2 080 机器小时。我们把这每年 2 080 个机器小时——一种流量——视为资本服务的量。这种流量类似于用每年人工小时计量的劳动服务的流量。

我们一开始通过假设每个资本单位——比如说每台机器——每年使用多少固定小时(或许是 2 080 小时)来简化模型。在这种情况下,资本服务的流量是资本存量的一个固定的倍数——每台机器代表每年 2 080 机器小时。因此,在本例中,如果我们把资本存量 K 作为生产函数的一种投入,我们将不会遇到任何麻烦,就如我们在方程(3-1)中所做的那样。这一存量实际上代表了资本服务的流量,但是这一流量是资本存量的一个固定的倍数。由于这个倍数是一个常数——比如说 2 080——我们就无须将它在生产函数 $F(K,L)$ 中明确地显示出来。

一个家庭虽然拥有一个特定单位的资本——比如说一台机器,但该家庭并不一定使用这项资本为自己生产商品。相反,该家庭更有可能把资本租给另一个家庭,然后后者把资本作为一种要素投入生产。例如,一个家庭可能把他的房子或汽车出租给另一个家庭。在我们的模型中,我们将租赁的概念扩大到包括机器和工厂的各种类型的资本。

我们将发现这样做比较方便,即设想每个家庭在租赁市场上出租所有它拥有的资本。因此,如果一个家庭拥有一台机器,它将该机器提供的所有的资本服务——比方说每年2 080机器小时——都用来出租。在现实世界中,我们可能会想到赫兹(Hertz)汽车租赁公司拥有汽车并将它们出租给用户的例子。其他实际例子包括像从 Cort 家具公司租赁家具,从家得宝(Home Depot)公司租赁家用工具,以及从车辆所有者手中租赁出租车和卡车。在我们的模型中,一个重要的假设是,家庭不允许他们的任何资本闲置,相反,它们要让资本在租赁市场上得到充分利用。

在租赁市场上提供的资本的数量类似于劳动市场上提供或供给的劳动的数量 L^s。因此,我们把租赁市场上提供的资本看作是资本服务的供给 K^s。由于我们假设每个家庭出租其所有的资本,所以我们有 $K^s = K$。(更准确地说,我们应该乘以 2 080,将资本存量——机器的数量——转换为资本服务,即每年的机器小时数。但是,由于 2 080 是一个常数,我们可以将它忽略不计。)我们假设资本服务的供给是固定的,类似于我们假设劳动力的供给是固定的。再次说明,假设不影响分析,而我们将在第 10 章改变我们关于资本服务的假设。

到目前为止,我们假设每个家庭出租所有它拥有的资本。然而,家庭作为家族企业的管理者,也使用资本服务来生产商品。为了获得这些资本投入,家庭要从租赁市场上租借资本。在租赁市场上租来的资本数量类似于在劳工市场上购买或需求的劳动数量 L^d。因此,我们把在租赁市场上租借的资本数量视为对资本服务的需求 K^d。

注意,我们假设每个家庭出租它所有的资本,$K^s = K$,然后租回数量 K^d。如果 $K^s > K^d$,我们可以反过来这样设想,家庭保留了它自己拥有的资本中的 K^d 数量资本,用于生产商品,然后仅把余下的部分($K^s - K^d$)租出去。类似地,如果 $K^s < K^d$,我们可以设想家庭使用了它自己的所有的资本 K^s,用于生产商品,然后,租借额外数量的资本,$K^d - K^s$。这些不同的假设下其结果将是相同的。因此,坚持这样的假设,即家庭出租所有的资本,$K^s = K$,然后租回数量 K^d 的资本用作生产的一种投入,我们将发现这样的假设非常便于分析。

7.1.4 债券市场

我们要介绍的最后一个市场是家庭在其中借入或借出资金的市场。借入资金的家庭从另一个家庭得到一笔贷款,而借出资金的家庭则向另一个家庭提供贷款。在现实世界中,这种借贷通常是通过银行等金融机构进行的。然而,如同我们在忽略私人企业时的做法一样,我们通过假设家庭直接进行所有的借入或借出活动来简化模型。

我们假设一个提供贷款的家庭获得一张票据(一种合同的形式),它规定了有关贷款的各项条件。我们称此票据为债券,而我们把家庭在其中借入或借出资金的市场称为债券市场。债券的持有者——贷款人——有权要求借款人偿还所欠的金额。

7.2　作为交换媒介的货币

　　家庭在商品市场上买入和卖出商品,在劳动市场上购买和出售劳动,在租赁市场上买入和卖出资本服务,在债券市场上买入和卖出债券。我们假设,在所有这些市场上进行的每一项交易都只利用一种单一的交换媒介。通常来说,交换媒介是人们持有的一种凭证,人们持有它不是为其本身,而是用它来公平地迅速地交换其他某些东西,诸如商品和服务。在我们的模型中称这种交换媒介为货币。历史上,货币曾经有过许多种形式,包括贵金属,如黄金和白银,有时也采用珍珠和贝壳。然而,在我们的模型中,我们假设货币只是一张纸,类似于政府发行的纸币。

实践中的经济学　共同货币

　　历史上的大多数政府都发行过自己的货币。然而,现在有一种建立使用一种共同货币(common currency)的国家集团的趋势,即由若干个国家共同使用一种单一形式的货币。这种集团叫作货币联盟。自 1999 年至 2001 年以来,货币联盟最重要的例子是欧元。欧元由欧洲中央银行发行,是由欧盟 28 个成员国中的 19 个成员国组成的欧元区的官方货币。这些国家包括奥地利、比利时、塞浦路斯、爱沙尼亚、芬兰、法国、德国、希腊、爱尔兰、意大利、拉脱维亚、立陶宛、卢森堡、马耳他、荷兰、葡萄牙、斯洛伐克、斯洛文尼亚和西班牙。其他一些欧洲国家正在考虑采用欧元,尽管英国、丹麦和瑞典都拒绝了这一想法。

　　一些小国家也曾经组织过货币联盟。如 14 个使用非洲金融共同体法郎(CFA,大多数时间里曾与法国法郎挂钩,现在与欧元挂钩)的非洲国家,和 7 个使用加勒比元(与美元挂钩)的东加勒比货币区的加勒比国家。有人提出了在东北亚(中国、日本和韩国)、南非和西非、波斯湾、中美洲,以及澳大利亚和新西兰建立新的货币联盟的建议。此外,还有一些小国使用大国货币的情况,例如巴拿马、厄瓜多尔、百慕大、列支敦士登和圣马力诺。

　　货币以任意单位计价,如"欧元"。例如,一个家庭可能有 100 欧元。欧元金额是以名义值表示的。因此,100 欧元就是这个家庭拥有的以欧元或名义单位表示的货币的价值。纸币的一个重要特性是它没有利息。也就是说,如果一个家庭有 100 欧元的货币,并且只是把它放在床垫下,那么在接下来的一周甚至一年,它所持有的钱仍然是 100 欧元(假设它没有丢失)。相比之下,债券会带来利息。我们用符号 M 表示一个家庭的名义货币数量。个人持有的货币的总量等于经济中货币的总量。现在,我们假设货币总量是固定的。因此,所有家庭持有的货币总量最终一定等于这个常数。

7.3 市场与价格

在我们的模型中,关键的宏观经济变量是由在各种市场上从事交易的家庭之间的相互作用决定的。现在我们详细描述每个市场。

7.3.1 商品市场

我们假设只有一种商品可以用于消费或投资。商品市场是各个家庭用商品交换货币的地方。在这个市场里,价格用 P 表示,表示交换一个单位的商品的欧元数。我们称 P 为物价水平。我们在第 2 章中讨论过的消费者价格指数(CPI),是物价水平在现实世界中的对应物。消费者价格指数衡量的是具有代表性的一篮子商品和服务的名义成本。[①] 或者,我们也可以考虑国内生产总值的平减指数(GDP 平减指数),这是一个与经济体中总的商品和服务的生产(实际 GDP)相关的价格指数。在本模型中,只有一种类型的商品,其物价水平 P 与 CPI 或 GDP 平减指数相对应。现在我们假设没有通货膨胀,通货膨胀表示的是物价水平随时间推移发生的变化。也就是说,我们假设 P 不随时间推移而变化。

记住,家庭以每年 Y 的流量生产商品,这里,Y 由下面的生产函数给出:

$$Y = A \cdot F(K, L) \tag{3-1}$$

由于所有这些商品都在商品市场上出售,变量 Y 也表示每年在商品市场上被购买和出售的商品数量。PY 是每年在商品市场上被买卖的商品的名义价值。

对于商品卖家来说,物价水平 P 是每卖出一个单位的商品所获得的欧元数量。相反,对于买家来说,P 是他为取得每一单位的商品支付的欧元数量。由于 P 欧元购买 1 个单位商品,那么,1 欧元可以购买 $1/P$ 单位商品。因此,表达式 $1/P$ 就是用所买到的商品衡量的 1 欧元的价值。同样,M 欧元可交换 M/P 单位商品:

$$(M) \cdot (1/P) = M/P$$

M 是用欧元数量表示的货币价值,而 M/P 表示的是用它所能买到的商品衡量的这一货币的价值。像 M/P 这样的表达式叫实际项,即用商品单位表示的项;而像 M 这样的数量是用欧元数量或名义项表示的项。举个例子,如果一个家庭有 100 欧元的货币,而价格水平是 5,那么这个家庭的钱的实际价值是

$$100/5 = 20$$

也就是说,该家庭可以用他的 100 欧元货币购买 20 件商品。因此,100 就是该家庭货币的名义值,20 是用它所能买到的商品衡量的这一货币的实际价值。换句话说,每一欧元可以买到 1/5 单位的商品。因此,1/5 单位的商品是每一欧元的实际价值。

7.3.2 劳动市场

家庭在劳动市场上以名义工资率 w 购买和出售劳动。由于我们以每年工作小时为

---

① 更确切地说,CPI 衡量的是特定年份(比如 2016 年)的市场上一篮子商品的名义成本,相对于基准年(比如 2015 年)的市场上一篮子商品的名义成本。

单位来计量劳动 L，所以工资率 w 的单位为欧元/工作小时。一个家庭每年支付名义工资额 wL^d 以购买劳动量 L^d，然后将这些劳动作为生产投入。一个出售该数量劳动 L^s 的家庭则得到 wL^d 的名义工资收入。

实际工资率是 w/P。这一实际工资率表示的是劳动的提供者每小时劳动获得的商品的价值，它是由劳动的需求者支付的。例如，如果名义工资率为 $w-10$ 欧元/小时，价格水平为 $P=5$，实际工资率为

$$w/P = 10/5 = 2$$

这一实际工资率——每个工作小时 2 单位商品——决定了为每小时工作支付的名义工资（10 欧元）所能购买的商品的数量。由于人们关心的是他们得到的商品的数量，因此我们将发现家庭决策取决于实际工资率 w/P，而不是名义工资率 w。

7.3.3　租赁市场

在租赁市场上，家庭按名义租赁价格 R 出租资本 K 而获得欧元。租赁价格 R 由每年每单位资本的欧元数表示。例如，如果 $R=100$ 欧元/年，一个家庭在租赁市场上出租的每一单位资本（比如一台机器或一辆汽车），每年可获得 100 欧元。

一个租借 K^d 数量资本的家庭每年要支付数量为 RK^d 的名义金额，然后将这一资本投入生产。一个出租 K^s 数量资本的家庭则每年得到 RK^s 的名义租金收入。

实际租赁价格是 R/P。实际租赁价格是资本的供给者每年从每单位资本获得的、以商品计量的价值，它是由资本的需求者支付的。例如，如果租赁价格是 $R=100$ 欧元，物价水平是 $P=5$，则实际租赁价格是

$$R/P = 100/5 = 20$$

这个实际租赁价格——每年每单位资本 20 单位商品——给出了一年内租用每单位资本支付的租金（100 欧元）所能购买的商品数量。同样，由于人们关心他们得到的商品，我们将会发现家庭的决策取决于实际租赁价格 R/P，而不是名义租赁价格 R。

7.3.4　债券市场

我们的模型有一个简单形式的债券市场，在这个市场中，家庭相互借贷。例如，一个家庭可能贷款给另一个想买汽车、房子、机器或工厂的家庭。债券是一份写明了贷款合同条件的文件。

债券可以是一张借据，表明家庭 A 欠该债券持有者一定数量的欧元。最初，借款人欠家庭 B 这笔钱，B 是预先贷付这笔钱的家庭。然而，我们假设债券可以在债券市场上出售给另一个家庭，也许是家庭 C，这样，C 就成为债券的持有者。家庭 A 欠家庭 C 这笔钱。

我们还规定债券的单位，每单位债券都要求借款者向债券持有者偿还 1 欧元。这 1 欧元是每单位债券的本金。本金是贷款预付的初始金额。

我们设想所有的债券有非常短的期限，所谓期限是指到一定时间，借款者必须偿还本金。我们以此设想来简化模型。在任何时候，债券的发行者——借款者——都有权以 1 欧元的固定本金回购债券。就是说借款者可以通过向债券持有者偿还 1 欧元以清偿贷款。同样，债券持有者有权在任何时候将债券还给借款者以换取 1 欧元。也就是说，持有

者可以通过要回 1 欧元的本金来取消贷款。

这些假设不太符合实际。例如,对于学生贷款来说,贷款者(可能是银行)要到多年以后才有可能得到偿还,就是说,期限是很长的。同样,住房抵押贷款的期限通常也很长,虽然借款者通常可以随时偿还本金。尽管现实世界的情况比较复杂,但是我们的期限很短的假设将很容易抓住关于利率的最重要的特征。

我们假设,只要债券既未被赎回也未被取消,每个单位的债券承诺借款人要向债券的持有人每年支付 i 欧元的利息。变量 i 是利息率,这是支付的利息 i 欧元与本金 1 欧元的比率。利率 i 可以随时间而变化。

举个例子,假设一个家庭借了 1 000 欧元,这样其未清偿的本金是 1 000 欧元。假设利率 i 是每年 5%。在这种情况下,每年支付的利息为

$$支付的利息 = 利率 \times 本金$$

$$50 \ 欧元 = 5\% \times 1 \ 000 \ 欧元$$

对于债券持有者,利率 i 决定了他的贷款每年的报酬。对于债券发行者,i 决定了他的借款每年支付的成本。

一个复杂的情况是,借款者今天收到 1 000 欧元,然后在未来随着时间的推移每年支付 50 欧元利息。如果物价水平 P 在变化——也就是说如果通胀率不是零——今天的欧元和未来的欧元的实际价值就会有差别。因此,当我们在第 12 章里考虑通货膨胀时,我们必须区分利率的两个概念——名义利率和实际利率。不过,现在我们不必担心这个复杂的问题,因为我们假设通货膨胀率为零。

我们通过假设所有债券都是相同的来简化模型,不管发行债券的家庭如何。最重要的是我们忽略了发行者之间在风险上的差别,这种风险是指发行者也许无法支付利息和本金的风险。风险类型之一是拖延支付利息和偿还贷款,或者干脆销声匿迹。由于我们忽略这些风险,所有债券的利率都是相同的。否则,借款者就会要求按最低的利率借入所有的贷款,而贷款者则想要按最高的利率贷出他所有款项。由于所有的债券是相同的,只有在所有债券的利率都相同的情况下,借款者和贷款者的利率才能达成一致。

让 B 代表一个家庭持有的名义单位表示的债券的数量。对于单个家庭来说,这一金额也许是大于 0,或者是小于 0。但是,请注意,对于一个家庭借入的若干欧元,必定有另一个家庭借出相应数额的欧元。因此,贷款者持有的正值的债券总额必定恰好与借款者持有的负的债券总额相符合。因此,当我们将所有的家庭加总时,B 的总量必定始终为 0。

最后,我们考察债券的价格。一单位债券的本金被定义为 1 欧元——也就是说,每单位债券都可以通过取消贷款换回 1 欧元。因此,这些债券的名义价格必须始终为每单位 1 欧元。① 然而,我们分析的重要变量是利率 i。我们可以把 i 看作是信贷的成本或价格。i 值越高,就必须支付的利息而言,获得信贷(即借款)的成本就越高。与此同时,i 值越高,意味着扩大信贷(即放贷)的收益越高,因为它产生较高的利息收入流。

---

① 价格被固定在每单位 1 欧元,因为我们正在考察的债券期限很短。长期债券是借款者向债券持有人承诺在一段时期内支付一种名义付款流(期中支付的是息票,期末支付的是本金),直到期日。我们可以确定单位,以便借款人在到期日承诺向债券持有人按每单位债券 1 欧元支付本金。这些债券的名义价格会随着利率 i 的变化而变化。

7.4　编制预算约束

在上述四个市场上决定的数量和价格将决定家庭的收入。家庭将通过管理家族企业、工资、资本服务的租金和利息获得收入。这些收入流是家庭资金来源。家庭利用其资金来源购买商品或增加他们的资产，即储蓄。商品和资产的购买是家庭对资金的使用。重要的一点是总的资金来源必须等于总的资金使用。这个等式叫作家庭预算约束，我们将在本章推导预算约束。在第 8 章中，我们利用预算约束来理解家庭如何选择消费和储蓄。

7.4.1　收入

我们首先考虑家庭收入。家庭收入有四种形式：来自家族企业的利润、工资收入、租金收入和利息收入。我们依次考虑这些收入。

7.4.1.1　利润

家庭也许从它们的企业经营活动中获取利润——收益超过成本的部分。如果一个家庭使用数量为 L^d 的劳动和数量为 K^d 的资本作为生产投入，所生产的商品数量 Y 由生产函数给出：

$$Y = A \cdot F(K^d, L^d) \tag{7-1}$$

由于所有的商品按物价水平 P 出售，每年通过销售得到的名义收入为 PY。

家庭每年为劳动投入支付 wL^d 的名义金额，为资本投入支付 RK^d 的名义金额。家庭从销售得到的收入与购买劳动和资本的支出之间的差额就是每年经营家族企业获得的名义利润。我们用 Π 表示名义利润，如下式：

$$利润 = 销售收入 - 工资和租金支出$$
$$\Pi = PY - (wL^d + RK^d)$$

如果用 $A \cdot F(K^d, L^d)$ 代替 Y，我们得到

$$\Pi = PA \cdot F(K^d, L^d) - (wL^d + RK^d) \tag{7-2}$$

这个表达式是非常有用的，因为它显示了利润 Π 如何取决于家庭的企业决策，即资本和劳动投入（K^d 和 L^d）的需求量。

7.4.1.2　工资收入

如果家庭向劳动市场提供数量为 L^s 的劳动，他们每年得到 wL^s 的名义工资收入。如已经提到的，我们现在假设劳动供给的数量 L 是固定的。因此，名义工资收入是 wL。

7.4.1.3　租金收入

如果家庭每年向租赁市场提供数量为 K^s 的资本，得到 RK^s 的名义租金收入。由于家庭向租赁市场提供它们可获得的所有资本 K，所以 $K^s = K$，名义租金收入是 RK。

如同第 3 章，我们假设资本的折旧率为 δ。因此，每年消耗掉的资本数量为 δK，其名

义价格为 $P \cdot \delta k$。资本所有权的净名义租金收入为

$$净名义租金收入＝名义租金收入－折旧值＝RK－\delta PK$$

我们想计算家庭拥有资本的收益率。要计算这个收益率，我们必须掌握净名义租金收入的表达式。首先对上式等号右边的第一项同时除以和乘以 P，得到

$$净名义租金收入＝(R/P) \cdot PK－\delta PK$$

接下来，将右边的项合并得到：

$$净名义租金收入＝(R/P－\delta) \cdot PK \tag{7-3}$$

方程右边将净名义租金收入表达为以下两个项的乘积：$(R/P－\delta)$ 和 PK。第二项 PK 是家庭拥有的资本的名义值。第一项 $(R/P－\delta)$ 是以资本形式持有的每一欧元的收益率。这个重要的结果是资本收益率的公式：

$$拥有资本的收益率＝R/P－\delta \tag{7-4}$$

拥有资本的收益率是实际租赁价格 R/P 减去折旧率 δ。

7.4.1.4　利息收入

如果一个家庭的名义债券持有额为 B，那么其每年获得的名义利息收入为 iB。注意，对债券持有者来说利息收入大于 0（当 B 大于 0 时），对债券发行者来说利息收入小于 0（当 B 小于 0 时）。也就是说，债券的发行者——欠别人钱的人——必须支付利息，而不是收到利息。由于对于整个经济体而言，B 等于 0，我们就得到利息收入的总和为 0 的结论。付给债券持有人（贷款者）的利息金额与债券发行人（借款者）付出的金额恰好平衡。

7.4.1.5　总收入

我们可以把上面四种收入合并在一起，以计算家庭每年总的名义收入。结果是

家庭名义收入＝名义利润＋名义工资收入＋名义净租金收入＋名义利息收入

如果我们用 Π 代替名义利润［来自方程（7-2）］，用 wL 代替名义工资收入，用 $(R/P－\delta) \cdot PK$ 代替名义净租金收入，而用 iB 代替利息收入，得到

$$家庭名义收入＝\Pi＋wL＋(R/P－\delta) \cdot PK＋iB \tag{7-5}$$

7.4.2　消费

到目前为止，我们已经讨论了家庭收入。现在，我们将考虑家庭在商品上的支出。家庭每年消费商品的数量为 C。由于物价水平为 P，家庭每年花在消费上的名义金额是

$$家庭的名义消费＝PC$$

7.4.3　资产

现在，我们将研究如何将家庭的收入和支出与家庭的资产联系起来。家庭拥有三种形式的资产：货币 M，债券 B，资本所有权 K。货币没有利息。债券按每年 i 的利率支付利息。资本的所有权每年产生 $(R/P－\delta)$ 的收益率［根据方程（7-4）］；我们假设家庭能按它们希望的任何方式对它们的资产在这三种形式中进行分配。也就是说，在任何时候，家庭都可以用欧元交换欧元债券，也可以用欧元货币按物价水平 P 交换一定单位的资本。

那么，家庭什么时候会选择持有所有这三种形式的资产呢？

如果利率 i 大于 0，债券似乎比货币更具吸引力。然而，家庭为了方便会持有一些货币，因为它们把货币作为交换媒介使用——例如，用于购买或出售商品和劳动。相比之下，在交换商品或劳动时，债券就不能很方便地随时被人们所接受，通常债券持有人需要将债券出售换取货币再来购买商品和劳动。货币在交易中的特殊作用促使家庭对货币产生需求。我们将把对货币的这种需求的研究推迟到第 11 章。现在，我们假设，家庭持有固定金额的名义货币；即在一段时间内，家庭的名义货币持有量的变化为 0。如果我们使用符号 Δ 代表随时间发生的变化，可以得到：

$$\Delta M = 0$$

举个例子，一个家庭可能需要平均持有 200 欧元以应付食品杂货、汽油和其他商品的开支。一个家庭持有的货币量会随着时间的推移而变化，有时超过 200 欧元，有时低于 200 欧元。然而，如果每个家庭平均持有的货币始终是 200 欧元，那么在任何时点上所有家庭持有的货币总额往往不会有太大的变动。我们假设所有家庭持有的货币总额的变动 ΔM 为 0。

在考虑是以债券形式还是资本形式持有资产时，家庭会比较债券的收益率——利率 i——与拥有资本的收益率（$R/P - \delta$）。如果收益率不同，家庭是否愿意同时持有这两种资产？如果资产的不同之处不在于收益率，他们可能愿意同时持有这两种资产。在现实世界中，最重要的区别是收益的风险。有些类型的债券，如财政上有偿付能力的政府发行的国库券，几乎没有风险。[①] 以拥有资本的形式拥有资产，例如空客集团的股票，所提供的收益是不确定的。在这些情况中，有风险的资产（如空客集团的股票）一般需要支付比德国国库券利率更高的预期收益率才能吸引人们去持有。

为了使模型中的各种情况可以掌控，我们并不考虑有关债券或资本的收益方面的风险问题。即我们假设，除了收益率有所差别，债券和资本是同等的家庭持有资产的方式。在这种情况下，如果债券提供更高的收益率，家庭就不会持有资本。相反，如果资本提供更高的收益率，家庭就要想借入大笔的资金以便获得和持有大量的资本（事实上，可以是无限制的）。由于经济体的资本存量大于 0 但小于无穷大，这两种资产的收益率必定相等。这个条件是：

关键方程

$$债券收益率 = 拥有资本的收益率$$
$$i = R/P - \delta \tag{7-6}$$

我们用 i 来代替式(7-5)中家庭名义收入的表达式中的 $R/P - \delta$，得到

$$家庭名义收入 = \pi + wL + i \cdot (B + PK) \tag{7-7}$$

上式的最后一项表明，以债券形式持有的资产或以资本所有权形式持有的资产每年的收益率是相同的，是由利率 i 决定的。

---

① 这些债券的持有者实际上肯定会在未来收到承诺的名义金额。然而，由于未来的价格水平未知，这笔款项的实际价值是不确定的，即通货膨胀率是不确定的。因此，这些债券的实际收益也存在风险，除非它们的支付与通胀挂钩。

7.4.4 家庭预算约束

现在,我们将利用家庭收入的结果来构建家庭预算约束。这一约束将家庭资产的变化同收入流联系起来。

在某个时间点,一个家庭拥有货币、债券和资本所有权形式的资产:

$$资产的名义价值 = M + B + PK$$

我们定义名义储蓄为资产名义价值随时间的变化。因此,我们得到

$$名义储蓄 = \Delta(名义资产) = \Delta M + \Delta B + P \cdot \Delta K$$

如果使用假设 $\Delta M = 0$,我们得到

$$名义储蓄 = \Delta B + P \cdot \Delta K \tag{7-8}$$

也就是说,一个家庭的储蓄相当于它所持有的债券和资本的变化。

一个家庭的名义储蓄取决于他的收入和消费。如果收入大于消费,之间的差额就将被储蓄起来,因此增加了资产。如果收入低于消费,名义储蓄就小于 0,这一差额将从名义资产中减去。因此,我们得到

$$名义储蓄 = 名义收入 - 名义消费$$

模型扩展 考虑拥有资本的风险报酬

我们可以通过考虑拥有资本的收益率 $R/P - \delta$ 和债券利率 i 之间的差别,使我们的模型更符合实际。我们可以把这两种收益率之间的关系写成

$$R/P - \delta = i + 风险溢价$$
$$资本收益率 = 利率 + 资本的风险溢价$$

因此,风险溢价是预期的资本收益率——例如,持有公司股票的预期收益率——超出几乎无风险资产(例如德国国债)的预期收益率的部分。风险溢价通常需要大于 0,才能诱使家庭持有风险更高的资产。如果风险溢价不变,我们的分析也不会因为考虑了这一溢价而改变。更有趣(也更困难)的是允许风险溢价随时间变化。风险溢价变化的原因有:首先,感知到资本风险发生变化;其次,家庭变得更愿意或者更不愿意承担风险了;第三,金融市场或法律制度的创新使家庭更容易降低它们资产和收入方面的总风险。

如果用式(7-7)替换上式中的名义收入,并用 PC 替换名义消费,我们得到

$$名义储蓄 = \Pi + wL + i \cdot (B + PK) - PC \tag{7-9}$$

式(7-8)和式(7-9)是表示名义储蓄的两种方式。因此,两个方程的右边必定相等:

$$\Delta B + P \cdot \Delta K = \Pi + wL + i \cdot (B + PK) - PC \tag{7-10}$$

这一方程说明名义储蓄,即方程左边的 $\Delta B + P \cdot \Delta K$,等于方程右边的名义收入 $\Pi + wL + i \cdot (B + PK)$ 与名义消费 PC 之间的差额。

如果我们整理式(7-10),把名义消费 PC 移到左边,得到

关键方程(用名义项表示的家庭预算约束)

$$PC + \Delta B + P \cdot \Delta K = \Pi + wL + i \cdot (B + PK)$$
$$\text{名义消费} + \text{名义储蓄} = \text{名义收入}$$

(7-11)

方程右边是名义总收入 $\Pi + wL + i \cdot (B + PK)$。方程(7-11)说明,家庭在将它们的总收入在左边的两项——名义消费 PC 和名义储蓄 $\Delta B + P \cdot \Delta K$——之间分配时会受到约束。因此,方程(7-11)是名义家庭预算约束。

将式(7-11)中所有的项除以价格水平 P,我们将发现用实际项表示家庭预算约束是很有用的:

关键方程(用实际项表示的家庭预算约束)

$$C + (1/P) \cdot \Delta B + \Delta K = \Pi/P + (w/P) \cdot L + i \cdot (B/P + K)$$
$$\text{消费} + \text{实际储蓄} = \text{实际收入}$$

(7-12)

这个方程是实际家庭预算约束。右边为实际总收入 $\Pi/P + (w/P) \cdot L + i \cdot (B/P + K)$。左边是消费 C 和资产实际价值的变化 $(1/P) \cdot \Delta B + \Delta K$。我们把资产实际价值的变化称为实际储蓄。注意,方程(7-11)左边的名义储蓄 $\Delta B + P \cdot \Delta K$,给出了资产的名义价值的变化。相比之下,方程(7-12)左边的实际储蓄 $(1/P) \cdot \Delta B + \Delta K$ 给出了资产的实际价值的变化。

图 7-2 显示了式(7-12)中的家庭预算约束。假设一个家庭有一个给定的实际总收入 $\Pi/P + (w/P) \cdot L + i \cdot (B/P + K)$,列在方程的右边。预算约束是指,这一实际收入必须在消费 C 和实际储蓄 $(1/P) \cdot \Delta B + \Delta K$ 之间分配。

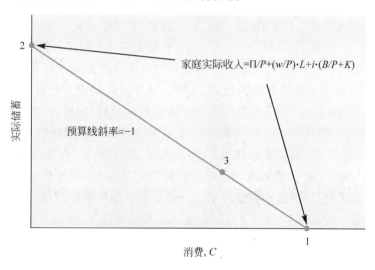

图 7-2　家庭预算约束

注:家庭有一个给定的实际收入,$\Pi/P + (w/P) \cdot L + i \cdot (B/P + K)$。这一总额必须在消费 C 和实际储蓄 $(1/P) \cdot \Delta B + \Delta K$ 之间进行分配。因此,如果实际储蓄为 0,C 等于横轴点 1 上的实际总收入。如果 C 为 0,实际储蓄等于纵轴点 2 上的实际总收入。式(7-12)中的预算约束允许家庭在预算线上选择消费和实际储蓄的任意组合,如点 3。预算线的斜率为 -1。因此,沿着这条线,消费减少一个单位,实际储蓄相应地增加一个单位。

一种可能性是,家庭设定实际储蓄为0,这样 C 就等于实际总收入。这一选择对应于点 1,在横轴上,C=实际总收入。另一种可能性是,家庭将 C 设为零,这样实际储蓄就等于实际总收入。这一选择对应于点 2,在纵轴上显示,实际储蓄等于实际总收入。更常见的情况是,家庭会选择一个中间点,比如点 3,其中 C 和实际储蓄都大于 0。图中向下倾斜的线显示了所有的可能性。这条线叫作预算线。式(7-12)中的预算约束告诉我们,在预算线上,C 每增加一个单位,实际储蓄就减少一个单位。因此,预算线的斜率为−1。

7.5　劳动市场和资本服务市场的出清

既然已经算出了家庭预算约束,我们就可以考察家庭做出的选择了。我们从考察家族企业的决策开始。这些决策决定了对劳动和资本服务的需求。一旦知道了这些需求,我们就可以研究劳动市场和资本服务市场的出清了。

7.5.1　利润最大化

家庭做出的两个商业决策是劳动需求和资本服务的数量(L^d 和 K^d)。这些决策决定了在商品市场上生产和出售的商品数量 $A \cdot F(L^d, K^d)$,因此,名义利润的金额为

$$\Pi = PA \cdot F(K^d, L^d) - wL^d - RK^d \tag{7-2}$$

要计算实际利润,我们可以将方程(7-2)两边同除以物价水平 P,得到

$$\Pi/P = A \cdot F(K^d, L^d) - (w/P) \cdot L^d - (R/P) \cdot K^d$$
$$\text{实际利润} = \text{产出} - \text{实际工资支付} - \text{实际租金支付} \tag{7-13}$$

我们从家庭预算约束方程(7-12)的右边可以看到,实际利润 Π/P 的增加提高了家庭实际收入。图 7-3 显示了实际收入的增加如何影响家庭。实际收入的增加使预算线从实线向外移动到虚线。与实线预算线相比,虚线预算线能使家庭对于任何给定的实际储蓄值$(1/P) \cdot \Delta B + \Delta K$,选择更多的消费 C。因此,只要家庭希望有更多的消费,他们会倾向于获得更多的实际收入,而不是更少。这个结果告诉我们,家庭,作为家族企业的管理者,将寻求赚取尽可能高的实际利润 Π/P。也就是说,家庭将选择他们的劳动和资本服务的需求量(L^d 和 K^d),以使实际利润 Π/P 最大化,如方程(7-13)给出的那样。

我们假设,单个家庭接受劳动的给定的实际工资率 w/P,接受资本的给定的实际租赁价格。如前面提到过的,这些假设对于竞争市场来说是标准的假设——一个家庭太小了,以致不可能对市场价格产生引人注意的影响。在这种情况下,每个家庭可以按现行的实际工资率 w/P 购买或出售任何数量的劳动,并且可以按现行的实际租赁价格 R/P 借入或租出任何数量的资本。因此,在 w/P 和 R/P 的值给定的情况下,家庭将需要使实际利润 Π/P 最大化的数量为 L^d 和 K^d 的劳动和资本服务。

7.5.2　劳动市场

我们现在将考察劳动的需求和劳动的供给。然后,我们将根据劳动市场的市场出清条件确定实际工资率 w/P。劳动市场的出清条件是:劳动的需求量等于劳动的供给量。

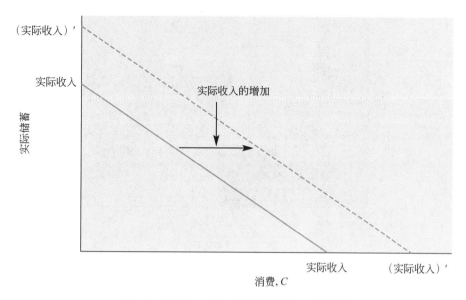

图 7-3　实际收入增加对家庭预算约束的影响

注：如果家庭实际收入 $\Pi/P + (w/P) \cdot L + i \cdot (B/P+K)$ 上升，预算线向外移动，从实线移动到虚线的位置，即在图中，(实际收入)′大于(实际收入)。与实线相比，虚线使家庭在任何给定的实际储蓄值 $(1/P) \cdot \Delta B + \Delta K$ 下，有更多的消费 C。由于家庭喜欢更多的消费，它们希望获得更多的实际收入，而不是更少。

7.5.2.1　劳动的需求

劳动的需求 L^d 来自利润最大化的目标。考察一下劳动投入 L^d 增加一个单位对实际利润 Π/P 的影响，如方程(7-13)所显示的。劳动投入 L^d 的增加，通过增加生产进而增加商品市场上的商品销售，从而提高产出，即方程右边的 $A \cdot F(L^d, K^d)$。我们从第 3 章知道，L^d 增加一个单位提高的产量是"劳动的边际产量"(MPL)。L^d 的增加也提高了方程右边的第二项，实际工资支付 $(w/P) \cdot L^d$。对于给定的实际工资率 w/P，L^d 增加一个单位，工资的支付额增加 w/P。因此，L^d 增加一个单位产生的总的影响是使实际利润发生以下变化：

$$\Delta(\Pi/P) = \Delta[A \cdot F(K^d, L^d)] - w/P$$
$$= \mathrm{MPL} - w/P$$

实际利润的变化＝劳动的边际产量－实际工资率

我们从第 3 章得知，MPL 取决于劳动投入的数量 L^d。当 L^d 上升时，MPL 下降。这种关系由图 7-4 中向下倾斜的曲线表示。这条曲线也适用于给定的技术水平 A 和资本投入 K^d。

假设家庭选择较低的劳动力投入，如图 7-4 中的 L_1，此时劳动的边际产量 MPL_1 大于 w/P。在这种情况下，L^d 增加额外一个单位将提高实际利润 Π/P。其原因是产出的增加(MPL_1 个单位)，大于工资支付的增加(w/P 个单位)。然而，当 L^d 上升时，MPL 会下降，最终降到与 w/P 一样。如果家庭继续提高 L^d，如图 7-4 中的 L_2，MPL 就会跌至 w/P 以下。在这种情况下，进一步增加 L^d 就会降低 Π/P。因此，为了使实际利润最大

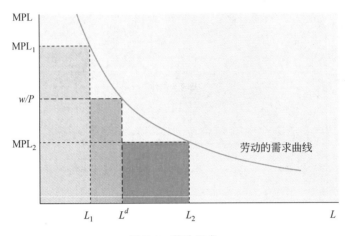

图 7-4　劳动需求

注：对于给定的技术水平 A 和资本投入 K^d，劳动的边际产量 MPL 随着劳动投入 L 的增加而减少。因此，MPL 为如图向下倾斜的曲线，在纵轴上随着 L 在横轴上的上升而下降。家庭选择劳动投入 L^d，MPL 等于实际工资率 w/P。若劳动投入较低（如 L_1），MPL_1 大于 w/P；若劳动投入较高（如 L_2），MPL_2 小于 w/P。如果 w/P 减小，L^d 就增大。

化，家庭应该保持在 MPL 等于 w/P 的那一点上。图 7-4 显示了这一相等点出现在曲线的 MPL 等于 w/P 的那个数值上。

对于给定的实际工资率，即在纵轴上的 w/P，图 7-4 横轴上显示了劳动的需求量 L^d。我们可以看到，w/P 的下降使 L^d 上升。因此，如果我们图上描出 L^d 和 w/P 的关系，可以画出一个向下倾斜的需求曲线，即看起来像图 7-1 所显示的劳动需求曲线。

每个家庭决定它自己的劳动需求 L^d，如图 7-4 所示。因此，当我们把所有家庭的劳动需求加起来，最终可以得到劳动的总需求或市场需求，它看起来也像图 7-4 中的曲线。从曲线上，我们可以看出，实际工资率 w/P 的下降，提高了劳动的市场需求量 L^d。

7.5.2.2　劳动的供给

我们假设每个家庭向劳动市场提供固定数量的劳动。因此，劳动的总供给或市场供给 L^s 是给定的数量 L。更符合实际的情况是，劳动供给的数量将取决于实际工资率 w/P。例如，我们可以得到如图 7-1 所示的向上倾斜的劳动的供给曲线。然而，第 9 章之前，我们将不讨论 L^s 对 w/P 的依赖性。

7.5.2.3　劳动市场的出清

可从图 7-4 推导出，市场的劳动需求 L^d 是实际工资率 w/P 的函数，可表示为一条向下倾斜的曲线。我们在图 7-5 中复制了这条曲线。市场的劳动供给 L^s 被假设为是个常数。我们把这一劳动供给表示为在 L 点的一条垂直线。现在我们可以根据劳动市场的出清条件确定 w/P 的均衡值了。具体而言，我们假设通过使劳动的总需求量 L^d 等于总供给量 L 来确定 w/P。w/P 的这一市场出清值与图 7-5 中 L^d 曲线与在 L 点垂直线的交点相符合。w/P 的市场出清值在纵轴上标为 $(w/P)^*$。劳动投入的相应的市场出

清数量 L^* 等于横轴上的 L^d。

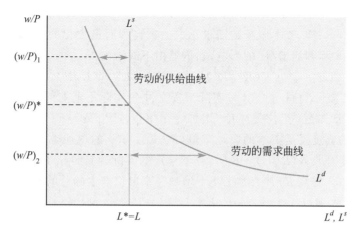

图 7-5　劳动市场的出清

注：向下倾斜的劳动需求曲线 L^d，来源于图 7-4。我们假设劳动供给 L^s 固定在 L。市场出清的实际工资率为 $(w/P)^*$。市场出清的劳动投入量为 $L^*=L$，在较高的实际工资率下，如 $(w/P)_1$，劳动供给量 L^s 超过劳动需求量 L^d，超出部分用上面的箭线表示。在较低的实际工资率下，如 $(w/P)_2$，劳动供给量 L^s 小于劳动需求量 L^d，不足部分在图中用下面的箭线表示。

L 和 L^d 相等意味着市场出清的实际工资 $(w/P)^*$ 等于劳动的边际产量 MPL：

$$(w/P)^* = \text{MPL}（在 L 点的估值） \tag{7-14}$$

就 MPL（在 L 点的估值）而言，我们在图 7-4 中指的是与劳动的数量 L 相对应的劳动的边际产量的价值。[①]。

为什么我们要假设劳动市场出清了呢？这一理念是，只有在劳动市场出清的情况下，实际工资率 w/P 才不会趋于上升或趋于下降。如果 w/P 低于 $(w/P)^*$，例如，在图 7-5 中的 $(w/P)_2$ 上，总的劳动需求量将超过劳动供给量，超过部分用下面的箭线表示。在这种情况下，劳动的需求者将通过提高实际工资率 w/P 来竞争稀缺劳动。[②] 相反，如果 w/P 高于 $(w/P)^*$，例如，在图 7-5 中的 $(w/P)_1$ 上，总的劳动需求量将少于劳动供给量，不足的部分用上面的箭线表示。在这种情况下，急于找到工作的劳动的供给者会降低对 w/P 的要求。w/P 将在均衡中确定以出清劳动市场——即总的劳动供给量 L 等于劳动的需求量 L^d。

7.5.3　资本服务市场

我们现在将考察资本服务的需求和资本服务的供给。然后我们根据市场出清条件，即资本服务的供给量等于它的需求量，来确定它们的实际租赁价格。

---

① 注意，图 7-4 中的 MPL 曲线适用于给定资本存量 K 的情况。K 的变化将使与 L 的给定值有联系的 MPL 发生变动，从而改变图 7-5 中的 $(w/P)^*$ 的位置。

② 这一描述将劳动市场的参与者看作是在市场中直接设定实际工资率 w/P。如果物价水平 P 是给定的，劳动市场的参与者调整名义工资率 w，情况也将是一样的。

7.5.3.1　资本服务的需求

与劳动的需求一样,资本服务的需求 K^d 也来自利润最大化的目标。考察 K^d 增加一个单位对家庭实际利润 Π/P 的影响,它依然由下式给出:

$$\Pi/P = A \cdot F(K^d, L^d) - (w/P) \cdot L^d - (R/P) \cdot K^d$$

实际利润 ＝ 产出 － 实际工资支付 － 实际租金支付 　　　　(7-13)

我们从第 3 章知道,资本投入 K^d 增加一个单位,产出 $A \cdot F(K^d, L^d)$,即方程右边的第一项,增加的幅度就是资本的边际产量(MPK)。K^d 的增加也提高了方程右边的最后一项,即实际租金收入 $(R/P) \cdot K^d$。对于给定的实际租赁价格 R/P,K^d 增加一个单位,使实际租金收入提高 R/P。因此,K^d 增加一个单位产生的总的效应是利润变动

$$\Delta(\Pi/P) = \Delta[A \cdot F(K^d, L^d)] - R/P = MPK - R/P$$

实际利润的变化 ＝ 资本的边际产量 － 实际租赁价格

我们从第 3 章得知,MPK 取决于资本的投入量 K^d。当 K^d 上升时,MPK 下降。这种关系由图 7-6 中向下倾斜的曲线表示。这条曲线也适用于给定的技术水平 A 和劳动投入 L^d。

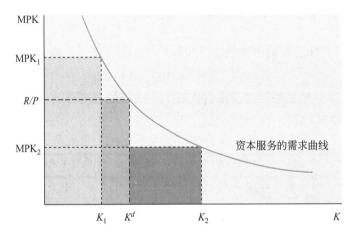

图 7-6　资本服务的需求

注:对于给定的技术水平 A 和劳动投入 L^d,当资本 K 的投入增加时,资本的边际产量 MPK 减少。因此,当横坐标上的 K 增加时,由需求曲线给定的 MPK 在纵坐标上的位置就下降了。家庭选择的资本投入为 K^d,此时,MPK 等于实际租赁价格 R/P。相比之下,在资本投入较低时,如在 K_1,MPK_1 大于 R/P。在资本投入较高时,如在 K_2,MPK_2 小于 R/P。如果 R/P 下降,则 K^d 上升。

假设家庭选择较低的资本投入 K^d,如图 7-6 中的 K_1,在这一点上,资本的边际产量 MPK_1 大于 R/P。在这种情况下,K^d 增加额外一个单位将提高实际利润 Π/P。其原因是产出的增加(MPK_1 个单位),大于实际租金的支付额(R/P 个单位)。然而,当 K^d 上升时,MPK 会下降,最终降到与 R/P 一样。如果家庭继续提高 K^d,MPK 就会跌至 R/P 以下,如图 7-6 所示的 K_2。在这种情况下,进一步增加 K^d 就会降低 Π/P。因此,为了使实际利润最大化,家庭投资应该保持在 MPK 等于 R/P 的那一点上。本图显示了这一均衡点出现在曲线的 MPK 等于 R/P 的那个点上。

对于显示在纵坐标上的给定的实际租赁价格 R/P，图 7-6 在横坐标上显示了对资本服务需求的数量 K^d。我们可以看到，R/P 的下降使 K^d 增加。因此，如果在图上描出 K^d 与 R/P 的关系，我们就确定了一条向下倾斜的需求曲线。

每个家庭确定它自己对资本服务的需求 K^d，如图 7-6 所示。因此，当我们对所有家庭的资本需求进行加总时，会得到一个对资本服务的总需求或市场需求，它看起来也像图 7-6 中显示的曲线。特别地，从图中我们可以看到，实际租赁价格 R/P 下降，提高了对资本服务的市场需求量 K^d。

7.5.3.2　资本服务的供给

对于整个经济来说，资本总量 K 是由过去的投资流量决定的。也就是说，在短期内，经济体拥有给定存量的房屋、汽车、机器和工厂。这一资本存量被各个家庭所拥有，并且所有这些资本存量的服务都可以在租赁市场上提供。因此，在短期内，资本服务的供给总量或市场供给量 K^s 等于 K。

7.5.3.3　资本服务市场的出清

资本服务的市场需求 K^d 是根据图 7-6 确定的，是实际租赁价格 R/P 的函数，在图中显示为一条向下倾斜的曲线。我们在图 7-7 中复制了这条曲线。资本服务的市场供给 K^s 是个常数 K。这一固定的资本服务的供给在图中显示为位于 K 点的垂直线。同在劳动市场一样，我们假设 R/P 的均衡值被确定以出清市场，即资本服务的总供给量 K 等于总需求量。R/P 的这一市场出清值在图 7-7 中对应于 K^d 曲线与在 K 点的垂直线的交点。R/P 的这一出清值在纵坐标上用 $(R/P)^*$ 表示。相应的资本服务的市场出清量 K^* 为横坐标上的 K。

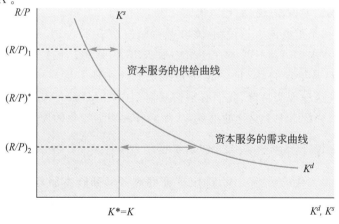

图 7-7　资本服务市场的出清

注：向下倾斜的资本服务的需求曲线 K^d，来源于图 7-6。我们假设，资本服务的供给 K^s 固定在 K。市场出清的实际租赁价格为 $(R/P)^*$。市场出清的资本服务的数量为 $K^*=K$。若实际租赁价格较高，如 $(R/P)_1$，资本服务供给的数量 K^s 超过需求的数量 K^d，超出部分用上面的箭线表示。若实际租赁价格较低，如 $(R/P)_2$，资本服务供给的数量 K^s 少于需求的数量 K^d，不足部分在图中用下方的箭线表示。

K 和 K^d 相等意味着市场出清的实际租赁价格 $(R/P)^*$ 等于资本的边际产量 MPK：

$$(R/P)^* = \text{MPK}(\text{在 } K \text{ 点的估值}) \qquad (7\text{-}15)$$

就 MPK(在 K 点的估值)而言,我们在图 7-6 中指的是与资本的投入 K 相对应的资本的边际产量的值。[①]

再问一下,我们为什么要假设市场出清呢? 这是因为,只有在市场出清的位置上,实际租赁价格 R/P 才既不趋于上升也不趋于下降。如果 R/P 低于 $(R/P)^*$,如图 7-7 纵坐标上的 $(R/P)_2$,资本服务的总需求量将超过资本供给量,超出部分用下面的箭线表示。在这种情况下,资本服务的需求者将通过提高 R/P 来争夺稀缺的资本。相反,如果 R/P 高于 $(R/P)^*$,例如,图 7-7 纵坐标上的 $(R/P)_1$,资本服务的总需求量将少于资本供给量,不足部分用上面箭线表示。在这种情况下,资本服务的供给者就会通过降低 R/P 进行竞争。在均衡状态下,R/P 得到确定并出清市场——即总的资本服务的供给量 K 等于总的需求量 K^d。

7.5.3.4　利率

市场出清的实际租赁价格将允许我们确定利率 i。我们在前面发现,i 等于拥有资本的收益率:

$$i = R/P - \delta$$
$$\text{债券收益率} = \text{拥有资本的收益率} \qquad (7\text{-}6)$$

因此,如果用方程(7-15)中的 $(R/P)^*$ 的公式替代上式中的 R/P,我们得到

关键方程(均衡利率)

$$i = \text{MPK}(\text{在 } K \text{ 点的估值}) - \delta \qquad (7\text{-}16)$$

因此,一旦确定了 R/P,我们也就确定了利率 i。

这最后的结果是重要的。它说明,除非某些情况改变了 MPK,否则利率 i 不可能发生变化。给定技术水平 A,MPK 取决于资本服务 K 和劳动 L 的投入。在我们目前设定的情境中,K 和 L 是给定的,因此,i 也将是给定的。在现实世界中,利率 i 往往波动很大。因此,要体现这一现实情况,我们必须扩展模型以把 MPK 的变化考虑进去。我们在第 9 章和第 10 章介绍 MPK 变化的根源,从而解释利率 i 变化的原因。

7.5.4　均衡利润

我们从利润最大化的目标出发,确定了家庭对劳动和资本服务的需求(L^d 和 K^d)。家庭作为企业经营者选择 L^d 和 K^d,以赚取尽可能高的实际利润 Π/P。现在,我们将考察当劳动市场和租赁市场出清时,家庭得到的实际利润 Π/P 的水平。

当劳动市场和租赁市场出清时,$L^d = L$ 和 $K^d = K$,实际利润由方程(7-13)给出:

$$\Pi/P = A \cdot F(K, L) - (w/P) \cdot L - (R/P) \cdot K \qquad (7\text{-}17)$$

[①]　注意,图 7-6 中的 MPK 曲线适用于给定的劳动投入 L。L 的变化将使与给定的 K 值相关的 MPK 移动,从而引起图 7-7 中 $(R/P)^*$ 值的变化。

由于劳动市场和租赁市场是出清的,根据方程(7-14)和(7-15)我们得到

$$w/P = \text{MPL}$$

$$R/P = \text{MPK}$$

这里 MPL 和 MPK 是按 L 和 K 的给定值估计的。将这些值代入方程(7-17),可以得到

$$\Pi/P = A \cdot F(K,L) - \text{MPL} \cdot L - \text{MPK} \cdot K \tag{7-18}$$

实践中的经济学　经济利润与会计利润

　　我们关于利润的定义不同于会计上的标准的定义。造成这种差异的原因是对资本租金支付的处理。例如,假设一个家庭(或者更符合实际地是一个企业)拥有资本并使用这些资本生产商品。在这种情况下,家庭不需要为用于生产的资本支付明确的租金。租金支付只是隐性的——家庭应该考虑为它自己拥有并利用的资本支付租金。这些隐性租金代表了家庭通过将自己的资本出租给其他生产者能够取得的收入。因此,被放弃的租金收入应该被作为使用自己的资本生产商品的成本(称为机会成本)对待。

　　然而,标准的会计实务,包括国民收入账户,并不把大多数隐性租金支付作为成本包括进去。[①] 因此,从经济学的观点来看,通常的关于租金支付的会计方法会低估经济学视角下的租金支出。由于租金支付对于方程(7-17)中的实际利润 Π/P 来说是一个减项,由此我们可知,会计利润将大于经济利润。由于经济的均衡利润为 0,用会计方法计量的利润在均衡情况下必定大于 0。利润的这种会计计量方法事实上衡量了资本的租金收入中的未被计算的部分。

　　我们将在附录中推导,方程(7-18)右边的表达式等于 0。即当 w/P 和 R/P 的值满足劳动和资本服务市场的出清条件时,实际利润 Π/P 最终为 0。另一种说法是,等于 $A \cdot F(K,L)$ 的实际 GDP 正好补偿对两种生产要素投入的支付,$(w/P) \cdot L$ 补偿劳动,$(R/P) \cdot K$ 补偿资本服务。产出等于这些实际要素收入的总和,而所有这些收入或者付给劳动,或者付给资本,最终利润将为 0。

　　于是我们产生了一个悖论。家庭作为企业的经营者,选择它们对劳动和资本服务的需求(L^d 和 K^d),以实现利润的最大化。然而,当 w/P 和 R/P 满足市场出清条件时,在市场出清点的实际利润 Π/P 为 0。就是说,在出清点家庭能够获得的最大的实际利润是 0。前面"实践中的经济学"专栏指出,会计利润未计量自有资本的租金,因此在出清时往

---

　　① 　如果一个企业借钱融资去购买资本货物,通常的会计实务会把企业债务的利息支付作为成本处理。于是,利息支出——它代表举债融资资本的租金支出——作为会计账户中利润的减项。因此,当资本是举债融资获得的而不是企业直接拥有的时,标准的会计程序会把对资本的租金支付包括在成本内。就股份公司的情况而言,它的资本是通过发行股份(公司股票)或留成利润(没有作为红利分给股东的税后利润)获得的。

往大于 0。

从经济学观点来看,在我们的模型中,利润最终为 0 的原因是利润代表着家庭从管理一个企业中获得的收益。我们已经假设,所有的家庭在企业管理方面都同样出色,并且管理过程都没有花大力气。因此,在均衡状态下,企业管理获得的报酬为 0(即利润为 0)。

另一点是家庭作为企业主是企业收益的剩余值索取者。就是说,利润收入是销售收入减去生产要素投入(劳动和资本)成本后的剩余值。在我们的模型中,利润是无风险的——在具有完全确定性的均衡中,它等于 0。但更实际的情况是,利润会受到销售和成本不确定性的影响。在大多数情况下,平均利润必须大于 0,以补偿企业所有者作为剩余值的索取者所承担的风险。

小结

我们为宏观经济模型建立了市场结构和微观经济学基础。我们从描述经济的四个市场——商品市场、劳动市场、资本服务市场和债券市场——开始分析。前三个市场中的名义价格是物价水平 P、工资率 w 和租赁价格 R。短期债券的价格被固定在 1 欧元,但利率 i 可以变动。我们可以将利率看作借贷资本的价格。我们展示了不同市场上的买卖行为如何决定家庭源自工资、资产收益和利润的收入。

我们详细考察了劳动市场和资本服务市场。作为家族企业的管理者,家庭决定他们对劳动 L^d 和资本服务 K^d 的需求。我们假设每个家庭面对的实际工资率 w/P 和实际租赁价格 R/P 是给定的,并从利润最大化目标推导出这些需求量。我们假设劳动的供给 L^s 被固定在 L 值上,而资本服务的供给 K^s 被固定在 K 值上。

我们从劳动市场发现,市场出清的实际工资率 $(w/P)^*$ 等于劳动的边际产量 MPL。我们也从资本服务市场发现,市场出清的实际租赁价格 $(R/P)^*$ 等于资本的边际产量 MPK。这两种边际产量,MPL 和 MPK,是在 L 和 K 的值给定的基础上估计的。我们还表明市场出清的实际租赁价格 $(R/P)^*$ 决定了利率 i。

本章的结果为我们的经济波动模型提供了基础架构。在下一章,我们将把分析扩展到消费、储蓄和投资。然后在第 9 章和第 10 章,我们将说明如何利用该模型去解释现实世界中的经济波动的特征。

重要术语和概念

债券 bond
债券市场 bond market
预算约束 budget constraint
预算线 budget line
共同货币 common currency
货币,通货 currency
货币联盟 currency union

商品市场 goods market

名义家庭预算约束 household budget constraint in nominal terms

实际家庭预算约束 household budget constraint in real terms

劳动市场 labor market

市场出清条件 market-clearing conditions

期限 maturity

交换媒介 medium of exchange

货币 money

名义的 nominal

名义租赁价格 nominal rental price

名义储蓄 nominal saving

名义工资率 nominal wage rate

物价水平 price level

(债券的)本金 principal (of bond)

利润 profit

实际租赁价格 real rental price

实际储蓄 real saving

实际项 real terms

实际工资率 real wage rate

租赁市场 rental market

风险溢价 risk premium

资金来源 sources of funds

股票市场 stock market

资金的使用 use of funds

 # 问题和讨论

A. 复习题

1. 实际租赁价格(R/P)的上升如何影响资本服务的需求数量 K^d？资本的边际产量 (MPK)递减的假设出自何种情况？

2. 实际工资率(w/P)的上升如何影响劳动需求数量 L^d？劳动的边际产量(MPL)递减的假设出自何种情况？

3. 为什么家庭只对消费、收入和诸如债券的资产的实际价值感兴趣？如果消费、收入和资产的名义价值都增加一倍，物价水平 P 也增加一倍，设想一下家庭的感觉会如何？

4. 推导图 7-2 所示的预算线。这条线表示的是什么？

5. 明确区分一个家庭最初的资产头寸以及该头寸的变化。如果一个家庭储蓄为负，从持有负的债券的意义上讲，该家庭必定是个借款者吗？

B. 讨论题

6. 利率的期限结构

假定一个经济体发行了一年和两年到期的贴现债券(第 8 题讨论)。令 i_t^1 为在 t 年初发行的一年期债券的利率,而令 i_{t+1}^1 为在 $t+1$ 年初发行的一年期债券的利率,令 i_t^2 为在 t 年初发行的两年期债券的年利率。我们可以把 i_t^1 看作是当前的短期利率,而把 i_t^2 看作是当前的长期利率。

a. 假设在 t 年初,每个人都不仅知道 i_t^1 和 i_t^2,而且知道下一年的一年期利率 i_{t+1}^1,那么 i_t^2 同 i_t^1 和 i_{t+1}^1 必定有什么关系?通过考察贷款者和借款者的动机解释这一答案。

b. 如果 $i_{t+1}^1 > i_t^1$,那么长期利率 i_t^2 与短期利率 i_t^1 之间的关系是什么?这个答案是有关利率的期限结构的一个重要的结果。

c. 如果我们在 t 年较符合实际地假设未来一年的利率 i_{t+1}^1 存在着不确定性,这些结果将如何变化?

7. 金融中介

考察一家参与信贷市场的金融中介机构,例如一家银行。该机构从有些家庭借入资金然后贷款给另一些家庭。(客户给银行的贷款通常采取存款账户的形式。)

a. 金融中介的存在是否会影响借贷总额为 0 的结果?

b. 金融中介会向其借款者收取多少利率或向贷款者支付多少利率?这两者之间为什么必须有一定利差?

c. 你能列举一些理由说明为什么金融中介是有用的吗?

8. 贴现债券

在我们的模型中债券具有接近于 0 的到期期限;它们只按照现行利率 i 支付利息,这是一个随时间变动的流量。我们也可以考察一种贴现债券。这类资产没有明确的利息支付(称作息票),但是在未来的一个固定日期支付一笔本金(比方说 1 000 欧元)。一张一年期的票据自发行日起一年之后支付,3 个月期或 6 个月期的票据相类似。令 P 为一年到期的本金为 1 000 欧元的贴现债券的价格。

a. P 是大于还是小于 1 000 欧元?

b. 这些贴现债券的一年期利率是多少?

c. 如果 P 上升,这些债券的利率会发生什么情况?

d. 假设债券不是在一年后支付 1 000 欧元,而是在两年后支付 1 000 欧元。两年期贴现债券的每年的利率是多少?

 # 附录

产出等于实际要素收入和利润等于 0

我们在这里要证明,当向资本和劳动分别支付它们的边际产量时,付给劳动和资本的实际总收入就等于产出或实际 GDP。因此,利润为 0。利用微积分很容易表示出这些结果。

首先,实际 GDP(Y)的生产函数为

$$Y = A \cdot F(K, L) \tag{3-1}$$

在第 3 章中,我们假设生产函数满足资本 K 和劳动 L 的规模报酬不变。因此,如果我们让 K 和 L 各乘以 $1/L$,同时 Y 也乘以 $1/L$:

$$Y/L = A \cdot F(K/L, 1)$$

因此,每单位劳动的产出 Y/L,仅取决于每单位劳动的资本 K/L。如果我们让方程的两边同乘以 L,就得到生产函数的另一种表示方式:

$$Y = AL \cdot F(K/L, 1) \tag{7-19}$$

我们可以利用微积分根据方程(7-19)计算 MPK。MPK 是 A 和 L 保持不变时 Y 关于 K 的导数:

$$\text{MPK} = AL \cdot F_1 \cdot (1/L)$$

其中,F_1 是函数 F 关于其第一个自变量 K/L 的导数。我们通过微分的链式法则得到最后一项,即 $1/L$ 是 L 保持不变时 K/L 关于 K 的导数。如果消去 L 和 $(1/L)$,我们得到:

$$\text{MPK} = AF_1 \tag{7-20}$$

MPL 是 A 和 K 保持不变时函数 Y 关于 L 的导数。由于 L 在方程(7-19)右边的两处出现,我们需要计算与 L 有关的两项 AL 和 $F(K/L, 1)$ 的乘积的导数。答案的第一部分是第一项 A 乘以第二项 $F(K/L, 1)$ 的导数。第二部分是第一项 AL 乘以第二项的导数。这一导数是 $F_1 \cdot (-K/L^2)$,而 F_1 又是函数 F 关于它的第一个自变量 K/L 的导数。$-K/L^2$ 项从微分的链式法则求得。即 $-K/L^2$ 是 K 保持不变时 K/L 关于 L 的导数。将两项的结果合在一起,我们得到

$$\text{MPL} = A \cdot F(K/L, 1) + AL \cdot F_1 \cdot (-K/L^2)$$
$$\text{MPL} = A \cdot F(K/L, 1) - A \cdot (K/L) \cdot F_1 \tag{7-21}$$

如果各要素投入被用来支付它们各自的边际产量,那么 $w/P = \text{MPL}$ 和 $R/P = \text{MPK}$,我们可以利用方程(7-20)和方程(7-21)计算出劳动和资本的总支出:

$$(w/P) \cdot L + (R/P) \cdot K = \text{MPL} \cdot L + \text{MPK} \cdot K$$
$$= [A \cdot F(K/L, 1) - A \cdot (K/L) \cdot F_1] \cdot L + (AF_1) \cdot K$$
$$= AL \cdot F(K/L, 1) - \cancel{AK \cdot F_1} + \cancel{AK \cdot F_1}$$
$$= AL \cdot F(K/L, 1)$$

方程(7-19)告诉我们最后一项等于实际 GDP(Y),它等于 $A \cdot F(K, L)$。因此,可以表示为

$$(w/P) \cdot L + (R/P) \cdot K = A \cdot F(K, L) \tag{7-22}$$

因此,对劳动和资本的总支付 $(w/P) \cdot L + (R/P) \cdot K$ 等于实际 GDP,即 $A \cdot F(K, L)$。[①]

记住,实际利润由下式给出:

$$\Pi/P = A \cdot F(K, L) - (w/P) \cdot L - (R/P) \cdot K \tag{7-17}$$

因此,方程(7-22)的结果证明均衡的 Π/P 为 0,如教材中所言。

---

① 这一结果叫欧拉定律。

第 **8** 章

消费、储蓄和投资

第 7 章介绍了宏观经济模型中的四个市场——商品市场、劳动市场、资本服务市场和债券市场。我们将家庭收入与这四个市场中的价格和数量联系了起来。我们通过考察家庭作为家族企业的经营者如何决定它们对劳动和资本服务的需求开始构建模型的微观经济学基础。然后,我们探讨了劳动和资本服务市场是如何出清的。在给定劳动 L 和资本 K 的值的情况下,上述市场的出清条件决定了实际工资率 $\left(\dfrac{w}{P}\right)$、实际租赁价格 R/P 和利率 i。

在本章中,我们将把对家庭的微观经济分析扩展到对消费和储蓄的选择。然后我们将利用这些结果去决定整个经济的消费、储蓄和投资水平。这些结果将构成均衡经济周期模型的基础,在第 9 章和第 10 章我们将利用该模型对宏观经济波动进行分析。

8.1 消费和储蓄

在本节,我们研究一个家庭对消费 C 的选择。在做出消费决策时,家庭同时也决定了储蓄多少。

首先从第 7 章的方程(7-12)中的家庭预算约束开始:

$$C + \left(\frac{1}{P}\right) \cdot \Delta B + \Delta K = \frac{\Pi}{P} + \left(\frac{w}{P}\right) \cdot L + i \cdot \left(\frac{B}{P} + K\right) \tag{7-12}$$

如在第 7 章所论述的,当劳动市场和资本服务市场出清时,实际利润 Π/P 等于 0。因此,我们可以设定 $\Pi/P = 0$,以得到一个简化的家庭预算约束形式:

$$C + \left(\frac{1}{P}\right) \cdot \Delta B + \Delta K = \left(\frac{w}{P}\right) \cdot L + i \cdot \left(\frac{B}{P} + K\right) \tag{8-1}$$

消费 ＋ 实际储蓄 ＝ 实际收入

需要明确表达式 $\left(\dfrac{1}{P}\right) \cdot \Delta B + \Delta K$ 代表实际储蓄——以债券 B 和资本的所有权 K 形式持有的资产的实际价值的变化。实际收入由实际工资收入 $\left(\dfrac{w}{P}\right) \cdot L$,加上实际资产收入 $i \cdot \left(\dfrac{B}{P} + K\right)$ 构成。

我们要探讨家庭如何选择消费和实际储蓄。在做出这些选择时,如在第 7 章中那样,我们假定单个家庭会接受给定的实际工资率$\left(\dfrac{w}{P}\right)$。对于一个竞争市场来说,这是一个标准的假设——单个家庭的规模太小所以无法对$\left(\dfrac{w}{P}\right)$产生显著的影响。现在,我们可以进一步假设单个家庭所接受的利率 i 是给定的。这一假设对于一个竞争性市场来说也是标准假设,因为家庭的规模太小不可能对利率 i 产生显著的影响。注意,在这种条件下,每个家庭都可以按现行利率贷出或借入它想要的数量的资金。一个家庭也许会通过发行利率为 i 的债券来借入资金,也可以通过购买利率为 i 的债券来贷出资金。

假定一个家庭拥有给定的劳动 L 和实际资产($B/P+K$)。那么,对一个家庭来说,由于实际工资率$\left(\dfrac{w}{P}\right)$和利率 i 是由市场决定的,所以家庭总的实际收入$\left(\dfrac{w}{P}\right) \cdot L + i \cdot \left(\dfrac{B}{P}+K\right)$由式(8-1)的右边项决定。

实际收入给定的情况下,家庭的唯一选择是如何将这笔收入在消费 C 和实际储蓄$\left(\dfrac{1}{P}\right) \cdot \Delta B + \Delta K$ 之间进行划分。即式(8-1)中的家庭预算约束限制了方程左边的消费和实际储蓄之和。每个家庭都希望有更多的消费和储蓄,但是在实际收入给定的情况下,这一愿望不可能都被满足。

图 8-1(类似于第 7 章的图 7-2)显示,在来自式(8-1)的预算约束下家庭如何在消费 C 和实际储蓄$\left(\dfrac{1}{P}\right) \cdot \Delta B + \Delta K$ 之间进行分配。一种选择是假设实际储蓄为 0,这样,消费 C 就等于总的实际收入。这一选择对应横坐标上的点 1。另一个选择是设定 C 为 0,这样,实际储蓄就等于全部收入。这一选择对应纵坐标上的点 2,此时实际储蓄等于总的实际收入。更典型的情况是,家庭一般会选择中间位置,此时消费 C 和实际储蓄都大于0。例如,家庭会选择图中的点 3。

选择可能性的整个范围可用图 8-1 中的一条向下倾斜的预算线来表示,方程(8-1)中的预算约束告诉我们,沿着预算线,消费 C 每增加一个单位,实际储蓄就相应减少一个单位。因此,这一预算线的斜率为-1。重要的一点是,如果家庭要增加一个单位的消费,它就必须放弃一个单位的实际储蓄。

到目前为止,我们仅仅考察了在某个时点上消费和储蓄之间的选择。但是储蓄是为了增加未来的资产,以实现未来更高的消费。因此,家庭在今天的消费和今天的储蓄之间做出选择,实质上是在今天的消费和明天的消费之间做出选择。所谓今天和明天,我们指的是今天的消费必须作为一个长期计划的一部分来考虑——或许是一个终身计划,甚至是一个更长远的考虑到子孙后代的计划。关键是,要理解消费和储蓄之间的选择,我们必须研究家庭在不同时点对消费的选择。

家庭预算约束,即式(8-1),在任何一个时点都适用。今天的预算约束与明天的预算约束之间的联系来自于今天的实际储蓄$\left(\dfrac{1}{P}\right) \cdot \Delta B + \Delta K$ 对明天的实际资产 $B/P+K$ 的影响。我们可以通过只考察这两个时期,有效地探索这一联系。具体而言,可以把第一个时期看作是当年,而把第二个时期看作是下一年,一旦我们理解了两时期模型的框架,我们就可以很容易地将该模型推演以用来确定多时期的消费和储蓄。

8.1.1　两年的消费

对于当年,即第 1 年,我们可以根据式(8-1)将预算约束写成

$$C_1 + \left(\frac{B_1}{P} + K_1\right) - \left(\frac{B_0}{P} + K_0\right) = (w/P)_1 \cdot L + i_0 \cdot \left(\frac{B_0}{P} + K_0\right) \tag{8-2}$$

第 1 年的消费＋第 1 年的实际储蓄＝第 1 年的实际收入

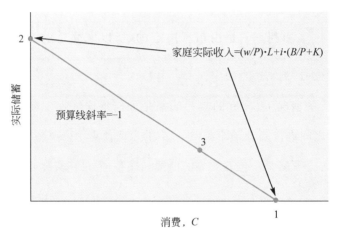

图 8-1　家庭预算约束

注:家庭拥有给定的实际总收入,$(w/P)_1 \cdot L + i \cdot \left(\frac{B}{P} + K\right)$,这一总额必定在消费 C 和实际储蓄 $\left(\frac{1}{P}\right) \cdot \Delta B + \Delta K$ 之间进行划分。因此,如果实际储蓄为 0,C 就等于横坐标上点 1 的实际总收入。如果消费 C 为 0,实际储蓄就等于纵坐标上点 2 的实际总收入。式(8-1)中的预算约束允许家庭沿着预算线选择消费与实际储蓄的任意组合,如预算线上的点 3。预算线的斜率为 -1,沿着这条预算线,消费减少一个单位,实际储蓄就相应地增加一个单位。

在方程左边,C_1 是第 1 年的消费。实际资产 $\frac{B_1}{P}$ 和 K_1 为第 1 年末的资产持有量。实际资产 $\frac{B_0}{P}$ 和 K_0 是上一年,即第 0 年末的资产持有量,因而也是第 1 年初的持有量。因此,$\left(\frac{B_1}{P} + K_1\right) - \left(\frac{B_0}{P} + K_0\right)$ 是第 1 年的实际资产——或实际储蓄——的变化量。

在式(8-2)的右边,第 1 年的实际工资率是 $\left(\frac{w}{P}\right)$,因而该年的实际工资收入是 $\left(\frac{w}{P}\right) \cdot L$。由于我们假设劳动 L 在一段时间内是固定的,所以我们可以不标注年份下标。第 0 年末持有的资产的利率是 i_0。因此,第 1 年的实际资产收入是 $i_0 \cdot \left(\frac{B_0}{P} + K_0\right)$。实际资

产收入加上实际工资收入,即为方程右边的第 1 年的实际总收入。

方程(8-2)是第 1 年的预算约束,相类似地,我们可以写出第 2 年的预算约束:

$$C_2 + \left(\frac{B_2}{P} + K_2\right) - \left(\frac{B_1}{P} + K_1\right) = (w/P)_2 \cdot L + i_1 \cdot \left(\frac{B_1}{P} + K_1\right)$$

第 2 年的消费＋第 2 年的实际储蓄＝第 2 年的实际收入

$$(8\text{-}3)$$

接下来,我们的任务是将式(8-2)与式(8-3)结合起来以描述一个家庭在今年的消费 C_1 和明年的消费 C_2 之间的选择。注意这两年的预算约束都包括第 1 年末持有的资产: $\left(\frac{B_1}{P} + K_1\right)$。我们可以利用式(8-2),将 C_1 和 $\frac{B_0}{P} + K_0$ 项从方程左边移到右边并经整理,得到

$$\frac{B_1}{P} + K_1 = \frac{B_0}{P} + K_0 + i_0 \cdot \left(\frac{B_0}{P} + K_0\right) + \left(\frac{w}{P}\right)_1 \cdot L - C_1$$

第 1 年末实际资产＝第 0 年末实际资产＋第 1 年实际收入－第 1 年的消费

$$(8\text{-}4)$$

图 8-2 形象地表示了这一关系。最上面的色块是第 0 年末的实际资产 $\frac{B_0}{P} + K_0$,它是式(8-4)右边的第一项。将这一数量加在最左边的色块上,它表示第 1 年的实际收入 $i_0 \cdot \left(\frac{B_0}{P} + K_0\right) + \left(\frac{w}{P}\right)_1 \cdot L$,这一收入是式(8-4)右边的第二项。然后减去最右边的色块,它表示了第 1 年的消费 C_1,即式(8-4)右边的最后一项。我们最终得到最下面的色块,它表示第 1 年末的实际资产 $\frac{B_1}{P} + K_1$,即式(8-4)左边项。

同样的分析也适用于第 2 年。表达式与式(8-4)相似:

$$\frac{B_2}{P} + K_2 = \frac{B_1}{P} + K_1 + i_1 \cdot \left(\frac{B_1}{P} + K_1\right) + \left(\frac{w}{P}\right)_2 \cdot L - C_2$$

第 2 年末实际资产＝第 1 年末实际资产＋第 2 年实际收入－第 2 年的消费

$$(8\text{-}5)$$

与图 8-2 相似,图 8-3 形象地表示了这一关系:

回到式(8-4),我们可以把右边的涉及 $\left(\frac{B_0}{P} + K_0\right)$ 的两项结合起来得到

$$\frac{B_1}{P} + K_1 = (1 + i_0) \cdot \left(\frac{B_0}{P} + K_0\right) + \left(\frac{w}{P}\right)_1 \cdot L - C_1 \qquad (8\text{-}6)$$

注意在方程右边,我们将 $\left(\frac{B_0}{P} + K_0\right)$ 乘以 $(1 + i_0)$。1 代表上一年资产的本金,而 i_0 代表付给这些资产的利息。

我们在式(8-6)的右边看到,如果家庭减少一个单位的第 1 年的消费,到第 1 年末方程左边持有的实际资产 $\frac{B_1}{P} + K_1$ 就上升一个单位。更直观地,在图 8-2 中假设从最右边

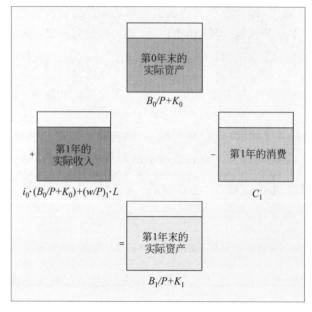

图 8-2　第 1 年的实际资产变化

注：最上面的色块是第 0 年末的实际资产 $\frac{B_0}{P}+K_0$，它是式（8-4）右边的第一项。最左边的色块表示第 1 年的实际收入 $i_0\cdot\left(\frac{B_0}{P}+K_0\right)+\left(\frac{w}{P}\right)_1\cdot L$，它对应于式（8-4）右边的第二项。最右边的色块表示第 1 年的消费 C_1，即式（8-4）右边的最后一项。最终的结果是第 1 年末的实际资产量 $\frac{B_1}{P}+K_1$，用最下面的色块表示。这一部分就是式（8-4）左边的项。

色块消费 C_1 中取出一个单位商品，并且不改变最上边色块和最左边色块。由于右边色块带负号，从其中取出一个单位就意味着在下边色块中多留下一个，即 $\frac{B_1}{P}+K_1$。

如果将第 2 年的预算约束式（8-5）右边 $\frac{B_1}{P}+K_1$ 的两个项结合起来，得到

$$\frac{B_2}{P}+K_2=(1+i_1)\cdot\left(\frac{B_1}{P}+K_1\right)+\left(\frac{w}{P}\right)_2\cdot L-C_2 \tag{8-7}$$

这一表达式与式（8-6）的形式相同，除了所有的项按年份作了调整。注意若方程式右边 $\left(\frac{B_1}{P}+K_1\right)$ 数值较大，即第 1 年末持有的资产较多，可让家庭在第 2 年提高消费。图 8-3 形象地显示了 $\frac{B_1}{P}+K_1$ 增加一单位意味着我们给最上面的色块（这是在第 1 年末拥有的资产）增加一个单位以及给左边色块增加了 i_1 个单位（它包括了来自第 1 年末的资产的利息收入）。假定我们不改变最下边色块，它代表第 2 年末拥有的资产 $\frac{B_2}{P}+K_2$。在这种情况下，我们必须使右边色块 C_2 增加 $1+i_1$ 个单位。注意，C_2 可以通过增加 $1+i_1$ 个单位而无须改变第 2 年末持有的资产 $\frac{B_2}{P}+K_2$。

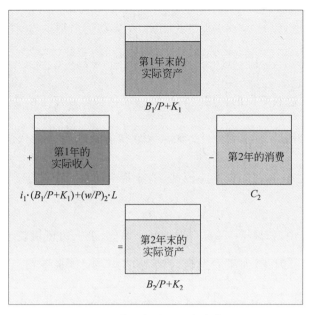

图 8-3 第 2 年的实际资产变化

注：最上面的色块是第 1 年末的实际资产 $\frac{B_1}{P}+K_1$，它是式（8-5）右边的第一项。最左边的色块表示第 2 年的实际收入 $i_1 \cdot \left(\frac{B_1}{P}+K_1\right)+\left(\frac{w}{P}\right)_2 \cdot L$，它对应于式（8-5）右边的第二项。最右边的色块表示第 2 年的消费 C_2，即式（8-5）右边的最后一项。最终的结果是第 2 年末的实际资产量 $\frac{B_2}{P}+K_2$，用最下面的色块表示。这一部分就是式（8-5）左边的项。

我们现在已经建立了将今年的消费 C_1 与明年的消费 C_2 联系起来的基础。回顾式（8-6）和图 8-2，C_1 减少一个单位将使家庭的资产 $\frac{B_1}{P}+K_1$ 在第 1 年末增加一个单位。由式（8-7）和图 8-3 可知，$\frac{B_1}{P}+K_1$ 增加的一个单位可被用于使 C_2 提高 $1+i_1$ 个单位。因此，如果 C_1 减少一个单位，家庭第 2 年的消费 C_2 就可以增加 $1+i_1$ 个单位。而且，家庭可以做出这种 C_1 与 C_2 之间的转换而无须改变 $\frac{B_2}{P}+K_2$，即转入第 3 年的实际资产（如图 8-3 的最下边色块所示）可以保持不变。因此，家庭可以改变今年和明年之间的消费时机（即在 C_1 与和 C_2 之间转换），而不必减少未来的消费或增加未来的财富——即不用改变第 3 年及以后可获得的资产。

如果要用代数方法构建整个两时期的预算约束，首先用式（8-6）的右边项代替式（8-7）右边项 $\frac{B_1}{P}+K_1$，得到

$$\frac{B_2}{P}+K_2=(1+i_1) \cdot \left[(1+i_0) \cdot \left(\frac{B_0}{P}+K_0\right)+\left(\frac{w}{P}\right)_1 \cdot L-C_1\right]+\left(\frac{w}{P}\right)_2 \cdot L-C_2$$

将上式展开，得到

$$\frac{B_2}{P} + K_2 = (1+i_1) \cdot (1+i_0) \cdot \left(\frac{B_0}{P} + K_0\right) + (1+i_1) \cdot \left(\frac{w}{P}\right)_1$$

$$\cdot L - (1+i_1) \cdot C_1 + \left(\frac{w}{P}\right)_2 \cdot L - C_2 \qquad (8\text{-}8)$$

注意式(8-8)右边利率项的作用。右边第一项包括第 0 年末的资产 $\left(\frac{B_0}{P} + K_0\right)$，它在第 1 年支付的报酬为 $i_0 \cdot \left(\frac{B_0}{P} + K_0\right)$。如果家庭持有这些资产，那么在第 1 年末它将最终拥有 $(1+i_0) \cdot \left(\frac{B_0}{P} + K_0\right)$ 的资产。因此，第 0 年末的每一单位资产乘以 $1+i_0$ 就得到第 1 年末的资产。

同样，在图 8-2 中，如果 $\left(\frac{B_0}{P} + K_0\right)$ 增加一个单位，最上边色块就增加一个单位，左边色块增加 i_0 个单位。因此，如果右边色块消费 C_1 不变，则最下边色块会增加 $1+i_0$ 个单位。

同样的计算方法也适用于第 2 年。第 1 年末持有的每一单位资产乘以 $(1+i_0)$ 就得到第 2 年年末的资产。在图 8-3 中，如果 $\frac{B_1}{P} + K_1$ 增加一个单位，最上边色块增加一个单位，左边色块增加 i_1 个单位。因此，如果右边色块消费 C_2 不变，则最下边色块增加 $(1+i_1)$ 个单位。如果我们把这个结果与第 1 年的结果放在一起，就会发现每一单位的资产都在两个时期被持有——第 0 年末到第 2 年末，最终得出结果是 $(1+i_1) \cdot (1+i_0)$ 单位的资产。这一利率项是乘以式(8-8)右边 $\left(\frac{B_0}{P} + K_0\right)$ 的项。

类似的情况是，家庭可以将它的第 1 年的工资收入 $\left(\frac{w}{P}\right)_1 \cdot L$ 储蓄起来，从而第 1 年末有更多的资产。(在图 8-2 中，左边和最下边色块各增加一个单位。)这些资产的每一单位在第 2 年末都变为 $(1+i_1)$ 个单位。(在图 8-3 中，最上边色块增加一个单位，左边色块增加 i_1 个单位，最下边色块增加 $1+i_1$ 个单位。)因此，在式(8-8)中，工资收入 $\left(\frac{w}{P}\right)_1 \cdot L$ 之前要乘以 $(1+i_1)$。相比之下，第 2 年工资收入 $\left(\frac{w}{P}\right)_2 \cdot L$ 则按它本来的数额出现，这是因为家庭得到这笔收入太晚，以致它在第 1 年里无法得到这笔资产的任何收益。

现在考虑消费项，注意在式(8-6)中，第 1 年的消费 C_1 是按与第 1 年的实际工资收入 $\left(\frac{w}{P}\right)_1 \cdot L$ 相同的方式进入方程的，但是带有负号。[1] 原因在于实际储蓄是实际收入和消费之间的差额。于是我们在式(8-8)中发现，C_1 也要像 $\left(\frac{w}{P}\right)_1 \cdot L$ 一样，在前面乘以 $(1+i_1)$。同样，第 2 年的消费 C_2 与第 2 年的实际工资 $\left(\frac{w}{P}\right)_2 \cdot L$ 进入式(8-8)的方式相

---

[1] 在图 8-2 中，包含 $\left(\frac{w}{P}\right)_1 \cdot L$ 的色块增加一个单位，与包含 C_1 的色块减少一个单位，具有相同的作用。

同,除了符号区别。[①] 因此,C_2 也如 $\left(\frac{w}{P}\right)_2 \cdot L$ 一样,在式(8-8)中不需要乘以任何利率项。

如果将式(8-8)两边每一项都除以 $(1+i_1)$ 并进行整理,将包含消费的各项放在左边,可以得到

关键方程(两时期家庭预算约束):

$$C_1 + C_2/(1+i_1) = (1+i_0) \cdot \left(\frac{B_0}{P} + K_0\right) + \left(\frac{w}{P}\right)_1 \cdot L + \left(\frac{w}{P}\right)_2 \cdot$$

$$L/(1+i_1) - \left(\frac{B_2}{P} + K_2\right)/(1+i_1) \quad (8\text{-}9)$$

通过第 1 年和第 2 年的预算约束,如式(8-2)和式(8-3)所示,我们得到这一结果。因此我们称式(8-9)为两时期预算约束。

观察工资收入 $\left(\frac{w}{P}\right)_1 \cdot L$ 和 $\left(\frac{w}{P}\right)_2 \cdot L$ 如何进入式(8-9)的右边。我们并不把这两项直接加在一起,而是先将 $\left(\frac{w}{P}\right)_2 \cdot L$ 除以 $1+i_1$,再与 $\left(\frac{w}{P}\right)_1 \cdot L$ 相加。类似地,在方程左边,在加入 C_1 之前我们对 C_2 做了同样的调整。要理解这些调整,我们必须探讨现值的概念。

8.1.2 现值

如果利率 i_1 大于 0,在第 1 年持有的 1 欧元资产在第 2 年就会大于 1 欧元。因此,在第 1 年获得或花掉 1 欧元就相当于在第 2 年获得或花掉不止 1 欧元。或者反过来看,对在第 2 年获得或花掉的欧元必须贴现(即打折扣),以使它们可与第 1 年的欧元进行比较。关于贴现的一般概念是,后来获得的欧元都不如之前获得的欧元值钱。这里我们将关于贴现的一般概念用于第 1 年与第 2 年的比较。

具体来说,假定利率 i_1 为每年 5%。假设一个家庭第 1 年收入 100 欧元,但是计划把这笔收入放到第 2 年去消费。于是这个家庭就可以在第 1 年年初购买 100 欧元的债券,并在第 2 年年初得到 105 欧元。因此,第 1 年得到的 100 欧元的价值就相当于在第 2 年得到的 105 欧元。也就是说,要在第 2 年产生 105 欧元的收入,我们必须对第 2 年的 105 欧元进行贴现以获得第 1 年所需要的用来产生第 2 年这 105 欧元的收入。

我们通过求解以下方程得到这一金额:

第 1 年所需收入 × (1+5%) = 105 欧元

第 1 年所需收入金额是 105/1.05 = 100 欧元。

更普遍地讲,如果我们用 i_1 代替 5%,第 2 年的收入必须除以 $1+i_1$ 以求得第 1 年的等值金额。因此,如果第 2 年得到的工资收入为 $\left(\frac{w}{P}\right)_2 \cdot L$,那么这笔收入的现值(第 1 年的价值)就是 $\left(\frac{w}{P}\right)_2 \cdot L/(1+i_1)$。$1+i_1$ 就是经济学家们所说的贴现因子。当我们用这

[①] 在图 8-3 中,包含 $\left(\frac{w}{P}\right)_2 \cdot L$ 的色块增加一个单位,与包含 C_2 的色块减少一个单位,具有相同的作用。

个因子进行贴现时——即用$(1+i_1)$来除——我们就能确定第 2 年收入的现值。如果时期包括很多年,每 1 年我们就会有不同的贴现因子。

式(8-9)的两年预算约束显示,我们把第 2 年的工资收入——在它与第 1 年的收入$\left(\frac{w}{P}\right)_1 \cdot L$ 结合之前——表现为一个现值$\left(\frac{w}{P}\right)_2 \cdot L/(1+i_1)$。两者之和$\left(\frac{w}{P}\right)_1 \cdot L +$ $\left(\frac{w}{P}\right)_2 \cdot L/(1+i_1)$为第 1 年和第 2 年工资收入的总现值。同样,我们把第 2 年的消费 C_2 在与第 1 年的消费结合之前表示为一个现值$C_2/(1+i_1)$。$C_1+C_2/(1+i_1)$就是第 1 年和第 2 年消费的总现值。

我们的下一个任务是分析一个家庭做出的在第 1 年和第 2 年各消费多少的选择。我们知道这些选择都必须遵从式(8-9)给出的两年预算约束。但是家庭仍然有很大的选择余地可以在 C_1 与 C_2 各种可行的组合中做出决定。我们必须计算出,在那些满足两年预算约束的所有组合中,家庭更加偏好哪一种组合。

8.1.3 消费选择:收入效应

要了解消费的选择,我们必须引进关于在不同时点进行消费的家庭偏好的概念。所谓偏好是指按照家庭获得的满意度排序的消费的时间路径。经济学家们用效用这个术语作为满意度或幸福感的同义词。[1] 我们的假设是,家庭选择在满足式(8-9)的预算约束下使效用最大化的消费的时间路径——在本例中是 C_1 和 C_2。

假定其他条件不变,如果 C_1 或 C_2(或者任何其他年份的消费)增加,效用就增加。我们进一步假设,一个家庭偏好于在不同的时点按相似的水平消费,而不是有时消费水平很高,有时很低。例如,家庭偏好于 C_1 和 C_2 都等于 100,而不是 C_1 等于 0,C_2 等于 200。即使是在收入不稳定的情况下,这些偏好也将促使一个家庭进行平稳消费。所谓平稳,是指为不同年份选择的消费计划(例如 C_1 和 C_2)的水平趋向于接近,而不是今年与明年之间有很大的波动。

我们可以考虑几个关于平稳消费的例子。假设一个人获得了一大笔意料之外的收入,或许是中了彩票或收到寄来的意外支票。人们通常的反应是将这笔额外的钱分布到若干个时点进行消费,而不会立即把它花完。类似的情况是,由于人们预计当他们退休时收入会下降,他们往往会预先储蓄一些钱,以避免在退休时消费水平急剧下跌。

要考察家庭如何选择 C_1 和 C_2,我们回顾一下两年期预算约束

$$C_1+C_2/(1+i_1)=(1+i_0) \cdot \left(\frac{B_0}{P}+K_0\right)+\left(\frac{w}{P}\right)_1 \cdot L+\left(\frac{w}{P}\right)_2 \cdot L/(1+i_1)-$$
$$\left(\frac{B_2}{P}+K_2\right)/(1+i_1)$$

消费的现值＝初始资产的价值＋工资收入的现值－第 2 年末的资产现值　　　(8-9)

右边的第一项$(1+i_0) \cdot \left(\frac{B_0}{P}+K_0\right)$是初始资产在第 1 年的价值。这一项会加到第 1

---

[1]　效用函数这一术语被用于表示获得的效用与消费的时间路径之间的关系——本例中即 C_1 和 C_2 的值。

年和第 2 年得到的工资收入的现值 $\left(\dfrac{w}{P}\right)_1 \cdot L + \left(\dfrac{w}{P}\right)_2 \cdot L/(1+i_1)$ 上。我们发现将这两项组合成一个单一的量度 V 比较方便，V 就是家庭第 2 年获得的资金来源的现值。因此，我们将 V 定义为

$$V = (1+i_0) \cdot \left(\frac{B_0}{P} + K_0\right) + \left(\frac{w}{P}\right)_1 \cdot L + \left(\frac{w}{P}\right)_2 \cdot \frac{L}{(1+i_1)} \qquad (8\text{-}10)$$

资金来源的现值＝初始资产的价值＋工资收入的现值

如果我们将 V 的这一定义式代入式(8-9)，得到

$$C_1 + C_2/(1+i_1) = V - \left(\frac{B_2}{P} + K_2\right)/(1+i_1) \qquad (8\text{-}11)$$

消费现值＝资金来源的现值－第 2 年末资产的现值

式(8-11)右边的最后一项 $\left(\dfrac{B_2}{P} + K_2\right)/(1+i_1)$ 是第 2 年末持有的实际资产的现值。这些资产将用于支付第 3 年及以后的消费。现在我们假设这一项是固定的。即我们分析一个家庭对 C_1 和 C_2 的选择，同时使该家庭为第 3 年及以后所提供的资产保持不变。这一简化的方法让我们能够进行两时期的分析，即只分析 C_1 和 C_2 的选择问题。

假定资金来源的现值 V 由于初始资产 $\left(\dfrac{B_0}{P} + K_0\right)$ 或工资收入 $\left(\dfrac{w}{P}\right)_1 \cdot L + \left(\dfrac{w}{P}\right)_2 \cdot L$ 的增加而增加。由于 $\left(\dfrac{B_2}{P} + K_2\right)/(1+i_1)$ 保持固定不变，式(8-11)告诉我们，消费的总现值 $C_1 + C_2/(1+i_1)$ 必定与 V 同幅度增加。由于家庭偏好在两年中以相似的水平消费，我们预计 C_1 和 C_2 会增加相似的金额，消费对初始资产或工资收入增加的这些反应叫作收入效应。资金来源的现值 V 的增加将会导致每年的消费 C_1 和 C_2 的提高。

8.1.4 消费选择：跨时期替代效应

刚才研究的收入效应告诉我们关于总的消费水平的一些信息，例如 C_1 和 C_2 对初始资产和工资收入变化的反应。其他的重要决策是确定与另一年相比，这一年消费多少。我们已经假设，家庭喜欢有相似的消费水平 C_1 和 C_2。然而，这一偏好并不绝对。如果存在一种经济因素鼓励偏离的话，家庭也会愿意偏离平均的消费水平。利率 i_1 提供了这种刺激因素。

再次考察两年期预算约束：

$$C_1 + C_2/(1+i_1) = V - \left(\frac{B_2}{P} + K_2\right)/(1+i_1) \qquad (8\text{-}11)$$

消费现值＝资金来源的现值－第 2 年末资产的现值

方程左边为消费的现值 $C_1 + C_2/(1+i_1)$。这一表达式表示 C_2 在与 C_1 相加之前以 $(1+i_1)$ 为因子作了贴现。这意味着 1 单位的 C_2 实际上比 1 单位的 C_1 更便宜。其原因是，如果一个家庭将消费从第 1 年推迟到第 2 年，它可以在第 1 年末持有更多的资产(或者借更少的钱)。由于每单位资产在第 2 年变成了 $(1+i_1)$ 个单位，减少的每单位 C_1 可以被 $(1+i_1)$ 个单位的 C_2 所代替。

例如，假设你考虑在这个夏季度假。如果利率 $i_1 = 5\%$，你也许宁愿推迟到明年夏天

度假。推迟度假的回报是你可以多花 5% 的钱来享受更舒适的假期。

我们也可以用这个例子来观察家庭对利率上升做出的反应。如果利率上升到 $i_1 = 10\%$，等待的回报增加了——现在你可以在被推迟的假期中多花 10% 的钱了。因此，我们的预测是，当利率 i_1 上升时，假期很可能被推迟。由此得知，第 1 年的度假消费 C_1 下降，而第 2 年的度假消费 C_2 则可能上升。

一般的观点是利率 i_1 的上升降低了相对于 C_1 而言 C_2 的成本，即较高的利率 i_1 给推迟消费提供了更大的回报。因此，家庭对利率上升的反应是降低 C_1 和提高 C_2。经济学家们称这种反应为跨时期替代效应。所谓"跨时期"，是指与随时间推移发生的替代有关的效应。家庭将消费从一个时点，例如第 1 年，转移到另一个时点，例如第 2 年。[①] 下面的专栏"用数字说话"描述了美国消费数据中跨时期替代效应的经验估计。

我们利用不同年份的消费分析了跨时期替代效应，我们还可以从不同的视角来观察这些结果，如储蓄会如何反应。即我们可以计算出利率对家庭储蓄的影响。

让我们回到第 1 年的家庭预算约束：

$$C_1 + \left(\frac{B_1}{P} + K_1\right) - \left(\frac{B_0}{P} + K_0\right) = (w/P)_1 \cdot L + i_0 \cdot \left(\frac{B_0}{P} + K_0\right) \tag{8-2}$$

第 1 年的消费 + 第 1 年的实际储蓄 = 第 1 年的实际收入

我们从跨时期替代效应知道，利率 i_1 的上升激励家庭推迟消费，所以，当年的消费，即方程左边的 C_1 下降。由于式（8-2）右边的第 1 年的实际收入 $(w/P)_1 \cdot L + i_0 \cdot \left(\frac{B_0}{P} + K_0\right)$ 是给定的，因此，C_1 的下降必定是与第 1 年的实际储蓄 $\left(\frac{B_1}{P} + K_1\right) - \left(\frac{B_0}{P} + K_0\right)$ 的增加相对应的。即当利率上升时，跨时期替代效应激励家庭更多地储蓄。

用数字说话　关于消费的跨时期替代的经验证据

跨时期替代效应预计，较高的利率激励家庭降低了相比于未来的当前的消费。然而，这种跨时期替代效应的大小是一个悬而未决的问题，而且需要更多的实证研究。原因在于，正如 Robert Hall（1989）讨论的那样，要将跨时期替代效应从总消费的数据中分离出来已被证明十分困难。Havránek 最近的一项研究表明，通过对 169 篇文献数据进行分析，年利率每上升 1 个百分点，总消费的增长率大约每年增加 1/3 个百分点。这一研究发现支持了消费的跨时期替代效应，因为较高的消费增长率意味着与未来消费相比较低的当前消费。

---

① 经济学家们通常假设家庭偏好提早消费而不是推迟消费。在这种情况下，利率 i 必须大于 0——或许是每年 2%——以刺激家庭选择使 C_1 和 C_2 的值均等。如果利率大于 2%，家庭会选择使 C_1 小于 C_2。而如果 i 低于 2%，家庭就会使 C_1 大于 C_2。主要观点仍然是利率的上升会减少 C_1 而增加 C_2。

因为只考察了跨时期替代效应,我们对利率的分析是不完整的。我们还没有考察利率的变化是否也会带来收入效应。

8.1.5　利率变化的收入效应

通过考察第 2 年的家庭预算约束,我们可以理解利率变化的收入效应:

$$C_2 + \left(\frac{B_2}{P} + K_2\right) - \left(\frac{B_1}{P} + K_1\right) = (w/P)_2 \cdot L + i_1 \cdot \left(\frac{B_1}{P} + K_1\right) \tag{8-3}$$

第 2 年的消费 + 第 2 年的实际储蓄 = 第 2 年的实际收入

我们可以从 $i_1 \cdot \left(\frac{B_1}{P} + K_1\right)$ 中的 i_1 来看到收入效应。我们可以将这一项分解为两部分: $i_1 \cdot \frac{B_1}{P}$ 和 $i_1 K_1$。

首先考察第一部分, $i_1 \cdot \frac{B_1}{P}$,它是债券的利息收入。对于债券的持有人(贷款者)来说,利息收入大于 0,因为对他们而言 $\frac{B_1}{P}$ 大于 0。然而,对于债券发行人(借款者)来说,这一项小于 0,因为对他们而言, $\frac{B_1}{P}$ 小于 0。对于债券的持有人来说,利率上升的收入效应是正的,因为他从给定数量的债券中得到的利息收入 $\frac{B_1}{P}$ 增加了。对债券的发行者来说,利率上升的收入效应是负的,因为他为给定数量的债券付出的利息 $\frac{B_1}{P}$ 增加了。对整个经济体而言,贷出和借入必须是平衡的——任何一笔未清偿的债券都有一个持有者和一个发行者。因此,从平均的角度讲,家庭的利息收入必定为 0。因此,就家庭平均来说,来自 $i_1 \cdot \frac{B_1}{P}$ 项的收入效应为 0。

家庭还以资本所有权的形式持有资产,而式(8-3)中 $i_1 \cdot K_1$ 项代表了第 2 年从这些资产中获得的收入。对整个经济体而言,资本存量 K_1 当然大于 0。因此,与债券不同的是,家庭平均持有的资本权益 K_1 大于 0。因此,当我们考察 $i_1 K_1$ 项时,利率 i_1 上升的收入效应是正的。

将这些结果结合在一起,总的来看,利率上升的收入效应由来自 $i_1 \cdot \frac{B_1}{P}$ 的零效应(没有影响)和 $i_1 \cdot K_1$ 的正效应所构成。因此,利率上升的总的收入效应是正的。

8.1.6　收入效应和替代效应的结合

在许多情况下,经济变动都会涉及收入效应和替代效应。例如,考察一下利率上升对第 1 年消费 C_1 的影响。跨时期替代效应激励家庭减少消费 C_1。然而,利率 i_1 的上升也有正的收入效应,它激励家庭增加消费 C_1,因此,利率上升对消费 C_1 的总效应是不确定的。如果跨时期替代效应占上风,第 1 年的消费 C_1 则下降;但如果收入效应占上风,那

么 C_1 就上升。在下一节,我们将利用多年度预算约束来评估收入效应的强度。在有些情况下,这种分析能使我们确定收入效应是强于还是弱于替代效应。

图 8-4 提供了对利率变化引起的跨时期替代效应和收入效应的形象总结。图的上半部显示,跨时期替代效应预计 i_1 的上升将使第 1 年的消费 C_1 减少,从而第 1 年的实际储蓄 $\left(\dfrac{B_1}{P}+K_1\right)-\left(\dfrac{B_0}{P}+K_0\right)$ 增加。如果 i_1 下降,这些跨时期替代效应就起相反方向的作用。图的下半部显示,跨时期替代效应总是与收入效应相抵消。例如,如果 i_1 上升,收入效应预计 C_1 会上升,从而,实际储蓄 $\left(\dfrac{B_1}{P}+K_1\right)-\left(\dfrac{B_0}{P}+K_0\right)$ 将会下降。

8.1.7 多年度消费

我们现在将家庭预算约束扩展到包括多年的家庭预算约束。我们首先从两年的预算约束开始:

$$C_1+C_2/(1+i_1)=(1+i_0)\cdot\left(\frac{B_0}{P}+K_0\right)+\left(\frac{w}{P}\right)_1\cdot L+\left(\frac{w}{P}\right)_2\cdot L/(1+i_1)-$$
$$\left(\frac{B_2}{P}+K_2\right)/(1+i_1)$$

消费的现值＝初始资产的价值＋工资收入的现值－第 2 年末的资产现值 　　(8-9)

我们现在放宽简化的假设,即家庭在第 2 年末不可能改变所持有的资产的现值——也就是式(8-9)中的 $\left(\dfrac{B_2}{P}+K_2\right)/(1+i_1)$,事实上,这些资产不是固定的。$\left(\dfrac{B_2}{P}+K_2\right)$ 的变化意味着家庭或多或少为第 3 年及以后的消费提供了资产。要理解对 $\left(\dfrac{B_2}{P}+K_2\right)$ 的选择,我们必须考察未来年份的消费和收入,本章的附录详细描述了如何进行扩展。这里我们仅作一个直观的分析。

式(8-9)的左边是第 1 年和第 2 年消费的现值。当我们考察多年度的问题时,方程左边就变成多个年份消费的现值了。被加上的第 1 项是第 3 年消费的现值,即 $C_3/[(1+i_1)\cdot(1+i_2)]$。我们用 C_3 除以 $(1+i_1)\cdot(1+i_2)$,因为这一项计量过去两年(从第 1 年到第 3 年)积累的利息收入。即第 1 年的一个单位的资产在第 2 年变成了 $(1+i_1)$ 个单位,而这些资产中的每一个单位在第 3 年变成了 $(1+i_2)$ 个单位。

如果继续把未来的年份包括进去,我们最终得到消费的总现值:

$$消费总现值 = C_1 + \frac{C_2}{(1+i_1)} + \frac{C_3}{[(1+i_1)\cdot(1+i_2)]} + \cdots$$

省略号(…)表示我们将把 C_4,C_5 等等的现值也包括在内。[1] 多年度预算约束左边即为总的消费现值。相比之下,式(8-9)只包括了第 1 年和第 2 年的现值。

式(8-9)的右边包括了初始资产在第 1 年的价值 $(1+i_0)\cdot\left(\dfrac{B_0}{P}+K_0\right)$,这一项仍然出

---

① 第 4 年的消费 C_4 要除以 $(1+i_1)\cdot(1+i_2)\cdot(1+i_3)$,以此类推。

现在多年度的情境中。然而,式(8-9)只包括第 1 年和第 2 年的工资收入的现值。当考虑许多年的情况时,我们最终得到这些年的工资收入的现值。

通过与消费的结果进行类比,我们最终得到

$$\text{工资收入总现值} = \left(\frac{w}{P}\right)_1 \cdot L + \left(\frac{w}{P}\right)_2 \cdot \frac{L}{(1+i_1)} + \left(\frac{w}{P}\right)_3 \cdot \frac{L}{(1+i_1)(1+i_3)} + \cdots$$

省略号(…)表示我们把 $\left(\frac{w}{P}\right)_3 \cdot L$,$\left(\frac{w}{P}\right)_4 \cdot L$ 等等的现值也包括在内了。注意,利率项——这是计算现值所需要——与用于计算消费的利率相同。

最后一点是式(8-9)的右边包括了第 2 年末持有的资产的现值 $\left(\frac{B_2}{P} + K_2\right)/(1+i_1)$。当我们考察多年度时,这一项就变成遥远的将来持有的资产的现值了。由于采用贴现的方法计算现值,我们可以放心地忽略这一项(见附录的讨论)。因此,我们最终得到多年预算约束:

关键方程(多年预算约束):

$$C_1 + \frac{C_2}{(1+i_1)} + \frac{C_3}{[(1+i_1) \cdot (1+i_2)]} + \cdots$$

$$= (1+i_0) \cdot \left(\frac{B_0}{P} + K_0\right) + \left(\frac{w}{P}\right)_1 \cdot L + \left(\frac{w}{P}\right)_2 \cdot \frac{L}{(1+i_1)} + \left(\frac{w}{P}\right)_3 \cdot$$

$$\frac{L}{(1+i_1)(1+i_3)} + \cdots$$

消费总现值 = 初始资产的价值 + 总工资收入的现值　　　　　　　　(8-12)

多年预算约束是很有用的,因为它可以让我们对临时性的和持久性的收入变化的影响进行比较。对临时性的变化来说,我们可以考虑将第 1 年工资收入 $\left(\frac{w}{P}\right)_1 \cdot L$ 增加一个单位,而让初始资产 $\left(\frac{B_0}{P} + K_0\right)$ 和其他年份的工资收入 $\left(\frac{w}{P}\right)_2 \cdot L$,$\left(\frac{w}{P}\right)_3 \cdot L$ 等等保持不变。一个例子便是:雇员并不期望重复发奖金,这种奖金收入是临时性收入的一种。满足式(8-12)中的多年预算约束的一种可能性是,家庭将把它的所有额外收入都花在第 1 年的消费 C_1 上。然而,家庭通常不会这样做。因为他们喜欢每年保持相似的消费水平。因此,我们预计,家庭会每年增加相似数额(C_1,C_2,等等)的消费,来对工资收入 $\left(\frac{w}{P}\right)_1 \cdot L$ 的增加做出反应。然而这一反应意味着,任何特定年份的消费,例如第 1 年的消费,不可能增加得非常多。例如,如果 $\left(\frac{w}{P}\right)_1 \cdot L$ 增加一个单位,我们预计 C_1 的增加将远小于一个单位。换句话说,当家庭的额外收入是临时性的,第 1 年收入额外增加一个单位所带来的消费倾向往往是很小的。

我们可以通过再次考察家庭第 1 年的预算约束来解释这些结果:

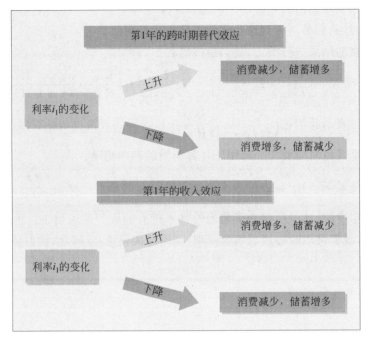

图 8-4　利率对消费和储蓄的影响

注：如果第 1 年的利率上升，跨时期替代效应预计第 1 年的消费 C_1 将会减少，而第 1 年的实际储蓄 $\left(\frac{B_1}{P}+K_1\right)-\left(\frac{B_0}{P}+K_0\right)$ 则会增加。收入效应通常会按相反方向起作用。例如，如果 i_1 上升，收入效应预计消费 C_1 将上升，而实际储蓄 $\left(\frac{B_1}{P}+K_1\right)-\left(\frac{B_0}{P}+K_0\right)$ 将下降。

$$C_1+\left(\frac{B_1}{P}+K_1\right)-\left(\frac{B_0}{P}+K_0\right)=\left(\frac{w}{P}\right)_1\cdot L+i_0\cdot\left(\frac{B_0}{P}+K_0\right) \tag{8-2}$$

第 1 年的消费＋第 1 年的实际储蓄＝第 1 年的实际收入

　　如果方程右边的 $\left(\frac{w}{P}\right)_1\cdot L$ 上升一个单位，左边的 C_1 的上升远远小于一个单位。因此，左边第 1 年的实际储蓄 $\left(\frac{B_1}{P}+K_1\right)-\left(\frac{B_0}{P}+K_0\right)$ 的上升必定接近于一个单位。因此，当家庭的额外收入是临时性的，第 1 年收入额外增加一个单位所带来的第 1 年的储蓄倾向几乎接近于 1.0。储蓄之所以上升那么多，是因为家庭要为未来几年计划增加的消费提供额外所需要的资产。

　　作为对比，请考虑工资收入的持久性增加，$\left(\frac{w}{P}\right)_1\cdot L,\left(\frac{w}{P}\right)_2\cdot L,\left(\frac{w}{P}\right)_3\cdot L$ 以及以后各年的工资收入都增加一个单位。一个雇员预期的工资增加就是持久性收入增加的一个例子。式（8-12）中的多年预算约束显示，家庭通过每年增加一个单位的消费对收入增加做出反应是可能的——在那种情况下，对于任何 $t=1,2,3$，等等，C_t 的增加与 $\left(\frac{w}{P}\right)_t\cdot L$ 的增加相匹配。而且，我们预计家庭大致会以这种方式做出反应，因为这符合人们希望每年有相似消费水平的假设。因此,人们的预期是,当额外收入为持久性收入时,第 1 年收入额外增加一个单位所能带来的消费倾向将会是很大的——接近 1.0。

对于储蓄的反应,我们可以再看一看式(8-2)中第 1 年的预算约束。如果方程右边的 $\left(\dfrac{w}{P}\right)_1 \cdot L$ 上升一个单位,而左边的 C_1 大致上也是一个单位,那么第一年的实际储蓄 $\left(\dfrac{B_1}{P}+K_1\right)-\left(\dfrac{B_0}{P}+K_0\right)$ 必定变化很小或者根本没有变化。换句话说,当额外收入为持久性收入时,第 1 年收入额外增加一个单位所带来的储蓄倾向是很小的。储蓄之所以没有很大变化是因为,在这种情况下,家庭不需要为计划增加的未来消费提供额外的资产。这些消费的增加可以用将来高的工资 $\left(\dfrac{w}{P}\right)_2 \cdot L,\left(\dfrac{w}{P}\right)_3 \cdot L$,等等来支付。

我们关于收入的临时性和持久性变化的研究结果与米尔顿·弗里德曼(Milton Friedman)著名的持久性收入概念[1]不谋而合。他的理论是消费取决于收入的长期平均数——他称为持久性收入——而不是当前收入。如果收入的变化是临时性的,消费的变化就相对较小。因此,就如我们分析的一样,花费掉全部临时性收入的倾向很小。下面的"用数字说话"专栏就讨论关于消费倾向的经验证据。

用数字说话　关于消费倾向的经验证据

经济学家们已经发现,有强有力的证据证明持久性收入变化的消费倾向远远大于临时性收入变化的消费倾向。最明显的一些例子来自一些特殊情况,比如,人们得到了一笔意外之财,这显然是临时性的,并且至少部分是未曾预料到的。

一个例子是 1957—1958 年以色列公民从联邦德国得到的一笔一次性赔偿款[见 Mordechai Kreinin(1961)和 Michael Landsberg(1970)]。赔款的金额很大,大致相当于平均每个家庭一年的收入。典型家庭在得到这笔意外收入的当年消费支出增加了 20%,然而消费支出包括耐用消费品支出。耐用消费品要持续使用许多年并且应当部分地被看作是储蓄而不是消费。因此,真正的消费倾向不到 20%。

另外一个例子是 1950 年美国向"二战"老兵支付的一次性寿险红利,大约为 175 美元,将近占当时一个家庭平均年收入的 4%。这个例子中,当年消费支出增加达到这笔意外收入的 35%(见 Roger Bird 和 Ronald Bodkin,1965)。然而,由于消费支出包括耐用消费品支出,真正的消费倾向小于 35%。

对消费者行为的更广泛的研究显示,源于持久性收入变化的消费倾向是很大的,差不多接近于 1,相比之下,源于临时性收入的消费倾向为 20%～30%(见 Robert Hall,1989),虽然对临时性收入变化的反应比我们的理论预计的要大,但重要的是消费对收入

---

[1]　见弗里德曼(Friedman,1957),第 2 章,第 3 章。

的持久性变化的反应远大于对临时性变化的反应。

我们也可以评估预期的未来收入变化对消费的影响。再看一下多年预算约束：

$$C_1 + \frac{C_2}{(1+i_1)} + \frac{C_3}{[(1+i_1) \cdot (1+i_2)]} + \cdots$$

$$= (1+i_0) \cdot \left(\frac{B_0}{P} + K_0\right) + \left(\frac{w}{P}\right)_1 \cdot L + \left(\frac{w}{P}\right)_2 \cdot \frac{L}{(1+i_1)} +$$

$$\left(\frac{w}{P}\right)_3 \cdot \frac{L}{(1+i_1)(1+i_3)} + \cdots$$

消费的总现值＝初始资产的价值＋总工资收入的现值   (8-12)

首先，假定实际工资收入 $\left(\frac{w}{P}\right)_t \cdot L$（$t=1,2$，等等）全都是相同的。然后假设在第 1 年家庭得知下一年工资将有持久性的上升，因此预期未来工资收入 $\left(\frac{w}{P}\right)_2 \cdot L$，$\left(\frac{w}{P}\right)_3 \cdot L$，等等全部上升。或者，家庭可能会在第 1 年知道，它将在今后继承一笔遗产或得到一笔保险赔付。

家庭通过每年增加相似数额（C_1，C_2，等等）的消费来对未来较高的预期收入做出反应。特别是，家庭第 1 年的消费 C_1 将会增加，尽管收入进一步提高的迹象还没有显示出来。

考察这样一种情况：从第 2 年开始工资收入，如 $\left(\frac{w}{P}\right)_2 \cdot L$，$\left(\frac{w}{P}\right)_3 \cdot L$ 等等，每年增加一个单位。由于这些工资收入的增加是在第 1 年预期到的，我们预计 C_1，C_2 等等会以相似的数额增加。因此，虽然第 2 年比第 1 年有更高的工资收入，如 $\left(\frac{w}{P}\right)_2 \cdot L > \left(\frac{w}{P}\right)_1 \cdot L$，我们预计第 2 年消费的增加并不会与工资相匹配，即我们预计 C_1 和 C_2 仍将比较接近。我们得到这个结果，是因为从第 1 年到第 2 年的预计的收入增长已经反映在较高的 C_1 中了。这个重要推断是，当收入的增加已经被预期到时，家庭的消费不会对收入的增加作出反应。

下面的专栏讨论了这一课题的经验证据。

用数字说话   消费对预期的收入变化的反应

在我们的模型中，家庭的消费并不对事先预期的收入变化做出反应。为了从实证上评估这一预测，我们必须分离出这些家庭事先预测到的收入的变化。对这一假设的最令人信服的检验涉及特殊环境中的个人消费的反应，在这种情况中，收入的变化明显是可以预测的。Jappelli 和 Pistaferri（2010）给出了文献综述。总体而言，没有证据表明消费对所有预期收入的变化不作出反应。尽管这样，这个偏差并不大，而且似乎主要是在收入相对较少的情况下出现。Browning 和 Collado（2001）认为，当预期收入变化较大时，消费者倾向于遵循这一理论，但当预期收入变化较小时，消费者不太可能这样做。他们使用西班牙关于家庭消费的数据来分析，每月领取相同工资的工人与 6 月和 12 月可以领取额外工资的工人的反应。这两笔额外收入数额很大，而且是可以预测的。总之，他们发现两组工人的消费模式没有什么不同。因此，Browning 和 Collado 的结论是，"可预测的收入变化不会导致支出模式的变化"。

 ## 8.2　均衡的消费、储蓄和投资

现在我们通过分析单个家庭的消费和储蓄选择来决定消费和储蓄的总量。这一分析将能使我们确定投资的总量。一旦学习完本节，我们就掌握了研究经济波动的所有基本理论模块。我们对于经济波动的研究将在第 9 章进行。

我们已经讨论了一个家庭如何将它的实际收入在消费和实际储蓄之间进行分配。现在我们来确定消费和实际储蓄的总量。这些数量当各个市场出清时确定。如同第 7 章那样，我们利用市场出清条件，从微观经济学的基础——个别家庭的行为——出发，来分析各个总量变量。

再次考察在某个时点上的家庭预算约束：

$$C + \left(\frac{1}{P}\right) \cdot \Delta B + \Delta K = \left(\frac{w}{P}\right) \cdot L + i \cdot \left(\frac{B}{P} + K\right)$$

消费 ＋ 实际储蓄 ＝ 实际收入

(8-1)

如果将资产的实际收入 $i \cdot \left(\frac{B}{P} + K\right)$ 分成两部分，$i \cdot \left(\frac{B}{P}\right)$ 和 $i \cdot K$，我们可以得到修正的预算约束：

$$C + \left(\frac{1}{P}\right) \cdot \Delta B + \Delta K = \left(\frac{w}{P}\right) \cdot L + i \cdot \frac{B}{P} + i \cdot K$$

我们从第 7 章知道，利率是由下式得到：

$$i = \left(\frac{R}{P} - \delta\right)$$

债券收益率 ＝ 拥有资本的收益率

(7-6)

如果将 $i = \left(\frac{R}{P} - \delta\right)$ 代入预算约束的 $i \cdot K$ 项中，我们可以得到

$$C + \left(\frac{1}{P}\right) \cdot \Delta B + \Delta K = \left(\frac{w}{P}\right) \cdot L + i \cdot \frac{B}{P} + \frac{R}{P} \cdot K - \delta K$$

由于这一方程适用于每个家庭，当我们把所有家庭加总时它也同样适用。就是说，该方程可以应用于总量。然而，我们知道，就家庭总量而言，债券 B 的总额必定等于 0。那是因为，当债券出清时，总的家庭持有的净债券额为 0。在每个时点上 B＝0 的条件也意味着，总的债券持有量的变化 ΔB 必定始终为 0，如果我们将 B＝0 和 ΔB＝0 代入方程，

发现总的家庭预算约束变为

$$C + \Delta K = \left(\frac{w}{P}\right) \cdot L + \frac{R}{P} \cdot K - \delta K$$

我们从第 7 章知道,当劳动市场和租赁市场出清时,对生产要素的总的支付 $\left[\text{付给劳动的}\left(\frac{w}{P}\right) \cdot L + \text{付给资本的}\frac{R}{P} \cdot K\right]$ 等于实际国内生产总值(实际 GDP),Y(见第 7 章附录)。

如果用 Y 代替方程中的 $\left(\frac{w}{P}\right) \cdot L + \frac{R}{P} \cdot K$,我们发现总的家庭预算约束变为

关键方程(总的家庭预算约束形式)

$$C + \Delta K = Y - \delta K$$

消费 + 净投资 = 实际 GDP - 折旧 = 实际国内生产净值　　　　　(8-13)

回顾一下,实际国内生产总值是由生产函数 $Y = A \cdot F(K, L)$ 决定的。因此,在方程(8-13)的右边,对于给定的技术水平 A,实际国内生产净值 $Y - \delta K$ 是由 K 和 L 的给定值决定的。因此,方程的左边意味着经济体的净投资 ΔK 是由各个家庭对消费 C 的选择决定的。在实际国内生产净值给定时,多一个单位的消费 C 意味着少一个单位的净投资 ΔK,在第 9 章,我们将研究家庭将选择多少消费量 C,假定利率 i 是由方程(7-6)决定的,它等于资本的收益率 $\left(\frac{R}{P} - \delta\right)$。在这种情况下 C 的选择决定了方程(8-13)中的 ΔK。

注意,当债券市场出清时,净投资 ΔK 等于整个经济的实际储蓄。对个别家庭来说,实际储蓄等于 $(1/P) \cdot \Delta B + \Delta K$ ——以债券或资本形式而持有的资产的实际价值的变化。然而对整个经济体来说,ΔB 等于 0,即实际储蓄等于 ΔK。

 # 小结

我们将模型从第 7 章的微观经济学基础扩展到考察一个家庭对消费和储蓄的选择。储蓄的要点是增加资产,这将使人们在今后可以消费得更多。因此,家庭在今天的消费和今天的储蓄之间的选择实质上是对今天的消费与明天的消费的选择。

从这个角度,我们通过收入效应和跨时期替代效应对消费的选择进行了分析。较高的初始资产或较高的现在或未来的工资收入通过收入效应提高了所有年份的消费。今天的高利率促使家庭降低今天的消费而不是未来的消费。然而,高利率也会有正向的收入效应,会导致今天的消费增多和储蓄的减少。正因此,利率对今天的储蓄的总影响是不确定的。

我们区分了工资收入的持久性变化与临时性变化。对于持久性收入的变化来说,消费倾向是高的而储蓄倾向是低的。与此相反,对于临时性的变化,消费倾向是低的而储蓄倾向却是高的。

通过综合家庭预算约束和利用市场出清条件,我们能够确定整个经济体的消费、储蓄和投资的水平。如我们在第 9 章中显示的,总消费可以通过考察收入效应和跨时期替代

效应推导出来。净投资就是实际国内生产净值和消费之间的差额。如果资本 K 和劳动 L 的数量是给定的,实际国内生产净值就确定了。因此,模型将决定消费和净投资的总量。

重要术语和概念

贴现因子 discount factor

折现的 discounted

有限时域 finite horizon

收入效应 income effect

无限时域 infinite horizon

无限时域预算约束 infinite horizon budget constraint

跨时期替代效应 intertemporal-substitution

生命周期模型 life-cycle models

多年预算约束 multiyear budget constraint

持久性收入 permanent income

计划时域 planning horizon

现值 present value

消费倾向 propensity to consume

储蓄倾向 propensity to save

两年预算约束 two-year budget constraint

效用 utility

效用函数 utility function

问题和讨论

A. 复习题

1. 讨论下列变化对本年的消费 C_1 产生的影响:

a. 利率 i_1 的上升;

b. 实际工资收入 $\left(\dfrac{w}{P}\right) \cdot L$ 的持久性增加;

c. 当前实际工资收入 $(w/P)_1 \cdot L$ 增加,但未来实际工资收入没有变化;

d. 未来实际工资收入 $(w/P)_t \cdot L$ 增加,$t=2,3$,等等;

e. 一笔一次性的意外之财,它提高了初始资产 $\left(\dfrac{B_0}{P}+K_0\right)$。

2. 什么因素决定了源于一个额外单位的收入的消费倾向是小于 1.0 或是等于 1.0?这种消费倾向可能大于 1.0 吗?

3. 推导式(8-9)所示的两时期预算约束。根据这一约束,如果一个家庭减少今年的

消费 C_1 一个单位,明年的消费 C_2 会增加多少(如果方程中的其他项没有变化)?

4. 如何给不同年份的收入和消费的现值取不同的权重? 为什么现在一个单位的实际收入比明年一个单位的实际收入更加值钱? 为什么明年一个单位的消费比今年一个单位的消费更便宜?

B. 讨论题

5. 收入效应

再次考察式(8-12)的家庭多年预算约束。分析下列情况的收入效应:

a. 对于一个家庭来说物价水平 P 的上升,其初始的名义债券 B_0 为正值。如果 B_0 是 0 或负值呢?

b. 年利率 i 每年提高 1%。假设 $B_0 = 0$。

6. 持久性收入

持久性收入的观点认为消费取决于收入的长期平均数,而不是当前的收入。从操作上讲,我们可以将持久性收入定义为假设的不变的具有相同现值的收入,作为家庭的资金来源出现在多期预算约束的右边:

$$C_1 + \frac{C_2}{(1+i_1)} + \frac{C_3}{[(1+i_1)\cdot(1+i_2)]} + \cdots$$
$$= (1+i_0)\cdot\left(\frac{B_0}{P}+K_0\right) + \left(\frac{w}{P}\right)_1 \cdot L + \left(\frac{w}{P}\right)_2 \cdot \frac{L}{(1+i_1)} +$$
$$\left(\frac{w}{P}\right)_3 \cdot \frac{L}{(1+i_1)(1+i_3)} + \cdots \tag{8-12}$$

a. 利用式(8-12)得到一个按第 1 年的现值表示的持久性收入的公式。

b. 持久性收入的消费倾向为多少?

c. 如果消费 $C_t(t=1,2,\cdots)$ 在一段时间内是固定不变的,那么持久性收入的价值是多少?

 # 附录

多年预算约束和计划时域

我们这里分析如何计算家庭多年的预算约束。当考察两年的情况时,我们得到以下预算约束:

$$C_1 + \frac{C_2}{(1+i_1)} = (1+i_0)\cdot\left(\frac{B_0}{P}+K_0\right) + \left(\frac{w}{P}\right)_1 \cdot L + \left(\frac{w}{P}\right)_2 \cdot \frac{L}{(1+i_1)} -$$
$$\left(\frac{B_2}{P}+K_2\right)/(1+i_1) \tag{8-9}$$

要将模型扩展到多年,我们从第 3 年开始研究。

第 2 年末持有的实际资产由下式给出:

$$\frac{B_2}{P}+K_2 = (1+i_1)\cdot\left(\frac{B_1}{P}+K_1\right) + \left(\frac{w}{P}\right)_2 \cdot L - C_2 \tag{8-5}$$

第 3 年末持有的实际资产由类似公式给出,对所有项更新一个年份:

$$\frac{B_3}{P} + K_3 = (1+i_2) \cdot \left(\frac{B_2}{P} + K_2\right) + \left(\frac{w}{P}\right)_3 \cdot L - C_3 \tag{8-14}$$

我们发现可以用下式表示第 2 年末持有的实际资产:

$$\frac{B_2}{P} + K_2 = (1+i_1) \cdot (1+i_0) \cdot \left(\frac{B_0}{P} + K_0\right) + (1+i_1) \cdot \left(\frac{w}{P}\right)_1 \cdot$$

$$L - (1+i_1) \cdot C_1 + \left(\frac{w}{P}\right)_2 \cdot L - C_2 \tag{8-8}$$

如果用式(8-8)的右边项代替式(8-14)右边的 $\left(\frac{B_2}{P} + K_2\right)$,我们得到

$$\frac{B_3}{P} + K_3 = (1+i_1) \cdot \left[(1+i_1) \cdot (1+i_0) \cdot \left(\frac{B_0}{P} + K_0\right) + (1+i_1) \cdot \right.$$

$$\left. \left(\frac{w}{P}\right)_1 \cdot L - (1+i_1) \cdot C_1 + \left(\frac{w}{P}\right)_2 \cdot L - C_2 \right] + \left(\frac{w}{P}\right) \cdot L - C_3$$

如果将上式化简我们得到

$$\frac{B_3}{P} + K_3 = (1+i_2) \cdot (1+i_1) \cdot (1+i_0) \cdot \left(\frac{B_0}{P} + K_0\right) +$$

$$(1+i_2) \cdot (1+i_1) \cdot \left(\frac{w}{P}\right)_1 \cdot L - (1+i_2) \cdot (1+i_1) \cdot C_1 +$$

$$(1+i_2) \cdot \left(\frac{w}{P}\right)_2 \cdot L - (1+i_2) \cdot C_2 + \left(\frac{w}{P}\right)_3 \cdot L - C_3 \tag{8-15}$$

这个重要结果涉及利率。到第 3 年末,初始的实际资产 $\left(\frac{B_0}{P} + K_0\right)$ 现在积累了 3 年的利息。因此,式(8-15)右边的这些资产被乘以 $(1+i_2) \cdot (1+i_1) \cdot (1+i_0)$。第 1 年的实际工资收入积累了两年的利息,从而被乘以 $(1+i_2) \cdot (1+i_1)$。其他的实际收入和消费项以类似的方式加入方程。如果我们将式(8-15)中的每一项除以 $(1+i_2) \cdot (1+i_1)$,并且移项,只把那些涉及消费的项放在左边,我们得到三年期预算约束:

$$C_1 + \frac{C_2}{1+i_1} + \frac{C_3}{[(1+i_1) \cdot (1+i_2)]} = (1+i_0) \cdot \left(\frac{B_0}{P} + K_0\right) +$$

$$\left(\frac{w}{P}\right)_1 \cdot L + \left(\frac{w}{P}\right)_2 \cdot L / (1+i_1) +$$

$$\left(\frac{w}{P}\right)_3 \cdot L / [(1+i_1) \cdot (1+i_2)] -$$

$$\left(\frac{B_3}{P} + K_3\right) / [(1+i_1) \cdot (1+i_2)] \tag{8-16}$$

这一结果将式(8-9)的两年预算约束扩大到三年。式(8-16)中的每一项是以现值(或第 1 年的价值)出现的。但是现在,预算约束包括第 3 年的实际工资收入 $\left(\frac{w}{P}\right)_3 \cdot L$ 和消费 C_3,而这些数字对两年的利息积累进行了贴现,即按 $(1+i_1) \cdot (1+i_2)$ 进行贴现。现在出现在方程右边的第 3 年末持有的实际资产 $\left(\frac{B_3}{P} + K_3\right)$ 也按 $(1+i_1) \cdot (1+i_2)$ 进行贴

现。现在,我们看看如何将预算约束扩大至任何年份。每次往后推一年,我们就带来了该年的实际收入和消费,也带来了新一年末持有的实际资产,并且消除了上一年末持有的实际资产。所有这些新项都作了贴现,以反映从第一年一直到未来年份的利息积累。例如,如果考察 j 年,这里 j 大于 3,得到 j 年的预算约束:

$$C_1 + \frac{C_2}{1+i_1} + \frac{C_3}{(1+i_1) \cdot (1+i_2)} + \cdots + \frac{C_j}{(1+i_1) \cdot (1+i_2) \cdots (1+i_{j-1})}$$

$$= (1+i_0) \cdot \left(\frac{B_0}{P} + K_0\right) + \left(\frac{w}{P}\right)_1 \cdot L + \left(\frac{w}{P}\right)_2 \cdot \frac{L}{(1+i_1)} + \left(\frac{w}{P}\right)_3 \cdot$$

$$\frac{L}{(1+i_1) \cdot (1+i_2)} + \cdots + \left(\frac{w}{P}\right)_j \cdot \frac{L}{(1+i_1) \cdot (1+i_2) \cdots (1+i_{j-1})} -$$

$$\frac{\frac{B_j}{P} + K_j}{(1+i_1) \cdot (1+i_2) \cdots (1+i_{j-1})} \tag{8-17}$$

我们要利用式(8-17)去理解家庭如何选择第 1 年的消费 C_1。即家庭目前将这一选择作为一项长期计划的一部分,该计划考虑到未来至 j 年的消费和实际收入。这些未来值通过 j 年预算约束与当前的选择相联系。我们可以把数字 j 看作是计划时域,即家庭计划其消费和储蓄的年数。

在做出决策时,典型家庭考虑的时域有多长?由于我们正在研究的家庭可以进行借贷,所以采用一个较长的时域是恰当的。通过借款或贷款,家庭能够有效利用未来的收入支付当前的消费,或用当前的收入去支付未来的消费。当被表示为现值时,未来的收入就同今天的收入一样,与当前的决策密切相关。

经济学家们通常假设,一般家庭的计划时域是长的,但是有限的。例如,根据所谓的生命周期模型理论,时域代表一个人的预期的剩余寿命,[1] 如果人们不关心他们死后发生的事情,他们就没有理由要将资产转到 j 年后。因此,他们计划将式(8-17)[2] 中最终的资产存量设定在 0。就是说,每个人都计划到他(或她)去世时,把资产花完。

为单独的个人确定预期寿命,从而简单明了地确定他的计划时域。然而对于一个有配偶和子女的家庭来说,恰当的时域就不那么明确。由于人会关心他(或她)的配偶和子女,适用的时域就会超出一个人的预期寿命,而家庭也很看重子女的未来预期收入和消费。更进一步讲,如果子女今后还有他们自己的子孙后代,由于他们关心未来的子女,因此,就没有一个明确的计划时域的终止点。

与施加一个有限时域(这里 j 是一个有限数)的做法不同,我们可以将每个家庭的计划视作一个无限时域,即计划的时期 j 可以伸展到任意远的将来,并且可以设想为是无限的。做出这种假设基于两个充分的理由:

- 首先,如果我们认为典型的个人作为家庭的一部分都是关心他们的后代成员

---

[1] 生命周期模型与经济学家弗朗科·莫迪利亚尼(Franco Modigliani)相关。见 Franco Modigliani 和 R. Brumberg (1954),Ando 和 Franco Modigliani(1963)。

[2] 我们必须排除个人带着负资产去世的可能性。否则,每个人会有可能将 $\frac{B_j}{P} + K_j$ 变成一个极大的负数。

的——儿子,孙子,等等一直往下传,直至无限的将来,这种设想是合理的。

- 其次,计划的时点不明确,无限时域是最简单的假设。

如果采用无限时域,我们就让式(8-17)中的数字 j 变成任意大。在这种情况下,就没有最后的年份 j,我们也用不着关心方程右边的包含着 $\dfrac{B_j}{P}+K_j$ 的最后一项。[①] 因此,无限时域预算约束——应用于一个无限的计划时期的约束——就是以前我们曾经使用过的约束:

$$C_1+\frac{C_2}{(1+i_1)}+\frac{C_3}{[(1+i_1)\cdot(1+i_2)]}+\cdots$$
$$=(1+i_0)\cdot\left(\frac{B_0}{P}+K_0\right)+\left(\frac{w}{P}\right)_1\cdot L+\left(\frac{w}{P}\right)_2\cdot\frac{L}{(1+i_1)}+\left(\frac{w}{P}\right)_3\cdot$$
$$\frac{L}{(1+i_1)\cdot(1+i_3)}+\cdots \tag{8-12}$$

省略号表示我们把包含有 C_1 和 $\left(\dfrac{w}{P}\right)_t\cdot L$($t=1,2$ 等等)的所有项包括在内,即 t 可以扩展到任意大的值。

---

①　由于按 $(1+i_1)\cdot(1+i_2)\cdot\cdots\cdot(1+i_{j-1})$ 进行贴现,当 j 变得非常大时,剩下来的资产的现值 $\dfrac{B_j}{P}+K_j$ 往往会变得微不足道。

第 **9** 章

均衡经济周期模型

本章我们将利用第 7 章和第 8 章建立起来的框架研究称为经济周期的短期经济模型。一个经济周期包括实际国内生产总值(实际 GDP)扩张或者紧缩的各个阶段。实际 GDP 扩张的时期(经济繁荣)通常伴随着其他的宏观经济变量,例如消费、投资和就业率的上升,以及失业率的下降。相反地,GDP 紧缩的时期(经济衰退)往往呈现出消费、投资和就业率下降的特征,并且伴随着失业率的上升。

经济的总产出,即 GDP,是判断经济体处在扩张阶段还是紧缩阶段的关键指标。因此,为了理解经济波动的本质,我们首先考察自 1999 年欧元被引入欧洲以来欧元区的实际 GDP 的表现与特征。

9.1 实际 GDP 的周期性变化——衰退与繁荣

图 9-1 显示了从 1999 年第一季度到 2015 年第二季度以季度数据为基础的欧元区实际 GDP 变化的情况。

图 9-1 欧元区实际 GDP,1999—2015 年

注:图中显示了从 1999 年第一季度到 2015 年第二季度欧元区的实际 GDP 情况。数据是以季度为基础、经季节性调整的,并且以 2005 年为基年的欧元计量。

如果考察图 9-1 中的实际 GDP,我们可以认为这些变动反映了两种力量。首先,从 1999 年到 2015 年,实际 GDP 呈现出了总的向上移动的趋势,我们认为这一趋势反映了长期的经济增长,这是我们在第 3 章到第 5 章研究的课题。其次,围绕着这一趋势,实际 GDP 存在着短期的波动,我们认为这些波动源自经济周期,即从经济繁荣到衰退的周期。在本章和下一章中,我们将探讨这些经济波动。

我们设想实际 GDP 分为两部分:

$$\text{实际 GDP} = \text{实际 GDP 的趋势性部分} + \text{实际 GDP 的周期性部分} \qquad (9\text{-}1)$$

为了将实际 GDP 分解为趋势和周期两部分,我们首先从估计趋势着手。对趋势的一个理想度量是一条符合实际 GDP 数据的平滑曲线。在图 9-2 中,细曲线表示实际 GDP,粗曲线表示实际 GDP 的趋势。^① 这是一条通过细线画出的平滑曲线。

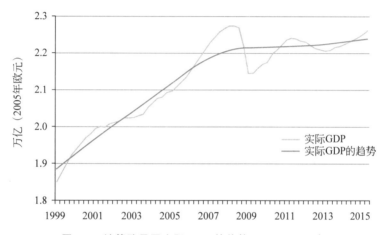

图 9-2　计算欧元区实际 GDP 的趋势.1999—2015 年

注:细线显示了图 9-2 中欧元区的实际 GDP。粗线是通过 GDP 的数据画出来的一条平滑的趋势线。我们认为这条趋势曲线反映了长期的经济增长。

一旦我们知道了实际 GDP 的趋势,如图 9-2 所示的粗线,就能够计算出偏离趋势的程度。如果我们重新安排方程式(9-1)中的各项,就可以得到:

$$\text{实际 GDP 的周期性部分} = \text{实际 GDP} - \text{实际 GDP 的趋势性部分} \qquad (9\text{-}2)$$

我们称实际 GDP 与其趋势性部分的差额为实际 **GDP** 的周期性部分,因为我们认为这一部分源自经济周期,即源自短期经济波动。

图 9-2 显示,从 1995 年到 2015 年欧元区实际 GDP 最重要的特点就是呈现总体向上的趋势,如粗线所示。事实上,要在这张图上区分出周期性部分并不那么容易,这一部分实际上是实际 GDP 与其趋势性部分的差额。在图 9-3 中,我们将放大这个周期性的部分以得到一张更清晰的图。然而,我们应该记住,实际 GDP 趋势性部分是确定欧元区典型的个人生活水准如何不同于 10 年、20 年或 50 年前的主要决定因素。因此,从长期来看,

---

① 这种趋势性叫作霍德里克—普莱斯科特过滤(H-P 过滤),是根据经济学家罗伯特·霍德里克(Robert Hodrick)和爱德华—普莱斯科特(Edward Prescott)的名字命名的。它的总的思想是确定趋势的位置以符合实际 GDP 的移动而不致使它波动得太厉害。这使趋势的斜率随时间缓慢地变化,以符合观察到的实际 GDP 的增长率的变化。

经济增长显得比经济波动更为重要。

虽然与长期趋势相比,经济波动的幅度一般较小,但波动确实影响个人的福利。例如,在衰退期间,人们会受到损害,因为他们实际收入降低,消费减少,并且常常会失去工作。因而新闻媒体的讨论大多集中关注的是波动而不是趋势。这种集中关注的存在或许是由于趋势代表长期的力量,通常不被看成是有新闻价值的,而波动反映了构成新闻讨论中当前的事件。此外,将经济波动特别是当前的衰退归咎于当前的政府当局比较容易(尽管这种批评是错误的),而追究长期经济增长的责任则比较困难。

图 9-3 放大了实际 GDP 的周期性部分。从图 9-2 得知这个周期性部分是实际 GDP 与它的趋势之间的差额。通过改变纵坐标的尺度,我们在图 9-3 中可以得到一幅清晰的图像,以观察实际 GDP 高于还是低于它的趋势。

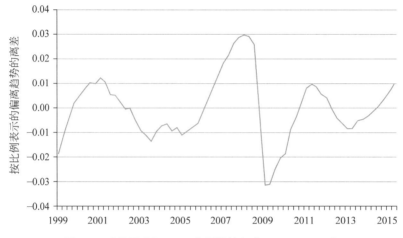

图 9-3　欧元区实际 GDP 的周期性部分,1999—2015 年

注:本图描述了实际 GDP(图 9-2 所示的细线部分)和它的趋势(图 9-2 所示的粗线部分)之间的差异。由此形成的数列——实际 GDP 的周期性部分——显示实际 GDP 偏离其趋势的程度。这一周期性部分用比例来表示:例如,0.02 意味着实际 GDP 高出趋势 2%,而−0.02 意味着实际 GDP 低于趋势 2%。

实际 GDP 的周期性部分的可变性(variability)是测量经济波动程度的一种恰当的方法。为了得到一个定量的测度,我们使用了一个叫作标准差的统计量。[①] 在图 9-3 中,实际 GDP 的周期性部分的标准差是 1.3%。这个数值意味着从 1999 年到 2015 年美国实际 GDP 波动的通常范围是在趋势上下 1.3% 之间。[②]

关于衰退的一般的概念是指一段经济活动较少的时期,通常是由实际 GDP 和其他宏观经济变量衡量的。在我们的例子中,我们通过考察实际 GDP 的周期性部分为负数并且

---

①　标准差是方差的平方根。方差是变量偏离其平均值的平方离差的平均数,在目前的例子中,实际 GDP 的周期性部分的平均值接近于 0(根据我们在图 8-2 中构建的趋势)。因此,方差就是实际 GDP 的周期性部分的平方值的平均数。

②　如果一个变量是正态分布的(实际 GDP 周期性部分的一个合理的近似值),大约在三分之二的时间内,这个变量会落在介于平均值上下各一个标准差的区间内。大约 95% 的时间,变量会落在介于平均值上下各 2 个标准差的区间内。

至少达到－1.5％的幅度的各个时期,使这个定义变成是可操作的。根据这个定义,经济衰退发生在 2009—2010 年。我们在第 1 章讨论了这次大衰退的潜在原因,在此期间,欧元区 2009 年的实际国内生产总值低于趋势 3％。

欧元区经济衰退开始和结束时的半官方仲裁者是经济政策研究中心(CERP),这是一个由 900 多名主要来自欧洲各大学的研究人员组成的网络。CERP 对衰退的定义是"整个欧元区的经济活动水平的大幅度下降,通常表现为 GDP、就业和其他衡量整个欧元区经济活动总量指标的连续两个或更多个季度的负增长"。

9.2　均衡经济周期模型

9.2.1　概念性问题

为了建立经济波动模型,我们首先假设这些波动反映了对经济的冲击。冲击的一个例子是包括在第 3 章方程(3-1)生产函数中的技术水平 A 的变化。方程(3-1)如下所示:

$$Y = A \cdot F(K, L) \tag{9-3}$$

技术水平 A 的上升意味着经济体生产能力更强,它可以用给定的资本投入 K 和劳动投入 L 生产出更多的产品 Y。相反,A 的下降意味着经济体生产能力减弱。在本章中,我们集中研究对作为经济波动根源的技术水平 A 的冲击。

我们把该模型称作均衡经济周期模型,因为它利用均衡条件确定冲击如何影响实际 GDP(Y),以及其他宏观经济变量,如消费 C、投资 I 和劳动的投入量 L。模型假设,供给和需求函数,例如劳动和资本服务的供给和需求,符合第 7 章和第 8 章重点研究的微观经济学基础。在这些函数给定时,均衡的关键条件是市场必须出清。例如,劳动的总供给量等于总需求量,资本服务的总供给量等于总需求量。在第 17 章中,我们将探讨几个其中部分市场没有出清的模型。

均衡经济周期模型的一个著名的例子是实际经济周期模型(RBC 模型),它是由 2004 年诺贝尔经济学奖获得者芬·基德兰(Finn Kydland)和爱德华·普雷斯科特(Edward Prescott)在 1982 年提出的。RBC 模型强调了技术水平 A 对经济的冲击,并且采用了相同类型的均衡条件。因此,本章的均衡经济周期模型是一个实际经济周期模型。然而,在随后的几章中,我们将此模型一般化,以便把各种形式的冲击包括进去。例如,第 16 章和第 17 章考察货币的而非实际的扰动。由于我们的基本方法仍然相同,我们可以起一个更泛化的名字,如均衡经济周期模型,以便将这些扩展以及本章中的模型包括进去。

我们的模型将预测实际 GDP 和其他宏观经济变量波动的模式。在做出这些预测后,我们将其与宏观经济数据进行比较。由于我们在本章集中研究对技术水平 A 的冲击,只有在考虑到 A 的变动有时候是正的、有时候是负的情况下,这个模型才能够很好地发挥作用。正的冲击将促成经济繁荣,而负的冲击会导致衰退。

如果我们将 A 设想为技术水平,就不难想象 A 的上升,如来自新产品或新的生产方法的发明和发现。第 5 章中我们讨论的电力、晶体管、计算机和互联网的发明和改进就是技术进步的例子。但是,如图 9-3 所示,许多较小的发现发明也对经济的繁荣做出了贡献。[①]

如果我们把 A 看作是技术水平,很难想象 A 会有大的下降。毕竟生产者通常不会忘记以往取得的技术进步。但是,我们在第 5 章关于索洛增长模型的研究中提到技术发明以外的事件也可能影响生产力,从而以类似于技术水平变化的方式影响整个经济体。而且,这些其他事件可能是负的,相当于技术水平 A 的下降,也可能是正的。

与技术水平 A 变化相类似的事件包括法律和政治制度的变化,竞争程度的变化,以及国际贸易的变化。那些与 A 下降相当的不利事件包括农业歉收、战争破坏、自然灾害和罢工。

我们对经济波动的分析中,对于 A 的定义比较广泛,以便把上述例子包括进去。在这种情况下,A 的变化有时候是正的,有时候是负的。然而,我们会发现将 A 仍然称作"技术水平"更方便。

在本章提出的均衡经济周期模型中,我们将把经济波动解释为对技术水平 A 的冲击的短期反应。这一分析为短期主要是因为:我们假设,作为一种粗略估计,我们保持资本存量 K 不变。也就是说,考虑到在衰退或繁荣的相对短暂的持续期中,机器和建筑物(这些东西包括在资本中)没有足够的时间去发生显著的变化。与此相对照,对经济增长的长期分析中,如第 3 章至第 5 章所讨论的,资本 K 的变化是讨论的中心内容。

9.2.2 模型

现在,我们研究技术水平 A 的变化的短期效应。实际 GDP 由生产函数给出:

$$Y = A \cdot F(K,L) \tag{9-3}$$

除了把资本存量 K 看作在短期内固定外,我们一开始就假设劳动投入 L 也是固定的。在这种情况下,Y 的变化将仅反映 A 的变化:当 A 上升时,Y 上升,而当 A 下降时,Y 也下降。在本章后面部分,我们通过考虑 L 的短期变化使该模型更符合实际。在第 10 章中,我们将模型进一步扩展到把资本利用率的变化考虑在内。

实际上,A 的许多变动难以观测,即我们无法识别出影响经济体生产力的各种变量出现了什么变化。问题是如果我们能够任意地假设已经发生了哪些不能观察到的变化,我们就能使它与实际 GDP 中的任何已被观察到的波动相匹配,如图 9-3 中显示的波动。尽管使模型与这些数据相匹配很容易,我们不应该以这样的方式用我们的模型"解释"实际 GDP 波动。下面的"模型扩展"专栏将探讨均衡经济周期模型和凯恩斯模型在解释经济波动来源中的差异。

对该模型的实际挑战在于预测经济波动期间其他宏观经济变量如何与实际 GDP 一起变动。例如,我们想看到模型对于繁荣和衰退期间消费和投资的变化会做出怎样的预测。类似地,我们可以估计实际工资率、资本的实际租赁价格和利率的变化。然后我们放松 L 固定不变的假设,就可以考察就业和失业的变化。总的思想是,我们可以通过预测

---

① 这包括诸如及时存货管理等发明,见 Jones(2005)的讨论。

实际 GDP 和其他宏观经济变量之间的关系,然后考察现实数据看看这些预测是否准确,来检验我们的均衡经济周期模型。我们现在开始对宏观经济变量进行分析。

模型扩展　将需求冲击添加到均衡经济周期模型

如上所述,我们将在均衡经济周期模型中考虑由冲击引起的技术水平 A 的变化带来的经济波动。我们将这些扰动称为供给冲击,因为这些冲击最初通过生产函数影响经济的供给面。相比之下,第 6 章中介绍的凯恩斯模型通常关注需求冲击,比如投资者情绪的变化和货币动荡。我们将这些扰动称为需求冲击,因为这些冲击最初通过总需求(AD)曲线影响经济的需求侧。在第 16 章和第 17 章,我们将扩展均衡经济周期模型,以探索需求冲击的影响;也就是说,对宏观经济的货币扰动。

9.2.2.1　劳动的边际产量和实际工资率

我们从方程(9-3)的生产函数知道,对于给定的资本 K 和劳动 L 的投入,技术水平 A 的上升提高了劳动的边际产量(MPL)。我们在图 9-4 中显示了较高的生产技术对 MPL 的影响。我们考察两种技术水平 A 和 A',其中 $A' > A$。假设资本存量被固定在 K。向下倾斜的细曲线显示了当技术水平为 A 时,MPL 如何随 L 的变化而变化。如果实际工资率为纵坐标上的 w/P,劳动的需求量就是横坐标上的数量 L。向下倾斜的粗曲线(A')表示当技术水平为 A' 时的 MPL。对于任何 L,第二条曲线上的 MPL 值都要高于第一条曲线上的 MPL 值。因此,对于给定的实际工资率 w/P,在横坐标上劳动需求量 $(L^d)'$ 大于 L。

图 9-5 中的两条劳动需求曲线来自图 9-4。对劳动供给来说,我们现在假设劳动供给的数量固定在横坐标的 L 值上,即劳动供给曲线是一条位于 L 点的垂直线。

如果技术水平为 A,劳动需求曲线由图 9-5 中向下倾斜的细曲线 MPL(A)给出。因此,当实际工资率 w/P 等于市场出清值 $(w/P)^*$ 时,如纵坐标显示的那样,劳动市场出清——劳动需求数量等于劳动供给的数量。实际工资率 $(w/P)^*$ 等于按 L 的值评估的劳动的边际产量 MPL。这时,技术水平为 A,资本存量固定在 K。

如果技术水平为 A',劳动的需求曲线由图 9-5 中向下倾斜的粗曲线给出。在这种情况下,市场出清的实际工资率等于纵坐标上的 $[(w/P)^*]'$。因为在给定 L 的情况下,MPL 在粗曲线比细曲线上更高,市场出清的实际工资率更高。也就是说,$[(w/P)^*]'$ 大于 $(w/P)^*$。

考虑结果的一种方法是,在初始的实际工资率 $(w/P)^*$ 时,MPL 的上升意味着劳动的需求量 (L^d) 超过劳动的供给量,而劳动的供给固定在 L。因此,雇主们(这时家庭的角色是企业的管理者)相互竞争以争夺稀缺的劳动力并将实际工资率提升到 $[(w/P)^*]'$。

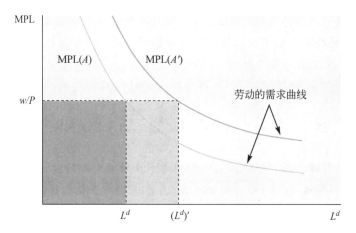

图 9-4　技术水平的提高对劳动力需求的影响

注：当技术水平为 A 时，MPL 由细曲线表示。当实际工资率为 w/P 时，如纵坐标所示，劳动的需求量是纵坐标上的 L。技术水平 $A'>A$。因此，由粗曲线表示的 MPL，用 MPL(A') 表示，在任何劳动投入下都高于细曲线上的数值。当技术水平等于 A' 时，实际工资率等于 w/P，劳动的需求量$(L^d)'$大于 L。

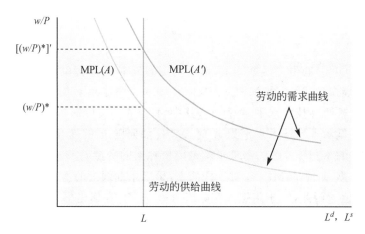

图 9-5　技术水平的提高对实际工资率的影响

注：劳动供给为给定值 L，如横坐标所显示的。如果技术水平为 A，MPL(A)表示劳动需求曲线。因此，市场出清的实际工资率为$(w/P)^*$，如纵坐标所示。技术水平 A' 高于 A。因此，MPL(A')表示劳动需求曲线。在这种情况下，市场出清的实际工资率为$[(w/P)^*]'$，它大于$(w/P)^*$。

我们发现技术水平 A 的上升提高了实际工资率 w/P。因而，该模型预计在经济繁荣期（这里，实际 GDP 的上升是因为技术水平 A 的提高）将会有较高的 w/P。相反，经济衰退将会使 w/P 下降。

9.2.2.2　资本的边际产量、实际租赁价格和利率

从方程(9-3)的生产函数我们知道，对于给定的资本投入 K 和劳动 L，技术水平的上升提高了资本的边际产量 MPK。图 9-6 显示了较高的 MPK 的影响。图 9-6 再次考察了两种技术水平 A 和 A'，且 A' 高于 A。我们仍然假设劳动投入在 L 保持不变。向下倾斜的 MPK(A)曲线显示，当技术水平为 A 时，MPK 如何随 K 的变动而变动。如果实际的

租赁价格为纵坐标上的 R/P,资本的需求量就是横坐标上的数量 K,向下倾斜的 MPK(A')
曲线显示了当技术水平为 A' 时的 MPK。对于任何给定的 K 值,右边曲线上的 MPK 总
是要比左边曲线上的 MPK 高。因此,对于给定的实际租赁价格 R/P,横坐标上的资本
需求量$(K^d)'$大于 K^d。

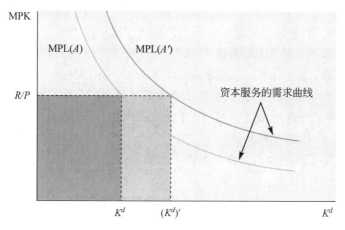

图 9-6　技术水平的上升对资本服务需求的影响

　　注:当技术水平为 A 时,MPK 由需求曲线 MPK(A)给出。按纵坐标上显示的实际租赁价格 R/P,
资本的需求量为横坐标上的 K^d,技术水平 A'大于 A。因此,在任何资本投入水平上,由 MPK(A')表
示的曲线给出的 MPK 大于 MPK(A)曲线上的值。当技术水平为 A',实际租赁价格为 R/P 时,资本
的需求量为$(K^d)'$,它大于 K^d。

　　图 9-7 上的两条资本服务的需求曲线来自图 9-6。我们假设资本服务的供给量固定
在横坐标上的 K,即供给曲线是一条在 K 点的垂直线。

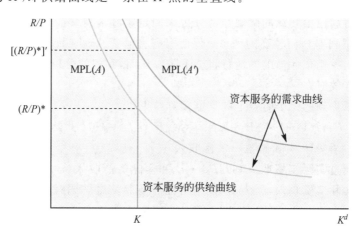

图 9-7　技术水平的上升对资本的实际租赁价格的影响

　　注:资本服务的供给为给定值 K,显示在横坐标上。当技术水平为 A 时,资本服务的需求由曲线
MPK(A)给出。市场出清的租赁价格$(R/P)^*$显示在纵坐标上。技术水平 A'高于 A,如图 9-6 所示。因
此,当技术水平为 A'时,资本服务的需求由曲线 MPK(A')给出。在这种情况下,市场出清的实际租赁价
格为$[(R/P)^*]'$,大于$(R/P)^*$。

如果技术水平为 A,资本服务的需求曲线由图 9-7 中向下倾斜的细曲线 MPK(A) 给出。因此,当实际租赁价格 R/P 等于纵坐标上的市场出清值 $(R/P)^*$ 时,资本服务的市场出清,即资本服务的需求量等于供给量。实际租赁价格 $(R/P)^*$ 等于在 K 点估价的资本的边际产量 MPK,这时技术水平为 A,劳动投入固定在 L。

如果技术水平上升到 A',资本服务的需求由图 9-7 中向下倾斜的粗曲线 MPK(A') 给出。在这种情况下,市场出清的实际租赁价格等于纵坐标上的 $[(R/P)^*]'$。由于 K 给定时,MPK(A') 曲线上的 MPK 值高于 MPK(A) 曲线上的 MPK 值,因此市场出清的实际租赁价格也更高,即 $[(R/P)^*]'$ 大于 $(R/P)^*$。

我们由此得出结论:技术水平 A 的上升提高了资本的实际租赁价格 R/P。因此,模型预测,经济繁荣——这时由于 A 上升,实际 GDP 也上升,则 R/P 相对较高。相比之下,经济衰退,则 R/P 相对较低。

回顾我们在第 7 章的分析得知利率由下式给出:

$$i = R/P - \delta \tag{7-6}$$

债券收益率＝拥有资本的收益率

我们从图 9-7 知道,当资本服务的市场出清时,按给定的资本 K 和劳动 L 的价值估值,实际的租赁价格 R/P 等于资本的边际产量 MPK。因此,给定的利率为

$$i = \text{MPK(按给定的 } K \text{ 和 } L \text{ 估值)} - \delta \tag{9-4}$$

在资本 K 和劳动 L 的投入给定时,技术水平的上升提高资本的边际产量 MPK。方程(9-4)意味着利率 i 上升。因此,模型预计,经济繁荣时利率相对较高,而经济衰退时利率相对较低。

9.2.2.3 消费、储蓄和投资

现在我们将利用第 8 章的微观经济分析来确定家庭消费多少、储蓄多少。技术水平 A 的上升提高了利率 i,而较高的利率 i 促使家庭将消费从现在推迟到将来(跨时期替代效应)。基于此,我们预计当前的消费将会下降。然而,我们的分析是不完整的,因为我们必须考虑到收入效应。

考虑第 8 章提到的每个时点上的家庭预算约束:

$$C + (1/P) \cdot \Delta B + \Delta K = (w/P) \cdot L + i \cdot (B/P + K) \tag{8-1}$$

消费 ＋ 实际储蓄 ＝ 实际收入

收入效应通过实际工资收入 $(w/P) \cdot L$ 和实际资产收入 $(B/P + K)$ 发挥作用。A 的上升提高了实际工资收入,因为 w/P 上升而 L 保持不变。同时,A 的上升也提高了实际资产收入,因为 i_0 上升,B/P 不变(总数为 0),K 在短期内也不变。因此,A 的上升提高了总的家庭实际收入。

观察对总收入的效应的另一种方法是利用第 8 章的总的家庭预算约束,该预算约束应用于当债券市场、劳动市场和资本服务市场出清时:

$$C + \Delta K = Y - \delta K \tag{8-13}$$

消费 ＋ 净投资 ＝ 实际 GDP － 折旧 ＝ 实际国内生产净值

如果用生产函数 $Y = A \cdot F(K, L)$ 代替 Y,我们得到

$$C + \Delta K = A \cdot F(K, L) - \delta k \tag{9-5}$$

由于折旧 δK 在短期内是固定的,技术水平 A 变化的收入效应归根结底就是它对实际 GDP,$Y = A \cdot F(K, L)$ 的影响。对于给定的 K 和 L,由于 A 的上升提高了实际 GDP,我们再次看到,A 的上升提高了总的实际收入。

实际收入的上升激励家庭增加当前的消费(以及未来的消费)。这就是人们熟悉的收入效应。这一效应的作用与跨时期替代效应相反,后者趋于减少当前的消费。因此,我们无法确定技术水平 A 的上升会导致更多的还是更少的当前消费 C。消费的净变化取决于收入效应强于还是弱于跨时期替代效应。

我们可以强化我们的预测,因为收入效应的大小取决于技术水平 A 的变化的持续时间。在本节的剩余部分,我们假设 A 的变化是持久性的。这种情况适用于真实的技术进步,因为生产者往往不会忘记这些技术改进。在这种情况下,实际收入的增加往往也是持久性的。因此,我们应考察第 8 章中的一个例子,在其中,实际收入每年以相似的数量上升。对这一案例的预测是,较高收入带来的消费倾向将接近于 1。因此,如果 A 的上升使实际 GDP,$Y = A \cdot F(K, L)$ 增加了一个单位,那么,不同于收入效应的观点,当前消费 C 也将上升约一个单位。

为计算对当前消费的总的影响,我们必须权衡比较收入效应(消费的上升几乎与实际 GDP 的上升相同)与跨时期替代效应,后者会减少当前的消费。对跨时期替代效应的定量估计显示,它的影响要小于巨大的收入效应。因此,当技术水平 A 的提高是持久性的时,当前消费将上升。然而,只要跨时期替代效应起着作用,当前消费上升的幅度总是小于实际 GDP 上升的幅度。

在方程(8-1)中,左边 C 项的变化小于右边实际收入的变化,后者相当于实际 GDP(Y)的变化。因此,左边的家庭实际储蓄必定上升。即额外的家庭实际收入中有一部分用于消费,另一部分则转为实际储蓄。

在方程(7-13)的总的家庭预算约束中,我们发现当前消费 C 增加,但是增幅小于实际 GDP 的上升。因此,净投资 ΔK 必定上升——实际 GDP 的上升部分显示为更多的 C,部分显示为更多的 ΔK。由于净投资 ΔK 等于实际储蓄,这一结果与实际储蓄上升的研究结果相符合。

9.3　理论与事实的匹配

我们的均衡经济周期模型对宏观经济变量的波动如何与 GDP 的变化相匹配作出了许多预测。现在我们将考察对消费、投资、实际工资率、资本的实际租赁价格和利率的预测。我们将欧元区的数据作为研究样本。

9.3.1　消费与投资

我们可以根据国民收入账户的实际消费支出计算消费 C。从 1999 年到 2015 年,这一支出平均占到欧元区 GDP 的 56%。我们利用图 9-1 中,应用于实际 GDP 的方法计算出实际消费支出的周期性部分。其结果就是图 9-8 的细曲线。该图按比例显示出实际消费支出偏离其趋势的离差。我们也显示了实际 GDP 的周期性部分,如图中粗曲线所示 (根据图 9-3 复制)。

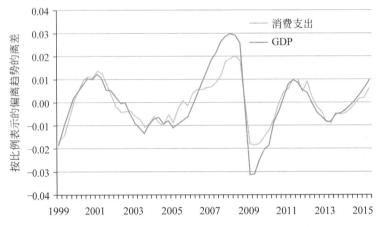

图 9-8 欧元区的实际 GDP 和消费支出的周期性变化

注:图中粗线表示实际 GDP 偏离其趋势的离差。细线是实际消费支出偏离其趋势的离差。这些离差都是按比例计算的。GDP 和消费支出都是季度数据,并经季节性调整的。实际消费支出是顺周期性的——它紧密地随实际 GDP 波动而波动,但变化幅度小于实际 GDP 的变化幅度。

从图 9-8 可得到两个重要发现。首先,实际消费支出一般与实际 GDP 按相同的方向波动。[①] 当一个变量,如实际消费支出,按与实际 GDP 相同的方向波动时,我们说该变量是顺周期性的。顺周期性的变量按与经济周期相同的方向波动——在经济繁荣时相对于其趋势值它往往较高,而在衰退时相对于其趋势值它往往较低。(一个按与实际 GDP 相反方向波动的变量是逆周期性的。在经济周期期间不按特定方向波动的变量则是非周期性的。)其次,实际消费支出的波动在比例上要小于实际 GDP 的波动。从 1999 年 1 季度到 2015 年 2 季度,实际消费支出周期性部分的标准离差是 0.9%,而实际 GDP 周期性部分的标准离差是 1.3%。因此,从比例的角度上,实际消费支出在繁荣期间和衰退期间的波动都要小于实际 GDP 的波动。

我们可以利用国民收入账户中的实际国内私人总投资计算总投资 I。1999 年到 2015 年这笔支出平均占到 GDP 的 20%。我们再次利用图 9-3 中的方法计算实际总投资的周期性部分。其结果是图 9-9 中的细线。该图按比例显示了实际投资偏离其趋势的离差。实际 GDP 周期性部分同样用粗线表示。

从图 9-9 得到的一个结论是,与实际消费支出一样,实际总投资也是顺周期性的;就是说,它一般是按与实际 GDP 相同的方向波动。[②] 因此,投资在繁荣期间比其趋势值要高,而在衰退期间比其趋势值要低。另一个结论是实际总投资的波动从比例上讲要比实际 GDP 的波动大得多。以周期性部分的标准离差来计算,总投资的波动为 3.3%,相比之

[①] 从 1999 年 1 季度到 2015 年 2 季度,实际消费支出的周期性部分与实际 GDP 的周期性部分的相关系数为 0.94。

[②] 从 1999 年 1 季度到 2015 年 2 季度,国内私人实际总投资的周期性部分与实际 GDP 的周期性部分的相关系数为 0.95。

下,实际 GDP 的波动为 1.3％。投资的易变性意味着它所表示的实际 GDP 的波动要远大于我们根据总投资占 GDP 的平均比率(占 20％)预测到的幅度。

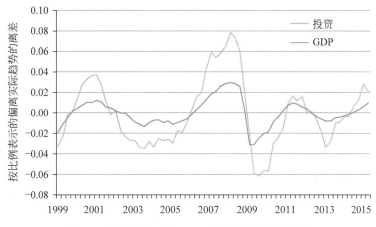

图 9-9　欧元区的实际 GDP 和投资的周期性变化

注:粗线是实际 GDP 偏离其趋势的离差。细线是国内私人实际总投资偏离其趋势的离差。这些离差都是按比例计算的。GDP 和投资都是季度数据,并经季节性调整的。实际总投资是顺周期性的——它紧密地随实际 GDP 的波动而波动,但变化幅度远大于实际 GDP。

回到模型,技术水平 A 的持久性变化与图 9-8 和图 9-9 的经验证据相一致。具体来说,A 的上升促进了经济繁荣,此时实际 GDP 上升,这个上升一部分体现为消费增加,一部分体现为投资增加。相反,A 的下降导致经济衰退,此时 GDP 下降,消费和投资也都随之下降。

这个模型是否解释了为什么投资的波动远大于消费的波动?回忆一下,当技术水平 A 的变化是永久性的时,收入效应很大。基于此,消费大约与实际 GDP 改变的幅度相同。然而,我们发现,A 的上升也会导致利率上升,从而减少现在的消费增加未来的消费。这个效应表明,在经济繁荣时期,消费增加的幅度小于实际 GDP 增加的幅度。同样地,在经济衰退的时候,消费减少的幅度也小于实际 GDP 减少的幅度。因此,模型依赖利率的跨时期效应,从而与消费的波动性小于实际 GDP 的波动性这样的观测一致。尽管这样,有一个问题,经验证据发现消费和储蓄的跨时期效应很小。因此,有必要找到更多的原因来解释为什么消费的波动小于实际 GDP 的波动。我们在后面的章节探讨一个更重要的原因,那就是允许技术水平 A 的变化有部分是临时性的。

9.3.2　实际工资率

该模型预测,实际工资率 w/P 在经济繁荣期间相对较高,而在衰退期间相对较低。对名义工资率 w 的一个较好的量度是私人经济部门中工人的平均薪资收入。我们可以通过将名义收入除以广义物价水平的量度,即除以国内生产总值的平减指数,来计算实际工资率 w/P。

我们可以用图 9-3 中计算实际 GDP 的程序计算实际工资率 w/P 的周期性部分。其结果就是图 9-10 中的细线。这一图形按比例显示了 w/P 偏离其趋势的离差。我们再次用粗线表示实际 GDP 的周期性部分(来自图 9-3)。我们看到,实际工资率是顺周期性的——它在经济繁荣期间往往高于其趋势,而在衰退期间往往低于其趋势。这一结果符合该模型的预测。然而,实际工资率的顺周期性程度在数据中似乎很小。[①] 我们的模型预测了一个高度顺周期的实际工资率,因为到目前为止,我们假设了固定的劳动力供给(即垂直的劳动力供给曲线)。如果劳动力供给曲线变为水平的,那么劳动力需求曲线的变化不会影响均衡的实际工资率;在这种情况下,实际工资率变成非周期的。因此,实际工资率的顺周期性程度取决于劳动力供给曲线的斜率。在本章后面,我们将扩展该模型,以允许产生向上倾斜的劳动力供给曲线。

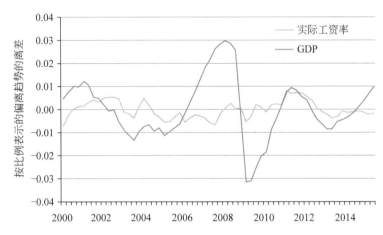

图 9-10　欧元区的实际 GDP 和实际工资率的周期性变化

注:图中粗线是实际 GDP 偏离其趋势的离差,细线是实际工资率偏离其趋势的离差。这些离差都是按比例计算的。实际工资率是由 2000 年 1 月起可获得的薪资数据除以雇员数量并经 GDP 平减指数调整而得出的。GDP 和工资都是季度数据并经过季节性调整。实际工资率是顺周期性的——它随实际 GDP 的波动而波动,但变化幅度不如实际 GDP 的变化幅度。

9.3.3　实际租赁价格

模型预测,资本的实际租赁价格 R/P 在经济繁荣期间相对较高,而在衰退期间则相对较低。检验这一命题的主要困难是,对整个经济体来说,租赁价格是很难测量的。其原因是大多数形式的资本——例如公司拥有的建筑物和设备——并不明确地出租。这一类资本一般是由其拥有者自己使用的。实际上是企业向它们自己出租资本,我们无法观察到这种资本隐含的租赁价格。没有更好的数据之前,我们简单将国民收入账户中的营业盈余(例如,资本收入)除以股本的实际价值,来得到每单位资本的实际资本收入,从而代表租赁价格。股本的实际价值的数据是 2000—2013 年的年度数据。图 9-11 中的细曲线是资本租赁价格 R/P 的周期性部分。该图显示了 R/P 与其趋势的比例偏差。我们再次以粗曲线表示实际 GDP 的周期性部分。我们看到,R/P 是顺周期的——它在繁荣时

① 从 1999 年 1 季度到 2015 年 2 季度,欧元区实际工资率周期性部分与实际 GDP 周期性部分的相关系数为 0.13。

期往往高于趋势值,而在衰退时期低于趋势值。[①] 这个发现符合模型的预测。

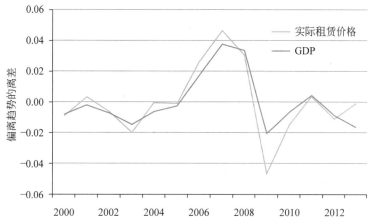

图 9-11　欧元区的实际 GDP 和资本的实际租赁价格的周期性变化

注:图中粗线是实际 GDP 偏离其趋势的离差(比例角度),细线是公司资本的实际租赁价格偏离其趋势的离差。实际租赁价格是顺周期性的——它随实际 GDP 的波动而波动。

9.3.4　利率

模型预测,经济繁荣期间将会有较高的利率 i 而在衰退期间利率则将会降低。然而,为了得到一个完整的理解,我们必须区分名义利率和实际利率。我们将在第 12 章考察通货膨胀。

9.4　技术水平的暂时性变化

在我们的模型中,技术水平 A 的所有变化都是持久性的。这一假设对于狭义的技术进步来说是合情理的,但是对于 A 的其他解释,这一假设就不大令人信服。例如,如果 A 的下降代表一次农业歉收,或一次总罢工,那么这种技术水平的变化就是暂时性的。为考虑到这些情况,我们现在假设 A 的变化是暂时性的。考虑这种变化的持续期为一年。

有关技术水平 A 的假设的变化并不影响我们的分析。如果 A 暂时性上升,实际 GDP 即 $A \cdot F(K, L)$ 在 K 和 L 固定的情况下仍然会上升。资本的边际产量 MPK 和利率 i 同以前一样仍然上升。高利率的跨时期替代效应仍然会激励家庭减少当前的消费 C,并增加当前的实际储蓄。

关于收入效应,有些新的结果。当前消费 C 的总的变化依然取决于收入效应的规模。在我们前面的例子中,技术水平 A 的上升是持久性的——收入效应使消费水平提高,提高的幅度与实际 GDP 上升的幅度几乎相同。这一变化起的作用与跨时期替代效应相反,后者减少了当前的消费。在 A 持久上升时,收入效应大于跨时期替代效应,且足以

[①]　从 1999 年到 2013 年,实际租赁价格的周期性部分与实际 GDP 的周期性部分的相关系数为 0.92。

抵消后者，因而，当前消费仍会增加。

当技术水平 A 的上升是暂时性的时，收入效应较弱。因此虽然收入效应使当前消费 C 上升，但幅度很小。由于收入效应较弱，我们无法确信它足以抵消跨时期替代效应。因此，当前的消费可能会上升也可能会下降。无论如何，当前的消费不会以与实际 GDP 几乎相同的数量上升。

再次考察当债券、劳动和资本服务等市场出清时的总预算约束。

$$C + \Delta K = Y - \delta K$$
$$\text{消费} + \text{净投资} = \text{实际 GDP} - \text{折旧} \tag{8-13}$$
$$= \text{实际国内净产值}$$

实际 GDP 上升，消费 C 或上升或下降，但幅度较小。因此，净投资 ΔK 按与实际 GDP 几乎相同的幅度（甚至更大幅度）增长。因此，模型预测，经济繁荣的特点是较高的实际 GDP 和投资，而消费至多按一个较小的幅度增加。反之，衰退将会使实际 GDP 和投资处于低位，但是消费至多只会下降一点点。

这些模型的结果与数据发生了冲突，因为消费显然是顺周期性的。它在繁荣期间上升到大大高于趋势，而在衰退期间下降到远远低于趋势。如果潜在的冲击纯粹是技术水平 A 的暂时性变化，该模型就无法解释消费的波动。因此，我们不能仅仅将 A 的暂时性变化看作经济波动的主要根源。如果我们考虑到 A 的变化不是完全持久性的（即使不是纯粹暂时性的），该模型将更加完美。

再次考虑这一经验的观察结果：消费的波动比例要小于实际 GDP。当我们假设技术水平 A 的变化是持久性的时，该模型能够解释消费较小的波动性，除非技术进步对消费的跨时期替代效应实在太大。然而，如果 A 的变化并非完全持久性的，我们就有另一个理由解释消费的变动不如实际 GDP 的变动那么大的原因。如果 A 的变化持续一段较长的时间，但不是完全持久性的，A 对消费 C 的收入效应将会很强。然而，收入效应还不会强到足以使消费水平的提高达到与实际 GDP 的变化所带来的消费水平的提高一样的程度。因此，消费的波动比例可能小于实际 GDP，尽管当时技术变动对消费的跨时期替代效应是很弱的。通过以上推理可知，当对 A 的潜在冲击待续很长时间但不是完全持久性的时，当前讨论的模型与现实数据最为匹配。对技术的这种形式的冲击一般在实际经济周期模型中已经作了假设。

9.5　劳动投入的变化

目前得出的这个模型的一个重要的缺点是它与在经济波动期间观察到的劳动投入的变化不符。劳动投入 L（用就业人数或全部工作小时来计量）随经济周期而变化。我们后面要详细解释，L 在经济繁荣期间会上升，而在衰退期间会下降，就是说，它明显是顺周期性的。我们不可能给现有的模型打高分，除非我们能用它解释这个重要的现象。

为使模型符合劳动投入的事实，我们需要对模型进行扩展，将劳动供给 L 的可变性纳入考虑。理由如下：第一，我们将能够解释劳动投入 L 的短期变化。第二，实际 GDP 的变化将反映 L 的变化和技术水平 A 的变化产生的直接影响。我们首先扩展该模型的微观经济学基础,以考虑到变量 L^s。然后,我们将利用均衡经济周期模型去评估劳动投入 L 在经济波动期间如何变动。

9.5.1 劳动供给

从第 8 章的方程(8-1)中得到的家庭预算约束的修正形式开始:

$$C + (1/P) \cdot \Delta B + \Delta K = (w/P) \cdot L^s + i \cdot (B/P + K)$$

$$消费 + 储蓄 = 实际收入$$

(9-6)

方程的左边是总消费 C 和实际储蓄 $(1/P) \cdot \Delta B + \Delta K$。方程右边是家庭实际收入,它是实际工资收入 $(w/P) \cdot L^s$ 和实际资产收入 $i \cdot (B/P + K)$ 的总和。这与之前的差别是我们用劳动的供给量 L^s 代替了 L,以便把劳动供给的可变性考虑进去。

由于每个家庭每年拥有的时间数量固定不变,较高的劳动供给量 L^s 意味着有较少的闲暇时间。从家庭的角度来看,较高的劳动供给 L^s 意味着家庭成员每年要工作更多的时间或者有更多的成员参加工作。在后一种情况中,劳动供给的增加体现为劳动力参与率的上升。无论如何,对家庭来说,劳动供给增加意味着闲暇时间减少。

我们已经假设过,家庭偏好消费 C。现在我们假设家庭也偏好更多的闲暇时间。换言之,家庭不喜欢努力工作,这用劳动的供给量 L^s 来体现。

同消费和储蓄一样,L^s 的选择也涉及替代效应和收入效应。我们首先谈谈闲暇与消费的替代效应。

9.5.1.1 闲暇与消费的替代效应

考察一下方程(9-6)中的家庭预算约束。方程右边包括实际工资率 w/P 和利率 i,每一项对于家庭而言都是给定的。假定我们还使右边的实际资产 $B/P + K$ 和左边的实际储蓄 $(1/P) \cdot \Delta B + \Delta K$ 保持固定不变。此时,家庭可能会增加或减少劳动的供给量 L^s 从而提高或降低实际工资收入 $(w/P) \cdot L^s$。由于我们使方程(9-6)中其他一切保持固定,实际工资收入提高或降低将会使消费 C 增加或减少。换言之,如果家庭选择多工作一小时,少一小时的闲暇,额外的实际工资收入 w/P 就用于支付更多单位的消费。因此家庭可以用减少一小时的闲暇来换取更多的消费。

如果实际工资率 w/P 上升,家庭可以通过更多地工作来获得更好的条件,因为额外工作一小时能得到更多的消费。由于条件更有利,我们可以预言,应对更高的实际工资率 w/P 家庭会做更多的工作。或从另一个角度说,较高的 w/P 使闲暇时间与消费相比变得更加昂贵;w/P 会告诉家庭,额外多享受一小时的闲暇得放弃多少消费。实际工资率 w/P 的上升鼓励家庭替代较昂贵的物品——闲暇时间,而倾向于获取较便宜的物品——消费。因此,更高的实际工资率 w/P 提高了劳动的供给量 L^s。

9.5.1.2 劳动供给的收入效应

如往常一样,我们也必须考虑收入效应。再次考察预算约束:

$$C + (1/P) \cdot \Delta B + \Delta K = \boxed{(w/P) \cdot L^s} + i \cdot (B/P + K)$$

$$消费 + 储蓄 = 实际收入$$

(9-6)

我们从带阴影的这一项看到,实际工资率 w/P 的变化具有收入效应。劳动供给量 L^s 给定的情况下,更高的 w/P 意味着更高的实际工资收入 $(w/P) \cdot L^s$。我们的预测是,家庭将把额外的收入花在消费和闲暇时间上。基于此,更高的 w/P 会导致更少数量的劳动供给量 L^s。由于较高的 w/P 的替代效应会导致较高的 L^s,因此,总的效应是不确定的。如果替代效应强于收入效应,实际工资率 w/P 上升会导致 L^s 增加。

我们也许能够通过考察收入效应是强还是弱来解决这个含糊不清的问题。我们在第8章中看到,收入效应的强弱取决于收入变化是持久性的还是暂时性的。要了解这一效应是如何起作用的,请考察第8章的方程(8-12)中得出的多年预算约束的修正形式:

$$C_1 + C_2/(1+i_1) + C_3/[(1+i_1) \cdot (1+i_2)] + \cdots$$
$$= (1+i_0) \cdot (B_0/P + K_0) + (w/P)_1 \cdot L_1^s + (w/P)_2 \cdot L_2^s/(1+i_1) +$$
$$(w/P)_3 \cdot L_3^s/[(1+i_1) \cdot (1+i_2)] + \cdots$$

$$消费的总现值 = 初始资产的价值 + 工资收入的现值 \qquad (9\text{-}7)$$

差别在于,我们用每年的劳动供给量 $L_t^s(t=1,2,\cdots)$ 代替了固定的劳动供给量 L。

当考察第8章中对消费的收入效应时,我们发现,家庭通过每年消费更多产品对更高的实际工资率作出反应。就是说,对每年消费的收入效应是正向的。然而,如果实际工资率的变化是持久性的,并且适用于 $(w/P)_2$,$(w/P)_3$,等等,而不只是适用于 $(w/P)_1$,那么收入效应就会更大。

同样的推理也适用于劳动供给。实际工资率的持久性增加产生了较大的收入效应。在这种情况下,我们无法确定 $(w/P)_1$ 的上升[伴随未来实际工资率 $(w/P)_2$,$(w/P)_3$ 等等的上升]是提高还是降低第一年的劳动供给量 L_1^s。降低劳动供给的收入效应可能大于也可能小于提高劳动供给的替代效应。

相比之下,如果第一年的实际工资率 $(w/P)_1$ 的变化是暂时性的,那么收入效应就很小。在这种情况下,我们可以确信,收入效应要比替代效应弱。因此,第一年的实际工资率 $(w/P)_1$ 的暂时性变化[当 $(w/P)_2$,$(w/P)_3$ 等等不变时]将提高第一年的劳动供给量 L_1^s。

9.5.1.3 劳动供给的跨时期替代效应

我们在第8章中发现,利率 i 的变化对消费有一种跨时期替代效应。现在我们来研究利率对劳动供给的跨时期替代效应。我们首先考察利率变化的各种效应,然后研究实际工资率变化带来的新效应。

再次考察多年预算约束:

$$C_1 + C_2/(1+i_1) + C_3/[(1+i_1) \cdot (1+i_2)] + \cdots$$
$$= (1+i_0) \cdot (B_0/P + K_0) + (w/P)_1 \cdot L_1^s + (w/P)_2 \cdot L_2^s/(1+i_1) +$$
$$(w/P)_3 \cdot L_3^s/[(1+i_1) \cdot (1+i_2)] + \cdots \qquad (9\text{-}7)$$

第一个带阴影项显示,第一年利率 i_1 的上升使第二年的消费 C_2 与第一年的 C_1 相比变得更便宜。因此,i_1 的上升使 C_1 减少 C_2 增加。也就是说,家庭替换掉较昂贵的物品——当前的消费,而换来更便宜的物品——未来的消费。

第二个带阴影的项显示,第二年的实际工资收入$(w/P)_2$在与第一年的实际工资收入$(w/P)_1 \cdot L^s$结合之前,通过$1+i$折现得到现值。如果利率i_1上升,那么,就现值而言,第二年一个单位的实际工资收入$(w/P)_2 \cdot L^s$,与第一年一个单位的实际工资收入$(w/P)_1 \cdot L^s$相比,就不那么值钱了。于是我们预测,家庭将会增加L_1^s而减少L_2^s。这就是对劳动的跨时期替代效应——较高的利率趋向于增加当前的劳动供给而减少未来的劳动供给。

另一个检验这一结果的方法是考察闲暇时间。更高的利率i_1意味着按现值计量的未来消费和闲暇时间与当前的消费和闲暇时间相比会变得更便宜。因此,家庭将趋向接受更便宜的物品(未来的消费和闲暇时间)而替代更昂贵的物品(当前的消费和闲暇时间)。

随着时间的推移,实际工资率的变化也会产生跨期替代效应。从相等的每年的实际工资率开始[即$(w/p)_1 = (w/p)_2 = \cdots$],并假设第一年的实际工资率$(w/p)_1$下降,而未来的实际工资率[即$(w/p)_2$,$(w/p)_3$等]不会改变。当实际工资率暂时下降(第一年)时,这种变化会促使家庭供应较少的劳动力而在未来供应更多的劳动力。由于这种跨期替代效应,第一年的实际工资率$(w/p)_1$减少了第一年的劳动力供给量L_1^s。我们还可以说,当实际工资率暂时处于低位时,目前的休闲时间相对廉价。再换句话说,实际工资率暂时下降的时期是度假的好时机。

下面的"用数字说话"专栏总结了关于对劳动力供给的跨期替代效应的经验证据。这些结果表明,随着时间的推移,劳动供给数量对实际工资率和利率变化的反应与预期一致。

用数字说话　劳动力供给跨期替代的经验证据

George Alogoskoufis(1987a)发现,根据 1950 年到 1982 年的英国家庭数据,实际工资率的预期增长率每年提高 1.0 个百分点,使就业增长率每年提高 0.4 个百分点。因此,当工人认为未来的实际工资率高于当前的实际工资率时,就业被推迟。Alogoskoufis 还发现,年利率上升 1.0 个百分点,使就业增长率每年下降 0.2 个百分点。因此,当利率上升时,就业率就会增加。对于 1948 年至 1982 年的美国家庭数据,Alogoskoufis(1987b)发现了更强的跨期替代效应。实际工资率预期增长率每年提高 1.0 个百分点,使就业增长率提高约 1.0 个百分点。利率上升 1.0 个百分点,使就业增长率每年下降 0.6 个百分点。

然而,Alogoskoufis 的研究发现没有证据表明工人人均工作小时数对随时间变化的实际工资率或利率做出了反应。这种模式令人惊讶——当实际工资率暂时居高不下时,预期工人会加班,包括工作日和周末。Casey Mulligan(1995)认为,在 Alogoskoufis 数据中很难从时变实际工资率中发现跨期替代效应。一个问题是,目前尚不清楚家庭何时认为当前的实际工资率暂时偏高或偏低。此外,Mulligan 研究了一些不寻常的事件,高实际工资率的临时性质是明确的，并且发现实际工资临时上升 10% 估计会使每周平均工作时间增加 20% 或更多。因此，与 Alogoskoufis 不同，Mulligan 发现了工人人均工作时间对临时的高实际工资率的实质性反应。

9.5.2 劳动投入的波动

现在要把对劳动供给的新的分析纳入我们的均衡经济周期模型。然而，在作出这一扩展之前，考察一下我们试图作出解释的数据。

9.5.2.1 劳动投入的周期性变化：实证

图 9-12 的细线显示了就业的周期性部分。这个图形按比例显示了就业偏离其趋势的离差。如前文一样，粗线表示实际 GDP 的周期性部分。我们从这张图看到，劳动投入是顺周期性的：在经济繁荣和衰退期间它都与实际 GDP 同方向波动。[1] 也就是说，就业人数在繁荣期间相对于趋势值较高，在衰退期间相对于趋势值较低。劳动投入的波动性没有实际 GDP 的波动性那么大——就业的周期性部分的标准离差为 0.7%，而实际 GDP 的标准离差为 1.3%。因此，从比例上讲，在繁荣和衰退期间，就业人数的变化幅度都小于实际 GDP。

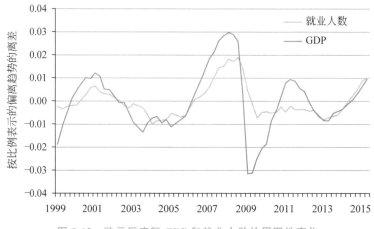

图 9-12 欧元区实际 GDP 和就业人数的周期性变化

注：粗线是实际 GDP 偏离其趋势的离差。细线是就业人数偏离其趋势的离差。这些离差是按比例计算的。实际 GDP 和就业人数是季度数据，并经季节性调整。就业人数是顺周期性的——它紧密地跟随实际 GDP 的波动而波动，但波动幅度没有实际 GDP 那么大。

9.5.2.2 劳动投入的周期性变化：理论

我们现在要在可变的劳动供给下建立均衡的经济周期模型。我们再次假设经济波动

---

[1] 从 1999 年 1 季度到 2015 年 2 季度，就业的周期性部分与实际 GDP 的周期性部分的相关系数为 0.73。

反映了对技术水平 A 的冲击。这些冲击持续很久但不是永久性的。

图 9-13 显示了技术水平 A 的上升如何影响劳动市场。向下倾斜的劳动需求曲线源自图 9-4。细曲线表示初始技术水平 A 下市场的劳动需求 L，这条曲线通常是向下倾斜的，这是因为实际工资率 w/P 的下降会提高劳动的需求量。向下倾斜的粗曲线与更高的技术水平 A' 相匹配。

图 9-13 显示了一条向上倾斜的劳动供给曲线 L^s。这条曲线向上倾斜的原因是我们假设：源于当前的较高的实际工资率 w/P 的替代效应超过了收入效应。我们早已指出，如果 w/P 的变化不是完全持久，这条向上倾斜的曲线可能是适用的。同一条供给曲线 L^s 适用于两种技术水平。即对于给定的 w/P，我们假设当技术水平从 A 上升到 A' 时，劳动的供给曲线并不移动。这一假设并不十分准确，因为它忽略了利率上升（当技术水平上升时就会出现）对 L^s 的影响。然而，将利率的影响包括在内并不会改变我们的主要结论。

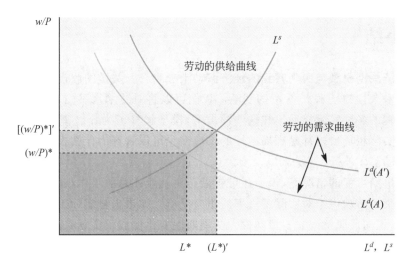

图 9-13 劳动市场的出清

注：在技术水平为 A 时，劳动的需求曲线为 $L^d(A)$。在更高的技术水平 A' 上，劳动需求曲线为 $L^d(A)'$，按任何给定的 w/P，$L^d(A')>L^d(A)$。这两条曲线均来自图 9-4。L^s 表示劳动的供给曲线，由于我们假设源于 w/P 变化的替代效应超过了收入效应，故劳动供给曲线向上倾斜。技术水平从 A 上升到 A'，实际工资率从 $(w/P)^*$ 提高到 $[(w/P)^*]'$，劳动投入从 L^* 增加到 $(L^*)'$。

从图 9-13 中我们得出两个重要的结论。第一，与前面一样，在纵坐标上，实际工资从 $(w/P)^*$ 提高到 $[(w/P)^*]'$；第二，在横坐标上，总的劳动投入从 L^* 增加到 $(L^*)'$。第二个结论是新的，它取决于劳动供给曲线 L^s 向上倾斜的程度。如果当前的 w/P 升高可以导致更大的劳动供给量，那么可以说技术水平上升提高了劳动投入 L。因此，现在的模型与我们在图 9-12 观察到的结论相符合，即在经济波动时劳动投入沿与实际 GDP 相同的方向波动。

劳动投入的增加也有助于实际 GDP，$Y = A \cdot F(K, L)$ 的上升。因此，实际 GDP 的上升部分地源于更高的技术水平 A 的直接影响，部分地源于劳动投入 L 的增加。

9.5.2.3 劳动生产率的周期性变化

另一个重要的宏观经济变量是劳动生产率。大众媒体上使用的劳动生产率的定义是指劳动的平均产值,即实际国内生产总值 Y 与劳动投入 L 的比率。在均衡经济周期模型中,劳动生产率的这一概念往往是顺周期性的——在经济繁荣时劳动生产率高,而在衰退时生产率低。原因是劳动的平均产量 Y/L ,一般与劳动边际产量(MPL)的波动方向相同。我们已经知道 MPL——当劳动市场出清时等于实际工资率——是顺周期性的。

要计算劳动生产率,我们可以根据就业人数或总的工作时数计算出劳动投入量。劳动生产率的第一个量度 Y/L 是工人人均实际 GDP,第二个量度是每工人小时实际 GDP。在这两种情况下劳动生产率结果都是顺周期性的。本模型与劳动生产率的这一性质相符。然而,更详细的分析表明,这中间也许存在着一个数量之谜,即每工人小时实际 GDP 的顺周期性没有模型所预测的那样强。

 # 小结

均衡经济周期模型与所观察到的经济波动十分吻合。关键的假设是经济波动源于长期的但不是永久性的技术水平 A 的变动。我们可以将对技术水平 A 的冲击解释为影响经济体生产率的各种实际扰动。在这些冲击下,模型解释了为什么消费、投资、实际工资率和资本的实际租赁价格都是顺周期性的。模型也可以解释为什么投资的波动比例要大于消费的波动。

在劳动供给可变的情况下,模型还可扩展至对就业或总的工作小时数的波动的考察。这些结论取决于劳动供给对实际工资率的正向反应。如果来自实际工资率的替代效应超过收入效应,正向反应就成立。劳动投入的周期性变化促成了实际 GDP 在繁荣期间的上升和在衰退期间的下降。

 # 重要术语和概念

非周期性的 acyclical

逆周期性的 countercyclical

实际 GDP 的周期性部分 cyclical part of real GDP

均衡经济周期模型 equilibrium business-cycle model

顺周期性的 procyclical

实际经济周期模型 real business-cycle model

冲击 shocks

标准离差 standard deviation

总工作小时 total hours worked

实际 GDP 趋势 trend real GDP

问题和讨论

A. 复习题

1. 讨论以下变化对今年的劳动供给量 L_1^s 的影响：

a. 利率 i_1 的上升；

b. 实际工资率 w/P 的持久性上升；

c. 实际工资率 w/P 的暂时性上升；

d. 得到一笔一次性的意外之财，增加了初始实际资产 $(B_0/P + K_0)$。

B. 讨论题

2. 工作意愿的变化

假设家庭偏好发生了改变，希望每年多工作多消费。

a. 将图 9-13 稍作变化来确定该行为对劳动市场的影响。劳动投入 L 和实际工资率 w/P 会发生什么情况？

b. 将图 9-7 稍作变化来确定该行为对资本服务市场的影响。实际租赁价格 R/P 会发生什么？利率 i 会怎样变化？

c. 消费 C 和投资 I 发生什么情况？随着时间的推移，资本存量 K 如何变化？

3. 储蓄愿望的变化

假设家庭改变了他们的偏好，希望当年多消费一点而少储蓄一些。就是说对于给定的利率和给定的当前的和未来的收入，当前的消费 C_1 上升。

a. 将图 9-13 稍作变化来确定对劳动市场的影响。劳动投入 L 和实际工资率 w/P 发生什么情况？

b. 将图 9-7 稍作变化来确定对资本服务市场的影响。实际租赁价格 R/P 发生什么情况？利率 i 会怎样变化？

c. 消费 C 和投资 I 发生什么情况？随着时间的推移，资本存量 K 如何变化？

4. 资本存量的变化

假设资本存量 K 出现一次性的下降，可能是由自然灾害或战争引起的。假设人口不发生什么变化。

a. 将图 9-7 稍作变化来确定其对资本服务市场的影响。实际租赁价格 R/P 发生什么？利率 i 会如何变化？

b. 将图 9-13 稍作变化来确定对劳动市场的影响。劳动投入 L 发生什么情况？实际工资率 w/P 发生什么情况？

c. 产出 Y 和消费 C 会发生什么情况？投资 I 会怎样？随着时间的推移，资本存量 K 发生什么情况？

5. 人口的变化

假设人口发生一次性的减少,这可能是由疾病流行或居民突然向外移民引起的。

a. 将图 9-13 稍作变化来确定对劳动市场的影响。劳动投入 L 发生什么情况? 实际工资率 w/P 发生什么情况?

b. 将图 9-7 稍作变化来确定对资本服务市场的影响。实际租赁价格 R/P 发生什么情况? 利率 i 如何变化?

c. 产出 Y 和消费 C 发生什么情况? 投资 I 会怎样? 随着时间的推移,资本存量 K 发生什么情况?

第 **10** 章

资本的利用和失业

第 9 章的均衡经济周期模型解释了经济波动的许多特征。然而,它的一个重要缺点是资本和劳动这两种要素的投入始终是被充分利用的。本章将通过允许资本利用率可变动和劳动力就业率可变动来弥补这些不足。

对于资本存量 K,我们考虑在短期内资本服务的供给量可变。这一扩展解释了为什么资本利用率总是低于 100％,并且在繁荣期间往往相对较高而在衰退期间相对较低。这一模式可帮助我们理解实际国内生产总值(GDP)波动的情况。

同样,该模型没有解释劳动力为什么没有完全就业,即它没有解释失业的原因。为研究失业率的水平和变化,我们将模型进行扩展,考虑那些寻找好工作的工人和寻找有生产能力的工人的雇主。这个工作匹配过程可以解释失业和职位空缺的存在及其波动。我们可以解释为什么在繁荣时期失业率低而在衰退时期失业率高。这一模型有助于我们理解劳动投入和实际 GDP 的波动。

 ## 10.1 资本投入

在第 9 章中,我们假设家庭将他们所有的给定的资本存量 K 提供给资本租赁市场,所以,在图 9-7 中资本服务的供给 K^s 是一条位于 K 点的垂直线。实际租赁价格 R/P 对资本服务的需求量 K^d 进行调整使其等于它的供给量 K^s。因此,给定的资本存量 K 在生产中总是能得到充分利用。换言之,资本利用率——资本存量被用于生产的份额——始终是 100％。

现在我们将这个模型的微观经济学基础扩大到把可变的资本利用率,即把可变的资本服务的供给考虑进去。然后,我们利用市场出清方法来研究租赁市场,以评估资本服务数量的确定。

到目前为止,我们尚未将资本存量 K 与用于生产的资本服务量区分开来,只是将资本 K 看作是机器的数量并且假设每台机器每年使用固定的小时数。例如,如果企业的机器每天使用 8 小时,每周 5 天,每年 52 周,那么每台机器每年使用 2 080 小时。在这种情况下,资本服务(以每年机器小时计量)将始终是资本存量的一个固定乘数,例如 2 080。

实际上,资本利用率是可以变动的。如果企业每天开动机器 16 小时,那么企业就可以提高机器利用率,达到每年 4 160 机器小时而不是 2 080 机器小时。同样,企业也可以通过在周末开工来提高机器的利用率。

用变量 κ（希腊字母）表示资本存量 K 的利用率。我们用每年的小时数来计量 κ，并用机器的数量（货物的存量）衡量 K。κ 和 K 的乘积 κK 表示资本服务的流量。κK 项的单位为

（每年小时）×（机器数量）＝每年机器小时

现在我们修正方程（3-1）中的生产函数，用资本服务的数量 κK 代替资本存量 K。

关键方程（资本利用率可变的生产函数）
$$Y = A \cdot F(\kappa K, L) \tag{10-1}$$

给定 K，κK 随资本利用率 κ 的上升而增加。因此，给定技术水平 A、资本存量 K 和劳动投入 L，κ 的上升提高了实际 GDP（即 Y）。我们的假设是生产仅取决于每年资本服务的数量 κK 而不取决于这些服务如何在利用率 κ 和机器数量 K 之间进行分解。每天 8 小时开动 16 台机器的生产能力被认为与每天 16 小时开动 8 台机器一样。

10.1.1 资本服务的需求

在第 7 章，我们得出资本服务的需求 K^d 是生产的一种投入。家庭作为企业的经营者，以实现实际利润的最大化为目标来选择 K，实际利润由下式给出：
$$\Pi/P = A \cdot F(K^d, L^d) - (w/P) \cdot L^d - (R/P) \cdot K^d \tag{7-13}$$
Π/P 的最大化导致资本的边际产量 MPK 与资本的实际租赁价格 R/P 相等。R/P 上升使资本服务的需求量 K^d 减少，如图 7-6 中的向下倾斜的曲线所示。

如果我们调整方程（7-13）以考虑到可变的资本利用率 κ，这一分析仍然有效：
$$\Pi/P = A \cdot F[(\kappa K)^d, L^d] - (w/P) \cdot L^d - (R/P) \cdot (\kappa K)^d \tag{10-2}$$

现在，实际租赁价格 R/P 用每单位的资本服务计量。就是说，由于 κK 的单位为每年多少机器小时，R/P 的单位是每机器小时多少产品。

如前面一样，家庭选择所需要的资本服务量——现在用 $(\kappa K)^d$ 表示——以使实际利润 Π/P 最大化。这一最大化同样意味着 MPK 与资本的实际租赁价格 R/P 相等。然而，现在 MPK 表示的是由额外机器小时的资本服务生产的额外产品。由此对资本服务 $(\kappa K)^d$ 的需求曲线看起来仍然像图 7-6 中的那样，在图 10-1 中显示为向下倾斜的曲线。

假设技术水平从 A 上升到 A'。在 κK 值给定的情况下，这一变化提高了 MPK。图 10-2 显示了这一变化，曲线 MPK(A) 移动到 MPK(A')。在实际租赁价格 R/P 给定时，资本服务的需求量从 $(\kappa K)^d$ 上升到 $[(\kappa K)^d]'$。这一结果类似于图 9-6 的情况，当时并没有考虑可变化的资本利用率。

10.1.2 资本服务的供给

我们在第 9 章中假设资本的所有者（家庭）将其所有的资本 K 提供给租赁市场。现在我们扩展此分析，让资本所有者可以选择资本利用率 κ。对于给定的资本存量 K，资本的所有者通过变动利用率，每年可以提供更多或更少的资本服务。为什么一个所有者始终把 K 设定在最大可能值以下？如果最大的利用率为每年 8 736 小时，此时机器每周 7

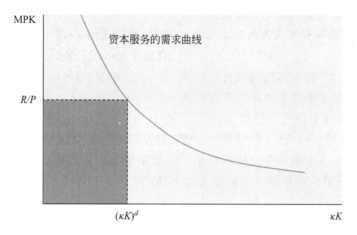

图 10-1　资本服务的需求

注：对于给定的技术水平 A 和劳动投入 L，当横坐标上的资本服务数量 κK 增加时，纵坐标上的资本服务的边际产量 MPK 就会减少。家庭选择资本服务的数量 $(\kappa K)^d$，MPK 等于资本的实际租赁价格 R/P。

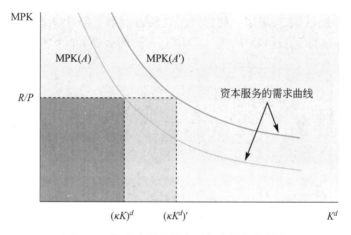

图 10-2　技术水平的提高对资本服务的影响

注：当技术水平为 A 时，MPK 由细曲线表示，用 MPK(A) 标出。当纵坐标上的实际租赁价格为 R/P 时，横坐标上的资本服务的需求量为 $(\kappa K)^d$。技术水平 A' 高于 A。因此，在任何给定的资本投入，用 MPK(A') 标出的粗曲线表示的 MPK 值大于细曲线上的值。当技术水平为 A'，实际租赁价格为 R/P 时，资本服务的需求量为 $(\kappa K^d)'$，大于 $(\kappa K)^d$。

天、每天 24 小时不停地运转。

将资本利用率 κ 设定在其最大值以下的一个原因是，κ 上升往往会提高折旧率 δ，机器使用得越密集，它们就磨损得越快。而且，当 κ 上升时，可供维修保养的时间就会减少，从而进一步提高折旧率。我们可以通过把折旧率写成 κ 的一个向上倾斜的函数来理解这些效应：[①]

$$\delta = \delta(\kappa)$$

---

①　本分析可见 Jeremy Greenwood，Zvi Hercowitz 和 Gregory Huffman(1988)。

资本的所有者选择利用率 κ 以使他从提供资本服务中获得的净实际收入最大。

供给资本服务的净实际收入 ＝ 实际租金收入 － 折旧

$$= (R/P) \cdot \kappa K - \delta(\kappa) \cdot K$$

将变量 K 提出来，得到的结果为

供给资本服务的净实际收入 ＝ $K \cdot [(R/P) \cdot \kappa - \delta(\kappa)]$ (10-3)

因此，净实际收入等于拥有的资本 K 乘以 $[(R/P) \cdot \kappa - \delta(\kappa)]$。要理解这一项的含义，注意第一部分 $(R/P) \cdot \kappa$ 是每台机器的每个机器小时的租赁价格与每年的机器小时 κ 的乘积。因此 $(R/P) \cdot \kappa$ 是每单位资本每年的实际租金收入。当将折旧率 $\delta(\kappa)$ 考虑进去时，我们就得到每单位资本的净实际租金收入 $(R/P) \cdot \kappa - \delta(\kappa)$。这一项给出了拥有资本的收益率：

关键方程(资本收益率)

拥有资本的收益率 ＝ $(R/P) \cdot \kappa - \delta(\kappa)$ (10-4)

在方程(10-4)中，对于给定的资本存量 K，提供资本服务的净实际收入的最大化可归结为使拥有资本的净实际收益 $[(R/P) \cdot \kappa - \delta(\kappa)]$ 最大化。图 10-3 绘出了该收益的两个组成部分相对于资本利用率 κ 的曲线。直线表示第一部分 $(R/P) \cdot \kappa$。这条直线经过原点，斜率等于实际租赁价格 R/P。如我们先前的分析，单个家庭将 R/P 看作是给定的。

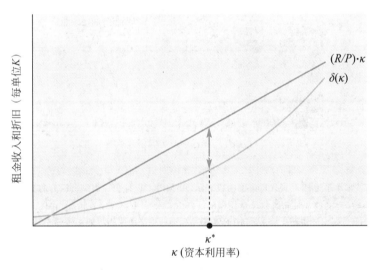

图 10-3　资本利用率的选择

注：经过原点的直线为单位资本的实际租金收入 $(R/P) \cdot \kappa$。下凸的曲线表示折旧率 $\delta(\kappa)$，是资本利用率 κ 的一个递增的函数。直线和曲线之间的差距等于方程(10.4)给出的拥有资本的收益率 $(R/P) \cdot \kappa - \delta(\kappa)$。资本的所有者选择 κ 使这一垂直距离最大化——最大化出现在 $\kappa = \kappa^*$ 时。

方程(10-4)中拥有资本的收益率的第二部分是带负号的折旧率 $\delta(\kappa)$。在图 10-3 中我们把 $\delta(\kappa)$ 画为一条关于 κ 的凸曲线。我们假设当 κ 等于 0 时，$\delta(\kappa)$ 大于 0，也就是说，资本即使在闲置时仍然要折旧(也许是因为设备会生锈)。其次，随着 κ 的上升，$\delta(\kappa)$ 上升,因此,较高的 κ 导致较高的 $\delta(\kappa)$。[1]

方程(10-4)给出的拥有资本的收益率等于图 10-3 中直线 $(R/P)\cdot\kappa$ 和曲线 $\delta(\kappa)$ 之间的垂直距离。资本的拥有者(家庭)会选择使这一距离最大化的利用率 κ。在图中,利用率最大化出现在横坐标上的 $\kappa=\kappa^*$ 时。在 κ^*,直线和曲线之间的垂直距离用短箭线表示。一般来说,κ^* 将被设定在其最大的容许值即每年 8 736 小时之下。资本所有者会避免采用这一极端高的资本利用率,因为这会导致资本存量快速折旧。下面的专栏讨论了资本所有者选择小于 100% 的资本利用率的其他原因。

实践中的经济学 多班制作业和超时间工作

我们发现资本利用率 κ 一般会被设定在其最大容许值每年 8 736 小时以下。我们通过考察 κ 对折旧率 $\delta(\kappa)$ 的正效应得到这一结果。我们可以给出更多的工厂和机器未被充分利用的原因。

我们已经假设实际 GDP 为 Y,Y 取决于 κK 表示的资本服务:

$$Y = A \cdot F(\kappa K, L) \tag{10-1}$$

其中,K 为机器的数量,κ 为每台机器每年运行的小时数。如果最初 $\kappa=2\,080$ 小时,即企业在每周的工作日里每天使用资本 8 个小时,企业可以通过每天增加班次,或在周末开工以提高 κ。然而,每周增加运行时间也会带来额外的成本,包括照明所需要的电力。这一类支出被称为使用者成本——只有当资本被使用时才会产生。我们应当把这些成本从方程(10.2)表示的实际利润中减去,得到

$$\Pi/P = A \cdot F[(\kappa K)^d, L^d] - \left(\frac{w}{P}\right)\cdot L^d - (R/P)\cdot(\kappa K)^d - 资本的使用者成本$$

使用者成本——它随 κ 的上升而增加——可以解释为什么资本的运行时间少于充分利用的时间。就是说,一家企业也许宁愿让 100 台机器工作一半的时间,也不愿意让 50 台机器一天 24 小时地运转。

此外,要提高 κ 企业一般不得不在不太方便的时间段运转机器和工厂,例如晚上和周末。一般来说,在这些时间运行要比正常的工作时间费用更加昂贵,因为要让工人们干夜班或加班加点需要支付更高的工资率。而且在这些时间段也许无法得到来自其他企业的辅助性服务,例如供应商和运输业的服务(非高峰时段的较低的电费和公路交通不拥堵正在抵消这些不利因素)。如果考虑到在非常规时段较高的运行成本,我们就找到了企业不最大限度地利用其资本的生产能力的另一个原因了。

现在我们需要弄清楚实际租赁价格 R/P 的变动如何改变所选择的资本利用率 κ^*。假设实际租赁价格从 R/P 上升到 $(R/P)'$。在 R/P,每单位资本的实际租金支付在

---

[1] 我们也假设随着 κ 的上升,$\delta(\kappa)$ 对 κ 变得更敏感。从图形上看,曲线 $\delta(\kappa)$ 呈凸形——它凸向横坐标。

图 10-4 中由从原点出发的直线$(R/P) \cdot \kappa$ 给出。而在更高的实际租赁价格$(R/P)'$，每单位资本的实际租金支付在图中由直线$(R/P)' \cdot \kappa$ 给出，它比蓝色的直线更陡峭。折旧率$\delta(\kappa)$由源自图 9-3 的曲线表示。这条曲线并不变动，因为$\delta(\kappa)$并不取决于R/P。

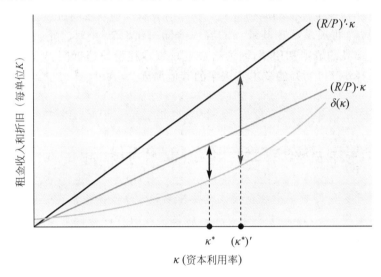

图 10-4　实际租赁价格上升对资本利用率的影响

注：本图曲线来自图 9-3 的折旧率$\delta(\kappa)$。经过原点的两条直线表示每单位资本的实际租赁价格。下面的直线表示实际租赁价格为R/P，而上面的直线表示更高的实际租赁价格$(R/P)'$。在R/P，资本的所有者通过选择横坐标上的资本利用率κ^*使租赁收入直线与折旧曲线之间的距离最大化。在$(R/P)'$，家庭通过选择更高的资本利用率$(\kappa^*)'$使距离最大化。因此，R/P 的上升提高了资本利用率。

当实际租赁价格为R/P 时，家庭通过采用图 10-4 中横坐标上的资本利用率κ^*使直线$(R/P) \cdot \kappa$ 与曲线之间的垂直距离最大。当实际租赁价格上升到$(R/P)'$时，家庭通过选择更高的资本利用率$(\kappa^*)'$使之达到最大。因此，实际租赁价格的上升提高了资本利用率；较高的实际租赁价格使得家庭值得去提高κ，尽管由此也会导致折旧率$\delta(\kappa)$的上升。

10.1.3　市场出清和资本利用

我们在第 9 章中考察了技术水平A 的上升对实际 GDP、劳动投入和其他变量的影响。现在我们可以考察技术水平变动对资本利用率κ，从而对资本服务的数量κK 的影响。

图 10-5 将我们对资本服务的需求和供给的分析结合在一起。纵坐标表示实际租赁价格R/P，而横坐标表示市场对资本服务的需求和供给。这两条向下倾斜的需求曲线出自图 10-2。浅蓝曲线$(\kappa K)^d(A)$对应技术水平A，而深蓝曲线$(\kappa K)^d(A')$对应更高的技术水平A'。注意技术水平的上升使对资本服务的市场需求$(\kappa K)^d$ 增加。

图 10-5 中向上倾斜的供给曲线来自图 10-4。供给曲线向上倾斜是因为实际租赁价格R/P 的上升激励人们选择更高的资本利用率κ。对于给定的资本存量K，κ 的上升使资本服务的供给量$(\kappa K)'$增加。

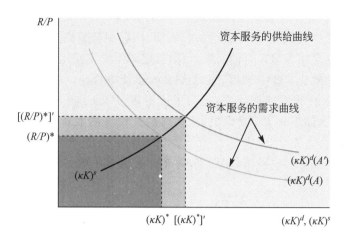

图 10-5 资本服务市场的出清

注：在技术水平 A，资本服务的需求沿 $(\kappa K)^d(A)$ 曲线移动。在更高的技术水平 A'，资本服务的需求沿 $(\kappa K)^d(A')$ 曲线移动。这两条曲线均来自图 10-2。资本服务的供给曲线 $(\kappa K)^s$ 向上倾斜，因为 R/P 的上升会提高资本利用率（见图 10-4）。因此，技术水平从 A 上升到 A' 提高了市场出清的实际租赁价格，即从 $(R/P)^*$ 提高到 $[(R/P)^*]'$，资本服务的供给从 $(\kappa K)^*$ 上升到 $[(\kappa K)^*]'$。由于资本存量 K 是固定的，资本服务的增加反映了资本利用率从 κ^* 上升到 $(\kappa^*)'$，如图 10-4 所示。

图 10-4 显示，对于给定的 R/P，技术水平 A 并不影响资本利用率 κ 的选择。因此，图 10-5 中 A 的上升并不会使资本服务的供给曲线发生移动。（最终，A 的上升将增加资本服务的供给量。然而，这一增加是通过 R/P 的上升实现的。R/P 决定了资本的拥有者从多提供的服务中获得的报酬。就是说，是沿给定供给曲线的移动，而不是曲线本身的移动。）

当技术水平为 A 时，图 10-5 显示，在实际租赁价格为纵坐标上的 $(R/P)^*$，资本服务数量为横坐标上的 $(\kappa K)^*$ 时，资本服务的市场出清。当技术水平提升到 A' 时，资本服务的需求曲线向右移动，而供给曲线不动。因此，市场在更高的实际租赁价格 $[(R/P)^*]'$ 和更大的资本服务数量 $[(\kappa K)^*]'$ 出清。

我们在第 9 章注意到，技术水平的上升提高了实际租赁价格 R/P。图 10-5 中的新的效应是资本服务数量 κK 的增加。由于资本存量 K 在短期内是固定的，资本服务的增加反映了资本利用率的提高，即从 κ^* 上升到 $(\kappa^*)'$。于是我们发现，在经济繁荣时期（这时较高的技术水平 A 导致实际 GDP 上升）资本利用率相对较高，而在衰退时期（这时较低的 A 导致实际 GDP 下降）资本利用率相对较低。

回顾一下生产函数：

$$Y = A \cdot F(\kappa K, L) \tag{10-1}$$

现在我们有三个原因可以解释为什么实际 GDP 在繁荣时上升而在衰退时下降了。第一，技术水平 A 的高或低导致实际 GDP 相应地高或低。第二，如第 9 章中所讨论的，技术水平 A 的高或低导致劳动供给 L 相应地高或低。第三，新的效应是技术水平 A 的高或低导致资本利用率 κ，从而资本服务数量 κK 相应地高或低。

回顾一下，资本的收益率由下式给出：

$$\text{拥有资本的收益率} = (R/P) \cdot \kappa - \delta(\kappa) \tag{10-4}$$

对于给定的资本利用率 κ，方程(10-4)表明，实际租赁价格 R/P 的上升会提高拥有资本的收益率。这是第 9 章探讨的问题，当时假定 κ 不发生变化。现在，我们从 κ 的变动中得到一个额外的效应。我们知道，人们选择 κ，以使方程(10-4)表示的收益率最大化。因此，κ 的变化——在我们的例子中，是为了应对 R/P 的上升——提高了资本收益率。于是我们得出结论，如第 9 章中所说的，随着技术水平 A 的上升，拥有资本的收益率总体是上升的。

我们仍然认为债券的收益率(即利率)等于拥有资本的收益率。在第 7 章中，这一条件为

$$i = R/P - \delta \tag{7-6}$$
债券收益率 = 拥有资本的收益率

现在我们利用方程(10-4)去计算拥有资本的收益率，得到

$$i = R/P \cdot \kappa - \delta(\kappa) \tag{10-5}$$
债券收益率 = 拥有资本的收益率

我们发现，技术水平 A 的上升提高了拥有资本的收益率，这一项是在方程(10-5)的右边，因此，如第 9 章，利率 i 也会上升。在本模型中，利率仍然是顺周期性的。

10.1.4 生产能力利用率的周期性变化

要验证我们的论断，即资本利用率 κ 是顺周期性的，我们可以利用制造业的生产能力利用率的数据。制造业商业趋势调查收集了欧元区生产能力利用率的数据。从 1991 年 1 月到 2013 年 4 月，生产能力利用率的平均值为 81%，其上下波动范围从 69% 到 85%。

图 10-6 中的细曲线显示了生产能力利用率偏离其趋势的离差(利用图 9-2 中的方法构建趋势)。粗曲线表示实际 GDP 偏离其趋势的离差。注意生产能力利用率很明显是顺周期的，[1]在繁荣时期高于趋势而在衰退时期低于趋势。因此，模型关于资本利用率顺周期变动的预测与生产能力利用率的数据是相一致的。

10.2 劳动力、就业和失业

我们现在探讨如何将观察到的劳动投入 L 的波动与劳动力、就业和工人人均工作小时的变动联系起来。首先，我们考察一下欧元区数据的经验模式。然后，我们扩展均衡经济周期模型以解释某些难解之谜，尤其是就业率的波动。

10.2.1 基本概念和经验模式

欧元区的数据表明劳动投入 L 是顺周期性的，即它在经济波动期间按与实际 GDP 相同的方向波动。例如，在图 9-12 中，我们用每年总工作小时计量劳动投入 L。L 的这一概念具有很强的顺周期性——从 1999 年到 2015 年，总工作小时的周期性部分与实际

---

① 从 1999 年 1 月到 2013 年 4 月，生产能力利用率的周期性部分与实际 GDP 周期性部分的相关系数为 0.86。

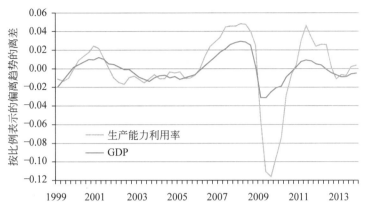

图 10-6　欧元区实际 GDP 和生产能力利用率的周期性变化

注：粗曲线表示实际 GDP 偏离其趋势的离差。细曲线表示生产能力利用率偏离其趋势的离差。数据从 1991 年 1 月到 2013 年 4 月。实际 GDP 和生产能力利用率采用的是季度数据，并且是经过季节性调整的。生产能力利用率是顺周期性的——它紧密地跟随实际 GDP 波动，但是比实际 GDP 变动幅度更大。

GDP 的周期性部分的相关系数为 0.73。

在第 9 章中，我们通过引入可变的劳动供给，允许 L 发生变化。要得到正确的周期模式，我们依赖于劳动供给量 L^s 对实际工资率 w/P 的正向反应。在经济繁荣期间较高的 w/P 激励家庭增加 L^s，这一反应使得 L 得以增大。

我们的分析并不能明确 L 的变化是否是劳动力的转移、就业率的变化或工人人均工作小时的变化的结果。现在，假定我们继续忽略工人人均工作小时的变化，这样每个工作岗位每年就有了标准的工作小时数。因此总工作小时数的变化仅反映了就业——有工作的人数的变化。在这种情况下，劳动的供给量 L^s 就是在给定的实际工资率 w/P 下从事工作的人数。劳动供给的这一概念符合欧盟统计局对民用劳动力的计量——拥有工作岗位的人数加上自己说正在找工作的人数。我们可以把劳动的需求量 L^d 看作在给定 w/P 下雇主愿意提供的工作岗位数。

在市场出清的背景下，与往常一样，市场决定实际工资率 w/P，以使劳动的供给量 L^s 等于劳动的需求量 L^d。因此，使市场出清的就业量 L 等于劳动力数量 L^s，也等于雇主想填补的工作岗位数 L^d。但现实世界在两个主要方面偏离这种情况。首先，劳动力数量总是大于就业人数，两者之间的差额等于失业人数。其次，雇主希望填补的工作岗位数总是大于就业人数，这两者之间的差额等于职位空缺数。

劳动市场供给方面的一个重要变量是失业率，它等于失业人数与劳动力人数的比率。相反，就业率是就业人数与劳动力人数的比率。如果用 u 表示失业率，我们得到

$$u = 失业人数 / 劳动力人数$$
$$= (劳动力人数 - 就业人数) / 劳动力人数$$
$$= 1 - (就业人数 / 劳动力人数)$$
$$= 1 - 就业率$$

整理各项，我们得到

$$就业率 = 1 - u$$

在劳动市场的需求方面,职位空缺率是职位空缺数与雇主希望填补的职位数的比率。从雇主的角度看就业率是就业人数与雇主想要填补的总的职位数的比率。较少强调职位空缺率的一个原因是有关职位空缺的数据不如有关失业的数据那么准确。通常,经济学家们依赖报纸招聘广告上的不完整的信息来计算该指标。然而,最近欧盟统计局改进了其职位空缺率的计算方法。

在劳动的供给方面,我们可以认为就业是由下式决定:

$$就业人数 = 劳动力人数 \cdot (就业人数 / 劳动力人数)$$
$$= 劳动力人数 \cdot 就业率$$
$$= 劳动力人数 \cdot (1 - u)$$

我们前面的分析假设失业率为 0,所以就业的变化与劳动力的变化相一致。根据上式,就业的变化也可以反映 u 的变化。

我们在图 9-12 看到,就业大幅变动,尽管还比不上实际 GDP 的变动幅度——从 1999 年到 2015 年,就业的周期性部分的标准离差是 0.7%,实际 GDP 的标准离差是 1.3%。此外,这些周期性部分强正相关——相关系数为 0.73,所以,就业明显是顺周期的。

图 10-7 和图 10-8 显示了决定就业的两个变量——劳动力和就业率($1 - u$)——如何影响欧元区 1999 年至 2015 年的就业人数变化。图 10-7 显示,劳动力是相对稳定的——从 1999 年到 2015 年周期性部分的标准离差为 0.3%,而且,劳动力与实际 GDP 的周期性部分的相关系数几乎为 0。[①] 相比之下,图 10-8 中显示的就业率有更大的波动性,其周期性部分的标准离差是 0.6%,与实际 GDP 周期性部分的相关性也要大得多,它们之间的相关系数为 0.82。因此,就业人数的顺周期性变化更多地源于就业率的变化,而不是劳动力的变化。这一结论意味着我们前面的分析[集中于研究劳动力的波动(代表了劳动的供给)]缺少了某些重要的信息。

图 10-7 和图 10-8 考察了决定就业的两个变量:劳动力和就业率。我们也可以容许工人人均工作小时有所变化。我们可以写成如下等式:

$$总工作小时 = 就业人数 \times 工人人均工作小时$$

图 10-9 显示一个额外的变量,即工人人均工作小时。从 2005 年到 2015 年,工人人均工作小时的周期性部分的标准离差是 0.1%,与实际 GDP 周期性部分的相关性为 0.46。因此,从解释总工作小时总的波动情况的角度来看,工人人均工作小时不如就业率重要,但要比劳动力重要。

我们从第 9 章得到的均衡经济周期模型对于理解劳动力和工人人均工作小时的波动或许是令人满意的。在这些情况中,我们可以把实际工资率 w/P 看作是使劳动供给量 L^s 等于劳动需求量 L^d 的调节手段。但是,这一方法无法解释最重要的因素——就业率的波动,或失业率的波动。

为解释失业率和职位空缺率,我们必须在劳动市场的运转中引入某些"摩擦"。就是说,我们必须解释为什么在劳动力队伍中有些没有工作的人要花一些时间去找工作,以及为什么有空缺职位的企业要花时间去找人填补空缺。因此,失业和职位空缺的关键是人

---

① 从 1999 年 1 月到 2015 年 2 月,劳动力的周期性部分与实际 GDP 的周期性部分的相关性为 −0.02。

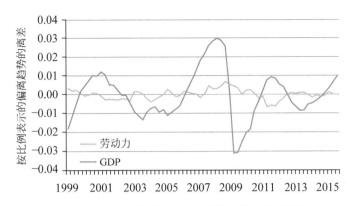

图 10-7 欧元区的实际 GDP 和劳动力的周期性变化

注：粗曲线是实际 GDP 偏离其趋势的离差。细曲线是民用劳动力偏离其趋势的离差。民用劳动
力——指已就业的或试图就业的人数——的数据来自欧盟统计局（http://ec.europa.eu/eurostat/
data/database）。实际 GDP 和劳动力采用季度数据，并经季节性调整。劳动力是弱顺周期性的，其波
动幅度要比实际 GDP 小。

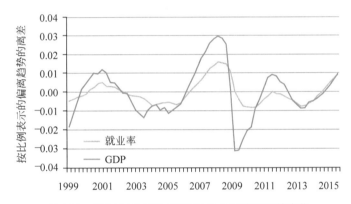

图 10-8 欧元区的实际 GDP 和就业率的周期性变化

注：粗曲线是实际 GDP 偏离其趋势的离差。细曲线是就业率偏离其趋势的离差。就业率是就业
人数与劳动力的比率。衡量就业和劳动力的指标来自欧盟统计局。实际 GDP 和就业率采用季度数
据，并经过季节性调整。就业率具有很强的顺周期性，其与实际 GDP 的波动方向相同。

们寻找工作和企业寻找工人的过程。

在先前关于劳动市场的讨论中，我们把所有的工人和所有职位看作是一样的，从而简
化了问题。然而在当今世界上，工人寻找工作和企业寻找工人的过程是很烦琐的。因此，
为了使分析更符合实际情况，我们必须考虑到各个工人之间以及各种职位之间的差别。
然后我们可以认为劳动市场的运作是为了在职位与工人之间进行恰当的匹配。由于各种
职位和各个工人之间有所区别，这一匹配过程很困难，也很费时间；在这一过程中失业和
职位空缺就产生了。

下一节我们将对均衡经济周期模型进行扩展，包括进一个简单的职位匹配模型。这
一扩展有两个主要目的。首先，我们要解释为什么失业水平和职位空缺水平大于 0。其
次，我们要理解失业和职位空缺如何随时间推移而变化——特别是，为什么就业率是顺周

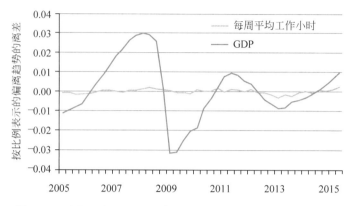

图 10-9　欧元区实际 GDP 和每周平均工作小时数的周期性变化

注：粗曲线是实际 GDP 偏离其趋势的离差。细曲线是每周平均工作小时偏离其趋势的离差。每周工作小时数据来自欧盟统计局。实际 GDP 和每周平均工作小时采用季度数据，且经过季节性调整。每周平均工作小时是顺周期性的，它随实际 GDP 波动，但波动幅度不如实际 GDP 大。

期性的而失业率是逆周期性的。

10.2.2　寻职模型

考虑一个名叫希拉里的人，她刚刚进入劳动力队伍，但还没有被雇用。希拉里也许是刚毕业的学生，或者是居家之后重新进入劳动力队伍的女性。假设希拉里通过走访厂商寻求一个职位。每家厂商都要对求职者进行面试，以评估他们是否具有胜任某个职位的可能的资质。每次面试结束，厂商都要评估一个求职者的潜在的边际产量（MPL）的价值。简单起见，我们假设厂商给了希拉里一份工作，实际工资率是 w/P，等于估计的边际产量。仅仅出于简化的目的，我们假设每份工作每周都需要标准的工作小时数。在这种情况下，w/P 决定了受雇后得到的实际收入（它等于 w/P 和每周工作小时数的乘积）。

希拉里决定是否要接受这份实际工资率为 w/P 的工作。另一种选择是仍然保持失业并且继续寻找工作。我们假设接受这份工作不合算，要继续寻找工作。这一假设是合理的，因为在一个新岗位上站稳脚跟的成本使得预期任期较短的工作不那么合算。而且，在失业状态下可能更容易寻找工作。

如果随后找到的工作工资报价超过最初的那份工作，那么更多地寻找工作是值得的。拒绝一份工作的成本是无工作期间所失去的收入。然而，这笔失去的收入必须与人们由于失业而得到的任何收入进行权衡。我们用 ω（希腊字母欧米茄）表示人们在失业期间得到的有效实际收入。ω 的值包括从政府获得的失业保险支付和希拉里不将时间用在工作上所能带来的任何价值。

在评估所获得的职位时，首先考虑的是如何同其他可能获得的职位相比较。在进行这一比较时，希拉里头脑里有一个根据她的教育程度、工作经验等等可能得到的工资报价的分布。我们假设一个职位的吸引力仅取决于实际工资率。如果我们将此模型扩大到把工作地点和工作条件考虑在内，其主要结果也不会改变。

图 10-10 所示为典型的工资报价分布的情况。对于横坐标上的每个实际工资率

w/P 来说,纵坐标上的数值表示接受这一报价的概率。就图中的曲线而言,报价大多落在 w/P 的中间段。然而,也有少量的获得非常高或非常低的工资报价的机会(处在分布的右端和左端)。

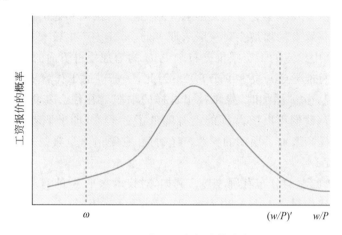

图 10-10　实际工资报价的分布

注:曲线表示接受不同水平的实际工资报价(w/P)的工作的机会。曲线的位置越高,所提供的实际工资报价越有可能被接受。在横坐标上,ω 是在失业期间得到的有效的实际收入,而 $(w/P)'$ 是保留的实际工资。如果所提供的工作支付的工资至少同 $(w/P)'$ 一样,这些工作就会被接受,否则就会被拒绝。

图 10-10 显示了 ω 的值,它是失业期间的有效实际收入。我们知道希拉里会拒绝任何工资报价少于 ω 的职位。图中 ω 处于工资报价分布的左端。这一图形意味着大多数——并非全部——工作提供的工资都大于 ω。在 ω 的位置给定后,当一个职位的实际工资率大于 ω 时,希拉里的关键决策为是否要接受这一实际工资率 w/P。

她也许会拒绝超过 ω 的实际工资率 w/P,以保留找到更好职位的机会。然而这里存在着一个权衡取舍的问题,因为她放弃了不工作期间的一笔实际收入。对这两种力量的权衡得出了经济学家们所谓的保留的实际工资,用 $(w/P)'$ 表示。工资低于 $(w/P)'$ 的工作都被拒绝,而那些工资高于 $(w/P)'$ 的职位才被接受。如果希拉里设定一个数值较高的 $(w/P)'$,她可能要长时间去寻找工作而有可能长期失业。相反,一个较低的 $(w/P)'$ 意味着失业等待的时间通常很短。但是,一个较低的 $(w/P)'$ 也意味着希拉里可能最终只得到一份薪水较低的工作。

最优的实际保留工资 $(w/P)'$ 取决于图 10-10 中工资报价分布的形状以及失业期间的有效实际收入 ω 和一份工作预期的持续时间。[①] 我们的目的并不在于详细考察最优 $(w/P)'$ 的决定因素。我们可以通过描述这一分析的重要特点得到主要结果。

由于所提供的有些工作是不可接受的,即某些职位 $w/P<(w/P)'$,所以希拉里一般要花一段时间去找到一份可接受的工作。在这段时间,她是"失业的",虽然在寻找工作。因此,有关去哪里能找到最好的工作的信息不对称可以解释为什么失业率总是大于 0。

失业期间有效实际收入 ω 的增加激励希拉里提高接受工作的标准;就是说,$(w/P)'$

----

① 有关包含保留工资的求职模型的讨论,请参见 Belton Fleisher 和 Thomas Kniesner (1984,pp.477-507)。

提高了。如果希拉里可能得到的实际工资报价 w/P 没有高于 ω 很多,这一效应就特别强烈。例如,如果相比于通常的工资报价,失业保险金很高,那么失业保险金增加引起的 ω 的提高,将对 $(w/P)'$ 有很强的影响。在美国,失业保险金并不很高,保险金的少量增加对于一般求职者的 $(w/P)'$ 不会有重大影响。相比之下,法国和德国这些国家有非常慷慨的失业保险计划,保险金的增加会对一般求职者的 $(w/P)'$ 产生较大的影响。

对于图 10-10 中给定的工资报价分布来说,ω 的增加使得下面的情况更有可能出现:即 $(w/P)'$ 的增加可能导致 $w/P < (w/P)'$。因此,所提供的工作将更经常被拒绝。由此会出现这样的情况,当 ω 增加时,像希拉里这样的求职者往往会花更长时间去寻找一个工作。对群体而言,我们可以预言 ω 的上升降低了就职率,即求职者找到工作职位的比率。相应地,ω 的提高增加了预期的失业持续时间,它是指一个典型的失业者通常保持失业状态的时间长度。

假定工资报价的总的分布有所改善。例如,对技术水平 A 的有利冲击可以提高所有工人的 MPL——比如提高 10%。由于实际工资报价 (w/P) 等于每个工人潜在的边际产量的价值,图 10-10 中实际工资报价的分布整体右移——典型的实际工资报价 (w/P) 上升 10%。因此,如果保留的实际工资 $(w/P)'$ 不变,提供的职位更高频地落入可接受的范围,这时 $w/P > (w/P)'$。因此,就职率上升,预期的失业持续时间下降。

然而,我们必须考虑到,一个更高的工资报价的分布往往会导致保留的实际工资 $(w/P)'$ 上升。如果预期实际工资报价的更高的分布会持续到将来,求职者,例如希拉里,会变得更加挑剔——提高 $(w/P)'$。例如,技术水平持久性的改进往往会对实际工资报价产生长期的影响。在这种情况下,$(w/P)'$ 会上升。$(w/P)'$ 上升会对预期的就职率产生不利的影响。在所有的实际工资报价 (w/P) 都上升 10% 的例子中,只有在 $(w/P)'$ 的上升不到 10% 的情况下,就职率才会上升。

有两个原因解释为什么保留的实际工资 $(w/P)'$ 的上升幅度往往会小于典型的实际工资开价 (w/P) 的上升幅度。首先,如果工人的 MPL 的上升不是持久性的,未来的实际工资报价的上升幅度往往会小于当前报价的上升幅度。在这种情况下,$(w/P)'$ 的上升幅度也会小于目前给求职者开出的一般实际工资 (w/P) 的上升幅度。

其次,如果失业期间的有效实际收入 ω 不变,即使实际工资报价的提高是持久性的,$(w/P)'$ 的上升幅度也要小于典型的实际工资报价 (w/P) 的上升幅度。要了解原因,我们可以比较以下三个情景:

- 情景 1 是初始状态,其中实际工资报价 (w/P) 由图 10-10 中的分布给出,并且失业期间的有效实际收入为 ω。
- 情景 2 是新的状态,其中典型的实际工资报价 (w/P) 持久性地上升 10%,ω 保持不变。
- 情景 3 是假设状态,其中典型的实际工资报价 (w/P) 持久性地上升 10%,ω 也持久性地上升 10%。

比较情景 1 和情景 3。两者唯一的区别是在情景 3 中所有变量都向上升了 10%。因此,在权衡是否接受一份工作时,求职者在情景 3 将保留的实际工资 $(w/P)'$ 提高 10%,似乎是合理的(事实上也是最优的)。因此,接受一份工作的概率在情景 1 和情景 3 中是一样的。因此,就职率在这两种情况中是一样的。

现在比较情景 3 与情景 2。两者唯一的区别是在失业期间的实际收入 ω 在情景 3 中比情景 2 中高 10%。因此,一个求职者在情景 3 中设定的保留的实际工资 $(w/P)'$ 要高于情景 2,因此情景 3 中的就职率低于情景 2。

现在将这些结果合在一起。情景 3 与情景 1 的就职率相同。情景 2 比情景 3 的就职率更高。于是情景 2 的就职率也高于情景 1。因此,如我们所主张的,如果失业期间的实际收入 ω 不变的话,实际工资报价 (w/P) 的持久性改善会提高就职率。

在我们的模型中,实际工资报价的提高,可能源于技术水平 A 的提升。然而,在一个更丰富的模型中,技术变迁也许会使某些技术过时。例如,电灯的发明使得点煤气灯的灯夫的工作变得毫无价值,而汽车的出现使马蹄铁匠的价值也大大下降。因此,对于只拥有过时技术的工人来说,技术变迁可能会降低 MPL,从而降低实际工资的报价。然而,对于整个经济体而言,技术的进步将提高 MPL 并且提高求职者的实际工资报价,这仍然是合理的。

10.2.3　厂商招聘

到目前为止,我们对于厂商如何参与寻职过程采用了一种不符合实际的观点。厂商接受求职申请,根据求职者 MPL 的可能价值对求职者进行评估,然后给出实际工资报价 (w/P),该工资报价等于边际产量。这一模型没有考虑到让厂商利用它们的关于各种工作职位特点的信息,那些倾向于在这些职位上发挥作用的工人的特征,以及一般必须付给这类工人的实际工资的信息。厂商通过打招聘广告来交流这一信息,广告中具体规定了对教育程度、工作经验等等的要求,并且表明了薪金范围。这些广告恰当地筛选出大多数潜在的求职者,并且让工人和职位更快更好地对接。

虽然在一个运转良好的劳动市场中厂商的招聘是很重要的,对这种招聘的考虑不会改变我们的主要结论。特别是:

- 工人仍然要花时间去找到匹配的工作,所以预期的失业时间和职位空缺仍大于 0。
- 失业期间工人的有效实际收入 ω 的增加会降低就职率并延长预期的失业持续时间。
- 对劳动生产率的有利冲击会使就职率提高,预期的失业持续时间缩短。

10.2.4　员工离职

工人寻找能提供较高实际工资的工作,同时雇主寻找具有较高生产率的工人。虽然工人和厂商尽可能有效地相互评估对方,他们通常会在事后发觉自己犯了错误。雇主也许会了解到这个工人的生产能力并不如预期的高;或者工人也许会发现自己并不喜欢这份工作。当一个职位的匹配看来明显地比最初预期的要糟糕得多时,这就会促使厂商解雇该工人,或者促使工人离职。

离职产生是由于就业情况发生变化,即使厂商和工人一开始相互之间的评估是准确的。例如,对厂商生产函数的不利冲击也许会降低一个工人的 MPL,并导致他被解雇。

尽管不同厂商生产的商品不尽相同,我们从商品需求的下降中还是可以得到一个普遍的结论。那就是,如果每单位产出的实际价值下降,那么,工人的 MPL 的价值也将下降。例如,一个装马蹄铁的铁匠的实物的边际产品没有变化,但是汽车的出现降低了安装马蹄铁这项工作的附加值。

工人们也会遇到一些变化,例如家庭状况、教育程度、居住地点的变化和退休,以及其他可供选择的职业的前景。这些变化中有些是出乎意料的,有些是可以预期的。重要的是,这些变化可能会促使工人离开职位。

职位匹配失败的倾向对这个匹配在一开始是否合适是很敏感的。如果这个匹配一开始就比较勉强,那么生产条件或工作环境的微小变化就足以使双方相互缺乏吸引力。离职之所以产生也是由于从一开始人们就知道这些职位是临时性的。这些例子包括农业中的季节工或体育场馆的临时工,或为皇家邮政工作的工人(每年圣诞节前对邮政的需求增加)。

我们可以得出结论,离职的发生有各种各样的原因。对于一组工人来说,我们可以确定离职率的决定因素。这里的离职率是指职位匹配解散的比率。这一比率在某类人群中是很高的,例如在那些难以作出评估的缺乏经验的工人中,或在那些有可能经历家庭规模变化或工作偏好变化的年轻人中。离职率在那些技术或生产需求经常受到冲击的行业中也是很高的。

如果没有离职现象发生,没有新的人员进入劳动力队伍,也没有新的工作岗位出现,那么简单的企业招聘过程将最终消除失业和职位空缺。但是离职、新的求职者和新的岗位意味着:新找到的工作不断地被新的失业和新的职位空缺的产生所抵消。我们将用一个简单的例子说明这一过程。

10.2.5　离职、就职和自然失业率

在图 10-11 中,标着 L 的方块表示就业的人数,标着 U 的方块表示失业的人数。为简化问题,假设劳动力数量 $L+U$ 并不随时间而变化。为理解经济波动,劳动力不变的假设也许是令人满意的,因为从经验上讲,劳动力数量的变化在劳动投入的短期变化中只占一小部分。

每段时间里——比方说,一个月里,总有一部分就业人员要经历离职。在图 10-11 中,L 到 U 的箭头表示每个月离职的人数。由于劳动力固定不变,所有失去工作的人从 L 移向 U。我们忽略掉这样的事实,即许多失去工作的人立刻就找到了工作,而没有变成失业者。

离职率是指在一个季度里离职人数占民用就业人口的比率。从 2010 年到 2015 年,欧元区每个季度的平均离职率为 2.3%。图 10-12 显示了 2010 年至 2015 年离职率的变化情况。图 10-12 中的细线显示从 2010 年到 2015 年离职率的变动并不是很大——在每个季度 2.1% 到 2.5% 之间波动。特别是 2011 年至 2013 年,离职率几乎没有变化。相比之下,图 10-12 中的粗线显示失业率从 2011 年的 8.8% 上升到 2013 年的峰值 10.8%。因

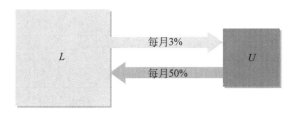

图 10-11　就业和失业之间的移动

注：在这个例子中，就业者 L 中每个月有 3% 的人失去工作，而在失业者 U 中每个月有 50% 的人找到工作。就业的净变化 ΔL 为 $0.5 \cdot U - 0.03 \cdot L$。失业的变化 ΔU 与 ΔL 符号相反。

此，这些数据——虽然只能得到几年的数据——表明，离职率也许同经济波动没有紧密的联系。[1]

另一方面是就职率，即人们找到工作的比率。在图 10-11 中，从 U 指向 L 的箭头表示在一个月内找到工作的失业者的人数。我们再次遇到不完全符合实际的情况，因为忽略了流出和进入劳动力队伍的情况。失业者 U 中的有些人在衰退期间也许对寻找工作的前景感到失望，从而脱离劳动力队伍。这种现象称为灰心的工人。然而，我们也忽略了相反的，即在衰退期间激励人们加速寻职的力量。例如，如果一个人失去了工作，这个人的配偶也许就会进入劳动力队伍。如前所述，我们知道劳动力的变化对劳动投入短期波动影响很小。因此，劳动力不变的假设也许是一个令人满意的近似解释。

我们可以再次使用欧盟统计局的数据来计量就职率。要计量就职率，我们必须表示出找到工作的人数与正在寻找工作的人数（即失业的人数 U）的比率。因此，我们得到

$$就职率 = 每月新雇用的人数 / U$$

按照这个定义，从 2010 年到 2015 年欧盟统计局的劳动力调查测算的就职率每季度平均为 19.6%——约五分之一的失业者在一个季度内找到了工作。换句话说，每季度虽然有 2.3% 的就业人员离开工作岗位，但也有 19.6% 的失业求职者被雇佣。因此，有大量的人离开并进入就业市场。

图 10-13 中细曲线显示了所计算的从 2010 年到 2015 年就职率的情况。与粗曲线比较，我们可以看到就业率反映了失业率。就业率从 2011 年 22.3% 的峰值下降到 2013 年 17.3% 的低点，然后随着失业率的下降而回升。因此，数据清楚地表明当失业率上升时就业率下降（失业率下降时，就业率上升）。

离职率和就职率显示了就业者和失业者的动态过程。为了说明这个问题，我们考虑一些就业率和失业率的具体数字。如图 9-11 所示，假设离职率是每月 0.03，而就职率是每月 0.5。[2] 现在我们假设，这些比率是不变的。这一假设对于离职率来说也许是令人满意的，但对就职率而言并非如此，因为后者在衰退期间往往低于平均数而在繁荣期间高于

---

① 关于离职率变化的讨论，见 Robert Hall（2005）。

② 稍后，我们将假设找到工作的人至少要工作一个月，而失业的人至少需要一个月才能找到新工作。如果我们像数据中那样考虑季度频率，我们将不得不做出一个更不现实的假设：一个找到工作的人至少工作一个季度，而一个失业的人至少需要一个季度才能找到新工作。

平均数。

图 10-12　离职率和失业率,2010—2015 年

注：本图包括了欧盟统计局劳动力调查的可用数据(http://ec.europa.eu/eurostat/data/database)。
粗曲线表示失业率。细曲线表示离职率,计算方法是每季度离职与就业人数之比。为了与劳动力不变的
假设相一致,我们忽略了数据中劳动力的流入和流出。关于离职率的数据只在下列欧元区国家是可获得
的:奥地利、塞浦路斯、爱沙尼亚、芬兰、法国、希腊、爱尔兰、意大利、拉脱维亚、立陶宛、马耳他、荷兰、葡萄
牙、斯洛伐克、斯洛文尼亚和西班牙。

图 10-13　就职率和失业率,2010—2015 年

注：本图包括了欧盟统计局劳动力调查的可用数据(http://ec.europa.eu/eurostat/data/database)。
粗曲线表示失业率。细曲线表示就职率,计算方法是每季度就职人数(从失业人数中)与失业人数之比。
为了与劳动力不变的假设相一致,我们忽略了数据中劳动力的流入和流出。关于就职率的数据只在下列
欧元区国家是可获得的:奥地利、塞浦路斯、爱沙尼亚、芬兰、法国、希腊、爱尔兰、意大利、拉脱维亚、立陶
宛、马耳他、荷兰、葡萄牙、斯洛伐克、斯洛文尼亚和西班牙。

表 10-1 假设劳动力固定为 1.5 亿人。假定该经济体在第一个月开始时的失业率 u
为 10%,表明经济出现严重衰退。就业人数(L)开始时为 1.35 亿人,失业人数(U)开始时
为 1 500 万人。

我们可以通过研究离职和求职的过程来确定就业和失业的时间路径。在第一个月,
1.35 亿的就业者中有 3%(400 万人)失去工作。与此同时,1 500 万的失业者中有 50%
(750 万人)找到了工作。因此,在这个月内就业的净增加是 350 万人,这是一个庞大的数

字,但并不符合事实。相应地失业人数减少 350 万,失业率下降到 7.7%。

表 10-1 就业和失业的动态

月份	每月开始			每月期间			
	就业人数 (L)(百万)	失业人数 (U)(百万)	失业率(u)	失去工作 人数(百万)	找到工作 人数(百万)	L 的变化 (ΔL)(百万)	U 的变化 (ΔU)(百万)
1	135.0	15.0	0.100	4.0	7.5	3.5	−3.5
2	138.5	11.5	0.077	4.2	5.8	1.6	−1.6
3	140.1	9.9	0.066	4.2	5.0	0.8	−0.8
4	140.9	9.1	0.061	4.2	4.6	0.4	−0.4
5	141.3	8.7	0.058	4.2	4.2	0.2	−0.2
6	141.5	8.5	0.057	4.2	4.2	0.0	0.0
∞	141.5	8.5	0.057	4.2	4.2	0.0	0.0

注:这个例子假设经济体初始就业人数(L)为 1.35 亿人,失业人数(U)为 1 500 万人。劳动力人口(L+U)固定为 1.5 亿人。失业率是 $u=U/(L+U)=U/150$,在图 10-11 中,每个月有 3% 的就业者失去工作,50% 的失业者找到工作。就业的净变化 ΔL 为 $0.5U-0.03L$。失业的净变化 ΔU 与 ΔL 符号相反。当 L 达到 1.415 亿人时,U 达到 850 万人,ΔU 与 ΔL 都等于 0。因此,自然失业率为 $u^n=8.5/150=5.7\%$。

当就业人数上升时,离职率也上升,但仅仅增加一点点,在第二个月达到 420 万。当失业的人数下降时,找到工作的人数也下降了,在第二个月下降到 580 万人。因此,在第二个月,就业人数净增加 160 万人,失业人数下降 160 万人。失业率下降到 6.6%。

这一过程会继续下去,直至离职的人数与找到工作的人数相等。在我们的例子中,该经济体在 6 个月内已接近平衡,这时就业达到 1.415 亿人而失业为 850 万人,相应的失业率是 5.7%。因此,自然失业率是 5.7%。所谓自然失业率,是指人们失去工作和找到工作的比率给定的情况下经济体自动地趋向这一数值。

这一模型虽然不完全符合事实,但也阐明了某些关于失业率的重要观点。首先,虽然失业率最终将固定在 5.7% 的自然失业率上,但仍然有很大规模的岗位轮换,即每个月大约有 400 万人失去工作和找到工作。这种大量人员流入和流出工作岗位的情况是劳动市场运行的一种常态。

其次,就业和失业的动态过程的关键是离职率和就职率。在我们的例子中,我们假设这两个比率分别固定在 3% 和 50%。我们先前的讨论表明,这些比率取决于工人和职位的特点。例如,我们讨论了一个人的年龄和经验的影响,失业期间有效实际收入 ω 的影响,以及一个产业的供给和需求条件的可变性的影响。离职率和就职率也取决于整个经济的生产率的变化,例如,对技术水平 A 的冲击。

我们现在将此模型进行归纳,以阐述离职率和就职率的作用。令 σ(希腊字母)表示离职率,令 φ(希腊字母)表示就职率。每个月就业人数的变化为 ΔL,由下式给出:

$$\Delta L = \varphi U - \sigma L$$
$$= 就职人数 - 离职人数 \tag{10-6}$$

第一项 φU 表示失业人员中在一个月内找到工作的人数,第二项 σL 表示就业人员中在一个月内失去工作的人数。(我们假设一个找到工作的人至少被雇用一个月以上,而失去工作的人至少要花一个月才能找到一份新工作。)

方程(10-6)意味着如果就职人数 φU 大于离职人数 σL,那么就业人数 L 就增加,失业人数 U 就减少。反之,L 减少,U 增加。要确定 L 和 U 的长期水平,我们必须找到 L 和 U 稳定不变的情形。这一不变性要求 $\Delta L = 0$,而方程(10-6)显示,当就职人数和离职人数相等时,$\Delta L = 0$。

$$\varphi U = \sigma L$$

就职人数 = 离职人数

要找到长期的 L 和 U 值,我们要利用劳动力数量 $L + U$ 固定为 1.5 亿人的假设。因此,我们可以将 $L = 150 - U$ 代入上一个方程式得到

$$\varphi U = \sigma \cdot (150 - U)$$

如果我们将含有 U 的项组合起来并把它们放在方程的左边,得到

$$U \cdot (\varphi + \sigma) = 150 \cdot \sigma$$

因此,长期失业人数为

$$U = 150 \cdot \sigma / (\varphi + \sigma)$$

自然失业率 $u^n = U/150$,因而:

关键方程(自然失业率):

$$u^n = \sigma / (\varphi + \sigma) \tag{10-7}$$

方程(10-7)表明,较高的离职率 σ 会提高自然失业率 u^n,而较高的就职率 φ 则会降低 u^n。[1] 例如,失业期间的有效实际收入 ω 的增加降低了 φ,从而提高了 u^n。因此,十分慷慨的失业保险计划会提高长期失业率。互联网有助于实现职位匹配,从而有可能提高 φ,因此互联网可以降低自然失业率 u^n。

10.2.6　经济波动、就业人数和失业人数

我们将求职模型与均衡经济周期模型结合起来,看看就业人数和失业人数在经济衰退期间和繁荣期间是如何变动的。像通常那样,我们假设,经济波动源于对技术水平 A 的冲击。假定如表 10-1 所示,劳动力被固定在 1.5 亿,每个月的离职率是 0.03,每个月的就职率是 0.50。开始时就业人数 L 为 1.415 亿人,失业人数 U 为 850 万人,失业率 u 为 5.7%。

假定对技术水平 A 的不利冲击降低了典型工人或职位的劳动边际产量。由于就业市场能提供的工资率相对于失业期间的实际收入 ω 变得越来越低——或许是暂时的,就职率 φ 下降。图 10-13 表明,衰退期间就职率的下降在数量上是显著的。例如,我们假设 φ 从每月 0.50 下降到 0.40。

---

[1]　对于这类模型的分析,见 Robert Hall(1979),Chitra Ramaswamil(1983),Michael Darby,John Haltiwanger,和 Mark Plant(1985)。

图 10-12 显示,当经济从繁荣转向衰退再转向复苏时,离职率 σ 不会有多大变化。因此,我们假设 σ 固定在每月 0.03 的水平上。

表 10-2 显示,就职率 φ 的下降引起就业人数 L 逐渐增加和失业人数 U 逐渐减少。在第一个月,找到工作的人数下降到 340 万——仍然是一个很大的数字,但是完全被 420 万人的失业抵消了。因此,L 在这个月减少了 80 万人,而 U 相应地增加了 80 万人。这一过程一直持续到第 5 个月,此时就业人数累计减少了 180 万人,而失业率 u 达到 6.9%。

表 10-2 假设就职率在第 5 个月恢复到它的正常值 0.50。相应地,就业人数 L 和失业人数 U 逐渐回归到它们的长期值。由于现在 φ 和 σ 采用表 10-1 中假设的值,经济体逐渐靠近它的长期状态,这时 $L=1.415$ 亿人,$U=850$ 万人。到第 9 个月,L 和 U 已接近它们的长期值,失业率 u 接近自然失业率 5.7%。

虽然表 10-2 中的例子并不完全符合实际,但它说明了现实世界衰退的一些特征。首先,衰退的形成包含着一段时间内就业人数的逐渐下降和失业人数的不断上升。其次,即使在经济开始复苏之后,要使就业和失业恢复到衰退前的水平也要花一段时间。最后,即使在衰退期间,每个月仍会有大量工作岗位被创造出来,只是在数量上完全被失去的工作岗位所抵消。

表 10-2 衰退期间就业人数和失业人数的动态

月份	每月开始			每月期间			
	就业人数 (L)(百万)	失业人数 (U)(百万)	失业率 (u)	失去工作人数(百万)	找到工作人数(百万)	L 的变化 (ΔL)(百万)	U 的变化 (ΔU)(百万)
1	141.5	8.5	0.057	0.4	4.2	3.5	−0.8
2	140.7	9.3	0.062	0.4	4.2	3.7	−0.5
3	140.2	9.8	0.065	0.4	4.2	3.9	−0.3
4	139.9	10.1	0.067	0.4	4.2	4.0	−0.2
5	139.7	10.3	0.069	0.5	4.2	5.2	1.0
6	140.7	9.3	0.062	0.5	4.2	4.6	0.4
7	141.1	8.9	0.059	0.5	4.2	4.4	0.2
8	141.3	8.7	0.058	0.5	4.2	4.4	0.2
9	141.5	8.5	0.057	0.5	4.2	4.2	0.0
∞	141.5	8.5	0.057	0.5	4.2	4.2	0.0

注:在本例中,劳动力被固定为 1.5 亿人。经济体开始时处于表 10.1 假设的长期状态,就业人数 L 为 1.415 亿人,失业人数 U 为 850 万人。劳动力人口($L+U$)固定为 1.5 亿人。失业率 u 为 5.7%。相应的离职率 σ 为每月 0.03,就职率 φ 为每月 0.50。在第 1 个月,假设衰退开始使 φ 下降到 0.40,但是 σ 保持不变,仍为 0.03。φ 的下降使 L 逐渐下降,U 逐渐上升。在第 5 个月我们假设 φ 恢复到 0.50。这一变化使 L 逐渐恢复到 1.415 亿人,U 恢复到 850 万人。

10.2.7　职位空缺

我们可以把模型扩展到把职位空缺考虑进来。假定厂商从劳动边际产量的价值出发考虑潜在工人的价值。厂商还具有关于实际工资率 w/P 的意识,需要用它来吸引典型的合格求职者接受某一职位。另外,发布空缺职位的招聘广告和面试求职者都要花费成本。在这些条件下,厂商确定宣布招聘多少职位。

就我们的目的而言,并不需要做一个详细的职位空缺模型。我们只需要指出这一类模型所表现出的一些重要特征。其中一个结论是,预期的劳动边际产量的价值上升,会使职位空缺的数量增加。第二个结论是,为吸引工人接受职位所需要的实际工资率 w/P 的上升,会使职位空缺的数量减少。最后,发布招聘广告和处理求职申请的成本的下降——例如由于互联网的兴起——会使职位空缺的数量增加。

假定技术水平 A 上升提高了劳动的边际产量 MPL。按照给定的实际工资率 w/P 厂商会发布更多的招聘广告。于是,职位空缺增加了。反之,一个不利事件的冲击会使职位空缺减少。因此,我们的论断是职位空缺是顺周期性的,在繁荣时期高,在衰退时期低。

图 10-14 中的细曲线表示 2009 年至 2015 年职位空缺的周期性部分。该变量由图 9-3 中用于实际 GDP 的方法构造。粗曲线表示实际 GDP 的周期性部分。正如预测的那样,职位空缺的数量是顺周期的,与实际 GDP 的周期性部分的相关性为 0.82。

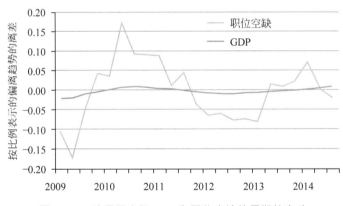

图 10-14　欧元区实际 GDP 和职位空缺的周期性变动

注:粗曲线表示实际 GDP 与其趋势的偏离。细曲线表示职位空缺数量与其趋势的偏差。关于职位空缺的数据只在下列欧元区国家是可获得的:爱沙尼亚、德国、拉脱维亚、立陶宛、卢森堡、荷兰、葡萄牙、斯洛伐克和斯洛文尼亚。实际 GDP 和职位空缺采用的是季度数据,并经过季节性调整。职位空缺的数量是顺周期的——它随实际 GDP 波动,比实际 GDP 变化幅度更大。

职位空缺的顺周期性模式有助于解释为什么就职率在经济繁荣时期高而在衰退时期低。在前面的分析中,我们论证了求职者在繁荣时期更有可能接受提供的工作,因为实际工资率 w/P 上升了。职位空缺的增加加强了这一反应,因为获得职位的机会越大,越容易使工人找到看起来匹配的职位。因此,在繁荣时期,接受工作的比率上升部分原因是工资的报价更优惠,部分原因是找到好的工作变得更容易。相反,在衰退时期,接受工作的比率下降是因为工资报酬更低，并且更难找到有吸引力的工作。

由图 10-8 我们知道，就业率是顺周期性的，而失业率是逆周期性的。因此，职位空缺和失业率是按相反方向移动的。图 10-15 用 2009 年至 2015 年欧元区数据的散点图描述了失业率的周期性部分与职位空缺数量之间的关系。这幅图被称为贝弗里奇曲线（Beveridge curve），以英国经济学家威廉·贝弗里奇的名字命名。有关讨论，见 Robert Shimer（2003）。

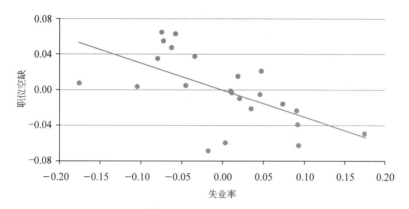

图 10-15　失业率和职位空缺：贝弗里奇曲线

注：横坐标是失业率与其趋势的离差。除了负号，这个变量与就业率及其趋势的偏差相同，如图 10-8 所示。纵坐标是职位空缺数量与其趋势的离差（图 10-4），使用了 2004 年 4 月至 2015 年 2 月的季度的并经季节性调整的数据。

图 10-15 中的横坐标表示失业率 u 的周期性部分。纵坐标表示职位空缺数量的周期性部分。注意其明显向下倾斜，这两个数列之间的相关系数为 -0.61。因此，这一数据确证了低失业率与高职位空缺相匹配，而高失业率与低职位空缺相匹配。

实践中的经济学　季节性波动

我们的分析把经济波动看作是技术水平 A 的冲击的结果。除技术变革之外，诸如农业歉收和罢工这类冲击也会产生类似影响。季节性的变化也与技术变化相类似。

如第 2 章提到的，经济学家们通常利用经季节性调整的数据研究经济波动。季节性调整消除了变量中的常规的变化，例如实际 GDP 的从冬季（第一季度）到春季（第二季度）的变化，等等。在未调整的数据中，实际 GDP 往往在每年第四季度上升到顶峰。这种系统的季节与季节之间的变化模式不会出现在经季节性调整的数字中。

Robert Barsky 和 Jeffrey Miron（1989）研究了一些未经季节性调整的数据。他们发现，数量上的季节性波动——实际 GDP、消费、投资、就业和失业——要大于与典型的繁荣和衰退相关的变化。从 1948 年到 1985 年，实际 GDP 的 80% 以上和失业率的 60% 以上的季度变化反映了季节性的因素（Barsky and Miron，1989，表 1）。此外，实际 GDP 及其主要组成部分之间，实际 GDP 和失业率之间的相互变动的季节性模式看起来类似于经济波动中发现的模式（同上，表 2）。例如，在季节性模式中，投资和消费与实际 GDP 一起变动，而且投资的波动比消费的变动大得多。Joseph Beaulieu 和 Jeffrey Miron 证明美国的结论也适用于 25 个工业化或半工业化国家。

季节性波动反映了气候和节假日的影响。我们可以考虑把其中一些看作技术变化，例如冬季对建筑业的不利影响。其他影响类似于家庭偏好变化，例如圣诞节对消费需求的正面影响和夏季度假对劳动供给的负面影响。季节性波动幅度大表明这一类扰动在短期对数据影响较大。就是说，季节性的证据削弱了有些经济学家所作的论断，即对技术和偏好的冲击并不会大到足以引起观察到的衰退和繁荣的程度。

小结

我们通过扩展均衡经济周期模型开始考虑可变的资本利用率，然后考虑短期内可变的资本服务的供给。这一扩展模型预期资本利用率将是顺周期性的，在经济繁荣时期高，在衰退时期低。有关资本利用的数据与这一预测相符。

数据显示，劳动投入——例如用总工作小时衡量——是强顺周期性的。工作小时可以分解成三个部分：劳动力、就业率（劳动力中有工作的部分）和工人平均工作小时。工作小时波动中最重要的部分是就业率。平均工作小时的变化排在第二，而劳动力的变化排在第三。第 9 章中我们的分析适用于这些组成部分中的后两项，但是并不能解释最重要的部分：就业率的波动。

本章对均衡经济周期模型进行扩展，允许工人寻找好的工作和雇主寻找生产率高的工人。这一扩展解释了失业率为什么大于 0——也就是，就业率为什么总是小于 100%。该分析表明为什么失业率是逆周期性的，而就业率是顺周期性的。此外，该模型预测职位空缺率与失业率按相反方向移动，即职位空缺是顺周期性的。总的来说，均衡经济周期模型的这一扩展形式使我们更好地理解了为什么劳动投入在繁荣时高而在衰退时低。

重要术语和概念

资本利用率 capital-utilization rate

灰心的工人 discouraged workers

失业的持续时间 duration of unemployment

就业率 employment rate

招聘广告 help-wanted advertising

就职率 job-finding rate

离职率 job-separation rate

市场出清方法 market clearing approach

自然失业率 natural unemployment rate

保留的实际工资 reservation real wage

失业保险 unemployment insurance

使用者成本 user costs

职位空缺 vacancies

职位空缺率 vacancy rate

 # 问题和讨论

A. 复习题

1. 什么是自然失业率 u^n？为什么失业率 u 不同于 u^n，u^n 可以随时间推移而变化吗？

2. 一旦一个求职者和一个厂商匹配一个岗位，为什么他们随后可能选择结束这一匹配？列出对离职率的某些影响。

3. 假定一个求职者收到一份实际工资的报价 w/P，这超过了他（她）在失业期间的有效实际收入 ω。为什么这个人有可能拒绝这一报价？

4. 利用图 10-4 研究资本利用率 κ。在以下情况中 κ 如何变化：

a. 实际租赁价格 R/P 上升。

b. 对于 κ 的每个数值，折旧率 $\delta(\kappa)$ 上升。

5. 解释资本服务的数量如何取决于资本的存量 K 和资本利用率 κ。为什么资本的收益率由方程（10-4）给出？

6. 失业率的定义是什么？由于它不包括"离开劳动力队伍的人"，这会不会低估真实的失业率？你能想到报告的人数可能会高估真实失业率的原因吗？

B. 讨论题

7. 就职率、离职率和失业率的动态关系

假定劳动力固定为 1 亿人，开始时 9 200 万人工作，800 万人失业。假设离职率为每月 2%，就职率为每月 40%。追溯就业和失业的时间路径。自然失业率为多少？

8. 劳动力的周期性变化

图 10-7 显示劳动力是弱顺周期性的。基于理论，你预期会有什么样的模式。（提示：首先考虑促使人们离开劳动力队伍的因素，即在衰退时期停止寻找工作。还有没有在衰退时期促使人们进入劳动力队伍的其他因素？）

9. 职位空缺

假定经济波动是由对技术水平 A 的冲击引起的。你预期职位空缺会有什么周期性的变化？然后职位空缺的波动如何与失业率的波动联系起来？你的答案如何同图 10-15 所示的贝弗里奇曲线联系起来？

10. 就职率

讨论下列情况会对就职率以及预期的失业持续时间产生什么影响：

a. 失业保险金增加；

b. 失业保险金可容许的持续期延长；

c. 技术的变革，例如互联网的出现提高了工人和职位相互匹配的效率。

第四部分

货币与价格

中级宏观经济学

Intermediate Macroeconomics

第**11**章

货币需求与物价水平

我们的模型包括三种形式的资产：货币、债券和资本的所有权。到目前为止，我们还没有分析家庭持有多少货币以及这些持有的货币如何随时间变化。因此，我们在第7章至第10章进行的分析中假设每个家庭持有不变的货币存量 M。现在，我们扩展模型的微观经济学基础，用来解释家庭为什么要持有货币作为其资产的一部分。也就是说，我们要解释货币需求。所谓货币的需求，是指一个家庭决定持有的货币的数量，是物价水平 P、利率 i 和其他变量的一个函数。

如第7章中提到的，我们在模型中假设，货币是经济中唯一的交换媒介。家庭用货币在商品市场上交换商品，在劳动市场上交换劳动，在租赁市场上交换资本服务，在债券市场上交换债券。然而，家庭并不直接用商品交换商品（此过程叫作实物交易），用债券交换商品等。

 ## 11.1 货币的概念

在我们的模型中，货币对应政府发行的纸币。例如，货币可能是英格兰银行发行的英镑，欧洲中央银行发行的欧元，以及世界上各国政府发行的将近170种其他形式的纸币。这些货币有时称作法定货币，它们之所以有价值是因为政府法令规定而不是由其内在价值决定。在早期，社会往往更多地依赖于商品货币，例如金币和银币，它们都具有内在价值。这些硬币的价值部分是根据它们金或银的含量决定的。在下面的专栏，我们讨论另一种商品（香烟）在战俘营中如何被当作货币使用。在我们的模型中，货币没有内在价值，它仅仅是政府发行的一张纸片。因此，我们不需要考虑将有内在价值的商品当作货币时的资源枯竭问题。

实践中的经济学　战俘营中的货币

R. A. Radford（1945）描述了"二战"期间他在一个德国战俘营中有经济学意义的经历。他观察到香烟成为主要的交换媒介，很多东西都被用来换取香烟，然后再用香烟购买其他物品。此外,大部分价格用香烟的支数来表示。例如,每份糖浆 4 支香烟。

Radford 注意到,香烟作为货币有几个有吸引力的特点:"同质性、过得去的耐久性以及尺寸较小的方便性,可以进行最小的交易,也可以进行数额最大的交易。"但有一个缺点,也是其他商品货币的缺点,利用香烟作为交换媒介有资源成本。即作为货币使用的香烟不能同时被人们抽掉,并且更糟的是,随着时间的推移它会变质。

Radford 讨论了引进纸币作为交换媒介的意图。这一货币由战俘营的食堂发行,并且设想可以用一定数量的食品赎回。然而,考虑到纸币所承诺的食品价值的可信度,问题就产生了,香烟仍然是主要的交换媒介。就我们的目的而言,Radford 的故事所提供的一个有趣的经验是:在任何经济体中,交换媒介是很重要的,即使在战俘营中。

如果我们把货币看作是由政府发行的纸币,那么就有许多理由说明为什么这种货币会成为一个经济体占据支配地位的交换媒介。首先,政府会实施法律限制私人团体,如微软公司,发行小额、带息、可以方便地用作直接交易货币的债券。此外,政府可能会颁布法令强制使用它发行的货币。例如,宣布欧元为偿付一切公私债务的"法定货币"。术语"法定货币"意味着在某种形式的交易中,如向政府交税,必须使用欧元货币。然而,由于法定货币的要求并未具体规定进行交易的价格 P,因此,法定货币规定的具体内容就不清楚——如果价格是无穷大,法定货币又意味着什么?

另一个考虑是设定一种信用可靠、使用方便的货币的成本,具体包括防止伪造、更换用旧磨损的纸币、转换成不同面值的钞票等的成本。由于存在这些成本,货币的利息往往低于债券。事实上,由于对直接交易的货币支付利息不方便,货币的利率一般为 0。就是说,如果一个人持有 1 欧元货币并且没有失去它,他在今后仍然只拥有 1 欧元货币。

我们可以将货币的抽象概念与货币存量的常规量度联系起来。理论上的货币概念与公众持有的货币之间联系紧密。在现实世界中,公众持有的货币不同于流通中的货币总量。后者包括银行和其他储蓄机构的金库中持有的货币。(流通中的货币不包括中央银行持有的货币量。)进一步要区分的是流通中的货币总量和高能货币,后者还要加上银行和其他储蓄机构在中央银行的存款。高能货币的另一个名称是基础货币。下面,我们首先讨论世界上最主要的储备货币——美元,然后讨论一些国家的其他货币。

2015 年 12 月美国公众持有的货币量为 13 380 亿美元(经季节调整),相当于名义国内生产总值(GDP)的 7.4%。这一金额庞大到令人吃惊,平均每个居民约持有 4 200 美元。在下面的专栏文章中,我们注意到大部分货币面额是 100 美元,其中许多是由国外居民而不是美国居民持有。

实践中的经济学　所有的钱到哪里去了?

2015 年 12 月,美国公众持有的美元货币量大约为每人 4 200 美元。要理解这一惊人的数字,我们可以从以下观察到的情况谈起:截至 2015 年底,流通中的货币(包括硬币)按价值算,78% 为面值 100 美元的纸币。[按币值计算的货币数据来自美国联邦储备委员会(Federal Reserve Board)。]因此,大部分货币可能并不用于普通交易。由于货币是匿名的,它对毒品交易等非法活动具有吸引力。货币交易也为逃税提供了便利。然而,为这些目的而持有的美元数额是未知的。

人们了解更多的是外国持有的美元金额,这些货币大多以 100 美元的形式存在。外国人喜欢将美国货币作为一种价值储存手段和交换媒介,因为美元具有比较稳定的价值,可以很容易地兑换成商品或其他资产。此外,以货币进行的交易通常可以避开当地的政府,尤其是当政府的苛捐杂税很多时,这种隐秘性特别有吸引力。在那些经历着政治和经济动荡的国家中,对美元通货的需求特别强劲。美联储和美国财政部最近共同进行的一项研究估计,2002 年,流通中的美元货币总额有 55%～60% 为外国居民所持有。美联储经济学家 Ruth Judson 最近的研究估计 2011 年这一数字接近 50%。从地理上划分,2002 年估计 25% 在拉丁美洲(阿根廷的需求最大),20% 在中东和非洲,15% 在亚洲,40% 在欧洲(俄罗斯等国的需求特别大)。进一步的讨论见 R. Porter 和 R. Judson(2001)和联邦储备系统理事会(2003)和 Ruth Judson(2012)的文献。

"货币"(money)一词通常指的是比通货(currency)含义更广泛的货币总量。货币总量被定义为一组以金融资产的形式存在的总的美元存量。最常见的定义是 **M1**,它试图将货币归类为在日常交易中充当交易媒介的资产。这一概念将银行和其他金融机构发行的支票存款加到公众持有的通货上。支票存款是在金融机构持有的存款,可以用支票提取现金。2015 年 12 月美国这种支票存款(包括旅行支票)的总金额为 17 440 亿美元,占名义 GDP 的 9.6%。[①] 因此,M1——通货和支票存款的总和——为 30 820 亿美元,占名义 GDP 的 17%。M1 的总额为 43% 的货币加上 57% 的支票存款(包括旅行支票)。在早些时候,M1 中通货的比例要小得多,而支票存款的比例要大得多。例如,在 1960 年,M1 中只有 19% 是通货,81% 是支票存款。这一变化表明,银行和其他金融机构持有的支票存款的重要性正在下降。这些支票账户在相当大的程度上已被其他形式的金融资产所取代,例如货币市场账户,因为进入这些市场已变得更加容易。

表 11-1 显示了在 1960 年、1980 年、2000 年和 2012 年,经济合作与发展组织(OECD)的富裕国家加上中国的通货与名义 GDP 的比率。请注意,随着时间的推移,大多数国家的通货与 GDP 的比率都在下降——一个典型的例子是法国,从 1960 年的 0.133 下降到 1980 年的 0.052 和 2000 年的 0.035。欧元区通货与名义 GDP 之比为 0.095,其中包括了自 2000 年以来采用欧元的国家的 2012 年的数据。从 1980 年到 2012 年,在一些国家,这一比例趋于平稳或有所上升,例如加拿大、日本和美国。在 2012 年有数据的国家中,通货比率最高的是日本为 0.187,通货比率最低的是瑞典为 0.025,美国为 0.065,接近 0.069 的

① 支票存款的标准定义包括银行及其他存款机构签发的旅行支票。2015 年 12 月,其他旅行支票总额为 26 亿美元,单独列在 M1 中,而不是作为支票存款的一部分。这里,我们对支票存款的计量不同于包括所有旅行支票在内的标准定义。

平均水平。表 11-2 用 M1 定义的货币显示了可比较的数据。

更广泛的货币定义还包括金融机构持有的其他种类的存款。例如，M2（2015 年 12 月美国为 12 990 亿美元）包括家庭持有的储蓄存款、小额存款和零售货币市场共同基金。然而，M2 的定义超出了货币作为交换媒介的概念。在我们的模型中，最好使用更狭义的货币定义，例如公众持有的通货。

表 11-1　通货与名义 GDP 的比率

国家	1960	1980	2000	2012
澳大利亚	0.054	0.036	0.041	0.037
奥地利	0.119	0.078	0.071	—
比利时	0.220	0.110	0.054	—
加拿大	0.046	0.034	0.034	0.032
中国	—		0.072	0.086
丹麦	0.068	0.032	0.029	0.034
欧元区	—	—	—	0.095
芬兰	0.036	0.025	0.025	—
法国	0.133	0.052	0.035	—
德国	0.072	0.062	0.070	—
希腊	0.103	0.130	—	—
爱尔兰	0.117	0.077	0.052	—
意大利	—	0.070	0.066	—
日本	0.069	0.072	0.121	0.187
荷兰	0.125	0.064	0.047	—
新西兰	0.061	0.025	0.019	—
挪威	0.112	0.060	0.030	—
葡萄牙	0.177	0.131	0.057	—
韩国	0.059	0.049	0.034	0.037
西班牙	0.120	0.083	0.099	—
瑞典	0.090	0.064	0.043	0.025
瑞士	0.197	0.141	0.093	0.092
英国	0.081	0.044	0.025	—
美国	0.056	0.042	0.059	0.065

注：本表为 2000 年以前公众持有通货与名义 GDP 之比。因此，数据反映了由于数据可用性而流通的货币总量。数据来自国际货币基金组织和国际金融统计。瑞士数据取自瑞士国家银行。

表 11-2　M1 与名义 GDP 的比率

国家	1960	1980	2000	2012
澳大利亚	0.228	0.126	0.211	0.181
奥地利	0.197	0.151	0.280	—
比利时	0.322	0.192	0.271	—
加拿大	0.152	0.112	0.213	0.343
中国	—	—	0.536	0.594
丹麦	0.246	0.201	0.291	0.445
欧元区	—	—	0.307	0.545
芬兰	—	0.080	0.307	—
法国	0.468	0.280	0.224	—
德国	0.160	0.170	0.288	—
希腊	0.151	0.196	0.288	—
爱尔兰	—	—	0.197	—
意大利	—	0.442	0.416	—
日本	0.265	0.286	0.582	1.149
荷兰	0.274	0.187	0.367	—
新西兰	0.279	0.110	0.141	0.156
挪威	0.235	0.145	0.135	0.170
葡萄牙	—	0.390	0.427	—
韩国	0.104	0.102	0.286	0.322
西班牙	0.327	—	0.338	—
瑞典	—	—	0.324	0.459
瑞士	0.360	0.278	0.444	0.818
英国	—	—	0.448	0.695
美国	0.258	0.138	0.107	0.143

注：本表为 M1（公众持有通货加上支票存款）与名义 GDP 之比。数据来自经济合作与发展组织、国际货币基金组织、国际金融统计。2000 年后采用欧元的国家的数据包括在欧元区的比率中。

 ## 11.2　货币的需求

　　为考虑到货币需求，我们现在要将模型的微观经济学基础扩大。由于将货币设为进行直接交易的通货，我们假设付给货币的利率为 0。与此对照，债券和资本所有权的收益率等于利率 i，我们假定利率 i 大于 0。由于这些资产会给持有者带来正的收益，我们将债券和资本所有权称为生息资产。这些资产能产生比货币更高的收益率，因此它们是比货币更好的长期价值储藏的手段。然而，由于家庭仍然要使用货币进行交易，为满足需要，家庭总会持有一些货币，而不是在每次进行交易前将收益性资产兑换成现金，即货币需求大于 0。

在第 7 章中，我们用方程(7-11)表示名义项表示的家庭预算约束，具体如下：

$$PC + \Delta B + P \cdot \Delta K = \Pi + wL + i \cdot (B + PK)$$

名义消费 ＋ 名义储蓄 ＝ 名义收入

(11-1)

方程的右边包括家庭获得的名义利润 Π（在均衡下它为 0）、名义工资收入 wL 和名义资产收入 $i \cdot (B + PK)$，都是以货币的形式表示。在方程左边，家庭用货币购买消费品，名义金额为 PC，以及增加生息资产（即储蓄），名义金额为 $\Delta B + P \cdot \Delta K$。

虽然方程(11-1)中所有的收入项和支出项都使用货币，但家庭也有可能在某个时点上持有很少的货币或者不持有货币。如果每笔收入的流入与用在购买商品或生息资产上的开支的流出完全同步且金额相等，每个家庭持有的货币余额可以始终接近于 0。然而，这种同步性需要家庭作出巨大的努力并要制订精细的计划。我们假设，一般情况下，家庭要减少其持有的平均货币余额会招致更高的交易成本。所谓交易成本，指的是与各种交易的时机和形式有关的任何时间或商品的付出。在现实世界中，交易成本的例子是花在去银行或自动取款机（ATM）上的时间和经纪费用。

保持很低的平均货币余额的一种方法是一拿到货币工资就冲向商店，用每个礼拜的或每个月的全部工资来购买商品。另一种方法是立即去一家金融机构，将所有的工资收入都换成生息资产。更符合实际的是，一个家庭可能会立即将工资支票存入一个银行账户（或者可能安排将工资直接存入一个账户）。此外，如果工人更加频繁地收到工资，比方说是每周而不是每月，那么对工人来说保持较低的平均货币余额就比较容易。

一般的概念是，通过更努力地进行货币管理，进而承受更多的交易成本，家庭就能减少其货币的平均持有额 M。对于给定的名义资产总额 $M + B + PK$，降低 M 的平均持有水平就提高了生息资产 $B + PK$ 的平均持有额。由于资产收入为 $i \cdot (B + PK)$，$B + PK$ 的上升就提高了资产收入。因此，一个家庭的平均货币持有额是一种权衡比较的结果。如果采用频繁交易的策略，M 会降低，资产收入会提高，但是交易成本会很高。如果采用非频繁交易的策略，则 M 会升高，而资产收入会下降，但是交易成本会比较低。家庭对平均货币持有额的选择意味着需要在额外的资产收入与增加的交易成本之间找到恰当的平衡点。

我们用"货币需求"（用 M^d 表示）这个术语来描述货币的平均持有额，它是家庭采用最优的货币管理策略的结果。人们已经提出了许多关于货币管理的正式模型，以便估计货币需求。就我们的目的而言，并不需要检验这些模型，我们主要对一些关键变量如何影响货币需求量 M^d 感兴趣。具体而言，我们想要知道 M^d 如何取决于物价水平 P、利率 i 和实际国内生产总值 Y。

11.2.1 利率与货币需求

利率 i 越高，就越能刺激人们减少货币的平均持有额 M，以便增加生息资产 $B + PK$ 的平均持有额。这就是说，利率 i 越高，家庭为了减少货币持有额 M，就越愿意承受高的交易成本。例如，家庭通过在货币和生息资产之间进行更频繁的交易对更高利率 i 作出反应。相应地,我们预测,i 的上升会使名义货币需求 M^d 下降。对于给定的物价水平 P,我们可以说,较高的利率 i 使实际货币需求 M/P 下降。

11.2.2 物价水平与货币需求

假定物价水平 P 翻了一倍。又假设名义工资率 w 和名义租赁价格 R 也翻了一倍,则实际工资率 w/P 和实际租赁价格 R/P 不变。在这种情况下,家庭的名义收入,即家庭的预算约束方程(11-1)右边的 $\Pi + wL + i \cdot (B + PK)$ 是以前的两倍。[①] 然而,这一收入的实际价值 $\left[\Pi/P + \left(\dfrac{w}{P} \right)L + i \cdot (B/P + PK) \right]$ 并没有变化。因此,考虑到所有变量的名义价值都翻了一倍,而实际价值没有变化,家庭会希望把所持有的货币的平均名义数量 M 增加一倍。M 的这一变化意味着平均实际货币余额 M/P 没有变化。

考虑这一结果,假定一个家庭的名义收入为每周 500 欧元。假定最初的货币管理计划(货币与生息资产之间转换的某种频率)设定以货币形式持有平均每周收入的二分之一。在这种情况下,家庭的平均货币持有额 M 为 250 欧元。在物价水平 P 上涨一倍之后(随着名义工资率 w 和租赁价格 R 的翻倍而翻倍),家庭的名义收入变为每周 1 000 欧元。因为对最优货币管理的权衡比较(利息收入与交易成本)同以前相同,家庭将不改变其货币与生息资产之间转换的频率。家庭仍然以货币形式持有一半的同收入。有了两倍的名义收入,以名义货币表示的每周一半的收入也翻倍了——是 500 欧元而不是 250 欧元。因此,名义货币需求 M^d 也翻了一倍。由于 M^d 和 P 都翻了一倍,因此两者的比率,即 M/P 不变。结论是:当价格 P 变化时,实际货币需求 M/P 不变。

11.2.3 实际 GDP 与货币需求

再次假定最初的货币管理计划设定以货币形式平均持有每周收入的一半。因此,当名义收入为 500 欧元时,家庭的平均货币持有额 M 为 250 欧元。现在假设名义收入增加一倍,为 1 000 欧元,而物价水平 P 不变。因此实际收入 $\left[\Pi/P + \left(\dfrac{w}{P} \right)L + i \cdot (B/P + PK) \right]$ 也增加一倍。如果货币管理的计划不变,每个家庭将仍然以货币形式持有每周一半的名义收入。然而每周一半的收入现在增加了一倍——是 500 欧元而不是 250 欧元了。因此,家庭的名义货币需求 M^d 也增加一倍。由于 P 不变,实际货币需求 M/P 也翻倍。

因为更高的实际收入改变了利息收入与交易成本之间的权衡比较,这一结果需要加以修正。具体来说,实际货币余额 M/P 越大,意味着越努力进行货币管理,可以获得的实际资产收入 $i \cdot (B + PK)$ 就越多。关键的一点是用来节省货币的实际交易成本没有变化。因此,当实际收入增加一倍时,就会激励家庭承受更高的交易成本以减少他们的平均货币持有额。例如,家庭也许会以货币形式持有其每周 40% 的收入而不是原先的 50%。这样,名义货币需求 M^d 从 250 欧元上升到 400 欧元而不是 500 欧元。就是说实

---

① 我们假设 $\Pi = 0$,以及 K、L 和 i 不变。我们也考察了平均家庭持有量,所以 $B = 0$。

际收入增加一倍使 M^d 增加,但增幅小于 100%。按比例,M^d 的变化应小于实际收入。(这一结果称为现金管理的规模经济,因为家庭的收入越高,它们持有的货币占其收入的比例越小。)由于物价水平 P 是不变的,实际货币需求 M/P 上升但上升比例上小于实际收入。

总体而言,家庭的实际收入是随着实际 GDP 一起变动的。这就是我们从第 8 章中得到的家庭预算约束的总的形式:

$$C + \Delta K = Y - \delta K \tag{8-13}$$

消费 + 净投资 = 实际 GDP − 折旧 = 实际国内生产净值

在折旧 δK 给定时,家庭实际收入的总额由方程(8-13)右边的实际 GDP 决定。于是我们得到这一结果:实际货币总需求 M/P 上升,但上升比例小于实际 GDP(Y)。

11.2.4 其他影响货币需求的因素

当利率 i、物价水平 P 和实际 GDP(Y)的值给定时,货币需求取决于支付的技术手段和交易成本。例如,信用卡的广泛使用和更便利的支票存款使得对货币的需求减少。自动取款机(ATM)的广泛使用为人们提取现金带来便利,但是对货币的需求也产生了一种不确定的影响;自动取款机使得用通货进行支付变得更有吸引力,但是更频繁地去 ATM 机取款也促使人们持有更少的平均货币余额。

11.2.5 货币需求函数

我们可以通过为家庭写出一个总的名义货币需求的公式来做个总结:

关键方程(货币需求函数):

$$M^d = P \cdot D(Y, i) \tag{11-2}$$

我们通过加总各个家庭的需求得到总的货币需求函数方程(11-2)。我们假设货币总需求函数的形式源于右边各变量,例如利率 i,对家庭平均货币持有额的影响。

实践中的经济学 支付期限和货币需求

欧文·费雪(Irving Fisher,1926)强调货币需求取决于工资支付的时间间隔。总的概念是,时间间隔越短,越容易使工人们保持较低的平均货币余额。这一效应在极端通货膨胀期间特别重要,例如第一次世界大战后德国的恶性通货膨胀时期。在这样的环境下,持有货币的成本变得非常昂贵——我们可以在模型中用一种高利率 i 来表示出这一效应。由于持有货币的代价非常高,工人们和厂商为减少货币的平均持有额愿意承担更多的交易成本,例如更频繁地发放工资。1923 年,即德国恶性通货膨胀的最后一年,一个观察家报告说:"在星期二预支工资已成为习惯,余额到星期五再付清。后来有些厂家习惯了每周发三次工资,甚至每天发工资。"(Costanti-no Bresciani-Turroni,1937,p.303)同样,在第一次世界大战后奥地利发生恶性通货膨胀期间,"州官员的薪水本来是在每月月底发的,在 1922 年也变为每月发三次了"(J. van Walre de Bordes,1927,p.163)。

我们在方程(11-2)中假设,交易技术是既定的。于是,对于给定的实际 GDP(Y)和利率 i,名义货币需求 M^d 与物价水平 P 成正比。对于给定的 P,M^d 随实际 GDP 的上升而增加(虽然在比例上要小一点),随 i 的上升而减少。这种依赖关系可以概括为函数 D($\cdot$)。注意,如果方程(11-2)两边同除以 P,得到实际货币需求:

$$\frac{M^d}{P} = D(Y, i) \tag{11-3}$$

我们称 D($\cdot$)为实际货币需求函数。根据这个定义,方程(11-2)是指:

$$名义货币需求 = 物价水平 \times 实际货币需求$$

11.2.6　关于货币需求的经验证据

许多统计研究分析了货币需求的决定因素。这些研究大多聚焦于 M1,即由公众持有的通货加上支票存款组成的货币总量。然而,有些研究单独考察了货币的需求。

这些实证结果证实不管货币是以 M1 计量的还是用通货衡量的,利率 i 都对货币需求有负面影响。例如,S. Goldfeld(1973,1976)在其对美国的经典实证研究中发现,利率上升 10%(例如从 5% 上升到 5.5%),在长期内对 M1 的需求会下降大约 3%。Goldfeld和 D.Sichel(1990)以及 Ray Fair(1987)报告了有关几个 OECD 国家的相似的结论。J. Ochs 和 M. Rush(1983)表明,利率对美国 M1 的负面效应反映了对通货和支票存款的相似的比例效应。

Casey Mulligan 和 Xavier Sala-i-Martin(2000)表明,当利率水平上升时,货币需求对利率的变化更加敏感。在利率低时,比方说 2%,利率上升 10%(即上升到 2.2%),货币需求减少 2%。然而,当利率为 6% 时,利率上升 10%(即上升到 6.6%),货币需求就会减少 5%。

有强有力的证据表明实际 GDP 对实际货币需求有正向影响,而规模经济效应的证据则比较弱。Goldfeld(1973,1976)发现,实际 GDP 增加 10%,在长期内对 M1 的实际需求增加约 7%。M1 的这一变化可分解为支票存款增加大约 6%,通货增加大约 10%,因此,M1 需求中的规模经济效应适用于支票存款但不适用于通货。

我们的分析预计物价水平会使对名义货币的需求按相同比例增加。这一命题得到了强有力的经验证据的支持。例如,Goldfeld(1973,1976)发现,物价水平上升 10%,导致对 M1 的名义需求增加 10%,

我们注意到,交易技术的变化可以对货币需求产生重要影响。由于各种金融创新,这种影响自 20 世纪 70 年代初以来一直很重要。这些创新包括扩大信用卡的使用,发展货币市场账户(这些账户极其方便地替代了存在银行里的支票存款),采用自动取款机(ATM)以及广泛使用电子资金转账。

在 20 世纪 80 年代以前,在拟合货币需求方程时,经济学家们忽视了金融创新。在

20 世纪 70 年代中期之前这些估计方程式对货币需求的预测是相当准确的,从这个意义上讲,这些方程式还是很管用的。然而 70 年代中期之后,这些忽略了金融创新的估计数就开始不灵了。特别是,人们持有的 M1 的实际数量,尤其是支票存款大大少于根据先前经验关系预测的数量。M. Dotsey(1985)表明,电子资金转账的业务量是金融创新程度的一个绝好的量度。他发现,首先,电子资金转账的普及导致对 M1 的实际需求大幅下降,其次,当电子资金转账的金额保持不变时,在一段时间里对 M1 的需求就会变得比较稳定。特别是,这种拟合方程式显示了利率和实际 GDP 的影响,这些影响类似于忽略了金融创新并且只包括 20 世纪 70 年代初之前数据的研究,如 Goldfeld 的研究。

11.3　物价水平的决定

我们现在将均衡经济周期模型扩展至可以确定物价水平 P。其核心的思想是增加一个新的均衡条件:名义货币数量等于名义货币需求量。

11.3.1　名义货币供给量等于名义货币需求量

我们假设货币采用通货的形式,并且假设名义货币数量由货币当局决定,例如美国的联邦储备委员会和欧元区的欧洲中央银行。因此,货币供给的名义数量 M^s 是一个给定的数量 M。

对名义货币的总需求由我们前面得出的函数给出:

$$M^d = P \cdot D(Y, i) \tag{11-2}$$

这一方程给出了家庭想要持有的名义货币数量 M^d,而 M^s 是未清偿的实际名义货币数量。我们提议将 M^s 与 M^d 相等作为模型的另一个均衡条件。

$$M^s = M^d$$
$$\text{名义货币供给量} = \text{名义货币需求量} \tag{11-4}$$

如果用方程(11-2)中的名义货币需求函数的形式替换 M^d,我们可以把结果写成

关键方程(名义货币供给量等于名义货币需求量):

$$M^s = P \cdot D(Y, i) \tag{11-5}$$

要理解为什么我们预期方程(11-4)中 $M^s = M^d$ 成立,请考虑当 M^s(给定的货币供给量)不等于 M^d 时,会发生什么情况。如果 M^s 大于 M^d,家庭就会有多于他们想要持有的货币。于是,他们就要试图将他们多余的钱花掉,例如用于买商品。[①] 我们预期这种增加的购买商品的欲望会提高物价水平 P。这个过程一直会持续下去,直到价格 P 高到足以使方程(11-4)右边的名义货币需求量 M^d 与方程左边的名义货币供给量 M^s 相等。也就是均衡的物价水平高到足以使家庭愿意持有名义货币供给量 M^s。

如果 M^s 小于 M^d,就会出现同样的过程,但方向相反。在这种情况下,家庭试图重新

---

① 另一个可能性是家庭购买债券,从而影响债券的利率,然而,在目前的设定下,在充分均衡条件下,结果证明 i 是不会变化的。如果我们不允许物价水平 P 有充分的灵活性,这个结果可能不同,就是说利率也许会变化。我们将在第 17 章考察这种可能性。

积累他们的货币余额,例如,通过减少在商品上的开支。在这种情况下,P 下降到足以使方程(11-4)右边的名义货币需求量 M^d 与方程左边的名义供给量 M^s 相等。

重要的一点是我们假设商品价格是浮动的,所以物价水平 P 会迅速地进行调整,以确保名义货币供给量 M^s 与名义货币需求量 M^d 相等。这有关价格浮动的假设与我们前面的几个关于劳动市场和资本服务市场的出清条件的假设是并行不悖的。对劳动市场,我们假设实际工资率 w/P 进行调整以确保劳动的供给量 L^s 和劳动的需求量 L^d 相等。对租赁市场,我们假设实际租赁价格 R/P 进行调整以确保资本服务的供给量 $(\kappa K)^s$ 和需求量 $(\kappa K)^d$ 相等。如果将这两个方程合并,我们就得出,三个名义值——P,w 和 R 迅速地调整,以确保三个均衡条件同时成立:$M^s = M^d$;$L^s = L^d$;$(\kappa K)^s = (\kappa K)^d$。经济学家们称这种情况为一般均衡。在这一表达方式中,"一般"这个词意指均衡条件——供给等于需求——在所有市场中都同时成立。

图 11-1 用图形表示了名义货币需求量 M^d 等于名义货币供给量 M^s。纵坐标表示物价水平 P。名义货币需求量 M^d 是 P 和实际货币需求量的乘积 $D(Y,i)$,见方程(11-2)。回顾一下,在交易技术给定时,实际货币需求量 $D(Y,i)$ 由实际 GDP,Y 和利率 i 决定。因此,当 Y 和 i(以及交易技术)给定时,名义货币需求量 M^d 与 P 成正比例。因此,在图 11-1 中,我们将 M^d 画成一条从原点出发向上倾斜的直线。[①] 这一图形适用于实际货币需求 $D(Y,i)$ 的决定因素给定的情况,认识到这一点很重要。名义货币供给量 M^s 用在 M 处的垂直线表示。

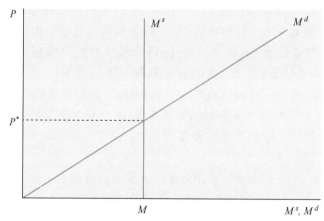

图 11-1 名义货币供给量等于名义货币需求量

注:名义货币需求量由方程(11-2)$M^d = P \cdot D(Y,i)$ 给出。对于给定的实际货币需求量 $D(Y,i)$,M^d 与物价水平 P 成正比例。因此名义货币需求量 M^d 由从原点出发向上倾斜的直线给出。名义货币供给量固定不变,$M^s = M$,用垂直线表示。当物价水平为纵坐标上的 P^* 时,均衡条件 $M^s = M^d$ 成立。因此,P^* 为 P 的均衡值。

---

① 也许需求曲线向上倾斜有点令人困惑,因为经济学家们已经习惯于需求曲线向下倾斜了。然而,P 是以货币衡量的一个单位商品的价格(欧元/商品)。用商品衡量的单位货币的价格为 $1/P$(商品/美元)。如果我们将 $1/P$ 而不是 P 放在纵坐标上,货币需求函数通常会有常规的负斜率。然而,由于我们要考虑物价水平的决定因素,将 P 放在纵坐标上更加方便。

图 11-1 中的均衡条件 $M^s = M^d$ 对应方程(11-4)和(11-5)。M^d 的图形适用于实际货币需求 $D(Y,i)$ 的各个决定因素给定的情况。就是说,我们把实际 GDP(Y),利率 i 和实际货币需求的任何其他决定因素看作是给定的。然后,我们可以通过图 11-1 去找到均衡的物价水平,用纵坐标上的 P^* 值表示。在 P^*,向上倾斜的 M^d 直线与垂直的 M^s 线相交。就是说,P^* 是使名义货币需求量 M^d 与名义货币供给量 M^s 相等的物价水平。

11.3.2　名义货币量的变化

我们现在研究名义货币供给量 M^s 的一次性变化的影响。具体而言,假设供给量 M^s 翻了一倍,从 M 增加到 $2M$,有可能的最简单的方法是货币当局一次性地大量印刷额外的钞票并发给人们。

图 11-2 显示了名义货币供给量 M^s 从 M 增加到 $2M$ 产生的影响。假设货币需求线 M^d 不移动,在这种情况下,我们可以通过考察与 M^d 线的交点来确定均衡物价水平 P^* 的变化。图形显示,M^s 从 M 增加到 $2M$ 将使纵坐标上的均衡物价水平从 P^* 上升到 $2P^*$。

我们可以通过方程(11-5)验证这一结果:

$$M^s = P \cdot D(Y,i) \tag{11-5}$$

方程左边的名义货币供给量 M^s 翻了一倍。如果实际货币需求量 $D(Y,i)$ 保持不变,物价水平 P 增加一倍将使方程右边的名义货币需求量 M^d 也增加一倍,$M^d = P \cdot D(Y, i)$。所以,当 M^s 和 P 的值提高到它们初始值的两倍时,方程(11-5)仍然成立。

现在考察 M^s 增加一倍如何影响图 9-13 描述的劳动市场。由于技术水平 A 不变,实际工资率 w/P 和劳动投入也不变。因此,物价水平 P 提高两倍,w/P 不变。我们的结论是,在一般均衡条件下,名义工资率 w 必然翻一倍。

接下来考察 M^s 增加一倍如何影响图 10-5 描述的资本服务的租赁市场。同劳动市场一样,技术水平 A 不变意味着实际租赁价格 R/P 和资本服务数量 κK 不变。固定的 κK 对应给定的资本存量 K 和不变的资本利用率 κ。在一般均衡条件下,我们必须使名义租赁价格 R 也增加一倍。

记得第 10 章曾提到过,利率 i 必须等于拥有资本的收益率:

利率＝拥有资本的收益率

$$i = \left(\frac{R}{P}\right) \cdot \kappa - \delta(\kappa) \tag{10-5}$$

由于 M^s 增加一倍并不改变实际租赁价格 R/P 和资本利用率 κ,方程(10-5)右边的拥有资本的收益率也不变。因此,方程左边的利率 i 也不变。这一结论很重要——在一般均衡条件下,物价水平 P 充分调整后,名义货币供给量 M^s 的一次性增加并不影响利率。

回顾一下,实际 GDP(Y)是由第 10 章中使用的生产函数给出的:

$$Y = A \cdot F(\kappa K, L) \tag{10-1}$$

技术水平 A 是固定的,我们已经表明 M^s 增加一倍不影响资本服务的数量 κK 和劳动的数量 L。因此,方程(10-1)意味着 Y 是不变的。换言之,在一般均衡条件下,名义货币供给量 M^s 的一次性增加并不影响实际 GDP。

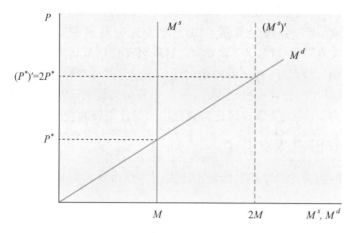

图 11-2 名义货币数量的增加

注：名义货币需求用向上倾斜的直线 M^d 表示，与图 11-1 相同。名义货币供给量 M^s 从 M（用左边的垂直线表示）增加到 $2M$（用右边的垂直虚线表示）。因此，均衡物价水平翻倍，在纵坐标上从 P^* 上升到 $(P^*)'=2P^*$。

我们已经证实 M^s 增加一倍并不影响实际 GDP(Y) 和利率 i。这两个变量是由方程 (11-3) 中的 $D(Y,i)$ 给出的实际货币需求的决定因素。这一结果证实我们在图 11-2 中的假设，即当 M^s 增加一倍时货币需求曲线 $M^d = P \cdot D(Y,i)$ 不移动，是正确的。因此，我们得出结论，前面的结果——M^s 增加一倍导致物价水平 P 上升一倍——是正确的。

总而言之，名义货币供给量 M^s 翻倍导致所有的名义价格（物价水平 P、名义工资率 w、名义租赁价格 R）也翻倍。实际货币余额 M/P 不变化，实际工资率 w/P 和实际租赁价格 R/P 也不变化。我们还得出结论：实际货币需求 $D(Y,i)$ 的各个决定因素仍保持不变——M^s 的增加对实际 GDP(Y) 或利率没有影响。然而注意，名义 GDP 等于 PY。由于 P 上涨一倍而 Y 没有变化，名义 GDP 也增加一倍。

如果名义货币供给量 M^s 减少，类似的结论也成立。如果 M^s 减少一半，从 M 缩减到 $M/2$，P 也会下降一半，实际货币余额 M/P 仍将保持不变。名义工资率 w 和名义租赁价格 R 也将减少到一半。实际租赁价格 R/P 保持不变。如前一样，M^s 的减少对实际 GDP 没有影响。因而，名义 GDP 下降到初始值的一半。

11.3.3 货币中性

前一节的结果显示货币的一个特性，称作货币中性。名义货币供给量 M^s 的一次性变化影响各个名义变量，但实际变量不变。从不影响实际变量的角度来讲，货币是中性的。实际变量包括实际 GDP，Y，实际工资率 w/P，实际租赁价格 R/P，实际货币余额的数量 M/P。利率 i 也不变。我们应当将利率 i 看作是一个实际变量，因为它决定着消费与工作的跨时期替代效应。在讨论通货膨胀的第 12 章，我们将区分名义利率与实际利率。

几乎所有的经济学家都接受货币中性是一个有效的长期命题。就是说，在长期内，名义货币供给量 M^s 的增加或减少会影响名义变量而不是实际变量。然而，许多经济学家认为,在短期内货币不是中性的。在短期内,M^s 的增加通常被认为会使实际 GDP 增加,而 M^s 的减少则被认为会减少实际 GDP。产生这一差别主要是因为名义价格的弹性——特别是物价水平 P 和名义工资率 w。这些名义价格被认为在长期内会随 M^s 的增加或减少上下浮动。然而,P 和 w 在短期内通常被认为缺乏弹性,特别是当 M^s 的减少意味着 P 和 w 必须减少时。在一些模型中,价格弹性的假设被 P 和 w 在短期内是黏性的假设所替代。我们要在第 17 章里讨论黏性价格和黏性工资的模型。

11.3.4 货币需求的变化

我们提到金融创新可以影响实际货币需求。为探讨这些影响,我们假定名义货币需求仍由下式给出:

$$M^d = P \cdot D(Y,i) \tag{11-2}$$

其中,$D(Y,i)$ 为实际货币需求。与之前一样,名义货币需求 M^d 在图 11-3 中被画成一条向上倾斜的直线(实线)。

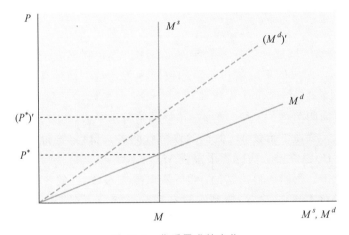

图 11-3 货币需求的变化

注:名义货币需求最初由实线 $M^d = P \cdot D(Y,i)$ 给出。我们考察实际货币需求 $D(Y,i)$ 的下降。虚线 $(M^d)'$ 上的这种实际需求低于实线。名义货币供给量 M^s 为常量 M,由垂直线表示。货币实际需求的下降将均衡物价水平从 P^* 提高到 $(P^*)'$。

现在假设金融交易技术的改进——也许是增加了信用卡和自动取款机的使用,使对实际货币的需求减少到 $[D(Y,i)]'$,所以,名义货币需求就变为

$$(M^d)' = P \cdot [D(Y,i)]'$$

在图 11-3 中我们将新的名义货币需求 $(M^d)'$ 也画成向上倾斜的直线(虚线)。在任一物价水平 P,虚线上的名义货币需求量小于实线上的货币需求量。

我们假设名义货币供给量 M^s 固定在 M 点,由图 11-3 中的垂直线表示。因此,初始的均衡物价水平为纵坐标上的 P^*。在这一点,M^s 等于名义货币需求量 M^d。实际货币需求下降之后,均衡价格水平变为纵坐标上的 $(P^*)'$。在这一点,M^s 等于新的名义货币需求量 $(M^d)'$。注意实际货币需求下降导致物价水平上升;就是说,$(P^*)'$ 高于 P^*。(与之前一样,我们假设物价水平会迅速地调整到它的均衡水平。)

实际货币需求减少类似于名义货币供给量 M^s 增加,因为在这两种情况下,物价水平 P 都会上涨。然而,有一个区别是 M^s 的变化是完全中性的,而实际货币需求的变化却不是完全中性的。要知道为什么,请注意实际货币需求减少会导致物价水平 P 上升,而 M^s 仍固定在 M;因此,实际货币数量 M/P 下降。此外,导致实际货币需求下降的交易技术的改变——例如信用卡或自动取款机的普遍使用——本身具有实际效应。例如,交易成本中所耗用的资源将发生变化。然而,在大多数情况下,对实际 GDP 等宏观经济变量的影响非常小,可以忽略不计。

11.3.5　物价水平的周期性变化

在第 9 章和第 10 章,我们运用均衡经济周期模型研究技术水平 A 的变化如何导致经济波动。现在,我们可以通过对货币需求的分析来确定在经济波动期间物价水平如何变动。

回顾一下,名义货币需求由下式给出:

$$M^d = P \cdot D(Y, i) \tag{11-2}$$

考虑一次经济衰退,其中实际 GDP 下降。Y 的下降使方程(11-2)右边的 $D(Y,i)$ 给出的实际货币需求量减少。然而我们也发现,在衰退期间利率 i 往往会下降。i 的下降提高了实际货币需求量 $D(Y,i)$。总的变化取决于 Y 和 i 下降的幅度,以及 $D(Y,i)$ 对 Y 和 i 的敏感度。典型的估计指出,在这种情况下实际货币需求量 $D(Y,i)$ 总体是下降的;i 的下降往往较小,而 $D(Y,i)$ 对 i 的变化的反应不是非常敏感。因此,我们假设,在衰退期间,由 $D(Y,i)$ 给出的实际货币需求量总体是下降的。

实践中的经济学　货币数量理论

货币数量理论是指一套关于货币与价格之间关系的思想体系。这一观点可以回溯到数百年之前,其中有些比较重要的论述出自大卫·休谟(David Hume)、亨利·索顿(Henry Thornton)和欧文·费雪(Irving Fisher)。[①] 这些分析有两个共同点:第一,名义货币数量增加提高了总的物价水平;第二,作为一个经验性的事实,名义货币数量的变动可以解释物价水平的大部分长期变化。

有些经济学家改进了货币数量理论,使之适用于以相对于人们花钱购买的商品和服务的数量即实际 GDP 的变化衡量的实际货币数量的变化,然而,实际 GDP 只是影响实际货币需求的一个变量。因此,数量理论家们进一步论证说只有当名义货币数量相对于人们想要持有的实际货币余额有所增加时,价格才会上升。因此,如果名义货币数量的波动远远大于实际货币需求量的波动,物价水平的大多数变动反映了名义货币数量的变动。米尔顿·弗里德曼(Milton Friedman,1956)强调了实际货币需求的稳定性是现代货币数

---

① 　见休谟的论文,"Of Money",载 Eugene Rotwein(1970)、Thomton(1802)和 Fisher(1926)等的著作。

量论者的标志。

有时候经济学家们将货币数量理论等同于名义货币数量的变化是中性的命题。这一思想与我们前面的结论相符,即名义货币的变化对实际变量没有影响。许多货币数量理论家们认为这些结论在长期内有效,但对于名义货币数量的短期变化并非有效。因此,在某些版本的货币数量理论中,名义货币数量的变化对实际 GDP 等实际变量只有暂时的影响。

我们可以利用图 11-3 来确定经济收缩对物价水平 P 的影响。回顾一下,此图适用于分析交易技术变化导致的实际货币需求 $D(Y,i)$ 下降。然而,如果 $D(Y,i)$ 因其他的原因下降,图形也适用。在目前的情况下,由于实际 GDP 和利率 i 下降,实际货币需求量 $D(Y,i)$ 总体上也是下降的。因此,我们可以利用图 11-3 来研究衰退期间物价水平 P 是如何变化的。

我们从图 11-3 中发现,对于给定的名义货币供给量 M^s,实际货币需求量 $D(Y,i)$ 的减少提升了物价水平 P。因此,在衰退期间,一个相对较高的 P 往往伴随实际 GDP 的下降。如果我们进行反向分析——考察实际货币需求量 $D(Y,i)$ 增加的经济繁荣时期——我们将会得到相反的结论,即物价水平 P 将下降。因此,我们的模型有一个新的预测:如果名义货币供给量 M 不变,物价水平 P 在衰退时期相对较高,而在繁荣时期相对较低。就是说,我们预测物价水平 P 是逆周期性的。[①]

物价水平 P 是逆周期性的结果也许有悖于人们的直觉。有人可能会猜测,既然实际 GDP 在衰退时期下降,实际收入的降低将会导致消费需求下降,从而使物价水平 P 下降。然而,在我们的均衡经济周期模型中,重要的冲击来自供给方面而不是需求方面。例如,较低的技术水平 A——在模型中是衰退的根源——意味着商品和服务的供给较少。当我们顺着这一思路去考察时,物价水平 P 在衰退时期趋于上升就有道理了。

现在,我们将考察模型所作的有关物价水平 P 的预测是如何与欧元区的数据相吻合的。我们是通过国内生产总值的平减指数去计量 P 的。我们是通过应用于图 9-2 中的计算实际 GDP 的方法去计算 P 的周期性部分。其结果就是图 11-4 中的粗曲线。这一图形按比例显示了 P 偏离其趋势的离差。细曲线为实际 GDP 的周期性部分(见图 9-3)。从图 11-4 中我们可以看出,除了 2007 年到 2008 年这两年,P 通常朝着与实际 GDP 相反的方向波动。因此,正如我们的模型所预测的,通常情况下,在衰退时期,价格水平相对于趋势较高,而在繁荣时期,价格水平相对于趋势较低。在大衰退的情况下,潜在的动荡很可能以需求冲击的形式出现,使得 GDP 平减指数的周期性部分与实际 GDP 的周期性部分在此期间变得正相关。这段时期的主要区别在于频繁发生的金融恐慌,这种恐慌往往会降低广义货币总量(如 M1)、物价水平以及产出。这种影响在 1931 年至 1934 年大萧条期间尤为明显。

---

① 这一结果首先由 Finn Kydland 和 Edward Presco (1990)强调指出。

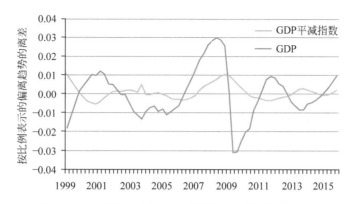

图 11-4 欧元区的实际 GDP 和物价水平的周期性变化

注：细曲线是实际 GDP 偏离其趋势的离差。粗曲线是 GDP 平减指数偏离其趋势的离差。
这些离差都是按比例计算的。GDP 平减指数总体上是逆周期性的，而且比实际 GDP 的变动幅
度要小。如果剔除 2007—2008 年即大衰退开始时的数据，GDP 平减指数的周期性部分与实际
GDP 的周期性部分的相关性为 -0.65。

11.3.6 物价水平的目标和内生货币

我们模型中的一个关键性假设是名义货币供给量 M^s 与名义货币需求 $M^d = P \cdot D$ (Y, i) 相独立。换句话说，不论名义货币需求 M^d 发生什么情况，货币当局自行决定提供多少名义货币 M^s 并且钉住这一数量。关于这一点的正式表述是，货币供给函数（在我们的例子中由 $M^s = M$ 给出）独立于货币需求函数。

这一公式对于研究名义货币供给量 M^s 的外生变化是很有用的。所谓"外生"，我们意指出乎意料，或者至少是来自模型之外。问题是，在现实世界中货币供给的大多数变化并非如此。中央银行行长并非一早醒来心血来潮，思考如果名义货币数量提高或降低 10%，那该有多好。通常，M^s 的变化是对经济事件的反应：变化发生是货币当局想要完成某项重要的经济目标。一个共同的目标是使物价水平 P 达到一个理想的或目标值。相关的目标——在以后几章中考察——是确定通货膨胀率和名义利率。

一般来说，当货币当局试图达到设定的物价水平 P 时，它必须调整名义货币数量 M 以应对名义货币需求量 M^d 的变化。另一种说法是 M 是内生的，或是由模型内部决定的。所以我们就有了一个内生货币的环境。要弄清它是如何运作的，我们现在假设货币当局要想使物价水平 P 等于一个目标水平，我们称之为 $\bar{P}$。这一目标称为物价水平目标。

就当前的目的而言，我们假设货币当局可以决定名义货币量 M 的路径，可能会存在微小的随机误差。这一假设在我们的模型中是合理的，因为我们采用狭义货币的概念，即通货。然而，如果我们采用广义货币概念，例如，加上范围更广的货币总量（诸如 M1 和 M2）所包括的存款账户，则这个假设就不那么令人满意了。另一个合理的假设是货币当局可以控制范围比通货稍广泛一点儿的货币总量：基础货币。这一总量将各金融机构存在中央银行的准备金加到全部通货上。

由于我们假设货币当局在控制名义货币数量方面不存在技术问题,所以 M 的变化仅反映意图性的政策,而非技术性的失误。特别是,之所以出现 M 的变化,是因为潜在的物价水平目标 $P = \overline{P}$ 支配了 M 的变化。

在每个时点上我们仍然有名义货币数量 M 与名义货币需求量 M^d 相等:

$$M^d = P \cdot D(Y, i) \tag{11-6}$$

之前,我们认为 M 等于一个任意给定的供给量 M^s。现在我们让 M 成为内生的,由方程(11-6)决定,并且假设货币当局允许对 M 进行调整以实现其物价水平的目标:

$$P = \overline{P} \tag{11-7}$$

如果将方程(11-7)的 $P = \overline{P}$ 代入方程(11-6),我们得到一个用于决定名义货币量的条件:

关键方程(货币的内生决定):

$$M = \overline{P} \cdot D(Y, i)$$

名义货币量＝物价水平目标・实际货币需求量

$$\tag{11-8}$$

方程(11-8)的含义是:当且仅当方程左边的名义货币量 M 发生变化以应对抵补右边的实际货币需求量 $D(Y, i)$ 的变化时,物价水平 P 才有可能在其目标值 $\overline{P}$ 上保持不变。例如,如果 $D(Y, i)$ 增加一倍,M 保持不变,为满足方程(11-6)P 就得下降。换言之,如果 $D(Y, i)$ 保持不变而 M 增加了一倍,P 就不得不上升。要使 P 固定在 $\overline{P}$,M 就必须与实际货币需求量 $D(Y, i)$ 等比例变化。这一条件告诉我们物价水平目标如何决定方程(11-8)中 M 的变化。总的观点是,名义货币量 M 是内生的并且对影响实际货币需求量 $D(Y, i)$ 的变量作出反应。我们现在将此分析用于确定三种背景下的 M:长期增长、周期性波动和季节性变动。

11.3.6.1　货币的增长趋势

要确定名义货币量 M 的增长趋势,我们必须考虑到方程(11-8)右边的实际货币需求量 $D(Y, i)$ 的长期趋势。这一趋势的最重要的来源是长期经济增长,即实际GDP向上的趋势。我们可以利用第 5 章讲到的索洛增长模型来理解这一趋势。在长期或稳态情况下,由于技术进步和人口增长,实际GDP(Y)按固定的速率增长。[①] Y 的这一增长导致实际货币需求量 $D(Y, i)$ 不断增长。如果我们把货币看作是通货,对货币需求的经验估计表明,$D(Y, i)$ 的增长率与 Y 的增长率大致相同。[②]

考察一下我们决定名义货币量 M 的条件:

$$M = \overline{P} \cdot D(Y, i) \tag{11-8}$$

由于物价水平的目标 $\overline{P}$ 固定不变,方程右边的实际货币需求量 $D(Y, i)$ 的不断增长要求

[①]　在这种情况下,利率 i 不变,因为资本的边际产量 MPK 不变。因此,如果我们忽略金融创新,仅仅由于实际GDP 的增长,实际货币需求量 $D(Y, i)$ 也会变化。

[②]　由于货币需求的规模经济,实际货币需求量会按比实际GDP 更慢的速率增长。如前面讨论的,经验证据表明这些规模经济对于支票存款很重要,但对通货来说不是这样。我们也忽略了持续不断的金融创新影响实际货币需求的可能性。

方程左边的 M 以相同的速率增长。由于 $D(Y,i)$ 与实际 GDP(Y)的增长速率相同,我们得出结论: M 必定按与 Y 相同的速率增长。因此,名义货币量 M 的增长率要与实际需求量 $D(Y,i)$ 的增长率匹配,并且允许物价水平 P 在其目标水平 $\overline{P}$ 上保持不变。

重要结论是:假设货币当局试图稳定物价水平 P,不断增长的经济将促使其名义货币量 M 增长。这一结论与第 12 章考察的数据相符合。我们将看到,M 不断增长的结论对世界上几乎所有的国家都是适用的。然而,在第 12 章中我们也考虑到了通货膨胀,即物价水平 P 的持续上升。

11.3.6.2 货币的周期性变化

要研究货币的周期性变化,我们再次利用决定名义货币量 M 的条件:

$$M = \overline{P} \cdot D(Y,i) \tag{11-8}$$

我们知道,实际货币需求量 $D(Y,i)$ 在繁荣时期上升,而在衰退时期下降;这是因为实际 GDP 的变化推动 $D(Y,i)$ 以相同方向变动。(我们假设这一效应超过利率 i 变化的影响。)我们也知道,如果 M 不变,物价水平 P 就会在繁荣时期下降而在衰退时期上升。就是说,P 将是逆周期性的——在繁荣时期低于趋势而在衰退时期高于趋势。

如果在经济波动期间货币当局想把物价水平固定在目标水平 $\overline{P}$ 上,它必须对名义货币量 M 采用一种周期性变化的模式。特别是,在方程(11-8)中,左边 M 的周期性波动必须与右边实际货币需求量 $D(Y,i)$ 的周期性波动相对应。因此,M 在繁荣时期不得不上升[随着 $D(Y,i)$ 一起上升],而在衰退时期不得不下降[随着 $D(Y,i)$ 一起下降]。换句话说,M 应该是顺周期性的。

回顾一下,根据欧元区的数据,我们发现物价水平 P 是逆周期性的。当我们假设名义货币量 M 并不随经济周期而变化时,这一变动模式是与我们的均衡经济周期模型相符合的。换言之,货币当局(例如欧洲中央银行)没有执行一项完全消除 P 的周期性变化的货币政策:M 并没有充分的顺周期性来抵消逆周期变化的物价水平。尽管这样,我们想要知道货币当局是否实行了一项多少有点顺周期性的政策。也就是说,名义货币量 M 是否在繁荣时期高于趋势而在衰退时期低于趋势。如果是这样,这一政策将减弱 P 的逆周期性。

从经验来看,名义货币量 M 是弱顺周期性的。货币总量的弱周期性与我们的结论,即物价水平 P 是逆周期性的,相一致。货币总量必须更具有顺周期性,以消除 P 的逆周期性变动。

11.3.6.3 货币的季节性变动

我们已经论证过,要实现物价水平的稳定,货币当局必须变动名义货币量 M,以与因经济增长或波动而发生的实际需求量 $D(Y,i)$ 的变化相匹配。一个类似的论证适用于与季节相关的 $D(Y,i)$ 的变化。

美元作为主要的国际储备货币,其季节性波动发生了重大变化,因此我们在这里讨论美元。直到 20 世纪 80 年代中期,12 月份公众的实际货币持有量大约比当年平均水平高出 2.6%,而 2 月份公众的实际货币持有量大约比当年平均水平低 1.7%。如果货币当局

在一年内保持货币 M 的名义数量不变,那么价格水平 P 就会出现相反的季节性模式——在 12 月处于低水平而在 2 月处于高水平。要了解货币当局如何避免这种结果,我们可以再次利用决定名义货币量 M 的条件:

$$M = \bar{P} \cdot D(Y, i) \tag{11-8}$$

为避免物价水平 P 的季节性波动,当实际货币需求量 $D(Y, i)$ 较高时,例如 12 月,美联储就需保持一个相对较高的名义货币量 M;而当 $D(Y, i)$ 较低时,例如 2 月,就需保持相对较低的名义货币量。因此,名义货币量 M 具有明显的季节性,而物价水平 P 并不具有显著的季节性模式。(即在作季节性调整以前,P 几乎没有季节性的变化。)

自 20 世纪 80 年代以后对美国通货实际需求的季节性变动已经大大减弱。例如,从 1959 年到 1984 年,12 月实际通货量超出全年平均水平的比例平均为 2.6%,但随后在 20 世纪 90 年代超出比例上升到 3.6%,在 2000 年到 2015 年又下降到 2.4%。一项由美联储和美国财政部所作的研究指出(美国联邦储备委员会,2003 年),这一变化与外国居民增加了对美国通货的持有量有关。外国居民对美国通货的需求较之国内需求的季节性波动更少。因此当越来越多通货被外国居民持有时季节性的变动被削弱了。

如果我们考察下支票存款——M1 的另一部分,情况就不同了。1990 年后美国支票存款实际需求的季节性波动有所减弱,但金融危机以来又加剧了。例如,从 1959 年到 1990 年,12 月份实际支票存款超出年平均数的比例平均为 3.2%,然后从 1990 年到 2008 年下降到 2.0%。2008 年到 2015 年又显著上升到 6.9%。它与通货的差别或许是因为外国居民对美国的支票存款的需求远远不如其对美国通货的需求那么重要。

 # 小结

我们对宏观经济模型进行扩展,加上了另一个均衡条件:名义货币供给量 M^s 等于名义货币需求量 M^d。然后我们得到一个决定物价水平 P、名义工资率 w 和名义租赁价格 R 的一般均衡模型。这三个名义价格都是浮动的,并且能够迅速地作出调整以保证三个均衡条件成立:$M^s = M^d$,$L^s = L^d$(劳动市场出清)和 $(\kappa K)^s = (\kappa K)^d$(资本服务市场出清)。

我们将模型的微观经济学基础扩大,考察名义货币需求 $M^d = P \cdot D(Y, i)$ 的决定因素,这里函数 $D(Y, i)$ 给出了实际货币需求量 M^d / P。实际货币需求量随实际 $GDP(Y)$ 的上升而上升,随利率 i 的上升而下降。金融技术的变化也会影响 $D(Y, i)$。

名义货币供给量 M^s 的增加使各种名义变量,例如物价水平 P、名义工资率 w 和名义租赁价格 R,同比例上升。但实际变量,例如 w/P,R/P 和实际 $GDP(Y)$ 不变。这一性质称为货币中性。如果 M^s 不变,实际货币需求量 $D(Y, i)$ 的增加使 P 下降。因此,模型预测 P 是逆周期性的,如我们在欧元区的数据中观察到的。

如果货币当局试图把物价水平 P 保持在固定的目标 $\bar{P}$ 上,名义货币量 M 变成是内生的。特别是,实际货币需求量 $D(Y, i)$ 的变化会按同样的方向影响 M。我们将此结果应用于以下三种情况:长期增长、经济波动和季节性变动。在实际 GDP 长期增长情况下,预计 M 有向上的趋势。在周期性情况下,M 必定是顺周期性的,以抵消物价水平 P

的逆周期性波动。然而,从经验来看,M 还没有足够的顺周期性以消除 P 的逆周期性的变化。在季节性变动的情况中,为避免 P 的季节性波动,M 必定会随季节而变化。我们已发现了 M 的这种季节性变化的证据。

重要术语和概念

易货贸易 barter
支票存款 checkable deposit
商品货币 commodity money
货币需求 demand for money
现金管理的规模经济 economies of scale in cash management
内生货币 endogenous money
法定货币 fiat money
一般均衡 general equilibrium
高能货币 high powered money
生息资产 interest bearing assets
法定货币 legal tender
M1
M2
货币总量 monetary aggregate
基础货币 monetary base
货币中性 neutrality of money
物价水平目标 price-level targeting
货币数量理论 quantity theory for money
实际货币需求 real demand for money
价值储藏 stores of value
交易成本 transaction costs

问题和讨论

A. 复习题

1. 解释为什么区分名义货币数量 M 的变化和名义货币需求 M^d 的变化是重要的。在这两类货币变化都发生的时期里,我们预期物价水平 P 和实际 GDP Y 之间会有什么联系?

2. 解释为什么对生产函数有利的冲击往往会降低物价水平 P。货币当局如何才能防止价格的这种下跌?

3. "内生货币"这个术语的含义是什么?在何种情况下,内生货币会在名义货币 M

和实际 GDP(Y)之间产生一种正向的联系?

4. 考察下列变化并陈述其导致实际货币需求量增加、减少还是不变:

a. 名义利率 i 的上升;

b. 实际交易成本的增加;

c. 人口保持不变,由人均实际 GDP 的上升引起的实际 GDP(Y)的增加;

d. 人均实际 GDP 保持不变,由人口增加引起的实际 GDP(Y)的增加;

e. 物价水平 P 的上升。

5. 货币与其他金融资产之间的交易成本是什么? 你可以列一张表将诸如去银行或排队等候的时间等包括进去。由于自动取款机的发展这些成本如何受到影响?

6. 假设名义货币量 M 一次性增加一倍。

a. 物价水平 P 的上升表明工人的生活状况将会恶化。这正确吗?

b. 名义工资率 w 的上升表明工人的生活状况将有所改善。这对吗?

c. 如何将你的结果与货币中性的概念联系起来?

7. 支持货币数量理论的经济学家们认为,物价水平 P 的变化主要是由于名义货币量 M 的变化。这一结论是完全基于理论推导的吗?

B. 讨论题

8. 购物次数和货币需求

假设一个工人的年收入为 60 000 欧元,每月发一次工资。这个工人有定期的采购计划。每次采购时,买下足以维持到下次采购的物品(比方说食品)。

a. 如果该工人每月购物四次,平均货币余额是多少?

b. 如果该工人每月只采购两次会怎么样?

c. 采购物品的频率与货币需求之间的一般关系是什么?

d. 假定采购的费用上升,这也许是由于汽油涨价。采购频率会有什么变化? 对货币的需求会有什么变化?

9. 通货的面值

考察人们如何将他们持有的通货金额在大面额钞票(比方说 100 美元)和小额零钱之间分配。持有大面额美元钞票的多少如何取决于以下因素:

a. 物价水平 P?

b. 人均实际 GDP?

c. 人口?

d. 避免支付记录的动机——例如逃税或掩盖非法交易活动,如毒品交易?

e. 国外美元通货持有量的增加?

10. 交易成本与家庭预算约束

在模型中,我们忽略了家庭在交易成本中所耗用的资源。假定这些成本以购买商品和服务的形式出现(例如付给银行或经纪人的手续费)。假设由于自动取款机的普遍使用,实际交易成本下降。

a. 这一变化如何表示在家庭的预算约束中?

b. 对消费和闲暇的收入效应是什么?

c. 假设交易成本表现为去银行所需要花的时间而不是商品和服务的购买。问题 a 和问题 b 的结果会有什么变化？

11. 交易频率和货币需求

假定一个家庭的消费支出是每年 60 000 欧元,并且每月从一个储蓄账户中提取款项来开支。

a. 用图形表示家庭一年以上持有货币的模式。平均货币余额为多少？这一平均余额等同于我们模型中的货币需求量吗？

b. 现在假设从储蓄账户中提款的频率上升到每月 2 次,平均货币余额会有什么变化？

c. 回到问题 a,但是现在假设每年的消费支出为 120 000 欧元。如果从储蓄账户中提款仍是每月一次,平均货币余额是多少？这一平均数如何同问题 a 中的答案相比较？当消费支出增加时,提款的频率仍保持不变是否为最优选择？请解释。

12. 货币改革

假设政府用一种新的货币单位来取代现有的货币单位。例如,英国也许将旧英镑换成新英镑,规定一新英镑等于 10 个旧英镑。人们能够按 10∶1 的比率用旧币换新币。而且任何按旧英镑标价的合同均按 10∶1 的比率用新英镑重新标价。

a. 物价水平 P 和利率 i 会发生什么变化？

b. 实际 GDP(Y),消费 C 和劳动 L 会发生什么变化？

c. 这些结果显示了货币中性吗？

13. 货币的流通速度

货币的流通速度是指交易的总额——例如名义 GDP——除以名义货币数量。货币的流通速度如何受到以下因素的影响:

a. 名义利率 i 的上升？

b. 人口保持不变,由人均实际 GDP 的上升引起的实际 GDP(Y)的增加？

c. 人均实际 GDP 保持不变,由人口增加引起的实际 GDP(Y)的增加？

d. 物价水平 P 的上升？

e. 为什么名义 GDP 并不是交易总额的正确的量度？

f. 当一个国家的经济发展时,你预计货币的流通速度会发生什么变化？

14. 其他变量对货币需求的影响

假设实际 GDP 的数值 Y、人口、名义利率 i 和实际交易成本的数值都是给定的。如果这些变量是给定的,下列关于实际货币需求的陈述是否正确？或不确定？

a. 农业社会的实际货币需求低于工业社会。

b. 独裁比民主有更高的实际货币需求。

c. 老年人比例较大的国家有更高的实际货币需求。

d. 识字率较高的国家实际货币需求较低。

关于这些影响的经验证据,见 Lawrence Kenny(1991)的研究。

15. 支付期和货币需求

假设一个工人年收入为 60 000 欧元。假设该工人每月领 2 次工资。该工人均以货币形式持有这些工资,并不购买任何其他金融资产。并且用持有的货币支付每年 60 000 欧元的消费支出。

a. 该工人的平均货币余额是多少?

b. 如果该工人每月领一次工资而不是每月 2 次,平均货币余额又是多少?

c. 支付期和货币需求之间的一般关系是什么?

d. 如果该工人将一部分工资存入储蓄账户然后在需要时从该账户中提款,结果会如何变化?

通货膨胀、货币增长和利率

在第 11 章我们研究了物价水平 P 的决定。现在我们考察通货膨胀,所谓通货膨胀,是指物价水平 P 的持续上升。我们之前的分析提出了可能引起通货膨胀的因素。我们还是从名义货币供给量 M^s 与名义货币需求量的等式开始讨论:

$$M^s = P \cdot D(Y, i)$$
$$名义货币供给量 = 名义货币需求量 \tag{12-1}$$

我们再次假设,M^s 外生地由货币管理当局设定为给定的数量 M。因此,我们可将方程(11-5)写成

$$M = P \cdot D(Y, i)$$
$$实际货币数量 = 实际货币需求量 \tag{12-2}$$

为了用实际项表达方程,可以两边同除以物价水平 P,得

$$M/P = D(Y, i)$$
$$实际货币数量 = 实际货币需求量 \tag{12-3}$$

假设实际货币需求量 $D(Y, i)$ 下降。$D(Y, i)$ 的减少可能反映了金融创新,例如信用卡使用的增加,或者实际国内生产总值(实际 GDP)Y 的下降。由于式(12-2)右边的 $D(Y, i)$ 减少,左边的 M/P 也必须下降。对于给定的 M,M/P 下降,就要求 P 上升。因此,实际货币需求量的减少似乎是通货膨胀的原因。

但是要注意,实际货币需求量 $D(Y, i)$ 的每一次减少,只是造成 P 的一次上涨,而不是 P 的持续上涨。要产生通货膨胀,就需要有 $D(Y, i)$ 的持续减少。虽然理论上可能,但这种模式不现实。多数国家经历过实际 GDP(Y)的长期增长,这会持续提升式(12-2)右边的 $D(Y, i)$。因此,如果 M 不变,方程左面的 M/P 会趋于上升,P 会趋于下跌。所以我们不能这样解释通货膨胀。

再来看看式(12-2),由于我们排除了实际货币需求量持续下减是通货膨胀根源的可能性,那就只有一种可能的解释。要使 P 不断上升,名义货币数量 M 就必须持续增加。第 11 章的分析已经注意到名义货币数量 M 的上升与物价水平 P 上涨之间有某种联系。从经验看,用货币或更广义 M1 之类的总量衡量的 M,很显然一般会随着时间推移而增长。而且,货币增长率——M 增加的速度——在很大程度上因国家和时间而不同。因此,货币增长率的差异,是可以用于解释通货膨胀的很好的理由。为评价这种关联,我们从探讨通货膨胀和货币增长率的国际数据开始。

12.1 各国通货膨胀与货币增长的数据

表 12-1 列出了 1960 年至 2011 年 57 个国家的通货膨胀率和货币增长率。我们用消费者价格指数(CPI)衡量物价水平 P。我们之所以用 CPI 而不用 GDP 平减指数,是因为数据的可得性。其实,对于有这些数据的国家来说,用 GDP 平减指数得出的结果也相类似。

表 12-1　57 个国家的通货膨胀率和货币增长率

国　　家	年份(i)	通货膨胀率(2)	货币增长率(3)	实际货币增长率(4)	实际 GDP 增长率(5)
巴西	1980—2011	0.852	0.871	0.018	0.025
乌克兰	1992—2011	0.535	0.505	−0.029	−0.009
玻利维亚	1977—2011	0.406	0.452	0.046	0.024
乌拉圭	1972—2011	0.327	0.336	0.009	0.026
土耳其	1960—2011	0.279	0.319	0.041	0.045
保加利亚	1995—2011	0.260	0.306	0.046	0.024
以色列	1981—2011	0.229	0.304	0.075	0.041
墨西哥	1977—2011	0.228	0.273	0.045	0.029
蒙古	1992—2011	0.201	0.286	0.084	0.052
俄罗斯	1995—2011	0.178	0.269	0.091	0.037
圣多美和普林希比	1996—2011	0.172	0.214	0.042	0.042
坦桑尼亚	1967—2011	0.155	0.192	0.036	0.042
冰岛	1960—2011	0.153	0.210	0.058	0.036
哥伦比亚	1960—2011	0.147	0.191	0.044	0.041
摩尔多瓦	1994—2011	0.132	0.206	0.074	0.025
波兰	1990—2011	0.129	0.166	0.037	0.038
巴拉圭	1985—2011	0.128	0.190	0.063	0.030
哥斯达黎加	1987—2011	0.126	0.157	0.031	0.046
匈牙利	1990—2011	0.115	0.126	0.011	0.011
葡萄牙	1979—2011	0.114	0.141	0.028	0.031
洪都拉斯	1980—2011	0.104	0.136	0.032	0.032
斯威士兰	1974—2011	0.102	0.139	0.037	0.041
印度尼西亚	1990—2011	0.101	0.163	0.062	0.047
爱沙尼亚	1993—2010	0.089	0.152	0.063	0.039
西班牙	1962—1998	0.088	0.126	0.039	0.037
南非	1965—2011	0.087	0.139	0.051	0.028

续表

国　　　家	年份（1）	通货膨胀率（2）	货币增长率（3）	实际货币增长率（4）	实际GDP增长率（5）
博茨瓦纳	1994—2011	0.083	0.141	0.059	0.054
韩国	1966—2011	0.076	0.192	0.116	0.072
印度	1960—2011	0.073	0.126	0.053	0.051
克罗地亚	1993—2011	0.072	0.152	0.080	0.030
新西兰	1965—2011	0.063	0.082	0.019	0.022
特立尼达和多巴哥	1991—2011	0.061	0.136	0.075	0.048
法国	1977—1998	0.051	0.057	0.006	0.021
澳大利亚	1960—2011	0.050	0.084	0.034	0.035
丹麦	1970—2011	0.048	0.087	0.039	0.018
捷克共和国	1993—2011	0.043	0.094	0.051	0.030
卢森堡	1974—1997	0.043	0.046	0.002	0.035
奥地利	1963—1997	0.041	0.068	0.027	0.032
加拿大	1960—2011	0.040	0.080	0.040	0.033
美国	1960—2011	0.040	0.052	0.012	0.030
约旦	1990—2011	0.038	0.077	0.039	0.052
马来西亚	1969—2011	0.036	0.117	0.081	0.065
卡塔尔	1982—2011	0.034	0.106	0.072	0.076
日本	1960—2011	0.033	0.090	0.058	0.040
立陶宛	1996—2011	0.033	0.144	0.111	0.044
圣基茨和尼维斯	1984—2011	0.031	0.111	0.079	0.038
佛得角	1995—2011	0.030	0.074	0.043	0.065
圣卢西亚	1984—2011	0.029	0.090	0.061	0.036
瑞士	1960—2011	0.028	0.066	0.038	0.022
英国	1988—2011	0.028	0.093	0.065	0.020
圣文森特和格林纳丁斯	1984—2011	0.028	0.079	0.052	0.036
格林纳达	1984—2011	0.025	0.078	0.052	0.033
多米尼加	1984—2011	0.025	0.068	0.043	0.028
马耳他	1980—2007	0.025	0.069	0.044	0.037
挪威	1992—2011	0.020	0.078	0.058	0.024
沙特阿拉伯	1993—2011	0.020	0.102	0.082	0.030
新加坡	1991—2011	0.017	0.104	0.086	0.061

表 12-1 第 2 列显示的通货膨胀率是 1960 年至 2011 年物价水平 P 的年均增长率。表格中列出的是至少有 15 年可得数据的国家，第 1 列为可得数据的年份。这些国家按照通货膨胀率的降序排列。第 3 列为名义货币 M（由 M1 定义）的增长率。第 4 列展示货币增长率与通货膨胀率的差值。这个差值揭示的是实际货币（即 M/P）的增长率。第 5 列为实际 GDP 增长率。

所有国家 1960—2011 年的通货膨胀率均大于零，也就是说，所有国家都在某种程度上存在通货膨胀。价格持续下降（被称为通货紧缩）没有出现在任何一个国家，至少在 1960 年以后的所有数据中都是如此。最低的通货膨胀率为每年 1.7%，为新加坡 1911—2011 年的数据。日本在 2000—2013 年间出现了年均 −0.14% 的通货紧缩，然而在 2014 年，日本的价格水平再次上升。

所有国家的名义货币增长率（第 3 列）都大于零。

通货膨胀中位数为每年 7.3%，同时有 23 个国家超过了 10%。名义货币增长率的中位数为每年 13.6%，同时有 30 个国家超过了 10%。

通货膨胀率和货币增长率的横截面范围很大。通货膨胀率从巴西的 83% 到新加坡的 1.7% 不等。货币增长率从卢森堡的 4.6%、美国的 5.2% 至巴西的 87% 不等。

在大多数国家名义货币 M 的增长率超过物价 P 的增长率（通货膨胀率）。所以第 4 列所示的实际货币余额 M/P 在大多数国家都大于 0。从 1960 年至 2011 年实际货币增长率的中位数为每年 4.6%。

为了理解通货膨胀，各国数据最重要的观测角度是，通货膨胀率与名义货币增长率之间呈现明显的正相关。图 12-1 使用 1960—2011 年的数据呈现出这种关系。纵坐标表示一国的通货膨胀率（表格第 2 列），横坐标表示货币增长率（第 3 列）。该图表明，通货膨胀严重的国家，货币增长率也高；两个变量之间的相关系数高得惊人，达到 0.92。斜率接近

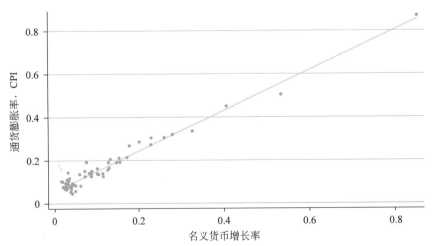

图 12-1　1960—2011 年 57 个国家的通货膨胀率和名义货币增长率

注：本图使用表 12-1 中的数据。纵坐标表示 1960 年至 2011 年基于 CPI 的通货膨胀率。横坐标表示名义货币增长率。这两个变量有明显的正相关关系，相关系数为 0.92。斜率接近 1，即名义货币增长率每年上升 1%，与通货膨胀率每年大约增长 1% 相关。

1,从而名义货币增长率每年上升1%,相应地通货膨胀率每年增长大约1%。然而,这种强相关性并不能告诉我们通货膨胀与货币增长之间有直接的因果关系。也就是说,我们不能判断是否一个国家拥有高通货膨胀率是因为它的高货币增长率,反之亦然。但是,我们可以有把握地说,除非已有过高速的货币增长率,否则该国不可能有持续40多年的高通货膨胀率。

我们从各国数据比较中得出的一个结论是,要了解通货膨胀,就必须把货币增长纳入核心分析内容。这就是说,我们必须认真对待 Milton Friedman(1968b,p.29)的名言:"通货膨胀时时处处都是一种货币现象。"现在我们要扩展我们的均衡经济周期模型,将通货膨胀和货币增长考虑进去。

12.2　通货膨胀和利率

我们现在将通货膨胀纳入均衡经济周期模型。我们首先探讨实际的和预期的通货膨胀。

12.2.1　实际的和预期的通货膨胀

设第1年的物价水平为 P_1,第2年的为 P_2。第1年至第2年物价水平的变动为 $\Delta P_1 = P_2 - P_1$。设通货膨胀率为 π。第1年至第2年的通胀率 π_1,是物价水平相对于初始物价水平的变化率。

$$\pi_1 = (P_2 - P_1)/P_1$$
$$\pi_1 = \Delta P/P_1$$
(12-3)

例如,如果 $P_1 = 100$,$P_2 = 105$,第一年至第二年的通货膨胀率为

$$\pi_1 = (105 - 100)/100$$
$$= 0.05 \text{ 或每年 } 5\%$$

表12-1表明,通货膨胀率 π 一般都大于0。因此,我们通常考虑物价上升的情况,因此 $P_2 > P_1$,从而 $\pi_1 > 0$。然而我们可以研究下跌中的物价,即 $P_2 < P_1$,因此 $\pi_1 < 0$。这种情况称为通货紧缩。经济学家们对通货紧缩的兴趣日益浓厚,因为近年以日本为主的一些国家都经历了通货紧缩,这预示将来可能大多国家也无法避免发生通货紧缩。

可对方程(12-3)进行调整,求解第二年的物价水平 P_2。首先在方程两边乘以 P_1,得到

$$\pi_1 \cdot P_1 = P_2 - P_1$$

然后两边同时加上 P_1,合并同类项并移项,得到

$$P_2 = (1 + \pi_1) \cdot P_1$$
(12-4)

一年后,物价水平上涨 $1 + \pi_1$,如果 $P_1 = 100$,$\pi_1 = 0.05$,则

$$P_2 = (1.05) \cdot 100 = 105$$

家庭在作出诸如是今年还是明年消费之类的选择时,都想知道物价随着时间的推移会如何变化。由于未来是未知的,家庭就必须进行预测或**通货膨胀预期**。用 π_1^e 表示通胀率 π_1 的预期。如果家庭知道了第1年的物价水平 P_1,式(12-3)表明,对 π_1 的预计相当于

对明年物价水平 P_2 的预期。

由于将来的物价水平是未知的,所以对通货膨胀无法有完美的预测。因此,实际通胀率 π_1 通常会偏离对其的预期 π_1^e,预测误差或 未预期 的通货膨胀不为零。未预期到的通胀有时大于 0,有时小于 0。虽然出现这些误差无法避免,但家庭努力使误差尽可能小,所以他们利用所有关于过去的通货膨胀的信息和其他变量,以免出现系统性错误。这样形成的预期称为 理性预期。[①] 这种理性意味着未预期到的通胀不会随时间形成系统性误差。例如,如果今年未预期到的通货膨胀大于 0,对下一年通胀的计算就会设法避免这种错误。

12.2.2 实际利率与名义利率

在前面几章中,我们假设通货膨胀率为零。因此我们不必区分实际利率和名义利率。而通货膨胀率不为零时,我们要区分这两者。

设 i_1 为第 1 年的债券利率。例如,假设 $i_1 = 0.05$ 或每年 5%。如果家庭在第 1 年持有 1 000 欧元的债券,第 2 年会持有多少资产呢?首先,家庭仍持有本金 1 000 欧元。其次,家庭获得利息收入 $1\,000 \times 0.05 = 50$ 欧元。所以,第 2 年的资产总额为

本金(1 000 欧元) + 利息(50 欧元) = 第 2 年的资产(1 000 欧元 + 50 欧元)

= 1 050 欧元

现在我们将分析扩展到利率 i_1,带到第 2 年的本金还是 1 000 欧元。利息收入等于 1 000 欧元 $\cdot i_1$。因此我们有

本金(1 000 欧元) + 利息(1 000 欧元 $\cdot i_1$) = 第 2 年的资产(1 000 欧元 + 1 000 欧元 $\cdot i$)

= 1 000 欧元 $\cdot (1 + i_1)$

这样,以债券形式持有的资产的欧元价值,过了一年乘上了因子 $(1 + i_1)$,因而增加。利率 i_1 是 名义利率,因为 i_1 决定了以债券形式持有资产的名义价值随时间推移发生的变化。

我们已经知道家庭的名义资产如何随时间而发生变化。可是家庭并不在意资产的名义价值,它在意的是用这些资产能买到的商品即资产的实际价值。所以我们要搞清楚资产的实际价值随时间的推移会有什么变化。

假设通货膨胀率为 $\pi_1 = 0.01$ 或每年 1%,如表 11.2 第一行中所示。式(12-4)表明,一年后的物价水平乘上因子 $(1 + i_1)$ 后上升了。所以物价水平从第 1 年的 $P_1 = 100$ 上升到第 2 年的 $P_2 = 100 \cdot (1.1) = 101$。表中第二行列出这些数值。如表 12-2 第三行所示,如果名义利率 $i = 0.05$ 或每年 5%,那么就如表中第四行所示,名义资产仍然从第 1 年的 1 000 欧元增加到第 2 年的 1 050 欧元。

实际资产有何变化?第 1 年的实际资产为

第 1 年的实际资产 = 1 000/100 = 10 单位商品

第 2 年的实际资产为

第 2 年的实际资产 = 1 050/101 = 10.4 单位商品

---

① 理性预期的理念来自 John Muth(1961)的著作。要找宏观经济方面的应用,可查阅 Robert Lucas(1977)。

（我们将计算结果保留一位小数，得到近似值 10.4。）表 12-2 第五行列出了这些数值。
实际资产的增幅为

$$(10.4-10)/10=0.4/10=0.04$$

将实际利率定义为以债券形式持有的资产实际价值的变化率。所以，如第六行中所示，本例中的实际利率为 0.04 或每年 4%。注意，4% 的实际利率低于 5% 的名义利率，少了 1% 的通货膨胀率。

表 12-2 名义利率与实际利率

		第一年	第二年
(1)	通货膨胀率		0.01
(2)	物价水平	100	101.0
(3)	名义利率		0.05
(4)	名义资产	1 000	1 050.0
(5)	实际资产	10	10.4
(6)	实际利率		0.04

注：第一行和第二行显示通货膨胀率对物价水平的影响。第三行和第四行表示名义利率对资产名义价值随时间变化的影响。第五行和第六行表明名义利率和通胀率对资产实际价值随时间变化的影响。资产实际价值的变动取决于实际利率，而实际利率等于名义利率与通货膨胀率之差。

现在我们进一步扩展，加入名义利率 i_1 和通货膨胀率 π_1。由于名义利率为 i_1，资产名义价值上升到 $(1+i_1)$ 倍：

第 2 年的资产名义价值 =（第 1 年的资产名义价值）· $(1+i_1)$

由于通货膨胀率为 π_1，物价水平上升到 $(1+\pi_1)$ 倍 [见式 (12-4)]

$$P_2=P_1 \cdot (1+\pi_1)$$

由于实际资产是资产的名义价值与物价水平之比，我们用第一个方程除以第二个方程，得到实际资产的表达式：

$$\frac{\text{第 2 年的名义资产}}{P_2}=\frac{\text{第 1 年的名义资产}}{P_1} \cdot (1+i_1)/(1+\pi_1)$$

第 2 年的实际资产 =（第 1 年的实际资产）· $(1+i_1)/(1+\pi_1)$

因此，实际资产上升到 $(1+i_1)/(1+\pi_1)$ 倍。

由于用 r_1 表示的实际利率，是以债券形式持有资产实际价值的变化率，我们得到

$$(1+r_1)=(1+i_1)/(1+\pi_1) \tag{12-5}$$

对于表 12-2 中的例子，我们有

$$1.04 \approx 1.05/1.01$$

所以实际利率为 $r_1 \approx 0.04$。

一般情况下，运用方程 (12.5) 可以得到关于实际利率 r_1 的一个有用的公式。方程两边同乘以 $1+\pi_1$，得到

$$(1+r_1) \cdot (1+\pi_1)=1+i_1$$

将左边两项乘开,得到

$$1 + r_1 + \pi_1 + r_1 \cdot \pi_1 = 1 + i_1$$

将方程两边的"1"消掉,并将除了 r_1 以外的各项移至右边,得

$$r_1 = i_1 - \pi_1 - r_1 \cdot \pi_1$$

右边有乘积项 $r_1 \cdot \pi_1$,它往往很小;例如,如果 $r_1 = 0.04$,$\pi_1 = 0.01$,该项是 0.000 4。实际上,这个交乘项之所以会出现,只是因为我们允许利率和通胀率每年复利计算一次。比较精确的过程是利率与通胀率连续复利计算。在此情况下,该乘积项就会消失(接近于 0——译者注),因而我们就得出了实际利率的简单方程:

关键方程:

$$r_1 = i_1 - \pi_1$$
$$\text{实际利率} = \text{名义利率} - \text{通货膨胀率}$$

(12-6)

因此,我们可以用式(12-6)来计算实际利率。

12.2.3　实际利率与跨时期替代

我们在第 8 章里阐述了跨时期替代对消费的影响。较高的利率,促使家庭减少第 1 年的消费 C_1(相对于第 2 年的消费 C_2 而言)。在通货膨胀率 π_1 不为零时,对跨时期替代而言,重要的是实际利率 r_1,而不是名义利率 i_1。

为搞清原因,假设 i_1 为每年 5%,π_1 为每年 2%,所以 r_1 为每年 3%。假设家庭减少一个单位的 C_1,从而使以债券或资本形式持有的实际资产增加一个单位。这些增加的实际资产到第 2 年变成更多的 1.03 单位的实际资产(因为 r_1 为 3%)。所以家庭可增加 1.03 个单位的 C_2。这样,C_1 减少一个单位转换为 C_2 增加 1.03 单位。如果 r_1 上升,会促使消费延迟,家庭就会减少 C_1,增加 C_2。

名义利率 i_1 不是跨时期替代中合适的变量。如果 i_1 为每年 5%,家庭第 1 年在 C_1 上的名义支出减少 1.00 欧元,会使第 2 年在 C_2 上的名义支出增加 1.05 欧元。然而,第 2 年增加的 1.05 欧元支出只多买到 1.03 单位的商品(如果每年的通货膨胀率 $\pi_1 = 2\%$)。如此看来,跨时期替代真正的变量是每年的实际利率 $r_1 = 3\%$。同样的结论适用于跨时期替代对劳动供给的影响:发挥作用的是实际利率 r_1。

12.2.4　真正的和预期的实际利率

当我们提到债券时,通常想到的是预先明确规定名义利率 i 的诸如英国短期国债之类的资产。例如,新发行的 3 个月期英国国债保证持有 3 个月的名义利率。3 个月期国债的实际利率取决于这 3 个月的通货膨胀率。

例如,在 t 年,3 个月期国债的实际利率为

$$r_t = i_t - \pi_t$$

(12-7)

我们可以认为 i_t 是 t 年 1 月 1 日发行的 3 个月期国债的名义利率。利率 i_t 表示为年率,如 0.02 或每年 2%。变量 π_t 为 1 月至 4 月的通货膨胀率,也以年率表示。问题是,在 1 月份家庭购买短期国债时,这个通胀率是未知的。只有在后来观察到 π_t 时,实际利率 r_t 才变为可知的。

假设在 1 月家庭预期 1—4 月的通货膨胀率为 π_t^e，由方程(12-7)可知，这个预期通货膨胀率决定了短期国债的预期实际利率 r_t^e：

$$r_t^e = i_t - \pi_t^e$$

预期实际利率 ＝ 名义利率 － 预期通货膨胀率

(12-8)

例如，如果 $i_t = 0.03/$年，$\pi_t^e = 0.01/$年，那么 $r_t^e = 0.02/$年。从形式上看，预期实际利率是在 t 年年初形成的对未来一段时期(如 3 个月)实际利率的预期。

家庭在对当前消费和劳动供给做出选择时，知道的是预期实际利率 r_t^e，而不是真实的利率 r_t。因此，跨时期替代效应取决于 r_t^e，我们将对此进行度量。为此我们要计算预期通货膨胀率 π_t^e。

12.2.4.1　衡量预期通货膨胀

经济学家们用三种方法度量预期通货膨胀率：

(1) 询问样本人群他们的预期。

(2) 利用理性预期假设，理性预期是指在可得信息给定的情况下与最优预测对应的预期。然后用统计方法测量这些最优预测。

(3) 采用市场数据对通货膨胀预期进行推测。

第一种方法的主要缺点是，样本也许不能代表整个经济体。而且，经济学家们关于家庭如何采取行动的理论优于关于他们如何回答调查问卷的理论。然而，调查问卷也有用处，我们将在下一节讨论通过调查问卷了解预期通货膨胀。

第二种方法以理性预期为依据，结果成败参半。一个挑战是，如何弄清家庭形成预期时他们拥有的信息。另一个问题是，选择哪个统计模型来预测通货膨胀。

由于在 20 世纪 80 年代和 90 年代许多发达国家的政府开始发行指数化债券，第三种方法变得很有用。与人们较熟悉的规定名义利率的名义债券不同，指数化债券规定的是实际利率。例如，10 年期指数化债券根据通货膨胀调整利息与本金的名义付款额，以保证 10 年期内的承诺实际收益率。我们以后会讨论如何利用这些数据对预期通胀率 π_t^e 进行推测。

12.2.4.2　预期通货膨胀率和利率

一个经典的通胀预期调查案例是美国费城记者 Joseph Livingston 于 1946 年进行的。因此，我们在本节中考虑使用这些调查数据。该调查询问了约 50 名经济学家对未来 6 个月和 12 个月美国 CPI 的预测。[①] 这些结果使我们能够预测通货膨胀率。未来 6 个月的通胀预测如图 12-2 所示，用深色线表示。图中还显示了过去 12 个月的实际通货膨胀率，用浅色线表示。这些通货膨胀率是调查对象在作出预测时就知道的。

图 12-2 显示，1950—2015 年实际与预期通货膨胀率保持同样的趋势。20 世纪 50 年代到 60 年代中期，通货膨胀率较低，然后，通货膨胀率开始上升，直至 20 世纪 80 年代。然后又在 80 年代初期大幅度下降。随后在 20 世纪 80 年代中期保持相对平稳状态。

---

① 要找对 Livingston 调查的论述，查阅 John Carlson(1977)的著作。

2015 年 12 月,对未来 6 个月的通货膨胀预期为 1.6%。

过去12个月CPI通货膨胀率

未来6个月Livingston通货膨胀预期

图 12-2　实际和预期通货膨胀率

注:浅色线表示过去 12 个月的通胀率,由美国消费者价格指数(CPI)计算得出。深色线表示预期的 CPI 通胀率。这些预期是提前 6 至 8 个月形成的,来自费城联邦储备银行(Federal Reserve Bank of Philadelphia)的利文斯顿调查(Livingston survey)。

图 12-3 用浅色线表示 3 个月期美国国债的名义利率 i_t。深色线表示预期实际利率 r_t^e,通过从 i_t 减去 Livingston 预期通货膨胀率 π_t^e(如图 12-2 所示)计算:

$$r_t^e = i_t - \pi_t^e \tag{12-8}$$

20 世纪 50 年代中期至 80 年代,名义利率 i_t 上升。然而,由于预期通货膨胀率 π_t^e 保持同样的上升趋势,预期实际利率 r_t^e 没有上升趋势。

这种 i_t 和 π_t^e 保持相同趋势的情况是一种典型的长期现象。因此,我们想要用我们的模型解释这种现象。

预期实际利率 r_t^e 在 20 世纪 50 年代中期到 70 年代前期保持在 2%~3% 的相对稳定状态。而在 70 年代降至接近 0。在 1992—1993 年,r_t^e 一度再次降至接近 0 的水平,直到 80 年代回升到 4%,90 年代则保持在 3%~4%。2001 年中至 2004 年,回到接近 0 的水平,然后又在 2006 年中期回升到 2.4%。在金融危机之后,名义利率降至接近 0%,这导致了在正通货膨胀预期下的实际利率预期值为接近 −1.5% 的一个负值。

12.2.4.3　指数化债券、实际利率和预期通货膨胀率

20 世纪 80 年代和 90 年代,更加可靠的实际利率与预期通货膨胀率的数据可以从指数化政府债券的数据中得出,因为这些债券是根据消费者价格指数的变化调整利息与本金的名义付款额的。这类债券保证了各债券发行期内的实际利率。英国政府 1981 年首次发行这类债券。此后澳大利亚(1985 年)、加拿大(1991 年)、冰岛(1992 年)、新西兰(1995 年)、以色列(1995 年)、美国(1997 年)、瑞典(1997 年)、法国(1998 年)、希腊和意大

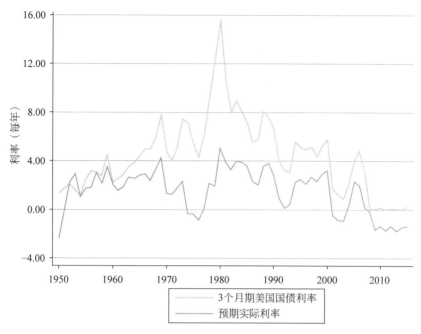

图 12-3　名义和预期实际利率

注：3 个月期美国国债利率（如浅色线所示）是一种名义利率。通过减去由 Livingston survey 测量方法
给出的预期 CPI 通胀率（如图 12-2 所示），我们得到预期实际利率。最终的预期实际利率由深色线表示。

利（2003 年）以及日本（2004 年）等国的政府也相继发行指数化债券。

由于指数化债券的实际利率是有保障的，预期实际利率与真实的利率相等。图 12-4
显示了 1998 年以来美国 30 年期指数化债券的实际利率（黑色线），2003 年以来 10 年期
（深蓝色线）和 5 年期（浅蓝色线）指数化债券的实际利率。对 10 年期的债券，从 2003 年
至 2010 年，实际利率在 2% 左右波动，然后 2011—2013 年下跌，2013 年起跌至 1% 左右。
这种走势类似于图 12-3 所示的对 3 个月期短期国债估计的预期实际利率。

现在我们要说明怎样使用指数化债券的数据度量预期通货膨胀率。基本原理是，人
们预期的名义债券的实际收益率必须近似于指数化债券有保证的实际收益率，否则家庭
不会愿意同时持有两类债券。通过图 12-4 我们可得到不同期限指数化债券的实际利率
r_t 的一个时间序列。我们可用期限相同的美国财政部名义债券的数据计算名义利率 i_t。
记住，式（12-8）给出的名义债券的预期实际利率为

$$（名义债券的）r_t^e = （名义债券的）i_t - \pi_t^e$$

如果名义债券的预期实际利率 r_t^e 等于指数化债券有保证的实际利率 r_t，[①]我们可用
指数化债券的 r_t 代替名义债券的 r_t^e，得到

$$（指数化债券的）r_t = （名义债券的）i_t - \pi_t^e$$

移项后，得到预期通货膨胀率为

---

① 名义债券实际利率的不确定性意味着这些债券的预期实际利率可能与指数化债券的担保实际利率不同。然
而，式（12-9）提供了一个预期通货膨胀率 π_t^e 的近似数值。

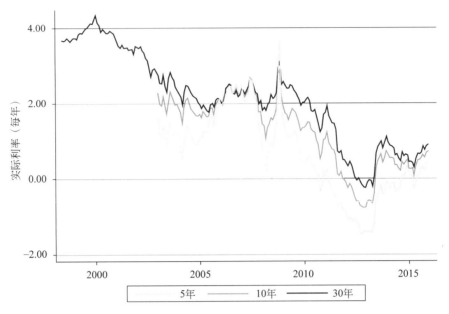

图 12-4　美国指数化债券的实际利率

注：本图表示美国抵御通胀型债券（指数化债券）的实际利率。浅蓝色线表示 5 年期债券，深蓝
色线表示 10 年期债券，黑色线表示 30 年期债券。数据来自美联储。

$$\pi_t^e = （名义债券的）i_t - （指数化债券的）r_t \qquad (12\text{-}9)$$

这样，我们就可用利率数据计算出 π_t^e。

图 12-5 显示了用式(12-9)计算的 10 年期(深蓝色线)、30 年期(黑色线)和 5 年期(浅蓝

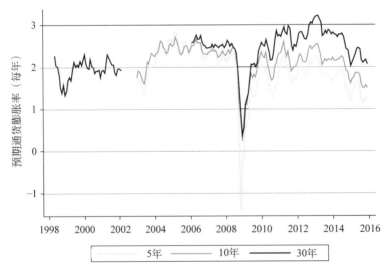

图 12-5　依据指数化债券收益率得到的美国预期通货膨胀率

注：我们用美国名义国债利率减去美国指数化国债的利率（从图 12-4 得到），计算出 CPI 通货膨胀率。浅
蓝色线基于 5 年期债券，深蓝色线基于 10 年期债券，黑色线基于 30 年期债券。因此，这些图形分别度量出 5 年、
10 年和 30 年预期 CPI 通货膨胀率。2002 年 2 月至 2006 年 2 月 30 年期债券的名义收益率对比数据缺失。

色线)债券的预期通货膨胀率。2015 年,π_t^e 在 1% 与 2% 之间。这些数值与 Livingston 调查取得的未来 6 个月的预期通货膨胀率基本吻合,如图 12-2 的深蓝色曲线所示。图 12-5 中的数值与 Livingston 的数字相比波动更大——大概也更精确。然而 Livingston 调查的优势是,可以查到 20 世纪 40 年代末以来的数据。

12.2.5 通货的利率

我们对于名义和实际利率的分析同样适用于货币(通货),只要我们确定通货的名义利率等于 0,其实际利率等于:

$$通货的实际利率 = 通货的名义利率 - \pi_t$$

$$通货的实际利率 = -\pi_t$$

因此,如果 π_t 大于 0,通货的实际利率则小于 0;由于物价水平的上升,货币(通货)的实际价值将随着时间降低。

12.3 均衡经济周期模型中的通货膨胀率

我们现在扩展均衡经济周期模型,加入通货膨胀。我们进行这一扩展有两个主要目的。首先,我们想看看通货膨胀对我们的一些有关实际变量的确定的结论有什么影响,这些实际变量包括实际 GDP,消费和投资,劳动和资本服务的数量,实际工资率和实际租赁价格。实际利率是可以添加到其中的另一个实际变量。其次,我们要了解通货膨胀的原因。

在本章剩余部分,我们研究充分预期到的通货膨胀,因此通货膨胀率 π_t 等于预期通胀率 π_t^e。由于家庭会根据变化了的通货膨胀环境作出调整,并将这些变化体现在他们的预期中,所以这种分析适用于通货膨胀率的持久性的变化。当实际通胀率等于预期通胀率时,实际利率 r_t 等于预期的实际利率 r_t^e。第 16 章将考察未预期到的通货膨胀。

跨国数据表明,通货膨胀与货币增长密切相关。所以我们现在将货币增长纳入均衡经济周期模型。最简单的情景是,政府印制新的货币,并将其发放给人们。在 Milton Friedman (1969,pp.4-5)想象出来的故事中,直升机里塞满纸币,飞来飞去,随机地向农村投下货币。当人们捡起钱时,他们就获得了政府的转移支付。虽然这个故事不切实际,但提供了一个向经济体投放新货币的简单方法。重要的假设是,这种支付是一次性转移支付,意味着获得的金额与家庭消费和工作多少、家庭持有多少货币等无关。因而我们不必分析人们如何为了更多的转移支付而调整自己的行为。我们会发现,比较现实的货币创造形式会产生类似的结果。

现在,我们要探讨均衡经济周期模型中通货膨胀影响实际变量的各种途径。

12.3.1 跨时期替代效应

对于给定的名义利率 i_t,通货膨胀率 π_t 的变化影响实际利率,$r_t = i_t - \pi_t$。而且,我们现在假设预期通货膨胀率 π_t^e 等于实际通胀率 π_t,因此预期实际利率 r_t^e 等于实际利率 r_t。我们知道预期实际利率 r_t^e 存在消费和劳动供给的跨时期替代效应。所以,对于给定

的 i_t，π_t 的变化能产生这些跨时期效应。

12.3.2 债券与资本

家庭仍持有两种形式的收入型资产：债券和资本所有权。我们由第 10 章知道，这两种资产的收益率必然相等，否则家庭不会愿意同时持有两种资产。因此通货膨胀率 π 为 0 时，我们得到条件

$$i = (R/P) \cdot \kappa - \delta(\kappa)$$
债券的收益率 = 拥有资本的收益率 \qquad (10-5)

右边的资本收益率 $(R/P) \cdot \kappa - \delta(\kappa)$，取决于实际租赁价格 R/P、资本的利用率 κ 和折旧率 $\delta(\kappa)$。

当通货膨胀率 π 不为 0 时，式(10-5)右面的表达式 $(R/P) \cdot \kappa - \delta(\kappa)$ 仍然给出了拥有资本的实际收益率。（表达式所有各项都为实际值。）但是，我们必须对式(10-5)的左边进行修正，用实际利率 r 代替债券的名义利率 i，以得到

关键方程（实际收益率的等式）：
$$r = (R/P) \cdot \kappa - \delta(\kappa)$$
债券的实际收益率 = 拥有资产的实际收益率 \qquad (12-10)

12.3.3 利率与货币需求

在第 11 章，我们讨论了货币需求如何产生于交易成本与资本收入的权衡过程。由于交易成本上升，家庭会减少实际货币持有量 M/P，从而拥有更多的实际收入型资产 $(B/P+K)$。收入型资产的名义利率为 i，而货币的名义利率为零。因而，i 决定了持有货币而不是持有收入型资产会损失多少利息收入。i 上升使得潜在的利息收入损失增加，从而促使家庭为减少 M/P 而增加交易成本。

当通货膨胀率 π 不为零时，这一分析仍然适用。收入型资产的实际利率为 $r = i - \pi$，货币的实际利率为 $-\pi$。两者之差为

$$(i - \pi) - (-\pi) = i$$

所以名义利率 i 仍然决定了持有货币而非收入型资产的成本。因此我们仍然可以使用第 11 章的函数来描述实际货币需求：

$$M^d/P = D(Y, i) \qquad (11-2)$$

注意，重要的一点是：实际利率 r 对消费和劳动供给有跨时期替代效应。可是，影响实际货币需求 M^d/P 的是名义利率 i。

12.3.4 通货膨胀与现实经济

在第 11 章我们发现，名义货币数量 M 的变化是中性的。M 翻倍导致物价水平 P 翻倍，而实际 GDP 之类的实际变量却不变。如果让 M 随着时间推移而增长，将会发现 P 也会上涨。这就是说，货币增长会造成通货膨胀——通货膨胀率 π 大于 0。我们在本节研究货币增长与通货膨胀对实际 GDP 与其他实际变量的影响。

第 10 章的图 10-5 分析了资本服务的需求 $(\kappa K)^d$ 和供给 $(\kappa K)^s$，其中 κ 为资本利用率，K 为资本存量。图 12-6 显示了这些需求和供给曲线。π 变动不会使 $(\kappa K)^d$ 发生移动，因为 π 不影响资本服务的边际产量 MPK。[如果劳动投入 L 不变，需求 $(\kappa K)^d$ 不会移动，我们随后证明。]π 的变动也不会使 $(\kappa K)^s$ 发生移动，因为 K 在短期是固定的，（对于给定的实际租赁价格 R/P）π 的变动不改变最优 κ。由于需求曲线和供给曲线都没有移动，π 的变动不影响市场出清的实际租赁价格 $(R/P)^*$ 和资本服务量 $(\kappa K)^*$。

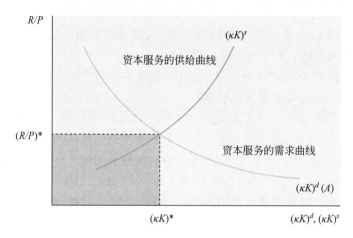

图 12-6　资本服务市场的出清

注：通货膨胀率 π 的变动不会使资本服务的需求曲线和供给曲线发生移动，所以 $(R/P)^*$ 和 $(\kappa K)^*$ 不变。

图 9-13 分析了劳动的需求 L^d 和供给 L^s。图 12-7 重现了这些需求和供给曲线。π 的变动不会使 L^d 发生移动，因为 π 不会对劳动的边际产量 MPL 产生影响。可是，如果 π 的变动产生收入效应，L^s 就会发生移动。我们假设这种收入效应小到可以忽略不计。这种情况下，π 的变动也不会使 L^s 发生移动，从而不影响市场出清的实际工资率 $(w/P)^*$ 和劳动投入量 L^*。

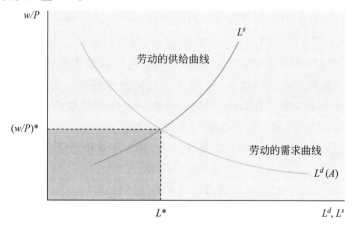

图 12-7　劳动市场的出清

注：通货膨胀率 π 的变动不会使得劳动需求曲线和供给曲线发生移动。所以，$(w/P)^*$ 和 L^* 不变。

为什么通货膨胀率的变动可能产生收入效应？原因是 π 会对实际货币余额 M/P 以及与货币管理相关的交易成本产生影响。但是在正常情况下，这些收入效应微不足道，我们可以合理地忽略。在这种情况下，我们在图 12-7 中关于 π 的变动不会使劳动供给曲线 L^s 发生移动的假设是正确的。于是我们得出结论，π 的变动不影响劳动 L 和资本投入 κK、实际工资率 w/P 和实际租赁价格 R/P。

实际 GDP(Y) 由第 10 章的生产函数决定：

$$Y = A \cdot F(\kappa K, L) \tag{10-1}$$

我们知道，通货膨胀率 π 的变动不影响资本服务 κK 和劳动投入 L。由于技术水平 A 固定不变，我们的结论是，π 的变动不影响实际 GDP(Y)。

实际租赁价格 R/P 和资本利用率 κ 决定了拥有资本的实际收益率 $(R/P) \cdot \kappa - \delta(\kappa)$，从而由以前得到的方程可推出实际利率 r：

$$r = (R/P) \cdot \kappa - \delta(\kappa) \tag{12-10}$$

由于 R/P 和 κ 不变，我们发现通货膨胀率 π 的变动不影响实际利率 r。

最后，我们可以利用第 9 章和第 10 章的分析来研究实际 GDP Y 在消费 C 和总投资 I 之间的划分。如果继续忽略通货膨胀的收入效应，可得 C 不变。（由于实际利率 r 和实际工资率 w/P 不变，因此不产生替代效应。）由于 Y 固定不变，我们得出 I 也不变。因此，我们可在不变实际变量的"清单"中加入 C 和 I。

我们发现当忽略收入效应时，货币增长和通货膨胀的时间路径不会对一系列实际变量产生影响。这些实际变量包括实际 GDP(Y)，劳动和资本服务的投入(L 和 κK)，消费与投资(C 和 I)，实际工资率 w/P，实际租赁价格 R/P 和实际利率 r。因而我们先前关于货币中性的结果——指名义货币数量 M 的一次性变动——近似地也适用于货币增长的整个路径。上述实际变量近似地独立于货币增长是一个重要的结果，此外，这种独立性也简化了我们的下一个论题——货币增长、通货膨胀和名义利率之间的联系。

12.3.5 货币增长、通货膨胀和名义利率

本节的目的，是分析名义货币量 M_t 的时间路径如何决定物价水平 P_t 以及通货膨胀率 π_t 的时间路径。我们采用第 11 章的背景假设，即货币管理当局每年外生地设定 M_t。我们从前一节了解到，实际 GDP Y_t 和实际利率 r_1 近似独立于货币增长和通货膨胀。为进一步简化分析，我们现在还假设 Y_t 和 r_1 不因时间的推移发生变化。

设 M_t 为 t 年的名义货币量，ΔM 为从 t 年到 $t+1$ 年货币量的变动量：

$$\Delta M_t = M_{t+1} - M_t$$

用 μ_t 表示的从 t 年到 $t+1$ 年的货币增长率，为 t 年货币增量与货币数量之比：

$$\mu_t = \Delta M_t / M_t \tag{12-11}$$

例如，如果 $M_t = 100, \Delta M_t = 5$，货币的增长率为

$$\mu_t = \frac{5}{100} = 0.05 \text{ 或每年 } 5\%$$

如果我们用 M_t 乘以式(12-11)，得

$$\mu_t M_t = M_{t+1} - M_t$$

将 M_t 从右边移至左边，并合并同类项，然后左右交换，得

$$M_{t+1} = (1 + \mu_t) \cdot M_t \tag{12-12}$$

这样，因乘上了因子 $(1 + \mu_t)$，名义货币量从 t 年到 $t+1$ 年上升了。例如，如果 $M_t = 100$，$\mu_t = 0.05$，则 $M_{t+1} = 1.05 \times 100 = 105$。

现在我们考察通货膨胀。t 年的通货膨胀率 π_t 为

$$\pi_t = \Delta P_t / P_t$$
$$= (P_{t+1} - P_t) / P_t$$

如果两边同乘以 P_t，可以得到

$$\pi_t P_t = P_{t+1} - P_t$$

如果我们把 P_t 从方程的右边移至左边，将含有 P_t 的项合并，然后将左右两边互换，可以得到

$$P_{t+1} = (1 + \pi_t) \cdot P_t \tag{12-13}$$

这样，因乘上了因子 $(1 + \pi_t)$，物价水平从 t 年到 $t+1$ 年上升了。例如，如果 $P_t = 100$，$\pi_t = 0.05$，则 $P_{t+1} = 1.05 \times 100 = 105$。

我们现在将通货膨胀与货币增长联系起来。假设货币增长率为常数 $\mu_t = \mu$。我们在第 11 章发现，名义货币量 M 的一次性增长会以相同的比率提高物价水平 P。依此类推，我们现在做一个关键性猜想：当 M_t 以速率 μ 稳定增长时，物价水平 P_t 也以速率 μ 稳定增长。也就是说，通货膨胀率 π_t 是一个常数 $\pi = \mu$。随着分析的逐步深入，我们将证明这个猜想是正确的。

如果通货膨胀率等于货币增长率 μ，实际货币余额水平 M_t / P_t 不会随时间而变化。在第 11 章我们采用了货币供给量与需求量相等的均衡条件。在本节也采用同样的条件，但必须保证这个条件在每年都成立。由于实际货币余额 M_t / P_t 不随时间而发生变化，均衡条件要求：

- 实际货币需求量 $D(Y, i)$ 不随时间而变动。
- 实际货币需求水平 $D(Y, i)$ 等于不变的实际货币余额水平 M_t / P_t。

第一个条件容易满足，因为我们假设实际 GDP Y 固定不变。因此，我们只要求名义利率 i 保持不变。回顾一下，i 是实际利率 r 与通货膨胀率 π 之和。而且，我们的猜想是 π 等于货币增长率 μ。所以我们有

$$i = r + \pi$$
$$i = r + \mu \tag{12-14}$$

由于我们假设 r 和 μ 固定不变，所以 i 不变。因为 Y 和 i 固定不变，我们便证明了实际货币需求量 $D(Y, i)$ 不变。

现在我们必须确保每年的实际货币需求水平 $D(Y, i)$ 等于实际货币余额 M_t / P_t。注意，$D(Y, i)$ 和 M_t / P_t 都不会随时间而变动。所以，如果两个变量的水平在当年——第一年——相等，那么在将来的每一年都相等。因此，最终的均衡条件是，第一年的实际货币量 M_1 / P_1 等于实际需求量 $D(Y, i)$。

$$M_1 / P_1 = D(Y, i) \tag{12-15}$$

这个条件正像我们在第 11 章研究的条件，关键是，在均衡时物价水平 P_1 进行调整，

从而使式(12-15)左边的实际货币量 M_1/P_1 等于右边的实际需求量 $D(Y,i)$。我们可以通过移项，解出均衡物价水平 P_1：

关键方程（物价水平的决定）

$$P_1 = M_1/D(Y,i)$$
$$\text{物价水平} = \text{名义货币量} / \text{实际货币需求量}$$

(12-16)

式(12-16)右边的名义货币量是给定的，Y 和 i 也是已知的，因此所有信息都很清楚。尤其是，式(12-14)意味着 $i=r+\mu$。从而式(12-16)确定了第一年的物价水平 P_1。

第一年过后，名义货币量 M_t 和物价水平 P_t 以相同的速率 μ 增长。所以实际货币余额 M_t/P_t 不变。从而对于任何年份 t，M_t/P_t 都等于出现在式(12-15)左边的 M_1/P_1。再看式(12-15)的右边，$D(Y,i)$ 不随时间而变动。我们的结论是，在 t 年，实际货币余额 M_t/P_t 等于实际货币需求量 $D(Y,i)$。

注意，这个解答证实了我们的猜想，即通货膨胀率为常数 $\pi=\mu$。全部研究结果如下：

- 通货膨胀率 π 等于不变的货币增长率 μ。
- 实际货币余额 M_t/P_t 不随时间而变动。
- 名义利率 i 等于 $r+\mu$，其中 r 为不变的实际利率，由第 10 章的均衡经济周期模型决定。
- 实际货币需求量 $D(Y,i)$ 不随时间而变动，其中 Y 为不变的实际 GDP，如第 10 章中所确定的。
- 第一年的物价水平 P_1 由式(12-16)确定，使第一年的实际货币余额 M_1/P_1 等于实际货币需求量 $D(Y,i)$。

12.3.6　实际货币需求的趋势

上节中一个简化的假设是，实际货币需求量 $D(Y,i)$ 不随时间而变化。这个假设不符合实际，尤其是实际 GDP 的增长推动了 $D(Y,i)$ 的增长。我们在本节要说明如何扩展我们的研究结果以容许 $D(Y,i)$ 随时间而变化。

假设实际货币需求量 $D(Y,i)$ 以不变的速度 γ 稳定增长，这一增长可能反映了实际 GDP Y 的长期增长；例如，在第 5 章有技术进步的索洛模型的稳定状态下，Y 以不变的速度增长。均衡时，实际货币余额 M_t/P_t 的增长率与实际货币需求量的增长率 γ 必须相等。为利用这一条件，我们就得重新计算实际货币余额 M_t/P_t 的增长率。

仍然假设，名义货币量 M_t/P_t 以不变的速度 μ 增长。如果实际货币需求增长率 γ 大于 0，通货膨胀率证明为常数，但小于 μ。π 小于 μ 是因为，实际货币需求量的上升压低了通货膨胀率。这一结果与我们在第 11 章中发现的实际货币需求的一次性增加会降低物价水平是一致的。

实际货币余额 M_t/P_t 因分子 M_t 的增长以速率 μ 增长，又因分母 P_t 的增长以速率 π 下降。我们可以用代数式表明 M_t/P_t 的增长率由下列方程给出：

$$M_t/P_t \text{ 的增长率} = \mu - \pi$$
$$\text{实际货币余额的增长率} = \text{名义货币增长率} - \text{通货膨胀率}$$

(12-17)

因此,如果 μ 大于 π,M_t/P_t 随时间推移而上升。

均衡条件仍然是每年的实际货币余额 M_t/P_t 等于实际货币需求 $D(Y,i)$。因此,如果 $D(Y,i)$ 以速率 γ 增长,M_t/P_t 也必须以速率 γ 增长。如果我们用这一结果替换式(12-17)的左边,得到

$$\gamma = \mu - \pi$$

经过移项,可得通货膨胀率为

$$\pi = \mu - \gamma \tag{12-18}$$

这样,如果 γ 大于 0,π 就小于 μ。然而,对于给定的 γ,μ 每年 1% 的增长仍然会导致 π 每年上升 1%。所以如图 12-1 所示,各国间货币增长率的差异仍然说明了通货膨胀率的差异。式(12-18)新的结果是,实际货币需求量的增长率 γ 的变动会影响货币增长率 μ 和物价增长率 π 之间的关系。较高的 γ 会抬高 $\mu - \pi$,从而使得实际货币余额 M_t/P_t 的增长率上升。

图 12-8 利用表 12-1 中 57 个国家的信息来检验我们对于实际货币余额增长率的预测。我们假设实际 GDP 的增长率是实际货币需求量增长的主要原因。因此,横轴表示第五列所示的实际 GDP 增长率。纵轴表示第四列实际货币增长率。图形显示,实际 GDP 增长率越高对应的实际货币增长率越高。两个变量高度相关,其相关系数达到 0.60。相关关系的斜率将近 1.0;这意味着,如果实际 GDP 增长率每年提高 1%,实际货币增长率每年也大约提高 1%。因此,如果实际 GDP 增长率每年增长了 1%,在给定货币增长率 μ 的情况下,通货膨胀率 π 每年下降 1%。

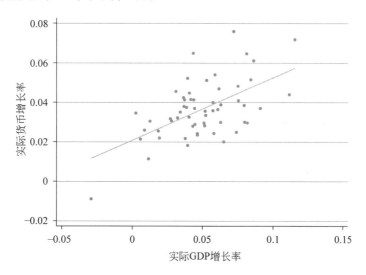

图 12-8 1960—2011 年 57 个国家实际货币增长率和实际 GDP 增长率

注:本图用的是表 12-1 中的数据。横轴表示 1960—2011 年实际 GDP 增长率。纵轴表示 1960—2011 年实际货币(用名义货币除以 CPI)增长率。两个变量相关系数为 0.60。

12.3.7 货币增长率的变动

本节我们研究货币增长率 μ 的变动对通货膨胀率 π 和名义利率 i 的影响。为简化分析,回到实际货币需求量 $D(Y,i)$ 不变的背景假设。尤其是实际 GDP(Y)固定不变。假设名义货币量 M_t 以不变的速度 μ 长期增长。所以,用图 12-9 左上方的深蓝色曲线表示 M。由于该图按比例度量,该线的斜率等于 μ。

假设家庭起初预期货币管理当局保持名义货币量 M_t 永远以速度 μ 增长。在此情况下,我们之前的分析是适用的,通货膨胀率为常数 $\pi=\mu$。我们用图 12-9 左边浅蓝色的线表示物价水平 P_t。此线的斜率等于通货膨胀率 $\pi=\mu$,与深蓝色线的斜率相同。

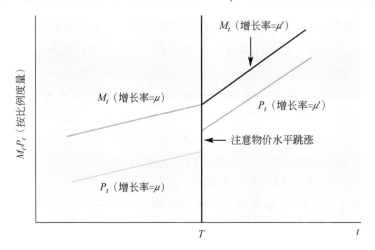

图 12-9　货币增长率提高对物价水平的影响

注:左上方深蓝色线表示 T 年之前名义货币量 M_t 以不变的速度 μ 增长。在 T 年之后,M_t 沿着右上方黑色线以更快的速度 μ' 增长。左下方浅蓝色线表示在 T 年前物价水平 P_t 以与货币增长相同的速度 μ 增长。T 年以后,P_t 沿着右下深蓝色线以与货币增长相同的速度 μ' 增长。在 T 年,物价水平 P_t 跳跃式上涨。这种跳涨使实际货币余额 M_t/P_t 下降,即从 T 年前的普遍水平降至 T 年后的普遍水平。

现在假设货币管理当局在 T 年将货币增长率从 μ 提高到 μ'。图 12-9 的右边表示名义货币量 M_t 在 T 年后沿着黑色线增长,该线的斜率为 μ',比左侧深蓝色线陡峭。我们假设,在 T 年货币增长率 μ' 的变动在人们意料之外。然而一旦发生了变动,我们假设家庭预期新的货币增长率 μ' 永远保持不变。所以在 T 年后,除了货币增长率是 μ' 而不是 μ,以及通货膨胀率为 $\pi'=\mu'$ 之外,经济状况同以前一样。图 12-9 右边表示物价水平 P_t 沿蓝线增长,斜率为 $\pi'=\mu'$,与黑色线相同。

T 年后的通货膨胀率为 π',高于 T 年前的通货膨胀率 π。因此,图 12-9 中右边的蓝色线比左边的浅蓝色线更陡。注意 P_t 线的重要含义。两段线不相交。相反,该图表明物价水平在 T 年出现了跳涨。要明白为什么,我们就得探讨实际货币需求量。

在 T 年之前,名义利率为 i,由 $i=r+\pi$ 给出,其中 r 为实际利率,π 为通货膨胀。由于 $\pi=\mu$,我们有

$$i=r+\mu \tag{12-19}$$

回顾一下,货币增长率的变动并不会使实际利率发生改变,仍然为 r。因此 T 年后的名义利率为 $i'=r+\pi'$,其中 π' 是 T 年后的通货膨胀率。我们如果用 μ' 代替 π',就有

$$i'=r+\mu' \tag{12-20}$$

如果我们用式(12-20)减去式(12-19),就可计算出名义利率的上升幅度:

$$i'-i=\mu'-\mu$$
名义利率的增幅＝货币增长率的增幅 $\tag{12-21}$

货币需求 $D(Y,i)$ 的一个关键特征是,名义利率 i 的上升会使实际货币需求量下降。所以 T 年后的 $D(Y,i)$ 一定小于 T 年前的。实际货币量 M_t/P_t 总是等于 $D(Y,i)$ 的均衡条件仍然成立。因此,实际货币量 M_t/P_t 在 T 年后一定会下降。

图 12-9 的左边表明, T 年前,名义货币量 M 与物价水平 P_t 以相同的速度 μ 增长。所以实际货币量 M_t/P_t 为常数。右边表示在 T 年后 M_t 与 P_t 以相同的速度 μ' 增长,因此 M_t/P_t 还是不变。我们继而有三项事实:

- M_t/P_t 在 T 年前为常数。
- M_t/P_t 在 T 年后仍为常数。
- T 年后的 M_t/P_t 比 T 年前的小(因为名义利率由 i 上升为 i')。

将这些事实相统一的方法是,在 T 年物价水平 P_t 发生跳涨,如图 12-9 所示。 P_t 的上升使实际货币余额 M_t/P_t 减少,使其从 T 年前的普遍水平降至 T 年后的普遍水平。

考虑物价水平跳涨的一个思路是:通货膨胀率在 T 年格外得高。具体地说,在 T 年货币增长率从 μ 提高到 μ',通货膨胀率 π 短期内上升至 μ' 以上。 π 超过 μ' 意味着物价水平 P_t 的上升速度高于名义货币量 M_t,所以实际货币余额 M_t/P_t 下降。

在图 12-9 所示的情况中,通货膨胀特别高的时段集中在很短的时期,实质上是瞬间暴涨。这样一来,一夜间就发生了从相对低的通货膨胀率 $\pi=\mu$ 到相对高的通货膨胀率 $\pi=\mu'$ 的转变。

比较一般化的结果是,在转变阶段实际货币余额 M_t/P_t 下降了,因为名义利率的提高使得实际货币需求量减少了。在转变过程中,通货膨胀率 π_t 超过货币增长率 μ_t。转变的实质取决于模型的细节——不一定局限于某一年或一瞬间。

模型的一种修正是,对于名义利率的上升,家庭只是逐渐下调他们的实际货币需求量。如果为减少持有的实际货币余额家庭不得不改变基本的现金管理计划,逐渐调整就有意义。在此情况下,模型展开了向降低的实际货币余额 M_t/P_t 的过渡。随着实际货币需求量逐渐下降, M_t/P_t 也逐渐减少。 M_t/P_t 下降的时间跨度对应通货膨胀率 π_t 超过货币增长率 μ_t 的过渡期。

另一个例子,家庭也许预先知道货币管理当局正计划从相对低的货币增长率 μ 转向相对高的货币增长 μ'。家庭可能在 T 年前就预期货币增长率和通货膨胀率会从 T 年开始上升。此种情况下,在 T 年前就可能发生几次高出一般水平的短期通胀。这就是说,对未来通货膨胀上升的预期导致今天较高的通货膨胀——在货币增长率上升前就发生了。较高的短期通货膨胀之所以会发生,是因为预期到的未来通货膨胀使得 T 年前的实际货币需求量减少。

对货币增长率和通货膨胀未来走势的预期有时也会成为政治运动的焦点。一个例子

是第一次世界大战后的德国恶性通货膨胀，参见后面的专栏。这次恶性通货膨胀到 1923 年 11 月结束。然而，人们在 11 月之前就预料到：要进行货币改革了，这次改革必然会降低货币增长率 μ 和通货膨胀率 π。实证研究表明，即使 μ 没有下降，这一预期也会使得 π 在 1923 年 11 月之前下降。[1]

12.3.8 政府印制货币的收入

到目前为止我们一直假设货币管理当局印制新的货币（通货），并将其作为转移支付付给家庭。更符合实际的是，政府通过印制货币得到收入，并可用这些收益支付各种支出。政府通常不会用这些收益为米尔顿·弗里德曼想象的直升机空投现金融资。

政府在 t 与 $t+1$ 年之间从印制货币中获得的名义收入等于名义货币增加量：

$$印制货币的名义收入 = M_{t+1} - M_t = \Delta M_t$$

为计算收入的实际价值，用 $t+1$ 年的物价水平 P_{t+1} 除 ΔM_t：

$$印制货币的实际收入 = \Delta M_t / P_{t+1}$$

我们把这种实际收入与货币增长率 μ_t 联系起来：

$$\mu_t = \Delta M_t / M_t \tag{12-11}$$

为求出实际收益，我们利用式(12-11)将 $\mu_t \cdot M_t$ 代替 ΔM_t 得到实际收入：

$$印制货币的实际收入 = \mu_t \cdot (M_t / P_{t+1})$$

左边这项 M_t / P_{t+1} 近似于实际货币余额水平 M_t / P_t。所以印制货币的实际收入为

$$印制货币的实际收入 \approx \mu_t \cdot (M_t / P_t)$$
$$= 货币增长率 \cdot 实际货币余额水平 \tag{12-22}$$

我们知道货币增长率 μ 的上升会导致通货膨胀率 π 和名义利率 i 上升。我们还知道，i 的升高使实际货币需求量 $D(Y,i)$ 减少，从而降低了实际货币余额 M_t / P_t。因此，μ 的上升对式(12-22)中印制货币的实际收入有两个相反的效应：μ_t 的上升提高了实际收入，但由 μ_t 升高引发的 M_t / P_t 的下降却减少了实际收入。净效应取决于 $D(Y,i)$ 相对于 i 的升高下降的幅度。

作为例子，假设初始的实际货币余额 M_t / P_t 等于 100，然后 μ 翻倍从每年 5% 升至 10%。印制货币的净实际收入会上升，除非 M_t / P_t 跌至 50 以下，即下跌超过 50%。更一般地说，实际收入会上升，除非实际货币需求量下降比例大于货币增长率的增幅。除了最极端的情况以外，这个条件在实证上是成立的。例如在德国恶性通货膨胀期间，只有在 1923 年的 7 月和 8 月之间 μ_t 接近每月 100% 时，才违反这个条件。在这之前，政府以更快的速度印制货币，以攫取更多的实际收入。

在正常时期，大多数国家政府只从印制货币中获得其中一小部分收入。考虑到 2014 年金融危机后继续实施扩张性货币政策，美联储从这一来源获得 970 亿美元，较金融危机前 2005 年的数据显著增加 240 亿美元。这一数字占联邦总收入的 3.2% 和 GDP 的 0.5%。对于大部分发达国家来说，这个数字可能会低一点。

在为数不多的几个高通胀国家，印制货币的收入变得越来越重要。例如阿根廷，从

1960 年到 1975 年其印制货币的收入占到政府收入的几乎一半，约为 GDP 的 6％。印制货币的收入同样非常重要的其他一些国家包括智利（1960—1977 年占 GDP 的 5％）、利比亚（1960—1977 年占 GDP 的 3％）和巴西（1960—1978 年占 GDP 的 3％）。

　　John Maynard Keynes（1923，p.41）观察到，第一次世界大战后，在德国和俄国恶性通货膨胀期间，印制货币成了政府收入的主要来源："一个政府可以依靠印制纸币长期生存，甚至是德国政府或俄国政府也可以。也就是说它可以通过这种手段确保对实际资源的控制，就像征税获得的资源一样实际。"在一些恶性通货膨胀中，这项收入可接近 GDP 的 10％，看起来大概是印制货币可以达到的最大限度。在 1920—1923 年的德国，实际政府支出与货币增长率之间存在密切的关系。政府支出的很大部分用于向第一次世界大战战胜国的赔款支付。[①] 所以，1923 年 11 月之后赔款的减少是德国恶性通货膨胀结束的一个主要原因。

用数字说话　德国恶性通货膨胀时期的货币与物价

　　恶性通货膨胀是超高通货膨胀率持续存在的时期。第一次世界大战后德国的恶性通货膨胀为研究货币增长率与通货膨胀之间的相互作用，提供了一个极佳的实验室实验。[②]1920—1923 年，通货膨胀率剧烈波动，从接近于 0 到超过每月 500％！尽管发生了极端的通货膨胀，实际 GDP 的变化却相对很小。

　　就像在"一战"之后的德国那样，当通货膨胀率剧烈波动时，要精确地预测规定名义利率的贷款的实际利率是不可能的。因此这类贷款逐渐都消失了。出于这个原因，在德国恶性通货膨胀期间我们没有好的度量名义利率的尺度，衡量持有货币成本的最佳尺度是预期通货膨胀率 π_t^e。该通胀率决定了人们持有货币而不是消费或持有能长久保持其实际价值的耐用品所损失收入的多少。通过假设预期通胀率根据实际通胀率的 π_t 变化逐渐调整，实证研究得出了 π_t^e 的估计值。

　　表 12-3 列出了 1920—1925 年间德国的货币增长率（基于流通中的货币）μ_t、通货膨胀率 π_t 和实际货币余额 M_t/P_t。表格中列出的大多为间隔时段为六个月的 μ_t 和 π_t。M_t/P_t 的水平适用于这些时间段的终点。

　　1920 年初，货币增长率 μ_t 和通货膨胀率 π_t 已经达到每月 6％。然后在 1921 年初，下降到小于每月 1％。如我们的模型所预测的，π_t 下降的幅度大于 μ_t，因而从 1920 年初至 1921 年初 M_t/P_t 上升了大约 20％。

　　从 1921 年的下半年一直到 1922 年年底，货币增长率 μ_t 上升至每月 30％。由于通货

　　① 可查阅 Zvi Hercowitz（1981）以获得详细分析。
　　② 从 Costantino Bresciani-Turroni（1937）的经典研究开始，这段插曲吸引了许多经济学家。Phillip Cagan（1956）研究了德国和其他六个国家的恶性通货膨胀：第一次世界大战后的奥地利、匈牙利、波兰和俄罗斯，第二次世界大战后的希腊和匈牙利。匈牙利在二战后的经历似乎是空前的：从 1945 年 7 月到 1946 年 8 月，物价水平上涨了 $3 \times 1\,025$ 倍。参见 William Bomberger 和 Gail Makinen（1983）。

膨胀率 π_t 超过 μ_t，实际货币余额 M_t/P_t 在 1922 年年底下降到 1920 年初的 25%。从 1922 年年末直到 1923 年年中，货币增长率 μ_t 极高，但已没有上升趋势——平均每月约为 40%。由于通货膨胀率 π_t 也是每月约为 40%，实际货币余额 M_t/P_t 仍保持在 1920 年年初的 25% 的水平。但是在 1923 年后期，恶性通货膨胀达到顶峰，10 月和 11 月 π_t 达到了每月 300%～600%。由于 π_t 超过 μ_t，M_t/P_t 在 10 月份跌到了谷底，约为 1920 年水平的 3%。

1923 年 11 月，进行了货币改革。改革包括发行新货币，并承诺不会再印制超过一定限额的新货币为政府支出提供资金，减少实际政府支出，改革税制，以及约定新货币价值基于基金储备。[①] 这些变化在 1923 年 12 月以后致使货币增长率 μ_t 和通货膨胀率 π_t 大幅度下降。在 1924 年，μ_t 为平均每月 5%，π_t 不到每月 1%。μ_t 超过 π_t 可以重新恢复实际货币余额，使其从 1923 年 10 月只有 1920 年初的 3% 的水平，上升到 1924 年 12 月 56% 的水平。虽然 π_t 在 20 年代其余年份仍保持低位，但 M_t/P_t 没有回到 1920 年初的水平。或许这个缺口反映出了恶性通货膨胀对货币的实际需求造成的持久的负面影响。

表 12-3　德国恶性通货膨胀期间的货币增长与通货膨胀

时　　期	μ_t	π_t	M_t/P_t（期末）
2/20—6/20	5.7	6.0	1.01
6/20—12/20	3.0	1.1	1.13
12/20—6/21	0.8	0.1	1.18
6/21—12/21	5.5	8.4	0.99
12/21—5/22	6.5	12.8	0.68
6/22—12/22	29.4	46.7	0.24
12/22—6/23	40.0	40.0	0.24
6/23—10/23	233.0	286.0	0.03
改 革 时 期			
12/23—6/24	5.9	—0.6	0.44
6/24—12/24	5.3	1.4	0.56
12/24—6/25	2.0	1.6	0.57
6/25—12/25	1.2	0.4	0.60

注：名义货币量 M_t 是货币流通总量的估计值。直到 1923 年末，这些数字是指全部的法定货币，大都是德意志银行发行的纸币。后来的数据包括农业地产抵押银行发行的纸币，私人银行的纸币和各种"临时货币"。非官方的临时货币以及流通中的外币不计在内。表中对数字进行了标准化处理，因此 1913 年的 M_t 设为 1.0。物价水平 P_t 是生活成本的指数，1913 年=1.0。第一列列出数据的起止时期。第二列是在所示时期内的货币增长率 μ_t，以每月百分比表示，第三列是在所示时期内的通货膨胀率 π_t，也以每月百分比表示。第四列是各时期末的实际货币余额水平 M_t/P_t。由于 1913 年 M_t/P_t 的值为 1.0，第四列所示的 M_t/P_t 各个值都是相对于 1913 年的值而言的。

资料来源：Sonderheftezür Wirtschaft und Statistik，Berlin，1929.

---

①　关于改革的讨论，见 Bresciani-Turroni(1937)、Thomas Sargent(1982) 和 Peter Garber(1982)。Sargent 的分析强调，一旦政府做出限制货币创造的可信承诺，通胀就能迅速结束。

小结

持续的通货膨胀要求有持续的货币增长,我们在跨国数据中发现了这种模式。货币增长率每年上升 1％与通货膨胀率每年上升 1％相联系。实际 GDP 的增长率每年上升 1％与实际货币余额的增长率每年上升 1％相联系。因此,对于给定的货币增长率,较高的实际 GDP 增长率降低了通货膨胀率。

名义利率超出实际利率的差额为通货膨胀率。传统的名义债券预先规定了名义利率,而指数化债券规定的是实际利率。指数化债券的数据使我们可以度量预期实际利率和预期通货膨胀率。

跨时期替代效应取决于实际利率,而货币需求取决于名义利率。我们扩展了均衡经济周期模型,来证明货币增长率的上升会相应地导致通货膨胀率和名义利率上升。近似地,货币增长率的变动不会影响一组实际变量,其中包括实际 GDP、消费、投资、实际工资率、实际租赁价格和实际利率。然而,货币增长率的上升会导致实际货币余额下降,并且一般会给政府带来更多的实际收入。

重要术语和概念

通货紧缩 deflation

通货膨胀预期 expectations of inflation

预期实际利率 expected real interest rate

恶性通货膨胀 hyperinflation

指数化债券 indexed bonds

一次性转移支付 lump-sum transfers

货币增长率 money growth rate

货币 money

名义利率 nominal interest rate

理性预期 rational expectations

实际利率 real interest rate

印制货币的收入 revenue from printing

转移支付 transfer payment

非预期通货膨胀 unexpected inflation

问题和讨论

A. 复习题

1. 为什么是实际利率而不是名义利率对消费和储蓄有替代效应?劳动供给的跨期替代效应可以得到同样的结果吗?

2. 通货膨胀预期的 Livingston 调查是指什么？用这类信息衡量预期通货膨胀率 π_t^e 时，加号和减号分别代表什么？

3. 下列说法中，哪个是正确的？

a. 物价水平 P 以不变速度上升将导致名义利率 i 持续上扬。

b. 通货膨胀率 π 的持续上升将导致名义利率 i 的持续上升。

4. 为什么真实的实际利率 r 一般不同于预期的实际利率 r_t^e？这种关系如何取决于债券规定的是名义利率还是实际利率？

5. 定义实际利率 r。存在通货膨胀时，为什么实际利率 r 与名义利率 i 不同？

B. 讨论题

6. 货币增长和政府财政收入

政府是否可以总是通过印制货币提高货币增长率 μ 增加其实际的财政收入？这个答案如何取决于实际货币需求 M^d/P 对名义利率 i 的反应？

7. 假币案例

1925 年，一群骗子诱骗英国的银行券制造商——滑铁卢公司，印制并交付给他们价值 300 万英镑的葡萄牙货币（埃斯库多）。由于公司也为葡萄牙银行印制合法的纸币，假币与真币毫无区别（除了系列号是以前合法系列的翻版以外）。骗局被发现之前，价值 100 万英镑的假币已在葡萄牙流通。阴谋被揭穿后（因为有人注意到了复制的系列号），葡萄牙银行用新制的有效货币更换假币来进行纠正。随后该银行起诉滑铁卢公司，索要赔偿。公司被判承担责任，但关键问题是损失的金额，银行认为损失是 100 万英镑（减去从骗子那里收回的钱）。对方争辩说，银行只不过是再发行 100 万英镑的货币赎回假币，实际成本微不足道。（注意，货币纯粹是发行的纸币，不能兑换黄金或其他任何东西。）所以公司的论点是，银行唯一的真实成本是纸张和印刷支出。你认为哪方正确？（英国最高法院 1932 年判定赔偿 100 万英镑是正确的标准）要找有关这一货币经济学史上令人关注的插曲的论述，参阅 Ralph Hawtrey（1932）、Murray Bloom（1966）。

8. 利率目标

假设货币管理当局要保持名义利率 i 不变。假设实际利率 r 是固定的，可是实际货币需求 M^d/P 变动很大。

a. 如果实际货币需求 M^d/P 暂时上升，货币管理当局应该如何变动名义货币量 M？如果实际货币需求永久性地上升，又该如何？

b. 在你对问题 a 的回答中，物价水平 P 如何变化？如果要遏止 P 的波动以及维持不变的名义利率 i，货币管理当局该做什么？

9. 指数化债券

a. 考虑一年期的成本为 1 000 美元的名义债券。一年后，债券支付本金 1 000 美元和利息 50 美元。该债券的名义利率是多少？该债券实际的与预期的一年期实际利率是多少？为什么名义利率为已知而实际利率却不确定？

b. 现在考虑一年期的指数化债券（诸如美国抵御通胀债券）。假设债券的成本为 1 000 美元。过了一年后，债券的名义本金调整为 1 000 · $(1+\pi)$ 美元，π 为过去一年实际的通货膨胀率。于是债券支付调整后的本金 1 000$(1+\pi)$ 美元加上利息，比如说，调整后本金的 3%。指数化债券的一年期实际利率为多少？债券真实与预期的一年期名义利率是多少？为何实际利率已知而名义利率不确定？

c. 你能想出设计指数化债券的其他方法吗？名义的与实际的利率是否在某些情况下都可能不确定？

10. 对名义利率的影响

下列事件对物价水平 P 和名义利率 i 有什么影响？

a. 名义货币量 M 的一次性增加；

b. 货币增长率 μ 的一次性上升；

c. 令人信服地宣布货币增长率 μ 在未来的某一年开始上升。

11. 理性预期以及对预期通货膨胀率的计量

理性预期假说如何有助于我们计量预期的通货膨胀率 π_t^e？什么可能会增强或者削弱这一方法？

12. 货币的季节性变动

假设实际货币需求量在每年第四季度相对较高，而在第一季度相对较低。假设实际利率不存在季节性模式。

a. 假设名义货币量 M 不存在季节性模式。物价水平 P、通货膨胀率 π 和名义利率 i 有什么季节性模式？

b. 名义货币量 M 什么样的变动模式会消除 P、π 和 i 的季节性变动？

13. 货币增长与通货膨胀之间的统计关系

学过计量经济学并能利用统计软件的同学可以做下列练习。

a. 利用表 12-1 中的数据，对通货膨胀率 π 关于常数项和货币增长率 μ 做回归。μ 的估计系数是多少？如何解释？常数项的含义是什么？

b. 对实际货币余额的增长率 $(\mu-x)$ 关于实际 GDP 的增长率 $\Delta Y/Y$ 和一个常数项做回归。$\Delta Y/Y$ 的估计系数是多少？如何解释？

c. 假设将变量 $\Delta Y/Y$ 添加到问题 a 的回归方程。$\Delta Y/Y$ 的估计系数是多少？我们该怎样解释？

14. 货币增长与通货膨胀

假设货币需求函数如下：

$$\frac{M^d}{P}=D(Y,i)=Y \cdot \Psi(i)$$

这就是说，对于给定的名义利率 i，实际 GDP 增加一倍使实际货币需求量 M/P 也增加一倍。

a. 考虑不同国家货币增长率 μ 与通货膨胀率 π 之间的关系，如图 12-1 所示。实际 GDP 增长率 $\Delta Y/Y$ 如何影响 μ 与 π 之间的关系？

b. 对于名义利率 i 已经上升的国家，μ 与 π 之间是什么关系？

c. 假设已经给定预期实际利率 r_t^e，对于预期通货膨胀率 π_t^e 已经上升的国家，μ 与 π 之间是什么关系？

15. 提前归还抵押贷款与赎回债券

一般抵押贷款允许借款人提前归还本金。有时抵押贷款合约规定了提前还贷的处罚条款,有时也没有处罚。类似地,长期债券有时允许发行方在持有日期后可提前支付本金,但明确规定了处罚条款。债券发行人行使这种提前还款的权利时,他或她说成是"赎回"债券。允许提前还款的债券说成是"可赎回的"或者"赎回约定"。

a. 借款人何时想要提前支付(或赎回)他或她的抵押贷款或债券?名义利率意外上升或下降时,我们会看到更多的提前还款现象吗?

b. 从 20 世纪 70 年代末直到 1982 年,银行与其他存贷机构急于要顾客提前归还他们的抵押贷款。为何如此?后来,发展到顾客自愿提前还款。他们为何想这样做?

c. 假设名义利率年复一年地波动越来越大。(这些波动——或上下起伏——从 20 世纪 70 年代中期至 80 年代初尤其严重。)从借款人的角度来看,这种变化对他(或她)的有提前还款选择权的抵押贷款或债券——即可赎回的——的价值有何影响?

第五部分
政府部门

中级宏观经济学
Intermediate Macroeconomics

第13章

政 府 支 出

　　到目前为止,在我们的模型中政府所起的作用很有限。我们只探讨了以创造货币作为融资来源的一次性转移支付的职能。从现在开始我们要考虑政府购买商品和服务的职能。在国民账户中,这些采购称为政府消费与投资。[①] 我们在本章假设,政府支出通过一次性税收融资,类似于之前探讨的一次性转移支付。我们也继续假设这种转移支付是一次性的。在第14章,我们将探讨更符合实际的税收和转移支付制度。以欧盟和其他国家的政府支出数据作为研究的起点,是很有帮助的。

13.1　政府支出的数据

　　一般政府支出是指各级政府用于购买商品和服务、转移支付(支付给家庭和厂商的金额)和利息支出的货币金额。(我们把对利息支出的讨论推迟到第15章)。图13-1列出了欧元区一般政府支出占国内生产总值GDP的比率。从1999年到2014年,一般政府支出约为GDP的一半。图13-1显示一般政府支出的两个最大组成部分是购买商品/服务和转移支付。从1999年到2014年,一般政府支出占了GDP的48%,其中23%用于购买,21%用于转移支付。(其他3%用于支付利息。)

　　图13-2中,政府采购被分解为中央和州/地方政府的采购。从1999年到2014年,中央政府采购占了GDP的7%,而州和地方政府的采购占11%。自2008—2009年的经济大衰退以来,各级政府的采购量呈略有下降的趋势。

　　图13-3显示政府转移支付被分解为中央政府转移支付和州/地方政府转移支付。从1999年到2014年,中央政府的转移支付占GDP的13%,而州和地方转移支付约占5%。自2008—2009年大萧条以来,中央政府转移支付从12%增加到14%。

　　一般政府支出可分为十大职能类别:一般公共服务,防御,公共秩序和安全,经济事务,环保,住房和社区设施,健康,娱乐、文化和宗教,教育以及社会保护。图13-4显示了2006年至2013年欧元区按职能类别划分的一般政府开支。政府总支出中最大的组成部

---

　　① 政府消费与投资同政府采购的区别是,前者包括政府资本存量隐含的租金收入。实践中,在国民账户里,这项租金收入假设等于政府资本的折旧估计值。本模型中政府不拥有资本。所以政府资本存量的折旧值为零,并且政府投资也为零。因此在本模型中政府采购与政府消费相同。

分是社会保护,健康和一般公众服务。

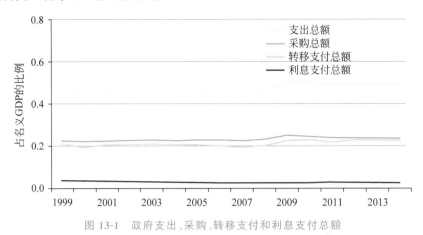

图 13-1 政府支出、采购、转移支付和利息支付总额

注:本图指的是一般政府支出总额,显示了各名义支出部分与名义 GDP 的比率。购买商品和服务属于消费和投资支出。在国民账户中,采购等于政府消费与投资减去公共资本存量的折旧。数据来自欧盟统计局:政府财政统计。

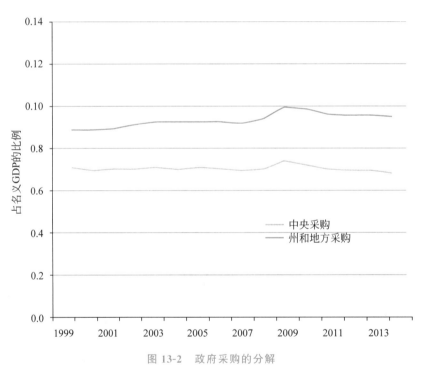

图 13-2 政府采购的分解

注:本图显示不同层级政府采购占名义 GDP 的比例。采购总额被分解为中央政府以及州和地方政府的采购。

表 13-1 显示了 2013 年 156 个国家的政府总支出占国内生产总值的比例。列出的这些国家都有基于广泛政府支出概念的数据。这个概念包括各级政府在采购、转移支付和利息方面的支出。显示的比例从最低的几内亚比绍、尼日利亚和苏丹的 13% 到较高的丹

麦、芬兰和法国的 57%~58%不等,中位数为 31%。大多数欧洲国家都高于中位数。同样,大多数中东国家也高于中位数,伊朗是一个值得注意的例外,占 15%。相比之下,许多非洲国家的一般政府支出占 GDP 的百分比低于中位数。

图 13-3 政府转移支付的分解

注:该图显示了不同级别的政府转移支付与名义 GDP 的比例。转移支付包括补贴。

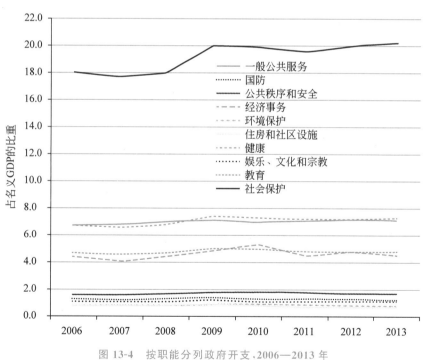

图 13-4 按职能分列政府开支,2006—2013 年

注:该图显示了政府总支出分为十个职能类别。

表 13-1　2013 年样本中各国一般政府支出占 GDP 的比例

国　　家	支出比率	国　　家	支出比率
阿富汗	0.25	黎巴嫩	0.28
阿尔巴尼亚	0.29	利比里亚	0.33
阿尔及利亚	0.36	立陶宛	0.35
安哥拉	0.41	卢森堡	0.43
阿根廷	0.35	马其顿	0.32
亚美尼亚	0.24	马达加斯加	0.15
澳大利亚	0.37	马拉维	0.35
奥地利	0.51	马来西亚	0.28
阿塞拜疆	0.38	马里	0.24
孟加拉国	0.15	毛里塔尼亚	0.29
白俄罗斯	0.42	墨西哥	0.28
比利时	0.54	摩尔多瓦	0.38
伯利兹	0.31	蒙古	0.40
贝宁	0.22	黑山	0.47
不丹	0.33	摩洛哥	0.33
玻利维亚	0.38	莫桑比克	0.35
波斯尼亚和黑塞哥维那	0.47	缅甸	0.25
博茨瓦纳	0.32	纳米比亚	0.35
巴西	0.39	尼泊尔	0.17
文莱	0.34	荷兰	0.46
保加利亚	0.36	新西兰	0.36
布基纳法索	0.28	尼加拉瓜	0.25
布隆迪	0.31	尼日尔	0.28
柬埔寨	0.21	尼日利亚	0.13
喀麦隆	0.22	挪威	0.43
加拿大	0.41	阿曼	0.46
中非共和国	0.15	巴基斯坦	0.22
乍得	0.23	巴拿马	0.27
智利	0.24	巴布亚新几内亚	0.36

续表

国　　家	支出比率	国　　家	支出比率
中国	0.29	巴拉圭	0.24
哥伦比亚	0.29	秘鲁	0.22
哥斯达黎加	0.19	菲律宾	0.19
科特迪瓦	0.22	波兰	0.42
克罗地亚	0.48	葡萄牙	0.50
塞浦路斯	0.42	卡塔尔	0.32
捷克共和国	0.42	罗马尼亚	0.34
丹麦	0.57	俄罗斯	0.38
吉布提	0.38	卢旺达	0.28
多米尼加共和国	0.18	沙特阿拉伯	0.36
厄瓜多尔	0.44	塞内加尔	0.28
埃及	0.37	塞尔维亚	0.43
萨尔瓦多	0.22	塞拉利昂	0.16
赤道几内亚	0.39	斯洛伐克	0.41
厄立特里亚	0.30	斯洛文尼亚	0.55
爱沙尼亚	0.38	所罗门群岛	0.50
埃塞俄比亚	0.18	南非	0.32
斐济	0.29	韩国	0.21
芬兰	0.58	南苏丹	0.26
法国	0.57	西班牙	0.44
加蓬	0.28	斯里兰卡	0.18
格鲁吉亚	0.29	苏丹	0.13
德国	0.44	苏里南	0.31
加纳	0.28	斯威士兰	0.29
希腊	0.49	瑞典	0.51
危地马拉	0.14	瑞士	0.31
几内亚	0.25	塔吉克斯坦	0.28
几内亚比绍	0.13	坦桑尼亚	0.19
圭亚那	0.30	泰国	0.22
海地	0.28	巴哈马群岛	0.22
洪都拉斯	0.31	冈比亚	0.27

国　家	支出比率	国　家	支出比率
匈牙利	0.50	东帝汶	0.19
冰岛	0.44	多哥	0.26
印度	0.27	特立尼达和多巴哥	0.35
印度尼西亚	0.19	突尼斯	0.30
伊朗	0.15	土耳其	0.38
伊拉克	0.48	土库曼斯坦	0.16
爱尔兰	0.39	乌干达	0.17
以色列	0.41	乌克兰	0.48
意大利	0.51	阿拉伯联合酋长国	0.31
牙买加	0.27	英国	0.42
日本	0.41	美国	0.36
约旦	0.36	乌拉圭	0.32
哈萨克斯坦	0.20	乌兹别克斯坦	0.34
肯尼亚	0.25	瓦努阿图	0.22
科索沃	0.28	委内瑞拉	0.38
科威特	0.38	越南	0.30
吉尔吉斯斯坦	0.38	也门	0.31
老挝	0.30	赞比亚	0.25
拉脱维亚	0.37	津巴布韦	0.30

　　注：该表显示了2013年一般政府支出与国内生产总值的比率。仅包括可获得一般政府支出数据的国家。数据来自国际货币基金组织。

 ## 13.2　政府的预算约束

　　现在我们扩展均衡经济周期模型,考虑到政府对商品和服务的采购与转移支付。设 G_t 为政府在 t 年的实际采购。在之前的分析中我们探讨了两种形式的对商品与服务的私人实际支出:消费 C_t 和总投资 I_t。三项总和 $C_t + I_t + G_t$ 为 t 年用于商品与服务的实际支出总额。设 V_t 为政府的实际转移支付。与 G_t 不同,实际转移支付不是用于商品和服务的开支。因为转移支付只是政府对收入的调节,(通过税收)将一群人的收入(通过转移)转移给另一群人(通过转移支付)。

　　在第12章,政府唯一的收入来自印制货币。 t 年这一收入的实际价值为 $(M_t - M_{t-1})/P$,其中 M_t 为 t 年名义货币量, M_{t-1} 为前一年的数量。在欧元区,这些收入直接归中央银行所有,也就是欧洲中央银行。在模型中,我们将中央银行与政府合为一体。现在我们假设政府还向家庭征税。这些税收也许也适用于企业,但要记住是家庭拥有并经营企业。设 T_t 为政府在 t 年征收的实际税款总额。

政府的预算约束就是说,政府资金使用总量必须等于资金来源总量。资金使用是指购买商品和服务以及转移支付。资金来源为税收和货币创造的收入。因此,我们可将用实际项表示的 t 年政府预算约束写成

关键方程(政府预算约束):

资金使用总量 ＝ 资金来源总量

$$G_t + V_t = T_t + (M_t - M_{t-1})/P_t$$

实际采购 ＋ 实际转移支付 ＝ 实际税收 ＋ 货币创造的实际收入

$$(13\text{-}1)$$

注意,我们未在模型中引入公共债务。因此,方程左边的政府资金用途不包括利息支付,右边的政府资金来源不包括发行公债所得的收入。我们将在第 15 章进行包括利息支付与公债发行的扩展。

我们在第 12 章提到,印制货币的实际收入 $(M_t - M_{t-1})/P$ 一般只占政府总收入的很小一部分。我们发现忽略印制货币的收入就方便多了,只要回到名义货币量 M_t 为常数的情况就行。在此情况下,我们可将 $M_t - M_{t-1} = 0$ 代入式(13-1),得到

$$G_t + V_t = T_t$$

实际采购 ＋ 实际转移支付 ＝ 实际税收 $\qquad(13\text{-}2)$

在第 12 章,转移支付采取直升机投放现金让家庭来拣的形式。重要的假设是,这些转移支付是一次性的——家庭拿到的金额与家庭的收入、货币持有量等无关。我们继续假设实际转移支付 V_t 是一次性的。也就是说,家庭得到的转移支付款与其决策无关。

在本章中我们还假设了**一次性税收**。也就是说,家庭支付的实际税款 T_t 与其收入、消费等无关。这个假设不符合实际。在现实世界中,精心制定的税法明文规定家庭支付的税款额取决于其收入、消费等。家庭可以做很多事来减少纳税,包括聘请会计师,减少工作,低报收入,以及利用税收漏洞。这些可能性意味着税收系统对劳动供给、消费,甚至孩子数目所产生的替代效应。虽然我们要研究这些替代效应,但是会发现暂时忽略这些效应可以更方便地将政府支出的效应分离出来。这是我们在本章假设一次性税收的原因。我们在第 14 章将考虑现实中各种类型税收的替代效应。该分析还会引出转移支付的替代效应。

13.3　公共生产

我们假设政府利用其对商品与服务的实际采购 G_t 为家庭和企业提供服务,并且政府提供的这些服务是免费的。在大多数国家,公共服务包括国防、执行法律与私人合同、警察和消防、中小学教育和一部分高等教育、部分健康服务、高速公路、公园等。随着时间的推移,政府活动的范围扩大了,尽管范围大小因国家或所处地点而不同。

我们可以在模型中将公共服务设为政府生产函数的产出。这个函数的输入变量为政府拥有的资本存量、政府雇员的劳动服务以及政府从私有部门购买的材料。为简化分析，我们忽略政府生产，假设政府向私人生产者购买最终商品和服务。即政府采购 G_t 与私人消费者的 C_t 和投资人的 I_t 一起构成了对商品和服务的需求。

实际上，我们假设政府将其所有生产分包给了私人部门。在此背景下，公共投资、公共资本和政府就业都为 0。最后，只有当政府的生产函数（政府的技术与管理能力）与私有部门不同时，才考虑公共生产，此时我们得到的结果会有所不同。否则，无论政府是像我们假设的那样购买商品和服务，还是购买资本与劳动投入自己生产，都没有关系。

 ## 13.4　公共服务

我们必须对政府提供的服务的用途持有自己的立场。一种可能性是这些服务为家庭带来了效用。如公园、图书馆、学校午餐计划、获得补贴的医疗保健和运输等。这些公共服务可能会替代私人消费。例如，如果政府为在校学生购买午餐，学生就不必自己购买午餐了。

另一种可能性是，公共服务作为私人生产的投入。如制定并执行法律和合同、国防行动、政府赞助的研究与开发计划、太空计划、消防与警察服务以及管理活动。某些情况下，公共服务替代了私人投入的劳动与资本服务。例如，政府的警察服务可以替代私人公司雇用的保安。在其他情况下——包括诸如建立司法制度、国防还有提供交通设施——公共服务很可能提高私人投入的边际产量。

我们发现以公共服务对效用与生产没有影响的假说为起点进行研究会很方便。这类似于假设政府购买商品和服务，然后扔进大海。我们以后将探讨如果我们让公共服务变得有效用，结论会有什么不同？

 ## 13.5　家庭预算约束

政府的税收和转移支付影响到每个家庭的预算约束。要了解如何影响，就从第 9 章的家庭预算约束开始：

$$C + \left(\frac{1}{P}\right) \cdot \Delta B + \Delta K = \left(\frac{w}{P}\right) \cdot L^s + i \cdot \left(\frac{B}{P} + \kappa\right)$$

(9-6)

消费 ＋ 实际储蓄 ＝ 实际收入

第 9 章中的分析忽略了通货膨胀，即物价水平 P_t 随时间保持不变。我们回到这种情况以简化分析。注意，P_t 为常数的假设与名义货币量 M_t 不变的假设一致。但这两个不符合实际的假设不会影响我们对政府采购的分析。

方程(9-6)右边有一项为实际资产收入 $i \cdot \left(\frac{B}{P} + k\right)$，它取决于名义利率 i。但是由于我们现在假设通货膨胀率 π 为零，所以实际利率 r 等于名义利率 i。我们会发现用 r 代替 i 很有用，因为在允许 π 不为零时，分析也是有效的。如果将方程(9-6)运用于 t 年，用

r 代替 i，得到

$$C_t + \left(\frac{1}{P}\right) \cdot \Delta B_t + \Delta K_t = \left(\frac{w}{P}\right)_t \cdot L_t^s + r_{t-1} \cdot \left(\frac{B_{t-1}}{P} + k_{t-1}\right) \tag{13-3}$$

消费 ＋ 实际储蓄 ＝ 实际收入

其中 $\Delta B_t = B_t - B_{t-1}$，$\Delta K_t = K_t - K_{t-1}$。

政府存在导致对方程(13-3)中的家庭预算约束要作两项修正。首先，要从右边的实际收入中减去 t 年的实际税收 T_t。增加一单位的实际税收意味着减少一单位实际可支配收入，即税后可动用的实际收入。其次，将 t 年的实际转移支付 V_t 加到右边的实际收入中。所以，家庭的预算约束变为

$$C_t + \left(\frac{1}{P}\right) \cdot \Delta B_t + \Delta K_t = \left(\frac{w}{P}\right)_t \cdot L_t^s + r_{t-1} \cdot \left(\frac{B_{t-1}}{P} + K_{t-1}\right) + \boxed{V_t - T_t} \tag{13-4}$$

消费 ＋ 实际储蓄 ＝ 实际可支配收入

右边带阴影的新项，是实际转移支付与实际税收之差 $V_t - T_t$。

我们在第 8 章与第 9 章表明了如何将家庭一年的预算约束扩展至多年。当我们对方程(9-7)进行修正，用实际利率 r_t 代替名义利率 i_t 时，结果为

$$C_1 + C_2(1+r_1) + C_3[(1+r_1) \cdot (1+r_2)] + \cdots$$
$$= (1+r_0) \cdot \left(\frac{B_0}{P} + K_0\right) + \left(\frac{w}{P}\right)_1 \cdot L_1^s + \left(\frac{w}{P}\right)_2 \cdot \frac{L_2^s}{1+r_1} +$$
$$\left(\frac{w}{P}\right)_3 \cdot \frac{L_3^s}{[(1+r_1) \cdot (1+r_2)]} + \cdots \tag{13-5}$$

消费的现值 ＝ 初始资产的价值 ＋ 工资收入的现值

当我们考虑到税收和转移支付时，如我们在分析方程(13-3)和方程(13-4)中做的那样，我们就从方程(13-5)得到一个多年预算约束的展开式。该展开式为

关键方程(在有转移支付和税收情况下的家庭多年预算约束)：

$$C_1 + C_2(1+r_1) + \cdots = (1+r_0) \cdot \left(\frac{B_0}{P} + K_0\right) + \left(\frac{w}{P}\right)_1 \cdot L_1^s + \left(\frac{w}{P}\right)_2 \cdot \frac{L_2^s}{1+r_1} + \cdots +$$
$$\boxed{(V_1 - T_1) + \frac{V_2 - T_2}{1+r_1} + \frac{V_3 - T_3}{[(1+r_1) \cdot (1+r_2)]}}$$

消费现值 ＝ 初始资产的价值 ＋ 工资收入的现值 ＋ 转移支付扣除税收后的现值

$$\tag{13-6}$$

右边带阴影的新项是扣除实际税收后的实际转移支付的现值：

$$(V_1 - T_1) + \frac{V_2 - T_2}{1+r_1} + \frac{V_3 - T_3}{[(1+r_1) \cdot (1+r_2)]} + \cdots \tag{13-7}$$

＝ 实际转移支付扣除实际税收后的现值

扣除实际税收后的实际转移支付现值的下降导致家庭资金来源的总额减少。我们根据第 8 章的分析预期家庭会像对收入的任何其他损失一样作出反应。尤其是收入效应预期每年的消费 C_t 和闲暇会减少。闲暇的减少意味着每年的劳动供给 L_t^s 会增加。

第 8 章的分析告诉我们，收入效应的强度取决于扣除实际税收后的实际转移支付的

变动是暂时性的还是持久性的。对于暂时性变动,我们可以设第一年扣除实际税收后的实际转移支付($V_1 - T_2$)下降,而在其他年 $V_t - T_t$ 固定不变。这种情况下,方程(13-7)中扣除实际税收后的实际转移支付的现值下降了,但仅是小幅下降。所以,我们预计每年的 C_t 会小幅减少,L_t^s 会小幅增加。如果在所有 t 年 $V_t - T_t$ 都下降,方程(13-7)中的扣除实际税收后的实际转移支付的现值就会大幅下降。因此,我们预计每年 C_t 会大幅减少,L_t^s 会大幅增加。

13.6 政府采购的持久性变化

我们现在将注意力转向政府采购。我们从探讨政府采购持久性变化的经济影响开始。回想一下,图 13-1 显示了欧元区政府采购的总额数据,用与 GDP 的比率表示。目前的分析不适用于巨大的临时变化,例如战争期间国防采购的激增。该分析的确适用于政府采购的大多数其他变化,从经验事实上看,政府采购占 GDP 比例的变动大多数是持久性的。

13.6.1 政府采购的持久性变化:理论

假设政府采购 G_t 每年只增加一个单位。由于我们考虑每年的变化相同,那么去掉下标 t,就可以简化分析。在此情况下,由方程(13-2)可得政府预算约束为

$$G + V = T$$

因此,我们可以通过移项得到一个扣除实际税收后的实际转移支付的公式:

$$V - T = -G \tag{13-8}$$

如果 G 每年增加一个单位,$V - T$ 每年就减少一个单位,进而典型家庭的可支配实际收入每年会减少一个单位。收入效应相应地预期每年的消费 C 减少,而每年的劳动供给 L^s 增加。

现在忽略劳动供给 L^s 的变化,我们可以得到分析的主要结果。也就是说,我们假设每年的 L^s 等于一个常数 L。在本章后面部分以及第 14 章我们将重新考虑这一假设,到时我们也将考虑到现实中各种形式税收产生的替代效应。

考虑一下对消费 C 的收入效应。由于典型家庭每年的实际可支配收入少了一单位,我们预计 C 每年大致减少一个单位。这一预期是从第 8 章的分析结果——收入的持久性变化所引致的消费倾向接近 1——推断出来的。

现在让我们考虑政府采购增加如何影响资本服务的需求和供给以及实际 GDP。回顾第 10 章的生产函数给出的实际 GDP(Y)

$$Y = A \cdot F(\kappa K, L) \tag{10-1}$$

这个公式加入了一个变量,即资本利用率 κ,所以 κK 为资本服务的数量。我们现在假设短期内资本存量 K 固定不变。我们还假设技术水平 A 和劳动投入量 L 也固定不变。

如第 10 章所述,资本服务的需求量 $(\kappa K)^d$,由资本服务的边际产量 MPK 与实际租赁价格 R/P 相等来确定。这一条件决定了资本服务需求是一条向下倾斜的曲线,如图 10-5 所示。我们在图 13-5 中复制了这一需求曲线 $(\kappa K)^d$。

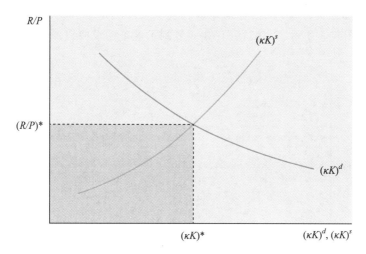

图 13-5　资本服务市场的出清

注：本图来自图 10-5。资本服务的需求曲线 $(\kappa K)^d$ 由资本服务的边际产量 MPK 等于实际租赁价格 R/P 的关系式确定。当 R/P 上升时，资本服务的需求量下降。资本服务的供给曲线 $(\kappa K)^s$ 适用于给定的资本存量 K。如果 R/P 上升，资本所有者会提高资本利用率 κ，资本服务的供给量会上升。资本服务的供给量与需求量相等时市场出清。在这一点，R/P 等于纵坐标上的 $(R/P)^*$，κK 等于横坐标上的 $(\kappa K)^*$。

因为资本存量 K 已知，资本服务的数量 κK 只是随着资本利用率 κ 的变化而变化。如第 10 章图 10-5 所示，资本利用率 κ，进而资本服务的数量 $(\kappa K)^s$ 是关于实际租赁价格 R/P 的递增函数。

观察到的一个重要现象是，政府购买 G 的增加对资本服务的需求和供给曲线没有影响。因为 G 的增加没有影响边际产量 MPK（对于给定的资本服务的投入量 κK），需求曲线不会移动。因为 K 给定而且 G 的变化没有影响资本利用率 κ 的选择（就像我们在第 10 章图 10-3 证明的一样），供给曲线不会移动。因为图 13-5 的需求和供给曲线都不会移动，我们得出结论，市场出清的实际租赁价格 $(R/P)^*$ 和资本服务的数量 $(\kappa K)^*$ 不会变化。

方程（10-1）中的生产函数 $Y = A * F(\kappa K, L)$ 给出了实际 GDP(Y)。我们发现资本服务量 κK 不变，并且假设技术水平 A 和劳动投入量 L 也固定不变，所以 Y 不变。从而我们得出了一个重要的结论：政府采购的持久性增加不影响实际 GDP。

考察一下实际利率 r。我们由第 12 章知道，r 由下式给出：

$$r = (R/P) \cdot \kappa - \delta(\kappa)$$
债券的实际收益率 = 拥有资本的实际收益率

$$\tag{12-10}$$

这里 R/P 为实际租赁价格，κ 为资本利用率。$(R/P) \cdot \kappa$ 项是每单位资本的实际租金收入。我们发现政府采购 G 的持久性增加不影响 R/P 或 κ。因此，方程（12-8）意味着实际利率 r 不变。如此一来，我们有了另一个重要的分析结果：当劳动供给固定时，政府采购的持久性增加不影响实际利率。

现在我们转向劳动市场。如第 7 章和第 9 章所述，劳动的需求量 L^d 由劳动的边际产量 MPL 与实际工资率 w/P 相等来确定。这个条件决定了劳动需求曲线是向下倾斜的，如图 7-4 和图 9-5 所示。我们在图 13-6 复制了这条需求曲线。

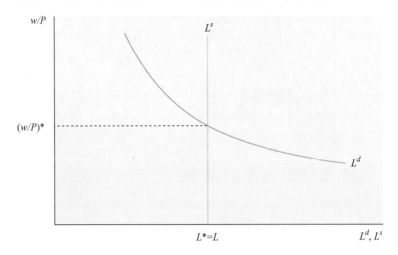

图 13-6　劳动市场出清

注：图形来自图 9-5。劳动的需求曲线 L^d 由劳动的边际产品 MPL 等于实际工资率 w/P 的关系式确定。当 w/P 上升时，劳动需求量下降。我们在此假设，劳动供给 L^s 等于常数 L。当 $w/P = \left(\dfrac{w}{P}\right)^*$ 时，市场出清，从而劳动需求量等于 L。

我们在第 9 章讨论了实际工资率 w/P 的上升如何促使家庭增加劳动供给量 L^s。然而，我们现在假设劳动供给 L^s 是个常数。所以图 13-6 显示 L^s 是在 L 处的一条垂直线。我们假设政府采购 G 的增加不改变 L。

在图 13-6 中，政府采购 G 的持久性增加并不会使劳动需求曲线 L^d 移动。原因在于，对于给定的劳动投入 L，G 的增加不会影响 MPL。为得到这个答案，我们利用图 13-5 中资本服务量 κK 不变的结论。如果资本服务量改变，在 L 给定的情况下，MPL 就会不同，图 13-6 中的 L^d 曲线就会发生移动。

政府采购 G 的增加没有使固定在 L 的劳动供给曲线 L^s 移动，也没有使劳动需求曲线 L^d 移动。所以 G 的增加没有使图 13-6 发生任何变化。从而市场出清的实际工资率 $\left(\dfrac{w}{P}\right)^*$ 不变。我们的结论是，当劳动供给不变时，政府采购的持久性增加不影响实际工资率。

现在我们转向消费行为 C。我们从关于收入效应的分析中知道，政府采购 G 持久性地增加一个单位，消费 C 每年大致减少一个单位。为找出对当期消费的全部影响，我们就得考虑是否有什么替代效应在发生作用。跨时期替代效应取决于实际利率 r。由于 r 不变，跨时期替代效应就不起作用。另一种替代效应涉及消费与闲暇，但我们已经假设劳动的数量从而闲暇的数量是固定的。任何情况下，这种替代效应都取决于实际工资率 w/P，而实际工资率并没有发生变化。

由于不存在替代效应，单从收入效应我们就能确定当期消费 C 的变化。如前所述，

收入效应造成 C 大致下降一个单位。所以我们预料,当劳动供给不变时,政府采购持久性地增加一个单位,造成消费大致减少一个单位。

为发现总投资 I 的反应,回顾实际 GDP(Y)等于消费 C、总投资 I 和政府采购 G 之和:

$$Y = C + I + G \tag{13-9}$$

目前的情况是,Y 未变,G 增加一个单位,而 C 减少一个单位。所以,方程(13-9)告诉我们 C 与 G 的变化完全相互抵消,因而使 I 保持不变。我们得出结论,若劳动供给不变,政府采购的持久性增加不影响总投资。

综上所述,我们预测,政府采购 G 的持久性增加使消费 C 按大体相等的幅度减少。没有发生变化的变量包括实际 GDP Y、总投资 I、资本服务数量 κK、实际租赁价格 R/P、实际利率 r,以及实际工资率 w/P。

模型扩展　有效的公共服务

我们还没有考虑政府可能用其采购 G 来提供有用的公共服务。我们在此研究的是这些服务为家庭提供了效用的情况。例如,政府可能免费提供或补贴学校的午餐、交通或公园音乐会。我们假设这些公共服务与私人的消费支出相结合,确定了家庭的总效用。例如,效用取决于交通,而其中有一部分交通是由政府提供的。

假设每个家庭都将一单位政府采购 G 的效用视为与 λ 单位的私人消费 C 相同。我们假设 $\lambda \geqslant 0$。对 λ 大小的看法不同主要源于对理想的政府规模的争议。$\lambda = 1$ 意味着一单位 G 的效用与一单位 C 相同。$\lambda < 1$ 意味着政府利用的一单位资源带来的效用少于一单位私人消费的支出。现实的情况可能是,缺乏市场动力使政府的运转相对效率低下。如果提供公共产品有规模利益,则有 $\lambda > 1$。

回顾关于家庭预算约束的方程(13-4),去掉年份下标,可以写为

$$C + \left(\frac{1}{P}\right) \cdot \Delta B + \Delta K = \left(\frac{\omega}{P}\right) \cdot L^s + r \cdot \left(\frac{B}{P} + K\right) + V - T$$

消费 ＋ 实际储蓄 ＝ 实际可支配收入

我们可在方程的两边都加上 λG,得

$$(C + \lambda G) + \left(\frac{1}{P}\right) \cdot \Delta B + \Delta K = \left(\frac{\omega}{P}\right) \cdot L^s + r \cdot \left(\frac{B}{P} + K\right) + V - T + \lambda G$$

有效消费 ＋ 实际储蓄 ＝ 有效实际可支配收入

$$\tag{13-10}$$

之所以要加入 λG,是因为可以认为左边的 $C + \lambda G$ 是有效消费:私人消费 C 和从公共服务得到的效用 λG 之和。右边的新项 λG 是免费或补贴的公共服务的隐含价值。这样,我们可以将右边视为有效的实际可支配收入,是实际可支配收入与公共服务的隐含价值 λG 之和。

考虑政府购买 G 每年增加一个单位的情况。式(13-8)表示的政府预算约束告诉我们，实际转移支付和实际税收的差 $V-T$ 将每年下降一个单位。因此，G 增加一个单位将改变式(13-10)右边的最后三项之和，具体如下：

$$\Delta(V-T+\lambda G)=\Delta(V-T)+\Delta(\lambda G)=-1+\lambda$$

这里，我们用到 $\Delta(V-T)=-1$ 和 $\Delta(\lambda G)=\lambda$ 的条件。因此，有效实际可支配收入的变化取决于 λ 到底是小于、等于还是大于 1。如果 $\lambda<1$，当 G 增加 1 个单位，有效实际可支配收入下降 $1-\lambda$ 个单位。如果 $\lambda>1$，当 G 增加 1 个单位，有效实际可支配收入增加 $\lambda-1$ 个单位。在正文中，我们假设 $\lambda=0$，因此，当 G 增加 1 个单位，有效实际可支配收入下降 1 个单位。

为了厘清思路，考虑 $\lambda<1$ 的情况。（分析结果同样适用于 $\lambda=1$ 或 $\lambda>1$ 的情况。）由于有效实际可支配收入每年下降 $1-\lambda$ 单位，我们预计家庭的有效消费 $C+\lambda G$ 每年大约减少 $1-\lambda$ 个单位。也就是说，有效消费的变化幅度接近于有效实际可支配收入的变化幅度。为确定 C 的增量，利用条件：

$$\Delta(C+\lambda G)=-1+\lambda$$

如果把等式左边的两个变化分离开来，得到

$$\Delta C+\lambda\cdot\Delta G=-1+\lambda$$

如果代入 $\Delta G=1$，消掉两边的 λ，得

$$\Delta C=-1$$

$\Delta C=-1$ 的结果意味着持久性地增加一个单位政府采购 G 就挤出了一个单位的私人消费 C。我们发现这个结果对于任意值的 λ 都成立。如正文中的情况，当公共服务毫无价值（$\lambda=0$）时，当一个单位的公共服务带来的效用少于一单位的私人消费（$0<\lambda<1$）时，当公共服务与私人服务被认为价值相同（$\lambda=1$）时，以及认为公共服务更有价值（$\lambda>1$）时，该结果都适用。这些情况之间的唯一区别——却是一个重要的区别是，政府扩大 G 时，λ 的值越大，家庭越高兴。

13.6.2　政府采购的周期性行为

均衡经济周期模型的一个预测是，实际政府购买的永久性变化对实际 GDP 影响不大。我们提到，实际政府购买的许多变化符合永久性变化的假设。因此，模型预测实际政府购买的波动与实际 GDP 的波动关系不大。

为了测试这个命题，图 13-7 使用我们比较变量（这里指实际政府采购）的周期性部分与实际 GDP 周期性部分的标准方法。从 1999 年到 2015 年实际政府采购的变动约为实际 GDP 的一半。图 13-7 显示了两者的周期性部分，变量有时是正相关的，有时是负相关的，总体相关性为 -0.21。这个结果与我们的均衡经济周期模型相矛盾。在本章的其余部分和第 14 章中，我们将扩展模型，以便生成图 13-7 所示的不同关系，如我们将在本章后面看到的一样，引入可变劳动力供给将允许均衡经济周期模型中的实际 GDP 和政府采购之间存在正相关关系。如 IS-LM/AS-AD 模型，但通过一个不同的渠道，这将在本章后

面讨论。就如我们将在第 14 章说明的一样,考虑所得税,而不是一次性税收,可以使模型中实际 GDP 和政府购买之间产生负相关关系。还要注意政府购买的模式与我们发现的消费者支出和投资非常不同(图 9-8 和图 9-9),消费和投资都有强烈的顺周期性。

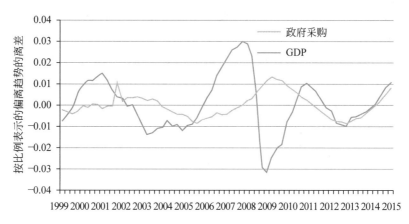

图 13-7　欧元区实际 GDP 与政府采购的周期性变动

注:深蓝色线表示实际 GDP 与其趋势的偏差。浅蓝色线表示实际政府购买与其趋势的离差。(由于数据的可得性,我们根据政府消费的国民账户数据衡量政府购买量,处理方式也与模型一致)。偏差按比例测量。GDP 和政府采购为季度数据,并经过季节性调整。政府采购的变动幅度几乎是 GDP 的一半。实际政府购买的周期性部分与实际 GDP 的周期性部分的总体相关性为 -0.21。

13.7　政府采购的暂时性变化

现在我们要分析实际政府采购的暂时性变动。我们首先扩展均衡经济周期模型,以便将政府采购的暂时性变动作为研究的起点。然后我们将这一扩展的模型应用于战时经历。

13.7.1　政府采购的暂时性变化:理论

现在假设第一年的实际政府采购 G_1 增加一个单位,而其他年份的 G_t 不变。也就是说,每个人都预期在未来年份 G_t 会回到初始水平。我们可以将这种情况看作始于第一年年初的一次战争,预期持续一年。当然这种描绘是一种简述,旨在抓住政府采购暂时性增加的主要特点。事实上,战争的时间跨度千差万别,政府大量采购的时间段可能大于或小于一年。

由方程(13-8)可知,在 t 年政府的预算约束是

$$V_t - T_t = -G_t \qquad (13\text{-}11)$$

所以在第一年,实际转移支付扣除税收的净额 $(V_1 - T_1)$ 减少一个单位,家庭实际可支配收入就少了一个单位。在以后的年份里,实际可支配收入 $V_t - T_t$ 回到初始水平。因此,政府采购暂时性上升与政府采购持久性上升的区别在于未来年份的预期实际可支配收入不变。我们根据第 8 章的分析预测,家庭会将第一年减少的实际收入分摊到所有

t 年减少的消费 C_t 中。因此,第一年消费 C_1 受到的影响相对较小。收入的暂时性变化的消费倾向虽然大于 0,但远远小于 1。

为简化标记,现在再次去掉时间下标,各变量暗含地适用于当年,即第一年。对政府采购暂时性变动的许多分析与对持久性变动的分析相同。同以前一样,我们忽略劳动供给的任何变化,从而 $L^s = L$。在图 13-5 中,(对于给定的资本服务量 κK)政府采购的变化依然不影响 MPK,所以不会使资本服务的需求曲线 $(\kappa K)^d$ 发生移动,政府采购的变化也没有影响资本服务的供应者对资本利用率 κ 的选择(对于给定的实际租赁价格)。因而在资本存量 K 固定的情况下,资本服务的供给曲线 $(\kappa K)^s$ 也没有移动。由于图 13-5 中的两条曲线都没有移动,我们得出结论,同以前一样,实际租赁价格 R/P 和资本服务量 κK 都不变。

模型扩展　　对利率期限结构的影响

我们发现政府采购 G 的暂时性增加不影响实际利率 r。我们还发现投资 I 下降了。例如,在可能延续数年的战争期间,I 会受到抑制。随着时间的推移,投资的下降意味着资本存量 K 将会低于其他情况下可以达到的水平,尤其是在战争末期 K 更低。K 的下降减少了资本服务的供给,从而导致市场出清的实际租赁价格 R/P 上升。根据方程 (12-8),$r = (R/P) \cdot \kappa - \delta(\kappa)$,$R/P$ 上升导致 r 提高。所以,虽然当期实际利率没有变动,但未来的实际利率上升。

在我们的模型中,实际利率 r 是短期利率。在现实生活中,交易的债券期限长短不一。例如,一年期债券支付的实际收益率为 $r(1)$,五年期债券的收益率为 $r(5)$,如此等等。实际利率的期限结构表示实际收益率 $r(j)$ 与期限 j 之间的关系。如果 $r(j)$ 随 j 的延长而上升,利率期限结构表现在图形上就是向上倾斜的;否则就是水平的或向下倾斜的。

如果我们考虑比如说五年的时间跨度,个人可以持有五年期政府指数化债券至到期,也可以顺序持有五个一年期指数化债券。在第一种情况下,实际收益率为 $r(5)$。在第二种情况下,实际收益率为五个一年期收益率 $r(1)$ 的平均值。金融市场的竞争促使两种选择下的预期收益率相等。所以,$r(5)$ 就是之后五年预期的 $r(1)$ 的平均值。

在政府采购暂时性增加的情况下,短期实际利率,如 $r(1)$,起初不发生变动。然而,$r(1)$ 的预期值上升了。所以,预期未来五年 $r(1)$ 的平均值上升。因为 $r(5)$ 等于预期 $r(1)$ 的平均值,所以,政府采购增加时 $r(5)$ 马上升高。换言之,模型预测到对实际利率期限结构的影响。短期利率不会马上变动,但长期利率会上升。所以利率期限结构向上倾斜的趋势愈发明显。

由于资本服务 κK 不变,劳动固定在 L,由生产函数我们知道:

$$Y = A \cdot F(\kappa K, L) \tag{10-1}$$

实际 GDP(Y)不变。由于实际租赁价格 R/P 与资本利用率 κ 不变,因此实际利率 r 保持不变。这个结果由以下公式推出:

$$r = \left(\frac{R}{P}\right) \cdot \kappa - \delta(\kappa) \tag{12-10}$$

债券的实际收益率＝拥有资本的实际收益率

图 13-6 中,政府采购的变化仍然不会影响 MPL(对于给定的劳动投入 L),从而不会使劳动需求曲线 L^d 发生移动。由于劳动供给 L^s 固定在 L,政府采购的变化也不会使劳动供给曲线发生移动。因为两条曲线都没有移动,实际工资率 w/P 不变。

当我们考虑消费与投资时,就会出现新的结果。再次考察实际 GDP 的表达式:

$$Y = C + I + G \tag{13-9}$$

实际 GDP(Y)不变,实际政府采购 G 在第一年增加一个单位,消费 C 下降远小于一个单位。结果,方程(13-9)意味着总投资 I 必定下降。事实上,由于 C 的下降幅度相对较小,I 的下降幅度就较大。这就是说,第一年 G 的增多,主要是减少了 I,而不是 C。相比之下,当 G 发生持久性变化时,我们预计 G 的增加大部分或全部来自 C 的减少。

13.7.2　战时的政府采购与实际 GDP:实证

我们现在要评估均衡经济周期模型对实际政府采购暂时性变化的影响的预测。我们通过研究经济对战争时期政府采购暂时性变动的反应,来检验这个模型。为了确保政府战时的采购是经济的主要影响因素,我们考察 20 世纪的几次主要战争。基于数据的可得性,我们以美国战时的数据作为例子。

表 13-2 包括第一次世界大战、第二次世界大战、朝鲜战争和越南战争期间的数据。我们用实际采购与估计趋势值之间的差额度量实际国防采购的暂时性变化部分。我们按之前的方式,用一条合适的回归线拟合历史数据。我们关注战时购买的几个高峰期:1918 年,1943—1944 年,1952—1953 年和 1967—1968 年。以 1996 年美元计价,1918 年实际政府购买的价值是 840 亿美元,相当于 16% 的实际 GDP;1943—1944 年是 5 370 亿美元,相当于 44% 的实际 GDP;1952—1953 年是 560 亿美元,相当于 3% 的实际 GDP;1967—1968 年是 460 亿美元,相当于 1.4% 的实际 GDP。基于这些数据,我们可以有信心地说,战时购买,或者战争的其他影响,是第一次世界大战和第二次世界大战时期对经济的主要影响。也就是说,我们不需要担心保持其他因素不变。战时购买也是朝鲜战争时期的主要影响因素,虽然不是最主要的。在越南战争中,临时性国防购买只占了 GDP 的 1.4%,并不是主要因素,其他动乱可能具有同等或更大的重要性。

为举例说明主要的研究结果,我们集中关注表 13-2 中的第二次世界大战和朝鲜战争。在两次战争期间,实际 GDP 都高于趋势值,但幅度小于实际国防采购与趋势值的离差。例如在 1943—1944 年,实际国防采购超出趋势值 5 370 亿美元,相应的实际 GDP 的超出数额为 4 330 亿美元。1952—1953 年,数字分别为 560 亿美元和 490 亿美元。

由于实际 GDP 高于趋势值的幅度小于国防采购,GDP 的其他部分总体上就必须低于趋势值。在 1943—1944 年,总投资低于趋势值 580 亿美元,非国防的政府消费与投资低于趋势值 200 亿美元。消费大致等于趋势值,商品与服务的净出口低于趋势值 230 亿美元(我们将在第 18 章研究净出口)。在 1952—1953 年,总投资与消费都大致与趋势值相等,非国防的政府消费与投资高出趋势值 50 亿美元,净出口低于趋势值 110 亿美元。

表 13-2　美国战时支出、实际 GDP 和就业

Ⅰ:实际 GDP 及其构成。每个数字都是以 1996 年的美元计算的偏离趋势值的离差,单位为 10 亿美元。括号中的数值为偏离趋势值的百分比。

	战争年份			
	1918 年 (WW Ⅰ)	1943—1944 年 (WW Ⅱ)	1952—1953 年 (朝鲜)	1967—1968 年 (越南)
GDP 分类				
国防采购	84(679)	537(317)	56(25)	46(15)
占实际 GDP 趋势值的百分比/%	16	44	3	1
实际 GDP	42(8)	433(36)	49(3)	81(2)
消费	−21(−5)	−1(0)	0(0)	31(1)
总投资	−21(−28)	−58(−51)	0(0)	5(1)
政府非国防支出	0(0)	−20(−19)	5(3)	5(1)
净出口	0	−23	11	−5

Ⅱ:就业。每个数字都是偏离趋势值的离差,单位为百万。括号内的数值为偏离趋势值的百分比。

就业分类				
就业总数	3.0(8)	9.1(17)	0.9(1)	1.0(1)
民间就业	0.5(1)	1.5(3)	0.2(0)	0.4(1)
军事人员	2.5(566)	7.7(296)	0.7(24)	0.6(19)

注:在第一部分,每一格中数字表示实际支出组成部分与其估计趋势值的离差,以 1996 年美元计算,单位为 10 亿美元。括号内的数值为偏离趋势值的百分比。例如,1943 年与 1944 年国防采购的平均离差为 5 370 亿美元,或高出趋势值 317%;实际 GDP 的平均离差为 4 330 亿美元,或高出趋势值 36%;等等。各种实际支出都以名义数值除以 GDP 平减指数计算得出。(实际 GDP 的趋势值限定为等于 GDP 各组成部分估计趋势值之和。)在第二部分,就业总数是民间就业与军事人员之和。每个数字都表示就业偏离趋势值的离差,以百万为单位。例如,1943 年与 1944 年就业总数的平均离差为 910 万,或高出趋势值 17%;民间就业平均离差为 150 万,或高出趋势值 3%;军事人员平均离差为 770 万,或高出自身趋势值 296%。(就业总数的趋势值限定为等于两部分就业——即民间就业与军事人员——估计趋势值之和。)最后三次战争的数据来自经济分析局(http://www.bea.gov)。1918 年的数据来自 J. Kendrick(1961)、C. Romer(1988)的著作和美国商务部(1975)。

考察一下如何将均衡经济周期模型与这些战时观测值关联起来。主要的不一致在于,模型预计实际 GDP 不会变化,而数据表明实际 GDP 大幅增加。数据还显示,实际 GDP 的增加幅度小于政府采购的增幅。这就是说,除了军事采购外,实际 GDP 其他部分

的总额在战时下降了,这与模型相符。然而,除军事采购之外的实际 GDP 各组成部分并没有如模型预测的那样下降那么多。

13.7.3　战时对经济的影响

模型的主要不足之处——相当令人震惊的不足——是它预测在战时实际 GDP 不变。这种预测源于劳动投入 L 固定不变的假说。所以值得重新考虑这个假设。我们从考察战时的就业数据入手。

13.7.3.1　战时的就业

我们可以举第二次世界大战的例子来说明主要模式。军队人数急增,在 1943—1944 年,军事人员超过估计趋势值 770 万人。但出乎意料的是,民用部门的就业也增加了,超过估计趋势值 150 万人,或 3%。将两项合在一起,就业总数——民用加军事——超过趋势值 910 万人或 17%。基本模式是,军队吸纳了大量人员——主要是在战争中征兵,一直持续到越战,就业总数扩大了许多。为更好地作出预测,我们就得对劳动供给总量为何增加了那么多做出解释。

13.7.3.2　战争对劳动供给的影响

在这一点上,经济学家对于如何最正确地理解战时的劳动供给没有确定的观点。所以我们考虑有几种可能性,并且不会作出确定性的解释。下面是曾提出过的一些观点。

- 政府实际采购 G 大幅度扩张,意味着家庭的实际可支配收入减少。负的收入效应预测消费和闲暇将减少,从而劳动供给 L^s 增加。有几种因素会影响收入效应的大小。一方面,我们强调过 G 的增加很可能是暂时的,至少在人们预期战争持续不了几年、资本存量没有重大损毁并且人口变动可预测时是如此。这种考虑使 G 的增加对消费与闲暇的收入效应相对较小。另一方面,在提供效用方面,军事支出代替不了私人消费。这就是说,在前面"有效的公共服务"专栏中引入的参数 λ 为零。相比于非军事采购的收入效应,这种考虑使得收入效应变大。总体而言,收入效应预测劳动供给 L^s 增加。然而问题是同一论证过程也预测消费 C 下降。但这种预测与表 13-2 中的结论即 C 在战争期间减少不多相悖。
- Mulligan(1998)认为,战时劳动供给 L^s 之所以增加,是因为爱国主义。这就是说,对于给定的实际工资率 w/P 及实际总收入,人们愿意更多地工作作为支援战争的努力的一部分。这一论证吸引人的地方在于它不依赖于负的收入效应,就能够解释为何消费在战争期间不会下降很多。然而事实也许是,与其他冲突相比,在正义的战争,如第二次世界大战中爱国主义的作用更为重要。
- 站在家庭的立场,我们要了解迫使很多男人离开的军队征兵怎样影响那些未应召入伍的人的劳动供给,尤其是妇女。这一分析的一部分涉及男人已应征入伍的已婚夫妇。在这些情况下,推迟生育是一个重要的考虑。这样,作为对抚养家庭或有个更大家庭的一种临时性的替代,妇女更有可能加入劳动力队伍。另一个考虑涉及推迟结婚。通过这一途径，军队征兵会影响到独身女士的劳动供给。也就是说，本来应该已结婚并生育孩子的女士发现市场上的工作更有吸引力，当然这只是一种暂时的选择。

这些论证的结论是，战时很有可能造成劳动供给 L^s 增加。因此我们现在假设，战争的发生使劳动供给曲线 L^s 发生移动，如图 13-8 所示。与图 13-6 不同，我们现在允许实际工资率 w/P 对 L^s 有积极影响。所以在战前，劳动供给曲线 L^s 相对于 w/P 向上倾斜。战争使曲线 L^s 右移至曲线 $(L^s)'$。对于任何的 w/P，沿着曲线 $(L^s)'$ 的劳动供给量都大于沿着曲线 (L^s) 的供给量。

在图 13-8 中劳动需求曲线 L^d 向下倾斜。这条曲线与图 13-6 中的相同。我们仍然假设战争并不会使劳动需求曲线移动（因为政府采购的变化不影响 MPL）。

在战前，如图 13-8 所示，劳动市场在劳动量 L^* 和实际工资率 $\left(\frac{w}{P}\right)^*$ 处出清。战争期间，劳动量上升至横坐标上的 $(L^*)'$，实际工资率下降至纵坐标上的 $\left[\left(\frac{w}{P}\right)^*\right]'$。这样，当我们允许劳动供给上升时，模型可以解释就业总量的上升，如在表 13-2 中观察到的那样。一个新的预测是，战争的发生会使实际工资率 w/P 下降。

模型扩展　将政府采购的需求效应添加到均衡经济周期模型中

在我们的均衡经济周期模型中，政府采购的增加通过增加劳动力供应来提高经济产出水平。我们将这种影响称为政府采购的供给效应，因为这种影响最初会通过影响生产函数中的劳动投入影响经济的供给方面。在第 6 章中提出的凯恩斯主义模型中，尽管政府购买的增加也会提高产出水平，但这种效应通过总需求（AD）曲线在经济的需求方面起作用。这种需求效应依赖于价格和/或工资的名义刚性。为了理解政府采购的需求和供给效应，可以在具有黏性价格和/或黏性工资的均衡经济周期模型中探索这些效应。在第 17 章中，我们将介绍这种所谓的新凯恩斯主义模型，但将用它来探究货币政策，而不是财政政策。对新凯恩斯主义模型中政府支出效应的实证和理论解析见 Gali 等（2007）。

13.7.3.3　战争对实际工资率的影响

我们现在考察图 13-8 的预测，即战争使实际工资率 w/P 下降。从主要的战时经验来看，关于这一命题的结论会很复杂。我们如果计算在主要战争时期实际工资率偏离趋

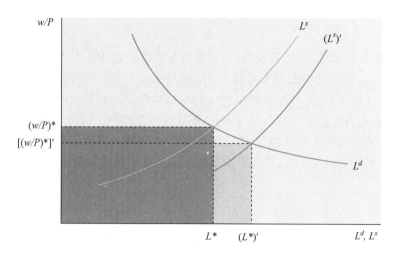

图 13-8　战时劳动供给增加对劳动市场的影响

注：向下倾斜的劳动需求曲线 L^d 来自图 13-6。我们现在允许实际工资率 w/P 对劳动供给
L^s 有正的影响。我们假设战争的发生将劳动供给曲线从 L^s 右移至 $(L^s)'$。此时，劳动投入量由横
坐标上的 L^* 上升至 $(L^*)'$，实际工资率从纵坐标上的 $\left(\dfrac{w}{P}\right)^*$ 下降至 $\left[\left(\dfrac{w}{P}\right)*\right]'$。

势值的平均百分比，得到了下列结果：[①]

- 第一次世界大战（1917—1818 年）：−4.0%；
- 第二次世界大战（1942—1945 年）：+3.1%；
- 朝鲜战争（1951—1953 年）：0.0%。

　　所以，只有在第一次世界大战期间出现了预期的对 w/P 的负面影响。在第二次世界大战期间，w/P 超过趋势值，与我们的预期相反。至于朝鲜战争期间，w/P 与趋势的偏离微乎其微。

　　进一步分析表明，模型做得也许比这些数字显示得更好。在"二战"期间实施了价格管制和商品配给，朝鲜战争期间也是如此，只是程度稍轻。因此，所报告的物价水平 P 低估了实际的物价水平，一般情况下家庭不可能只支付规定的价格就能买到额外的商品。例如，要买更多的商品，家庭也许必须支付黑市价格，该价格高于价格管制与配给时的明示价格。由于低估了 P，计算的实际工资率 w/P 就高估了实际工资率。这就是说，由于配给，家庭不能用额外的 1 劳动小时买到额外的 w/P 商品。原则上，我们可以（以一个未知数量）将 P 上调以计算出实际的物价水平，这就是家庭为买到更多的商品而在黑市真正必须支付的金额。P 的上调意味着调整后的实际工资率低于在"二战"和朝鲜战争期间所计量的工资率。进行修正后，模型能更好地发挥作用，因为调整后的实际工资率可能下跌到低于"二战"与朝鲜战争期间的趋势值。

---

　　① 名义工资率是制造业中的生产工人每工作小时的平均收入。实际工资率为名义工资率除以 GDP 平减指数。用我们通常的方式计算出实际工资率的趋势值。有关朝鲜战争的数据来自 1947 年以来的季度数据。关于第一次和第二次世界大战的结果来自 1889 年以来的年度数据。

13.7.3.4 战争对租赁市场的影响

从图 13-8 我们知道,战时劳动供给 L^s 的增加导致劳动投入 L 增加。这种变化影响到租赁市场,因为 L 的上升趋向于提高 MPK(对于给定的资本服务数量 κK)。

在战前的环境中,对资本服务的需求 $(\kappa K)^d$ 相对于实际租赁价格 R/P 向下倾斜,如图 13-9 中浅蓝色曲线所示。战争将这种需求向右移至曲线 $[(\kappa K)^d]'$,由深蓝色曲线表示。因为对于给定的资本服务数量 κK,劳动数量 L 的增加提高了 MPK,所以需求曲线右移。我们仍然持有这一结论,战争并未使资本服务的供给曲线发生移动,如 $(\kappa K)^s$ 曲线所示。

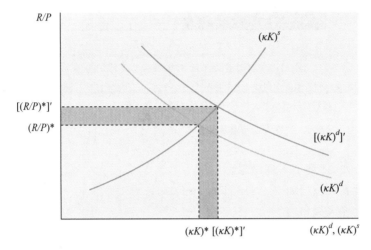

图 13-9　战时劳动投入增加对资本服务市场的影响

我们从图 13-9 看出,实际租赁价格 R/P 和资本服务量 κK 都上升了。对于给定的资本存量 K,κK 的上升意味着资本利用率 κ 提高。回顾一下,实际利率由下式给出:

$$r = (R/P) \cdot \kappa - \delta(\kappa) \tag{12-10}$$

R/P 与 κ 上升意味着 r 提高。因此我们有了两个关于战时的新预期:资本利用率 κ 与实际利率 r 均上升。

我们回头看看资本利用率的数据。这些数字表明,在朝鲜战争期间资本利用率 κ 显著高于趋势值——1952—1953 年的平均离差为 0.025。1948 年前的数据无法获得,但另一系列数据表明,在"二战"期间,制造业资本利用率急剧上升。[①] 因此,模型关于战时资本利用率较高的预期与事实相符。

关于战时实际利率提高的预期却与数据相冲突。在朝鲜战争期间(1951—1953 年),美国 3 个月期国库券的实际利率平均而言大体与其趋势值相等。在第二次世界大战期间(1942—1945 年),3 个月期国库券的名义利率极低——低于 1%——而通货膨胀率平均

---

① 这个系列数据是美联储与经济分析局为每单位已安装设备的制造业生产编制的。这些数据始于 1925 年,所以没有第一次世界大战时的数据。

为 5%。所以实际利率为负数。① 在第一次世界大战中,短期名义利率从 1916 年的 3% 上升至 1918 年的 6%,而通货膨胀率则飙升至高达 16%。因此,实际利率仍为负数。

对于战时出现这种极低的实际利率还不能很好地进行解释。一个颇有希望破解这一谜题的想法是:其他形式的资产收益率存在程度不等的不确定性。战时很可能提高了人们察觉到的全球大灾难的概率,从而增加了对相对安全资产的需求,如政府短期债券。这种上涨的需求也许能解释在战时这类资产支付的实际利率相对低的原因。

小结

我们扩展了均衡经济周期模型,将政府对商品与服务的采购包括进来。这些采购加到政府预算约束条件上,采购的资金来源是一次性税收扣除一次性转移支付后的余额。

政府采购的持久性增加导致扣除转移支付后的净税收持久性增加,从而导致家庭实际可支配收入持久性减少。其较强的收入效应造成消费几乎等额地下降。相反,政府采购的暂时性上升只有微弱的收入效应。因此,消费的反应相对较弱,而投资则大幅下降。通过研究过去一个世纪主要战争期间军事采购的暂时性扩张,我们检验了这些预测。证据引出了几个不解之谜,包括战时就业总量大幅增长(包括军事人员)以及实际利率未在战时系统性上升。其中一些观察到的现象可以用爱国主义对战时劳动供给的积极作用来解释。一个说得通的想法是,战时提高了人们察觉到的全球大灾难的概率,从而增加了对比较安全的资产的需求。需求的这种转移可以解释主要战争期间较低水平的实际利率。

重要术语和概念

政府的预算约束 government's budget constraint
一次性税收 lump-sum taxes
实际利率的期限结构 term structure of real interest rates
实际可支配收入 real disposable income
利率 interest rates

问题和讨论

A. 复习题

1. 推导方程(13-6)的家庭多年预算约束条件。说明实际转移支付与实际税收如何进入该方程。

2. 政府对商品与服务的采购与政府的转移支付之间有什么经济上的区别?

---

① 5% 的平均通货膨胀率是依据报告的消费者价格指数得出的。由于物价管制,在战争期间,实际的通货膨胀率大概还要高,所以真实的实际利率甚至比测量到的还要低。

B. 讨论题

3. 公共服务的作用

我们在"有用的公共服务"专栏中研究了在向家庭提供效用方面公共服务的作用。我们假设用家庭效用来衡量,每单位政府采购 G 等价于 λ 单位的私人消费 C。

a. 考虑各种类别的政府支出,诸如军事开支、警察、高速公路、公共交通,以及研究与开发。你认为在这些类别之间系数 λ 有何区别?

b. 假设 G 持久性增加一个单位。实际 GDP(Y)、消费 C 和投资 I 有什么反应?这些结果如何取决于系数 λ 的大小?

4. 资本的公共所有权与国民账户

在过去,国民账户只将政府对商品与服务的采购包括在 GDP 中,但不记录政府拥有资本的服务流量。账户也没有为了计算国内生产净值而扣除这些资本的折旧。

a. 在这个旧的体系下,如果政府将其资本交给一家私人企业,然后向该企业购买最终商品,GDP 会有什么变化?

b. 在目前的国民账户制度下,GDP 包括由公共资本产生的隐含租金收入流量的估计值。然而,假设这个收入流等于公共资本的估计折旧值。在这样的制度背景下重新回答问题 a。

5. 国民账户中的政府消费

国民账户将所有政府对商品与服务的采购 G 作为实际 GDP 的一部分。但是假设政府采购派生的公共服务是对私人生产的一种投入,比如说:

$$Y = F(\kappa K, L, G)$$

在此情况下,公共服务是一种中间产品——进入后生产阶段的产品。所以,我们不应将这些服务计入 GDP 两次——政府购买时一次,将服务投入私人生产时又一次。

a. 假设企业起初雇用私人保安。后来,政府提供免费的警察保护,代替了私人保安。假设私人保安与公共警察同样有效,得到相同的工资率。由私人转向公共保护时会对度量的实际 GDP 造成怎样的影响?

b. 为了更精确地处理政府对商品与服务的采购,你会如何改变国民账户?你的提案现实吗?(这些问题在 Simon Kuznets,1948,pp. 156-157 和 Richard Musgrave,1959,pp. 186-188 有论述)。

6. 政府采购预期的改变

假设人们在当年获悉,政府采购 G_t 在将来的某年增加。当年的政府采购 G 不变。

a. 当年的实际 GDP(Y)、消费 C 和投资 I 会怎样?

b. 你能想到一些现实中适用于这个问题的例子吗?

第**14**章

税　收

在第 13 章,我们扩展了均衡经济周期模型,将政府支出包括在内。但是,我们从一种不符合实际的角度看待政府,即假设税收和转移支付是一次性的。家庭支付的税款或收到的转移支付金额不取决于家庭的收入或其他特征。在现实世界中,政府征收各种税款,支付各种转移支付款,但其中没有一项看起来像我们模型中的一次性税收与转移支付。

通常家庭的税款与转移支付取决于其选择。这样就促使家庭的行为方式发生改变。例如,对劳动所得征税不鼓励家庭成员去工作和挣钱。对失业者的转移支付会鼓励人们不去就业。对资产收入征税则不鼓励储蓄。总体上看,税收与转移支付制度形成替代效应,影响到劳动供给、生产、消费和投资。我们在本节要扩展均衡经济周期模型,加入其中一些效应。然而,在我们扩展理论之前,先纵览一下政府的税收情况是有益的。

14.1　欧元区的税收

图 14-1 最上方的浅色线显示 1999—2014 年欧元区政府总收入占国内生产总值(GDP)的比率。中间的深色线表示中央政府的收入,下方灰色线表示州和地方政府的收入。在大部分时期,政府总收入都保持在 45％左右,但在末期小幅上升至 47％。中央政府财政收入占国内生产总值的比重稳定在 20％左右。同样,州和地方政府的收入占国内生产总值的比重也保持在 16％的稳定水平。政府总收入的其余部分来自社会保障基金。

图 14-2 列出总税收收入的分类,约占政府总收入的 90％。第一类是生产和进口税,包括对生产或交易的产品/服务征收的税和其他生产税。这类税中最重要的税种是增值税。生产和进口的税收约占税收总额的 32％。

第二类是当期所得税和财产税,包括个人/家庭所得税和公司利润税。这类税收中最重要的税种是个人/家庭所得税。目前,所得税和财产税约占税收总额的 30％。

第三类是净社会缴款,其中主要部分是实际社会缴款。实际社会缴款包括雇主、雇员、自营职业者和非就业者缴纳的强制性和自愿性缴款。净社会缴款约占税收总额的 38％。

最后,还有一小部分政府税收。这类税被称为资本税,是不定期/不经常地对以遗产或馈赠形式拥有或转让的资产的净值征收的税。资本税不到总税收的 1％。

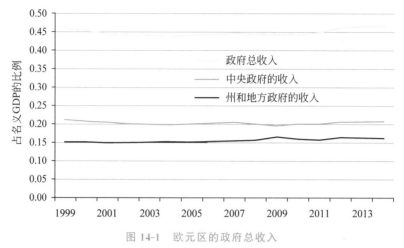

图 14-1　欧元区的政府总收入

注：上方浅色曲线表示政府总收入占 GDP 的比率。中间的线表示中央政府的收入占
GDP 的比率，下方蓝色线表示州和地方政府的收入占 GDP 的比率。

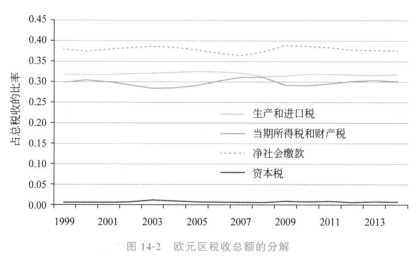

图 14-2　欧元区税收总额的分解

注：该图显示了四类税收及各类税收占总税收收入的比率。这些类别分别是生产和进口
税、当期所得税和财产税、净社会缴款和资本税。

14.2　税收的类型

　　有些税收属于收入型，如个人所得税、公司利润税以及社会保险缴款。社会保险缴款
是根据工资收入收取的薪资税。其他税收则根据支出来征收，如销售税、货物税和关税。
许多国家采用增值税（VAT），这像销售税，但在生产的不同阶段进行估计。还有其他形
式的税收以财产所有权为基础，因而属于财富税。重要的一点是，对于所有这些税种，家
庭或企业支付的金额取决于其经济活动。这些税种没有一个看起来像我们模型中的一次
性税收。

鉴于所得税的重要性,将其纳入我们的均衡经济周期模型中是值得关注的。关键的一点是边际税率与平均税率的区别。边际税率是指多一单位收入而要多支付的税款。平均税率是指支付的税款总额与全部收入的比率。边际税率证明具有影响家庭与企业行为的替代效应。平均税率决定了政府的税收收入,它等于平均税率乘以收入。

个人所得税的一个重要特点是,边际税率随收入的上升而提高。表 14-1 用 2015 年英国个人所得税税制的数字显示了边际所得税率与平均所得税率的性质。最初的 10 600 英镑的收入是免税的,这被称为个人免税额。超过 10 600 英镑的收入就要按 20% 的税率纳税。因此,在收入达到 10 600 英镑时,边际税率就是 20%。然而平均所得税率依然为零,因为还未支付任何税款。当收入为 42 385 英镑时,税款达到 6 357 英镑,所以平均税率为 15%(6 357/42 385)。对接下来的 118 215 英镑收入,边际所得税率上升为 40%。所以,在收入达到 160 600 英镑时,支付的税款为 53 643 英镑,平均税率为 33%。边际所得税率上升为 45%。请注意,一旦收入超过 160 600 英镑,边际所得税率就不会再随着收入而上升。

表 14-1   2015 年英国的累进所得税率

收入水平(英镑)	税款(英镑)	边际税率	平均税率
0	0	0	0
10 600	0	0.20	0
42 385	6 357	0.40	0.15
160 600	53 643	0.45	0.33
1 000 000	431 373	0.45	0.43

注:本表适用于 2015 年在英国获得标准个人免税额的个人。第一笔 10 600 英镑收入所得税率为零,在此之上的 31 785 英镑收入所得税率为 0.20,接下来的 118 215 英镑收入税率为 0.40,之后所有额外收入税率为 0.45。

表 14-1 阐述了有关英国个人所得税的两点,它们也适用于许多其他国家。首先,边际所得税税率随着收入的增加而提高,直到收入达到 160 600 英镑。这就是为什么这个系统被称为累进税率结构。然而,在 160 600 英镑之后,边际税率表是持平的,而不是逐步提高的。其次,边际税率总是高于平均税率。这是因为平均税率包含了对前面部分收入的低税率,尤其是对前面 160 600 英镑收入的零税率。然而,随着收入变得非常高——例如,超过表中所示的 100 万英镑——平均税率接近 45% 的最高边际税率。

表 14-1 大大简化了英国普遍实行的复杂的个人所得税制。例如,计算税额时不考虑减少家庭税款的许多合法行为。这些行为包括各种项目的扣款(用于慈善捐款、对前配偶或民事伴侣的赡养费),以及各种减税优惠与调节各种福利(如儿童福利、取暖和住房福利、低收入福利等)。一些由雇主支付的额外福利,主要是儿童看护和养老金,也可避税或缓交税款。

英国所得税的另一种重要形式是为国家养老金和其他津贴/福利(如求职者津贴和生育津贴)提供资金的国民保险缴款。尽管政府将这些称为一种缴款,但它们更像是一种税收,因为个人获得的福利在很大程度上并不取决于个人支付的金额。因此,这些支付部分是一种税收,部分是一种缴款。

国民保险税比个人所得税简单。2015 年,每周收入低于 155 英镑的国民保险缴款率为零,在此之上增加的每周 660 英镑收入的国民保险缴款率为 0.12,再之上的每周额外收入的国民保险缴款率为 0.02。因此,每周收入低于 155 英镑的边际税率为 0,每周收入在 155 英镑至 815 英镑之间的边际税率为 12%,之后为 2%。雇主会支付相同的金额。

请注意,对于每周收入在 0 到 155 英镑之间的人,平均税率等于零边际税率。这项财产适用于统一税率税制度。然而,该体系的边际税率在收入达到 155 英镑时大幅提高至 12%。当收入超过 815 英镑时,平均税率从 9.7% 逐渐下降到 2%。因此,在这个范围内,边际税率小于平均税率。这种模式与适用于个人所得税的模式相反。

从经验上讲,很难衡量一个经济体的平均边际所得税税率,因为这些税率因个人和收入类型而异。图 14-3 描绘了英国个人所得税的最高边际所得税税率。图 14-3 显示,1978 年最高边际所得税率非常高,为 83%。然后,在 1979 年至 1988 年间,政府将最高边际所得税税率从 83% 大幅削减至 40%。所得税制度仍然是渐进式的,但总体比以前低了很多。最高边际所得税税率在 2010 年之前一直保持在 40%,直到 2010 年提高到 50%。2013 年,政府将最高边际所得税率降至 45%。

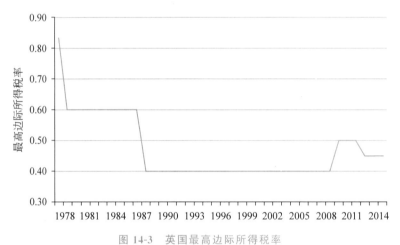

图 14-3　英国最高边际所得税率

注:本图显示了英国个人所得税的最高边际所得税率。

 ## 14.3　模型中的税收

从方程(13-4)中的家庭预算约束条件开始,将税率体现于均衡经济周期模型。去掉年份下标写出方程,预算约束条件为

$$C + (1/P) \cdot \Delta B + \Delta K = (w/P) \cdot L^s + r \cdot \left(\frac{B}{P} + K \right) + V - T \tag{14-1}$$

消费 + 实际储蓄 = 实际可支配收入

到目前为止,我们把实际的转移支付 V 和实际的税收 T 看成一次性的。所以,家庭扣除税收后的实际转移支付净额 $V - T$ 不取决于家庭的特征,包括其收入和消费。现在

我们可以让家庭的实际税收 T 取决于其某些特征。对实际转移支付 V 的分析也可以做类似的考虑。

税收制度中存在的各种税收可以表示为对方程(14-1)两边各项进行征税。销售税、货物税和增值税取决于消费 C。劳动所得税——例如,个人所得税和社会保险薪资税——取决于实际劳动收入 $(w/P) \cdot L^s$。资产所得税是个人所得税的一部分,取决于实际资产收入 $r \cdot (B/P + K)$。[①] 在现实世界中,这种收入税的税基包括利息、红利和资本利得。[②]

现在我们要评估税收的经济影响。要影响到实际 GDP,税收就得影响到生产要素中的其中一个:劳动或资本服务。所以,各种税收可以分类为影响到劳动还是资本服务,还是两者都受影响。通过考察两类税收——一类取决于劳动收入,另一类取决于资产收入,我们可以得到主要的分析结果。

14.3.1　对劳动所得征税

我们从劳动所得税,如个人所得税开始分析。设 τ_w 为劳动所得的边际税率。为简化分析,我们设 τ_w 是像大多数国家的个人所得税制那样的累进税率结构。相反,我们假设在任何收入水平 τ_w 都一样。如果认为 τ_w 为所有家庭边际所得税率的平均值,我们的主要结论就可适用于现实世界。

我们假设边际所得税率不随时间而发生变化——至少家庭没有预计未来税率与当前税率有什么不同。预计到今天的税率与未来税率之间的差异,会促使家庭在税率相对低的年份更多地工作,而在税率相对高的年份更少地工作。这就是说,预期到的 τ_w 随时间推移的变化,具有对劳动供给的跨时期替代效应。由于设 τ_w 不变,我们不考虑这些跨时期替代效应。

家庭也许有资格获得减少付税金额的扣除与减税优惠。这些扣除在平均税率与边际税率之间形成缺口;由于这些扣除,平均税率小于边际税率。如果每个人的扣除额都是相同的,低收入家庭的平均税率就低于高收入家庭。(回顾我们的假设:所有家庭的边际税率都一样)。某些情况下,由于政府的转移支付,一个家庭的付税额也许是负的。在现实世界中,之所以出现负的税款,是因为"应退税款"的税收优惠,不仅可以减少税款,而且当计算出的应付税款小于零时还可以获得现金。

家庭支付的实际税额等于平均税率乘以劳动收入。平均税率取决于边际税率 τ_w 和可获得的扣除额。如果扣除结构保持不变,提高 τ_w,便意味着提高平均税率。所以,对于给定的扣除额,提高 τ_w 可为政府带来更多的税收,除非劳动收入急剧下降。

---

①　税收通常按名义收入 $i \cdot (B/P)$ 征税,这是按名义利率 i,而不是实际利率 r 计算。利息收入的这种处理带来通货膨胀率 π 对实际税收的影响。另一个现实的因素是,家庭的部分利息支出允许从应税收入中扣除。

②　为探讨公司利润税,我们可以再引入作为家庭一种收入形式的实际商业利润 π,之前我们去掉了 π 是因为均衡时它为 0。可是在多数税制中利润的定义与我们的模型不同。最重要的区别是,我们的定义中包括资本实际租金款项 $(R/P) \cdot K$ 为负。现实生活中只有一部分这类租金收入——折旧与利息支出——容许在计算公司利润税时从收入中扣除。由于现实生活中有这样的利润定义,公司利润税等于是对资本收入的另一次征税。由于资本收入在家庭层次也要纳税,公司利润税通常会被称为资本收入的重复征税。

为评估税收对劳动收入的经济影响,我们必须扩展对家庭劳动供给的分析。关键在于闲暇与消费之间的替代效应。如果不对劳动所得征税,替代效应取决于实际工资率 w/P。如果家庭增加一单位时间的劳动供应量 L^s,家庭的实际劳动收入 $(w/P) \cdot L^s$ 就会增加 w/P 单位。额外的收入可以使家庭多消费 w/P 单位。同时,劳动供给 L^s 增加一单位意味着闲暇时间减少一单位。所以,家庭可以用 w/P 单位的消费替代一单位的闲暇时间。如果 w/P 上升,这项交易变得更为有利。因此,我们预测家庭会提高劳动供给量,减少闲暇时间,增加消费。

新的考虑是,增加的一单位劳动收入按边际所得税率 τ_w 征税。如果家庭增加一单位时间的劳动供给量 L^s,会使税前实际劳动收入 $(w/P) \cdot L^s$ 增加 w/P 单位。这些额外的收入进入方程(14-1)预算约束条件的右边,表示为第一个阴影项:

$$C + (1/P) \cdot \Delta B + \Delta K = (w/P) \cdot L^s + r \cdot (B/P + K) + V - T \qquad (14\text{-}1)$$

额外增加的劳动收入使家庭的实际税收 T 提高了 τ_w 单位。这些税收也出现在方程的右边——第二个阴影项,但是带一个负号。总体而言,方程右边增加了 $(1-\tau_w) \cdot (w/P)$ 单位。这就是说,税后实际劳动收入增加了这么多。我们还从方程看到,家庭可以用增加的这部分税后实际收入增加 $(1-\tau_w) \cdot (w/P)$ 单位消费 C——左边带有阴影的项。

我们发现,家庭通过多工作一个单位时间,可以将消费 C 提高 $(1-\tau_w) \cdot (w/P)$ 单位。增加一个单位的工作时间仍然意味着减少一个单位的闲暇时间。所以家庭可以用 $(1-\tau_w) \cdot (w/P)$ 单位的消费 C 替代一单位的闲暇时间。另一种说法是,有了劳动所得税,劳动供给的替代效应取决于税后实际工资率 $(1-\tau_w) \cdot (w/P)$,而不是税前实际工资率 w/P。如果对于给定的 w/P 边际税率 τ_w 上升,则 $(1-\tau_w) \cdot (w/P)$ 下降。因此我们预测:家庭会减少劳动供给量,增加闲暇时间,减少消费。

我们之前强调劳动供给也取决于收入效应。我们预测家庭收入增加会使消费与闲暇增加——从而减少工作。边际所得税率 τ_w 上升将产生什么收入效应?方程(14-1)表明,右边的家庭实际收入取决于扣除实际税收后的净实际转移支付 $V-T$。回顾第 13 章,政府的预算约束条件要求:

$$V - T = -G \qquad (13\text{-}8)$$

因此,如果政府采购 G 不变,方程(13-8)意味着扣除实际税收后的净实际转移支付 $V-T$ 也必定不变。所以,对于给定的 G,我们通过 $V-T$ 这一项没有看到家庭实际收入有任何变化。换言之,如果 G 固定不变,τ_w 的变化不会产生任何收入效应。

我们需要进一步探讨这一结果,因为看起来边际所得税率 τ_w 的上升应该有负的收入效应。结果取决于边际所得税率 τ_w 上升时其他变量如何变化。一种可能性是,政府调节税制的其他特点使实际税收总额保持不变。例如,个人所得税的边际所得税率 τ_w 上升,但抵扣额也上升了,从而使 T 保持不变。另一种可能是,政府将征税渠道从边际所得税率相对低的税种——例如,社会保险薪资税——转向边际税率相对高的税种——诸如个人所得税。对于给定的实际税收总额 T,这种转换使劳动收入的边际税率上升。

还有一个可能性是,实际税收 T 随着 τ_w 的提高而上升,而额外增加的税收收入全部用于增加实际转移支付 V。在这种情况下,$V-T$ 依然不变,仍然没有收入效应。

最后我们可以得到结论:实际税收 T 随着 τ_w 的提高而上升,所有额外增加的税收收入用于增加政府采购 G。在此情况下,经济效应结合了两种力量:我们现在正研究的 τ_w 的上升,以及在第 13 章探讨过的 G 的增加。记住 G 的增加的确有负的收入效应。为了更直观,最好分别分析 τ_w 与 G 产生的效应。我们现在评估 G 给定时 τ_w 上升的效应。这种情况下对于劳动供给不存在收入效应。我们因此确信,对于给定的实际工资率 w/P,τ_w 的上升通过降低税后实际工资率 $(1-\tau_w)\cdot(w/P)$ 产生的替代效应使劳动供给量 L^s 减少了。

图 14-4 显示了劳动收入的边际税率 τ_w 的上升对劳动市场的影响。我们采用图 9-13 的框架。我们在纵坐标上刻画出税前实际工资率 w/P。像以前一样,w/P 的下降使劳动需求量沿着曲线 L^d 下降。与第 13 章不同,我们还考虑到 w/P 沿着曲线 L^s 对劳动供给量产生的正的效应。如果 w/P 的提高所产生的替代效应超过收入效应,曲线的斜率为正。

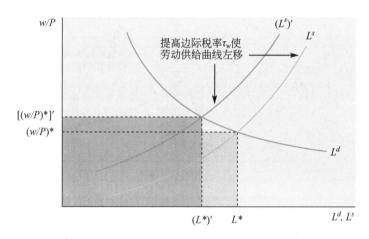

图 14-4　劳动所得税率上升对劳动市场的影响

注:向下倾斜的劳动需求曲线 L^d 来自图 9-13。向上倾斜的劳动供给曲线 L^s 也来自图 9-13。劳动收入的边际税率 τ_w 的上升使劳动供给曲线左移至 $(L^s)'$。结果市场出清的税前实际工资率在纵坐标上从 $(w/P)^*$ 上升到 $[(w/P)^*]'$。市场出清的劳动投入量在横坐标上从 L^* 下降到 $(L^*)'$。

对于给定的税前实际工资率 w/P,τ_w 的提高意味着税后实际工资率 $(1-\tau_w)\cdot(w/P)$ 下降。所以在图 14-4 中,τ_w 的上升将劳动供给曲线从浅蓝色线 L^s 左移至深蓝色线 $(L^s)'$。劳动供给的下降反映了劳动所得税率 τ_w 提高产生的替代效应。

在图 14-4 中,劳动所得税不影响劳动需求曲线 L^d。原因是企业(由家庭经营)依然通过使劳动的边际产量 MPL 等于实际工资率 w/P 实现利润最大化。对于给定的 w/P,劳动所得税率 τ_w 不影响劳动投入量 L^d 的利润最大化的选择。

我们可从图 14-4 看出市场出清的实际工资率在纵坐标上从 $(w/P)^*$ 上升到 $[(w/P)^*]'$。市场出清的劳动量在横坐标上从 L^* 下降到 $(L^*)'$。

我们还知道,税后实际工资率$(1-\tau_w)\cdot(w/P)$总体一定是下降的。也就是说,w/P的上升不足以弥补τ_w上升所造成的$1-\tau_w$的下降。要明白为什么,注意图 14-4 中的 L 减少了(因为劳动需求曲线没有移动,而劳动供给曲线左移了)。然而,L 下降,劳动供给量 L^s 必定下降。L^s 下降的唯一方式是$(1-\tau_w)\cdot(w/P)$下降。

通过对劳动市场的分析可以发现,劳动所得边际税率 τ_w 的提高使劳动投入量 L 减少了。这种影响会蔓延到资本服务市场,因为 L 的减少趋向于降低资本服务的边际产量 MPK。

图 14-5 显示了对资本服务市场的影响。如图 13-5 所示,我们用纵坐标表示实际租赁价格 R/P。(在给定的资本服务量 κK 上)劳动投入 L 的减少使 MPK 下降。资本服务的需求相应地从$(\kappa K)^d$ 减少到$[(\kappa K)^d]'$。资本服务供给曲线$(\kappa K)^s$ 没有移动。这就是说,资本存量 K 是给定的,并且对于给定的实际租赁价格 R/P,资本服务的供给者没有理由改变资本利用率 κ。

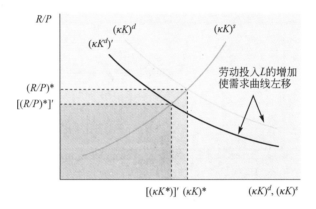

图 14-5　劳动所得税率上升对资本服务市场的影响

注:本图的框架来自图 13-5。如图 14-4 所示,就业从 L^* 减少至$(L^*)'$,使资本服务的边际产量 MPK(在给定的资本服务量 κK 下)下降。所以资本服务的需求曲线从$(\kappa K)^d$ 左移至$[(\kappa K)^d]'$。资本服务供给曲线$(\kappa K)^s$ 没有移动。结果,市场出清的资本实际租赁价格在纵坐标上从$(R/P)^*$ 下降至$[(R/P)^*]'$。资本服务量从横坐标上的$(\kappa K)^*$ 下降至$[(\kappa K)^*]'$。对于给定的资本存量 K,资本服务的减少相当于资本利用率 κ 的下降。

图 14-5 表明,市场出清的实际租赁价格在纵坐标上从$(R/P)^*$ 下降至$[(R/P)^*]'$。因为资本利用率 κ 下降,资本服务量在横坐标上从(κK) 下降到$[(\kappa K)]'$。因此,虽然劳动所得税率 τ_w 不会直接影响资本服务市场,但对其有间接影响。通过减少劳动投入 L,从而降低 MPK,τ_w 的升高使资本服务量 κK 减少。[①]

回顾第 10 章,实际 GDP(Y)由以下的生产函数给出:

$$Y = A \cdot F(\kappa K, L) \tag{10-1}$$

在目前情况下,技术水平 A 不变。然而我们发现,劳动所得税率 τ_w 升高会使劳动数量 L

---

① κK 的减少降低了 MPL,从而导致图 14-4 中的劳动需求曲线 L^d 左移。这一移动将导致 L 的进一步下降。

和资本服务量 κK 下降。所以，Y 下降。[①] 因此，我们的结论是，劳动所得税率 τ_w 的提高导致以实际 GDP(Y)衡量的总体经济活动下降。

14.3.2 对资产收入征税

现在我们考虑对资产收入征税。回顾一下家庭预算约束：

$$C+(1/P)\cdot\Delta B+\Delta K=(w/P)\cdot L^s+r\cdot(B/P+K)+V-T \qquad (14\text{-}1)$$

现在假设实际税收 T 取决于家庭的实际资产收入 $r\cdot(B/P+K)$。注意这部分收入等于债券的实际利息收入 $r\cdot(B/P)$ 加上资本所有权的收益 rK。rK 项等于资本的实际净租金额 $[(R/P)\cdot\kappa-\delta(\kappa)]\cdot K$，因为第 12 章里的条件为债券与资本的实际收益率相同：

$$r=(R/P)\cdot\kappa-\delta(\kappa)$$
$$(12\text{-}10)$$
债券的实际收益率＝拥有资本的实际收益率

设 τ_r 为资产收入的边际税率。我们假设以相同的税率对所有形式的资产收入征税。但在现实中，税制以不同的方式处理不同形式的资产收入，其中包括利息、股息红利、资本利得以及部分个体经营的收入。然而，简化假设所有形式的资本收入都以相同方式处理可以使我们得出对资产收入征税的主要影响。由于利息收入的税率与资本所有权收入的税率相同，方程(12-10)中两个收益率之间的等同性依然成立。

我们知道实际利率 r 对消费有跨时期替代效应。第一年的消费 C_1 减少一个单位，可以使家庭第二年的消费 C_2 增加 $1+r$ 单位。所以，r 的上升促使家庭的 C_1 相对于 C_2 下降。现在的区别在于第二年增加的 r 单位资产收入以 τ_r 税率征税。这类税负意味着增加的 r 单位收入将被增加的 $\tau_r\cdot r$ 单位税款所抵消；也就是说，方程(14-1)中第二个阴影项 T 上升了 $\tau_r\cdot r$。这样，家庭如果减少 C_1 一个单位，就可增加 C_2

$$\Delta C_2=1+r-\tau_r\cdot r$$
$$\Delta C_2=1+(1-\tau_r)\cdot r$$

因此，对于在 C_1 与 C_2 之间的选择，重要的是税后实际利率 $(1-\tau_r)\cdot r$。对于给定的 r，如果 τ_r 上升，$(1-\tau_r)\cdot r$ 就下降。所以家庭缺乏推迟消费的动力，它的反应是增加 C_1，而不是 C_2。给定第一年的实际收入，τ_r 的上升促使家庭在第一年多消费，少储蓄。

如果我们用 $(1-\tau_r)$ 乘以方程(12-10)的两边，可将税后实际利率与拥有资本的税后收益率联系起来：

$$(1-\tau_r)\cdot r=(1-\tau_r)\cdot[(R/P)\cdot\kappa-\delta(\kappa)] \qquad (14\text{-}2)$$
税后实际利率＝拥有资本的税后收益率

这样，如果我们知道方程(14-2)右边的实际租赁价格 R/P 和资本利用率 κ 就能计算出 $(1-\tau_r)\cdot r$。像以前一样，这些数值是由资本服务市场的出清决定的。

回头再看看探讨资本服务的供给需求的图 14-5。资产收入的边际税率 τ_r 不影响资

---

① 我们可以说明实际 GDP(Y)的下降怎样落实在消费 C 与总投资 I 之间。我们由第 8 章知道：Y 下降一个单位相当于家庭收入减少一个单位。由于收入下降是持久性的，我们预计消费倾向接近于 1.0。所以 C 大致下降一个单位。然而，R/P 的下降意味着实际利率 r 的降低。这种变化具有跨时期替代效应，相对于未来消费，这是提高现期消费。这种效应抵消了 C 的一个单位的下降。从而我们发现，现期消费总体上减少的量小于 Y 的减少量。由于 $Y=C+I+G$，而 G 固定不变，I 必定下降。

本服务需求曲线$(\kappa K)^d$。由于企业利润 Π 不纳税,仍由 MPK 与 R/P 相等得出这条曲线。所以 τ_r 的变动不会使需求曲线$(\kappa K)^d$ 发生移动。

在第 10 章我们推导出资本服务的供给曲线$(\kappa K)^s$。[①] 对于给定的资本存量 K,资本所有者选择利用率 κ 以最大化租金净收入:

$$[(R/P) \cdot \kappa - \delta(\kappa)] \cdot K$$

我们假设 κ 越高导致折旧率越高,由函数 $\delta(\kappa)$ 表示。我们从方程中发现,实际租赁价格 R/P 的上升提高了利用率 κ,从而增加了资本服务的供应量$(\kappa K)^s$。这就是为什么图 14-5 中的曲线$(\kappa K)^s$ 向上倾斜。

在对资本收入以税率 τ_r 征税时,资本所有者会追求税后租金净收入最大化,由下式给出:

$$(1 - \tau_r) \cdot [(R/P) \cdot \kappa - \delta(\kappa)] \cdot K$$

对于任何 τ_r,[②]该式的最大化等价于$[(R/P) \cdot \kappa - \delta(\kappa)] \cdot K$ 的最大化。也就是说,表达式和以前一样。所以,对于给定的实际租赁价格 R/P,选择的利用率 κ 并非取决于税率 τ_r。由于资本存量 K 固定不变,而 τ_r 不影响 κ。我们的结论是 τ_r 不影响资本服务的供给$(\kappa K)^s$。因此在图 14-5 中,τ_r 的变动不会使供给曲线$(\kappa K)^s$ 发生移动。

由于 τ_r 的变动对图 14-5 中的需求和供给曲线没有影响,就不会影响市场出清的实际租赁价格$(R/P)^*$ 以及资本服务量$(\kappa K)^*$。也就是说,资本存量 K 固定不变,资本利用率 κ 也不变。

由于资本服务的数量 κK 不变,因此对图 14-4 中的劳动需求曲线 L^d 没有影响。劳动供给曲线 L^s 也不发生移动。所以,市场出清的实际工资率$(w/P)^*$ 和劳动量 L^* 不变。由于 κK 和 L 不变,我们由生产函数 $Y = A \cdot F(\kappa K, L)$ 得知,实际GDP(Y)不变。因此我们的结论是,资产收入的边际税率 τ_r 的变动不影响实际GDP。然而我们应该强调这一结果仅在资本存量 K 给定的短期内适用。

由于实际租赁价格 R/P 以及资本利用率 κ 都不变,拥有资本的税前收益率$(R/P) \cdot \kappa - \delta(\kappa)$ 也不变。但是此时 τ_r 的上升意味着税后收益率$(1 - \tau_r) \cdot [(R/P) \cdot \kappa - \delta(\kappa)]$ 下降。方程(14-2)告诉我们,税后实际利率$(1 - \tau_r) \cdot r$ 等于拥有资本的税后收益率:

$$(1 - \tau_r) \cdot r = (1 - \tau_r) \cdot \left[\left(\frac{R}{P}\right) \cdot \kappa - \delta(\kappa) \right] \tag{14-2}$$

因此,τ_r 的上升使税后实际利率$(1 - \tau_r) \cdot r$ 下降。

我们知道$(1 - \tau_r) \cdot r$ 的下降对消费有跨时期替代效应。相对于第二年的 C_2,家庭会提高第一年的消费 C_1。因此,对给定的第一年的实际收入,家庭在第一年多消费,少储蓄。可是,回顾一下,第一年的实际GDP,Y_1 没有发生变化,且 $Y_1 = C_1 + I_1 + G_1$。我们现在假设政府采购 G_1 不变。所以,C_1 的增加必定对应于第一年总投资 I_1 的等额减少。因此,主要结论是资产收入税率 τ_r 的提高导致 C_1 的上升和 I_1 的下降。

---

①　企业利润税一般都会影响到对资本服务的需求。例如,在前面描述的公司利润税制中,企业利润税率的提高会降低这种需求。

②　这种中立性结果背后隐含的假设是资本折旧可以抵税。如果资本折旧不能抵税,则税后净租金收入将变为$[(1 - \tau_r) \cdot (R/P) \cdot \kappa - \delta(\kappa)] \cdot K$。在这种情况下,$\tau_r$ 上升会使资本利用率 κ 下降。

在长期内,总投资 I 的减少意味着资本存量 K 小于它本应该达到的数量。K 的这一下降将导致实际 GDP(Y)减少。所以,虽然资产所得税率 τ_r 上升在短期内不影响实际 GDP,但在长期内会减少实际 GDP。[①]

模型扩展　消费税

我们在此证明消费税与我们在正文中研究的劳动所得税有相同的效应。假设实际劳动收入 $(w/P)\cdot L^s$ 不纳税,但消费 C 增加一单位会使每个家庭的实际税款 T 增加 τ_c 单位。这种税收可以是销售税、货物税或增值税。我们假设消费税与 C 成比例,所以边际税率 τ_c 等于平均税率。我们还假设,τ_c 对所有家庭都是一样的,且不会随时间而发生变化。

如果家庭多工作一单位时间,得到额外 w/P 单位的实际劳动收入。我们现在假设这额外增加的劳动收入不纳税。假设家庭增加 ΔC 单位消费。这一变化使消费税增加 $\tau_c\cdot\Delta C$。所以,增加的 w/P 单位收入必须能够覆盖增加的消费 ΔC 加上增加的税收 $\tau_c\cdot\Delta C$:

$$w/P = \Delta C + \tau_c\cdot\Delta C$$
$$w/P = \Delta C\cdot(1+\tau_c)$$

方程两边均除以 $1+\tau_c$ 解得额外增加的消费为

$$\Delta C = (w/P)/(1+\tau_c) \tag{14-3}$$

所以,对于增加的每单位劳动,从而减少的每单位闲暇时间,家庭增加 $(w/P)/(1+\tau_c)$ 单位的消费。例如,如果 $\tau_c=0.10$,家庭大约增加消费支出 $0.9\cdot(w/P)$ 单位。要点是,τ_c 越高,这个交易越糟糕。所以,如果 τ_c 上升,我们预测家庭会减少工作,增加闲暇时间,减少消费。

在以边际税率 τ_w 征收劳动所得税的情况下,家庭的劳动供给 L^s 取决于税后实际工资率 $(1-\tau_w)\cdot(w/P)$。消费税以边际税率 τ_w 征收时,方程(14-3)表明,以增加一单位劳动能买到的额外消费表示的税后实际工资率为 $(w/P)/(1+\tau_c)$。因此,L^s 取决于 $(w/P)/(1+\tau_c)$。这样,τ_w 与 τ_c 的上升对 L^s 有类似的负向效应。结论是,消费税有与劳动所得税相同的经济效应。

如果税率随着时间而变化,结果就会不同。如果消费税率 τ_c 的变动可预测,家庭就会在 τ_c 相对低的年份大量消费。相比之下,如果劳动所得税率 τ_w 的变动可预测,家庭就会在 τ_w 相对低时大量工作。

---

① 资产收入税等价于某种消费税,即这种消费税对将来消费的课税重于对现期消费的课税。多数经济学家同意这样的观点:政府通过统一的而不是因时而异的消费税征收给定的总税额,经济会运转得更好。因此,从最优税制的观点来看,人们更倾向于选择恒定的消费税 τ_c,而不是资产收入税 τ_r(这等价于因时而异的消费税)。

14.4 以劳动所得税融资的政府采购的增加

在第 13 章,我们研究了政府采购 G 的持久性增加的影响。我们不切实际地假设,增加的 G 通过一次性税收融资。我们的发现是,G 增加一个单位不会使实际 GDP(Y)发生变化,只是使消费 C 减少约一个单位。所以总投资 I 不变。保持不变的还有实际工资率 w/P、实际租赁价格 R/P 和实际利率 r。

这些结果依赖于劳动供给量 L^s 固定不变的假设。现在我们重新考虑这一假设,同时也允许增加的政府采购 G 通过实际劳动收入(w/P)·L 的税款进行融资。尤其是,我们假设劳动收入的边际所得税率 τ_w 的提高伴随着 G 的持久性上升。

如果政府采购 G 的持久性增加与边际所得税率 τ_w 的提高综合在一起影响劳动供给量 L^s,我们就会得到与第 13 章不同的结果。因此,我们就得考虑影响劳动供给 L^s 的各种因素。

- 我们从第 13 章的政府预算约束中看出,每年的政府采购 G 增加一个单位,就需要每年的实际税收减去转移支付的差额($T-V$)上升一个单位。因此家庭每年的实际可支配收入就少了一个单位。针对负的收入效应,家庭会每年增加劳动供给量 L^s。

- 在第 13 章模型扩展专栏"有效的公共服务"中,我们假设政府采购 G 提供会为家庭带来效用的公共服务。我们假设,以效用来衡量,每单位 G 等价于 λ 单位的消费 C,这里 λ 大于 0。我们将政府采购的服务价值纳入家庭的有效可支配收入时,会得出,G 每增加一个单位,会使有效可支配收入提高 λ 单位。[参阅第 13 章中的方程(13-10)]。这种影响与实际税收与转移支付的差额($T-V$)增加一个单位的影响合在一起,意味着家庭的有效可支配收入下降了($1-\lambda$)单位。如果 λ 小于 1.0,我们仍然得到,G 上升时,有效可支配收入下降。所以,负的收入效应仍然预期每年的劳动供给量 L^s 上升。然而,λ 越高,这种效应越弱。

- 我们在本章发现,提高劳动所得税的边际税率 τ_w 对劳动收入的替代效应会使劳动供给量 L^s 减少。图 14-4 显示了这种效应。回顾一下,这种分析忽略了任何的收入效应。

我们看到,政府采购 G 增加对劳动供给量 L^s 产生的总的效应,取决于收入效应和替代效应相抵后的结果。收入效应预测 L^s 上升,替代效应预测 L^s 下降,故对 L^s 的总的影响不确定。反过来,这意味着对实际 GDP 的总体影响也不确定。

第 13 章的图 13-7 显示,政府购买(G)的持久性增加对实际 GDP 的总体影响是不明确的。政府购买的波动可能与实际 GDP 的波动正相关,也可能与之负相关。因此,政府购买对实际 GDP 影响不明确的理论发现与图 13-7 一致。我们发现,只有在主要战争期间,特别是第一次世界大战、第二次世界大战和朝鲜战争期间,G 的暂时性增长才会对实际 GDP 产生明显的积极影响。

拉弗曲线

政府采购 G 的持久性增加需要实际税收 T 的持久性增加。我们在前面一节假定，T 随着劳动收入的边际所得税率 τ_w 的提高而增加。我们将 τ_w 提高看作是个人所得税中各个劳动收入档次的边际税率均提高。我们在此探讨 T 与 τ_w 之间的关系。这种关系称为拉弗曲线，以经济学家拉弗的名字命名。

向劳动所得征收的实际税额可以写为

$$T = \left[\frac{T}{(w/P) \cdot L} \right] \cdot (w/P) \cdot L$$

实际税收 ＝ 平均税率・实际税基

劳动所得税的实际税基为实际劳动收入 $(w/P) \cdot L$。平均税率为 T 与 $(w/P) \cdot L$ 的比率。

在扣除额与税制的其他特点给定的情况下，边际所得税率 τ_w 随着平均税率的升高而升高。因此，征收的实际税额对于 τ_w 上升的总体反应，取决于税基 $(w/P) \cdot L$ 对于 τ_w 上升的反应。在前一节讨论的例子中，当 τ_w 上升伴随政府采购 G 持久性增加时，$(w/P) \cdot L$ 并不会发生很大变化。原因是，τ_w 上升所产生的替代效应（这会降低劳动供给）被 G 的增加所产生的收入效应（增加劳动供给）部分抵消了。

拉弗曲线背后的主要思想是，边际税率 τ_w 提高所产生的替代效应随着 τ_w 的上升而越来越强。因此在 τ_w 升到足够高时，$(w/P) \cdot L$ 对 τ_w 进一步上升的反应变为负的（因为对劳动供给的替代效应超过了收入效应）。此外，替代效应最终变得如此强大，以至于 τ_w 上升时，T 下降。

要理解关于替代效应的讨论，就以 0 税率作为起点。如果 τ_w 在所有收入水平皆为 0，征收的实际税额 T 也为 0。如图 14-6 所示，拉弗曲线始于原点。如果 τ_w 上升至 0 以上，T 变为正数。所以在 τ_w 较小时，拉弗曲线的斜率为正。

τ_w 对劳动供给的替代效应，是通过税后实际工资率 $(1-\tau_w) \cdot (w/P)$ 发挥作用的。考虑一下 $1-\tau_w$ 项。如果 $\tau_w = 0$，τ_w 提高，比如说 0.1，会对 $1-\tau_w$ 产生相对小的成比例的影响。该项从 1 下降至 0.9，或下降 10%。然而，如果 $\tau_w = 0.5$，τ_w 提高 0.1，使 $1-\tau_w$ 从 0.5 下降到 0.4，或减少 20%。$\tau_w = 0.8$ 时，对应的降幅为 50%（从 0.2 降至 0.1）。而当 $\tau_w = 0.9$ 时，就是 100%（从 0.1 减少至 0）。数字表明，随着 τ_w 的提高，τ_w 对劳动供给的替代效应的强度越来越大。因此，随着 τ_w 越升越高，劳动供给量 L^s 最终会下降。最后，这种效应意味着税基 $(w/P) \cdot L$ 会下降到足以超过平均税率上升的效应。在此点，随着 τ_w 的进一步上升，实际税收 T 下降。

图 14-6 中的图形反映了前面的讨论。在原点处，实际税收 T 与边际税率 τ_w 之间关系的斜率为正，但是随着 τ_w 的上升，变得越来越平坦。最终 τ_w 在横坐标上达到 $(\tau_w)^*$ 时，T 达到最大值。边际税率还要提高的话，T 随着 τ_w 的升高而下降。该图表假设，在税率为 100% 时，实际劳动收入 $(w/P) \cdot L$——至少是向税务当局报告的那部分收

入——降为 0，因此 T 为 0。

Charles Stuart(1981)的研究估计，在瑞典平均边际税率为 70％ 时，实际税收达到最大值。也就是说，他估计图 14-6 中的 $(\tau_w)^*$ 约为 70％。瑞典真实的平均边际税率在 20 世纪 70 年代初达到 70％，之后上升至大约 80％。（这些边际税率的估计数值包括消费税和所得税。）因此在 70 年代，瑞典处在拉弗曲线的下降部分。A. Van Ravestein 和 H. Vijlbrief(1988)进行过的类似研究估计，1985 年荷兰的真实边际税率为 65％——接近于但并未达到估计的 $(\tau_w)^*$。

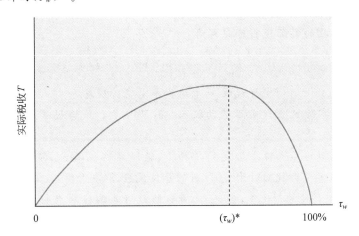

图 14-6　实际税收与边际所得税率之间的关系（拉弗曲线）

注：横坐标表示劳动所得的边际税率 τ_w。纵坐标表示实际税收 T。从 0 开始，τ_w 上升会使 T 增加。可是随着 τ_w 的上升，斜率越来越小。最终在 τ_w 达到 $(\tau_w)^*$ 时，T 达到其最大值。过了那一点以后，随着 τ_w 向 100％ 靠近时，T 反而下降。

14.5　转移支付

到目前为止我们一直假设实际转移支付 V 是一次性的。但是，在现实世界中转移支付并不是一次性的，就像税收一样。相反，多数转移支付计划将付给个人的款项与个人的特征相联系。例如，福利计划向穷人支付钱款或提供诸如医疗保健之类的服务，如果个人收入增加了，就会减少或取消转移支付。同样，要有资格获得失业保险，接受者就一定不能在工作。类似地，如果老年人获得超过一定金额的劳动收入，他们的退休金可能会减少。

重要的一点是，验证收入的转移支付计划——当劳动收入增加时减少转移支付的计划——对劳动收入有效地实施了一个正的边际所得税率。转移支付计划规模的扩大——例如，福利系统的扩张——提高了计划隐含的边际所得税率 τ_w。因此，为了分析实际转移支付 V 增加的经济效应，我们就必须考虑 τ_w 的这种上升。

假设政府增加实际转移支付 V，并通过向劳动收入多征税来增加实际税收 T 为这些支出融资。在此情况下，出于两个原因，边际所得税率 τ_w 提高了。首先，对支付个人所得税的家庭而言,伴随着 T 的增加 τ_w 提高了。其次,对接受转移支付的家庭——诸如贫困的福利接受人来说,由于要验证收入,转移支付计划的扩张提高了隐含的边际所得税率 τ_w。换句话说,从两个方面来看,τ_w 都提高了。我们因此预期图 14-4 和图 14-5 中所分析的效应会更强。尤其是劳动投入 L、资本服务 κK 和实际GDP(Y)都趋向于下降。

 # 小结

本章介绍了各种影响人们工作与储蓄动力的实际形式的税收。对劳动所得征税具有抑制劳动供给的替代效应。劳动所得的边际税率的提高会使税后实际工资率下降,劳动量减少。因此,实际 GDP 下降。在短期内资产收入边际税率的提高并不影响实际 GDP。可是税后实际利率的下降,造成人们转向消费,而减少投资。结果,长期内资本存量与实际 GDP 下降。

我们研究的是,伴随劳动所得边际税率的提高,政府采购的持久性增加。对劳动供给的总体影响是不明确的——收入效应表明劳动供给增加了,而税率提高的替代效应却显示劳动供给减少了。这一证据与图 13-7 所示的政府支出波动与实际国内生产总值波动之间的关系不确定相一致。

 # 重要术语和概念

税后实际利率 after-tax real interest rate

税后实际工资率 after-tax real wage rate

平均税率 average tax rate

重复征税 double taxation

统一税率税 flat-rate tax

累进税率税 graduated-rate tax

拉弗曲线 Laffer curve

边际税率 marginal tax rate

社会保障 social security

 # 问题和讨论

A. 复习题

1. 劳动所得税率 τ_w 提高所产生的收入效应是什么?我们为何在一部分分析中假设不存在任何收入效应?

2. 区分平均税率与边际税率。为达到统一税率,这两项必须相等吗?

3. 劳动所得税率的提高会减少税收收入吗?这一答案怎样取决于劳动供给对税后实际工资率的反应?

B. 讨论题

4. 通货膨胀与资产所得税

假设资产所得税率为 τ_r。假设(就像现实世界中经常发生的那样)按名义利息收入征税。假设(并非完全准确)这种税收适用于资本的实际收益。

a. 债券的税后实际利率是多少?考虑货币增长率持久性、出乎意料地从 μ 上升至 μ',如第 12 章中研究的情况。假设 τ_r 不变。

b. 对通货膨胀率 π 有什么影响?

c. 对税后资本实际收益率有什么影响?

d. 对债券税后实际利率有什么影响?名义利率 i 发生什么变化?是否与 π 的变化对等?

5. 通货膨胀对累进制所得税的影响

考虑一个有很多不同税率等级的个人所得税制。已婚夫妇按下表支付劳动收入的个人所得税。

a. 假设每个人的实际收入长时间保持稳定,从而通货膨胀使每个人的名义收入逐渐提高。如果表中所示的税率依然不变,随着时间的推移,每对夫妇的边际所得税率会发生什么变化?

b. 现在假设表中左栏所示的收入档次随着时间的推移根据物价水平的变化等比例地进行调整(或"指数化")。也就是说,如果物价水平上升 5%,每一收入等级也上升 5%。那么通货膨胀对每对夫妇的边际所得税率有何影响?

应税收入区间(欧元)	边际所得税率(%)
3 540~5 719	11
5 720~7 919	12
7 920~12 389	13
12 390~16 649	16
16 650~21 019	18
21 020~25 599	22
25 600~31 119	25
31 120~36 629	28
36 630~47 669	33
47 670~62 449	38
62 450~89 089	42
89 090~113 859	45
113 860~169 019	49
169 020 及以上	50

6. 消费税

假设每年按不变的税率 τ_c 对消费征税。

a. 家庭的预算约束是什么？

b. τ_c 的上升对劳动市场产生什么影响？所得结果怎样与图 14-4 中所示的劳动所得税率 τ_c 上升的结果进行比较？

c. τ_c 的上升对资本服务市场有何影响？所得结果怎样与图 14-5 中所示的劳动所得税率 τ_w 上升的结果进行比较？

d. 现在假设在第一年 τ_c 下降，但在未来的年份里保持不变。随着时间的推移，这种变化如何影响消费的选择？这种影响如何类似于资产收入税率 τ_r 上升的影响？在哪些方面这些影响不同于资产收入税率 τ_r 变动的影响？

7. 统一税率税

有些经济学家提倡从累进个人所得税转变为统一税率税。在新税制下，应税收入就没有多少扣除，而边际税率将是个常数。由于取消了扣除额，平均边际税率将低于当前税制。转变为统一税率的劳动所得税后，会有什么经济影响？

第**15**章

公 共 债 务

政府的预算赤字是最具争议的经济问题之一。新闻媒体指出,政府实行预算赤字时,经济会遭受到很大的损失。本章最重要的任务就是要评价这一观点。正如我们将看到的,均衡经济周期模型得出的结论与媒体的结论大相径庭。

当政府的税收不足以覆盖其支出时,就出现了预算赤字。政府通过发行生息债券——公债——来弥补资金不足。当预算赤字大于 0 时,公债的数量随着时间而增长。

我们首先考虑英国公债的历史。以这些事实作背景,扩展均衡经济周期模型,将公债考虑在内。我们利用模型来评估预算赤字和公债对各个经济变量的影响,其中包括国内生产总值(GDP)、储蓄、投资和实际利率。

15.1 英国的公债史

表 15-1 显示了英国的公债史。该表列出了生息债券的名义数量和这类债券占名义 GDP(在早年为国民生产总值或 GNP)的比率。[①] 图 15-1 显示了 1700 年至 2005 年英国公债占 GDP 的比率。

英国债务占 GDP 比率的主要峰值与战时有关:1722 年西班牙战争和奥地利王位继承战争后为 0.50,1764 年七年战争结束时为 1.1,1785 年美国独立战争后为 1.2,在 1816 年拿破仑战争之后为 1.3,在 1919 年第一次世界大战结束时为 1.4,在 1946 年第二次世界大战后为 2.6。英国债务占 GDP 比率的最高点的数值是美国峰值的两倍多。值得注意的是,18 世纪 60 年代英国公共债务占 GDP 的比率持续大于 100%——这说明大量公共债务不是现代发明!

一些研究人员认为,1688 年光荣革命后随着国会作用的扩大[参见 Douglas North 与 Barry Weingast(1989)以及 Thomas Sargent 和 Francois Velde (1995)],英国在公债管理方面声名鹊起。通过债务融资使英国在与法国的无数次战争中占据优势,直到 1815 年拿破仑战争结束。

---

① 英国债务数据是中央政府的英镑债务总额。找不到长期的净数字。2004 年 3 月,英镑债务总额为 428 亿英镑,与之对应的公共部门净债务为 3 760 亿英镑。

表 15-1　英国公债

年份	英国债务（10 亿英镑）	英国债务占 GDP 比例
1700	0.014	0.20
1710	0.030	0.31
1720	0.039	0.49
1730	0.037	0.49
1740	0.033	0.40
1750	0.059	0.68
1760	0.083	0.79
1770	0.106	1.01
1780	0.135	1.01
1790	0.179	1.05
1800	0.304	0.79
1810	0.436	0.96
1820	0.568	1.37
1830	0.544	1.12
1840	0.562	1.01
1850	0.557	0.94
1860	0.589	0.69
1870	0.593	0.51
1880	0.591	0.43
1890	0.578	0.37
1900	0.628	0.31
1910	0.665	0.28
1920	7.620	1.22
1930	7.580	1.55
1940	10.500	1.37
1950	26.100	1.77
1960	28.400	1.09
1970	33.400	0.64
1980	113.000	0.49
1990	190.000	0.35
2000	369.000	0.39
2005	473.000	0.41

注：自 1917 年以来的名义面值以 10 亿英镑计算的公债是中央政府的英镑债务总额。1917 年以前的数字，是从 1700 年的公债存量为基准开始的中央政府的预算赤字累计值。有关数据的讨论，见 Barro(1987)。关于对这些数据的论述，参阅 Barro(1987)的著作。基本数据来自中央统计局各期《统计年度摘要》，Mitchell 和 Deane(1962)的著作，以及 Mitchell 与 Jones(1971)的著作。关于名义 GDP 或 GNP 的数据，既来自前面的资料，又来自 Feinstein(1972)的著作及 Deane 和 Cole(1969)的著作。在 1830 年之前，名义 GNP 是根据实际 GNP 的粗略估计值乘以基于批发价格的价格指数来估算的。

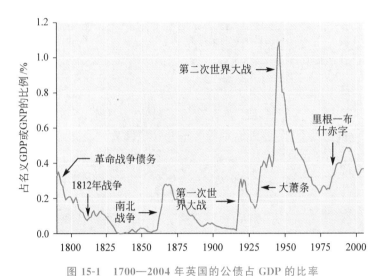

图 15-1　1700—2004 年英国的公债占 GDP 的比率

注：本图显示英国名义公债占名义 GDP 或 GNP 的比率，采用表 15-1 中的数据。

衰退使英国公债占 GDP 的比率上升，例如从 1920 年至 1923 年以及 1929 年至 1933 年。在战争和衰退的时期，公债占 GDP 比率一般不会下降。例如，这一比率从 1946 年的 2.57 下降到 1990 年的 0.35。

 ## 15.2　政府债券的特点

我们现在扩展均衡经济周期模型，以考虑政府发行生息债券的情况。我们假设政府债券以与私人债券一样的方式支付利息和本金。我们仍然假设所有债券的期限都很短，[①]并且债券明文规定了本金与利息的名义金额。也就是说，我们不考虑在第 12 章讨论的指数债券。[②]

实践中的经济学　欧洲主权债务危机

欧洲主权债务危机始于 2009 年。当时，几个欧元区国家（塞浦路斯、希腊、葡萄牙、爱尔兰和西班牙）无力偿还或再融资政府债务和拯救陷入财务困境的银行。这场债务危机是由几个因素造成的。首先，几个欧洲国家的房地产泡沫导致对银行的紧急财务援助，大量私人债务转为政府债务。其次，鉴于欧元区不是一个财政联盟（即每个国家政府都有自己的财政预算，并负责自己的财政收入和支出），欧洲领导人援助陷入财务困境的成员国的能力有限。第三，欧洲银行拥有大量主权债务这一事实使这场危机在欧洲各国蔓延。

---

①　就英国而言，在 2003 年，36％可上市的政府债券的期限长达 5 年，35％在 5 至 15 年之间，29％在 15 年以上。

②　2004 年，英国指数债券占中央政府未偿还债务总额的 18％。

为应对这场危机,欧盟实施了一系列紧急措施,如 2010 年的欧洲金融稳定基金(EFSF)和 2012 年的欧洲稳定机制(ESM)。此外,欧洲央行降低了利率,向欧洲银行提供廉价贷款,并宣布对参与 EFSF/ESM 救助或预防计划的所有成员国提供无限支持。这些政策反应有助于稳定金融市场。到 2014 年,爱尔兰和葡萄牙退出救助计划,希腊和塞浦路斯在一定程度上重新回到金融市场。

为简化分析,我们假设债券持有人(我们模型中的家庭)认为政府债券与私人债券是等价的。具体地说,从违约概率的角度,我们不容许存在私人债券的风险高于政府债券的可能。基于该假设,只有当两种债券支付同样的名义利率 i 时,家庭才会持有两种债券。所以,我们的模型中对所有债券只有一个名义利率 i。

用 B_t^g 表示在 t 年的年末未赎回的政府债券的名义数量。我们仍然用符号 B_t 表示私人债券(在我们的模型中由家庭发行)的数量。这样,在 t 年年末,家庭持有的债券总额为

$$持有的债券总额 = B_t + B_t^g$$
$$持有的债券总额 = 私人债券 + 政府债券$$

所有家庭持有的私人债券数量仍然为 0,因为一个家庭持有的债券数量必定相当于另一个家庭的债务。所以在总量上,$B_t = 0$ 依然成立。这个结果意味着所有家庭持有的债券总额等于公共债务 B_t^g:

$$所有家庭持有的债券总额 = B_t^g$$

我们通常认为,政府部门对私有部门而言是净债务人,从而 B_t^g 大于 0。然而政府也可以为债权人,在此情况下 B_t^g 就小于 0。

 ## 15.3　预算约束与预算赤字

要探讨预算赤字与公债,我们就了解它们如何被纳入政府预算约束中。从扩展政府的预算约束开始分析。

15.3.1　政府的预算约束

在第 13 章我们介绍了政府在 t 年的预算约束:

$$G_t + V_t = T_t + (M_t - M_{t-1})/P_t$$
$$实际采购 + 实际转移支付 = 实际税收 + 货币创造的实际收入$$

(13-1)

我们必须添加的第一个新项是政府支付的利息,为用名义单位表示的 $i_{t-1} \cdot B_{t-1}^g$。这些利息支付的实际值为 $i_{t-1} \cdot (B_{t-1}^g/P_t)$,将其加入到方程(13-1)左边的政府支出或资金使用项中。

第二个新项为在 t 年发行的债券。债券发行的名义金额为 $B_t^g - B_{t-1}^g$。注意:债券到期时重新发行的债券不是政府的净资金来源。重要的来源是年末未赎回的存量 B_t^g 与

前一年的年末未赎回总额 B_{t-1}^g 之间的差额。债券发行的实际价值为 $(B_t^g - B_{t-1}^g)/P_t$，被加入到方程(13-1)右边的政府资金来源项中。

当我们将这两个新项加进方程式(13-1)时，得到扩展的政府预算约束：

关键方程(扩展的政府预算约束条件)：

$$G_t + V_t + i_{t-1} \cdot (B_{t-1}^g/P_t)$$
$$= T_t + (B_t^g - B_{t-1}^g)/P_t + (M_t - M_{t-1})/P_t \tag{15-1}$$
$$\text{实际采购} + \text{实际转移支付} + \text{实际利息支付}$$
$$= \text{实际税收} + \text{实际债券发行} + \text{实际货币创造收入}$$

两个新项为左边的实际利息支付 $i_{t-1} \cdot (B_{t-1}^g/P_t)$ 和右边的实际债券发行 $(B_t^g - B_{t-1}^g)/P_t$。

为分析预算赤字，我们发现再次引用第 13 章和第 14 章中的两个简化的假设会更方便。首先假设名义货币量 M_t 等于一个常数 M。这种情况下，方程(15-1)右边的货币创造收入 $(M_t - M_{t-1})/P$ 为零。其次，忽略通货膨胀，因此物价水平 P_t 等于常数 P。此时名义利率 i_t 等于实际利率 r_t。在不影响我们关于公债和预算赤字的主要结论的情况下，这些假设简化了分析。

在名义货币 M_t 与物价水平 P_t 不随时间发生变化时，方程(15-1)的政府预算约束简化为

$$G_t + V_t + r_{t-1} \cdot (B_{t-1}^g/P_t) = T_t + (B_t^g - B_{t-1}^g)/P \tag{15-2}$$

从方程(15-1)入手，我们用 P 代替 P_t，用 r_{t-1} 代替 i_{t-1}，并消掉 $(M_t - M_{t-1})/P_t$。

15.3.2 预算赤字

为确定并计算政府的预算赤字，考虑政府储蓄或负储蓄为多少是有帮助的。我们以确定家庭储蓄的方式确定政府的实际储蓄。政府如果储蓄，其实际净资产上升；如果政府为负储蓄，其实际净资产下降。为应用这些思想，我们就得定义政府的实际净资产。

实际公债 B_t^g/P 是政府的一项负债。B_t^g/P 上升时，政府欠债增多，结果负债增多，实际净资产减少。因此，实际公债 $(B_t^g - B_{t-1}^g)/P$ 上升，说明政府实际储蓄减少，或实际负储蓄增加。

如果政府拥有资本，其实际净资产就包括这类资本。在此情况下，政府拥有的资本存量(称为净公共投资)增加意味着政府有较多的实际净资产。因此，净公共投资的上升意味着政府实际储蓄增多了，或实际负储蓄减少了。可是在我们的模型中，政府不拥有资本，所以净公共投资为零。

由于货币存量为常数，政府不拥有资本，政府的实际储蓄或负储蓄等于实际公债变动的负数。如果实际公债增加，政府的实际储蓄小于0，即政府在动用储蓄。如果实际公债下降，政府的实际储蓄就大于0。所以，我们有

$$\text{政府实际储蓄} = -(B_t^g - B_{t-1}^g)/P \tag{15-3}$$

我们重新整理方程(15.2)的政府预算约束，将实际政府储蓄 $-(B_t^g - B_{t-1}^g)/P$ 与实际支出和税收联系起来：

$$-(B_t^g - B_{t-1}^g)/P = T_t - [G_t + V_t + r_{t-1} \cdot (B_{t-1}^g/P_t)]$$

政府实际储蓄 ＝ 实际税收 － 政府实际支出 (15-4)

注意：政府实际支出为实际采购 G_t、实际转移支付 V_t 和实际利息支出 $r_{t-1} \cdot (B_{t-1}^g/P_t)$ 之和。当实际税收大于政府实际支出时，政府实际储蓄大于 0，实际公债会随时间而下降。

如果方程(15-4)的右边大于 0，则政府的税收超过支出，政府就有预算盈余。因此，实际盈余与政府的实际储蓄相同。相反，如果右边小于 0，政府就有预算赤字。实际赤字与政府的实际负储蓄相同。如果方程(15-4)的右边为 0，政府预算平衡，政府的实际储蓄为 0。

15.3.3　公共储蓄、私人储蓄与国民储蓄

为评估预算赤字的经济影响，围绕储蓄以下三个概念展开讨论是有用的：政府(或公共)储蓄、家庭(或私人)储蓄和国民(或总)储蓄。政府的实际储蓄由式(15-3)给出：

政府实际储蓄 ＝ $-(B_t^g - B_{t-1}^g)/P$ (15-3)

如果政府有实际预算赤字，从而 $(B_t^g - B_{t-1}^g)/P$ 大于 0，政府实际储蓄就小于 0。回顾一下，如果政府拥有资本，这种资本存量的变动值会加到政府储蓄上。

我们从第 7 章知道，家庭的实际储蓄等于家庭实际资产的变化。在我们以前的分析中，这些实际资产包括私人债券 B_t/P_t，货币 M_t/P_t 和资本 K_t。现在我们还得加上以政府债券形式持有的实际资产 B_t^g/P_t。整个经济体中的私人债券总额 B_t 依然等于 0。因此，当我们将全部家庭加总在一起时，这些债券的增量等于 0。而且我们还假设 M_t 与 P_t 不会随时间发生变化。所以，整个经济体中家庭实际储蓄等于资本存量的变化加上实际政府债券的变化：

家庭实际储蓄(整个经济体) ＝ $K_t - K_{t-1} + (B_t^g - B_{t-1}^g)/P$ (15-5)

政府实际储蓄与整个经济体的家庭实际储蓄之和等于实际国民储蓄——整个国家的储蓄。我们可从方程(15-3)和(15-5)看到，当我们合并家庭与政府的储蓄时，政府实际债券的变化 $(B_t^g - B_{t-1}^g)/P$ 被消掉了。政府实际债券的增加意味着政府储蓄减少了，而相应地，家庭储蓄增多了。因此，我们得到

实际国民储蓄 ＝ $K_t - K_{t-1}$ (15-6)

实际国民储蓄等于资本存量的变化，即净投资。如果政府拥有资本，这一结果依然成立。在此情况下，K 为经济体的总资本存量——私人资本与公共资本之和，而净投资 $K_t - K_{t-1}$ 为私人与公共净投资之和。

15.4　公债与家庭的预算约束

我们在第 13 章发现，家庭的多年预算约束条件包括扣除实际税收后的净实际转移支付 $(V_t - T_t)$ 的现值：

$$C_1 + \frac{C_2}{1+r_1} + \cdots = (1+r_0) \cdot \left(\frac{B_0}{P} + K_0\right) + \left(\frac{w}{P}\right)_1 \cdot L_1^s + \left(\frac{w}{P}\right)_2 \cdot \frac{L_2^s}{1+r_1} + \cdots +$$
$$(V_1 - T_1) + (V_2 - T_2)/(1+r_1) +$$
$$(V_3 - T_3)/[(1+r_1) \cdot (1+r_2)] + \cdots$$

消费的现值＝初始资产的价值＋工资收入的现值＋减去税收后的转移支付现值

$$(13\text{-}6)$$

现在我们必须对方程(13-6)进行修正,将家庭的实际政府债券初始持有量 B_0^g/P 包括进来。当我们做这一改变时,家庭的多年预算约束就变为

$$C_1 + C_2/(1+r_1) + \cdots = (1+r_0) \cdot (B_0/P + B_0^g/P + K_0) + (w/P)_1 \cdot L_1^s +$$
$$(w/P)_2 \cdot L_2^s/(1+r_1) + \cdots + (V_1 - T_1) +$$
$$(V_2 - T_2)/(1+r_1) + (V_3 - T_3)/[(1+r_1) \cdot (1+r_2)] +$$
$$\cdots$$

$$(15\text{-}7)$$

政府的预算对家庭产生的任何收入效应必然要么涉及初始的实际政府债券 B_0^g/P,要么涉及实际转移支付减去实际税收后的现值$(V_1 - T_1) + (V_2 - T_2)/(1+r_1) + (V_3 - T_3)/$ $[(1+r_1) \cdot (1+r_2)] + \cdots$。为举例说明结果,从某些简化的假设开始分析会较为便捷。

15.4.1　李嘉图等价的一个简例

我们先从某些不切实际的假设开始分析,之后再逐一放松这些假设条件:

- 每年的实际利率 r_t 相同: $r_0 = r_1 = r_2 = \cdots = r$。
- 正如曾经假设过的,货币存量 M_t 和物价水平 P_t 不会随时间发生变化。在通货膨胀率 π 为零的情况下,实际利率 r 等于名义利率 i。
- 每年的实际转移支付 V_t 都为零。
- 政府开始时没有债务,所以 $B_0^g = 0$。
- 最后,也是最重要的假设:政府有给定的采购的时间路径 G_t。我们在此不再假设 G_t 不随时间发生变化。相反,我们假设,不管 G_t 的路径多么复杂,在我们考虑选择不同的预算赤字或公债的不同初始水平时,整个路径完全一样。

由于每年的实际转移支付 V_t 都为零,方程(15-2)中 t 年的政府预算约束条件简化为

$$G_t + r \cdot (B_{t-1}^g/P) = T_t + (B_t^g - B_{t-1}^g)/P \qquad (15\text{-}8)$$

由于政府初始债务为零,我们有 $B_0^g/P = 0$。因此在第一年,政府的实际利息支付 $r \cdot (B_0^g/P)$ 为零,从而预算约束为

$$G_1 = T_1 + B_1^g/P$$

政府第一年的采购＝第一年的实际税收＋第一年年末的实际债务

$$(15\text{-}9)$$

假设一开始政府每年的预算都保持平衡。于是在第一年实际采购 G_1 等于实际税收 T_1。在此情况下,方程(15-9)意味着在第一年年末的实际公债为零;也就是说 $B_1^g/P = 0$。继续推论,如果政府每年预算都能平衡,每年的实际公债 B_t^g/P 都为零。

如果在第一年政府预算不平衡,而是有 1 单位的实际预算赤字,会发生什么变化?由于我们假设政府采购的路径始终如一,第一年的实际采购 G_1 不会变。所以这一赤字必定来源于削减实际税收 T_1 1 个单位。方程(15-9)意味着,1 单位的实际赤字需要政府在

第一年的年末发行 1 单位的实际公债,从而 $B_1^g/P=1$。

假设政府决定从第二年开始,将公债恢复到零,从而 $B_2^g/P=B_3^g/P=\cdots=0$。我们就需要弄清楚这种政策要求第二年的实际税收 T_2 为多少。为计算 T_2,我们利用第二年的政府预算约束。方程(15-8)给出的约束条件为

$$G_2+r\cdot(B_1^g/P)=T_2+(B_2^g-B_1^g)/P$$

第二年的政府采购＋第二年的实际利息支付＝第二年的实际税收

＋第二年的实际预算赤字

(15-10)

如果我们将 $B_1^g/P=1$ 和 $B_2^g/P=0$ 代入方程(15-10),约束条件简化为

$$G_2+r=T_2-1$$

因此我们可以移项计算出第二年的实际税收:

$$T_2=G_2+1+r$$

这个方程说明,政府必须将第二年的实际税收 T_2 提高到超出第二年的政府采购 G_2,以便支付第一年发行的 1 单位债务 B_1^g/P 的本金和利息$(1+r)$。(回顾一下,我们的假设为 G_2 没有变化。)

将这些结果放在一起,第一年的实际税收 T_1 下降一个单位,第二年的实际税收 T_2 上升$(1+r)$单位。这些变化如何影响家庭支付的实际税收的总现值?回顾一下,家庭的多年预算约束为

$$C_1+C_2/(1+r_1)+\cdots=(1+r_0)\cdot(B_0/P+B_0^g/P+K_0)+$$
$$(w/P)_1\cdot L_1^s+(w/P)_2\cdot L_2^s/(1+r_1)+\cdots+$$
$$(V_1-T_1)+(V_2-T_2)/(1+r_1)+$$
$$(V_3-T_3)/[(1+r_1)\cdot(1+r_2)]+\cdots \quad (15\text{-}7)$$

根据该方程,我们需要用折现因子$(1+r)$去除第二年的实际税收 T_2 来计算现值。所以,T_1 与 T_2 的变化对实际税收现值的总效应由下式给出:

第一年实际税收的减少额＋第二年税收增加额的现值 $=-1+(1+r)/(1+r)$

$$=-1+1$$
$$=0$$

因此,当政府在第一年有预算赤字,并且用第二年必需的预算盈余付清债务时,家庭实际税收现值不变。

在我们简化的例子中,政府的预算赤字不影响实际税收的现值。而且,我们假设实际转移支付 V_t 在每个时期都为零。因此,预算赤字不影响方程(15-7)右边减去实际税收后的实际转移支付的现值。我们的结论是,预算赤字对家庭不产生收入效应。

我们可对这一结果作如下解释。由于第一年的实际税收 T_1 削减了 1 个单位,家庭在第一年获得 1 单位额外的实际可支配收入。可是由于第二年的实际税收 T_2 增加了$(1+r)$单位,家庭在第二年的实际可支配收入减少了$(1+r)$单位。家庭如果用第一年多出的 1 单位实际可支配收入多购买 1 单位的债券,在第二年刚好有足够多的额外资金——$(1+r)$单位——支付增加的实际税收。因此,第一年的减税提供了足够的资金来源——但一点儿也不多——让家庭支付第二年上升的税收。这就是为什么不存在收入效

应。在任何一年都没剩下任何东西可用于增加消费或减少劳动供给。

我们可以认为这些结果等于是在说,家庭将第一年的实际税收 T_1 视为与第一年的实际预算赤字$(B_1^g - B_0^g)/P$ 等价。如果政府用 1 单位的实际预算赤字代替 1 单位的实际税收,家庭就知道下一年实际税收的现值将上升 1 单位。因此,以实际税收的总现值来衡量,实际预算赤字与实际税收相同。这一发现是有关公债的李嘉图等价定理最简单的版本(该定理用英国著名经济学家大卫·李嘉图的名字命名,他在 19 世纪初首先提出了这一思想)。[①]

我们可以从储蓄的角度解释这些结果。第一年 1 单位的实际预算赤字意味着政府的实际储蓄减少 1 单位。由于家庭不改变消费,它们将第一年多出的 1 单位实际可支配收入全部用于购买债券。因此,家庭第一年的实际储蓄增加 1 单位。这样,家庭增加的额外实际储蓄正好抵消政府的实际负储蓄。家庭与政府的实际储蓄之和——实际国民储蓄——不变。所以这一结果的另一种说法是,预算赤字不影响实际国民储蓄。

15.4.2　李嘉图等价的另一种情况

我们的基本结论是,为给赤字融资,第一年减少 1 单位实际税收导致未来实际税收的现值增加 1 个单位。在我们的简化例子中,未来税收的增加都发生在第二年。更一般的情况是,实际税收的某些增长会出现在后续的一些年。

为得出更一般的结果,我们可以放弃政府在第二年有足够多的预算盈余付清第一年年末发行的所有债券的假设。同以前一样,假设政府在第一年年末发行 1 单位的实际债务 B_1^g/P。回顾一下,政府第二年的预算约束条件为

$$G_2 + r \cdot (B_1^g/P) = T_2 + (B_2^g - B_1^g)/P \tag{15-10}$$

现在假设,在第二年政府没有付清在第一年发行的 1 单位债务 B_1^g/P,而是将这 1 单位债务的本金延续至第三年,所以

$$B_2^g/P = B_1^g/P = 1$$

我们如果将 $B_1^g/P = 1$ 和 $B_2^g/P = 1$ 代入方程(15-10),得

$$G_2 + r = T_2$$

因此,第二年的实际税收 T_2,能够覆盖第一年发行的实际债务 B_1^g/P 的利息支付 r,但不能覆盖 1 单位本金。换言之,政府在第二年达到预算平衡:实际税收等于实际采购加实际利息的支出。

如果政府在第三年又要平衡其预算,我们通过同样的推理发现,第三年的实际税收 T_3 能够覆盖 1 单位实际债务的利息支付 r。类似地,如果政府每年都平衡预算,T_t 覆盖 t 年的利息支付款项 r。实际税收变动的时间路径为:

- 第一年:T_1 减少 1
- 第二年:T_2 增加 r
- 第三年:T_3 增加 r
- ……

[①]　有关这方面的论述,参阅 D. Ricardo(1846),James Buchanan(1958,pp. 43-46,114-122)和 Robert Barro(1989)。Gerald O'Driscoll(1977)指出,李嘉图怀疑自己的定理在实证上是否成立。

从而在第一年以后的年份,实际税收 T_t 每年都增加 r 单位。

考虑实际税收连续每年增加 r 单位的情况。为支付这些额外税收家庭在第一年的年末需要持有多少数量的债券?如果家庭多持有 1 单位的实际债券,第二年的实际利息收入为 r,这些收入可以支付第二年增加的税收。如果债券的本金——1 个单位——持有到第三年,实际利息收入 r 又可以支付第三年增加的税收。以此类推,我们发现每年的实际利息收入都可以用于支付家庭额外增加的实际税收。

那么,从第二年开始每年多征收的 r 单位实际税收的现值是多少?这个现值必须与家庭为支付以后各年增加的实际税收而在第 1 年持有的额外 1 单位实际债券的现值相同。但是,显然第一年 1 单位实际债券的现值为 1 单位。因此,增加的未来实际税收的现值也必然等于 1。[①]

给定关于未来实际税收提高后的现值的结果,合并以下两项可得到实际税收现值总的变动。

- −1:第一年的实际减税额。
- +1:未来年份实际税收增加额的现值。

由于两项之和为零,同第一个例子一样,我们得出结论,用赤字融资的第一年实际税收 T_1 的削减,不会造成实际税收总现值的任何变动。因此,我们再次发现,第一年用赤字融资的减税对家庭没有收入效应。

15.4.3 李嘉图等价的更普遍情况

我们现在有两个例子,其中用赤字融资的减税不影响家庭支付税收的现值。为得到答案,我们作出了几个不切实际的假设。然而,即使我们放宽其中的大部分假设,结果依然成立。

我们可以让初始的实际公债 B_0^g/P 大于 0。注意:B_0^g/P 作为家庭资金来源的一部分加到多年预算约束条件的右边:

$$
\begin{aligned}
C_1 + C_2/(1+r_1) + \cdots = {} & (1+r_0) \cdot (B_0/P + B_0^g/P + K_0) + (w/P)_1 \cdot L_1^s + \\
& (w/P)_2 \cdot L_2^s/(1+r_1) + \cdots + (V_1 - T_1) + \\
& (V_2 - T_2)/(1+r_1) + \\
& (V_3 - T_3)/[(1+r_1) \cdot (1+r_2)] + \cdots
\end{aligned} \tag{15-7}
$$

---

① 通过加总各项现值,我们可以证明这个解答。

$$
\frac{r}{1+r} + \frac{r}{(1+r)^2} + \frac{r}{(1+r)^3} + \cdots = \left(\frac{r}{1+r}\right) \cdot \left[1 + \left(\frac{r}{1+r}\right) + \left(\frac{r}{1+r}\right)^2 + \cdots\right]
$$

括号内的无限数字之和的几何级数形式为:$1 + x + x^2 + \cdots$,如果 x 的值小于 1,无限数字之和等于 $1/(1-x)$。在我们的例子中,$x = 1/(1+r)$。所以我们有

$$
\begin{aligned}
\frac{r}{1+r} + \frac{r}{(1+r)^2} + \frac{r}{(1+r)^3} + \cdots &= \left(\frac{r}{1+r}\right) \cdot \left[\frac{1}{1 - \left(\frac{1}{1+r}\right)}\right] \\
&= \left(\frac{r}{1+r}\right) \cdot \left(\frac{1+r}{1+r-1}\right) \\
&= \left(\frac{r}{1+r}\right) \cdot \left(\frac{1+r}{r}\right) \\
&= 1
\end{aligned}
$$

然而,如果政府采购 G_t 的时间路径是给定的(并且如果实际转移支付 V_t 为零),我们可以证明,B_{t-1}^g/P 增加需要政府为债务融资而相应地征收现值更高的实际税收 T_t。现值更高的实际税收刚好抵消方程(15-7)右边增加了的 B_{t-1}^g/P。因此,仍然没有对家庭产生任何收入效应。

如果我们允许实际转移支付 V_t 大于 0,就会发现赤字融资的减税不影响方程(15-7)右边减去实际税收的实际转移支付 V_t-T_t 的现值。因此,也不对家庭产生收入效应。

我们可以允许货币存量 M_t 与物价水平 P_t 发生变动。在这种情况下,新的特点是,货币创造的收入——通常称为通胀税——应该被视为另一种形式的税收。也就是说,必须扩大实际税收 T_t,将通胀税包括进来。有了这一扩展,我们依然发现赤字融资的减税不会影响家庭支付的实际税收的现值。

我们可以考虑在未来几年减税和实行预算赤字,而不仅仅只是第一年。这些赤字要求政府在未来几年里进一步提高实际税收。在每种情况下,较高的实际税收的现值正好抵消减税的现值。所以,我们仍然看不到对家庭支付的实际税收的现值有任何影响。对于预算赤字和减税的任何时间模式这个结论都成立。

如果政府通过预算赤字融资减税,并且持续发行新债为额外的公债融资,会发生什么? 在这种情况下,似乎未来的实际税收将不会增加。然而,这种形式的融资需要公债"爆炸式"的扩张路径——这等同于某种形式的一连串的数字或金字塔式的计划,实际公债以最终无法维持的速度上升。我们的假设是,政府不会实行这类计划。

在所有这些情况下,我们没有发现任何收入效应。得出这一结果的原因是,我们将政府采购 G_t 的时间路径一直保持固定不变。这些采购必须在某一时点由实际税收 T_t 支付。通过改变预算赤字,政府可以改变税收的时间路径。但是,政府无法逃避在某一时点征税,这一结论正是"没有免费午餐"这句经典名言的写照。政府如果要改变实际税收的现值,就一定要改变其采购 G_t 的现值。这就是为什么 G_t 路径固定是非常重要的假设。

15.5　预算赤字的经济效应

当政府在第一年削减实际税收 T_1,采取预算赤字时,均衡经济周期模型有何变化? 经济学家常常将这类政策称为刺激性财政政策。我们知道,如果政府采购 G_t 的路径不变,预算赤字对家庭消费与劳动供给的选择就没有任何收入效应。今天的实际减税额与未来较高的实际税收现值相匹配。可是税收的变化可能有替代效应。我们在第14章探讨过的这些效应,取决于今天削减及明天增加的税收的形式。同第13章一样,我们假设税收是一次性的来开始分析。虽然这种情况不切实际,但这符合宏观经济学教科书中通常会考察的情况。在后面的章节,我们会探讨比较现实的税收类型。

15.5.1　一次性税收

假设第一年削减实际税收 T_1,以后增加的实际税收 T_t 都为一次性税收。这类税收的重要特征是,它们对消费和劳动供给没有任何替代效应。回顾一下,预算赤字对消费和劳动供给也没有收入效应。我们得出结论,对于给定的实际利率 r 和实际工资率 w/P,

赤字融资的减税政策不影响消费 C 和劳动供给 L^s（方便起见，我们现在省略变量的时间下标）。

　　赤字融资的减税政策不影响劳动与资本的边际产量 MPL 和 MPK。所以，赤字并不会使劳动需求曲线（如图 14-4 所示）或资本服务需求曲线（如图 14-5 所示）发生移动。由于劳动的供给曲线没有移动，我们发现，市场出清的实际工资率 $(w/P)^*$ 与劳动量 L^* 不变（图 14-4）。由于资本服务的供给曲线没有移动，我们发现，市场出清的实际租赁价格 $(R/P)^*$ 与资本服务量 $(\kappa K)^*$ 不变（图 14-5）。R/P 的固定不变意味着实际利率 r 不变。

　　由于劳动量 L 与资本服务量 κK 不变化，我们由生产函数 $Y = A \cdot F(\kappa K, L)$ 得知，实际 GDP(Y) 一定保持不变。同往常一样，实际 GDP 划分为消费、总投资和政府采购：

$$Y = C + I + G$$

　　我们刚刚发现 Y 保持不变。回顾一下，我们的假设之一为政府采购 G 保持不变。我们还知道 C 不变，因为没有任何收入或替代效应促使家庭改变 C。所以我必然会得出总投资 I 保持不变。这一结果告诉我们，今天的预算赤字不会影响未来的资本存量。

　　我们可从储蓄的角度考虑这一结果。由于预算赤字没有收入效应或替代效应，家庭不会改变消费 C。可是，第一年实际税收削减 1 个单位会使家庭实际可支配收入增加 1 单位。由于 C 没有变化，家庭必定会在第一年增加 1 个单位的实际储蓄。所以，家庭愿意购买政府为弥补预算赤字而额外发行的 1 单位债券。或者如前所述，家庭实际储蓄增加 1 单位完全抵消了政府实际储蓄减少 1 单位。这种冲抵意味着第一年的实际国民储蓄没有变化。

　　我们在均衡经济周期模型中发现，赤字融资的减税不会刺激经济。尤其是实际 GDP(Y)，总投资 I 和实际利率 r 没有变化。由于这些结果有争议，又很重要，我们要看看对模型的修正如何改变结论。我们从假设比较现实的税收形式来开始分析。

15.5.2　劳动所得税

　　假设政府不是一次性征税，而是征收劳动所得税。如第 14 章，设 τ_w 为劳动所得的边际税率。再次考虑第一年以预算赤字融资的实际税收 T_1 的减少。我们假设伴随 T_1 下降的是边际所得税率 $(\tau_w)_1$ 的下降。

　　由于政府采购 G_t 的路径不变，第一年的实际赤字要求未来年份的实际税收 T_t 上升。为了将事情简化，同时又得出主要结果，假设第二年实际税收 T_t 的增加额足以付清第一年额外发行的实际债务。因此第二年以后实际税收不再变动。我们假设第二年 T_t 的上升伴随第二年的边际所得税率 $(\tau_w)_2$ 的上升。

　　边际所得税率 $(\tau_w)_1$ 和 $(\tau_w)_2$ 的变动影响到第一年和第二年的劳动市场。图 15-2 显示了第一年的影响。（除了我们现在考虑的是 τ_w 的下降而不是上升以外，框架与图 14-4 相同。）图 15-2 表明，降低 $(\tau_w)_1$ 使第一年的劳动供给增加。在劳动市场出清时，劳动供给的增加导致劳动量上升到 $(L_1)'$。劳动投入的增加使第一年的实际 GDP(Y_1) 上升。[1]

---

　　[1]　另一个影响是 L_1 的增加往往会提高第 1 年的 MPK。这种变化导致第一年的资本利用率 κ_1 增加，从而资本服务 $(\kappa K)_1$ 增加。$(\kappa K)_1$ 的增加有助于实际 GDP(Y_1) 的增长。

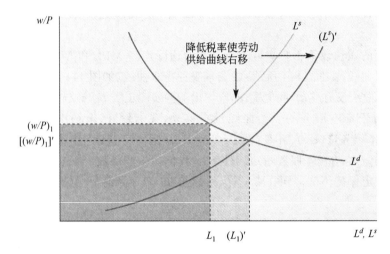

图 15-2　第一年劳动所得税率下降对劳动市场的影响

注：向下倾斜的劳动需求曲线 L^d 来自图 14-4。向上倾斜的劳动供给曲线 L^s 也来自图 14-4。第一年劳动所得边际税率$(\tau_w)_1$的下降使劳动供给曲线右移至曲线$(L^s)'$。结果，第一年市场出清的税前实际工资率在纵坐标上从$(w/P)_1$降至$[(w/P)_1]'$。市场出清的劳动量在横坐标上从 L_1 上升至$(L_1)'$。

图 15-3 所示的第二年的影响恰好相反。第二年$(\tau_w)_2$的上升使劳动供给减少。劳动市场出清时，劳动供给的下降导致劳动量减少到$(L_1)'$。劳动投入的减少使第二年的实际 GDP(Y_2)下降。

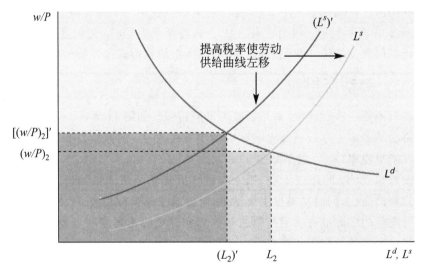

图 15-3　第二年劳动所得税率上升对劳动市场的影响

注：向下倾斜的劳动需求曲线 L^d 来自图 14-4。向上倾斜的劳动供给曲线 L^s 也来自图 14-4。第二年劳动所得税边际税率$(\tau_w)_2$的上升使劳动供给曲线左移至曲线$(L^s)'$。结果，市场出清的税前实际工资率在纵坐标上从$(w/P)_2$上升到$[(w/P)_2]'$。市场出清的劳动量在横坐标上从 L_2 下降至$(L_2)'$。

我们的主要结论是，预算赤字可以让政府改变劳动所得税率的调整时机，从而改变劳动投入与生产的时机。具体地说，为降低第一年的劳动所得税率融资的预算赤字促使人们重新调整工作与生产的时间模式——趋于在现期(第一年)而不是未来(第二年)生产。

15.5.3　资产所得税

预算赤字的效应取决于发生变化的税收类型。为举例说明,考虑第 14 章中研究的另一种形式的税收——按税率 τ_r 征收的资产所得税。现在假设第一年的预算赤字为削减资产所得税融资,从而使第一年的资产所得税率 $(\tau_r)_1$ 下降。未来年份的税收必须再次上升。我们假设只有第二年的资产所得税率 $(\tau_r)_2$ 上升。

第 14 章的结果告诉我们,第一年资产所得税率 $(\tau_r)_1$ 下降使第一年的税后实际利率 $[1-(\tau_r)_1] \cdot r_1$ 上升。家庭的反应是增加储蓄,减少消费。储蓄的增加导致第一年总投资 I_1 上升。因此,对于给定的实际 GDP(Y_1),第一年的消费 C_1 必然下降。在第二年,资产所得税率 $(\tau_r)_2$ 上升。产生的效应与第一年相反:家庭减少储蓄,增加消费。所以第二年的总投资 I_2 下降,消费 C_2 上升。相应地,我们看到,主要的影响是投资与消费的时机重新调整。投资从第二年移到第一年,而消费的时间方向相反。

在前面的例子中我们发现,劳动所得税率在时间上的变化造成劳动投入 L 和实际 GDP(Y)时机的变化。在目前的例子中,资产所得税率在时间上的变化造成消费 C 与投资 I 时机的变化。普遍的观点是,不管有预算赤字还是盈余,政府可以改变各种税率的时间路径,从而诱发经济活动各个方面 L, Y, C 和 I 时间路径的变化。在下一节,我们将探讨政府诱发经济活动时间路径变动是否有利。

15.5.4　税收的时机与税率的平稳化

我们发现预算赤字和盈余可以使政府改变税率的时间路径。然而,政府随意在某些年份调高税率,并在其他年份调低税率,并不是一件好事。这些税率的波动会造成不必要的经济扭曲,因为这向家庭发出了错误的信号,而这些信号决定了家庭对劳动、生产、消费和投资的时间模式的选择。幸运的是,政府通常不会反复无常地行事,而是用典型的方式管理公债,保持税率长期合理平稳。这种行为称为税率平稳化。这一短语表明即使出现了经济扰动,政府也会维持税率的稳定性。

税率平稳的一个例子涉及所得税率对经济波动的反应。在经济繁荣时政府的实际支出一般不会像实际 GDP 那样上升得那么多,而在衰退时也不会下降那么多。事实上,某些实际转移支付,诸如失业救济和家庭资助,以实际单位衡量,在经济繁荣时趋于下降,而在衰退时上升。因此,为了维持平衡的预算,政府就必须在经济繁荣时降低税率,在衰退时提高税率。但是政府未在繁荣时降低税率,也未在衰退时提高税率,因为政府一般会在繁荣时采取实际预算盈余,在衰退时实行实际预算赤字。

许多税制,诸如个人所得税,占 GDP 的一定比率,因此在经济繁荣时自动地多征税,在衰退时少征税。对于给定的税法,之所以出现这种倾向,是因为经济繁荣将纳税人推入较高的税率档次,而且抵扣额不因 GDP 的上升而增加。在衰退时相反的因素发挥作用。由于繁荣时自动实行预算盈余、衰退时实行预算赤字的倾向,经济学家有时估计:如果经济在"充分利用生产能力"或"充分就业"水平运行,预算赤字将是多少。对充分就业赤字的论述,参见 E. Cary Brown (1956)和经济顾问委员会的《总统经济报告》(1962,pp. 78-82)。

另一个例子是,在战时政府采购大幅高于正常水平。为维持平衡的预算,在战争时期税率必须格外得高。为避免出现战时异常高的税率,政府大都在战争期间实行实际预算赤字。通过这种方式,必要的税率提高随着时间的推移大致平均地分摊。为了给战争期间堆积起来的公债融资,税率在战争期间上升一点儿,在以后时期也提高一点儿。如图15-1 所示,这种战时的赤字融资可以在很大程度上解释英国公债的长期演变。

15.5.5 策略性的预算赤字

压缩政府规模需要减少财政支出和税收。但是,减税通常是一项较容易实施的财政政策。这种情况下,在保持政府支出不变的同时减税会导致预算赤字增加。一些经济学家认为,这些赤字以及随之而来的公共债务累积可能会产生抑制财政支出增长的政治压力。因此,长期来看,减税可能会成功地迫使政府总支出占 GDP 的比例小于原本会达到的水平。

这种预算赤字的观点产生了一种称为战略预算赤字的新理论。[①] 使用"战略"一词是因为模型涉及类似于博弈论中所分析的政治策略。为了解基本的理论,假设一个政府目前掌权并且倾向于小规模政府。假设本届政府认为最终将会由一个赞成大政府的政府来继任。现任政府如何能够影响未来不同政治游说下的政府官员选择相对较低的实际采购和转移支付水平?一个答案是实行预算赤字,这会导致公共债务占 GDP 比率较高。这笔巨额公共债务的融资使得未来政府在政治上难以选择高水平的购买和转移支付。

实践中的经济学 "令人不快的货币主义者的算术"

Thomas Sargent 与 Neil Wallace(1981) 分析了通胀税(即政府印制货币的收益)时机的变化产生的效应。他们的分析尤其适用于阿根廷和巴西这类政府收入严重依赖印钞机的国家。

假设政府为降低通货膨胀而降低当前的货币增长率。(参阅第 12 章中对货币增长与通货膨胀的讨论。)然而政府没有改变其当期或将来的实际采购与转移支付。而且假设政府不改变其以所得税或以其他税收形式征收的当期或将来的实际税收。在此情况下,印制货币所得的当期或将来实际收入的减少,必然与实际公债的增加——即与实际预算赤字的增加——相对应。如往常一样,实际公债增加意味着政府将来的实际税收的现值必定上升。然而,如果实际税收固定不变,将来的实际税收收入必定来自将来的货币创造。换言之,政府在改变通胀税的时机,现在少收税,以后多收税。将来货币创造的实际收入的上升意味着将来的货币增长率必然上升,即货币增长率甚至比开始时还要高。

由于未来的货币增长率上升,今天降低货币增长率,在长期来看对于降低通胀率并不成功。通货膨胀率在长期随着货币增长率的上升而上升。而且,如果人们预期将来的通

[①] 提出这一理论的有 Torsten Persson 和 Lars Svensson(1989),以及 Alberto Alesina 和 Guido Tabellini(1990)。

胀率还要高,当期货币增长率的下降甚至在短期也不能压低通货膨胀率。通胀率上升的预期会使今天的实际货币需求量减少,从而导致短期通胀率的上升。Sargent 与 Wallace 采用这种分析论证,认为通过降低货币增长率遏制通货膨胀的计划本身就不会成功。该计划必须是削减现期或未来政府实际采购,或提高现期或未来实际税收的财政计划的一部分。

15.5.6　预算赤字的标准观点

我们的均衡经济周期模型推导出了李嘉图等价,其意味着赤字融资的减税不影响实际 GDP 和其他宏观经济变量。许多经济学家不同意这一说法,并且预测预算赤字会提高实际利率并减少投资。可以对均衡经济周期模型进行合理的修正,从而得出更标准的预测吗? 我们在本节探讨了必要的修正,但并没有解决哪一个预算赤字理论正确的问题。最后,读者必须权衡理论与经验证据来断定何种方法最有说服力。

为引出主要问题,我们可以重新假设税收是一次性的来简化分析。均衡经济周期模型中的关键一点是,赤字融资的减税对家庭的选择没有任何收入效应。由于收入效应为零,用赤字融资的第一年实际税收 T_1 的削弱不改变消费 C_1。结果,家庭将第一年增加的实际可支配收入都储蓄起来了。由于实际 GDP Y_1 不变(因为劳动投入与资本服务保持不变),而且政府采购 G_1 不变,所以总投资 I_1 不变。

标准分析的出发点是,赤字融资的减税使家庭感到更富有了,因此有正的收入效应。我们先看看这些收入效应如何修正我们关于预算赤字的结论。然后我们考虑经济学家提出的关于为什么赤字融资的减税使家庭感到富有的论点。

由于赤字融资的减税使家庭感到更富有了,在标准分析法中消费 C_1 增加了。为了简化,假设劳动供给量固定不变;也就是说,我们忽略劳动供给的收入效应。在此情况下,劳动与资本服务的投入保持不变,并且实际 GDP Y_1 依然不变。对于给定的政府采购 G_1,由于 C_1 增加了,总投资 I_1 必然下降。所以,一个新的重要结论是预算赤字使投资减少了。

考察结果的另一种方法是,家庭对第一年实际可支配收入增加的反应是部分用于增加消费,部分用于增加储蓄。最重要的是,家庭不再将因减税而增加的全部收入用于增加储蓄。因此国民储蓄减少,减少的幅度相当于总投资 I_1 的减少幅度。

长期影响取决于政府是在第二年还清额外增加的实际公债,还是相反,让债务持久地处于高位。至于第一种情况,我们在前面的一个背景下假设第二年实际税收 T_2 增加的数额正好付清额外增加的公债。在此情景下,第二年的影响冲抵了第一年的影响,尤其是第二年的投资多了。第二年以后,实际公债恢复到原有水平,对资本存量没有任何长期影响。

作为第二种情况的一个例子,我们假设在另一个情景中,每年的实际税收 T_t 增加的额度刚好够支付每年增加的利息支出。在此情况下,实际公债存量持久地居于高位,而资

本存量 K 持久地低于其他情况下达到的水平。所以,未来的资本服务水平 κK 以及实际 GDP(Y)会低于原本应达到的水平。因此,实际公债的上升在长期将紧缩经济。[1] 这些对资本存量与实际 GDP 的长期负面影响有时称为"公债的负担"。[2]

在标准分析法中,长期资本存量 K 减少意味着(对于给定的劳动投入 L)MPK 的提高。MPK 的提高导致实际租赁价格 R/P 上升,这意味着实际利率 r 上升。因此,扩大公债规模在长期会导致 r 的上升。

为得到关于预算赤字效应的标准结论,我们必须假设减税使家庭感到更富有了。我们现在探讨这一假设的两个比较有说服力的论点。第一个涉及生命的有限性,第二个关系到信用市场的不完善性。

15.5.6.1 有限的生命

再次假设政府实行预算赤字,并将第一年的实际税收 T_1 削减 1 个单位。我们知道增加的未来实际税收的现值为 1 单位,与初始的减税额相同。然而,假设某些未来需要为公债融资的税收在很远的将来才会被征收——典型的第一年活着的人身故之后。在此情况下,第一年活着的人在其有生之年支付的未来税收的现值就不足 1 单位。因此这些人支付的实际税收的总现值减少了。

当人们的生命有限时,为什么预算赤字会使他们感到更富有?当代人实际税收现值减少的数额与下一代人实际税收现值增加的数额一致。人一出生就背负一定比率的税收用以支付增加的实际公债存量的利息和本金。然而这些人分享不到早年减税的好处。当代纳税人如果充分考虑到子孙们预期支付的税收的现值,就不会感到富有了。

预算赤字有效地使当代人能在未清偿债务的情况下离开人世,将债务——即公债——留给子孙后代。所以,如果人们认为政府跨代转移收入是合乎需要的,预算赤字就能使人们感到更富有。然而多数人已经有机会进行代际转移支付,并达到一个合意的程度。例如,父母以教育投资、家中其他支出和遗产的形式资助孩子。在其他方面——尤其在社会保障计划扩大之前——孩子向年老的父母提供支持。就这类个人的转移支付可以操作的程度而言,政府的预算赤字并未给一般的个人带来向他或她的子孙们攫取资金的新机会。因此,预计对公债上升的反应是,对个人的转移支付进行必要的数量上的变动,以恢复以前认为最优的代际收入平衡。在此情况下,即使人们不能永远活着,预算赤字也不会使当代的家庭感到更富有。因此,我们又回到了预算赤字对家庭没有收入效应的情景。

举一个具体的例子,假设一对已婚夫妇计划将现值为 50 000 英镑的一笔遗产留给孩子。然后假设政府实行预算赤字,这对夫妇的税收现值减少 1 000 英镑,但是其孩子的税收现值提高 1 000 英镑。我们的预测是,父母利用减税所得提高代际转移支付的现值,向孩子转移支付 51 000 英镑。额外的 1 000 英镑足以让孩子支付未来增加的税收。父母与

---

[1] 我们也可以考虑对劳动供给的负收入效应。这就是说,如果减税使家庭感到富有,人们会减少工作时间。

[2] 至于有关论述,参阅 J. Ferguson(1964)汇编的论文集。特别要留意 F. Modigliani 的论文"Long-Run Implications of Alternative Fiscal Policies and the Burden of National Debt"。

孩子于是回到政府实行预算赤字前的情景,结果享受同样数量的消费。

但是这类计算假设每个人都拥有大量的信息和很强的计算能力。从更现实的角度来看,我们应该承认预算赤字使家庭难以精确地估算他们及其后代未来承担的税负。然而,这种不确定性造成家庭系统性地低估预算赤字对将来税收的效应这一点并不明显。事实上,对收入不确定性增加的典型反应——在本例中由未来税收的不确定性造成——就是增加储蓄。这种预防性储蓄是为了防止出现一个比预期更糟糕的未来。这种行为意味着,当预算赤字增加 1 单位时,私人储蓄也许增加超过 1 单位。也就是说,对预算赤字的反应可能是国民储蓄增加——同标准观点相反。

15.5.6.2 不完善的信贷市场

到目前为止,我们一直假设私人债券的实际利率 r 等于政府债券的利率。由于家庭既可以发行私人债券,又可以持有债券,我们的模型假设家庭可以按与政府相同的实际利率 r 借款。但实际上信贷市场并没有那么完善。许多要借款的家庭不得不支付远高于政府的实际利率。如果人们没有抵押物(如住房或汽车),借款的利率会特别高。

信贷市场不完善时,一些家庭就会用高于政府利率的实际利率计算未来实际税收的现值。我们前面发现,由赤字融资的在第一年削减的 1 单位税收会导致未来实际税收的现值增加 1 个单位。但是,这是在我们采用政府的实际利率 r 计算现值时得到的结果。对于面临较高实际利率的家庭来说,未来实际税收的现值将少于 1 个单位。

举例说明,再次假设政府在第一年削减 1 单位实际税收。如我们前面的例子,假设政府在第二年提高税收,增加的税收足以支付 1 单位新购买的公债的本金和利息。如果政府的实际利率为 2%,第二年的实际税收增加 1.02 单位。为计算这些税款的现值,家庭不是用政府的实际利率,而是用家庭支付的实际利率折算这 1.02 单位。如果家庭采用实际利率,比如说 5%,结果为

$$第二年实际税收的现值 = 1.02/1.05 \approx 0.97$$

这样,家庭支付的实际税收的现值总的变化为

$$实际税收现值的变化 = 第一年的减税额 + 第二年增加的实际税收的现值$$
$$= -1 + 0.97$$
$$= -0.03$$

因此,第一年减税 1 个单位使实际税收总的现值减少了 0.03 单位。如果政府将公债的偿还推迟到第二年以后,这一效应会更大。

现在假设某些家庭(或企业)能很方便地获得信贷,所以采用与政府利率相同的实际利率计算未来实际税收的现值。对于这些家庭,赤字融资的减税依然没有改变实际税收总的现值。如果经济体是由面临与政府相同的实际利率的一部分家庭和面临较高的实际利率的一部分家庭组成时,会是什么情况?在这种情况下,对第一类家庭而言,赤字融资的减税没有改变实际税收的现值,对第二类家庭来说却降低了现值。因此总体而言,减税使家庭感到更富裕了。

在政府实行预算赤字时,为什么信贷市场的不完善在总体上会使家庭感到更富裕了?政府借助赤字有效地将钱贷放给家庭——如果第一年的实际税收下降 1 单位,贷款为 1

单位。然后政府通过在未来年份提高实际税收有效地收回贷款。这些贷款索取的实际利率，隐含地是政府所支付的债券利率。如果政府的实际利率低于家庭可以直接借款的利率，家庭认为这类贷款是划算的。这就是为什么对于采用较高实际利率计算现值的家庭来说税收实际总现值下降了。

隐含的假设是，政府采用的税制是向某些家庭贷放钱款的有效方式。也就是说，（通过减税）贷放资金，然后在未来（通过提高税收）收回这些贷款方面，政府优于私人机构，例如银行。如果政府在放贷方面的确表现优异，政府提供更多的贷款——在本例中，即政府实行更大的预算赤字，经济将更有效地运行。我们所说的更有效地运行，是指可利用的资源更好地配置到优先考虑的用途。这些用途也许是家庭由于以前缺乏好的信贷渠道而未实现的第一年的消费或投资。

最后，信贷市场的不完善可以为预算赤字影响经济找到理由。然而，结果不像传统分析的那样——在传统分析中，增加公债在长期导致资本存量水平与实际 GDP 下降。在信贷市场不完善的情况下，如果赤字能改善信贷配置，即如果赤字缓解私人信贷市场的某些不完善之处，预算赤字就重要了。换言之，预算赤字很有用，只是发挥作用的方式不如人意。因此，我们不能以此推论认为预算赤字和公债阻碍经济发展。

用数字说话　关于预算赤字对宏观经济影响的经验证据

传统分析的一个重要预测是，实际预算赤字会增加消费，减少国民储蓄与投资。随着时间的推移，投资的下降导致资本存量减少。资本存量减少意味着资本边际产量 MPK 上升，这导致实际利率 r 上升。

许多经济学家都认为预算赤字会减少国民储蓄和投资并提高实际利率。然而，这种理念并没有得到经验证据的有力支持。例如，Charles Plosser(1982,1987)和 Paul Evans (1987a,1987b)对一些发达国家的预算赤字对利率的影响进行了统计分析。他们的主要发现是，预算赤字对实际或名义利率没有显著影响。

尽管有众多经验研究，也证明很难得出关于预算赤字对消费、国民储蓄和投资的影响的确定结论。一个难点关系到因果关系的方向。如前所述，预算赤字常常是为应对经济波动与暂时性政府采购，例如战时采购，而出现。由于消费、国民储蓄和投资作为经济波动的一部分以及在战时往往变动很大，要将预算赤字对这些变量的影响分离出来非常困难。

由 Chris Carroll 和 Lawrence Summers(1987)进行的经验研究，通过比较美国与加拿大的储蓄率，避开了其中一些问题。在 20 世纪 70 年代初以前，两国的私人储蓄率比较接近，但之后就偏离开了；在 1983—1985 年(他们研究中的最后几年)，加拿大的储蓄率高出美国 6 个百分点。将宏观经济变量与税制的影响保持固定不变，Carroll 和 Summers 得出结论：预算赤字不影响国民储蓄。也就是说，加拿大较高的私人储蓄率正好冲抵了较高的预算赤字。这一发现与李嘉图等价一致。

以色列 1983—1987 年的经历，近似于为研究预算赤字与储蓄之间的相互作用提供了一次自然实验。在 1983 年,国民储蓄率为 13%,相对应的私人储蓄率为 17%,公共储蓄率为−4%(这里的公共储蓄包括公共投资)。在 1984 年,预算赤字的巨幅增加使公共储蓄率降至−11%。有趣的是:私人储蓄率上升至 26%,国民储蓄率变化很小,实际是从 13% 升至 15%。然后 1985 年的稳定计划消除了预算赤字,所以在 1985—1986 年公共储蓄率升至 0。同一时期私人储蓄率大幅下降,1985 年降至 19%,1986 年降至 14%。这样,私人储蓄的变化大致抵消了公共储蓄的波动,导致国民储蓄近乎平稳。所以这一经历与李嘉图等价相一致。

15.6　社会保障

在大多数发达国家,通过社会保障计划支付的退休福利相当可观。一些经济学家,例如 Martin Feldstein(1974),认为这些公共养老金计划降低了储蓄与投资。我们可以用均衡经济周期模型探讨这一观点。

当社会保障并非是一种全额基金支付制度时,认为社会保障影响储蓄的观点是适用的。在由基金设立的机构中,工人的缴付款积累在信托基金中,基金以后会提供退休福利。另一种方式是现收现支制度,这种制度下付给老年人的福利金来源于目前年轻人缴纳的税款。在这一背景下,当计划开始实施或扩张时,处于或接近退休年龄的人领取福利,而不用支付可比的税收现值。相应地,后代的成员(包括本书的大多数读者)缴纳按现值计算的超过其预期收益的税。在大多数国家,社会保障体系主要以现收现付的方式运作。

考虑现收现付系统中社会保障的经济影响。我们在此只关注收入效应,忽略我们在第 14 章探讨的税收与转移支付的替代效应。通常的论证思路如下。当一个社会保障制度开始建立或扩大时,老年人减去税收后的社会保障福利的现值上升。减去税收后的实际转移支付现值的上升对该群体的消费能产生积极的收入效应。

年轻人面对较高的税率,也可由预期较高的退休福利所抵消。这样,对该群体而言,减去实际税收后的实际转移支付的现值可能下降。然而,该现值下降的幅度没有目前的老年人现值的增幅大。为什么?因为目前年轻的一代可以通过向尚未出生的一代征税,为其将来的退休福利融资。所以目前年轻一代消费下降的幅度小于目前老年人消费增长的幅度。所以我们预计现期总消费会上升。或换一种说法,私人总储蓄下降。由于政府储蓄不变,国民储蓄下降。国民储蓄的减少在短期导致投资的下降,在长期造成资本存量减少。

对社会保障经济效应的这一分析,与我们前面对预算赤字传统分析的讨论可以相提并论。在这两种情况下,只有当人们忽略掉对后代子孙的不利影响时,总消费才会增加。具体地说,就现值而言,现收现付的社会保障计划规模的扩大,意味着子孙将承担超过他们将来退休后福利的税负。如果目前活着的人充分考虑到对子孙的这些影响,社会保障计划的收入效应就为零。

如同赤字融资的减税，多数社会保障使老年人能向子孙后代攫取资金。然而，也和之前一样，只有当人们既不向孩子转移支付，又不从孩子那儿得到什么时，他们才会看重这种变化。否则，人们对社会保障增加的反应是，改变私人的代际转移支付，而不是增加消费。例如在许多发达国家，社会保障的增加大大减少了孩子扶养年迈父母的倾向。

在实证层面，自20世纪70年代以来，关于社会保障与储蓄和投资的关联性争论不休。Martin Feldstein(1974)宣称社会保障对美国的资本积累产生严重的负面影响。可是，后来的调查研究人员认为这一结论缺乏依据。[①] 对大范围国家的实证分析，都没有得出令人信服的证据表明社会保障抑制储蓄和投资。

15.7　公开市场操作

将公债纳入均衡经济周期模型使我们能够分析公开市场操作。当中央银行（如英格兰银行）用新创造的货币购买债券（通常是政府债券）时，即发生公开市场购买。（在这种情况下，货币是指高能货币，它是流通货币与存款机构在中央银行的准备金的总和。）当央行出售债券收回货币时，即发生公开市场出售。这些公开市场操作是中央银行控制货币数量的主要方式。我们想知道这种改变货币数量的现实方式是否会导致与我们在第11章和第12章研究的不切实际的"直升机投放"不同的结果。

考虑公开市场购买，货币量 M 增加1英镑，以及政府债券的存量 B^g 减少1英镑。假设货币量后续不会再发生变化，即我们在探讨 M 的一次性增加。

表15-2表明，公开市场买入政府债券等于将我们已研究的两项政策结合起来。首先假设政府多印制1英镑货币，用这笔钱一次性减税1英镑，或将一次性转移支付提高1英镑。例如，政府可以用直升机投放1英镑——第11章、第12章中探讨的不现实的故事。这种变化在表中标为政策1。接着假设政府多征收一次性税收1英镑，或减少一次性转移支付1英镑，利用所得收入购买1英镑的政府债券 B^g。也就是说，政府提高了减去转移支付后的税收，从而有预算盈余。这些变化在表中称为政策2。我们如果将两种政策结合起来，发现货币量 M 上升1英镑，税收与转移支付保持不变，政府债券减少1英镑。这样，我们最终是在公开市场买入政府债券，在表中标为政策3。

表 15-2　公开市场买入政府债券　　　　　　　　　　　　　　　　单位：英镑

政府政策	货币 M 变化	政府债券 B^g 变化	税收 T 变化
1. 印制更多货币与减税	+1	0	−1
2. 提高税收与减少公债	0	−1	+1
3. 公开市场买入政府债券	+1	−1	0

注：政策3——公开市场买入政府债券——等于是我们已经研究过的政策1和政策2的结合。

我们由第11章知道，政策1——货币量 M 的一次性增加，用于一次性减税或增加一次性转移支付——会以与 M 上升相同的比例抬高物价水平 P。我们还知道，政策1对包

① 关于这一争论的综述，参见 Louis Esposito(1978)和 Dean Leimer and Selig Lesnoy(1982)。

括实际 GDP Y 与实际利率 r 在内的实际变量没有影响。我们从本章的分析中知道,政策2——由减去转移支付后的税收增加产生的预算盈余——不影响同一组实际变量。预算盈余也不影响物价水平 P,因为名义货币量 M 没有变化。因此,政策3——公开市场买入政府债券——的总效应为:P 以与 M 相同的比例上升,而该组实际变量不变。也就是说,公开市场买入与第 11 章、第 12 章探讨的不现实的"直升机投放货币"具有相同的效应。我们得出结论,这个不现实的故事给了我们一个合理而又简单的方法来评估货币与物价水平之间的关联。

 ## 小结

在本章我们允许政府借款,即通过发行债券实行预算赤字。政府预算约束包括进两个新项:公债的利息支出与发行新债得到的收入。

在我们的均衡经济周期模型中,预算赤字的变化不会产生收入效应。原因是:如果政府采购的路径不变,赤字融资的减税造成的未来增加的实际税收的现值与当期减税额相同。如果我们假设税收是一次性的,不存在收入效应意味着预算赤字的变动对一组实际变量没有影响,其中包括实际 GDP、消费、投资和实际利率。这一结果就是所谓的李嘉图等价——税收与预算赤字对经济有相等的效应。

预算赤字影响税收的时机,如果税收不是一次性的,这种时机就很关键。例如,通过预算赤字,政府可以降低今天劳动所得的税率,提高未来劳动所得税率。这一变化影响劳动投入与实际 GDP 的时间路径。在多数情况下,税率随着时间改变会造成经济中不必要的扭曲。所以要建议政府遵循税率平稳的政策,避免出现这些扭曲。这种政策使税率——如劳动所得税——保持稳定,不论出现什么经济波动与政府采购的暂时性变动,例如战时的变动。为平滑税率,政府在衰退与战争期间会实行预算赤字。

与税率平稳政策的一种偏离就是所谓的战略性预算赤字,说的是政府利用赤字或盈余影响未来政治当局对政府支出的选择。通过留下巨额公债,当期政府可以使未来的政府更难选择高额的采购与转移支付。

对预算赤字的标准观点假设:赤字融资的减税对消费有积极的收入效应。相应地,预算赤字倾向于增加消费,减少投资。在长期,公债的扩大导致资本存量缩小,实际利率上升。预算赤字的收入效应,常常用生命的有限性与私人信贷市场的不完善来解释。

我们分析了现收现付的社会保障制度和货币当局的公开市场业务。社会保障的扩大与赤字融资的减税类似。公开市场业务的效应与第 11 章和第 12 章探讨的不现实的"直升机投放货币"的效应相类似。

 ## 重要术语和概念

平衡的预算 balanced budget
预算赤字 budget deficit
预算盈余 budget surplus

公债负担 burden of the public debt

财政政策 fiscal policy

全额基金支付制度 fully funded system

国民储蓄 national saving

公开市场业务 open-market operations

现收现付制度 pay-as-you-go system

公债 public debt

公共投资 public investment

李嘉图等价定理 Ricardian equivalence theorem

战略性预算赤字 strategic budget deficit

税率平稳化 tax-rate smoothing

 # 问题和讨论

A. 复习题

1. 简要比较政府债务的传统观点与李嘉图的观点。在假设和结论上两者的主要区别是什么？

2. 在何种情况下公开市场业务是中性的？

3. 假设政府宣布次年将降低劳动所得税税率。这一决定对当期的劳动供给量有什么跨时期替代效应？

B. 讨论题

4. 社会保障与资本存量

假设政府引入新的社会保障计划，将在所覆盖的人退休时付款。

a. 你预计这会对资本存量 K 有什么长期影响？

b. 你对问题 a 的回答如何取决于社会保险计划是全额基金支付的还是现收现付的？（在全额基金支付计划中，工人向信托基金付款，基金然后用于支付福利。现收现付制度对当前的工人征税，用于向当前的退休人员支付福利。）

5. 预算赤字的收入效应

假设在第一年政府削减当期的一次性税收并实行预算赤字。假设实际公债在未来保持不变。而且政府对商品与服务的采购 G 或实际转移支付 V 没有任何变化。分析政府减税的收入效应。在下列情形下，这一效应分别是怎样的？

a. 有限的生命。

b. 无子女的人。

c. 不确定谁将支付将来的税收。

d. 政府在将来增加印制货币而不是将来多征税的可能性。

e. 私人信贷市场不完善。

第六部分

货币与经济周期

中级宏观经济学

Intermediate Macroeconomics

第**16**章

货币与经济周期Ⅰ：价格错觉模型

到目前为止，我们的宏观经济模型强调实际因素，例如技术变革，是经济波动的根源。政府可以通过改变其对商品与服务的采购以及税率影响实际变量，但是几乎没有证据表明，这些财政行为是经济波动的主要根源。很多经济学家认为货币冲击——主要由货币当局造成——是这些经济波动的主要原因。我们在本章通过研究价格错觉模型来开始分析货币效应。

16.1 均衡经济周期模型中的货币效应

我们应通过回顾关于均衡经济周期模型中名义变量与实际变量之间相互作用的结论来开始进行研究。第 11 章的一个结论是，名义货币量 M——我们的模型中解释为货币——的一次性变动是中性的。这一变动导致名义变量，如物价水平 P、名义工资率 w，等比例地作出反应。实际变量，包括实际 $GDP(Y)$、就业 L 和实际利率 r，都不变。

我们在第 12 章中发现，名义货币量的持续性变化会影响通货膨胀率 π，进而影响名义利率 i。i 的变动会影响实际货币需求量 $D(Y,i)$，继而影响实际货币量 M/P。这些变化有实际的影响，因为 π 与 i 的上升促使人们为节省实际货币持有量 M/P 而花费较多的时间与其他资源。通货膨胀的上升导致更多的资源被花在交易成本上了。我们如果扩展模型加入变动物价的成本，就会发现通货膨胀的上升会提高这些成本。然而，交易成本与变动物价的成本在常规时期并不重要，不足以对实际 GDP 产生显著的影响。

虽然货币是中性的，至少是近似中性，但我们可以用第 11 章中的模型推导出实际变量与名义变量之间实证关联的含义。在我们的均衡经济周期模型中，技术冲击影响实际 $GDP(Y)$ 和名义利率 i，从而影响实际货币需求量 $D(Y,i)$。典型的情况是，实际货币需求量在繁荣时上升，在衰退时下降（因为 Y 的影响超过 i 的影响）。如果名义货币量 M 对实际需求量的变化没有反应，物价水平 P 与 $D(Y,i)$ 的变动方向相反。所以，模型预测 P 是逆周期的——繁荣时低，衰退时高。如果货币当局想要稳定物价水平 P，它应该调整名义货币量 M，以与实际需求量 $D(Y,i)$ 的变动保持平衡。在这种情况下，M 是顺周期的。

16.2　价格错觉模型

经验证据表明,货币不像我们的均衡经济周期模型所预测的那样是中性的。价格错觉模型为货币的非中性提供了一个可能的解释。[①] 在该模型中,家庭有时会将名义价格与工资率的变化错误地解读为相对价格与实际工资率的变化。所以,货币冲击——这影响到名义价格和工资率——最终会影响到实际变量,例如实际 GDP 和就业。

16.2.1　具有货币非中性效应的模型

该模型保留了我们的均衡经济周期模型的大部分特点。我们仍然保持劳动和资本服务的供给函数与需求函数背后的微观经济学基础。我们继续假设价格——商品的价格、工资率和租赁价格——快速调整至市场出清。然而,与之前的重要不同是:家庭对经济体中的价格有不完全的当期信息。例如,一个工人可能知道他或她目前的工资率和近期购买的商品的价格。但是工人对其他工作可获得的工资率、久远的过去的商品价格等的精确信息几乎不了解,甚至一无所知。

价格错觉模型通常聚焦劳动市场。我们在第 9 章的图 9-13 中分析了这一市场;图 16-1 复制了这一分析的主要部分。回顾一下,实际工资率 w/P 的上升使劳动需求量 L^d 下降。这一需求来自生产者(拥有并经营企业的家庭),他们向工人支付工资率 w,出售商品时面临物价水平 P。

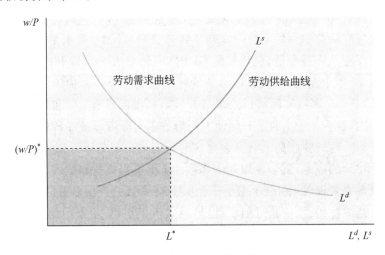

图 16-1　劳动市场的出清

注:本图复制了我们在第 9 章的图 9-13 中对劳动市场的分析。实际工资率 w/P 下降使劳动需求量 L^d 增加。w/P 上升使劳动供给量 L^s 增加。实际工资率为 $(w/P)^*$,劳动量为 L^* 时,市场出清。

实际工资率 w/P 的上升,使工作对家庭的吸引力更大。因此,图 16-1 显示出 w/P

---

① 该模型源自 Milton Friedman(1968c)和 Edmund Phelps(1970)。Robert Lucas 后续也做出了贡献,参见其文章合集 Lucas(1981)。关于 20 世纪 70 年代主要研究的概览,参见 Ben McCallum(1979)。

的上升使劳动供给量 L^s 增加。更精确地说，我们在第 9 章发现劳动供给曲线的斜率取决于替代效应与收入效应之间的平衡。w/P 上升产生的替代效应促使人们减少闲暇时间——从而增加工作——和增加消费。w/P 提高的收入效应促使人们增加闲暇时间——从而减少工作——和增加消费。所以如图 16-1 所示，如果替代效应超过收入效应，劳动供给曲线的斜率为正。

现在我们要考虑经济体中当前有关价格的信息的不完备。考察实际工资率 w/P 对劳动需求量 L^d 的影响。劳动的需求方为雇主。我们可以合理地假设雇主拥有当前付给雇员的名义工资率 w 的精确信息。对于物价水平 P，重要的是雇主为自己的产品标出的价格。这就是说，雇主将比较由 w 给定的名义劳动成本与出售其商品或服务得到的名义金额 P。[①] 我们可以合理地假设，雇主对他或她自己产品当前的价格有精确的信息。所以，决定劳动需求量 L^d 的实际工资率为实际值 w/P。因此，我们没有必要修正图 16-1 中画出的劳动需求曲线。

现在考察对于劳动供给 L^s 很重要的实际工资率。劳动的供给者为工人。对工人来说，相关的名义工资率 w 是他从雇主那儿得到的金额。我们可以再次合理地假设，工人对他或她自己当前的 w 有精确的信息。然而对物价水平 P 而言，有关的变量是一篮子市场商品的价格。这些商品将在不同的时间在许多地点被人们购买。所以，一个工人一般来说缺乏关于其中某些商品价格的准确信息。为考虑进这一情况，我们用 P^e 表示工人预期的一篮子市场商品的价格。决定劳动供给量 L^s 的实际工资率是 w 与该预期价格的比率，即 w/P^e。

再次考察名义货币量 M 增加的效应。在第 11 章，我们发现名义工资率 w 和物价水平 P 随 M 的增加等比例上升。但是在图 16-1 中，M 的增加不改变市场出清的实际工资率 $(w/P)^*$ 和市场出清的劳动投入量 L^*。$(w/P)^*$ 与 L^* 不变与第 11 章的结果一致：M 的变动是中性的，即它不影响任何实际变量。

然而，考虑一下，当工人不理解名义工资率 w 的上升源于使所有名义数值（包括物价水平 P）膨胀的货币扩张时，会发生什么？相反每个工人可能会认为 w 的上升是他或她的实际工资率 w/P 提高了。察觉到的实际工资率是 w 与预期物价水平 P^e 的比率。如果预期物价水平 P^e 的上升比例小于 w，这一比率 w/P^e 上升。如果 w/P^e 上升，工人会增加劳动供给量 L^s。

举例来说，假设初始名义工资率 w 为每小时 10 欧元，物价水平为 $P = 1$，这样，初始的实际工资率 w/P 为每工作小时 10 单位商品。假设 w 增加一倍至每小时 20 单位商品。作为工人，你对此变化作出什么反应？如果 P 仍然为 1，w/P 就上升到每小时 20 单位商品，工作更多小时就有吸引力了。然而，如果 P 也上涨一倍，从而 $P = 2$，实际工资率 w/P 仍是每工作小时 10 单位商品。在此情况下，你就没有理由多工作。

如果工人没有马上观察到真实的物价水平 P，对升高后的名义工资率 w 的估计就取决于预期物价水平 P^e 的变动。如果 P^e 起初为 1，然后上升但仍小于 2，察觉到的实际工

---

① 雇主也关心其他生产投入的价格，包括用于支付资本服务的名义租赁价格 R。在更一般的模型中，另一个重要的投入价格是能源价格。我们假设雇主知道所有这些投入的价格。

资率w/P^e提高了,工人将提供更多劳动。如果P^e上升至2——即如果工人认为w的上升正是一般通货膨胀的信号——w/P^e不变,劳动供给也不变。

为用图形分析新的效应,我们可以采用图16-2,它是对图16-1的修正。劳动需求曲线L^d和以前一样,因为雇主根据真实的实际工资率w/P决定他们的劳动需求量。

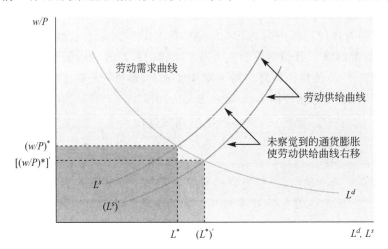

图 16-2　未察觉到的通货膨胀对劳动市场的影响

注:给定w/P,对劳动供给者(雇员)来说,P/P^e的上升提高了w/P^e。因此,劳动供给曲线从L^s右移至$(L^s)'$。我们的结论是未察觉到的通货膨胀会增加劳动投入——从L^*增至$(L^s)^*$,并且降低实际工资率——从$(w/P)^*$降至$[(w/P)^*]'$。

图16-2中的劳动供给曲线与之前的不同,因为察觉到的实际工资率w/P^e决定劳动供给量。为理解新的劳动供给曲线,我们可以利用条件:

$$w/P^e = (w/P) \cdot (P/P^e) \tag{16-1}$$

该方程意味着,对于给定的真实的实际工资率w/P,P/P^e的上升提高了察觉到的实际工资率w/P^e。换言之,如果工人低估了物价水平,所以$P^e < P$,他们一定会高估他们的实际工资率,即$w/P^e > w/P$。

为了了解价格错觉如何影响劳动市场,假设开始时$P = P^e$成立,从而$w/P^e = w/P$。图16-2中的劳动供给曲线L^s即表示这种情况。同往常一样,沿着这条曲线,w/P上升会使劳动供给量L^s增加。

如第11章那样,假设名义货币量M的上升提高了物价水平P。如果家庭只是部分地觉察到P的上升,P^e就以小于P的比例上升。结果P/P^e上升,方程(16-1)意味着对于给定的w/P,w/P^e上升。所以,在任何给定的w/P下,劳动供给量比之前多了。我们用新的劳动供给曲线——标为$(L^s)'$——显示这一结果。这条曲线位于原来曲线L^s的右边。由于价格错觉,在给定的w/P,P上升使劳动供给量增加。[1]

---

① 与工人预期在来年得到的名义工资率w^e相比,名义货币量M的增加也可能提高名义工资率w。如果工人认为w的变化是暂时的,就会出现这种效应。w/w^e的上升通过跨时期替代效应增加现期的劳动供给L^s。也就是说,察觉w暂时提高时,工人大量增加工作时间,而在觉得w低于平常水平时,工作相对地少。这种跨时期替代效应强化了这一结果:M的上升导致劳动供给量增加。

在初始情况下 $P=P^e$，图 16-2 中的劳动力市场在实际工资率为 $(w/P)^*$，劳动投入量为 L^* 时出清。物价水平上升未被察觉时，市场在较低的实际工资率 $[(w/P)^*]'$ 与较多的劳动投入 $(L^*)'$ 处出清。因此，名义货币量 M 的增加造成的物价水平上扬未被察觉时，会影响到实际经济，因此货币是非中性的。具体地说，M 上升使劳动投入量 L 增加。

劳动投入 L 的增加导致生产的扩张。也就是说，根据以下生产函数，实际 GDP（Y）增加了：

$$Y = A \cdot F(\kappa K, L) \tag{16-2}$$

其中，κK 为资本服务数量（资本利用率 κ 与资本存量 K 的乘积）。对于给定的 κK，L 的上升意味着 Y 的增加。

同往常一样，我们假设资本存量 K 在短期是固定的。但是在价格错觉模型中，货币 M 的增加趋向于提高资本利用率 κ。因为劳动投入 L 的增加趋向于提高资本服务的边际产量 MPK。MPK 的提高造成对资本服务的需求增加。如第 10 章所述，需求的增加提高了实际租赁价格 R/P，并且（通过提高 κ）使资本服务数量 κK 增加。在式（16-2）中，κK 的扩张进一步提高了实际 GDP Y。

16.2.2　货币在长期内是中性的

在价格错觉模型中，短期与长期之间的区别在于预期物价水平 P^e 在长期内向真实的物价水平 P 调整。在图 16-2 中，名义货币量 M 的上升在短期内使劳动投入 L 增加；P^e 的上升幅度小于 P，从而劳动供给曲线向右移动。然而，随着时间的推移，家庭了解到它们低估了 P 的升幅，P^e 相应地上升。如图中所示，P^e 的上升使劳动供给曲线回移。也就是说，对于给定的 w/P，现在 w/P^e 下降了，劳动供给曲线移回左边。

最终，当 P^e 按与 P 相同的幅度上升时，图 16-2 中的劳动供给曲线回到原来的位置 L^s。因此，实际工资率 w/P 和劳动投入量 L 恢复到初始值 $(w/P)^*$ 和 L^*。我们的结论是，名义货币量 M 的增加对这些实际变量的影响只是暂时的。在长期内，M 的上升并不会使实际变量发生改变。在此情况下，物价水平 P 和名义工资率 w 以与 M 相同的比例上升。我们的结论与第 11 章中的一样：在长期内货币是中性的。

16.2.3　只有未察觉到的通货膨胀影响实际变量

价格错觉模型的一个重要结论是，只有未察觉到的物价水平 P 的变化才会影响劳动投入 L 和实际 GDP（Y）。我们在短期内发现的非中性影响取决于真实物价与预期物价的比率 P/P^e 的上升幅度。这一变化使工人认为，被察觉为 w/P^e 的实际工资率上升了，并且相应地导致劳动供给曲线右移，如图 16-2 所示。

相反，假设名义货币量 M 的增加使预期物价水平 P^e 在短期内以与真实的物价水平 P 相同的幅度上升。在此情况下，货币的变化是中性的，与我们发现的长期的情况相同。原因是，当 $P^e=P$ 时，工人们知道他们名义工资率 w 的上升是源于名义货币量 M 与物价水平 P 的普遍上升，而不是他们的实际工资率 w/P 的上升。

举例而言，考察一下第 12 章中分析的长期通货膨胀。在此情景中，物价水平 P 随时间而上升。可是预期到的那部分通货膨胀——第 12 章探讨的那部分——表示 P^e 随着 P

一起变动。所以,在价格错觉模型中,这部分被预期到的通货膨胀不会影响劳动投入 L 和实际 GDP Y。

我们得到关于系统性货币政策的一个类似的结果。假设货币当局为应对衰退企图通过印制大量货币缓解经济波动。在价格错觉模型中,只有在经济疲软时,真实的物价水平 P 系统性地超过其预期水平 P^e,这项政策才能取得预想的实际效果。这类政策难以设计;在衰退时期货币当局就得不时地欺骗人们,使他们认为物价水平 P 低于真实的水平。也就是说,预期 P^e 系统性地滞后于 P 的变化。这种系统性骗局与第 12 章介绍的理性预期理念不一致。[①] 如果人们合理地形成物价水平预期 P^e,这些预期很容易就会考虑到一些可识别的趋势,比如为应对衰退名义货币量 M 与物价水平 P 上升的趋势。这些修正的预期趋向于消除系统性货币政策的实际效果。[②] 这就是说,即使在短期,我们也回到了名义货币量 M 的变化是中性的情景。

除了系统地欺骗工人比较困难外,还存在货币当局为什么要以这种方式欺骗工人的问题。一种可能是中央银行有不一样的偏好;即中央银行试图追求与消息灵通的家庭自愿选择不同的结果。然而我们不必依赖于中央银行有独特的偏好。在某些情况下,如果每个人被欺骗着去多工作、多生产,实际上经济也许会运行得更好。为得出这样的结果,我们就得假设从社会的角度看,劳动投入太少,从而造成实际 GDP(Y)太低。诸如由所得税和福利计划造成的经济中的扭曲可以导致这一结果。在这些情况下,如果货币当局能诱骗所有的工人和生产者提高 L 和 Y,也许可以使每个人生活得更好。这样,即使货币当局有正常的偏好,也可能被激励着将 P 抬高至 P^e 以上。可是即使有造成物价水平不被察觉地上涨的基础,仍然存在以现行的政策进行这种欺骗是否可行的问题。

相对于系统性政策,货币当局通过肆意妄为,也一定能造成物价水平 P 不知不觉的变化。如通过随机地在某些时候印制大量货币 M,其他时候很少印制,货币当局可能造成物价水平 P 的不稳定。在此情况下,真实与预期物价之比 P/P^e 就会起伏不定。P 有时高于 P^e 有时低于 P^e。这种波动会造成劳动投入 L 和实际 GDP(Y)的波动。所以反复无常的货币政策有实际影响,因而不是中性的。可是这种“货币政策”不会趋于改善经济的运行。

罗伯特·卢卡斯(Lucas,1973)认为,对货币冲击——即名义货币量 M 的变化——的反应程度,取决于一国货币政策历史上是稳定还是动荡的。在货币不稳定的背景下,例如许多拉美国家的情况,家庭倾向于认为观察到的名义工资率 w 与物价 P 的变动是普遍通货膨胀的反映。结果,货币扩张通常不能蒙骗工人,使他们认为其实际工资率 w/P 上升了。因此,在拉美类型的环境中,货币冲击对劳动投入 L 和实际 GDP(Y)的影响往往非常微小。

相比之下,在货币稳定的背景下,例如 20 世纪 80 年代中期以来的美国和许多发达国家,家庭更可能认为观察到的名义工资率 w 与物价 P 的变动代表了实际工资率和相对物

---

① 亚伯拉罕·林肯的观点与之有关,“你可以蒙骗所有的人一时;你甚至可以蒙骗一些人一世,但不能永远蒙骗所有的人”(引自 Alexander McClure,1901,p.124)。不幸的是,对林肯是否作过这一著名的演讲有争议。

② 这一结论称为系统性货币政策不相关结果。至于最早的出处,参见 T. Sargent 和 N. Wallace(1975)的著作。Ben McCallum(1979)做过有趣的论述。

价的变动。因此,货币冲击对劳动投入 L 和实际 GDP(Y)往往有显著的影响。总之,卢卡斯货币冲击假说可以总结为：给定货币冲击力度的实际效果越显著,基本的货币环境就越稳定。

卢卡斯假说获得了"二战"后跨国研究的经验支持。[①] 首先,这些研究证明在许多国家货币冲击(以未预期到的货币总量变动衡量)与实际 GDP 有正向关系。其次,正如理论所预测的,随着一国的货币增长率与通货膨胀率变得越来越难预料,这一关系的强度逐渐减弱。在货币增长与通货膨胀合理稳定的国家,货币冲击与实际 GDP 被证明存在显著正向关系。至于像阿根廷和巴西这样的国家,货币增长与通货膨胀剧烈变化,货币冲击与实际 GDP 之间几乎没有关系。

16.2.4　对经济波动的预测

在均衡经济周期模型中,我们设想经济波动源于对技术水平 A 的冲击。然后我们为几个宏观经济变量找到预期的周期性模式。表 16-1 第一行总结了对以下五个变量的预计值：名义货币量 M,物价水平 P,劳动投入量 L,实际工资率 w/P,劳动的平均产量 Y/L。回顾一下,如第 11 章中分析的那样,由于名义货币量的内生变动,M 是顺周期的。同样如第 11 章所讨论的,对于给定的 M,物价水平 P 是逆周期性的。L、w/P 和 Y/L 的顺周期性可由第 9 章和第 10 章的分析得出。这五个变量的预期周期性与表 16-1 第三行总结的经验观察相符。然而,数据中 M 和 Y/L 只是弱顺周期性的。

表 16-1　两个模型中宏观变量的周期性模式

	名义货币量 M	物价水平 P	劳动投入 L	实际工资率 w/P	劳动平均产量 Y/L
1. 均衡经济周期模型	顺周期	逆周期	顺周期	顺周期	顺周期
2. 价格错觉模型	顺周期	顺周期	顺周期	逆周期	逆周期
3. 经验观察	顺周期(弱)	逆周期	顺周期	顺周期	顺周期(弱)

注：表格列出了五个宏观经济变量在三种背景下的周期性。第一个是均衡经济周期模型,对技术水平 A 的冲击引起经济波动(在第 9 章至第 11 章中叙述)。第二个是本章的价格错觉模型,因对名义货币量 M 的冲击引起的经济波动。第三个是第 9 章和第 11 章的经验观察。

现在我们采用价格错觉模型得出对宏观经济变量周期性的预测。在分析中,我们设想经济波动源于货币冲击,即名义货币量 M 的外生变化。

在价格错觉模型中,名义货币量 M 的增加提高了物价水平 P 和名义工资率 w。P 与预期物价水平 P^e 比率的上升使劳动供给曲线右移,如图 16-2 所示。这一移动使劳动投入 L 增加,实际工资率 w/P 下降。L 的增加趋向于提高资本的边际产量 MPK。MPK 的上升会通过提高资本利用率 κ 来使资本服务的投入 κK 增加。

生产函数依然由下式给出：

[①]　参阅 Robert Lucas(1973)、Roger Kormendi 与 Phillip Meguire(1984),以及 Cliff Attfield 与 Nigel Duck(1983)的著作。

$$Y = A \cdot F(\kappa K, L) \tag{16-2}$$

技术水平 A 没有变化。所以，L 与 κK 的上升意味着实际 GDP(Y)增加了。对于给定的生产函数与给定的 κK，L 上升使劳动边际产量 MPL 递减。劳动的平均产量 Y/L 也随着 L 的上升趋向于下降。因此，我们预计伴随 Y 的上升 Y/L 下降。[①]

表 16-1 第二行总结了价格错觉模型得出的关于五个宏观经济变量的预测。名义货币量 M 和劳动投入 L 的顺周期模式与均衡经济周期模型预计的结果相同，与数据也是相符的。物价水平 P、实际工资率 w/P 和劳动的平均产量 Y/L 显示出与均衡经济周期模型的差别。价格错觉模型预计 P 是顺周期的，而 w/P 与 Y/L 是逆周期的，这与事实不符。这些差异表明，通过在价格错觉模型中分离出来的途径起作用的货币冲击，不可能是经济波动的主要根源。

借助包含两种冲击——一是对技术水平 A 的冲击，二是对名义货币量 M 的冲击——的更丰富的模型，我们可以做得更好。在此背景下，物价水平 P 是逆周期的；如果 A 的变动通常是经济波动的主导性根源，实际工资率 w/P 和平均劳动产量 Y/L 是顺周期的。但是货币冲击也会出现。最重要的是，这一综合的模型预计货币是非中性的。

从数据中可以看出名义货币 M 是弱顺周期的。(M1 和 M2 之类的广义货币总量比货币和基础货币之类的狭义货币总量的顺周期性更为明显。)均衡经济周期模型与价格错觉模型提供了可供选择的对这种模式的解释。均衡经济周期模型说 M 是顺周期的，因为中央银行想稳定物价水平 P。这一目标使 M 内生地朝着与实际货币需求量 $D(Y,i)$ 相同的方向运动，而 $D(Y,i)$ 的运动方向趋向于与实际 GDP(Y)相同。价格错觉模型说，外生的、出乎预料的 M 的上升使 P 的升幅超过预期，从而提高实际 GDP(Y)。

虽然在两个模型中名义货币量 M 都是顺周期的，但因果方向却相反。在均衡经济周期模型中，实际 GDP(Y)是因，M 是果。换言之，货币是内生的。在价格错觉模型中，M 外生的(未预计到的)的变化是因，Y 是果。因此，为区分这两种说法，我们必须看到名义货币与实际 GDP 的周期性部分之间的关系不只是正相关的关系。这种周期性模式与两个模型都相符，两者难以区分。

16.2.5　关于货币冲击的实际影响的经验证据

16.2.5.1　弗里德曼与施瓦茨的《货币史》

对货币与产出之间相互作用的一项经典研究，是由米尔顿·弗里德曼与安娜·J.施瓦茨做出的。米尔顿·弗里德曼与安娜·J.施瓦茨(Milton Friedman and A J. Schwartz, 1963)分析了 1867 年至 1960 年美国的货币政策，同时他们两人还在 1982 年分析了 1875 年至 1975 年的英国货币政策。他们的研究首先考虑了名义货币量变化的历史根源，然后探讨这些变化与经济活动变化的相互作用。他们的主要结论为(p. 676)：

"我们经过对将近一个世纪的情况的详尽探讨发现：

---

① κK 的上升会冲抵 MPL 的下降。然而，为增加劳动需求量，实际工资率 w/P 在总体上必须下降。所以 MPL——均衡时等于 w/P——总体上一定要下降。一般来说，伴随 MPL 的下降劳动平均产量 Y/L 降低。

（1）货币存量变动的趋势与经济活动、货币收入和物价的变化密切相关。

（2）货币变动与经济变动之间的相互关系高度稳定。

（3）货币变动常常有独立的起因；它们不只是经济活动变化的简单反映。"

前两点实质上是说名义货币总量是顺周期的。我们已发现这一特性，尽管这种关系没有弗里德曼和施瓦茨所说的那么牢固或稳定。然而最重要的是第三点，即货币总量顺周期性不能完全由内生货币来解释。弗里德曼与施瓦茨通过分离出主要外生变量引起的名义货币量变化的历史事件，提出了他们的第三点。总之，弗里德曼与施瓦茨令人信服地表明，M 的外生变动有时会对实际经济活动造成显著影响。这些发现支持了价格错觉模型。

16.2.5.2　未预期的货币增长

Barro（1981）试图通过构建对未预期货币增长的度量，分离出货币冲击对实际经济活动的影响。第一步是估计预期的货币增长，采用了一组解释变量来决定可由历史模式预计的货币增长率（以 M1 作为货币的定义）。解释变量包括政府开支和经济周期的指标（基于失业率）。然后通过实际数值和预期数值的差值，来决定不可预期的货币增长率。Barro（1981）发现未预期的货币增长在一年或一年以上的时期内提高了实际 GDP。在一个相关的研究中，Ben Broadbent（1996）观察到，通过出人意料的物价水平 P 的变动，未预期到的货币增长与实际 GDP 之间存在正相关关系。这是价格错觉模型中分离出的一个途径。

未预期的货币增长的结果类似于我们在第 11 章中的结论：名义货币总量的周期性部分至少是弱顺周期的。也就是说，未预期到的货币增长与货币增长的周期性部分相类似。问题是，未预期到的货币增长或货币的周期性部分与实际 GDP 之间的正向关系，并没有令人信服地分离出从名义货币 M 到实际 GDP 的因果关系。即使 M 的变化先于 Y 的变化（正像某些经济学家所发现的），我们也不能确定因果的方向。货币当局可能是为了应对预期的 Y 的未来变化来调节 M，即货币的变动仍然是内生的。

16.2.5.3　克·罗默和戴·罗默论货币政策

在弗里德曼与施瓦茨（1963）的历史性分析的推动下，克里斯蒂娜·罗默与戴维·罗默（Christina Romer and David Romer，2003）首创性地采用所谓"叙述方法"企图分离出外生的货币冲击。他们通过考察美联储的联邦公开市场委员会（FOMC）会议期间联邦基金利率目标的变化，衡量这些冲击。这是美联储严密监控的隔夜名义利率 i。在短期内，联邦基金利率随着货币的紧缩而上升。这种紧缩一般表现为诸如货币、基础货币和 M1 之类货币总量的增长率的下降。两位罗默估计了美联储联邦基金利率目标的变化与美联储对通货膨胀和实际 GDP 预测之间的关系。他们然后以基金利率目标的实际变化同他们估计的关系所预料的变化之间的差额，衡量货币冲击。他们发现未预期到的联邦基金利率的上升倾向于减少实际 GDP，而未预期到的下降倾向于提高实际 GDP。最近 Cloyne and Hürtgen（2016）的一项研究以英格兰银行的数据运用这个"叙述方法"，得出了货币政策对英国经济的相似影响。

两位罗默"叙述方法"的一个不足之处在于，没有清晰地将货币政策的外生部分分离出来。就像 Barro（1981）构建的未预期到的货币增长，新的量度——实质上为未预期到的联邦基金利率的走势——或许能捕捉到货币政策对过去或预期的未来实际经济变量变动作出的反应。这样，构建的货币政策冲击与实际 GDP 的相关性仍然反映出实际经济活动对货币变量的逆效应。

16.2.5.4　简短的回顾

在这一点上，经验证据表明正面的货币冲击趋向于扩张实际经济，而负面的货币冲击趋向于紧缩实际经济。可是证据并未 100% 囊括在内，因此我们肯定缺少对这种关系强度的可靠估计。

实践中的经济学　关于物价的不完全的信息：这重要吗？

价格错觉模型的一个关键假设是家庭没有立即观察到整个经济体范围内的物价水平 P。如果家庭总是知道当前的 P——也许是因为他们定期查阅有用的指数，例如消费者价格指数（CPI）——他们就不会对实际工资率的变动感到困惑。尤其是，察觉到的物价水平 P^e 就会一直接近于真实的数值 P。所以察觉到的实际工资率 w/P^e 也一直接近于真实的 w/P。于是，模型预计货币冲击接近于中性。

事实上家庭可以很快看到消费者价格指数——滞后 CPI 一个月。当然，大部分人不会费神定期监控这一指数。但是可以推断，他们之所以不关注这类信息，是因为在稳定的经济体中，密切关注一般物价水平并非十分重要。

可得的价格指数不太有用的一个原因是每个家庭关心的是不同的货物篮子，而这些都与构建指数的一篮子货物有所区别。那么，为了保持物价信息的有效，家庭需要从各种各样的地方采集详细的样本。由于这样做成本高昂，家庭有时会错误解读自己看到的物价和工资率。然而这种论点不能解释为什么一般物价水平的变动重要到足以造成劳动供给决策的重大失误。毕竟，一个相对小的投资（查阅公开的价格指数）就足以消除名义价格和工资率普遍上涨造成的错误。

底线是，对一般物价水平的忽视也许可以解释对相对物价与实际工资率轻微而短暂的判断失误。然而不大可能出现严重而又持久的失误。错误信息以及因此做出关于劳动供给的错误决定的成本，相对于收集一般物价水平必要信息的成本来说，似乎是高得离谱。

这一观点表明，价格错觉模型背景下的货币冲击，只能解释观察到的经济波动的一小部分。这个结论强化了我们关于某些关键宏观经济变量（特别是物价水平 P 和实际工资率 w/P）周期特征的发现。如果货币冲击与价格觉察失误非常重要，我们就预测 P 顺周期，而 w/P 逆周期。然而，如表 16-1 所示，数据表明 P 是逆周期的，而 w/P 是顺周期的。

16.2.6　实际冲击

我们现在探讨价格错觉如何影响我们之前对技术水平 A 的冲击——均衡经济周期模型假设的主要扰动——的分析。从第 9 章至第 11 章，我们知道 A 的上升使实际 GDP Y 增加，却降低了物价水平 P，至少在货币当局保持名义货币量 M 不变时是如此。相反，A 下降会使 Y 减少，P 提高。

在均衡经济周期模型中，我们假设家庭对物价水平 P 有精确的现期信息。如价格错觉模型中一样，我们现在假设预期物价水平 P^e 滞后于真实的物价水平 P。例如在繁荣时期 P 下降时，P^e 的降幅小于 P。从而 P/P^e 下降，即工人在繁荣时期高估了 P。对 P 的这种高估意味着工人低估了他们的实际工资率 w/P：察觉到的实际工资率 w/P^e 下降并低于 w/P。由此推断，对于给定的 w/P，劳动供给量 L^s 减少了。

这种价格错觉对 L^s 曲线的影响与图 16-2 所显示的类似，只是方向相反。在任一实际工资率 w/P，现在的劳动供给量减少了。我们用图 16-3 中 L^s 的移动来说明。原来的曲线标为 $L^s(A)$，此处 A 为原有技术水平。新曲线标为 $L^s(A')$，此处 A' 为提高后的技术水平。技术水平从 A 上升为 A' 降低了物价水平 P，因而使 L^s 曲线左移。

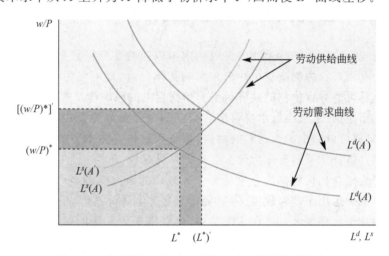

图 16-3　劳动市场对技术冲击的反应：价格错觉的影响

注：技术水平从 A 上升至 A'。劳动需求曲线来自图 9-13。在任一实际工资率 w/P，曲线 $L^d(A')$ 表示的劳动需求量大于 $L^d(A)$ 表示的劳动需求量。A 的上升也降低了物价水平 P。由于价格错觉，在任何 w/P，劳动供给量减少了。因此，曲线 $L^s(A')$ 位于曲线 $L^s(A)$ 的左边。L 从 L^* 移动至 $(L^*)'$ 的增幅小于 L^s 曲线不发生移动时的增幅。因此，价格错觉缓解了 L 对技术冲击的反应。

如我们通过在第 9 章的图 9-13 中的分析知道的那样，技术水平的上升也影响到劳动需求曲线 L^d。技术水平从 A 上升至 A' 提高了 MPL，从而增加了劳动需求量。我们以图 16-3 中 L^d 的移动表示：从 $L^d(A)$ 曲线右移至 $L^d(A')$ 曲线。记住我们的假设：雇主知道实际工资率 w/P。所以价格错觉不影响 L^d 曲线。

图 16-3 表明技术水平 A 的上升使劳动 L 和实际工资率 w/P 上升。这些变化的方

向与图 9-13 中的相同。图 9-13 中的新的影响来自劳动供给曲线 L^s 的左移。我们从图形上看到这一移动意味着 L 上升的幅度小于其他情况。[1] 因此，价格错觉弱化了技术水平 A 的变化对劳动 L 以及实际 GDP(Y) 的影响。

当察觉到的物价水平 P^e 滞后于真实物价水平 P 时，价格错觉产生的这些新的影响只适用于短期。在图 16-3 中，随着 P^e 向下调整至较低的 P，劳动供给曲线右移，回到初始位置。从而实际工资率 w/P 和劳动投入量 L 向着数值 $(w/P)^*$ 和 L^* 移动，这些是我们原有均衡经济周期模型中出清的值（图 9-13）。

我们如果把关于实际冲击的发现与之前分析的货币冲击结合起来，就可得到以下关于价格错觉模型的总结：

- 由于价格错觉，名义货币量 M 未预期到的增长在短期内将提高实际 GDP(Y) 和劳动投入 L。由于货币在没有价格错觉的模型中是中性的，我们也可以说这些错觉突出了货币冲击的实际效应。
- 价格错觉减轻了实际冲击的短期实际影响。对技术水平 A 的有利冲击仍然会提高 Y 和 L，但幅度比以前小。

16.3 按规则行事与相机抉择

我们已发现未预期到的货币冲击在短期内可以影响实际经济。鉴于这些结果，货币当局会被诱使利用其权力制造货币冲击来影响实际变量，就不足为奇了。然而经济学家们发现这种诱惑可能导致糟糕的经济后果。糟糕后果的原因涉及遵守规则与相机抉择的区别。按照货币规则，中央银行本身要恪守指定的执行政策的模式。而在相机抉择的情况下，货币当局就可以做出出人意料的举措，即货币冲击。在本节中，我们要理解在恪守规则或按规则办事背景下经济体为什么会运行得更好。

目前关于规则与相机抉择的争论是个令人激动的研究课题，涉及将策略分析——博弈论的一部分——运用于政府政策。[2] 初始的灵感来自本章探讨的这类模型对察觉到的与错误觉察的物价水平的区分。在该模型中，只有当变化未预期到时，尤其是，只有当货币冲击导致物价水平 P 偏离其察觉到的物价水平 P^e 时，实际经济才对名义货币量的变动作出反应。结果，货币当局就被激励制造出人意料的物价变化，以此影响实际经济活动。然而在理性预期下，不太可能做出全面的出人预料的举措。尽管有困难，一鸣惊人的诱惑依然存在，而这种诱惑可以影响均衡的通货膨胀率 π。我们现在要设计一个决定 π 的策略上互动的简单模型。

假设货币当局可以利用其政策工具——可能是公开市场操作——来实现所要的通货膨胀率 π。当局试图提高实际 GDP(Y) 和劳动投入 L，但是只能通过使 π 超过家庭预期的通货膨胀率 π^e 来实现。我们假设对于给定的 π^e，Y 与 L 随着 π 一起上升。如前面模型

---

[1] 所以，价格错觉削弱了技术水平 A 的变化对 L——从而对实际 GDP(Y)——的影响。

[2] 这一领域的开拓性论文——获得 2004 年诺贝尔经济学奖的一个重要原因——是 Finn Kydland 和 Edward Prescott(1977)。R Barro 和 D. Gordon(1983a,1983b) 的著作中有了进一步发展。Ken Rogff(1989) 对这类文献提供了有用的概述。

描述的那样，产生这一效应的机制可以是错误觉察的物价水平的变动与劳动供给之间的某种联系。

我们假设货币当局因自身的原因不喜欢通货膨胀。如果 π 与 π^e 一起上升，经济体会遭受通货膨胀的成本，或许是由于交易成本或价格变更的成本。我们的假设是，通货膨胀与通货紧缩都有成本；也就是说，当物价水平不变，因而 $\pi=0$ 时，通货膨胀的成本最小。我们还假设，随着 π 上升到超过 0，通胀再往上升会对经济体造成日益沉重的负担。更通常地说，通货膨胀的边际成本随着 π 的上升而提高。

对于给定的通货膨胀预期 π^e，当货币当局考虑是否使用政策工具以提高通胀率 π 时，面临着一种权衡抉择。π 的上升之所以有好处，是因为这样提高了通货膨胀意料之外的部分（$\pi-\pi^e$），从而使实际 GDP（Y）和劳动投入 L 增加。我们假设 Y 与 L 的增加有吸引力。[①] 然而，如果 π 已经大于 0，π 上升就不可取了，因为这提高了通货膨胀的成本。

通货膨胀的收益与成本之间的权衡决定了货币当局选择的通胀率，标为 $\hat{\pi}$。一般来讲，$\hat{\pi}$ 取决于家庭预期的通货膨胀率 π^e。例如，如果家庭预期通货膨胀率为零，$\pi^e=0$，当局也许觉得选择 5% 的通胀率是最优的，即 $\hat{\pi}=5$。如果预期的通货膨胀上升了，比如说升至 $\pi^e=5$，当局可能选择更高的通胀率，以便先于预期通胀率，维持对实际 GDP 和劳动投入的刺激。因此，政策制定者或许选择 $\hat{\pi}=8$。通常 π^e 升高刺激 $\hat{\pi}$ 升得更高。然而，随着 $\hat{\pi}$ 的上升，通货膨胀日益成为经济的负担。这种考虑激励货币当局不要对 π^e 上升作出太强烈的反应。具体地说，我们的假设是，$\hat{\pi}$ 的反应总是小于 π^e 的升幅。例如，如果 π^e 上升 5 个百分点，从 0 到 5，$\hat{\pi}$ 可能只上升 3 个百分点，从 5 到 8。

我们用图 16-4 中的深蓝色线显示相对于 π^e 的 $\hat{\pi}$。此线的重要特征为：首先，当 $\pi^e=0$ 时，$\hat{\pi}$ 大于 0；其次，此直线的斜率大于 0；最后，斜率小于 1。

考虑在本模型中家庭如何形成对通货膨胀的理性预期。一个关键的假设是家庭理解货币当局的目标。每个家庭都意识到，如果所有家庭都预期通货膨胀率为横坐标上的 π^e，货币当局将实际上选择通胀率 $\hat{\pi}$，如图 16-4 所示。例如，如果家庭预期通胀率为零，即 $\pi^e=0$，当局将设定 $\hat{\pi}=5$。但是，零不可能是通胀率的理性预期；没有一个明智的家庭会预期零通胀。类似地，如果所有家庭都预期 5% 的通胀率，$\pi^e=5$，当局会设定 $\hat{\pi}=8$。这样 $\pi^e=5$ 又不是理性预期了。在本模型中，只有当货币当局有动机使预期合理，即设定 $\hat{\pi}=\pi^e$ 时，预期 π^e 才是合理的。所以在图 16-4 中选中的 $\hat{\pi}$ 一定位于浅蓝色的 45 度线上，此线显示了 $\hat{\pi}=\pi^e$ 的所有点。

均衡的通货膨胀率 π^* 由图 16-4 中两条线的交点给出。π^* 的值满足两个条件。首先，如果横坐标上 $\pi^e=\pi^*$，货币当局选择纵坐标上通胀率 $\hat{\pi}=\pi^*$。也就是说，对于给定的通胀预期 π^e，当局（通过设定 $\hat{\pi}$）正在优化。其次，预期 $\pi^e=\pi^*$ 是合理的，因为这给出了对可能的通胀率的最佳预测。

在本模型中，家庭对通胀有完美的预见，即均衡中的预测误差为零。在这类内容较丰富的模型中，通胀预期仍是对通胀的最优预测，但预测误差一般不会是 0。例如，如果货

[①] 如前面所讨论的，由于经济中存在着扭曲，从社会的角度来看，货币当局促使所有家庭更多地工作和生产也许是可取的。

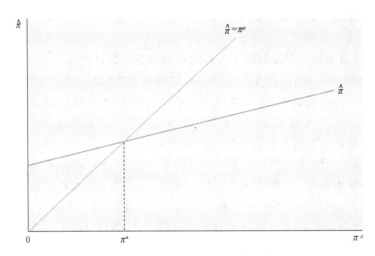

图 16-4　相机抉择体制下的通货膨胀

注：这条深色的线 $\hat{\pi}$ 表示政策制定者最优选择的通胀率，是家庭预期通胀率 π^e 的函数。
这条浅色的从 0 出发的 45 度线显示了选中的 $\hat{\pi}$ 等于预期通胀率 π^e 的点的集合。根据理性预
期，$(\hat{\pi},\pi^e)$ 的组合点一定位于 45 度线上。π^* 的值为相机抉择体制下的均衡通胀率。在 π^*
处，对于给定的预期，政策制定者正在优化，而且预期是合理的。

币当局有时随机设定不同于 $\hat{\pi}$ 的 π 而犯下不可避免、不可预测的错误，我们就会得到非零
的预测误差。

　　图 16-4 中均衡不好的一面在于它必定带来高通胀率 π^*，而出乎意料的高通胀率没
有任何好处。也就是说，在均衡时预期通胀率 π^e 等于 π^*。回顾一下，在基本模型中，只
有当通胀率 π 超过预期 π^e 时，货币增长与通货膨胀才会刺激实际 GDP(Y) 和劳动投入
L。这样，在图 16-4 中显示的均衡处，Y 和 L 没有受到预料之外的高通胀率的刺激。

　　如果真实的和预期的通胀低于均衡时的通胀，例如，$\pi=\pi^e=0$，结果就比较有利。在
此情况下，预料之外的通胀率 $\pi-\pi^e$ 依然为零，从而对实际 GDP(Y) 和劳动投入 L 没有
刺激。然而，由于 π 低了——具体地说为零——经济体就不会承担通胀成本。但是
图 16-4 清晰地表明，模型中 $\pi=\pi^e=0$ 不是均衡点。如果货币当局设法说服家庭预期通
胀为零——从而 $\pi^e=0$ 成立——当局实际上会偏于正的通胀率。这就是说，如果 $\pi^e=0$，
π 就会大于 0，如图中深蓝色线所示。知道这一点，家庭首先就不会设定 $\pi^e=0$，因为他们
知道这种预期不合理。

　　图 16-4 中 $\pi=\pi^e=\pi^*>0$ 的高通胀均衡，常常被称为相机抉择政策的结果。如果货
币当局不能或至少没有对未来的货币行动作出承诺，就会出现这样的均衡。对比之下，作
出这类承诺的当局被认为是在显性或隐性的政策规则下运作。一种简单形式的规则促使
货币当局承诺调整其政策趋近物价稳定——即在每一时期设定 $\pi=0$。另一个规则促使
当局将目标定为正的但很低的通胀率。在目前的背景下，承诺零通胀——如果可行——
是货币当局的最好选择。

　　图 16-4 说明了规定零（或更一般地为低的）通胀率的规则产生的紧张关系。$\pi^e=0$

时,政策制定者就想通过沿深蓝色线设定 $\pi = \hat{\pi} > 0$ 违背承诺。但是这样,结果趋向于高通胀率 π^* 处所示的相机抉择均衡。因此一个重要方面是货币当局要严格遵守规则。当局一定要保证事后不会利用机会制造出乎意料的高通货膨胀。

在某些情况下,低通胀的承诺可能并不需要甚至是可能写进法律的正式规则。反之,当局也可以积累低通胀的声誉。由于低通胀的声誉是有价值的,中央银行的行长可以使家庭相信他或她不会利用短期机会,以高于预期的通胀率制造意外。如果欺骗(在短期内制造出乎预料的高通胀)的收益并没有那么大,并且以往的曾给声誉造成严重的损害,当局就更可能运用这类声誉均衡。[①]

在过去的二十年里,多数发达经济体的中央银行承诺低而稳定的通胀。在许多国家,由于有正式的条文规定央行的目标是物价稳定,这种承诺得到了强化。物价稳定的目标越来越多地用通货膨胀目标来表示。在通胀目标制,央行承诺利用其政策工具——通常为公开市场操作——在规定的时间段内(例如一年)将通胀率保持在特定的范围内。央行的目标与程序的透明化,包括定期公布通胀报告,强化了这一承诺。表 16-2 列出了 20 个采用正式的通胀目标制的国家或地区,居于首位的是于 1989 年开始采用的新西兰。在欧元区,欧洲中央银行的首要目标也是通过设定中期通胀率接近或低于 2% 来维持物价稳定。在其他国家或地区,主要是日本和美国,中央银行虽没有采用正式的通胀目标制,但已经树立了维持低而稳定的通胀的声誉。然而,即使对美国、欧洲货币联盟和日本,正式的通胀目标制最终证明是不可抗拒的。不管怎样,20 世纪 80 年代以来中央银行政策的变革日益转向致力于保证低而稳定的通货膨胀。

表 16-2　中央银行采取正式通货膨胀目标制的国家

国家	采取通货膨胀目标制的日期
新西兰	1989
加拿大	1991
英国	1992
澳大利亚	1993
芬兰	1993(因采用欧元而于 1999 年放弃)
瑞典	1993
西班牙	1995(因采用欧元而于 1999 年放弃)
捷克共和国	1997
以色列	1997
巴西	1999
智利	1999

[①]　要找更多的论述,参阅 R Barro 和 D. Gordon(1983b)的著作。

续表

国家	采取通货膨胀目标制的日期
波兰	1999
哥伦比亚	2000
南非	2000
韩国	2000
泰国	2000
匈牙利	2001
冰岛	2001
墨西哥	2001
挪威	2001

注：名单列出了中央银行已有通胀率目标制正式程序的国家。该表来自 F. Mishkin 与 K Schmidt-Hebbel (2001)的著作和 A Carare 与 M Stone(2003)的著作。

在政策制定者感到采取出乎公众预料的行为有好处的许多领域，出现了类似于货币政策的战略博弈。例如：债务国可能出乎意料地拖欠外国债权人的国际债务，政府出乎国内资本所有者的预料对已经到位的资本按高税率估价（所谓的资本税），征税机关突然宣布税收赦免，以及政府突然宣布在发明成功以后取消专利。在所有这些例子中，事后的出乎意料更有诱惑力。然而，如果人们的预期考虑到了这些诱惑，均衡趋向于人们不愿看到的情形：很少的对外借贷，低水平的投资，不按规定纳税和稀少的发明。为避免这些后果，政府就有动机作出承诺（有时涉及法律和宪法条文）抵制事后出人意料的诱惑。然而，这些承诺的可靠性是个大问题。可以论证，公共机构解决这些承诺问题的成功程度，是区分繁荣国家与贫穷国家的主要特征。

 # 小结

经验证据表明货币的变动不是中性的；货币扩张在短期内似乎会使实际 GDP 增加。在本章我们利用价格错觉模型试图解释货币的非中性。在本模型中，名义货币量的增加使物价水平与名义工资率上升。可是在短期内家庭察觉到的物价水平的升幅小于真实的物价水平升幅，从而察觉到的实际工资率上升。这种察觉使劳动供给增加，从而导致市场出清的劳动量上升和市场出清的实际工资率下降。劳动的增加意味着实际 GDP 上升。

具有货币冲击的价格错觉模型推导出名义货币、物价水平和就业的顺周期性。模型暗含着实际工资率和劳动生产率的逆周期性。对物价水平、实际工资率和劳动生产率的预测与经验证据相冲突。因此，货币冲击（至少在价格错觉模型内）可能并不是经济波动的主要来源。然而，将这些冲击纳入模型是对均衡经济周期模型有用的补充，在该模型中技术冲击是经济波动的基本原因。尤其是价格错觉模型可以解释为什么货币在短期内不是中性的。

我们讨论了货币政策中的规则与相机抉择的模型。在相机抉择的情况下,政策制定者对未来的政策不作任何承诺。在这种情况下,制造出乎意料的通胀(作为扩张实际经济的一种方式)的动机导致高通胀的均衡。而且,这种通胀是预计到的,因此最终对产出与就业不会产生刺激。有可能通过中央银行的声誉维持的对低而稳定的通胀的承诺会产生较好的结果。

重要术语和概念

资本税 capital levy

相机抉择的政策 discretionary policy

联邦基金利率 federal funds rate

联邦公开市场委员会 Federal Open Market Committee(FOMC)

通货膨胀目标 inflation targeting

系统货币政策的不相关结果 irrelevance result for systematic monetary policy

货币冲击的卢卡斯假说 Lucas hypothesis on monetary shocks

货币规则 monetary rule

货币冲击 monetary shocks

察觉到的实际工资率 perceived real wage rate

完美的预见 perfect foresight

政策规则 policy rule

物价稳定 price stability

价格错觉模型 price-misperceptions model

未预期货币增长 unanticipated money growth

问题与讨论

A. 复习题

1. 什么是相对价格?实际工资率 w/P 是相对价格的一个例子吗?

2. 当工人们看到名义工资率 w 上升时,他们对自己的实际工资率 w/P 有何看法?在什么情况下工人们会对他们的实际工资率出现错判?

3. 解释为什么假设个人对整个经济体的物价有不完整的信息是合理的。收集和处理物价信息的成本包括什么?

4. 即使在人们有理性预期时,名义货币量 M 可能出现未预期到的变动吗?如果是这样,政策制定者可以选择通过出乎意料地变动 M 来缓解经济波动吗?

B. 讨论题

5. 货币与产出的时机

假定数据表明名义货币的走势与实际 GDP 后续的走势正相关。这一发现是否证明货币能影响实体经济,而不是相反? 如果不是,举些货币内生的例子,也就是实际 GDP 的变动在货币之前。

6. 对产出的持续性影响

当预期是理性的,估计物价水平的误差不会随着时间而持续。那么价格察觉误差怎样解释实际 GDP 持续高于或低于其趋势值?

7. 货币增长的可预计性

假设货币增长年复一年越来越难预料。下列各项会有什么变化?

a. 给定规模的货币冲击对实际 GDP(Y)的影响。

b. 给定规模的货币冲击对物价水平 P 的影响。

8. 规则与相机抉择

假设货币当局偏好的通胀率为零,但当局也想通过出乎预料的高通胀率来减少失业。

a. 说明均衡的通胀率是如何升高的。通胀率出乎预料得高吗? 结果是取决于货币当局有错误的目标还是当局无能?

b. 如果政策制定者有能力约束自己且预先设定一个特定的通胀率,结果能改善吗? 如果是,说明为何这种限制(或规则)能使情况改善。

c. 政策制定者的声誉可以替代决定未来政策走势的正式规则吗?

d. 除了减少失业外,你能想到是什么原因使政策制定者可能喜欢出乎预料的高通胀?

9. 与货币政策不相关的结果

a. 在什么情况下系统性货币政策对经济波动并不重要?

b. 问题 a 的结果是否意味着货币增长不可预料的部分不影响实际 GDP?

c. 问题 a 的结果是否可以归纳为这一思想:所有政府政策的系统性部分都对实际 GDP 无冲击? 作为例子,考虑下述各项:

i. 衰退期间降低劳动所得税率的政策。

ii. 衰退期间增加政府商品与服务采购的政策。

iii. 衰退期间实行更加慷慨的失业保险计划的政策。

货币与经济周期Ⅱ：
黏性价格与名义工资率

在第 16 章，我们建立了由于对物价的错觉而使货币冲击非中性的模型。在本章我们将探讨经济学家为解释货币非中性而建立的其他模型。在这些模型中物价水平与名义工资率是黏性的：它们不是瞬时调整而出清所有市场。市场不出清是与我们均衡经济周期模型的重大偏离。在均衡经济周期模型中——也在价格错觉模型中——物价水平与名义工资率快速调整，以使每个市场上商品的供给量和需求量达到平衡。也就是说，直到目前为止，我们一直假设所有市场是出清的。现在我们放松这一假设。

就像第 6 章提到的那样，约翰·梅纳德·凯恩斯(J. Keynes,1936)在其《就业、利息与货币通论》中强调了名义价格与工资黏性的重要性。他强调的是名义工资率的黏性。他认为假设名义工资率的迅速调整以确保劳动供给量与需求量持续平衡是不现实的。现代凯恩斯主义经济学家通常关注商品名义价格的黏性。就像我们要看到的，转向新的焦点是为了更好地符合经济波动的某些现实特点。我们从将商品名义价格黏性引入均衡经济周期模型开始我们的分析。

17.1 新凯恩斯模型

对黏性价格(对已经变化的情况不能迅速作出反应的商品名义价格)通常的解释依据两个要点。第一，典型的生产者主动地设定他或她在市场上销售的商品的价格。这种设定价格的行为与我们以前的分析不同，在以前的分析中，每个完全竞争的生产者(家庭或企业)接受市场给定的价格。第二，选择要设定的价格时，每个生产者都考虑到改变价格的成本。这一成本有时称为菜单成本，与餐馆更改菜单所列价格时的费用相类似。

我们之前的完全竞争背景最自然地适用于大规模组织的、买卖标准化商品的市场。例子有股票交易所(交易金融债权)和商品交易所(交易诸如油料或谷物之类商品的所有权)。在这些有组织的市场上，每一个交易者都将商品的市场价格视为给定的。也就是说，在大多数情况下，每个参与者的份额太小，以至于可以忽略他或她的行为对市场价格的影响。

这种情景与有少数买主和卖主的市场不同。例如，美国的汽车或计算机市场只有相对少的生产者。而且,这些市场上交易的商品没有完全标准化。每一款汽车或计算机都有不同的特色,其中一些用品牌名称来区分。这类市场竞争相当激烈但不是所有参与者都是价格接受者的完全竞争。相反,每个生产者都在某种程度上自行决定价格。经济学家称之为不完全竞争。

在完全竞争的市场上,要价高于市场价格的生产者发现需求量下降为零。反之,要价低于市场价格的生产者发现需求量飙升到无穷大。在不完全竞争市场上,卖主价格下降带来的对该卖主商品需求量的增长是有限的。同样,价格上升导致的需求量减少也是有限的。这样,每个生产者可以对要价进行有意义的选择。这一观点适用于许多大公司,例如汽车生产商;对小企业也是成立的,例如居民区的杂货店。杂货店之类的零售店一定程度上可自行定价的一个原因是,其地理位置对住在附近或熟悉商店的买主而言非常方便。因此,价格稍稍高于其他商店,不会(至少不是马上)使需求量降至零。

17.1.1 不完全竞争环境下的定价

在本节,我们探讨生产者在不完全竞争环境下如何为他们的商品选择价格。在下一节,我们将知道生产者在决定根据已改变的情况,例如针对货币冲击,调整价格时,如何考虑菜单成本。

为举例说明要点,我们发现有个正式模型进行分析会更方便。设 $P(j)$ 是企业 j 为某一商品设定的价格。和之前的模型一样,我们可以把每个企业设想为是由经济体中的一个家庭拥有并经营的。企业 j 的商品需求量 $Y^d(j)$ 取决于 $P(j)$ 相对于其他生产者索取的价格的高低。例如,如果企业 k 是一个竞争对手,也许因为它是邻近街区的一个杂货店,于是 k 的价格 $P(k)$ 下降,会降低 $Y^d(j)$。

一般而言,与截然不同的产品的售价或很远地点的价格相比,企业 j 的商品需求量 $Y^d(j)$ 对邻近地点类似商品的价格更为敏感。然而,如果我们试图追踪所有的价格,模型就无法处理了。通过假设企业 j 的顾客将对价格 $P(j)$ 与其他企业收取的平均价格进行比较,我们就可以得出主要的结果。如果我们设这一平均价格为 P,则 $Y^d(j)$ 取决于 $P(j)/P$。$P(j)/P$ 上升使 $Y^d(j)$ 减少,而 $P(j)/P$ 下降使 $Y^d(j)$ 增加。

企业 j 的商品需求量 $Y^d(j)$ 也取决于该企业目前或潜在顾客的收入。例如,如果整个经济体的实际收入增加了,对每一企业 j 的需求也会上升。

我们现在从对企业 j 商品的需求转向这些商品的生产。企业 j 的生产函数看起来像我们之前使用过的函数:

$$Y(j) = F[\kappa(j) \cdot K(j), L(j)] \tag{17-1}$$

其中,$\kappa(j) \cdot K(j)$ 与 $L(j)$ 为企业 j 利用的资本服务量和劳动量。为简化问题,我们忽略资本利用率 $\kappa(j)$ 的变动,假设资本存量 $K(j)$ 在短期内固定不变。我们还忽略中间品——即其他企业生产的材料和产品——的投入。扩展模型将可变的资本利用率与中间品的投入包括进来是有用的,但不改变基本结论。

假定经济体中的所有企业采用的劳动的名义工资率 w 都是一样的。换言之,我们现在认为劳动是在整个经济社会中在完全竞争条件下交易的一种标准化的服务。更具体地说,当我们考虑黏性名义价格时,会忽略掉黏性名义工资率 w 会调整至使经济体内劳动供给与需求总量平衡的可能性。这一有关劳动市场的假设可能会受到质疑，肯定也不是凯恩斯(1936 年)在其《通论》中看到的景象。之后我们可以考虑黏性名义工资率。

我们从每个企业索取的名义价格 $P(j)$ 都是充分自由浮动的这一背景开始分析。也就是说，先不考虑改变价格的菜单成本，这样构建我们的基本背景很方便。给定名义工资率 w 和竞争厂商们的平均名义价格 P，每个企业都将 $P(j)$ 设定在使其利润最大化的水平。

为确定使利润最大化的价格 $P(j)$，我们首先从探讨多生产 1 单位商品的名义成本——即生产的边际成本——开始分析。为了将这一概念与我们在第 7 章讨论的劳动的需求联系起来，回顾一下，劳动的边际产量 MPL，是增加的产出 ΔY 与增加的劳动投入 ΔL 的比率。因此，对企业 j 来说，

$$MPL(j) = \Delta Y(j)/\Delta L(j) \qquad (17\text{-}2)$$

移项后，就看到要提高产出 $\Delta Y(j)$ 需要增加的劳动投入 $\Delta L(j)$ 为

$$\Delta L(j) = \Delta Y(j)/MPL(j) \qquad (17\text{-}3)$$

$MPL(j)$ 越高，为增加产出 $\Delta Y(j)$ 所需的劳动量 $\Delta L(j)$ 越少。如果我们设定 $\Delta Y(j) = 1$，为增加 1 单位产出所需的劳动为

$$\Delta L(j) = 1/MPL(j)$$

每单位劳动的名义成本为名义工资率 w。所以，增加 1 单位产出增加的名义成本为 $w * [1/MPL(j)]$。换言之，企业 j 的名义边际成本为

$$\text{企业 } j \text{ 的名义边际成本} = w/MPL(j)$$
$$= \text{名义工资率与劳动的边际产量之比} \qquad (17\text{-}4)$$

因此对于给定的 $MPL(j)$，w 的提高意味着名义边际成本的提高。

在完全竞争的情况下，利润最大化原则决定了由方程(17-4)给出的每个企业的名义边际成本 $w/MPL(j)$ 等于其价格 $P(j)$。[①] 然而在不完全竞争状态下，每个企业可以将 $P(j)$ 定在高于名义边际成本的水平。$P(j)$ 与名义边际成本之比称为加价比率：

$$\text{企业 } j \text{ 的加价比率} = P(j)/(\text{企业 } j \text{ 的名义边际成本})$$
$$= P(j)/[w/MPL(j)] \qquad (17\text{-}5)$$

这里，我们采用企业 j 的名义边际成本的公式(17-4)。企业 j 选择的加价比率取决于企业的产品需求 $Y^d(j)$ 对 $P(j)$ 有多敏感。较大的市场影响力——即较少的竞争——往往意味着需求对价格不够敏感，从而有动机提高加价比率。如果需求的敏感度极高(由于竞争比较激烈)，加价比率就接近于 1。这就是说，我们接近于完全竞争的结果，即 $P(j)$ 等于名义边际成本。在分析中我们假设每个企业的加价比率是一个给定的常数。

我们可以对加价比率的公式进行移项，从而得出每个企业的价格表达式：

$$P(j) = (\text{企业的加价比率}) \cdot (\text{企业 } j \text{ 的名义边际成本}) \qquad (17\text{-}6)$$

因此，对于给定的加价比率，企业 j 的名义边际成本的上升导致其名义价格 $P(j)$ 等比例地上升。例如，如果名义边际成本增加一倍，$P(j)$ 也上涨一倍。我们如果代入名义边际

---

① 如果我们移项，这一条件为 $MPL(j) = w/P(j)$。除了标记外，这个方程与第 7 章里推导得到的不完全竞争状态下利润极大化的条件相同。

成本公式(17-4),得到

$$P(j) = (加价比率) \cdot [w/MPL(j)] \tag{17-7}$$

所以,对于给定的加价比率,名义工资率 w 的上升导致名义价格 $P(j)$ 等比例地上升。例如,w 增加一倍造成经济体中的所有企业将其名义价格提高一倍。这些价格的平均值也增加一倍。

在我们的模型中,我们没有必要关注均衡时的每一个价格 $P(j)$。重要的一点是,在不完全竞争状态下,企业利润最大化的决策决定了 $P(j)$ 的分布。例如,如果我们考虑街角杂货店,某些商店有相对高的 $P(j)'$ 而其他店家有相对低的 $P(j)$。

每个企业都需要劳动,这些需要的总和决定了整个经济体的劳动需求 L^d。如我们在之前的模型中分析的,整个经济体的劳动市场的均衡使劳动的需求总量 L^d 与供给总量 L^s 相等。这一条件决定了整个经济体内的实际工资率 w/P,以及劳动总量 L。最后,如果我们知道了 w/P 与 P,就能计算出整个经济体范围内的名义工资率 w(用 P 乘以 w/P)。

17.1.2 对货币冲击的短期反应

考虑出现货币冲击时会发生什么。为了具体化,设想名义货币量 M 增加一倍。我们在第 11 章发现货币的变化是中性的。物价水平 P 与名义工资率 w 也增加一倍。实际变量,包括实际货币余额的数量 M/P 和实际工资率 w/P,不发生变化。

在物价与工资充分浮动的情况下,在包含一批不完全竞争企业的模型中货币仍然是中性的。在此背景下,当 M 增加一倍时,每一个名义价格 $P(j)$ 也上涨一倍。所以如第 11 章所述,平均价格 P 上涨一倍。如以前那样,整个经济体范围内的名义工资率 w 也增加一倍。这些变化没有使经济中的实际变量发生变动。现在实际变量不仅包括整个经济体范围内的实际工资率 w/P,还包括每个企业的价格与平均价格之比率 $P(j)/P$。

当我们考虑每个企业所定的名义价格 $P(j)$ 存在黏性时,出现了新的结果。如前所述,由于更改价格的菜单成本,这些价格也许不是经常变动的。为举例说明价格黏性的影响,我们可以考虑所有的 $P(j)$ 在短期内都是刚性的极端情况。于是平均价格 P 也固定不变。如果 P 固定不变,而名义货币量 M 增加一倍,每个家庭拥有的实际货币 M/P 就是之前的两倍。没有任何改变激励家庭持有实际意义上的更多的货币。因此每个家庭会设法花掉多余的钱,其中一部分就用于购买各类企业生产的商品。[①] 于是对每个企业 j 的商品的需求量 $Y^d(j)$ 增加了。

当一个企业看到价格 $P(j)$ 固定不变(根据假设)而需求 $Y^d(j)$ 上升时,会有何反应?我们以前注意到,企业在不完全竞争状态下加价比率大于 1。由于所售商品的价格 $P(j)$ 大于名义边际成本,生产和销售的扩张将提高企业 j 的利润。例如,如果 $Y(j)$ 增加 1 个单位,增加的名义收入为 $P(j)$,增加的名义成本为名义边际成本,小于 $P(j)$。所以,如果 $P(j)$ 固定不变,追求利润最大化的企业就会(在某种范围内)提高产量 $Y(j)$ 以满足需求的增加。

---

① 家庭还可以购买生息资产,即债券。如果我们考虑到这一额外的影响途径,最终得到的结果相同。

为提高产量 $Y(j)$，企业 j 就得增加劳动投入量 $L(j)$。因此劳动需求量 $L^d(j)$ 增加的数量为[①]

$$\Delta L^d(j) = \Delta Y(j) / MPL(j) \qquad (17\text{-}3)$$

要点是，在价格 $P(j)$ 固定不变时，名义货币量 M 的上升导致每个企业 j 的劳动需求增加。

名义货币量 M 的增加如何影响整个经济体范围内的劳动市场？由于每个企业 j 的劳动需求 $L^d(j)$ 增加了，在任何给定的实际工资率水平 w/P，劳动需求的总量 L^d 也增加了。我们在图 17-1 中显示了这一影响。名义货币量从初始数值 M 上升到 M'，使劳动需求从曲线 $L^d(M)$ 右移至曲线 $L^d(M')$。

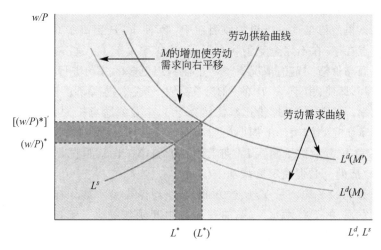

图 17-1　凯恩斯模型中货币扩张的效应

注：当名义货币量为 M 时，标为 $L^d(M)$ 的劳动需求曲线向下倾斜。当名义货币量上升至 M'，但物价水平 P 固定不变时，劳动需求曲线向右移至 $L^d(M')$。劳动供给曲线 L^s 向上倾斜。名义货币量从 M 上升至 M'，使实际工资率在纵坐标上从 $(w/P)^*$ 上升到 $[(w/P)^*]'$，劳动投入在横坐标上从 L^* 上升到 $(L^*)'$。

我们假设，如第 9 章的图 9-13，实际工资率 w/P 的上升提高了劳动供给量 L^s。因此，L^s 由图 17-1 中向上倾斜的曲线表示。

我们从图 17-1 看到，名义货币量从 M 上升至 M'，使市场出清的劳动投入量从横坐标上的 L^* 增加至 $(L^*)'$。随着劳动投入的增加，按照下列生产函数，每个企业生产出更多的商品：

$$Y(j) = F[\kappa(j) \cdot K(j), L(j)] \qquad (17\text{-}1)$$

因此，实际国内生产总值（GDP）Y 上升。[②] 此外，劳动投入 L 顺周期波动——随着 Y 上涨。总之，我们表明，在新凯恩斯模型中，货币扩张在短期是非中性的：名义货币量的增加暂时提高了实际 GDP。这个理论预测和第 6 章 IS-LM 模型的预测一样。因此，新凯恩斯模型可以看作是添加了均衡经济周期中强调的微观基础的 IS-LM 模型的现代版。

---

① $L(j)$ 的扩张降低了劳动的边际产品 $MPL(j)$，从而提高了由方程（17-4）给出的生产的名义边际成本。在价格 $P(j)$ 固定时，追求利润极大化的企业，在到达名义边际成本等于 $P(j)$ 这一点之前，愿意增产来满足增长的需求。

② 我们没有考虑实际 GDP（Y）的上升增加了名义货币需求量 M^d。这种变化可抑制名义货币量 M 的扩张对 Y 的影响。

17.1.3　新凯恩斯模型的预测

迄今为止,新凯恩斯模型的预测类似于第 16 章探讨的价格错觉模型。该模型也得出了货币扩张会提高实际 GDP(Y)和劳动投入 L 的结论。然而,这两个模型的一个区别涉及实际工资率 w/P。在价格错觉模型中,为了促使雇主使用更多的劳动投入,L 的扩张伴随着 w/P 的下降。所以该模型预测——与实际相反——w/P 为逆周期的。我们现在证明新凯恩斯模型不存在这个问题。

图 17-1 表明,货币扩张使市场出清的实际工资率在纵坐标上从 $(w/P)^*$ 升至 $[(w/P)^*]'$。所以模型得出 w/P 是顺周期的。因此,新凯恩斯模型正确地预测出 w/P 是顺周期的。该模型得出这一结果的原因在于:即使 w/P 提高了,雇主也愿意雇用更多的劳动。关键点在于,在不完全竞争状态下,加价比率大于 1。这一加价比率提供的利润意味着——在商品价格固定的情况下——企业利用更多的劳动进行生产并出售更多的商品仍然可以获利,即使(由于 w/P 的上升)实际生产成本提高了。货币扩张的确会打压企业的加价比率。然而,只要加价比率仍然高于 1,企业就愿意扩大劳动投入和生产。

如在第 9 章研究的均衡经济周期模型那样,新凯恩斯模型对劳动投入 L 顺周期的预测取决于图 17-1 中劳动供给曲线 L^s 向上倾斜的斜率。也就是说,分析所依赖的假设是实际工资率 w/P 的上升促使家庭增加工作。

关于解释劳动的平均产量 Y/L 这方面,新凯恩斯模型不如均衡经济周期模型有效。我们在第 9 章发现,由于技术水平 A 的变动对生产函数的直接影响,Y/L 是顺周期的。对劳动生产率顺周期的预测与第 9 章的经验证据相一致。

相比之下,新凯恩斯模型假设技术水平 A 固定不变。因此,我们由生产函数知道,L 的增加趋向于降低 MPL 和劳动的平均产量 Y/L。所以,繁荣时期 L 的扩张与劳动平均产量 Y/L 下降相伴,而衰退时期 L 的减少与 Y/L 上升相伴。结果,新凯恩斯模型预期 Y/L 是逆周期的,这与事实相反。

凯恩斯经济学家采用“劳动力贮藏”的思想改进模型对劳动生产率的预测。由于聘用与解雇工人要付出代价,这就鼓励雇主在经济暂时下滑时留住工人。所以企业可能在衰退时“贮藏劳动力”,以便在下次经济好转时有工人可用,这是一种有成本效益的方法。虽然劳动投入在衰退时仍然减少,但减少的量小于没有贮藏劳动力时。此外,衰退时期“过多”的劳动实际上并没有带来更多产出。工人可能消极怠工,或者干一些在被计量的产出中显示不出来的维护任务。[1] 在任一情况下,被计量的工人平均产量 Y/L 在衰退时都相对较低。这样,我们就能用劳动力贮藏来解释为什么观察到的平均劳动产品 Y/L 是顺周期的。[2]

---

[1]　Jon Fay 和 J.Medoff(1985)对 186 家制造业公司的调查发现,典型的企业应对衰退的方法是多分派 5% 的工作时间用于维修、设备大检修、培训以及其他在被计量的产出中不显示出来的活动。这种劳动的重新配置有助于说明为什么衰退期间被计量的工人平均产出 Y/L 大都较低。

[2]　不同的新凯恩斯模型对于劳动平均产品 Y/L 为何顺周期有不同的解释。新的解释是,企业生产的商品不仅充当最终产品,而且充当其他企业的中间产品。货币扩张降低了加价比率,从而降低了中间投入的实际成本。结果企业利用了较多的这类中间投入,而投入的增加趋向于提高 MPL 和劳动平均产量 Y/L。因此,繁荣时即使 L 增加了,Y/L 也可能上升。

17.1.4 长期价格调整

当我们不考虑每家企业 j 设定的价格 $P(j)$ 的调整时，我们对新凯恩斯模型的分析适用于短期。在长期内，价格会进行调整，而这些调整趋向于抵消名义货币量 M 变化的实际影响。

为研究长期的动态情况，回到企业 j 加价比率的公式：

$$企业 j 的加价比率 = P(j)/(企业 j 的名义边际成本)$$
$$= P(j)/[w/\text{MPL}(j)] \qquad (17\text{-}5)$$

迄今为止，我们一直假设每个企业 j 的 $P(j)$ 是固定的。所以总体物价水平 P 也是固定的。我们于是得出结论（见图 17-1）：名义货币量 M 的上升提高了实际工资率 w/P 和劳动投入量 L。因为 P 是固定的，w/P 上升必然意味着名义工资中 w 上升。我们从方程(17-5)看到，对于给定的 $P(j)$，w 的上升提高了企业 j 的名义边际成本，从而降低了加价比率。此外，$L(j)$ 的增加降低了劳动边际产量 $\text{MPL}(j)$。方程(17-5)表明，$\text{MPL}(j)$ 的下降进一步提高了企业 j 的名义边际成本，从而使加价比率进一步下降。

举一个例子，假设企业 j 偏好的（利润最大化的）加价比率为 1.2，即企业喜欢将其价格 $P(j)$ 定在高于名义边际成本 $w/\text{MPL}(j)$ 20% 的水平。由于 $P(j)$ 固定，名义工资率 w 的上升与劳动边际产量 $\text{MPL}(j)$ 的下降会缩小加价比率，使之下降至比如说 1.1。由于加价比率依然大于 1，企业仍可以固定价格 $P(j)$ 满足顾客对其商品的额外需求。然而企业仍然希望加价比率为 1.2。所以，至少到最后，企业会通过提高价格 $P(j)$ 来恢复这一比率。

当每家企业提高其价格 $P(j)$ 时，总体物价水平 P 上升。因此，对于给定的名义货币量 M，实际货币余额 M/P 下降。这一变化与最初 M 上升时 P 固定不变，因而 M/P 增加的效应相反。在图 17-1 中，劳动需求曲线右移源于 M/P 上升对每家企业商品的需求 $Y^d(j)$ 的影响。随着 P 上升与 M/P 下降，对每家企业商品的需求 $Y^d(j)$ 回落。因此，劳动需求曲线左移，回到原来的位置。在长期内，P 上升的比例与 M 相同，劳动需求曲线回到初始的地方。这样，在长期内，我们回到我们熟悉的结论，即名义货币量 M 的变动是中性的：对实际变量，包括实际工资率 w/P、劳动投入 L 和实际 GDP Y 没有任何影响。

我们的结论是：在新凯恩斯模型中，货币冲击的实际影响是一种短期的结果，只有在物价未能调整至其均衡水平时才适用。在这方面，分析结果类似于第 16 章价格错觉模型的结果。在那种情况下，只有在家庭未充分意识到整个经济体范围内的物价变动时，货币冲击才能在短期内产生实际影响。所以价格错觉模型的一个关键问题是，价格预期的缓慢调整在数量分析上是否显著。在新凯恩斯模型中，相应问题是物价的缓慢调整在数量上是否显著。

下面的专栏"价格黏性的证据"讨论的可以得到的近期数据，给了我们关于在微观经济层面上价格调整频率的大量信息。这些数据的确揭示了某些价格的黏性，即某些类型产品的价格通常是几个月都没有变化。然而，用这些新数据进行的经验研究得出的一个有待商榷的结论是，价格黏性不足以解释大部分经济波动的原因。因此，这一证据表明，尽管新凯恩斯模型很有用，但是可能无法解释大部分经济波动。

我们可以利用对价格调整的分析看看新凯恩斯模型对物价水平 P 的周期性变化的预测。当名义货币量 M 上升时,P 一开始的变动相对较小。所以伴随 P 的微小变动实际 GDP(Y)扩张。之后,随着 P 逐渐上升,Y 下降,但仍高于初始水平。最终 P 上升的比例与 M 相同,而在那一点上 Y 回到原先的水平。这一论述的结论是,P 相对低时 Y 相对较高。

我们也可以反过来进行分析,即名义货币量 M 的减少导致实际 GDP(Y)的暂时下降。在此情况下,我们得到的结果是,P 相对高时 Y 往往相对较低(例如,在 M 刚刚减少后)。

总之,新凯恩斯模型的预测是:繁荣期间 P 往往相对较低,而实际 GDP(Y)相对较高;衰退期间 P 相对较高,而 Y 相对较低。换言之,模型预测 P 是逆周期性的。这一预测与均衡经济周期模型的预测相同。正如我们在第 11 章中看到的,对 P 是逆周期的预测与数据相符。

用数字说话　价格黏性的证据

Luis Álvarez et al. (2006)的一项研究对欧元区消费者价格指数(CPI)和生产者价格指数(PPI)包含的商品和服务的价格黏性进行了定量分析。价格的灵活性差异很大,取决于商品或服务的类型。CPI 包含的价格中,能源和未经加工的食物的价格变动最频繁,而服务业的价格变动最少。PPI 包含的价格中,能源和食物的价格变动最频繁,而资本商品的价格变动最少。总的来说,欧元区的企业平均一年变动一次价格。Mark Bils 和 Peter Klenow(2004)的一项早期研究对美国消费者价格指数(CPI)包含的商品和服务的价格黏性进行了定量分析,发现价格发生变化的时间跨度平均为 4～5 个月,[①]比欧元区的平均时间短多了。

M.Golosov 和 R.Lucas(2006)采用了 Bils 与 Klenow 的结果估计价格黏性对美国的经济波动有多重要。在 Golosov-Lucas 模型中,厂商要改变价格的一个原因是影响到特定厂商产品需求或技术的个别冲击。例如,在我们以前设立的模型中,个别产品需求的上升促使每个厂商提高其相对价格 $P(j)/P$。改变价格的第二个原因是整个经济体范围的货币扰动。例如,名义货币量 M 的上升促使每个厂商提高其名义价格 $P(j)$。

两类价格变动都有菜单成本。由于改变价格的这些成本,个别厂商并非总是针对个别冲击或货币扰动调整价格 $P(j)$。假设 $[P(j)]^*$ 代表厂商的"理想价格",这是菜单成本为 0 时选择的价格。当价格 $P(j)$ 大幅偏离 $[P(j)]^*$ 时,每个厂商发现改变价格是上策。当价格改变发生时,$P(j)$ 一般都会作大幅度调整,平均上调或下调 7%～8%,如

[①] 早期对价格黏性进行研究的有 D.Carlton(1986)、S.Cecchetti(1986)、AKashyap(1995)以及 Ablinder(1998)的著作。这些研究的结论是:价格黏性比 Bils 和 Klenow(2004)发现的结果更重要。一个原因是早期的研究仅仅调查几项产品,诸如报纸以及目录所列的物品,因而碰巧得出高于平均数的价格黏性。

Emi Nakamura 和 Jon Steinsson(2006)发现的一样。

Golosov 和 Lucas 构造了包含一批个别厂商的模型,每个厂商变动价格的菜单成本均相同。(考虑到不同菜单成本的扩展模型证明不影响主要结果。)菜单成本的提高促使厂商减少更改价格的次数。Golosov 和 Lucas 假设,菜单成本影响到模型中表示价格变动次数的数值,该数值等于 Bils 和 Klenow 在数据中发现的平均次数。所以在 Golosov-Lucas 经济模型中,单个厂商平均每 4～5 个月调整一次价格。

这个模型的一个结论是,对这个经济体而言,大多数价格的变化源于个别冲击。也就是说,大多数价格变化都是为了应对个别需求或技术的变动,而不是整个经济体范围内的货币冲击。对于通货膨胀率高且变化不定的经济体来说,情况就不同了;Golosov 和 Lucas 以 20 世纪 70 年代末和 80 年代初的以色列为例。在高通胀的环境中,大多数价格的变动是由整个经济体的货币冲击引起的。

在 Golosov-Lucas 模型中,如我们研究的新凯恩斯模型,货币冲击影响劳动投入与产出。然而对于通胀率低而且稳定的经济体而言,观察到的货币波动只能解释一小部分观察到的实际 GDP 的波动。Golosov 和 Lucas 得出结论,虽然货币不是中性的,但是货币冲击在经济波动中只起很小的作用。

17.1.5　比较对经济波动的各种预测

表 17-1 扩展了第 16 章的表 16-1,将新凯恩斯模型对五个宏观经济变量周期性的预测包括在内。我们可以利用表 17-1,对这些预测与其他两个模型——第 9 章至第 11 章的均衡经济周期模型和第 16 章的价格错觉模型——的预测和之前记录的经验模式进行比较。

表 17-1　三个模型中宏观经济变量的周期性

	名义货币量 M	物价水平 P	劳动投入 L	实际工资率 w/P	劳动平均产量 Y/L
均衡经济周期模型	顺周期	逆周期	顺周期	顺周期	顺周期
价格错觉模型	顺周期	顺周期	顺周期	逆周期	逆周期
新凯恩斯模型	顺周期	逆周期	顺周期	顺周期	逆周期
经验观察	顺周期(弱)	逆周期	顺周期	顺周期	顺周期(弱)

注:本表扩展了第 16 章中的表 16-1。表中显示了四种背景下五个宏观经济变量的周期性。第一个是均衡经济周期模型,技术水平 A 的冲击引发经济波动(如第 9 章至第 11 章所述)。第二个是第 16 章的价格错觉模型,名义货币量 M 的冲击引发经济波动。第三个是本章的新凯恩斯模型,M 的冲击引发经济波动。第四个是第 9～11 章的经验模式。

表 17-1 表明,与价格错觉模型不同,新凯恩斯模型正确地预测了实际工资率 w/P 的顺周期性和物价水平 P 的逆周期性。新凯恩斯模型不同于均衡经济周期模型且背离经验模式的一个方面是劳动的平均产量 Y/L。新凯恩斯模型的差错是预测 Y/L 是逆周期的,虽然“劳动力贮藏”的思想或许可以解决这个问题。

17.1.6 对总需求的冲击

我们关于新凯恩斯模型的论述聚焦于经济对名义货币量 M 增加的反应。分析的关键之处是，每家厂商 j 的产品需求 $Y^d(j)$ 都上升了，而其价格 $P(j)$ 固定不变。如果每个厂商的 $Y^d(j)$ 的上升同货币没有任何关系，也可以得到相同的结果。基本原因是商品的总需求增加了。

总需求上升的一个途径是家庭外生地将当期储蓄转为当期消费 C。也就是说，家庭可能出于模型没有解释的原因而变得不那么节省了。[①] 消费者需求的上升意味着典型厂商 j 看到市场对其商品的需求 $Y^d(j)$ 上升了。如果物价水平 P 在短期内固定不变，我们仍可以利用图 17-1 的分析表明总的劳动投入 L 增加了。因此，商品总需求的上升导致实际 GDP(Y)增加。

另一种可能性是，政府可以通过增加实际采购 G 提高对商品的总需求。这种扩张又提高了典型厂商察觉到的需求 $Y^d(j)$。如前所述，如果物价水平 P 固定不变，劳动投入 L 和实际 GDP(Y)趋于上升。

新凯恩斯模型具有这样的特征：商品总需求的上升最终可能使实际 GDP(Y)增加，增幅甚至超过需求初始的扩张。也就是说，模型中可能存在乘数——Y 的上升可能是需求上升的 1 倍以上。

原因如下：在固定的物价水平 P，商品总需求最初的上升导致产出 Y 等额增加。如果所有厂商的加价比率显著大于 1，从而厂商愿意充分满足价格不变情况下增加的需求，上述反应就是成立的。Y 的增长导致实际收入——主要是实际劳动所得(w/P)·L——增加。这部分增加的收入推动消费者需求的另一轮的上升，这使每个厂商商品的需求 $Y^d(j)$ 上升。产出 Y 针对增加的需求的进一步上升产生了乘数。

凯恩斯乘数是一个有趣的理论结果。然而经济学家没有从经验上证实存在乘数。例如，在第 13 章我们发现，很难清楚地证明政府购买 G 对实际 GDP(Y)的正面影响。只有对重大的战争期间 G 的暂时性巨额扩张，这一正向关系才是清晰的。此外，即使在这些情况下，Y 的反应也小于 G 的增幅；也就是说，乘数小于 1。

17.2 货币与名义利率

在实践中，中央银行(如英格兰银行)往往将货币政策表示为短期名义利率目标，而不是货币总量目标。在英国，英格兰银行关注官方银行利率——英格兰银行借给商业银行的隔夜名义利率。英格兰银行的货币政策委员会(MPC)一年碰面 12 次。MPC 在每次会议上要通过官方银行利率的目标。虽然货币政策不是以货币总量的方式表示的，不过对名义利率的调整会转变为这些总量的变动。

在实践中，中央银行使用公开市场业务来达到目标利率。回顾第 15 章的内容，公开

---

① 政府也可以通过减税刺激消费者需求。如果减税时家庭认为变得更富裕了——这与第 15 章里探讨的李嘉图等价不同，现期消费者的需求就会上升。

市场业务是基础货币(流通中的货币加上存款机构持有的储备)与生息资产之间的交换。这些证券相当于我们模型中的债券。在扩张性的操作中,中央银行买入债券而创造新的基础货币。在紧缩性操作中,中央银行出售其证券组合中的债券,利用所得的收入减少基础货币。

中心思想是:在价格呈黏性的短期内,公开市场操作影响名义利率——英国的官方银行利率和我们模型中的名义利率 i。我们可以从我们熟悉的第 11 章中的均衡条件来考虑货币与名义利率之间的关系,该条件为名义货币量 M 等于名义需求量 $P \cdot D(Y, i)$:

$$M = P \cdot D(Y, i) \tag{17-8}$$

在我们的模型中,我们将 M 看作名义通货。现在我们要将 M 的概念扩大到基础货币,这是直接受到公开市场操作影响的货币总量。通过这些操作,中央银行可以逐日控制基础货币的数量。

方程(17-8)中的均衡条件明确了名义基础货币 M 与名义货币需求量的决定因素,物价水平 P、实际 GDP(Y)和名义利率 i 之间的关系。在新凯恩斯模型中,P 在短期内固定不变。因此在短期内,如果 M 增加了,均衡要求提高的 Y 与降低的 i 的某种组合,以使名义货币需求增加的量与 M 增加的量相同。对于给定的 Y,方程(17-8)说明 M 的上升必须与 i 的降低匹配。

在前面的分析中,我们将扩张性的货币冲击看作名义货币量 M 的上升。现在我们可以认为扩张性货币行为是名义利率 i 的下降。

如果方程(17-8)是一种固定的关系,中央银行可以通过改变名义货币量 M 或名义利率 i 等价地操作。可是在实践中,实际货币需求量 $D(Y, i)$ 往往会频繁波动。[①] 这些波动使中央银行几乎不可能为了达到 i 的理想路径而事先为需要的基础货币或其他货币总量设定精确的时间路径。这样的设定需要知道未来的实际货币需求量 $D(Y, i)$。由于无法获得这样的知识,中央银行一般不会通过明确规定名义货币总量的路径来执行货币政策。更具体地,中央银行曾拒绝了最早由米尔顿·弗里德曼(Friedman,1960,pp. 90-93)提出的方案,为设定的货币总量规定一个"固定增长率规则";弗里德曼理想的候选对象是 M1 和 M2。关于货币增长的这类规则要求 i(或 P 或 Y)对实际货币需求量的每一次变动都作出反应。

因为基于货币总量的规则有缺点,中央银行大都通过名义利率目标的调整设立政策框架。通过设定 i 的目标,中央银行为达到基础货币所需要的变动,自动地趋向于进行所需数量的公开市场操作。例如,如果中央银行想要降低 i,它就(通过公开市场操作)提高 M 直至想要达到的名义利率在债券市场占主导地位。我们从方程(17-8)知道,M 必要的增长等于因 i 的下降(对于给定的 P 和 Y)造成的实际货币需求量 $D(Y, i)$ 的上升。然而,重要的一点是,中央银行不必知道 $D(Y, i)$ 的精确数量。中央银行只需不断地增加 M,直至看到名义利率达到它所想要的水平。

另一个例子,假定中央银行不想让名义利率 i 发生变化,但是实际货币需求量

---

① 作为例子,我们在第 11 章注意到名义货币需求量有大量的季节性变动。美联储通过适当数量的 M 的季节性变动应对这种季节性需要。这种基础货币的季节性反应避免了名义利率 i 的季节性变化。

$D(Y,i)$上升了。如果中央银行保持 M 不变，i 就会上升，从而使实际货币需求 $D(Y,i)$ 降下来。反之，中央银行可提高 M 以平衡 $D(Y,i)$ 的上升。（这种调节有时表述为货币需求的通融。）此外，如我们前面的例子中，中央银行不必精确地知道 $D(Y,i)$ 是如何变化的。中央银行只需（通过公开市场操作）不断地增加 M，直到金融市场占主导地位的名义利率正是它想要的利率——在本例中就是不变的 i。

如我们在第 16 章讨论并在表 16-2 中详细列出的那样，自 1990 年以来，许多国家的中央银行，如匈牙利、冰岛、以色列、挪威、波兰、南非、瑞典和英国，采取正式的通胀目标制，在这些体制下，名义利率对通胀率的变化作出反应——高通胀造成较高的名义利率，而低通胀导致名义利率降低。

在这一点，经济学家们确信货币政策对通胀作出反应是有益的。也就是说，当通货膨胀率上升时会明显地提高名义利率，从而成功地遏制通货膨胀，而在通胀率下降时也会大幅度地降低利率。这种政策的另一种表达是，当通胀率上升时实行紧缩性的公开市场操作，在通胀率下跌时实行扩张性的公开市场操作。

应对其他经济变量的名义利率调整的好处还没那么清楚。就是说，当中央银行针对实际经济的强弱调节名义利率，特别是以劳动市场的就业率、失业率等指标衡量时，经济因此而运行得更好还是更糟，我们就不得而知了。

17.3　凯恩斯模型——黏性名义工资率

如本章开头提到的，凯恩斯（Keynes，1936）《通论》中的模型是基于黏性名义工资率，这就是说名义工资率无法对已变化的情况迅速地作出反应。为集中研究黏性名义工资率的后果，我们现在假设商品的价格是完全可以变动的来简化分析。所以，我们回到前一章中的模型，其中的商品供应商和需求者都是完全竞争者。在此背景下，单一的名义价格 P 适用于所有商品。

凯恩斯只是假设名义工资率 w 是黏性的，即他假设 w 不会迅速地作出调整以出清劳动市场。此外，凯恩斯关注 w 高于市场出清水平的情况。这一假设暗示（我们考虑物价水平 P 如何决定时）实际工资率 w/P 高于其市场出清值。

在凯恩斯模型中，劳动市场如图 17-2 所示。图中的劳动供需曲线与我们均衡经济周期模型中的相同（见第 9 章的图 9-13）。注意实际工资率 w/P 的上升会降低劳动需求量 L^d，但提高供给量 L^s。与之前唯一的不同之处是，名义工资率 w 被假设为不会作出调整以得到使劳动需求量与供给量实现平衡的实际工资率 $(w/P)^*$。相反，通行的实际工资率 $(w/P)'$ 高于 $(w/P)^*$。

实践中的经济学　凯恩斯和弗里德曼

约翰·梅纳德·凯恩斯是任教于剑桥大学的著名英国经济学家。他在 1919 年至

1923 年出版的重要著作主要是关于第一次世界大战以后德国的战争赔款和恶性通货膨胀。他的不朽巨著《就业、利息与货币通论》于 1936 年问世。此书为政府对 20 世纪 30 年代陷入全球大萧条的经济体采取补救措施建立了一个新的框架。他的模型没有解释大萧条的起源，但论证了市场经济有总产出持续性低迷和失业率持续高企的总体趋势。他认为这些糟糕的结果可通过积极的财政政策加以改善，具体地说，就是增加政府支出和削减税收以应对衰退。

凯恩斯虽然讨论了货币政策，但他在《通论》中没有强调作为商业波动根源的货币冲击，轻视了货币政策作为反衰退手段的作用。相比之下，特别自 20 世纪 80 年代以来，新凯恩斯主义经济学家拥护积极的货币政策，将其作为反周期政策的核心。

不管《通论》中的凯恩斯模型有什么优点，其学术上的影响是毫无疑问的。《通论》实质上确立了宏观经济学作为经济学一个独立的领域的地位。而且，凯恩斯经济学是经济学文献中使用最广泛的术语之一。该术语是指政府在宏观经济层面的干预有助于改善表现糟糕的市场经济运行的模型。凯恩斯模型一般假设，至少暗含地假设，我们可以把微观经济决策托付给私人市场——例如，工作与消费多少、购买与生产什么商品。这些模型中的市场失灵与总量相关，如实际 GDP 和总就业。相应地，它所建议的政府干预不是对微观经济的干预，如对个别价格的控制或对厂商与家庭的详细规定，而是宏观经济政策。

米尔顿·弗里德曼是 20 世纪在政策影响方面唯一能与凯恩斯媲美的经济学家，我们在本章和前面章节讨论过他的一些研究。在芝加哥大学期间弗里德曼出版了其重要著作；他被公认为芝加哥大学经济学院的顶梁柱之一。相比于凯恩斯，弗里德曼将 1929 年至 1933 年美国大萧条的主要责任归罪于政府的无能，尤其是美联储的货币政策。美联储未能对银行倒闭以及随后广义货币总量和一般物价水平的暴跌给以积极充分的应对。关于该观点的文献被收录到弗里德曼和施瓦茨(1963)所著的《货币史》中。这种解释意味着大萧条并没有使弗里德曼对小政府的偏好陷入两难境地，他在美联储未能阻止通货紧缩的失败中找到了赞成货币规则的论据。

即使在今天，对于大萧条的根源，经济学家们也没有达成完全的共识。然而，人们一致认为货币崩溃（受到凯恩斯轻视）是中心环节。许多经济学家认为货币总量的减少尤为重要，因为与之相伴的金融部门的恶化会导致信用的分崩离析，以及破产潮的到来。在解释大萧条的规模与时间长度方面，美联储前主席本·伯南克在其早期的研究(Bernanke，1983)中强调了信用渠道的重要性。

在图 17-2 的纵坐标上显示的实际工资率$(w/P)'$处，劳动的供给量 L^s 大于需求量 L^d。由于供给量与需求量不相等，我们就得重新考虑劳动量 L 是如何决定的。

我们采用 L 等于需求量与供给量中较小的——本例中为需求量 L^d ——的原理。因此，L＝横坐标上的 L'。劳动投入不可能高于这一数量，否则某些劳动需求者会被迫雇用大于给定的实际工资率$(w/P)'$下所需数量的劳动。换言之，我们假设劳动市场遵守自愿交换的规则。没有一个市场参与者会被迫按现行的实际工资率水平雇用多于所需数量的劳动，或者做多于所需数量的工作。

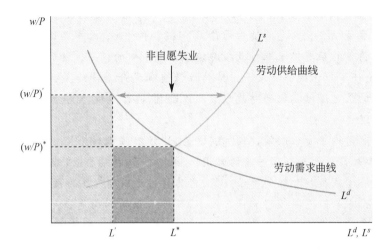

图 17-2　名义工资率黏性的新凯恩斯模型中的劳动市场

注：在凯恩斯模型中，名义工资率 w' 高于市场出清值 w^*。结果，实际工资率 $(w/P)'$ 高于
纵坐标上的市场出清值 $(w/P)^*$。在 $(w/P)'$ 处，L^s 曲线上的劳动供给量超过 L^d 曲线上的劳动
需求量。在横坐标上，劳动需求量为 L'，小于市场出清值 L^*。

　　注意在图 17-2 中，在给定的实际工资率 $(w/P)'$，劳动供给量 L^s 大于劳动需求量
L^d，后者等于劳动量 L'。关于市场的通常假设是，在此情况下，名义工资率 w 就会下降。
也就是说，供大于求时劳动的供给者为得到工作而竞相压低 w。然而凯恩斯模型中的假
设将这一反应排除在外，至少在短期内是这样。在给定的实际工资率 $[w/P]'$，劳动供给
量超过 L' 的部分称为非自愿失业。在图 17-2 中用带箭头的线表示这一失业数量。非自
愿失业为家庭按 $(w/P)'$ 意愿提供的劳动量（例如，劳动供给 L^s）与它们实际得到雇用的
量 L' 之间的差额。

　　现在假设货币扩张提高了物价水平 P。如果名义工资率 w 不变，P 的上升会降低实
际工资率 w/P'。在图 17-3 中我们假设 P 的上升使实际工资率在纵坐标上从 $(w/P)'$ 下
降到 $(w/P)''$。w/P 的下降提高了劳动需求量 L^d，从而使劳动投入在横坐标上从 L' 增加
到 L''。所以在具有黏性名义工资率的模型中，货币扩张使劳动投入 L 增加。通过生产函
数，L 的增加导致实际 GDP Y 的扩张。

　　只要名义工资率 w 固定不变，货币扩张通过图 17-3 中所示的机制使实际工资率
w/P 下降，劳动投入 L 增加。这一过程可以持续到 w/P 下降至市场出清值 $(w/P)^*$ 为
止。在该点，L 在横坐标上达到其市场出清的水平 L^*。[①]

　　我们从图 17-3 看出，货币扩张通过降低实际工资率 w/P 来提高劳动投入 L，从而增
加实际 GDP Y。凯恩斯模型与新凯恩斯模型相类似是在于预测名义货币 M 和劳动 L 是
顺周期的。然而与新凯恩斯模型不同，凯恩斯模型预测 w/P 是逆周期的——L 与 Y 高
时则低，而 L 与 Y 低时则高。我们曾强调 w/P 一般是顺周期变动的。所以，凯恩斯模型

---

　　① 在 w 保持固定不变的情况下，进一步扩张货币就会将 w/P 降至 $(w/P)^*$ 以下。在此情境下，劳动需求量 L^d
会大于供给量 L^s。按照自愿交换原则，劳动投入 L 必须等于供给量 L^s。此时，进一步货币扩张造成的 w/P 的下降
将减少劳动供给量 L^s，从而减少 L。因此在凯恩斯模型中，过分的货币扩张有不利的后果。

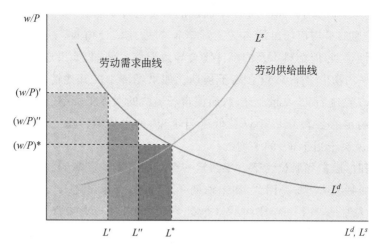

图 17-3　名义工资率黏性的新凯恩斯模型中货币扩张的效应

注：在凯恩斯模型中，名义工资率 w 是固定的，高于其市场出清值 w^*。因此在纵坐标上，实际工资率 $(w/P)'$ 高于市场出清值 $(w/P)^*$。在横坐标上，劳动投入 L' 等于 $(w/P)'$ 时的劳动需求量。货币扩张提高了物价水平，从而将实际工资率下降至纵坐标上的 $(w/P)''$。在横坐标上，劳动投入上升至 L''，劳动的需求量上升为 $(w/P)''$。因此，充分的货币扩张可使 L 增至市场出清值 L^*。

就很难解释观察到的 w/P 的顺周期走势。在这方面，该模型与第 16 章的价格错觉模型有一样的缺陷。

凯恩斯本人认识到他的模型在预测实际工资率 w/P 周期性变化方面有问题。可是他没有拿出解决这一问题的令人信服的方法。本章早些时候设计的新凯恩斯模型的主要动机之一，就是要消除对 w/P 不符合实际的预测。也就是说，如表 17-1 所示，在新凯恩斯模型中 w/P 是顺周期的。另一方面，新凯恩斯模型依据的是黏性名义价格，而许多经济学家也认为——像凯恩斯一样——现实中黏性名义工资率更重要。

17.4　长期合同与黏性名义工资率

对很多工人而言，名义工资率是由与雇主签订的一年或多年协议的条款设定的。这些协议有时是企业与工会之间的正式合同。更常见的情况是，企业与工人有隐性的契约，事先明确规定了某一时期内，通常是一个财政年度或一整年（12 个月）的名义工资率。这些协议的存在是对凯恩斯的名义工资率 w 黏性假设的辩护。订立契约的方法也可用于解释某些名义价格的黏性，比如，较稳定的供给商向企业出售中间商品的价格也有黏性。

有许多很好的理由说明为什么交易伙伴会预先明确规定工资率或要交换的服务和商品的价格。这样预先设定工资率或价格可以防止一方事后提出"不合理的"条件。这就是说，工资或价格协议可以缓解经济学家所谓的"索要高价问题"。例如，在没有合约的情况下，雇主可能以雇员调动工作会带来高成本为由降低工资率。类似地，当推迟建筑工程的代价高得不能承受时，供应商就会提高材料的价格。预先设定工资率或价格可以避免其中一些问题。

假定雇主与雇员为下一年约定一个固定的名义工资率 w。[①] 一个自然的选择就是让 w 等于全年普遍的平均市场出清名义工资率 w 的最佳估计值 w^*。虽然选中的 w 可能是对 w^* 的理性预期，但始料不及的事件终会导致误差。例如，如果通货膨胀率 π 出乎预料得高，该年平均物价水平 P 就会高于预期。如果经济中的其他情况不变，市场出清的名义工资率 w^* 会随着 P 一起上升，从而使市场出清的实际工资率 $(w/P)^*$ 保持在原位。在此情况下，约定的名义工资率 w 就低于当年 w^* 的平均数。反之，如果 π 出人预料得低，固定的 w 就高于当年 w^* 的平均数。

合同期满时，雇主和雇员为下一年约定一个新的名义工资率 w。新的 w 考虑到当年的事件，包括通货膨胀率 π。因此，如果预期是理性的，今年设定 w 的误差——可能是由于低估了通货膨胀——下一年往往不会重复。预期的理性也意味着 w 对 w^* 的偏离不是系统性地大于或小于 0。因此，订立契约的观点并不支持凯恩斯对 w 高于 w^* 这种情况的强调。在存在契约的背景下，w 大于 w^* 与 w 小于 w^* 的情况大体上各占一半。

在任何时点，经济体都有大量的现存的劳动契约，其中每份契约订立的名义工资率 w 可能多多少少都会偏离市场出清值 w^*。某些协议的 w 高于 w^* 而其他协议的 w 低于 w^*。然而，总量冲击可能造成整个经济体范围内 w 的平均值与 w^* 不同。例如，出乎意料低的通货膨胀往往会使整个经济体内的 w 高于 w^*。有些宏观经济学家利用这一结果说明为什么货币紧缩会减少就业和产出。也就是说，订立契约的方法可被用于填补凯恩斯模型中的缺口，解释为什么在通货紧缩面前名义工资率 w 是黏性的。[②]

不幸的是，这种订立契约的方法的运用遇到了逻辑问题。当名义工资率 w 定得太高，以及当自愿交换原则决定劳动量 L 时，就会出现凯恩斯模型的结果。例如，假设 w，从而 w/P 过高，以至于劳动供给量 L^s 大于劳动需求量 L^d。在这种情况下，自愿交换原则决定 L 等于需求量。这种方法对于缺乏人情味的市场是有意义的。然而，这一方法一般不适用于长期合约的情形，因为我们假设这些合约设定的黏性名义工资率是合理的。

在存在显性或隐性契约的持久性关系中，交易的各方不必时时地改变价格或工资率以便达到"正确"的数量。例如，工人可能预先同意当有较多的工作要做时加紧工作——即对厂商的产品有很大需求时多工作，而当工作少时松懈一些。与无人情味的拍卖市场不同，即使工资率不会逐日变动，也可能出现这类工作与生产的有效调节。[③] 要点是，在有劳动合同的背景下，名义工资率的黏性不一定会在确定劳动投入与生产时造成误差。

---

① 订立契约的方法促使人们预先设定实际工资率 w/P，而不是名义工资率 w。然而发达国家中的多数劳动协议没有明文规定"指数化"，即没有关于对名义工资率根据物价水平 P 的变化自动调整的条文。显然企业与工人都觉得用标准的记账单位——例如美元——明确协议条文比较方便，即使未来的物价不确定。然而有证据表明通货膨胀率越高，越是变化不定，合同期限就越短，采用正式的名义工资率指数化的做法就越多。

② 最早将订立契约的方法应用于宏观经济学的是 D.Gordon(1974)，C.Azaris(1975)和 M.Baily(1974)。运用货币冲击方法的主要有 J.AGray(1976)，S.Fischer(1977)和 J.Taylor(1980)。

③ 然而，对于短期大量增加劳动投入，合同往往规定加班费或其他类型的奖励。

举一个具体的例子,假设通货膨胀率有时低于预期,有时高于预期。理性的厂商与工人知道通货膨胀——如果不同时伴有经济中的实际变化——不会改变劳动投入与生产的有效水平。因此,以合同约定劳动投入与生产的选择不受通胀率的影响就有意义了。许多年中,当未预期到的通胀对实际工资率的影响趋向于平均时,合同双方都会因这一约定而受益。然而在通货膨胀高且不可预测的经济环境中,厂商与工人要么偏向于根据物价水平对名义工资率进行指数化,要么倾向于更频繁地重新商定工资合同。

从订立契约的方法获得的一个重要经验是,名义工资率 w 的黏性不一定导致凯恩斯模型中出现的失业与生产不足。在长期协议中,没有必要为了使经济接近市场出清的劳动量 L^* 而不停地改变 w。因此,与其说是支持凯恩斯的观点,不如说对订立契约的分析表明观察到的名义工资率的黏性对于宏观经济的运行可能并不太重要。如果我们尝试不以刻板的菜单成本而是以契约协议——例如生产商与供给商之间的协议——来解释这种价格黏性,这样的推论也适用于新凯恩斯模型中的黏性价格。

用数字说话　关于订立合同的经验证据

几项经验研究为订立合同的宏观经济含义提供了证据。Shaghil Ahmed(1987)采用了 1961 年至 1974 年间加拿大 19 个行业的数据。他之所以采用这些数据,是因为 David Card(1980)早期的研究计算了各个行业劳动合同中的指数化程度——名义工资率对于物价水平的变化进行的自动调整。指数化的值域从零到近乎 100%。按照劳动合同是凯恩斯模型基础的理论,几乎未进行指数化的行业应显示出实际工资率、就业与产出对名义工资率冲击作出的显著反应。大量指数化的行业几乎不会受到名义扰动的影响。

Ahmed 发现货币冲击对 19 个行业中大部分行业的工作时数有正影响。然而对当前的目的而言,要点是一个行业对这些冲击的反应程度与该行业的指数化的数量没有关系。大量指数化的行业对货币冲击做出反应的可能性与较少指数化的行业相同。这一发现不利于我们得出用长期合同作为凯恩斯黏性工资模型基础的理论。

Giovanni Olivei 和 Silvana Tenreyro(2007)的研究表明,订立合同的方法对于理解货币政策的实际效果可能很重要。他们首先观察到大量的厂商将工资率定到日历年的年末,在次年的 1 月变动生效。根据这种订立合同的方法,这种时间安排意味着年末发生的货币扰动将在几个月后通过变动下一次年度的工资率予以冲销。相反,年初发生的货币扰动则需要 12 个月的时间由下一次调节来冲销。

利用这种概念性框架,Olivei 和 Tenreyro 调查实际 GDP 对货币冲击的反应有什么不同,是否取决于冲击发生的季度。他们以联邦资金利率——联邦基金市场隔夜拆借率,包括商业银行等金融机构——异乎寻常的变动度量冲击。异乎寻常的变动是指那些不能用实际 GDP、GDP 平减指数和商品价格前期的变动来解释的利率变化。他们对 1966 年至 2002 年这一时期的主要发现是,当冲击发生于当年第一或第二季度时,实际 GDP 对联邦利率冲击的反应相当明显。利率下降 0.25 个百分点预计使未来两年的实际 GDP 提高 0.2%。然而如果联邦利率的冲击发生于当年的第三或第四季度,反应就小了。在此情况下,联邦利率下调 0.25 个百分点预计使未来两年的实际 GDP 提高不到 0.1%。Olivei 和 Tenreyro 认为,之所以出现上述这种反应差异,是因为名义工资率在一年里往往是黏性的,而在一年的年末至下一年的年初是可变的。

小结

在第 16 章,我们通过关注价格错觉来研究货币的非中性。在本章,我们考察了货币非中性的另一根源:名义价格与工资率的黏性。这种黏性反映出改变价格与工资的成本。

新凯恩斯模型以商品价格的黏性为特征。在不完全竞争的背景下,单个厂商通过对生产的名义边际成本加价的方式定价。如果在短期价格固定不变,厂商在一定范围内增加生产和劳动投入来满足需求的扩张。因此,货币扩张会增加整个经济体的劳动需求量。劳动需求的扩张会提高实际工资率,而且,如果劳动的供给曲线向上倾斜,劳动投入量也会增加。劳动的扩张可以使实际 GDP 增加。因此,模型预测名义货币、劳动量和实际工资率是顺周期的。对实际工资率顺周期的预测——这与数据吻合——使本模型与价格错觉模型相区别。可是新凯恩斯模型有逆周期的预测,即劳动的平均产量是逆周期的。为消除这种错误,我们提出了劳动力贮藏的理念。

一个更传统的凯恩斯模型依赖于黏性名义工资率。如果名义工资率太高,劳动供给量往往会超过需求量。就业量等于需求量,供大于求的部分等于非自愿失业。在此背景下,货币扩张会降低实际工资率,因而提高劳动需求量,从而提高就业水平。但是该模型预测实际工资率是逆周期的,这与实际情况相悖。

重要术语和概念

总需求 aggregate demand

增长率不变规则 constant-growth-rate rule

不完全竞争 imperfect competition

指数化 indexation

非自愿性失业 involuntary unemployment

劳动力贮藏 labor hoarding

生产的边际成本 marginal cost of production

加价比率 mark up ratio

菜单成本 menu cost

乘数 multiplier

黏性名义工资率 sticky nominal wage rates

黏性价格 sticky prices

自愿交换 voluntary exchange

 问题和讨论

A. 复习题

1. 说明在新凯恩斯模型中名义货币量 M 的增加如何降低名义利率 i。为何在市场出清的模型中没有出现这种效应？

2. 什么是非自愿失业？

B. 讨论题

3. 黏性工资模型

具有黏性名义工资率的模型与新凯恩斯模型有何不同？两种模型相对而言各有什么优点？你为什么认为凯恩斯强调的是黏性名义工资，而不是黏性价格？

4. 新凯恩斯模型中察觉到的财富

假设有一项研究发现我们都比想象中富有。如果我们都相信这个研究的结论，新凯恩斯模型预测实际 GDP(Y)和劳动 L 会有什么变化？我们最终真的"更富有"了吗？用均衡经济周期模型的预测与这些预测进行对比。

5. 节俭的悖论

假定家庭决定提高现期储蓄并减少现期消费需求，从这一意义上讲，家庭变得更节俭了。

a. 在新凯恩斯模型中，实际 GDP(Y)和劳动 L 发生什么变化？

b. 储蓄量有什么变化？如果储蓄下降，就会出现所谓的"节俭的悖论"吗？

c. 均衡经济周期模型中可能存在"节俭的悖论"吗？

6. 新凯恩斯模型

a. 新凯恩斯模型与均衡经济周期模型的主要区别是什么？

b. 在新凯恩斯模型中，名义货币量 M 的变化有实际影响吗？在该模型中，生产者之间的不完全竞争足以产生货币的非中性吗？

c. 新凯恩斯模型如何解释黏性价格？

d. 新凯恩斯模型对实际工资率和劳动平均产量的周期性变化有什么预测？分析结果与数据一致吗？

e. 在新凯恩斯模型中，货币供给冲击是唯一有实际影响的一种冲击吗？模型中还有其他什么冲击有实际影响？

f. 相对而言，新凯恩斯模型和均衡经济周期模型各有什么长处？

7. 凯恩斯乘数

解释为何新凯恩斯模型中可能存在乘数。乘数的大小怎样受到下列各项的影响?

a. 物价水平 P 的调整。

b. 加价比率大于 1 的程度。

c. 名义货币需求量 M^d 对实际 GDP(Y)的反应。

均衡经济周期模型中可能存在乘数吗?

第七部分

国际宏观经济学

中级宏观经济学
Intermediate Macroeconomics

第 18 章

商品和信贷的世界市场

到目前为止,我们只是对单一的封闭经济体进行了分析。因此我们忽略了国际市场上各个国家之间的相互作用。许多宏观经济学家,尤其是美国的宏观经济学家,会聚焦于封闭经济的框架。一个理由是美国是世界上最大的经济体,代表了很大部分的世界经济,而世界经济实际上是一个封闭经济(如果我们不考虑与火星的贸易)。忽略世界市场的另一个理由是有各种限制措施阻碍商品和信贷从一国流向另一国,这尤其适用于 20 世纪 50 年代和 60 年代。特别是对美国而言,国内生产总值(GDP)中进入国际贸易的份额并不大。

随着过去 50 年国际市场的开放——常常称之为"全球化",忽视世界其余地区的做法日益令人不满,即使对于美国经济的分析也是如此。美国的进口额占 GDP 的比率从 1960 年的 4.2% 上升至 2013 年的 16.5%,而出口额占 GDP 的比率从 5% 上升至 13.5%。从 20 世纪 80 年代中期开始至 2013 年的特征也是美国向外国大量借债。

为研究国际贸易,我们就得将模型扩展至世界经济,包括进许多国家。我们从"本国"的视角进行分析。为简化分析,我们将世界其余地区当作一个实体,我们称之为"外国"。(许多外国的存在不影响我们的主要分析结果。)本国居民向外国居民购买商品和服务(进口),并且将商品和服务卖给外国居民(出口)。本国居民还与外国居民相互借贷。

有时候我们假设本国对世界其他地区的均衡的影响微乎其微。如果本国是世界经济微不足道的一部分,这一假设令人满意。欧盟和美国是介于小型开放经济与世界经济之间的中等经济体,而世界经济是一个封闭经济。也就是说,像欧盟和美国这样的经济体足够大,对世界市场均衡具有不容忽视的影响。

我们以几个不现实的、以后可以放松的假设作为分析的起点。首先假设,各国生产的商品在质地上是相同的。此外还假设,运输成本与国境间的贸易壁垒微乎其微,可以忽略不计。最后,设想所有国家不使用自己的货币,而是使用美元或欧元之类的共同货币。共同货币的思想是,各国的家庭和企业采用单一的货币,并且以此度量所有的价格。具体地说,我们假设各国居民以欧元为持有货币,以若干单位的欧元标价。

给定这些假设,所有国家的商品一定会按相同的欧元价格 P 销售。如果价格不同,家庭都想以最低的价格购买所有商品,以最高的价格出售所有商品。这样,在商品买卖的所有场所,均衡时所有价格必然一样。这个结果是一价定律最简单的版本。这一定律的思想是,市场的运作确保对所有买主和卖主而言相同的商品在各个场所的售价相同。我们也可以通过忽略通货膨胀来简化分析,从而物价水平 P 固定不变,不随时间而发生变化。

假设本国 t 年的名义利率为 i_t。由于我们忽略了通货膨胀,所以实际利率 r_t 等于 i_t。假设世界其余地区的名义利率为 i_t^f。由于我们也忽略世界其他地区的通货膨胀,国外的实际利率 r_t^f 等于 i_t^f。在我们之前的分析中未考虑借款人在信贷方面的差异。现在我们更进一步,不考虑本国家庭与外国家庭之间在信贷方面的差异。此外,我们假设进行的国际间金融交易没有任何交易成本。给定这些假设,世界信贷市场的运转犹如只有一种名义利率的单个市场那样有效。也就是说,我们有

$$i_t = i_t^f$$

本国的名义利率＝外国的名义利率

以及

$$r_t = r_t^f$$

本国的实际利率＝外国的实际利率

对本国和外国的贷款人和借款人而言,名义利率与实际利率是相同的。

18.1 国际收支平衡

同之前一样,本国商品与服务的总产出为实际GDP(Y_t)。当一国对世界其他地区封闭时,Y_t 必定等于对国内商品和服务的实际总支出,即消费 C_t、总投资 I_t 与实际政府采购 G_t 之和。

封闭经济:

$$Y_t = C_t + I_t + G_t \tag{18-1}$$

实际 GDP ＝国内实际支出

设想本国经济开始时是封闭的,因此满足方程(18-1)。如果本国对世界其他地区开放,其实际 GDP Y_t 可能不等于国内实际支出 $C_t + I_t + G_t$。Y_t 超出 $C_t + I_t + G_t$ 的部分增加了本国对世界其他地区的债权,而 Y_t 小于 $C_t + I_t + G_t$ 的部分则增加了本国欠世界其他地区的债务。

设 B_t^f 为 t 年末本国持有外国资产的净名义数量。这些资产或债务可以由本国的家庭或政府持有。我们将这些资产当作债券,但它们也可以是资本的所有权。本国对世界其他地区的资本所有权的增加部分称为对外直接投资。

在国民账户中,B_t^f 称为本国的国际投资净头寸。注意变量 B_t^f 是存量,类似于政府债券的存量 B_t^g。t 年实际GDP(Y_t)超出 t 年国内实际支出 $C_t + I_t + G_t$ 的部分添加到前一年年末的实际国际投资净头寸 B_{t-1}^f/P 上,而短缺部分要从 B_{t-1}^f/P 中扣除。

本国从国际投资净头寸上赚取资产收入。由于所有资产支付相同的实际利率,t 年

获得的实际资产净收入为①

$$海外资产的实际净收入 = r_{t-1} \cdot B_{t-1}^f / P \qquad (18\text{-}2)$$

其中，r_{t-1} 为 $t-1$ 年年末持有的资产的全球实际利率。t 年国内居民的实际总收入为实际 $GDP(Y_t)$ 与海外资产的实际净收入 $r_{t-1} \cdot B_{t-1}^f / P$ 之和。这个总量称为实际国民生产总值（实际 GNP）：

$$实际\ GNP = Y_t + r_{t-1} \cdot B_{t-1}^f / P$$
$$实际\ GNP = 实际\ GDP + 海外资产的实际净收入 \qquad (18\text{-}3)$$

实际 GNP，即 $Y_t + r_{t-1} \cdot B_{t-1}^f / P$，决定了本国在 t 年总的资金来源。资金的用途有商品与服务的国内实际支出 $C_t + I_t + G_t$ 和国际投资净额 $(B_t^f - B_{t-1}^f)/P$ 实际价值的变动。这最后一项称为对外净投资，因为它代表本国对世界其他地区拥有的净债权。所以，开放经济体的预算约束为②

关键方程（一个开放经济体的预算约束条件）：

$$C_t + I_t + G_t + (B_t^f - B_{t-1}^f)/P = Y_t + r_{t-1} \cdot B_{t-1}^f / P$$
$$国内实际支出 + 对外净投资 = 商品和服务的实际\ GNP \qquad (18\text{-}4)$$

为了后续分析的需要，我们会发现用其他形式表示一个开放经济体的预算约束条件是很有用的。如果我们把商品与服务的国内实际支出 $C_t + I_t + G_t$ 从方程（18-4）的左边移至右边，就得到称为国际收支差额的结果。

方程（18-5）的右边为实际 GNP 与国内实际支出的差额，称为实际经常项目差额。如果经常项目差额大于 0，就说本国有经常项目盈余。如果差额小于 0，就称本国有经常项目赤字。如果差额等于 0，本国的经常项目平衡。

关键方程（国际收支差额）：

$$(B_t^f - B_{t-1}^f)/P = Y_t + r_{t-1} \cdot B_{t-1}^f / P - (C_t + I_t + G_t)$$
$$对外净投资 = 实际\ GNP - 实际国内支出$$
$$对外净投资 = 实际经常项目差额 \qquad (18\text{-}5)$$

方程（18-5）告诉我们，实际经常项目差额等于对外净投资。因此，如果经常项目有盈余，对外净投资就大于 0，本国的国际投资净头寸随时间而增加。相反，如果经常项目为赤字，对外净投资小于 0，国际投资净头寸随着时间而减少。注意：经常项目差额和对外净投资是流量。这些流量决定了存量——国际投资净头寸——如何随时间而发生变化。

---

① 国民账户中，该项为"来自国外的实际净要素收入"的一部分。也就是说 $r_{t-1} \cdot \dfrac{B_{t-1}^f}{P}$ 相当于实际租金收入减去本国在海外拥有的净资本的折旧。来自国外的净要素收入也包括劳动收入——在国外工作的本国居民的工资收入减去外国居民在本国工作的工资收入。我们在模型中假设，所有本国居民都在本国工作，所有外国居民都在外国工作。就美国而言，与 GDP 相比，来自国外的劳动净收入很少。对于向其他地方大量输出劳工的国家来说，如萨尔瓦多、墨西哥和土耳其，来自国外的劳动收入占 GDP 的比例相当可观。至于诸如德国和波斯湾国家，从其他国家输入大量外来务工人员，有巨额的负的海外劳动净收入。

② 我们忽略不计诸如一国向另一国的对外援助之类的转移支付。如果本国向世界其他地区进行净转移支付，这些转移支付的实际数额会增加方程（18-4）左边的国内实际支出的用途。

我们会发现,将国际收支差额与进出口联系起来很有用。出口是本国生产的出售到世界其他地区的商品和服务,而进口是本国购买的世界其他地区生产的商品和服务。出口与进口之差,或净出口,称为贸易差额。[①] 贸易差额等于国内生产的商品和服务,即实际 GDP(Y_t),减去商品与服务的实际国内总支出 $C_t + I_t + G_t$。如果 Y_t 大于 $C_t + I_t + G_t$,本国生产但未在国内销售的多余的商品和服务一定是作为净出口销往世界其他地区。类似地,如果 Y_t 小于 $C_t + I_t + G_t$,国内多购买的不在国内生产的商品和服务必定以净进口形式来自世界其他地区,从而净出口小于 0。我们因而得到贸易差额,等于出口减去进口,由下述方程给出:

$$贸易差额 = Y_t - (C_t + I_t + G_t)$$
$$贸易差额 = 实际 GDP - 国内实际支出$$
(18-6)

如果出口超过进口,贸易差额为正数,或称为贸易盈余,如果进口超过出口,就为负数,或称为贸易赤字。

我们可以对方程(18-5)进行移项,得到经常项目差额的另一种表达方式:

关键方程(经常项目差额和贸易差额):
$$(B_t^f - B_{t-1}^f)/P = Y_t - (C_t + I_t + G_t) + r_{t-1} \cdot B_{t-1}^f/P$$
$$实际经常项目差额 = 贸易差额 + 海外资产的实际净收入$$
(18-7)

即实际经常项目差额与贸易差额之差为海外资产的实际净收入。

假设本国的经常项目长期保持盈余,因而相对于世界其他地区积累了正的国际投资净头寸 B_{t-1}^f/P。于是海外资产的实际净收入 $r_{t-1} \cdot B_{t-1}^f/P$ 大于 0,而方程(18-7)表明经常项目差额大于贸易差额。换言之,即使本国的出口少于进口,经常项目差额也可能为零,从而贸易差额为赤字,因为该国可用海外资产的实际净收入为额外的进口进行支付。

18.2　英国经常项目差额的历史

图 18-1 显示了 1772 年到 2014 年英国经常项目的名义差额占名义 GDP 的比率。其主要的长期趋势是第一次世界大战前的大多数年份经常项目为盈余,在第一次世界大战和第二次世界大战期间出现赤字,而第二次世界大战期间出现巨额赤字。经常项目从战争结束到 1985 年前后大致平衡,然后出现了持续的赤字,1985 年至 2014 年占 GDP 的比率平均为 2.4%。

图 18-2 的上半部分显示了商品和服务的名义进出口额占名义 GDP 的比率。这些比率说明了国际贸易对英国经济重要性的变化。从拿破仑战争至 19 世纪中叶,这一比率平均超过 15%;在 1850 年至 1914 年超过 30%;在两次世界大战之间的 1921 年至 1940 年,只有 20% 至 26%。第二次世界大战后,进出口占 GDP 的比率扩大到之前的比率,然后保持相对稳定。

---

① 一些对贸易差额的定义只考虑商品贸易。可是在实践中商品与服务的区分没有经济意义。例如,以运输、计算机编程和金融咨询形式出口的服务,在经济意义上与钢铁或小麦的出口没有多大区别。

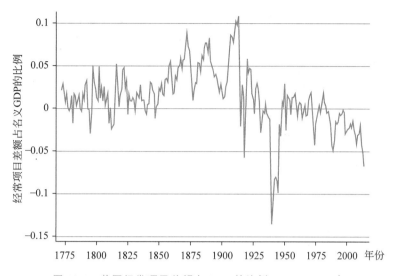

图 18-1　英国经常项目差额占 GDP 的比例,1772—2014 年

注:该图显示了名义经常项目差额与名义 GDP 的比例。有关经常项目差额的数据来自英格兰银行(2015)的三个世纪的宏观经济数据。

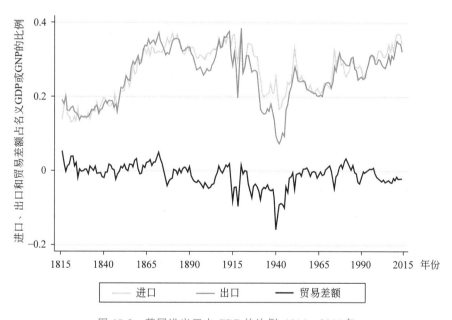

图 18-2　英国进出口占 GDP 的比例,1816—2014 年

注:上半部分显示商品和服务的名义出口(浅蓝)和进口(深蓝)与名义 GDP 的比例。下方黑色线表示贸易差额(名义出口减名义进口)与名义 GDP 的比例。这些数据来自英格兰银行的三个世纪的宏观经济数据(www.bankofengland.co.uk)。

　　图 18-2 的下半部分显示了贸易差额——名义出口减去名义进口——占 GDP 的比例。该比例的变化说明了如图 18-1 所示经常账户余额与 GDP 之比的主要变动趋势。特别是,巨大的贸易逆差造成了第二次世界大战期间和 20 世纪 90 年代末以来出现的巨额经常账户赤字。

如前所述,经常项目差额影响了国际投资净头寸的长期变化。图 18-3 显示了 1966 年至 2014 年美国和英国的净头寸——以占 GDP 比例表示——的估计值。英国数据仅在 1966 年之后可获得(美国为 1976 年之后)。如图 18-1 所示,因为国际投资头寸的变化不仅涉及经常项目差额,还涉及英国和美国在国内外所持的资产和负债价格的变化。这些价格变化的很大一部分涉及汇率波动,我们将在第 19 章讨论汇率波动。

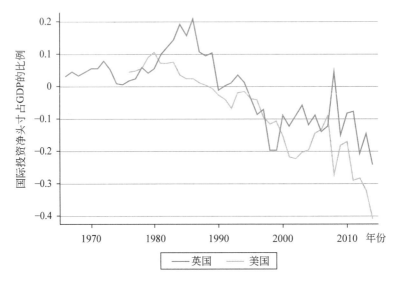

图 18-3　美国和英国国际投资净头寸占 GDP 的比例,1966—2014 年

注:这些数据分别来自英国和美国的国家统计局和劳工统计局。美国或英国国际投资净头寸的变化反映了经常项目差额(图 18-1)以及美国或英国持有的国外资产和负债的美元或英镑价格变化。

这两个国家的时间模式非常相似。美国国际投资净头寸占 GDP 比例在 1976 年为 4.5%,在 1980 年升到峰值 10.6%,之后在 2014 年降到惊人的 −40.7%。而在英国,国际投资净头寸占 GDP 的比例在 1966 年为 3.2%,1986 年达到峰值 21.1%,之后下降。虽然年度波动取决于资产和负债价格的变化,但主要的长期影响是经常项目赤字(图 18-1)。英国国际投资净头寸在 20 世纪 90 年代变为负值,并在 2014 年达到惊人的 −24.1%。

在我们的模型中,国外资产的实际净收入是实际利率 r 和国际投资净头寸的乘积。因此,对于给定的 r,当国际投资净头寸较高时,实际净收入也较高,反之亦然。

英国来自海外的资产净收入占 GDP 的比例(所使用的变量是来自国外的净要素收入,包括少量的劳动净收入)在 2005 年前后达到顶峰,相当于图 18-3 中国际投资净头寸比例的修正。该比率从 1955 年开始下降至 1980 年的 −1%。1999 年至 2005 年出现了令人困惑的局面,因为尽管在同一时期国际净投资额的负值很大,但资产净收入占 GDP 的比率始终在 0 到 2.5% 之间变动,特别是每年资产净收入都还保持正值。这个问题也存在于 20 世纪 80 年代,尽管国际投资净头寸为正,在 1986 年约占 GDP 的 20%,但要素净收益率仍然在 GDP 的 0~1% 之间徘徊。直观地讲,在 2000 年代出现这个结果的一个原因是英国持有的外国资产的收益率高于外国持有的英国资产的收益率。由于 2013 年净要素收益转为负值,因此最近已经不再是这种情况。这主要是由于海外直接投资的巨额负收益。

从 1987 年开始,美国出现了类似的模式。外国持有的美国资产收益率较低的一个原因是,这些资产大部分和持续增长的部分是低收益的美国国债。这些证券大部分由外国中央银行持有,特别是亚洲国家的央行。相比之下,美国持有的外国资产更多地集中在股票和对外国公司的直接投资上,这些资产产生了更高的回报。这种配置似乎对美国来说是一个很好的交易。问题是,为什么外国人愿意将这么多的资产存放在低收益的美国证券中,他们会继续这样做吗?

图 18-4 显示了英国经常项目差额的最后一部分,即英国向外国人的净转移支付占 GDP 的比例。在式(18-7)中忽略的这些转移支付,会对英国经常项目差额产生负面影响。自 1955 年以来,几乎每年英国对外净转移支付额均低于零,平均占 GDP 的 -0.6%。20 世纪 40 年代后期的快速飙升——超过 GDP 的 1%——反映出其对二战盟友的大量赠予。

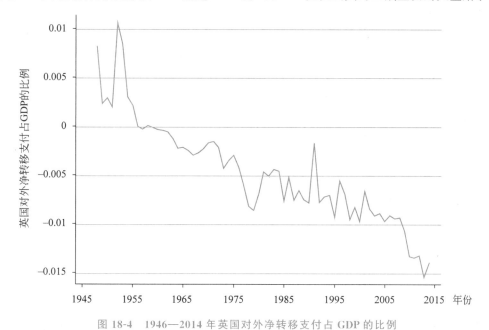

图 18-4　1946—2014 年英国对外净转移支付占 GDP 的比例

注:该图显示了对外名义净转移支付占名义 GDP 的比率。20 世纪 40 年代末的快速上升代表着对英国二战盟友的大量转移支付。数据来自国家统计局(http://www.ons.co.uk)。

 ## 18.3　经常项目差额的决定因素

我们将分析扩展到世界经济的主要目的,就是要理解经常项目差额的变化。我们将均衡经济周期模型扩展到开放的经济体来开始进行分析。为了简化分析,我们忽略第 10 章的扩展,即资本利用率 κ 可变。在这种情况下,我们用资本存量 K 表示资本服务的投入 κK。因而生产函数为

$$Y_t = A \cdot F(K, L_t) \tag{18-8}$$

与往常一样,我们设 K 在短期内固定不变。

为找到比较的基准,首先假设本国对世界其他地区封闭。由于经济是封闭的,我们可以采用之前均衡经济周期模型的分析来确定实际 GDP(Y_t)、消费 C_t 和国内总投资 I_t。实际 GDP(Y_t)必然等于对商品与服务的实际总支出,如方程(18-1)所示。

$$Y_t = C_t + I_t + G_t \tag{18-1}$$

由于资本服务市场是出清的,实际租赁价格 $(R/P)_t$ 等于资本的边际产量 MPK(按给定的资本存量 K 估计)。资本的实际收益率等于 $(R/P)_t$ 减去折旧率 δ。由于债券的实际利率 r_t 必然等于资本的实际收益率,我们得到

$$r_t = \text{MPK} - \delta$$

债券的实际收益率 = 拥有资本的实际收益率 $\tag{18-9}$

如果这个封闭的经济体进入世界信贷市场,会发生什么?我们之前假设世界信贷市场像一个单一市场那样有效地运作。结果,本国的实际利率必然会与世界其他地区的实际利率达到一致。

假设开始时世界其他地区的实际利率 r^f 为常数,恰巧等于方程(18-9)中决定的实际利率 r_t。也就是说,本国如果对世界其他地区封闭,实际利率仍然为 $r_t = r^f$。在这种情况下,向世界信贷市场开放不会改变本国家庭可以得到的实际利率。因此关于消费、储蓄、劳动供给等的决策不变。结果,本国将最终维持相同水平的实际 GDP(Y_t)、消费 C_t、国内总投资 I_t 等等。从而方程(18-1)中 $Y_t = C_t + I_t + G_t$ 的条件继续成立。相应地我们看到贸易差额为 0:

$$\text{贸易差额} = Y_t - (C_t + I_t + G_t)$$

贸易差额 = 0 $\tag{18-6}$

回顾一下,我们将来自国外的实际资产净收入加到贸易差额上,从而得到实际经常项目差额:

$$(B_t^f - B_{t-1}^f)/P = Y_t - (C_t + I_t + G_t) + r_{t-1} \cdot B_{t-1}^f/P$$

实际经常项目差额 = 贸易差额 + 海外资产的实际净收入 $\tag{18-7}$

由于本国开始时是对外封闭的,其初始的国际投资净头寸一定为零,即 $B_{t-1}^f = 0$。因此,海外资产的实际净收入为零。由于贸易差额也为零,我们就得出经常项目差额为零。所以,虽然本国在世界信贷市场上有借贷的机会,但均衡时这种选择机会并没有被实施。然而,这个结论取决于我们的这一假设,即如果本国对外封闭,实际利率也等于 r^f。

为搞清楚世界信贷市场的重要性,我们先从刚才所述的情况出发。然后假设本国的技术水平 A 上升,而世界其他地区的技术水平没有变化。按给定的资本存量 K,A 的上升提高了本国的 MPK。因此,如果本国是个封闭的经济体,如方程(18-9)所示,实际利率 r_t 就会上扬。[1] 如果本国经济是世界经济可以忽略不计的一部分,外国的实际利率 r^f 不变。[2] 因此,如果本国对外封闭,本国的实际利率 r_t 现在就会高于 r^f。

如果本国的实际利率 r_t 上升至高于国外利率 r^f 的水平,会发生什么?由于我们假

---

[1] r_t 的充分上升包括增加劳动投入 L 对 MPK 的正效应。如果像在第 10 章分析的那样,我们容许资本利用率 κt 增加,则 r_t 会进一步上升。

[2] 如果本国是欧盟,其经济大得足以对全世界的实际利率产生引人注目的影响,我们会相应地修正我们的分析,但是同样的基本理念仍然适用。

设家庭和政府将所有资产债权都看成是等价的,外国人就会想要在本国发放所有的贷款,而国内居民都想到国外去进行所有的借款。显然,这种反应并不是一个均衡状态。为理解市场如何达到均衡,我们就要给我们的模型增加点什么。

方程(18-9)说明本国的实际利率 r_t 一定等于本国的资本收益率,MPK$-\delta$。本国技术水平 A 上升会提高 MPK,从而趋向于将 r_t 提高至超出外国利率 r^f 的水平(因为开始时 $r_t = r^f$)。由于这一差异在均衡时不适用,必须补充点什么。具体地说,如果 r^f 不变(因为本国是个小国),且 $r_t = r^f$ 依然成立,国内的资本收益率(MPK$-\delta$)必然会降回到其初始值。问题是,如果我们将本国的资本存量 K 看作在短期内固定不变,即如果我们忽略国内净投资现期流量对资本存量的作用,A 的上升不可能不提高 MPK。

经济学家们解决这个问题的一个方法是引入投资的调整成本。随着时间的推移,国内净投资的流量(等于总投资 I_t 减去折旧 δK_{t-1})导致以新的工厂和设备形式出现的资本存量 K 的增加。厂商因扩充用于生产的工厂和设备而增加了成本,称为调整成本。这些成本显著地降低了投资的收益率。因此,足够大流量的总投资 I_t 使本国的投资收益率下降至等于给定的国外实际利率 r^f。通过这一机制,本国技术水平 A 的上升促使本国向外国人借入有限金额的资金,为较高的但有限的总投资流量 I_t 融资。为研究对经常项目差额的主要影响,我们不必深究分析的所有细节。重点是,本国 MPK 的上升会带来高额的但有限的国内总投资 I_t 的流量。

为了看清楚技术水平 A 的上升对经常项目差额的影响,回到定义:

$$(B_t^f - B_{t-1}^f)/P = Y_t - (C_t + I_t + G_t) + r_{t-1} \cdot B_{t-1}^f/P$$

实际经常项目差额 ＝贸易差额 ＋海外资产的实际净收入　　　　　　　(18-7)

方程右边,资产实际净收入 $r_{t-1} \cdot B_{t-1}^f/P$ 是给定的——例如为 0,如果本国开始时的国际投资净头寸 B_{t-1}^f/P 为 0。实际政府采购 G_t 也是给定的。较高的 A 使 MPK 提高,从而增加了国内的总投资 I_t。这一变化降低了经常项目差额;也就是说,它使这一差额走向赤字。问题是,实际 GDP 与消费之差($Y_t - C_t$)会发生什么变化?

我们知道技术水平 A 的上升提高了实际 GDP(Y_t)。这一变化部分地反映出 A 对生产函数的直接影响,部分地反映出劳动投入 L_t 增加的影响。我们从第 8 章知道,C_t 的反应取决于收入效应的强度。如果 A 的变化是持久性的,C_t 的上升幅度大致与 Y_t 相同,从而 $Y_t - C_t$ 不变。[①] 在这种情况下,我们从方程(18-7)看到,由于 I_t 的上升,经常项目差额总体上下降了。

通过考察实际国民储蓄,我们可以透彻地理解这一结果。本国的实际总收入为实际 GNP,即 $Y_t + r_{t-1} \cdot B_{t-1}^f/P$ 减去资本折旧 δK_{t-1}。也就是说,实际收入等于实际国民生产净值(实际 NNP)。实际国民储蓄等于实际 NNP 减去消费与政府采购($C_t + G_t$)上的实际支出:

$$实际国民储蓄 = Y_t + r_{t-1} \cdot (B_{t-1}^f/P) - \delta K_{t-1} - (C_t + G_t)$$

实际国民储蓄 ＝实际 NNP － 消费与政府采购上的实际支出　　　　(18-10)

我们可以整理方程(18-7)右边的各项,得到实际经常项目差额为

---

① 本国实际利率固定在外国利率的数值上。因此我们看不到实际利率变化的跨时期替代效应。

$$(B_t^f - B_{t-1}^f)/P = Y_t + r_{t-1} \cdot \frac{B_{t-1}^f}{P} - (C_t + G_t) - I_t$$

然后,我们如果加上并减去折旧 δK_{t-1},就得到表示经常项目差额的另一种方法:

关键方程(经常项目差额、储蓄和投资):

$$(B_t^f - B_{t-1}^f)/P = Y_t + r_{t-1} \cdot \frac{B_{t-1}^f}{P} - \delta K_{t-1} - (C_t + G_t) - (I_t - \delta K_{t-1})$$

实际经常项目差额＝实际国民储蓄－国内净投资余额

$$(18\text{-}11)$$

注意,由方程(18-10)可知方程(18-11)中有阴影的项等于实际国民储蓄。所以,我们证明了实际经常项目差额为实际国民储蓄与国内净投资之差。

在技术水平 A 持久性上升的情况下,我们发现实际GDP(Y_t)和消费 C_t 以相同的数值上升。因此方程(18-10)中的实际国民储蓄不变。方程(18-11)相应地表明,国内净投资 $I_t - \delta K_{t-1}$ 的上升导致实际经常项目差额的下降。

小结一下,关于本国向世界信贷市场的开放我们得出下列结果。

- 假设本国对外封闭时通行的实际利率 r_t 高于世界其他地区的利率 r^f。在此情况下,本国向世界信贷市场开放会造成经常项目赤字。本国会向世界其他地区借款,为更高的国内净投资 $I_t - \delta K_{t-1}$ 进行支付。

- 如果本国封闭时通行的实际利率 r_t 低于世界其他地区的利率 r^f,结果就相反。本国有经常项目盈余,本国将贷款给世界其他地区,使国内净投资 $I_t - \delta K_{t-1}$ 减少。

- 最后一个——也是我们首先考虑的——可能性是,本国对外封闭时通行的实际利率 r_t 恰巧等于世界其他地区的利率 r^f。在此情况下,经常项目平衡,对世界其他地区的开放不影响 $I_t - \delta K_{t-1}$。

这些结果可能令人惊讶,因为流行的一般观点是,经常项目赤字是经济状况糟糕的迹象。一个更好地考察经常项目差额的方法是,回顾方程(18-11),该差额等于实际国民储蓄与国内净投资之差。因此,对于给定的国民储蓄,国内净投资的增加(常常被视为好现象)与较低的经常项目差额(也许是经常项目赤字)相伴。另一方面,对于给定的国内净投资,国民储蓄的提高(也常常被认为是好现象)与较高的经常项目差额(也许是经常项目盈余)相随。更一般地讲,我们不能说经常项目赤字必定是糟糕的信号或经常项目盈余必定是好的信号。如下面的章节中所示,要作出此类判断,我们需要更多的有关经济正在发生什么情况的信息。

18.3.1 经济波动

在本节中,我们采用均衡经济周期模型的开放经济的版本,去预测经常项目差额怎样随经济波动而变化。我们假设本国对世界信贷市场开放,而且其足够小以至于对世界其他地区的实际利率 r^f 的影响微乎其微。我们将 r^f 视为常数,并且假设本国的经济波动来自对技术水平 A 的冲击。基于第 9 章和第 10 章对均衡经济周期模型的分析,我们假设对 A 的冲击长期持续,但并非永久存在。

回顾一下,实际经常项目差额由下式给出:

$$(B_t^f - B_{t-1}^f)/P = Y_t + r_{t-1} \cdot \frac{B_{t-1}^f}{P} - \delta K_{t-1} - (C_t + G_t) - (I_t - \delta K_{t-1})$$

实际经常项目差额＝实际国民储蓄－国内净投资

$$(18\text{-}11)$$

我们知道 A 上升会提高国内净投资 $I_t - \delta K_{t-1}$。我们还知道消费 C_t 会上升,但幅度小于实际 GDP(Y_t)(因为 A 的上升并非是持久性的),因此实际国民储蓄会增加。方程(18-11)中实际经常项目差额的总体变化,取决于 $I_t - \delta K_{t-1}$ 的增幅大于还是小于实际国民储蓄的增幅。总之,对实际经常项目差额的影响并不明确。然而,通常在均衡经济周期模型的实际运用中,国内净投资 $I_t - \delta K_{t-1}$ 对资本收益率(MPK$-\delta$)非常敏感。在这种情况下,国内净投资的增长支配着实际国民储蓄上升的幅度,实际经常项目差额下降。因此,均衡经济周期模型预计实际经常项目差额将是逆周期的——经济繁荣时低,而在衰退时高。

为了检验这一预测,图 18-5 使用英国数据,来比较经常项目差额占 GDP 比例的周期性变化与实际 GDP 的周期性变化。经常项目差额占 GDP 的比例是弱的逆周期性的;从1955 年到 2014 年,与实际 GDP 的周期性部分的相关系数为-0.32。因此,正如预测的那样,经常项目在经济繁荣期间往往会走向赤字,在经济衰退期间趋于盈余。[①]

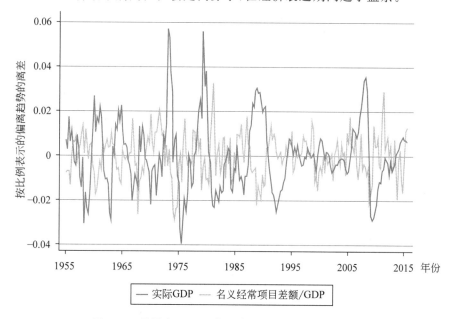

图 18-5　英国实际 GDP 与经常项目差额的周期性变化

注:深色线是实际 GDP 与其趋势的离差。该离差按比例计算。浅色线是名义经常项目差额占名义 GDP 的比例偏离趋势的离差。GDP 和经常项目差额为季度数据并进行了季节性调整。经常项目差额占 GDP 的比例是弱逆周期的;它倾向于在与实际 GDP 相反的方向上波动。

[①]　经常项目差额的周期性变化主要反映出贸易差额的周期性变化,后者相当于商品和服务的净出口。因此,该模型还预测净出口是逆周期的。

举个例子,考虑一下 20 世纪 80 年代后期的繁荣。虽然实际 GDP 从 1987 年到 1990 年上升高于趋势(图 18-5 中的深色线),但经常项目赤字扩大了(浅色线)。从方程(18-11)的角度来看,我们认为国内净投资 $I_t - \delta K_{t-1}$ 的增长主导了实际国民储蓄的增长。因此,20 世纪 80 年代后期的大部分投资热潮来自向世界其他地区的借贷,这将反映在经常项目赤字的不断增加。这一结果就是经常项目赤字反映出大好形势的一个例子——在此例中,国内投资激增。

18.3.2　农业歉收、政府采购及发展中国家

在经济波动的情况下,我们曾预测实际经常项目差额一般会在繁荣时趋向于赤字,而在衰退时趋向于盈余。但我们不应得出结论认为经常项目差额总是在经济形势大好时走向赤字,而在形势不佳时趋向于盈余。

举例说明,考察一次农业歉收造成本国实际 GDP(Y_t)下降的情况。如果预期农业歉收是暂时性的——例如,只是今年的庄稼收成不好——收入效应就较微弱,消费 C_t 的反应较小。因此($Y_t - C_t$)快速下降,本国的实际国民储蓄几乎下降相同的幅度。此外,虽然农业歉收意味着今年的实际 GDP 减少了,但是对 MPK 也许没有什么影响。在此情况下,国内净投资 $I_t - \delta K_{t-1}$ 就没有多大变化。所以通过方程(18-11)可以预测农业歉收导致经常项目赤字。为了保持大致稳定的消费 C_t 和国内净投资 $I_t - \delta K_{t-1}$,本国将向国外借款。在此情况下,经常项目赤字是经济形势糟糕的征兆。

我们也可以利用方程(18-11)衡量政府实际采购 G_t 的变化对经常项目差额的影响。我们从第 13 章和第 14 章知道,本国 G_t 持久性增加趋向于使消费 C_t 以大致相同的幅度减少。因而实际国民储蓄不变,故我们预期政府采购变化对经常项目差额没有影响。

相比之下,本国政府采购 G_t 的暂时性上升,诸如在战争时期上升,将使消费 C_t 减少,但远小于 G_t 上升的幅度。所以实际国民储蓄下降,而且我们从方程(18-11)看到实际经常项目差额趋向赤字。换句话说,如果本国 G_t 暂时升高,这可能是因为投入战争,这些采购的很大部分是通过向外国人借款融资的。经常项目赤字仍然是形势不好的信号。

只有当我们将世界其他地区的实际利率 r^f 保持固定时,对战时政府采购的这些预测才成立。如果所有国家同时卷入一场世界大战,因此暂时都有很高的 G_t,所有参战国就不可能向非参战国(因为不存在)借款。而这正是我们在第 13 章对封闭经济体作出的预测。对于给定的实际 GDP(Y_t),为了给暂时性的高 G_t"让路",国内实际支出——部分 C_t 和部分 I_t 下降。净投资的下降意味着随着时间的推移,各国的资本存量 K_t 小于没有战争时的水平。因此各国的 MPK 升高了,并且世界信贷市场上的实际利率 r^f 将随着时间的推移而上扬。

最后,我们可以对经常项目差额与一国的长期增长潜力的关系作出预测。假设本国是个资本存量 K_{t-1} 低而 MPK 高的发展中国家。如果该发展中国家很容易得到现代技术,有合理的运作良好的司法和其他制度,而且由于有良好的教育和健康水平而有富有生产能力的劳动力供给,这种情况就是适用的。高 MPK 意味着本国国内净投资 $I_t - \delta K_{t-1}$ 是高的。该国就会在世界信贷市场以实际利率 r^f 大量举债(如果预计该国能还债),为巨

额的国内投资,从而为高速经济增长融资。相反,假定本国是个国内投资机会不多的发展中国家,或许是因为政府机构运作不善,或许是因为国民教育和健康不足。在此情况下,我们预测本国的国内净投资 $I_t - \delta K_{t-1}$ 的水平较低,有经常项目盈余。因此,在这些场合,经常项目赤字往往是增长环境良好的信号,而经常项目盈余大都是环境不好的信号。

18.3.3　国际借贷的例子

我们可以通过探讨众多国家的经验例子,来检验我们对经常项目差额的预测。就农业歉收而言,一个研究澳大利亚从 1931 年到 1985 年的小麦收成的例子支持我们的分析结果(参见 John Scoggins,1990)。收成不好,使澳大利亚的实际 GDP 减少,但是对世界其他地区没有多大影响,对澳大利亚国内净投资也没有什么影响。所以不出所料,收成不好导致澳大利亚的经常项目赤字上升。为维持消费水平,农业歉收促使澳大利亚人向外国人借款。

类似的分析适用于波兰 1978 年至 1981 年的大规模农业歉收。为应对实际 GDP 的暂时性下降,1981 年波兰的外债达到 250 亿美元,大致是该国 GDP 的一半。[①] 因此,与澳大利亚一样,为维持消费,农业歉收促使波兰人向外国人借款。

对于临时政府采购,如图 18-1 所示,我们可以考虑战争与英国经常项目差额之间的联系。从 1914 年到 1918 年,参与第一次世界大战期间(但美国尚未参与战争时),英国从美国借了大笔资金,暂时为政府采购提供充足资金。1918 年英国经常项目赤字达到 GDP 的 6%。然而,当这场冲突在 1917 年成为世界大战时,可以给英国、美国和其他战争国提供贷款的非战争国很少。同样,自 1939 年欧洲战争爆发以来,英国再次出现巨额经常项目赤字,到 1940 年英国的经常项目赤字占 GDP 的 14%。

对于政府采购的持久性变化,我们可以考虑欧元区政府采购的周期性部分(图 13-7)与英国经常项目差额占 GDP 之比的周期性部分(图 18-6)。从 1955 年到 2014 年,是没有重大战争的时期,政府采购的周期性部分与经常项目差额占 GDP 比率的周期性部分之间的相关性很小。这一结果符合我们的模型,因为在此期间政府采购的变化很可能被视为是持久性的。

墨西哥在 20 世纪 70 年代早期发现的石油使我们能够将我们的模型应用于影响国际借贷的其他事件。到 1974 年,墨西哥的石油前景非常好,但大规模生产还没有具体落实。石油及相关行业的投资回报率很高。由于预期实际收入的增加,家庭和政府的消费增加。但由于实际 GDP 还不高,墨西哥的实际国民储蓄下降。因此,整体而言,墨西哥为支付高额国内投资和消费需要向外国人借款。所以,墨西哥的外债从 1971 年的 35 亿美元(占 GDP 的 9%)增加到 1981 年的 610 亿美元(占 GDP 的 26%)。

我们还预测,MPK 较高的发展中国家为了给巨额的投资和快速经济增长提供资金会出现巨额经常项目赤字。例如,从 1971 年到 1980 年,巴西的实际人均 GDP 每年增长 5%。在此期间,巴西的外债从 60 亿美元(占 GDP 的 11%)上升到 550 亿美元(占 GDP

---

① 波兰(以及稍后提到的墨西哥和巴西)外债的数据来自摩根担保信托基金,《世界金融市场》1983 年 2 月以及美洲国家组织《美洲国家组织统计公报》,1982 年 1 月至 6 月。

的 22%）。对于早期从国外大量借贷且有发展前景的发展中国家的例子，考虑美国的情况。1890 年美国的外债达到 29 亿美元（占 GNP 的 21%）。

18.3.4 经常项目赤字与预算赤字

在第 15 章，我们研究了预算赤字如何影响经济。考虑 t 年实际税收 T_t 的削减对应实际公债 $(B_t^g - B_{t-1}^g)/P$ 的上升。我们假设税收是一次性征收的，虽然我们也可以像第 14 章那样考虑各种不同的税收。最重要的是，我们假设政府采购 G_t 的时间路径不变。

在第 15 章讨论的李嘉图方法中，赤字融资的 t 年实际税收的削减不影响家庭所付的实际税收的现值，所以家庭不会改变消费 C_t。由于削减 T_t 提高了实际可支配收入而 C_t 不变，t 年实际私人储蓄的上升幅度与减税的数额相等。因此，实际私人储蓄的上升完全抵消了实际公共储蓄的下降，实际国民储蓄不变。

如果我们考虑一个开放的经济体，重要的问题依然是预算赤字是否影响实际国民储蓄。实际经常项目差额仍然由下式给出：

$$(B_t^f - B_{t-1}^f)/P = Y_t + r_{t-1} \cdot \frac{B_{t-1}^f}{P} - \delta K_{t-1} - (C_t + G_t) - (I_t - \delta K_{t-1})$$

实际经常项目差额 ＝ 实际国民储蓄 － 国内净投资

$$(18\text{-}11)$$

在李嘉图等价情况下，预算赤字不改变实际国民储蓄。因此方程（18-11）意味着实际经常项目差额不会发生改变。原因是，本国家庭会将削减的全部税款储蓄起来，从而愿意吸收本国政府增发的所有债券。结果，本国没有向世界其他地区借款为预算赤字融资，并且实际经常项目差额不变。所以在李嘉图情况下，预算赤字不会造成经常项目赤字。

如果家庭没有将削减的全部税额储蓄起来，即如果预算赤字使实际国民储蓄减少，结论就不一样了。例如，我们在第 15 章提到：当政府减税并实行预算赤字时，有限生命的家庭也许会感到更富裕了。在此情况下，消费 C_t 上升，而实际国民储蓄下降。方程（18-11）表明实际经常项目差额趋向于赤字。也就是说，本国因消费的增加而向外国人借款。因而在此情况下，预算赤字导致经常项目赤字。

当预算赤字与经常项目赤字同时出现时，就称经济遭受双重赤字。在 20 世纪 80 年代中期经济学家们曾给美国经济贴上过这个标签，当时美国的预算赤字巨大，经常项目赤字占 GDP 的比例逐渐扩大。然而在 90 年代初，经常项目赤字消失了，尽管仍然存在预算赤字。此外在 90 年代末，尽管预算转向盈余，经常项目赤字却再次上升。再往后，在 2002 年至 2006 年，又出现了双重赤字。因此，经验观察是，双重赤字时有发生，但经常项目赤字与预算赤字共存不是美国经济和其他国家经济的常规现象。

即使预算赤字没有造成经常项目赤字，双重赤字也可能因其他事件而出现。例如，考察政府采购 G_t 的一次临时性扩张，像战时那样。我们以前发现 G_t 的临时性上升趋向于将实际经常项目差额推向赤字。我们还从第 15 章知道，G_t 的暂时性增加促使政府为避免临时性增税而实行预算赤字。因此在此情况下，经常项目赤字与预算赤字同时出现。然而，我们不是说预算赤字造成了经常项目赤字。而是说，为应对共同的冲击——由于战争，政府采购临时增加——两个赤字朝同一方向变化。

实践中的经济学
为什么美国 2000—2014 年的经常项目赤字如此之大？

从图 18-3 可以看出,自 2000 年以来美国的国际投资净头寸相对于 GDP 而言变得非常大。同时自 2000 年以来,美国的经常项目赤字平均为 4%,这与 1820 年以来的美国历史相比是不寻常的(就像自 1999 年以来的英国数据中的大量经常项目赤字,见图 18-1)。一个重要的问题是:为什么经常项目赤字变得如此之大?我们无法确定答案,但我们可以提供建议。有关这一重要问题的进一步讨论,请参阅 Maurice Obstfeld 和 Kenneth Rogoff(2004)。

我们可以从 1991 年开始分析,当时美国有较小的经常项目盈余。美国经常项目赤字占 GDP 的比例在 20 世纪 90 年代上升了,尤其是在后半阶段,这一比例在 2000 年达到 4%。一个关键的基本因素是经济强劲,主要是国内总投资占 GDP 的比例上升了 4 个百分点(从 1991 年的 13.4% 升至 2000 年的峰值 17.7%)。大多数投资的繁荣反映了高技术部门的增长,特别是通信业和互联网产业。由于投资的增长超过了繁荣期间实际国民储蓄正常的增长,因此很大部分增加的投资必须通过举借外债来融资。所以投资的上升在很大程度上解释了为何 2000 年出现 4% 的经常项目赤字。

经济在 2001—2002 年陷入衰退,一部分是因为 2000 年中期技术爆发结束,还有部分原因是 2001 年"9·11"恐怖袭击事件。2002 年总投资占 GDP 的比例下降到 15%,而这种变化本身就会降低经常项目赤字占 GDP 的比例。然而,美国联邦政府大幅增加了政府采购,一部分用于国防和国家安全,一部分用于其他项目。政府采购的增加有助于解释为什么经常项目赤字在 2001—2002 年相对稳定,然后在 2003—2007 年增加到 5%,此后微调至 2% 左右。

某些经济学家认为,2003 年至 2006 年持续的预算赤字是造成经常项目赤字的主要原因。这一论点力度不够,因为 2003 年至 2006 年实际预算赤字占实际 GDP 的比例小于 20 世纪 80 年代中期和 90 年代初的比例。而在那些较早的时期,经常项目赤占 GDP 的比例却比 2003 年至 2006 年的比例小很多。所以预算赤字不可能是主要原因。

随着总投资占 GDP 的比例从 2003 年的 15% 上升至 2006 年的 17%,经济恢复了强劲势头,从而扩大了经常项目赤字,而有些特殊因素也起了重要的作用。一个因素是油价的飙升,而金融市场认为这种影响是暂时性的。另一个异乎寻常的因素,本章开头提到过,就是美国持有的外国资产的收益率远远高于外国持有的美国资产的收益率。因此,虽然美国国际投资净头寸的估计值是个很大的负数(图 18-3),但是向美国支付的净流量仍然是正数,平均而言,2000 年至 2014 年大约占 GDP 的 1%。在整个 2014 年,美国实际上不必为欠世界其他地方的债务付出代价。这种外国的慷慨可能阻止了美国经济向均衡经常项目进行的正常调整。

18.4　贸易条件

到目前为止,我们一直假设世界上只有一种类型的商品。当我们考虑五花八门的商品时,如果本国生产和购买的商品篮子与世界其他地区生产与购买的商品篮子类似,我们对经常项目差额的分析仍然令人满意。然而,这一条件可能不成立,一个原因是一些国家——尤其是小国——往往专门生产某一类商品。例如,智利生产大量的铜,巴西生产大量的咖啡,沙特阿拉伯生产大量的石油。给定这些专业化生产的模式,当它们的主要产品的价格相对其他商品的价格发生变化时,这些国家就会受到很大影响。对世界经济特别重要的价格是油价。所有国家都使用石油,但石油的生产集中于相对较少的几个地区。石油价格相对于其他价格上涨,对少数几个石油生产国来说是好事,但对其他国家来说是坏事。

为了以一种简单的方式对这些相对价格变化的类型进行研究,假设本国生产单一的商品,并以价格 P 向世界各地出售。世界其他地区生产另一种商品,并以价格 P^f 向各地出售。本国出口商品时,从每单位商品出口中获得 P 英镑。本国进口商品时,对每单位进口商品支付 P^f 英镑。

考察比率 P/P^f。这个比率称为贸易条件。贸易条件的单位是:

本国每单位商品的英镑数/外国每单位商品的英镑数＝本国每单位商品换取的外国商品

因此,贸易条件给出了本国每单位出口商品可以换取的进口商品的数目。如果贸易条件 P/P^f 上升,或改善了,本国境况变好,因为每单位本国商品可换取更多的外国商品。如果 P/P^f 下降,或恶化了,本国境况变差,因为每单位本国商品换取的外国商品少了。

在我们的均衡经济周期模型中,经济波动来源于对技术水平 A 的冲击。对于单个国家而言,贸易条件变化的影响类似于 A 的变化。贸易条件的改善就像 A 的提高,而贸易条件的恶化就像 A 的下降。为了解这是怎样发生作用的,我们就要将贸易条件纳入经常项目差额的方程。

18.4.1　贸易条件与经常项目差额

方程(18-7)给出了所有商品按单一的英镑价格 P 出售时的本国实际经常项目差额。如果我们将方程的两边都乘以 P,得到名义经常项目差额为

$$(B_t^f - B_{t-1}^f) = PY_t + r_{t-1} \cdot B_{t-1}^f - P \cdot (C_t + I_t + G_t)$$

名义经常项目差额＝名义 GNP － 名义国内支出

为了引入本国与外国商品的价格不同,我们必须对方程进行修正。在能推导出主要结果的最简单背景下,本国将其生产的商品全部出口,从而任何实际 GDP 都不会直接进入本国的消费、国内投资和政府采购。相反,本国进口外国商品以供给本国的消费、国内投资和政府采购。

给定这些假设,来自实际 GDP Y_t 的名义收入仍然是 PY_t,其中 P 为本国商品的欧元价格。消费、国内投资与政府采购的名义支出为 $P^f \cdot (C_t + I_t + G_t)$,其中 P^f 为外国商

品的欧元价格。因此，名义经常项目差额变为

$$(B_t^f - B_{t-1}^f) = PY_t + r_{t-1} \cdot B_{t-1}^f - P^f \cdot (C_t + I_t + G_t)$$

名义经常项目差额 = 名义 GNP − 名义国内支出

$$(18\text{-}12)$$

我们将方程(18-12)两边同除以 P^f，得到实际经常项目差额：

$$(B_t^f - B_{t-1}^f)/P^f = (P/P^f) \cdot Y_t + r_{t-1} \cdot B_{t-1}^f/P^f - (C_t + I_t + G_t)$$

实际经常项目差额 = 实际 GNP − 实际国内支出

$$(18\text{-}13)$$

方程(18-13)中的各项表示的是以外国商品为单位度量的实际值。新的重要特点，如方程右边有阴影的项所示，是 Y_t，即以本国商品度量的实际 GDP，乘上贸易条件 P/P^f。如果 P/P^f 上升而 Y_t 不变，以外国的商品单位衡量，本国就有更多的实际收入。也就是说，当贸易条件改善时，以能买到的外国商品数量衡量的实际 GDP 的购买力上升了。如前所述，我们可以用实际国民储蓄和国内净投资表示实际经常项目差额。如果我们对方程(18-13)进行移项，得到

$$(B_t^f - B_{t-1}^f)/P^f = (P/P^f) \cdot Y_t + r_{t-1} \cdot B_{t-1}^f/P^f - \delta K_{t-1} - (C_t + G_t) - (I_t - \delta K_{t-1})$$

实际经常项目差额 = 实际国民储蓄 − 国内净投资

$$(18\text{-}14)$$

贸易条件 P/P^f 的改善如何影响本国？生产函数仍由下式给出：

$$Y_t = A \cdot F(K, L_t) \tag{18-8}$$

我们假设资本存量 K 和技术水平 A 是固定的。为得出主要结论，我们现在还假设劳动量 L_t 等于一个固定的量 L。在此情况下，方程(18-8)中的实际 GDP(Y_t)不变。然而，回顾一下，Y_t 是以本国商品为单位度量的。

方程(18-13)表示，对于给定的实际 GDP(Y_t)，贸易条件 P/P^f 的改善提高了以外国商品的单位度量的实际 GNP。家庭对实际 GNP 提高的反应是增加消费 C_t。P/P^f 的上升越持久，C_t 变化越大。只要这种变化不是永久性的，C_t 的升幅就趋向于小于实际 GNP 的升幅。因此，方程(18-14)中的实际国民储蓄增加。就这一点而言，实际经常项目差额转向盈余。

18.4.2　贸易条件与投资

我们必须考虑贸易条件 P/P^f 的改善是否影响国内净投资 $I_t - \delta K_{t-1}$。为研究这一影响，我们必须重新计算本国的实际资本收益率。如前所述，本国资本存量 K 增加一单位会使实际 GDP (Y_t)提高 MPK 单位。然而，现在 K 的价格为 P^f，是外国的物价水平，因为我们假设本国的国内投资来自进口的外国商品。Y 的价格仍然是国内物价水平 P，因为本国的产出以 P 销售。因此，以价格 P^f 购买一单位资本产生 $P \cdot$ MPK 的总收益。资本总的实际收益率是 $P \cdot$ MPK 与 P^f 之比，即 $(P/P^f) \cdot$ MPK。减去折旧率 δ 后的实际净收益率为

$$资本的实际净收益率 = P/P^f \cdot MPK - \delta \tag{18-15}$$

与之前的区别是 MPK 现在必须乘以贸易条件 P/P^f。

对于给定的 MPK，方程(18-15)表明，贸易条件 P/P^f 的改善提高了本国资本的实际净收益率。例如，将智利当作本国，考虑因为世界铜价上涨而使 P/P^f 上升的影响。智利

人会看到铜业的实际净收益率上升了,从而刺激他们增加对该行业的投资。

贸易条件 P/P^f 改善对国内净投资 $I_t - \delta K_{t-1}$ 的影响,与以前探讨的技术水平 A 提高的影响相类似。A 提高时,MPK 的上升提高了资本的实际净收益率。我们注意到 $I_t - \delta K_{t-1}$ 的反应很大,一般来说要大于实际国民储蓄的增幅。贸易条件改善时,同样的结论也适用。在方程(18-14)中,我们预测 $I_t - \delta K_{t-1}$ 的升幅大于实际国民储蓄的升幅。因此在总体上,实际经常项目差额转向赤字。

如果预期贸易条件 P/P^f 的改善是昙花一现,结论就不同了。在此情况下,收入效应微弱,消费 C_t 的反应小,实际国民储蓄强势上升。此外,在存在投资的调整成本的情况下,净投资 $I_t - \delta K_{t-1}$ 对净实际资本收益率的暂时上升几乎没有反应。这是由于因贸易条件的改善而出现可喜的收益率只是暂时的时,厂商觉得为扩大资本存量而付出巨额调整成本不合算。例如,如果预期铜的相对价格上涨只是暂时的,智利就不会对采产铜设施进行大量投资。因此在方程(18-14)中,$I_t - \delta K_{t-1}$ 增加的幅度小于(强势上升的)实际国民储蓄的增幅,总体上经常项目差额转向盈余。

小结一下,我们预计,持久性的贸易条件 P/P^f 的改善预期会使经常项目差额转向赤字。原因是,国内净投资 $I_t - \delta K_{t-1}$ 的扩张往往大于实际国民储蓄的升幅。相比之下,我们预计 P/P^f 的暂时改善预期会使经常项目差额转向盈余。在此情况下,$I_t - \delta K_{t-1}$ 的增幅往往小于实际国民储蓄的增幅。

18.4.3 石油生产国的经验证据

检验我们关于贸易条件的预测的一个有趣的方法,就是看看油价变动对主要石油输出国经常项目差额的影响。在讨论中,将石油输出国作为本国,将所有其他国家作为世界其他地区。表 18-1 第一栏列出了从 1972 年到 2005 年每桶原油平均的美元价格。[①] 第二栏列出实际价格,以石油的美元价格除以美国的 GDP 平减指数(2000 年的指数定为 1.0)计算。对石油出口国而言,这些数值近似于贸易条件。

表 18-1　油价与石油输出国的经常项目差额

年份	(1)原油价格(美元)	(2)原油价格(2000 年美元)	(3)经常项目差额(10 亿 2000 年美元)	(4)进口(10 亿 2000 年美元)
1972	2.44	8.08	10	46
1974	11.50	33.14	193	92
1976	11.55	28.73	95	159
1978	12.78	27.90	−4	207
1980	35.71	66.01	189	231
1982	31.54	50.30	−21	199
1984	28.55	42.17	−15	185

① 石油输出国组织(OPEC)仅以美元报价。

续表

年份	（1）原油价格（美元）	（2）原油价格（2000 年美元）	（3）经常项目差额（10 亿 2000 年美元）	（4）进口（10 亿 2000 年美元）
1986	14.17	19.87	−41	129
1988	14.77	19.51	−26	137
1990	22.98	28.16	17	147
1992	19.04	22.04	−28	177
1994	15.95	17.66	−10	146
1996	20.37	21.69	20	165
1998	13.07	13.54	−20	169
2000	28.23	28.23	81	179
2002	24.95	23.94	32	185
2004	37.76	34.61	91	260
2005	53.35	47.57	172	300

注：资料来源为国际货币基金组织编写的《国际金融统计》和《经济学家》杂志信息部编写的《国家数据》。原油价格是以美元计价的每桶的世界平均价格。以 2000 年美元表示的数字是由原油价格除以美国 GDP 平减指数（2000 年＝1.0）得到的。经常项目差额是以 2000 年美元表示的主要石油输出国的总额。（从 1996 年开始，这些数字不包括伊拉克。）进口是以 2000 年美元表示的主要石油输出国的总额。

随着石油输出国组织（OPEC）的崛起，油价在 1973—1974 年和 1979—1980 年大幅上扬。之后的上涨出现在 1990 年（海湾战争正在紧锣密鼓声中）、2000 年和 2004—2006 年。表 18-1 第三栏表明，油价的上升一般会导致石油输出国的经常项目盈余，例如，在 1974 年、1980 年、1990 年、2000 年和 2004—2005 年就是如此。这也适用于我们模型中贸易条件暂时改善的情况。我们还从表的第四栏看到，当油价保持在高位时，如 1974—1978 年，石油输出国的进口增长强劲。因此，经常项目盈余趋向于消失，例如，在 1978 年、1982 年和 1992 年。这对应于我们模型中贸易条件持久性改善的情形。

我们还可以利用表 18-1 来估计对油价下降的反应，例如 1986 年、1992—1994 年和 1998 年。在短期内，这些变化往往导致经常项目赤字（第三栏）。然而，当油价持续处于低位时，进口的下调（第四栏）趋向于消除经常项目赤字，例如从 1980 年到 1986 年。

 # 18.5　国际贸易规模

贸易差额由下列等式给出：

$$贸易差额 = Y_t - (C_t + I_t + G_t)$$
$$贸易差额 = 出口 - 进口 \tag{18-6}$$
$$贸易差额 = 净出口$$

我们的模型将贸易差额或净出口作为经常项目差额分析的一部分［见式（18-7）］。当我们研究本国技术水平 A 和其他变量对经常项目差额的影响时,这些影响通过净出口的变化体现出来。然而,模型对国际贸易量,即进出口的绝对水平并没有什么说法。

作为例子,在 2014 年,美国商品和服务的出口总额为 2.3 万亿美元,商品和服务的进口总额为 2.9 万亿美元。如果出口和进口各增加 1 万亿美元,从而出口总额为 3.3 万亿美元,进口总额为 3.9 万亿美元,会有什么区别吗? 在我们的模型中,这一变化没有影响。由于出口和进口增加相同的数额,净出口与经常项目差额不变。在模型中,如果美国增加 1 万亿美元的商品和服务的出口,然后以追加进口的形式买回这些(等同的)商品和服务,就没什么影响。

模型的这个特点是个缺点,因为在现实中进出口的绝对水平很重要。不幸的是,我们不可能在假设所有商品都相同的模型中研究这些影响。对于许多宏观经济问题,包括经常项目差额的决定,只有一种商品的假设是很有用的简化。然而,为了探讨贸易条件变化的影响,我们不得不通过假设本国与世界其他地区生产不同类型的商品而使模型更符合实际。为评价从更大规模的国际贸易——更大数额的进出口——获得的利益,我们必须更进一步考虑各种各样的商品和服务。

在现实世界中,存在众多形式的商品和服务。从有效生产的角度看,在特定的地点集中生产其中某些商品和服务有好处。因为不同的国家和地区生产要素的相对数量不同,包括熟练劳动力、非熟练劳动力、机械、土地等,集中生产的一些好处就显现出来了。有充裕熟练劳动力的国家应专门生产大量使用这类熟练劳动力的商品,如高级电子设备和计算机软件。具有较多非熟练劳动力的国家应专门生产大量使用这些非熟练劳动的商品,如农产品和纺织品。具有大量沃土的国家也应专门从事农业。这些专业化模式需要国际贸易,就像一个国家内部跨地区的贸易那样。

政府常常通过施加关税(对进口征税)或配额(对进口数量的限制)来限制国际贸易。如果贸易受到这些以及其他方式限制,经济结果就是低效率的,犹如世界的技术水平 A 降低的效果一样。换言之,如果各国不利用专业化生产的机会,世界总体的产出就会萎缩。或者反过来看,通过消除贸易壁垒放开国际贸易,就像 A 提高的效果一样。随着国际贸易更加自由,在给定全世界熟练劳动力、非熟练劳动力、土地等投入的情况下,作为整体的世界就能生产出更多的各类商品。

我们可以采用这种分析拓宽我们对技术水平 A 改变的影响的理解。我们可以将 A 的提高看作由于政府施加的壁垒,如关税和配额的减少而扩大了世界贸易。反之,我们可以将 A 的下降看成是由于构筑新的贸易壁垒而抑制世界贸易。我们的分析预测,更为自由的贸易推动经济繁荣,而受到更严格限制的贸易导致衰退。如第 5 章中所述,对经济增长决定因素的经验研究支持更加开放的国际贸易趋向于提高一国经济增长率的假说。

 # 小结

本章扩展了均衡经济周期模型,以将商品与服务的国际贸易和国际借贷包括在内。这样,我们就有了开放经济的均衡经济周期模型。

本国的经常项目差额决定了其海外净资产随着时间发生的变动。如果实际 GNP 大于花在消费、总投资和政府采购上的国内实际支出,经常项目就为盈余,否则就为赤字。GDP 加上来自海外资产的实际净收入(来自国外的净要素收入)就是 GNP。我们可以将经常项目差额表示为贸易差额(出口减进口)加上海外资产的实际净收入。我们还可以将其表示为实际国民储蓄与国内净投资之差。

在均衡经济周期模型中,有利的技术冲击通常使国内净投资提高的幅度大于实际国民储蓄的升幅。因此,经常项目差额转向赤字。所以经常项目差额是逆周期的。如果某个扰动影响实际国民储蓄,但不影响资本的边际产量,预测就会不同。例如,在农业歉收或在战时政府临时增加采购时,经常项目的反应是转向赤字。

如果预算赤字使实际国民储蓄减少,经常项目会转向赤字。然而在预算赤字不影响实际国民储蓄的李嘉图等价情况下,经常项目差额不变。

贸易条件是出口价格与进口价格之比。贸易条件变化的影响类似于技术冲击。贸易条件的持久性改善往往会造成经常项目赤字,因为国内净投资的增幅往往大于实际国民储蓄的增幅。贸易条件的暂时性改善往往产生经常项目盈余,因为国内净投资的升幅小于实际国民储蓄的增幅。

消除关税和配额等贸易壁垒会扩大国际贸易规模。其经济效应类似于技术水平的上升。所以我们预计:更加自由的贸易能推动经济繁荣,而限制贸易则会造成衰退。

重要术语和概念

投资的调整成本 adjustment costs for investment

国际收支平衡表 balance of international payment

经常项目的平衡 balance on current account

经常项目差额 current-account balance

经常项目赤字 current-account deficit

经常项目盈余 current-account surplus

外国直接投资 foreign direct investment

全球化 globalization

一价定律 law of one price

来自国外的净要素收入 net factor income from abroad

对外净投资 net foreign investment

国际投资净头寸 net international investment position

配额 quota

实际国民生产总值(实际 GNP) real gross national product(real GNP)

关税 tariff

贸易条件 terms of trade

贸易差额 trade balance

双重赤字 twin deficit

问题和讨论

A. 复习题

1. 如果一国有预算赤字,一定也有经常项目赤字吗?两种赤字之间的关系如何取决于预算赤字与国民储蓄的关系?

2. 为什么所有国家同时有经常项目赤字是不可能的?

B. 讨论题

3. 贸易条件的变化

假设本国为巴西,生产大量的咖啡以供出口。我们在正文中考虑过因世界其他地区的扰动而造成贸易条件的变化。相反,假设本国受到的暂时性冲击——比如说,巴西的咖啡歉收——使全球咖啡的相对价格上升。在此情况下,歉收扰动如何影响巴西的经常项目差额?

4. 某一国家的技术冲击

考虑本国技术水平 A 的暂时性上升。

a. 本国的劳动 L、资本利用率 κ 和实际 GDP(Y)会发生什么变化?

b. 本国的消费 C 和经常项目差额会发生什么变化?

5. 税收和经常项目差额

讨论下述税率的变化对一国经常项目差额的影响(你应查阅第 14 章对税率的分析)。

a. 劳动所得的税率 τ_w 的持久性上升。

b. 劳动所得的税率 τ_w 的暂时性上升。

c. 资产收入的税率 τ_r 的持久性上升。

d. 消费税率 τ_c 的暂时性上升。

第**19**章

汇　率

在第 18 章我们讨论了商品与信贷的国际市场,但对汇率只字未提。因为我们假设所有国家使用一种共同的货币,诸如美元、英镑或欧元,所有的价格都以该货币单位表示,所以我们不用讨论汇率。为分析汇率,我们就必须引入不同类型的货币——美元、欧元、英镑、日元等,并且容许价格以这些不同的货币单位表示。为考虑这些事项,本章作了必要的扩展。

 ## 19.1　不同货币和汇率

我们现在要假设每个国家都发行并使用自己的货币,而不再使用一种共同货币。为使情况变得简单,假设只有两个国家。考虑本国为美国,外国为英国。美国的名义货币量 M 用美元度量,英国的名义货币量 M^f 用英镑度量。

我们现在引入一个新的市场,称为外汇市场,市场参与者们用一国的货币交换另一国的货币。在我们的模型中,交易者用美元换取英镑。这样,家庭与政府可以利用外汇市场将美元兑换成英镑,或将英镑兑换成美元。我们将汇率,或更精确地说,名义汇率,定义为每一美元换取的英镑数。我们采用"名义"一词来与实际汇率相区分,这是之后将引入的一个概念。举一个名义汇率的例子:在 2016 年 2 月 12 日,1 美元可换取 0.69 英镑,或表示为 £0.69。所以,换取每 1 英镑要花 1/0.69=1.45 美元,或表示为 $1.45。专栏"世界各地的汇率"说明了《华尔街日报》报道的 2016 年 2 月 12 日美元与其他主要货币之间的名义汇率。

我们用 ε(希腊字母)表示英镑与美元之间的名义汇率。所以在 2016 年 2 月 12 日,我们有 ε=0.69 英镑/美元。注意:ε 的值越大意味着美国货币的价值越高,因为每 1 美元可换取更多英镑。[1] 从英国的角度看,名义汇率为 1/ε=1.45 美元/英镑。这样,ε 的升高意味着以美元表示的英镑价值降低了,因为每英镑换取的美元少了。

---

① 我们必须加以小心,因为有的经济学家以相反的方式界定汇率——在此情况下,定义为每英镑多少美元,而不是每美元多少英镑。

图 19-1 和图 19-2 列出了从 1950 年到 2011 年美元与七个主要国家——英国、加拿大、中国、日本、法国、德国和意大利的货币的名义汇率。[①]

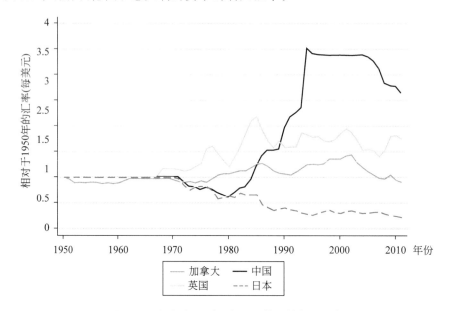

图 19-1 加拿大、日本、中国和英国的名义汇率

注：本图显示每种货币与美元的名义汇率与 1950 年通行汇率的相对值。在 1950 年，名义汇率为：1 美元兑 0.357 英镑；1 美元兑 1.09 加拿大元；1 美元兑 361.1 日元；1 美元兑 2.46 元人民币（1952）。数据来自 Penn World Table，8.1 from Feenstra，Inklaar and Timmer（2015）。

举一个例子，在 1950 年，1 美元可兑换 0.36 英镑。图 19-1 表明，这一名义汇率直到 1968 年才改变，升至 0.42，高出 1950 年的汇率 17%。也就是说，以英镑表示的美元价值上升了 17%。以英镑表示的最高汇率出现在 1985 年，当时的名义汇率达到 0.77，高出 1950 年的汇率 120%。在 2011 年，美元下跌至 0.62 英镑。这一汇率低于 1985 年的汇率 20%，但仍高出 1950 年的汇率 75%。

同样，图 19-1 显示了美元与加拿大元、日元和人民币的名义汇率。注意：自 1971 年以来，美元兑日元的汇率大幅度下降，即美元以日元表示的价值下降了。在 1950 年，1 美元可兑换 361 日元，但是在 2011 年，1 美元只能换 80 日元。因此，以日元计的话，美元失去了 78% 的价值。

图 19-2 显示了美元与法国法郎、德国马克和意大利里拉的名义汇率。从 1950 年至 1998 年为单独的汇率，此后三种货币被共同货币欧元所取代。[②] 因此，美元与其中每个国家货币的名义汇率自 1999 年以来一起变动。

[①] 这里，我们讨论一种货币相对于美元的价值，仅仅是因为它是外汇市场上交易量最大的货币。

[②] 在 1999 年设定的欧元的兑换率定为 1 欧元兑 6.56 法国法郎、1.96 德国马克和 1 936 意大利里拉，三种货币在 2001 年之前各自独立存在，2001 年以后只流通欧元。

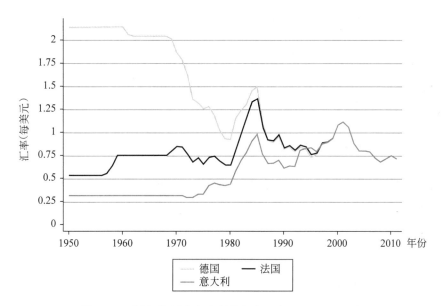

图 19-2　法国、德国和意大利的名义汇率,1950—2011 年

注:本图显示的是用欧元等值货币单位表示的同美元的名义汇率,这是通过用名义汇率除以各国货币与欧元的兑换率确定的。在 1999 年年初确定的各国货币与欧元的兑换率固定为 1 欧元兑 6.56 法国法郎、1.96 德国马克和 1 936.3 意大利里拉。1950 年的名义汇率是 1 美元兑 3.5 法郎,1 美元兑 4.2 德国马克,1 美元兑 625 意大利里拉。在 1999 年至 2001 年,各独立的货币被取消,欧元取而代之。数据来自 Penn World Table 8.1 from Feenstra, Inklaar and Timmer(2015)。

用数字说话　世界各地的汇率

　　金融报刊报道外国货币与美元之间的两种汇率。第一种称为即期汇率,给出当前每美元兑换多少单位外币的现期汇率。第二种称为远期汇率,给出适用于将来指定日期的汇率,也是以每一美元多少单位外币表示。远期汇率适用于将来交换两种货币的合约,通常是未来 1 个月、3 个月或 6 个月。通过签订远期合同,市场参与者敲定自己在将来交换货币的汇率。

　　表 19-1 显示了《华尔街日报》报道的 2016 年 2 月 17 日主要货币与美元的名义汇率。虽然《华尔街日报》只报道几种主要货币的远期汇率,但是 2016 年 2 月 18 日 fxstreet.com 还提供其他货币的远期合约。注意,随着期限的延长,英镑、欧元和瑞士法郎的汇率逐渐下降。这一模式表明,金融市场预期美元兑换这些货币的即期汇率会随着时间而下跌。也就是说,市场预期美元相对于英镑、欧元和瑞士法郎贬值。然而,加拿大元和日元的远期汇率平稳——表明市场预期美元兑换加拿大元和日元的即期汇率不会随时间而发生多大变化。

表 19-1　《华尔街日报》报道的 2016 年 2 月 17 日名义利率（每美元外国货币）

国家（货币）	汇率	国家（货币）	汇率
阿根廷（比索）	14.922	新西兰（元）	1.507
澳大利亚（元）	1.392	挪威（克朗）	8.543
巴林（第纳尔）	0.377	波兰（兹罗提）	3.953
巴西（里亚尔）	3.985	俄罗斯（卢布）	75.110
加拿大（元）	1.367	巴基斯坦（卢比）	104.750
1 个月远期	1.367	秘鲁（新索尔）	3.504
3 个月远期	1.365	菲律宾（比索）	47.577
6 个月远期	1.360	沙特阿拉伯（里亚尔）	3.751
智利（比索）	700.700	新加坡（元）	1.403
中国（人民币）	6.524	南非（兰特）	15.471
哥伦比亚（比索）	3 359.320	韩国（元）	1 224.740
丹麦（克朗）	6.708	瑞典（克朗）	8.516
厄瓜多尔（美元）	1.000	瑞士（克朗）	0.992
埃及（镑）	7.830	1 个月远期	0.980
欧元区（欧元）	0.899	3 个月远期	0.950
1 个月远期	0.893	6 个月远期	0.901
3 个月远期	0.876	泰国（铢）	35.610
6 个月远期	0.851	土耳其（新里拉）	2.956
印度（卢比）	68.329	英国（镑）	0.700
印度尼西亚（盾）	13 431.000	1 个月远期	0.698
日本（元）	114.100	3 个月远期	0.680
1 个月远期	114.025	6 个月远期	0.647
3 个月远期	113.791	乌拉圭（比索）	31.900
6 个月远期	113.407	委内瑞拉（博利瓦）	6.305
墨西哥（比索）	18.363		

19.2　购买力平价

　　有时国家会容许名义汇率自由变动以应对市场力量的变化。这些制度称为浮动汇率。在其他情况下，国家会试图与另一种货币——常常是美元——保持不变的名义汇率。这些制度称为固定汇率。我们从讨论关于国际金融（不论采用浮动的还是固定的名义汇率)的基本理论命题开始。其中第一个命题将两种货币之间的名义汇率与两国通行的物价水平联系起来。在模型中,我们要考察美元和英镑之间的名义汇率以及美国与英国的物价水平。

19.2.1　PPP 条件和实际汇率

美国的物价水平 P 以每单位商品的美元数度量。我们以 P^f 表示英国的物价水平(或外国的物价水平),以每单位商品的英镑数度量。作为分析起点,假设两国生产和使用的商品在品质上相同。我们还忽略在两国买卖商品的任何运输或其他交易成本。于是,中心思想是,对于两国的家庭而言,在两国买卖商品的吸引力看起来一样。

为弄清这是怎样运作的,考虑一个拥有 1 美元美国货币的某家庭(该家庭可以居住在其中任何一个国家),该家庭可以在美国以每单位商品 P 美元的价格购买商品。因此,该家庭以 1 美元买到 $1/P$ 单位的商品。或者,假设该家庭利用外汇市场,以 1 美元换取 ε 英镑。于是,该家庭在英国以 ε 英镑可以买到 $\varepsilon \cdot (1/P^f)$ 单位的商品。如果这一商品数量 $\varepsilon \cdot (1/P^f)$ 大于 $1/P$,该家庭就会在英国购买所有的商品。相反,如果 $\varepsilon \cdot (1/P^f)$ 小于 $1/P$,该家庭就会在美国购买所有的商品。如果对该家庭而言在哪儿购买商品都一样,这两个数量必然相等:

$$1/P = \varepsilon \cdot (1/P^f)$$

在美国可以买到的商品数量 ＝ 在英国可以买到的商品数量 (19-1)

如果方程(19-1)不成立,两国的家庭就会在一个地方,即价格便宜的国家,购买所有的商品。我们感兴趣的是在两国买卖商品的情况;也就是说,美国和英国在经济上都很活跃!所以,给定我们的假设,即所有商品品质相同,并且运输成本可以忽略不计,方程(19-1)一定成立。

我们可以对方程(19-1)移项,得

关键方程(购买力平价):

$$\varepsilon = P^f/P$$

名义汇率 ＝ 外国价格与本国价格的比率 (19-2)

名义汇率与商品价格比相等称为购买力平价(PPP)。这一条件的含义是,无论家庭在美国还是在英国购买商品,以商品表示的美元(或英镑)购买力相同。

举个具体例子,假设你有 100 美元,想都用于购买比萨饼。如果在美国每个比萨饼要 10 美元,你能买到 10 个比萨。如果汇率 ε 为 1 美元兑 0.70 英镑,你的另一种选择是将 100 美元换成 70 英镑。你在英国买到的比萨数量取决于英国的价格。如果英国的价格为每个比萨 7 英镑,你也能买到 10 个比萨,与在美国一样。如果英国的价格超过 7 英镑,你在英国买到的比萨就少于 10 个,如果价格低于 7 英镑,你在英国买到的比萨就多于 10 个。如果在哪儿买比萨都一样(如果旅行到英国不需要花费,并且所有的比萨都具有相同的质量),1 美元兑 0.70 英镑的汇率必须等于英国比萨价格与美国比萨价格的比率。在我们的例子中,比率为 0.70,等于英国比萨的价格 7 英镑除以美国比萨的价格 10 美元。这一"比萨平价"的条件与方程(19-2)的更普遍的 PPP 条件相同。

当物价水平 P^f 和 P 都是指两国生产的相同的商品时,方程(19-2)中的 PPP 条件成立。实践中,我们往往将 P^f 和 P 解释为两国生产或消费的一篮子商品的价格指数。例如,我们或许可以用国内生产总值(GDP)的平减指数或消费者价格指数衡量 P^f 和 P。

当我们考虑物价水平为广义的指数时,PPP 条件不一定成立。一个原因是各国有可能专门生产不同的商品。这些商品相对价格的变化——即第 18 章考察的贸易条件的变动——将造成 PPP 条件不成立。PPP 条件不成立的另一个原因是各国生产并消费的非贸易商品——诸如不进入国际贸易的个人服务和房地产。由于非贸易商品不能从一国流向另一国,以非贸易商品表示的货币购买力可能取决于在哪里购买。

为探讨偏离 PPP 条件的情况,考虑汇率的另一个概念,即实际汇率,是有用的。名义汇率 ε 是指家庭的每 1 美元可兑换多少英镑,而实际汇率是指家庭的每一单位美国商品可换回多少单位的英国商品,当方程(19-2)中的 PPP 条件成立时,实际汇率为 1。然而,PPP 不成立时,实际汇率可能不是 1,还可能随时间变化。在任何时点,实际汇率水平是考察偏离 PPP 条件程度的有用的指标。

形式上,实际汇率是方程(19-2)的左边与右边的比率:

$$实际汇率 = (ε/P^f)/(1/P) \qquad (19\text{-}3)$$

在右边,分母 $1/P$ 是 1 美元在美国买到的商品数量。分子,即 $ε/P^f$,是 1 美元(在外汇市场上将美元兑换成英镑后)在英国买到的商品数量。所以,实际汇率是(比如说用 1 美元)在英国(外国)买到的商品与(也是用 1 美元)在美国能买到的商品之比。

回到前面比萨的例子,如果 P 为每个比萨 10 美元,方程(19-3)右边的分母为 0.1,即你在美国用你的 1 美元可买到一个比萨的十分之一。如果 ε 为 0.70,P^f 为 7 英镑,分子也为 0.1;也就是说,你(经过外汇市场交换后)在英国用你的 1 美元也能买到一个比萨的十分之一。在此情况下,比萨的实际汇率为 1。

如果我们将名义汇率 ε 保持固定不变,英国物价与美国物价的比率的上升意味着在英国购买商品(比萨或一般商品)变得更贵了,因此,方程(19-3)中的实际汇率下降了,表明相对于在美国买到的商品,在英国买到的商品减少了。如果我们将 P^f/P 保持固定不变,名义汇率 ε 的上升意味着在英国购买商品变得相对便宜,因此,实际汇率上升。

表 19-2 列出了 2014 年一些国家(地区)相对于美国的实际汇率。实际汇率的定义由方程(19-3)给出,式中的物价水平 P^f 和 P 是指 GDP 中包含的一篮子商品。数值接近于 1 意味着外国一篮子商品所花的美元数与美国(基准国家)一篮子商品的美元数[①]大致相同。数值较高意味着其他国家(地区)的商品比美国(基准国家)便宜。数值较低意味着其他国家(地区)的商品比美国(基准国家)贵。

我们从表 19-2 看到,多数富裕地区的货币与美元的实际汇率都较接近于 1.0。在 2014 年,物价最贵的是瑞士 0.70、澳大利亚 0.74、丹麦 0.75、瑞典 0.77。比美国物价便宜的富裕的经济体是新加坡 1.47、中国香港 1.37、日本 1.01、意大利 1.01、西班牙 1.13 和韩国 1.19。其他富裕地区的实际汇率比 1.0 低一点点。很多中等收入和低收入国家(地区)的实际汇率都显著高于 1.0。例如,印度为 3.61、泰国为 2.63、南非为 2.01,危地马拉为

---

① 这里,我们不再把外国限制为英国,而是继续把美国看作是基准国。

2.03。这些国家实际汇率高的主要原因是,穷国的非贸易商品的价格大都相对较低,尤其是劳务和不动产。这种普遍性的模式称为巴拉萨—萨缪尔森假说,以贝拉·巴拉萨(Bela Balassa,1964)和保罗·萨缪尔森(P. Samuelson,1964)所做的研究命名。

表 19-2　2014 年一些国家和地区的实际汇率

国家/地区	实际汇率	国家/地区	实际汇率
新加坡	1.471	俄罗斯	1.805
中国香港	1.372	波兰	1.761
瑞士	0.695	智利	1.520
美国	1.000	土耳其	1.883
澳大利亚	0.741	伊朗	3.175
荷兰 *	0.925	墨西哥	1.678
爱尔兰 *	0.909	南非	2.012
瑞典	0.769	哥斯达黎加	1.433
丹麦	0.750	巴西	1.355
比利时 *	0.917	泰国	2.632
加拿大	0.869	哥伦比亚	1.689
德国 *	0.971	中国	1.742
英国	0.869	乌克兰	2.808
法国 *	0.921	埃及	3.125
日本	1.012	印度尼西亚	3.012
意大利 *	1.007	危地马拉	2.028
西班牙 *	1.131	越南	2.740
韩国	1.193	印度	3.610
以色列	0.906	尼日利亚	1.845
希腊 *	1.239	巴基斯坦	3.650
捷克	1.600	孟加拉国	2.874
匈牙利	1.786		

注:从左栏开始,国家和地区是按 2011 年人均实际 GDP 降序排列的(Penn World Table,8.1 from Feenstra, Inklaar and Timmer〔2015〕)。这些实际 GDP 的数字根据 GDP 包含的商品篮子的成本差异作了调整。实际汇率依据 GDP 包含的商品价格,与方程(19-3)中的概念相符合。所有的汇率都以美国作为基准国家。近似于 1.0 的值意味着所示国家的商品篮子的成本大致与美国的商品篮子的美元数目相同。高于 1.0 的值意味着商品篮子没有美国的贵。数据来自世界银行的《世界发展指标》。

＊价值用国内价格水平和欧元名义汇率计算。

表 19-2 的结果表明,方程(19-2)中的 PPP 条件在作跨国(地区)比较时并不成立,在对高收入国家(地区)与中低收入国家(地区)作比较时情况相去甚远。然而,在美国、加拿大、西欧、日本等发达经济体之间作比较,PPP 的作用就明显多了。

经济学家们的一致看法是,对富国(地区)而言,方程(19-2)中的 PPP 条件作为短期命题不是那么精确,但在作长期比较时是一个很好的指南。[参见 A.Taylor 和 M.Taylor (2004)的经验证据调查。]也就是说,在富国(地区)中有一种实际汇率接近于 1.0 的长期趋势。这一结果意味着我们可以在某一时点——诸如表 19-2 中的 2014 年——利用实际汇率的构成去预测实际汇率的长期变化。考察一个在 2014 年物价相对比美国昂贵的国家,例如瑞士或澳大利亚;它们的实际汇率分别为 0.70 和 0.74。人们预计这些实际汇率在长期内会提高,趋向某个更接近于 1.0 的数值。从方程(19-3)得出的有关实际汇率的等式知道,这个预测意味着要么名义汇率 ε 上升,要么外国物价与本国物价的比率 P^f/P 下降。也就是说,对于给定的 ε,瑞士和澳大利亚的通胀率 π^f 应低于美国的通胀率 π。

我们可以更大胆一点,将这一推论应用于对美国和中国的比较。在 2004 年,当中国仍然是一个相对穷的国家时,中国的实际汇率(相对于美国)居于高位——4.3。到 2014 年,中国已成为中等收入国家,其实际汇率(相对于美国)已跌至 1.7,这意味着中国的商品(相对于美国)比过去更贵了。正如第 3 章中所述,中国的快速增长有段时间了。如果这种快速增长保持下去,中国在 20~30 年后就是个富国。在那种情况下,我们预测实际汇率将从 2014 年的 1.7 下降至非常接近 1.0 的数值。方程(19-3)关于实际汇率的等式告诉我们,要么名义汇率 ε 大幅下跌,要么中国与美国的物价比率 P^f/P 大幅上升。具体地说,假设 ε 不变,并且中国与美国之间的实际汇率要在 20 年后达到 1.0。在那种情况下,P^f/P 在 20 年间要以一个 1.7 的因子上升。要出现那种情况,中国的平均通胀率 π^f 就会超过美国的平均通胀率 π,大约是每年 2.7%。

19.2.2 相对购买力平价条件

现在我们要考察实际汇率的变化,而不是汇率水平。PPP 条件说明名义汇率 ε 等于物价比 P^f/P:

$$\varepsilon = P^f/P \tag{19-2}$$

我们提到这个条件等于是说由下式给出的实际汇率等于 1:

$$实际汇率 = \frac{\varepsilon}{P^f/P} \tag{19-3}$$

方程(19-3)表明,实际汇率的增长率等于名义汇率的增长率——我们用 $\Delta\varepsilon/\varepsilon$ 表示,减去外国物价与本国物价的比率 P^f/P。P^f/P 的增长率为两国通货膨胀率之差:

$$P^f/P \text{ 的增长率} = \Delta P^f/P^f - \Delta P/P$$

$$P^f/P \text{ 的增长率} = \pi^f - \pi$$

因此,我们有

$$实际汇率的增长率 = \Delta\varepsilon/\varepsilon - (\pi^f - \pi) \tag{19-4}$$

当方程(19-2)中的 PPP 条件成立,从而实际汇率等于 1 时,实际汇率的增长率等于 0。因此,方程(19-4)的右边一定为零。移项可得到另一个关键条件:

关键方程(相对形式的购买力平价):

$$\Delta\varepsilon/\varepsilon = \pi^f - \pi$$

名义汇率的增长率＝国外通货膨胀率－本国通货膨胀率 $\tag{19-5}$

方程(19-5)称为**相对形式的 PPP**,而方程(19-2)通常称为**绝对形式的 PPP**。相对形式涉及名义汇率和物价的增长率,而绝对形式涉及名义汇率与物价水平。PPP 的相对形式比绝对形式的应用更为普遍。绝对形式要求实际汇率等于 1。相对形式则要求实际汇率不变,因此方程(19-4)中实际汇率的增长率等于 0。要使相对形式的 PPP 成立,实际汇率的水平不必等于 1。

广泛的研究表明,对于发达国家而言,在短期内相对 PPP 条件与数据不是很相符。也就是说,在短期内实际汇率可能会大幅变动,肯定不是固定不变(甚至在数值不为 1 时也是如此)。可是在长期内,相对 PPP 条件与发达国家的数据的确相当吻合。

在探讨这个问题之前,我们首先介绍实际汇率的另一个常见的度量:实际有效汇率,以贸易伙伴的加权平均价格水平为(19-3)中的 P^f,并以贸易伙伴的加权平均通货膨胀率为方程(19-4)中的 π^f。值接近 1.0 意味着,基准国家的商品价格与贸易伙伴的商品价格大致相同。[①] 较高(较低)的值意味着基准国的商品比其贸易伙伴贵(便宜)。

表 19-3 显示了图 19-1 和图 19-2 中所考虑的七国集团中每一个经济体(作为每一种情况下的基准国)1960 年至 2015 年的通货膨胀率以及名义和实际有效汇率的走势。有这样一种趋势,即平均来看高通胀率差异(第二栏)与较高的名义有效汇率增长率(第三栏)相匹配。然而,这种匹配还不够紧密,不足以使第四栏中的实际有效汇率的增长率等于 0。德国、意大利和英国的实际有效汇率每年升高 0～1%。也就是说,与他们的贸易伙伴相比,这些国家的货币都变得昂贵了。日本的实际有效汇率每年增长 1.11%,加拿大、法国和美国的实际有效汇率每年下降 0～1%。

表 19-3　美国与其他六个经济大国的通货膨胀率及名义有效利率与实际有效汇率.1960—2015

国家	(1) 通胀率 π_i	(2) 通胀率的差异 $\pi^f - \pi_i$	(3) 名义有效汇率增长率 $\Delta\varepsilon^i/\varepsilon^i$	(4) 实际有效汇率增长率 [(3)−(2)]
美国	3.78	3.12	3.07	−0.05
加拿大	3.79	0.93	0.40	−0.53
法国	4.22	0.92	0.73	−0.19
德国	2.23	2.77	2.95	0.18
意大利	5.92	−0.76	−0.76	0.00
日本	3.10	2.66	3.77	1.11
英国	5.80	−0.22	−0.19	0.04

注:所有的变量用每年百分比表示。期间为 1960 年至 2015 年。国家 i 的通货膨胀率 π_i 按 CPI 指数计算。通货膨胀率差异 $\pi^f - \pi_i$ 是贸易伙伴通货膨胀 π^f 与基准经济体通胀率 π_i 之差。名义有效汇率的增长率 $\Delta\varepsilon^i/\varepsilon^i$ 为国家 i 的货币的名义有效汇率的增长率。负数意味着国家 i 货币的价值相对于其贸易伙伴货币上升。实际有效汇率的增长率为名义有效汇率的增长率(第三栏)减去通胀率差异(第二栏)。负值意味着随着时间的推移,与其贸易伙伴生产的商品相比,基准国家生产的商品变得不再那么贵了。数据来自国际货币基金组织的《国际金融统计》。

表 19-4 探讨了一组大多是中等收入、在 1960—1996 年期间平均通胀率较高的国家的通胀率及名义有效汇率与实际有效汇率。在此情况下,相对 PPP 条件看起来很符合。也就是说,与贸易伙伴相比的通胀率的差异(第一栏)同名义汇率增长率(第二栏)相匹配。

---

　①　这里,我们不再限定基准国家为美国。

与名义汇率增长率相比,第三栏中的实际汇率增长率的变化很小。

表 19-4　高通胀国家的通胀率及名义与实际有效汇率

国家	(1) 通胀率差 $\pi^I - \pi_i$	(2) 名义有效汇率 增长率 $\Delta\varepsilon^i/\varepsilon^i$	(3) 实际有效汇率 增长率[(2)-(1)]
阿根廷	-68	-67	1
巴西	-76	-74	1
智利	-25	-29	-4
哥伦比亚	-7	-8	-1
冰岛	-25	-26	-1
印度尼西亚	-25	-28	-3
以色列	-25	-26	-1
秘鲁	-49	-45	4
乌拉圭	-20	-19	1

注:时期——定义为包括高通胀时段的时间——为1960—1996年。国家 i 的通货膨胀率 π_i 是根据消费者价格指数计算的。通胀率差异 $\pi^I - \pi_i$ 是贸易伙伴的通货膨胀率 π^I 与基准经济体通胀率 π_i 之差。名义汇率的增长率 $\Delta\varepsilon^i/\varepsilon^i$ 为国家 i 的货币与贸易伙伴国货币的名义有效汇率的增长率。负数意味着基准国货币的价值相对于其贸易伙伴下降了。实际有效汇率的增长率为名义有效汇率的增长率(第三栏)减去通胀率差异(第二栏)。负数意味着随着时间的推移,与贸易伙伴国生产的商品相比,基准国生产的商品变得便宜了。数据来自 Real Effective Exchange Rates for 178 Countries:A New Database(bruegel.org)。

 ## 19.3　利率平价

现在我们来看看各国利率之间的联系。假设每个国家的名义利率都不同。我们再次将美国作为本国,英国作为外国。美国的名义利率(记为 i)表示每年为持有的每 1 美元美国债券支付的美元。英国的名义利率(记为 i^f)表示每年为持有的每 1 英镑英国债券支付的英镑。

考虑一个家庭在 t 年有 1 美元,正在选择是持有美国债券还是英国债券。(该家庭可以居住在任何国家。)选择 1:直截了当地持有美国债券。在 $t+1$ 年得到的美元金额仅取决于美国的利率:

选择 1:持有美国债券

$$\text{在 } t+1 \text{ 年得到的美元} = 1+i \qquad (19\text{-}6)$$

第二个选择就是利用外汇市场取得英镑,购买英国债券,并在一年以后利用外汇市场兑回美元。在此情况下,重要的一点是,英镑与美元之间的名义汇率可能随时间发生变化。所以我们用时间的下标 t 表示 t 年的名义汇率 ε_t。在 t 年,家庭可以将其 1 美元换为 ε_t 英镑。通过持有名义利率为 i^f 的英国债券,家庭在 $t+1$ 年得到 $\varepsilon_t \cdot (1+i^f)$ 的英镑。在 $t+1$ 年,1 英镑可以按每英镑 $1/\varepsilon_{t+1}$ 美元的汇率换成美元。因此,如果家庭在 $t+1$ 年将英镑兑回美元,得到 $\varepsilon_t \cdot (1+i^f)/\varepsilon_{t+1}$ 美元。所以,第二种选择的收益率为

选择 2：利用外汇市场并持有英国债券

$$在 t+1 年得到的美元 = \varepsilon_t \cdot (1+i^f)/\varepsilon_{t+1} \quad (19\text{-}7)$$

如果利用外汇市场并持有英国债券没有成本，均衡时两种选择必定在 $t+1$ 年获得相同数量的美元。否则，所有家庭就会只持有收益率最高国家的债券，只在收益率最低国家借款。所以方程(19-6)和方程(19-7)给出均衡条件为

$$1+i = \varepsilon_t \cdot (1+i^f)/\varepsilon_{t+1} \quad (19\text{-}8)$$

持有美国债券的收益率 = 利用外汇市场持有英国债券的收益率

在解释方程(19-8)之前，我们会发现利用代数简化结果会有帮助。先移项得到：

$$1+i^f = (1+i) \cdot (\varepsilon_{t+1}/\varepsilon_t)$$

名义汇率的增长率为

$$\Delta\varepsilon_t/\varepsilon_t = (\varepsilon_{t+1} - \varepsilon_t)/\varepsilon_t$$

$$\Delta\varepsilon_t/\varepsilon_t = \varepsilon_{t+1}/\varepsilon_t - 1$$

因此，我们在上面的方程中用 $(1+\Delta\varepsilon_t/\varepsilon_t)$ 替换 $\varepsilon_{t+1}/\varepsilon_t$，得到

$$1+i^f = (1+i) \cdot (1+\Delta\varepsilon_t/\varepsilon_t)$$

如果我们将右边的两项乘开，得到

$$1+i^f = 1+i+\Delta\varepsilon_t/\varepsilon_t + i \cdot \Delta\varepsilon_t/\varepsilon_t$$

最后一项 $i \cdot \Delta\varepsilon_t/\varepsilon_t$ 往往数字很小——事实上，如果我们考虑的是很短的时期，而不是几年，该项可以忽略不计。所以，忽略该项。如果消掉方程两边的 1，将 i 从右边移至左边，得到我们要找的结果：

$$i^f - i = \Delta\varepsilon_t/\varepsilon_t \quad (19\text{-}9)$$

利率差异 = 名义汇率增长率

为理解方程(19-9)，设想英镑与美元的汇率 ε_t 随时间上升，即美元的价值相对于英镑以比率 $\Delta\varepsilon_t/\varepsilon_t$ 上升。为了使美国和英国债券得到相同的美元收益率，英国的名义利率 i^f 必须按名义汇率的增长率 $\Delta\varepsilon_t/\varepsilon_t$ 增长，从而超过美国的名义利率 i。也就是说，利率差必须补偿有利于持有美国债券的名义汇率的上升。

实践中，名义汇率的变动并不能预先被精准地了解。所以，必须用预期增长率 $(\Delta\varepsilon/\varepsilon)^e$ 代替方程(19-9)中的增长率 $\Delta\varepsilon_t/\varepsilon_t$。我们做出这一变动时，就得到称为利率平价的重要结果：

关键方程(利率平价)：

$$i^f - i = (\Delta\varepsilon_t/\varepsilon_t)^e \quad (19\text{-}10)$$

利率差 = 名义汇率的预期增长率

方程(19-10)背后的思想是，要使两种利率提供同样的交易收益——两国债券具有同样的收益平价，名义利率差 $i^f - i$ 必须补偿名义汇率的预期增长率 $(\Delta\varepsilon/\varepsilon)^e$[①]。

现实世界中的一些因素阻碍了利率平价的完全成立。这些因素包括资产收益率和汇

---

① 虽然名义汇率的增长率在事先是未知的，但是如"世界各地的汇率"专栏文章中所述，债券持有人可以利用远期外汇合约确保自己将来得到的汇率。在此情况下，方程(19-10)右面的 $(\Delta\varepsilon/\varepsilon)^{\lambda 0}$ 可用(远期汇率—即期汇率)/(即期汇率)给出的外汇市场远期升水代替。方程(19-10)左边的利率差异与远期升水相等，称为抵补利率平价。

率走势的不确定性、不同国家对利息收入的税收处理,以及政府对货币兑换和资产跨国流动的限制。对于主要的发达国家,在短期内与利率平价的背离有时会非常大,但在长期内往往都很小。

我们可以利用利率平价的结果来比较各国的实际利率。为进行比较,我们需要采用前面的相对形式的购买力平价的结果:

$$\Delta\varepsilon/\varepsilon = \pi^f - \pi \tag{19-4}$$

我们可以将各项表示为预期变动率,来修正这一条件:

$$(\Delta\varepsilon_t/\varepsilon_t)^e = (\pi^f)^e - \pi^e \tag{19-11}$$

如果我们以该结果代替方程(19-10)中利率平价条件中的$(\Delta\varepsilon_t/\varepsilon_t)^e$,得到

$$i^f - i = (\pi^f)^e - \pi^e \tag{19-12}$$

利率差 = 预期通货膨胀率差

我们可以移项,得出关于实际利率的一个重要结果:

关键方程(各国预期实际利率等式):

$$i^f - (\pi^f)^e = i - \pi^e \tag{19-13}$$

外国预期的实际利率 = 本国预期的实际利率

因此,将利率平价条件——方程(19-10)——与相对形式的 PPP 条件——方程(19-11)——结合起来,意味着外国(英国)的预期实际利率与本国(美国)的相同。

对于发达国家,实际上政府证券的预期实际利率并不相等,但差异通常不是太大。[①] 如上所述,存在差异的一个原因是,相对形式的 PPP 条件——方程(19-11)——并非总是成立,即人们并非总是预期汇率保持不变。我们提到过,对于发达国家而言,实际汇率往往会随时间向着接近 1.0 调整。例如,以在 2014 年与美国相比物价昂贵的瑞士和澳大利亚为例,表 19.2 中的实际汇率分别为 0.70 和 0.74。我们的预测是,这些实际汇率在长期趋向于上升到 1.0。

回顾一下,实际汇率的方程为

$$\text{实际汇率} = \frac{\varepsilon}{P^f/P} \tag{19-3}$$

我们预测,瑞士与美国的实际汇率不断上升意味着名义汇率的预期增长率$(\Delta\varepsilon_t/\varepsilon_t)^e$ 必然大于 P^f/P 的预期增长率,后者等于预期通货膨胀率之差$(\pi^f)^e - \pi^e$。所以,我们得到的不是方程(19-11)中的等式,而是不等式:

$$(\Delta\varepsilon_t/\varepsilon_t)^e > (\pi^f)^e - \pi^e \tag{19-14}$$

如果我们将这个不等式代入方程(19.10)的利率平价条件,得到

$$i^f - i > (\pi^f)^e - \pi^e$$

移项,得到

$$i^f - (\pi^f)^e > i - \pi^e \tag{19-15}$$

外国的预期实际利率 > 本国的预期实际利率

---

① 至于这方面的论述,参阅 Barro 和 Xavier(1990)的著作,R. Cumby 和 M. Obstfeld(1984)的著作,以及 F. Mishkin(1984)的著作。

所以,我们预测开始时物价比美国贵——如 2014 年瑞士和澳大利亚的实际汇率较低——的国家的预期实际利率将高于美国。考虑这一结果的一种思路是,我们预期物价相对昂贵的国家随着时间的推移物价变得便宜。要作出这样的调整,这些国家的通货膨胀率必须相对较低,这与相对较高的实际利率相对应。

19.4 固定汇率

直到 20 世纪 70 年代初,除了主要战争时期外,经济发达国家的货币之间一般都保持着固定的名义汇率。图 19-1 和图 19-2 显示,从 1950 年至 70 年代初,六种主要货币与美元之间的名义汇率,相比于之后的时期,波动频率低且幅度小。所考察的六个国家中,这一时期固定名义汇率的主要例外是加拿大元在 60 年代初之前的波动,以及法国法郎、德国马克和英国英镑名义汇率的一些重新安排。

在第 18 章,我们假设了固定名义汇率制的一种极端形式——所有国家采用共同货币。由于只有一种货币,固定名义汇率必然成立。在一国之内,这种安排太普遍了,通常都认为理所当然。例如,马萨诸塞州和加利福尼亚州使用同样的美元,从而维持固定的名义汇率。然而,至今各国典型的情况仍是每个国家都有自己的货币。自 1999—2001 年以来的一个重要例外是欧元,目前被 19 个欧洲国家使用并且可能还会覆盖其他的欧洲国家。在这之前,共同货币的主要例子是一些小国使用另一国的货币或共享单一的货币。例如,巴拿马和厄瓜多尔使用美元;非洲 12 国使用 CFA 法郎,除了一次贬值外,它一直与法国法郎(1999 年以来与欧元)相联系;加勒比 7 个岛国使用加勒比元,其与美元相联系。

从第二次世界大战直至 20 世纪 70 年代初,多数发达国家采用的固定汇率制称为**布雷顿森林体系**。[1] 在这一制度下,参与国确定一个狭窄的波动幅度,将其货币与美元的名义汇率 ε 钉在这一幅度内。各国央行随时准备以每美元 ε 单位本币的汇率买卖本国货币。例如,在家庭(或者更可能是金融机构)想减少对马克的持有量时,德国中央银行(德意志银行)用美元换取马克,而当家庭想增加马克的持有量时则相反。为管理汇率,各家中央银行保持一定的资产作为国际储备——例如,美国的货币或黄金,或更可能的是随时可兑换成美国货币的美国短期国债之类的生息资产。而美国要随时准备(按照外国官方机构的要求)以固定的价格用美元兑换黄金,当时的黄金价格为每盎司 35 美元。这样,通过与美元保持固定的名义汇率,各国间接地将其货币钉住黄金。

历史上固定汇率制的另一个例子是古典**金本位制**。在这一制度下,央行按固定的汇率直接将其货币钉住黄金。英国除了由于拿破仑战争而在 1797 年至 1821 年中止一段时间外,实际上从 18 世纪初直至第一次世界大战都实行金本位制。在一战期间脱离金本位制后,英国在 1926 年恢复了这一制度,但在大萧条期间的 1931 年又脱离金本位制。美国从 1879 年开始直至整个大萧条期间都实行金本位制,在 1933 年结束,当时黄金的价格从每盎司 20.67 美元上升到 35 美元。更早期间,白银在美国起着更大的作用。从国际的角度看,1890 年至 1914 年是金本位制的鼎盛时期。

---

① 该制度以建立制度的会议所在地新罕布什尔州的布雷顿森林命名。

在金本位制(或其他商品本位制)下,各国央行将其货币的价值钉住黄金(或其他商品)。例如,一盎司黄金在纽约定为 20 美元,而在伦敦为 4 英镑(在 1914 年大致是这个价位)。在此情况下,英镑与美元之间的名义汇率必然接近于每美元 0.2 英镑,否则(在计入运输黄金成本的前提下)在一国买进黄金并在另一国出售就有利可图了。如布雷顿森林体系那样,如果各参与国遵守这个标准的话,古典金本位制会在各种货币之间保持固定名义汇率。

在黄金或其他商品不起作用的制度下,各国也有可能保持固定名义汇率。例如,从 1979 年至 1992 年,几个西欧国家将其货币之间的名义汇率固定在很窄的波动幅度内。这一称为欧洲货币体系(EMS)的安排,后来有效地演变成为欧元,经过 1999 年至 2001 年的过渡期后,其成为 12 个西欧国家的共同货币。西欧除英国、瑞典、丹麦和瑞士之外的大部分国家都使用欧元。

19.4.1 固定汇率制下的购买力平价

为理解固定名义汇率制度的运作,再次考察以美国为本国的场景。我们仍然将英国作为外国,但我们必须考察在 1971 年之前英镑与美元的汇率在多数年份固定不变的情况。

假设绝对 PPP 条件成立,因此名义汇率 ε 等于英国物价水平 P^f 与美国物价水平 P 之比:

$$\varepsilon = P^f / P \qquad (19\text{-}2)$$

移项可得,英国的物价水平为

$$P^f = \varepsilon P \qquad (19\text{-}16)$$

因此,如果名义汇率 ε 固定不变,P^f 必定与 P 亦步亦趋。这一条件意味着英国的通货膨胀率 π^f 等于美国的通货膨胀率 π:

在固定汇率制下:

$$\pi^f = \pi \qquad (19\text{-}17)$$

如果我们引入与 PPP 条件偏离的情况,两国通胀率之间的等式就不成立。然而,我们知道 PPP 条件在长期内能很好地发挥作用。因此,如果一国将其货币与美元的名义汇率保持固定,该国在长期内必定经历与美国大致相同的通货膨胀率。

利率平价条件是

$$i^f - i = (\Delta\varepsilon_t / \varepsilon_t)^e \qquad (19\text{-}10)$$

在固定名义汇率制下,名义汇率的预期增长率 $(\Delta\varepsilon_t / \varepsilon_t)^e$ 等于 0。所以方程(19-10)意味着英国的名义利率 i^f 等于美国的利率。

在固定汇率制下:

$$i^f = i \qquad (19\text{-}18)$$

如果偏离利率平价条件,名义利率之间的等式就不成立。然而,我们知道,至少对于发达经济体而言,这一条件很起作用。所以,如果一国——尤其是一个发达国家——将其货币与美元的名义汇率固定,该国的名义利率必定与美国的大致相同。

19.4.2 固定汇率制下的名义货币量

我们现在要研究固定汇率制下名义货币量的决定因素。为得出这些结果,我们将外国视为相对于美国而言的经济小国。特别地,我们假设外国的经济变化对美国经济变量的影响微乎其微。所以,如果外国在经济上小于英国,我们的结论就更合理。

对于第 11 章所述的封闭经济,我们强调了一国的名义货币量 M 与其物价水平 P 之间的关系。如前所述,我们把货币看作是流通中的通货,或较广义地说,是高能货币,其中包括金融机构在中央银行的存款。问题是,我们现在对固定汇率的分析如何与第 11 章的论述相联系? 我们好像没有分析英国的名义货币量 M^f,就决定了方程(19-16)中的英国物价水平 P^f。

如第 11 章所述,英国家庭需要一定数量的实际货币 M^f/P^f,这取决于英国实际 GDP Y^f 和名义利率 i^f。我们还从方程(19-18)知道,英国的名义利率 i^f 等于美国的利率 i。所以,M^f 等于名义需求量的条件为

$$M^f = P^f \cdot D(Y^f, i) \tag{19-19}$$

如第 11 章所述,函数 $D(\cdot)$ 决定了英国对货币的实际需求。这种实际需求随着实际 GDP Y^f 的上升而上升,随着名义利率 i 的上升而下降。

如果绝对 PPP 条件成立,英国的物价水平由下式给出:

$$P^f = \varepsilon P \tag{19-16}$$

如果我们将方程(19-16)中的 P^f 代入方程(19-19),得到

$$M^f = \varepsilon P \cdot D(Y^f, i) \tag{19-20}$$

名义汇率 ε 为一个固定的值。我们现在假设美国的物价水平 P 与名义利率 i 的决定同英国的情况无关。因此,对于给定的英国实际 GDP Y^f,方程(19-20)确定了在英国境内流通的名义货币量 M^f。所以 M^f 不可能由英国的中央银行英格兰银行自由选择。

为理解这些结果,假设英国的物价水平开始时与方程(19-16)中的绝对 PPP 条件相符。进一步假设英国的名义货币量 M^f 等于方程(19-20)给出的数量,从而等于名义需求量。

假设英格兰银行通过公开市场买进英国政府债券而增加名义货币量 M^f,这是第 15 章论述的一种公开市场操作。表 19-5 显示了该银行简化的资产负债表。对于我们探讨的公开市场操作,资产负债表左边的以英国债券形式存在的银行资产数量增加了。相应地,在资产负债表的右边,以流通中的英国货币 M^f 形式存在的银行负债也增加了。

表 19-5　简化的中央银行(英格兰银行)的资产负债表

资　　产	负　　债
国际储备(美国货币美元和美国短期国债,其他国家货币,黄金)	英国货币 M^f
英国债券	

我们在第 11 章对封闭经济的分析表明,M^f 增加会提高英国的物价水平 P^f。如果 P^f 上升,就会超出方程(19-16)确定的 PPP 水平。因此对于给定的名义汇率 ε,相对于在

美国购买的商品,在英国购买的商品变得贵了。两国家庭的反应是,不再在英国购买商品而转向美国。为给这一变化了的支出模式提供便利,家庭——或更符合实际的金融机构——将它们多余的英国货币拿到英格兰银行换成美国货币。注意:如果英格兰银行要保持固定的名义汇率,就时刻准备按每英镑 $1/\varepsilon$ 美元的汇率用美元兑换英镑。但是,英国的名义货币量 M^f 随后会降回到初始水平。在表 19-5 中,资产负债表右边的 M^f 下降了。在左边,英格兰银行流失了以美元或可能性更大的是以美国短期国债形式持有的资产。这些资产与其他外国货币和黄金一起称为国际储备,因为它们随时可用于向金融机构——包括其他国家的中央银行——进行支付。

对表 19-5 中资产负债表左边的最终影响是,英格兰银行(通过最初的公开市场操作买进的)的英国债券形式的资产多了,而国际储备少了。在右边,名义货币量 M^f 保持不变。货币开始时的增长被向英格兰银行的货币回流完全抵消。只有此时,英国的名义货币量 M^f 才等于方程(19-20)所述的名义需求量。不变的 M^f 与不变的英国物价水平 P^f 相一致。也就是说,P^f 与方程(19-16)给出的 PPP 条件相符合。

为使论述完整,我们得评估一下英格兰银行对这种国际储备流失的反应。一种可能是,该银行容许名义货币量 M^f 降回至与方程(19-20)相符的水平。在此情况下,英格兰银行最终持有了更多的英国政府债券,而持有的国际储备减少了,但在总体上名义货币量 M^f 不变。这种名义货币量的自动反应是金本位制和其他固定汇率体系的关键因素。该机制意味着,只要中央银行固定名义汇率 ε,其对名义货币量 M^f 的控制就会有所欠缺。

另一种可能性是,当自动机制趋向于减少名义货币量 M^f 时,英格兰银行可能通过再次在公开市场买进英国债券而冲抵这一趋势。这个过程称为冲销,因为该银行试图冲销或避免因国际储备流失而对流通中的名义货币量 M^f 产生的影响。在目前的情况下,英格兰银行想扩张货币,即使这种扩张与固定的名义汇率制不一致。最终,冲销的政策导致储备流失规模大到足以使英格兰银行要么不愿意,要么无法维持名义汇率。换句话说,随着储备的短缺,英格兰银行不再愿意或没有能力再按每英镑 $1/\varepsilon$ 美元的固定汇率出售美元。相反,可能进行贬值,就是降低英镑相对于美元的价值。在目前的例子中,英国的贬值就是将汇率降至每英镑 $1/\varepsilon$ 美元以下,从而每美元换得的英镑数 ε 上升。重要的一点是,中央银行冲销国际储备流动的倾向威胁到固定汇率制。[①]

我们还应提一下英国对国际储备流失的另一种可能的政策反应。回顾一下,这种流失是由英格兰银行超额创造货币造成的。这一政策趋向于使英国的物价水平 P^f 提高到超过方程(19-16)给出的绝对 PPP 的数值。为阻止国际储备的流失,英国政府可能实施贸易限制,人为地提高英国家庭获得美国商品的成本。更为普遍的观点是,英国政府可能干预自由的国际贸易,从而阻碍绝对 PPP 条件成立。所以在固定汇率制下,超额的货币扩张会产生两类不利的影响。一是国际储备的流失,最终往往会造成货币贬值。二是为了避免贬值或货币紧缩,政府可能干预自由贸易。二战以后这些频繁的干预是固定汇率制的反对者们采用的主要论据(参见 Friedman,1968a,ch.9)。

---

① 这种论述采用称为国际收支货币分析法的框架。这一分析方法是由 Robert Mundell(1968,1971)提出的。在 18 世纪大卫·休谟的论著中可找到这一理论的早期根源;参见 Eugene Rotwein(1970)。

19.4.3 货币贬值和升值

我们讨论了英国国际储备流失,从而迫于压力贬值货币的情况。在其他情况中,英国的国际储备增加,迫于压力提高其货币价值。英国货币的估价上升——每英镑换取的美元数 $1/\varepsilon$ 的上升——称为升值。

在固定名义汇率制下,贬值与升值的压力不是对称的。贬值通常是由国际储备的流失造成的。储备耗尽的威胁直接产生贬值的压力——例如,英格兰银行可能不再有能力以每英镑 $1/\varepsilon$ 美元的汇率用美元兑换英镑。相反的情况是英格兰银行积累了大量国际储备。在此情况下,升值的压力不那么直接。多数情况是,该银行必须要断定持有大量的国际储备不是必需的。2006 年的一个例子是,日本、中国和其他亚洲国家积累了巨额的美国国债。重新估值是对付国际储备积累的一种方法。

图 19-1 和图 19-2 提供了 20 世纪 70 年代初以前主要的固定汇率制时期贬值与升值的例子。法国在 1957—1958 年总计将法郎贬值了 40%,德国在 1961 年将马克升值 5%,1969 年升值 7%,而英国在 1967 年将英镑贬值 14%。此外,在布雷顿森林体系行将成为历史的 1971—1972 年发生了几次升值:日本将日元升值 16%,德国将马克升值 13%,以及瑞士将法郎升值 13%。

世界历史上有许多最后以大幅贬值告终的固定汇率制的例子。然而,除了已经提到的 70 年代初之前的例子外,很难找到以大幅升值告终的固定汇率体系。在 2004—2011年,当中国中止与美元的固定汇率制时,中国重新为它的货币——人民币定价,总共大约升值了 22%。近来最后导致大幅贬值的固定汇率制的例子包括英国(根据欧洲货币体系在与其他主要欧洲货币保持固定汇率一段时间后,在 1992 年贬值 32%)、墨西哥(1994—1995 年贬值 97%)、韩国(1997—1998 年贬值 91%)、马来西亚(1997—1998 年贬值 67%)、泰国(1997—1998 年贬值 109%)、印度尼西亚(1997—1998 年贬值 495%)、俄罗斯(1998 年贬值 266%)、巴西(1999 年贬值 71%)和阿根廷(2002 年贬值 280%)。

我们现在考察外生贬值产生的影响。假定英格兰银行通常与美元保持固定名义汇率(如 1971 年之前那样)。然后,在没有任何特定的理由的情况下,该银行决定减少每英镑兑付的美元数 $1/\varepsilon$。也就是说,每美元兑付的英镑数 ε 增加了。

再次考察实际汇率:

$$实际汇率 = \varepsilon/(P^f/P) \qquad\qquad (19\text{-}3)$$

这给出了与在美国能买到的商品数目相比的(用 1 美元)在英国能买到的商品数目。如果英国将其货币贬值,提高名义汇率 ε,对于给定的英国与美国的价格比 P^f/P,实际汇率上升。从而对英国商品的需求增加,需求增加往往会使英国物价水平 P^f 上升。最终 P^f 上升到足以使实际汇率恢复至均衡水平,即近似于 1.0 的某个数值。要点是英国的贬值造成英国的通货膨胀压力。

注意贬值与通货膨胀之间双向的因果关系。我们以前发现扩张性货币政策——提高 M^f 和 P^f 会造成贬值的压力。在这一意义上,国内通胀大都会造成贬值。我们现在看到外生性贬值趋向于提高 P^f。在这一意义上,贬值本身就是通胀性的。

实践中的经济学　亚洲金融危机

如第3章所述，自20世纪60年代以来，世界上增长最快的很多国家（地区）在东亚。然而，其中许多国家（地区）在1997—1998年的亚洲金融危机中遭受了挫折。危机开始于1997年的7月，自80年代初以来一直与美元保持固定比价的泰国货币泰铢开始浮动。危机迅速蔓延至菲律宾的比索（自1900年以来对美元的比价相当稳定）、马来西亚的林吉特（自80年代中期以来对美元的比价几乎固定不变）、印度尼西亚的卢比（自80年代末以来对美元逐渐贬值），和韩国的韩元（自80年代中期以来对美元的比价相当稳定）。从1997年的夏天到1998年最险恶的时刻（1月至9月之间，因国家而不同），泰国、菲律宾、马来西亚和韩国的货币贬值幅度在60%至110%之间，而印度尼西亚货币贬值了大约400%，由于相对物价水平的变化不大，这些名义汇率的急剧下降也代表了实际汇率的暴跌。其他东亚经济体经历的贬值温和多了（新加坡和中国台湾），或者没有贬值（中国内地和中国香港）。

是什么导致了亚洲金融危机？当时很多观察家认为亚洲的这些增长"明星"受到了非理性的世界货币市场不公正的惩罚。然而随后的分析发现了政府政策和激励机制方面的问题，特别是国内金融体系中的问题。其体制鼓励在世界市场过度借款，特别是银行和金融公司大举借款，投资于建设和其他工程项目。虽然许多投资有很强的投机性，但由关键决策者——金融家和企业家——承担的有限的风险导致超额的借款和投资。此外，许多贷款受到政府压力的影响，投向政治上有利的公司，这类投资常常是不盈利的。

在对某些东亚国家投资与贷款结构有进一步了解后，有些投机者开始在股市、债市和房地产市场上打压资产的价值。这些调整和投资的削减促进了金融危机的爆发，导致大范围的破产，尤其是银行和建筑公司的破产。银根收紧导致实际经济活动广泛的紧缩——例如，1998年泰国实际GDP下降，这是自20世纪50年代以来的首次下降。

到1999年，遭受金融危机的东亚国家重振雄风，经济开始增长，虽然增长速度低于危机前的水平。某些国内的金融监管和政府政策得到了改善，以推动基于稳健的商业原则而不是疲弱的个人动机或政府压力发放贷款。因此，尽管遭受亚洲金融危机的痛苦，但是吸取了一些有用的长期教训。

19.5　浮动汇率

以美元为锚定对象的固定名义汇率国际体系，在20世纪70年代初瓦解了。一个原因是美元的过度创造以及由此造成的60年代中期以后美国物价水平的上扬。这种通货膨胀使美国按35美元一盎司的定价维持美元兑换黄金的可兑换性越来越困难。尼克松总统在1971年决定提高黄金的美元价格，遏制黄金从美国流向外国中央银行。这些行动标志着各国货币通过美元与黄金挂钩的布雷顿森林体系走到了尽头。

自 20 世纪 70 年代初以来,多数发达国家允许其货币或多或少地自由波动以便出清外汇市场。我们从图 19-1 和图 19-2 中看到,自 70 年代初以来,六种主要货币与美元的名义汇率的波动幅度相当大。许多中低收入国家,尤其是表 19-4 中列出的高通胀国家,也实行浮动汇率。该表显示这些高通胀国家的名义汇率随着时间急剧上升。

国家集团,如 1979—1992 年欧洲货币体系的成员国以及 1999 年以来的欧元区国家,在它们的货币之间维持固定汇率。阿根廷在 1991—2001 年保持与美元的固定汇率,中国在 1994—2005 年维持与美元的固定汇率,其他亚洲国家也在各个不同的时期维持与美元的固定汇率。然而,70 年代初以来最重要的发展是日益依赖浮动汇率制。为研究这一体系,我们必须扩展模型,探讨浮动汇率制下汇率的决定。

我们再次将英国作为外国,美国为本国。绝对 PPP 条件仍然给出了英国物价水平 P^f 与美国物价水平 P 之间的关系:

$$P^f = \varepsilon P \qquad\qquad (19\text{-}16)$$

与固定汇率制的区别在于名义汇率 ε 不是一个固定的值。在浮动汇率制下由于 ε 的调整,即使绝对 PPP 条件总是成立,P^f 也不必锁住 P 亦步亦趋。

英格兰银行现在可以利用政策工具实现所需物价水平 P^f 的路径。如我们在第 11 章和第 12 章对封闭经济的分析,这一过程涉及英国名义货币量 M^f 和英国名义利率 i^f 的调节。给定 P^f 的路径,英国可以让名义汇率 ε 自由地调节(或浮动)以满足方程(19-16)中的绝对 PPP 条件。所以,要点是,英国可以选择独立于美国的某种货币政策。

19.6 固定汇率与浮动汇率:比较

每个国家都可以选择是实行浮动汇率制还是固定汇率制——例如,同美元(或欧元或一篮子货币)捆绑在一起的汇率制。每种制度都各有千秋,我们不能说一种制度在任何时候对于所有国家都是最好的。然而,我们可以列出两种制度的优缺点。

- 固定名义汇率制的极端形式是共同货币。这种安排适用于国家内部;例如,加利福尼亚州和马萨诸塞州使用相同的货币美元。这一制度极其便利,极大地方便商品和资产的跨州交易。跨国使用共同货币同样便捷,因此在 1999—2001 年,12 个西欧国家采用共同货币欧元的决定促进了这些国家之间商品和资产的交易。对交易而言,不同货币之间的固定名义汇率不如共同货币便捷,但固定汇率制又比浮动汇率制更便捷。说明这一点的一个思路是:我们观察到,选择固定汇率制时考虑的不是要不要实行的问题,而是在多大范围的经济活动、多大的司法管辖权以及多广的地理领土上实行的问题。如果固定名义汇率制只适用于各个独立的国家内部而不适用于跨越国界,会怎样呢?从经济的角度看,独立的货币象征国家的独立不大可能是最优的选择。

- 浮动名义汇率制的一个长处是,它多了一种满足方程(19-16)中条件 $P^f = \varepsilon P$ 的方法。对于给定的美国物价水平 P,将名义汇率固定为 ε 意味着外国的物价水平 P^f 必须进行自身的调整以满足 PPP 条件。如果价格如第 17 章中凯恩斯模型提出的那样缓慢地调整,这种调整或许很难。于是在向新的 P^f 均衡值的过渡中,经济可能遭受产出下降和高失业。在浮动汇率制下,通过名义汇率 ε 的快速调整,可以避免某些艰难的过渡。经济学家们认为这种黏性价格的论点对于差别很大的国家,即对于相互贸易很少、国与国之间没什么劳动与资本流动的国家来说更为重要。因此,这一论点说明,固定名义汇率制(包括共同货币)对于基本相似、有大量的贸易、彼此之间劳动与资本大量流动的国家较为合适。

- 与前一个观点相关,固定汇率制至少在长期内预先排除了独立的货币政策的可能性。以相反的方式表述,即浮动汇率制容许随时随地采取独立的货币政策。如果货币当局明智地利用其政策工具改善经济的运行,这种独立性或许很有用。例如在第 17 章假设的那种黏性价格的情况下,可以采用货币政策避免生产低迷而且高失业率的时期。固定的名义汇率制预先排除了这种有用的货币政策。

- 浮动汇率制下货币政策的独立性并非总是可取的。例如在第 16 章阐述的价格错觉模型中,产出与就业会对物价水平和货币总量出乎预料的波动作出反应。在这些情况下,货币当局或许想以未预期的通胀给家庭出乎预料的冲击,这种诱惑往往会在现实中形成一种高而波动的通货膨胀的均衡。固定名义汇率制的一个长处是迫使货币当局不能实施这种货币政策。也就是说,如果中央银行承诺要维持名义汇率不变,就不能同时在物价水平与货币总量方面作出重大的出乎预料的变动。从这一角度看,固定汇率制产生的结果也许好于浮动汇率制。然而,由于人们认识到政府和中央银行可能违背保持固定名义汇率的承诺,这一结论正受到严峻的考验。作为例子,阿根廷在 1991 年采用一种强有力的形式建立与美元的固定汇率。这一承诺是一个广泛的经济改革计划的一部分,而固定汇率制的执行情况一直到 1998 年都很好,改善了阿根廷经济的运行。可是在 1999—2001 年的经济危机过后,阿根廷政府和中央银行违背了 1 比索价值 1 美元的承诺。急剧的贬值使名义汇率变为每美元大约 3 比索。在 2002 年阿根廷经济因体制变革而急剧下滑,尤其是遭受了经济衰退。

 ## 小结

在第 18 章,所有的国家采用一种共同货币。在本章,我们容许有不同的货币,从而有货币之间的汇率。名义汇率明文规定了每一美元换取的外币(诸如英镑)的数量。相比之下,实际汇率确定了换取每单位美国(或本国)商品所需的英国(或外国)商品的数量。

绝对形式的 PPP 条件是指名义汇率——比如说,每美元多少英镑——等于英国(或外国)的物价水平与美国(或本国)的物价水平之比。这相当于是说,实际汇率等于 1。这个条件并非完全成立,因为各个经济体专门生产不同的商品,并且非贸易商品和服务的成本取决于在哪里购买。对于发达国家来说,实际汇率偏离 1,但偏离不是太多。至于中低收入的国家,实际汇率远远高于 1;即商品和服务比美国的便宜。

相对形式的 PPP 条件是指名义汇率的增长率等于英国(或外国)同美国(或本国)通胀率之差。意思相同的说法是,这个条件是指实际汇率的增长率等于 0。对于发达国家而言,这一条件在短期内并不怎么起作用,但在长期内会起作用。它对具有高通胀的中等收入国家也很管用。

利率平价条件是指,英国(外国)与美国(本国)的名义利率之差等于名义汇率的预期增长率。当它与相对形式的 PPP 条件结合在一起时,利率平价条件意味着两国的预期实际利率相同。利率平价条件解释了大部分的跨国比较的利率走势,尤其是富裕地区的走势。然而,如果我们考虑到各国税制的差异、资产收益和汇率变动的不确定性,以及政府对货币兑换与资产跨国流动的限制,这个条件不必完全成立。

在布雷顿森林体系下,发达国家实行了固定汇率制,从第二次世界大战结束到 20 世纪 70 年代初一直占主导地位。共同货币制度也采用固定汇率制,例如 1999—2001 年 12 个西欧国家开始采用的欧元体系。实行固定的名义汇率制时,英国(外国)的通货膨胀率必然与美国的类似。所以实行固定的名义汇率制的国家不能实行独立的货币政策。在固定汇率制下实施独立的货币政策的企图会导致国际储备的流失,结果是货币贬值。

在浮动汇率制下,一国可以实施独立的货币政策。为实现理想的物价水平,可以对这一政策进行管理。于是名义汇率可以调整至与该物价水平相符的水平。

选择固定汇率还是浮动汇率取决于几个因素。固定汇率制,尤其是共同货币,降低了商品和服务贸易的交易成本。浮动汇率制容许实行独立的货币政策,有时可以明智地用于避免产出的低迷和高失业。固定汇率制可以有效地约束中央银行保持低而稳定的通胀。然而,政府和中央银行可以通过贬值来违背保持固定汇率的承诺。

 # 重要术语和概念

绝对形式的购买力平价 absolute form of PPP

巴拉萨-萨缪尔森假说 Balassa-Samuelson hypotheses

布雷顿森林体系 Bretton Woods System

贬值 devaluation

外汇市场 exchange market

汇率 exchange rate

固定汇率 fixed exchange rate

浮动汇率 flexible exchange rate

金本位 gold standard

利率平价 interest-rate parity

国际储备 international reserves

国际收支的货币分析法 monetary approach to the balance of payments

名义汇率 nominal exchange rate

非贸易商品 non-tradable goods

购买力平价 purchasing-power parity

实际汇率 real exchange rate

相对形式的购买力平价 relative form of PPP

升值 revaluation
冲销 sterilization

 # 问题和讨论

A. 复习题

1. 在浮动汇率制下,诸如巴西这样有持续性高通胀率 π 的国家,会定期调低其货币与美元的名义汇率。解释为何发生这样的情况。为何巴西政府喜欢这种体系?

2. 解释方程(19-11)中的利率平价条件。说明为何这一条件导致方程(19-14)中各国的预期实际利率相等。

3. 为举例说明固定汇率制,我们提到了古典金本位制、布雷顿森林体系和共同货币等各种制度。说明其中每一种制度为维持固定的名义汇率是怎样运作的。

4. 解释方程(19-2)和方程(19-5)中的绝对和相对购买力平价的条件。

5. 解释名义汇率与实际汇率有何不同。在固定汇率制下被钉住的是哪种汇率?

6. 在固定汇率制下中央银行对于国内货币量有没有自由决定权? 说明施行独立的货币政策的企图如何导致贬值或升值。为什么这一企图可能导致贸易限制?

B. 讨论题

7. 外汇的期货合约

如果某人购买 1 个月期的欧元期货合约,他或她同意按今天设定的美元汇率在下个月购买欧元。该合约的买主做欧元的多头,如果在这一个月欧元升值(超出预期的数量),多头就做得好。类似地,期货合约的卖主同意以今天设定的美元汇率在下个月卖出欧元。卖主做欧元的空头,如果在这个月欧元贬值(超出预期),空头就做得好。

考虑期限为一个月的欧元债券。该债券今天以特定数目的欧元出售,一个月后支付规定数目的欧元。某人可以怎样利用货币期货市场来保证买进欧元债券并持有一个月的以美元计算的收益率?

8. 金本位制下输送黄金

假设(采用非现实的数字)黄金的价格在纽约为每盎司 5 美元,在伦敦为每盎司 1 英镑。假设开始时黄金可以零成本地在纽约与伦敦之间输送。

a. 假设美元与英镑的汇率为每英镑 6 美元。假设某人开始时在纽约有 1 000 美元,此人可以如何做来获取收益? 如果在纽约与伦敦之间输送黄金的成本为输送金额的 1%,为使此项行动有利可图,汇率必须从每英镑 5 美元的水平升至什么水平?

b. 假设某人开始时在伦敦有 200 英镑,当汇率为每英镑 4 美元时,做与上题相同的练习。

c. 结果决定了汇率的值域约为每英镑 5 美元,此时在纽约与伦敦之间任一方向输送黄金都无利可图。该值域的上限和下限称为黄金输送点。如果汇率超出黄金输送点,输送无限数量的黄金就有利可图了。你能证明输送黄金的潜在可能性保证了汇率保持在黄金输送点内吗?

9. 浮动汇率制与通货膨胀率

方程(19-5)将外币与本币汇率的增长率与两国通货膨胀率的差额联系起来。利用国际货币基金组织的《国际金融统计》计算某些国家的汇率增长率和通货膨胀率。(采用表 19-2 和表 19-3 所示以外的国家。)所得结果与方程(19-5)一致吗?

10. 货币需求的移动

考虑中国实际货币需求的上升。

a. 与美国保持固定汇率制时,中国的物价水平 P 和名义货币量 M 是什么情况?

b. 在浮动汇率制下,M 固定不变时,中国的物价水平 P 和汇率 ε 是什么情况?

11. 尼克松总统宣布美国在 1971 年脱离金本位制

在布雷顿森林体系下,美国将黄金的价格钉在每盎司 35 美元。

a. 为什么 1971 年黄金价格带来了麻烦?

b. 尼克松总统终止按固定比价与外国官方机构买卖黄金的承诺,做得对吗?还有其他什么选择?古典金本位制的规定是什么?法国人建议将黄金价格上涨一倍。这种变化有用吗?

参考文献

Abraham, Katharine. 1987. 'Help-Wanted Advertising, Job Vacancies, and Unemployment', *Brookings Papers on Economic Activity* 1, 207–243.

Acemoglu, Daron, Gallego, Francisco A., and Robinson, James A. 2014. 'Institutions, Human Capital and Development', *Annual Reviews of Economics* 6 (January): 875–912.

Acemoglu, Daron, Johnson, Simon, and Robinson, James A. 2001. 'The Colonial Origins of Comparative Development: An Empirical Investigation', *American Economic Review* 91 (December): 1369–1401.

Acemoglu, Daron, Naidu, Suresh, Restrepo, Pascual, and Robinson, James A. 2015. 'Democracy Does Cause Growth', Working Paper, MIT Department of Economics.

Ahmed, Shaghil. 1987. 'Wage Stickiness and the Nonneutrality of Money: A Cross-Industry Analysis', *Journal of Monetary Economics* 20 (July): 25–50.

Alesina, Alberto, and Tabellini, Guido. 1990. 'A Positive Theory of Fiscal Deficits and Government Debt', *Review of Economic Studies* 57 (July): 403–414.

Alogoskoufis, George S. 1987a. 'Aggregate Employment and Intertemporal Substitution in the U.K.', *Economic Journal* 97 (June): 403–415.

Alogoskoufis, George S. 1987b. 'On Intertemporal Substitution and Aggregate Labor Supply', *Journal of Political Economy* 95 (October): 938–960.

Álvarez, Luis J., Dhyne, Emmanuel, Hoeberichts, Marco, Kwapil, Claudia, Bihan, Hervé Le, Lünnemann, Patrick, Martins, Fernando, Sabbatini, Roberto, Stahl, Harald, Vermeulen, Philip, and Vilmunen, Jouko. 2006. 'Sticky Prices in the Euro Area: A Summary of New Micro-evidence', *Journal of the European Economic Association* 4, (April-May): 575–584.

Ando, Albert, and Modigliani, Franco. 1963. 'The "Life-Cycle" Hypothesis of Saving: Aggregate Implications and Tests', *American Economic Review* 53 (March): 55–84.

Attfield, Cliff, and Duck, Nigel. 1983. 'The Influence of Unanticipated Money Growth on Real Output: Some Cross-Country Estimates', *Journal of Money, Credit, and Banking* 15 (November): 442–454.

Azariadis, Costas. 1975. 'Implicit Contracts and Underemployment Equilibria', *Journal of Political Economy* 83 (December): 1183–1202.

Baily, Martin N. 1974. 'Wages and Employment under Uncertain Demand', *Review of Economic Studies* 33 (January): 37–50.

Balassa, Bela. 1964. 'The Purchasing Power Parity Doctrine: A Reappraisal', *Journal of Political Economy*, 72 (December): 584–596.

Barro, Robert J. 1974. 'Are Government Bonds Net Wealth?' *Journal of Political Economy* 82 (November/December): 1095–1118.

Barro, Robert J. 1978. 'Comment from an Unreconstructed Ricardian', *Journal of Monetary Economics* 4 (August): 569–581.

Barro, Robert J. 1981. 'Unanticipated Money Growth and Economic Activity in the United States', in R. Barro (ed.) *Money, Expectations, and Business Cycles*, New York: Academic Press.

Barro, Robert J. 1987. 'Government Spending, Interest Rates, Prices and Budget Deficits in the United Kingdom, 1730–1918', *Journal of Monetary Economics* 20 (September): 221–247.

Barro, Robert J. 1989. 'The Ricardian Approach to Budget Deficits', *Journal of Economic Perspectives* 3 (Spring): 37–54.

Barro, Robert J., and Gordon, David B. 1983a. 'A Positive Theory of Monetary Policy in a Natural Rate Model', *Journal of Political Economy* 91 (August): 589–610.

Barro, Robert J., and Gordon, David B. 1983b. 'Rules, Discretion and Reputation in a Model of Monetary Policy', *Journal of Monetary Economics* 91 (August): 101–121.

Barro, Robert J., and Sahasakul, Chaipat. 1983. 'Measuring the Average Marginal Tax Rate from the Individual Income Tax', *Journal of Business* 56 (October): 419–452.

Barro, Robert J., and Sahasakul, Chaipat. 1986. 'Average Marginal Tax Rates from Social Security and the Individual Income Tax', *Journal of Business* 59 (October): 555–566.

Barro, Robert J., and Sala-i-Martin, Xavier. 1990. 'World Real Interest Rates', in *NBER Macroeconomics Annual 1990*. Cambridge, MA: MIT Press.

Barsky, Robert B., and Miron, Jeffrey A. 1989. 'The Seasonal Cycle and the Business Cycle', *Journal of Political Economy* 97 (June): 503–534.

Beaulieu, Joseph J., and Miron, Jeffrey A. 1992. 'A Cross-Country Comparison of Seasonal Cycles and Business Cycles', *Economic Journal* 102 (July): 772–788.

Bernanke, Ben S. 1983. 'Nonmonetary Effects of the Financial Crisis in the Propagation of the Great Depression', *American Economic Review* 73 (June): 257–276.

Bernheim, B. Douglas, Shleifer, Andrei, and Summers, Lawrence H. 1985. 'The Strategic Bequest Motive', *Journal of Political Economy* 93 (December): 1045–1076.

Bils, Mark. 1989. 'Testing for Contracting Effects on Employment', Working Paper no. 174, Rochester Center for Economic Research, January.

Bils, Mark, and Klenow, Peter. 2004. 'Some Evidence on the Importance of Sticky Prices', *Journal of Political Economy* 112 (October): 947–985.

Bird, Roger C., and Bodkin, Ronald G. 1965. 'The National Service Life Insurance Dividend of 1950 and Consumption: A Further Test of the "Strict" Permanent Income Hypothesis', *Journal of Political Economy* 73 (October): 499–515.

Blinder, Alan S., Canetti, Elie R. D., Lebow, David E., and Rudd, Jeremy B. 1998. *Asking About Prices: A New Approach to Understanding Price Stickiness*, New York: Russell Sage Foundation.

Bloom, Murray T. 1966. *The Man Who Stole Portugal*, New York: Charles Scribner's Sons.

Board of Governors of the Federal Reserve System. 2003. *The Use and Counterfeiting of United States Currency Abroad*, Part II, Washington, DC: U.S. Government Printing Office.

Bolt, Jutta, and van Zanden, Jan Luiten. 2014. 'The Maddison Project: Collaborative Research on Historical National Accounts', *Economic History Review* 67 (3): 627–651.

Bomberger, William A., and Makinen, Gail E. 1983. 'The Hungarian Hyperinflation and Stabilization of 1945–1946', *Journal of Political Economy* 91 (October): 801–824.

Boskin, Michael J., with Dulberger, Ellen R., Griliches, Zvi, Gordon, Robert J., and Jorgenson, Dale. 1996. *Toward a More Accurate Measure of the Cost of Living*, Advisory Commission to Study the Consumer Price Index, Washington, DC: U.S. Government Printing Office.

Bresciani-Turroni, Costantino. 1937. *The Economics of Inflation*, London: Allen & Unwin.

Broadbent, Ben. 1996. 'Monetary Policy Regimes and the Costs of Discretion', unpublished Ph.D. dissertation, Harvard University.

Brown, E. Cary. 1956. 'Fiscal Policy in the Thirties: A Reappraisal', *American Economic Review* 46 (December): 857–879.

Browning, Martin, and Collado, M. Dolores. 2001. 'The Response of Expenditures to Anticipated Income Changes: Panel Data Estimates', *American Economic Review* 91 (June): 681–692.

Buchanan, James M. 1958. *Public Principles of Public Debt*, Homewood, IL: Irwin.

Cagan, Phillip D. 1956. 'The Monetary Dynamics of Hyperinflation', in Milton Friedman (ed.) *Studies in the Quantity Theory of Money*, Chicago: University of Chicago Press.

Carare, Alina, and Stone, Mark R. 2003. 'Inflation Targeting Regimes', Working Paper, International Monetary Fund, January.

Card, David. 1980. 'Determinants of the Form of Long-Term Contracts', Working Paper no. 135, Princeton University, June.

Carlson, John A. 1977. 'A Study of Price Forecasts', *Annals of Economic and Social Measurement* 6 (Winter): 27–56.

Carlton, Dennis. 1986. 'The Rigidity of Prices', *American Economic Review* 76 (September): 637–658.

Carroll, Chris, and Summers, Lawrence H. 1987. 'Why Have Private Savings Rates in the United States and Canada Diverged?', *Journal of Monetary Economics* 20 (September): 249–279.

Caselli, Francesco, and Coleman, J Wilbur. 2001. 'Cross-Country Technology Diffusion: The Case of Computers', *American Economic Review* 91 (May): 328–335.

Caselli, Francesco, and Feyrer, James. 2007. 'The Marginal Product of Capital', *Quarterly Journal of Economics* 122 (2): 535–568.

Cass, David. 1965. 'Optimum Growth in an Aggregative Model of Capital Accumulation', *Review of Economic Studies* 32 (July): 233–240.

Cecchetti, Stephen G. 1986. 'The Frequency of Price Adjustment: A Study of the Newsstand Prices of Magazines', *Journal of Econometrics* 31 (April): 255–274.

Central Statistical Office. *Annual Abstract of Statistics*. London, various issues.

Clark, Truman A. 1986. 'Interest Rate Seasonals and the Federal Reserve', *Journal of Political Economy* 94 (February): 76–125.

Cloyne, James, and Hürtgen, Patrick. 2016. 'The Macroeconomic Effects of Monetary Policy: A New Measure for the United Kingdom', *American Economic Journal: Macroeconomics*, forthcoming.

Coe, David T., and Helpman, Elhanan. 1995. 'International R&D Spillovers', *European Economic Review* 39: 859–887.

Cole, Harold L., and Ohanian, Lee E. 2004. 'New Deal Policies and the Persistence of the Great Depression: A General Equilibrium Analysis', *Journal of Political Economy* 112 (August): 779–816.

Council of Economic Advisers. 1962. *Economic Report of the President*: 78–82.

Cumby, Robert, and Obstfeld, Maurice. 1984. 'International Interest Rate and Price Level Linkages Under Flexible Exchange Rates: A Review of Recent Evidence', in John F. O. Bilson and Richard C. Marston (eds) *Exchange Rate Theory and Practice*, Chicago: University of Chicago Press.

Darby, Michael R. 1976. 'Three-and-a-Half Million U.S. Employees Have Been Mislaid: Or an Explanation of Unemployment, 1934–1941', *Journal of Political Economy* 84 (February): 1–16.

Darby, Michael R., Haltiwanger, John C., Jr, and Plant, Mark W. 1985. 'Unemployment Rate Dynamics and Persistent Unemployment under Rational Expectations', *American Economic Review* 75 (September): 614–637.

Deane, Phyllis, and Cole, W. A. 1969. *British Economic Growth, 1688–1959*. 2nd edn, Cambridge: Cambridge University Press.

DeLong, J. Bradford. 1998. 'Estimating World GDP, One Million B.C. – Present', Working Paper, University of California, Berkeley, Department of Economics.

Dotsey, Michael. 1985. 'The Use of Electronic Funds Transfers to Capture the Effect of Cash Management Practices on the Demand for Demand Deposits', *Journal of Finance* 40 (December): 1493–1503.

Easterly, William M. 2001. *The Elusive Quest for Growth: Economists' Adventures and Misadventures in the Tropics*, Cambridge, MA: MIT Press.

Esposito, Louis. 1978. 'Effect of Social Security on Saving: Review of Studies Using U.S. Time Series Data', *Social Security Bulletin* 41 (May): 9–17.

Evans, Paul. 1987a. 'Interest Rates and Expected Future Budget Deficits in the United States', *Journal of Political Economy* 95 (February): 34–58.

Evans, Paul. 1987b. 'Do Budget Deficits Raise Nominal Interest Rates? Evidence from Six Industrial Countries', *Journal of Monetary Economics* 20 (September): 281–300.

Fair, Ray C. 1979. 'An Analysis of the Accuracy of Four Macroeconometric Models', *Journal of Political Economy* 87 (August): 701–718.

Fair, Ray C. 1987. 'International Evidence on the Demand for Money', *Review of Economics and Statistics* 69 (August): 473–480.

Fay, Jon A., and Medoff, James L. 1985. 'Labor and Output over the Business Cycle: Some Direct Evidence', *American Economic Review* 75 (September): 638–655.

Feenstra, Robert C., Inklaar, Robert, and Timmer, Marcel P. 2015. 'The Next Generation of the Penn World Table', *American Economic Review* 105 (October): 3150–3182.

Feinstein, C. H. 1972. *National Income, Expenditures, and Output of the United Kingdom, 1855–1965.* Cambridge: Cambridge University Press.

Feldstein, Martin S. 1974. 'Social Security, Induced Retirement, and Aggregate Capital Accumulation', *Journal of Political Economy* 82 (September/October): 905–928.

Ferguson, James M. (ed.). 1964. *Public Debt and Future Generations,* Chapel Hill: University of North Carolina Press.

Fischer, Stanley. 1977. 'Long-Term Contracts, Rational Expectations, and the Optimal Money Supply Rule', *Journal of Political Economy* 85 (February): 191–206.

Fisher, Irving. 1926. *The Purchasing Power of Money,* 2nd edn, New York: Macmillan.

Fleisher, Belton M., and Kniesner, Thomas J. 1984. *Labor Economics: Theory, Evidence, and Policy,* 3rd edn, Englewood Cliffs, NJ: Prentice-Hall.

Flood, Robert P., and Garber, Peter M. 1980. 'An Economic Theory of Monetary Reform', *Journal of Political Economy* 88 (February): 24–58.

Friedman, Milton. 1956. 'The Quantity of Money – A Restatement', in Milton Friedman (ed.) *Studies in the Quantity Theory of Money,* Chicago: University of Chicago Press.

Friedman, Milton. 1957. *A Theory of the Consumption Function,* Princeton, NJ: Princeton University Press.

Friedman, Milton. 1960. *A Program for Monetary Stability,* New York: Fordham University Press.

Friedman, Milton. 1968a. 'Free Exchange Rates', in *Dollars and Deficits,* Englewood Cliffs, NJ: Prentice-Hall.

Friedman, Milton. 1968b. 'Inflation: Causes and Consequences,' in *Dollars and Deficits.* Englewood Cliffs, NJ: Prentice-Hall.

Friedman, Milton. 1968c. 'The Role of Monetary Policy', *American Economic Review* 58 (March): 1–17.

Friedman, Milton. 1969. *The Optimum Quantity of Money and Other Essays,* Chicago: Aldine.

Friedman, Milton, and Schwartz, Anna J. 1963. *A Monetary History of the United States, 1867–1960,* Princeton, NJ: Princeton University Press.

Friedman, Milton, and Schwartz, Anna J. 1982. *Monetary Trends in the United States and the United Kingdom: Their Relation to Income, Prices, and Interest Rates, 1867–1975,* Chicago, IL: University of Chicago Press.

Fullerton, Don. 1982. 'On the Possibility of an Inverse Relationship Between Tax Rates and Government Revenues', *Journal of Public Economics* 19 (October): 3–22.

Galí, Jordi, López-Salido, J. David , and Vallés, Javier. 2007. 'Understanding the Effects of Government Spending on Consumption', *Journal of the European Economic Association,* 5 (March): 227–270.

Garber, Peter M. 1982. 'Transition from Inflation to Price Stability', *Carnegie-Rochester Conference Series on Public Policy* 16 (Spring): 11–42.

Goldfeld, Steven M. 1973. 'The Demand for Money Revisited', Brookings Papers on Economic Activity, no. 3, 577–638.

Goldfeld, Steven M. 1976. 'The Case of the Missing Money', Brookings Papers on Economic Activity, no. 3, 683–730.

Goldfeld, Steven M., and Sichel, Daniel E. 1990. 'The Demand for Money', in Benjamin M. Friedman and Frank H. Hahn (eds) *Handbook of Monetary Economics,* vol. 1, Amsterdam: North Holland.

Golosov, Mikhail, and Lucas, Robert E., Jr. 2006. 'Menu Costs and Phillips Curves', unpublished, MIT, March, National Bureau of Economic Research, December.

Gordon, Donald F. 1974. 'A Neo-Classical Theory of Keynesian Unemployment', *Economic Inquiry* 12 (December): 431–459.

Gort, Michael, and Klepper, Steven. 1982. 'Time Paths in the Diffusion of Product Innovations', *Economic Journal* 92 (September): 630–653.

Gray, Jo Anna. 1976. 'Wage Indexation: A Macroeconomic Approach', *Journal of Monetary Economics* 2 (April): 221–236.

Greenwood, Jeremy, Hercowitz, Zvi, and Huffman, Gregory. 1988. 'Investment, Capacity Utilization, and the Real Business Cycle', *American Economic Review* 78 (June): 402–417.

Griliches, Zvi. 1957. 'Hybrid Corn—An Exploration in the Economics of Technological Change.', *Econometrica* 25 (October): 501–522.

Griliches, Zvi. 1998. *R&D and Productivity: The Econometric Evidence,* Chicago: University of Chicago Press.

Hahm, Joon-Ho. 1998. 'Consumption Adjustments to Real Interest Rates: Intertemporal Substitution Revisited', *Journal of Economic Dynamics & Control* 22 (February): 293–320.

Hall, Robert E. 1979. 'A Theory of the Natural Unemployment Rate and the Duration of Unemployment', *Journal of Monetary Economics* 5 (April): 153–170.

Hall, Robert E. 1989. 'Consumption', in Robert J. Barro (ed.) *Modern Business Cycle Theory,* Cambridge, MA: Harvard University Press.

Hall, Robert E. 2005. 'Employment Efficiency and Sticky Wages: Evidence from Flows in Labor Market', Working Paper no. 11183, National Bureau of Economic Research, March.

Havránek, Tomáš. 2015. 'Measuring Intertemporal Substitution: The Importance of Method Choices and Selective Reporting', *Journal of the European Economic Association* 13 (December): 1180–1204.

Hawtrey, Ralph G. 1932. 'The Portuguese Bank Notes Case', *Economic Journal* 42 (September): 391–398.

Heckscher, Eli. 1919. 'The Effect of Foreign Trade on the Distribution of Income', *Ekonomisk Tidskrift*.

Helpman, Elhanan, and Krugman, Paul R. 1985. *Market Structure and Foreign Trade*, Cambridge, MA: MIT Press.

Hercowitz, Zvi. 1981. 'Money and the Dispersion of Relative Prices', *Journal of Political Economy* 89 (April): 328–356.

Heston, Alan, Summers, Robert, and Aten, Bettina. 2002. *Penn World Table Version 6.1*. Center for International Comparisons at the University of Pennsylvania (CICUP), October.

Hsieh, Chang-Tai. 2003. 'Do Consumers React to Anticipated Income Changes? Evidence from the Alaska Permanent Fund', *American Economic Review* 93 (March): 397–405.

Hubbard, R. Glenn. 2002. 'Tax Notes 30th Anniversary', unpublished Working Paper, Columbia University, December.

International Monetary Fund. *International Financial Statistics*, various issues.

Jappelli, Tullio, and Pistaferri, Luigi, 2010. 'The Consumption Response to Income Changes', *Annual Review of Economics* 2 (September): 479–506.

Jaumotte, Florence. 2000. 'Technological Catch-up and the Growth Process', unpublished Ph.D. dissertation, Harvard University, November.

Jones, Charles I. 1995. 'Time Series Tests of Endogenous Growth Models', *Quarterly Journal of Economics* 110 (May): 495–525.

Jones, Charles I. 2005. 'Growth and Ideas,' in Philippe Aghion and Steven Durlauf (eds) *Handbook of Economic Growth*, Amsterdam: Elsevier.

Jovanovic, Boyan, and Lach, Saul, 1997. 'Product Innovation and the Business Cycle', *International Economic Review* 38 (February): 3–22.

Judson, Ruth. 2012. 'Crisis and Calm: Demand for U.S. Currency at Home and Abroad from the Fall of the Berlin Wall to 2011', Board of Governors of the Federal Reserve System International Finance Discussion Paper 1058.

Kashyap, Anil K. 1995. 'Sticky Prices: New Evidence from Retail Catalogs', *Quarterly Journal of Economics*, 110, 245–274.

Kendrick, John W. 1961. *Productivity Trends in the United States*, Princeton, NJ: Princeton University Press.

Kenny, Lawrence W. 1991. 'Cross-Country Estimates of the Demand for Money and Its Components', *Economic Inquiry* 29 (October), 696–705.

Keynes, John Maynard. 1923. *A Tract on Monetary Reform*, Macmillan: London.

Keynes, John Maynard. 1936. *The General Theory of Employment, Interest, and Money*, New York: Harcourt Brace.

Koopmans, Tjalling C. 1965. 'On the Concept of Optimal Growth', in *The Economic Approach to Development Planning*, Amsterdam: North Holland.

Kormendi, Roger C., and Meguire, Phillip G. 1984. 'Cross-Regime Evidence of Macroeconomic Rationality', *Journal of Political Economy* 92 (October): 875–908.

Kreinin, Mordechai E. 1961. 'Windfall Income and Consumption—Additional Evidence', *American Economic Review* 51 (June): 388–390.

Kuznets, Simon. 1948. 'Discussion of the New Department of Commerce Income Series', *Review of Economics and Statistics* 30 (August): 151–179.

Kydland, Finn E., and Prescott, Edward C. 1977. 'Rules Rather than Discretion: The Inconsistency of Optimal Plans', *Journal of Political Economy* 85 (June): 473–491.

Kydland, Finn E., and Prescott, Edward C. 1982. 'Time to Build and Aggregate Fluctuations', *Econometrica* 51 (November): 1345–1370.

Kydland, Finn E., and Prescott, Edward C. 1990. 'Business Cycles: Real Facts and a Monetary Myth.' *Federal Reserve Bank of Minneapolis, Quarterly Review* (Spring): 3–18.

Lahaye, Laura. 1985. 'Inflation and Currency Reform', *Journal of Political Economy* 93 (June): 537–560.

Landsberger, Michael. 1970. 'Restitution Receipts, Household Savings, and Consumption Behavior in Israel', unpublished Working Paper, Research Department, Bank of Israel.

Lane, Philip R. 2012. 'The European Sovereign Debt Crisis', *Journal of Economic Perspectives* 26 (Summer): 49–67.

Leimer, Dean, and Lesnoy, Selig. 1982. 'Social Security and Private Saving: New Time Series Evidence', *Journal of Political Economy* 90 (June): 606–629.

Lindsey, Lawrence B. 1987. 'Individual Taxpayer Response to Tax Cuts, 1982–1984', *Journal of Public Economics* 33 (July): 173–206.

Lucas, Robert E., Jr. 1973. 'Some International Evidence on Output-Inflation Trade-offs', *American Economic Review* 63 (June): 326–334.

Lucas, Robert E., Jr. 1977. 'Understanding Business Cycles', *Carnegie-Rochester Conference on Public Policy* 5: 7–29.

Lucas, Robert E., Jr. 1981. *Studies in Business-Cycle Theory*, Cambridge, MA: MIT Press.

Lucas, Robert E., Jr. 1988. 'On the Mechanics of Economic Development', *Journal of Monetary Economics* 22 (July): 3–42.

Maddison, Angus. 2003. *The World Economy: Historical Statistics*, Paris: OECD.

Malthus, Thomas R. 1798. *An Essay on the Principal of Population*, London: W. Pickering, 1986.

McCallum, Ben T. 1979. 'The Current State of the Policy Ineffectiveness Debate', *American Economic Review* 69 (proceedings, May): 240–245.

McClure, Alexander K. 1901. *Abe Lincoln's Yarns and Stories*, New York: W. W. Wilson.

Miron, Jeffrey A. 1986. 'Financial Panics, the Seasonality of the Nominal Interest Rate, and the Founding of the Fed', *American Economic Review* 76 (March): 125–140.

Mishkin, Frederic S. 1984. 'Are Real Interest Rates Equal Across Countries? An Empirical Investigation of International Parity Conditions', *Journal of Finance* 39 (December): 1345–1357.

Mishkin, Frederic S., and Schmidt-Hebbel, Klaus. 2001. 'One Decade of Inflation Targeting in the World: What Do We Know and What Do We Need to Know?', Working Paper no. 8397, National Bureau of Economic Research, July.

Mitchell, B. R., and Deane, Phyllis. 1962. *Abstract of British Historical Statistics,* Cambridge: Cambridge University Press.

Mitchell, B. R., and Jones, H. G. 1971. *Second Abstract of British Historical Statistics.* Cambridge: Cambridge University Press.

Modigliani, Franco, and Brumberg, Richard. 1954. 'Utility Analysis and the Consumption Function: An Interpretation of Cross-Section Data', in Kenneth Kurihara (ed.) *Post-Keynesian Economics,* New Brunswick, NJ: Rutgers University Press.

Morgan Guaranty Trust. 1983. *World Financial Markets,* New York, February.

Mulligan, Casey B. 1995. 'The Intertemporal Substitution of Work – What Does the Evidence Say?' Population Research Center Discussion Paper Series no. 95-11, July.

Mulligan, Casey B. 1998. 'Pecuniary and Nonpecuniary Incentives to Work in the United States during World War II', *Journal of Political Economy* 106 (October): 1033–1077.

Mulligan, Casey B. 2001. 'Capital, Interest, and Aggregate Intertemporal Substitution', unpublished Working Paper, University of Chicago.

Mulligan, Casey B., and Sala-i-Martin, Xavier. 2000. 'Extensive Margins and the Demand for Money at Low Interest Rates', *Journal of Political Economy* 108 (October): 961–991.

Mundell, Robert A. 1968. *International Economics,* New York: Macmillan.

Mundell, Robert A. 1971. *Monetary Theory,* Pacific Palisades, CA: Goodyear.

Musgrave, Richard. 1959. *Theory of Public Finance,* New York: McGraw-Hill.

Muth, John F. 1961. 'Rational Expectations and the Theory of Price Movements', *Econometrica* 29 (July): 315–335.

Nakamura, Emi and Steinsson, Jon. 2006. 'Five Facts about Prices: A Reevaluation of Menu Cost Models', unpublished, Harvard University, August.

North, Douglas, and Weingast, Barry. 1989. 'Constitutions and Commitment: The Evolution of Institutions Governing Public Choice in Seventeenth Century England', *Journal of Economic History* (December): 803–832.

Nuvolari, Alessandro, Verspagen, Bart, and von Tunzelmann, Nick. 2011. 'The Early Diffusion of the Steam Engine in Britain, 1700–1800: A Reappraisal', *Cliometrica* 5 (October): 291–321.

Obstfeld, Maurice, and Rogoff, Kenneth. 2004. 'The Unsustainable U.S. Current Account Position Revisited', unpublished Working Paper, Harvard University, October.

Ochs, Jack, and Rush, Mark. 1983. 'The Persistence of Interest Rate Effects on the Demand for Currency', *Journal of Money, Credit, and Banking* 15 (November): 499–505.

O'Driscoll, Gerald P., Jr. 1977. 'The Ricardian Nonequivalence Theorem', *Journal of Political Economy* 85 (February): 207–210.

Ohlin, Bertil. 1933. *Interregional and International Trade,* Cambridge MA: Harvard University Press.

Olivei, Giovanni, and Tenreyro, Silvana. 2007. 'The Timing of Monetary Policy Shocks', *American Economic Review American Economic Review* 97(3) (June): 636–663.

Organization of American States. *Statistical Bulletin of the OAS,* various issues.

Parker, Jonathan A. 1999. 'The Reaction of Household Consumption to Predictable Changes in Social Security Taxes', *American Economic Review* 89 (September): 959–973.

Persson, Torsten, and Svensson, Lars E. O. 1989. 'Why a Stubborn Conservative Would Run a Deficit: Policy with Time-Inconsistent Preferences', *Quarterly Journal of Economics* 104 (May): 325–345.

Phelps, Edmund S. 1970. 'The New Microeconomics in Employment and Inflation Theory', in Edmund S. Phelps (ed.) *Microeconomic Foundations of Employment and Inflation Theory,* New York: Norton.

Pinera, Jose. 1996. *Empowering Workers: The Privatization of Social Security in Chile,* Washington, DC: Cato Institute.

Pinkovskiy, Maxim and Sala-i-Martin, Xavier. 2009. 'Parametric Estimations of the World Distribution of Income', NBER Working Paper no. 15433.

Plosser, Charles I. 1982. 'Government Financing Decisions and Asset Returns', *Journal of Monetary Economics* 9 (May): 325–352.

Plosser, Charles I. 1987. 'Fiscal Policy and the Term Structure', *Journal of Monetary Economics* 20 (September): 343–367.

Porter, Richard D., and Judson, Ruth A. 2001. 'Overseas Dollar Holdings: What Do We Know?', *Wirtschaftspolitische Blatter* 48: 431–440.

Radford, R.A. 1945. 'The Economic Organisation of a P.O.W. Camp', *Economica* 12 (November): 189–201.

Ramaswami, Chitra. 1983. 'Equilibrium Unemployment and the Efficient Job-Finding Rate', *Journal of Labor Economics* 1 (April): 171–196.

Ricardo, David. 1819. *Principles of Political Economy and Taxation.* 2nd edn, London: John Murray.

Ricardo, David. 1846. 'Funding System', in J. Ramsey McCulloch (ed.) *The Works of David Ricardo,* London: John Murray.

Rogoff, Kenneth S. 1989. 'Reputation, Coordination, and Monetary Policy', in Robert J. Barro (ed.) *Modern Business Cycle Theory,* Cambridge, MA: Harvard University Press.

Romer, Christina D. 1986. 'Spurious Volatility in Historical Unemployment Data', *Journal of Political Economy* 94 (February): 1–37.

Romer, Christina D. 1988. 'World War I and the Postwar Depression: A Reinterpretation Based on Alternative Estimates of GNP', *Journal of Monetary Economics* 22 (July): 91–115.

Romer, Christina D. 1989. 'The Prewar Business Cycle Reconsidered: New Estimates of Gross National Product, 1869–1908', *Journal of Political Economy* 97 (February): 1–37.

Romer, Christina D., and Romer, David H. 2004. 'A New Measure of Monetary Shocks: Derivation and Implications', *American Economic Review* 94 (September): 1055–1084.

Romer, David. 2011. Advanced Macroeconomics. 4th edn, New York: McGraw-Hill Education.

Romer, Paul M. 1990. 'Endogenous Technological Change', *Journal of Political Economy* 98 (October): S71–S102.

Rotwein, Eugene, (ed.). 1970. *David Hume – Writings on Economics*, Madison: University of Wisconsin Press.

Runkle, David E. 1991. 'Liquidity Constraints and the Permanent Income Hypothesis: Evidence from Panel Data', *Journal of Monetary Economics* 27: 73–98.

Sala-i-Martin, Xavier. 2006. 'The World Distribution of Income: Falling Poverty and . . . Convergence, Period', *Quarterly Journal of Economics* 121 (May): 351–397.

Samuelson, Paul A. 1964. 'Theoretical Notes on Trade Problems', *Review of Economics and Statistics* 46 (May): 145–154.

Samuelson, Paul A., and Stolper, Wolfgang F. 1941. 'Protection and Real Wages', *Review of Economic Studies* 9 (November): 58–73.

Sargent, Thomas J. 1982. 'The Ends of Four Big Inflations,' in Robert E. Hall (ed.) *Inflation: Causes and Effects,* Chicago: University of Chicago Press.

Sargent, Thomas J., and Velde, Francois R. 1995. 'Macroeconomic Features of the French Revolution', *Journal of Political Economy* 103(3) (June): 474–518.

Sargent, Thomas J., and Wallace, Neil. 1975. 'Rational Expectations, the Optimal Monetary Instrument, and the Optimal Money Supply Rule', *Journal of Political Economy* 83 (April): 241–254.

Sargent, Thomas J., and Wallace, Neil. 1981. 'Some Unpleasant Monetarist Arithmetic', *Federal Reserve Bank of Minneapolis, Quarterly Review* (Fall): 1–17.

Scoggins, John F. 1990. 'Supply Shocks and Net Exports', unpublished Working Paper, University of Alabama at Birmingham.

Shimer, Robert. 2003. 'The Cyclical Behavior of Equilibrium Unemployment and Vacancies: Evidence and Theory', Working Paper no. 9536, National Bureau of Economic Research, February.

Solow, Robert M. 1956. 'A Contribution to the Theory of Economic Growth', *Quarterly Journal of Economics* 70 (February): 65–94.

Solow, Robert M. 1957. 'Technical Change and the Aggregate Production Function', *Review of Economics and Statistics* 39 (August): 312–320.

Sonderhefte zur Wirtschaft und Statistik. 1929. Berlin: R. Hobbing.

Souleles, Nicholas S. 1999. 'The Response of Household Consumption to Income Tax Refunds', *American Economic Review* 89 (September): 947–958.

Stuart, Charles E. 1981. 'Swedish Tax Rates, Labor Supply, and Tax Revenues', *Journal of Political Economy* 89 (October): 1020–1038.

Taylor, Alan M., and Taylor, Mark P. 2004. 'The Purchasing Power Parity Debate', *Journal of Economic Perspectives* 18 (Fall): 135–158.

Taylor, John B. 1980. 'Aggregate Dynamics and Staggered Contracts', *Journal of Political Economy* 88 (February): 1–23.

Thornton, Henry. 1802. *An Enquiry into the Nature and Effects of the Paper Credit of Great Britain*, London: J. Hatchard.

U.S. Department of Commerce. 1975. *Historical Statistics of the U.S., Colonial Times to 1970*, Washington, DC: U.S. Government Printing Office.

U.S. President. 1962. *Economic Report of the President*, Washington, DC: U.S. Government Printing Office.

Van Ravestein, A., and Vijlbrief, H. 1988. 'Welfare Cost of Higher Tax Rates: An Empirical Laffer Curve for the Netherlands', *De Economist* 136: 205–219.

Walre de Bordes, J. van. 1927. *The Austrian Crown*, London: King.

Warren, George F., and Pearson, Frank A. 1933. *Prices*, New York: Wiley.

World Bank. 1994. *Averting the Old Age Crisis*, Oxford: Oxford University Press.

World Bank. 2006. *World Development Indicators*, Washington, DC: IBRD, World Bank.

教学支持服务

　　圣智学习出版公司（Cengage Learning）作为为终身教育提供全方位信息服务的全球知名教育出版公司，为秉承其在全球对教材产品的一贯教学支持服务，对采用其教材的每位老师提供教学辅助资料。任何一位通过 Cengage Learning 北京代表处注册的老师都可直接下载所有在线提供的、最为丰富的教学辅助资料，包括教师用书、PPT、习题库等。

　　鉴于部分资源仅适用于老师教学使用，烦请索取的老师配合填写如下情况说明表。

✂

教学辅助资料索取证明

　　兹证明_____大学_____系/ 院_____学年（学期）开设的_____名学生□主修　□选修的_____课程，采用如下教材作为□主要教材　或□参考教材：

书名：_____

作者：_____　　□英文影印版　□中文翻译版

出版社：_____

学生类型：□本科 1/2 年级　□本科 3/4 年级　□研究生　□MBA　□EMBA　□在职培训

任课教师姓名：_____

职称/职务：_____

电话：_____

E-mail：_____

通信地址：_____

邮编：_____

对本教材建议：_____

系/ 院主任：_____（签字）

（系/ 院办公室章）

_____年_____月_____日

✂

＊相关教辅资源事宜敬请联络清华大学出版社或圣智学习出版公司北京代表处。

清华大学出版社
北京市海淀区清华园学研
大厦 B 座 509 室
邮编：100084
Tel：(8610) 83470294
E-mail：Liangyc@tup. tsinghua. edu. cn

Cengage Learning Beijing Office
圣智学习出版集团北京代表处
北京市海淀区科学院南路 2 号融科资讯
中心 C 座南楼 12 层 1201 室
Tel：(8610) 8286 2095/96/97
Fax：(8610) 8286 2089
E-mail：asia. infochina@cengage. com
www. cengageasia. com